THE RUST PROGRAMMING LANGUAGE

プログラミング言語 Rust 公式ガイド

STEVE KLABNIK AND CAROL NICHOLS, WITH CONTRIBUTIONS FROM THE RUST COMMUNITY

Steve Klabnik, Carol Nichols 著
尾崎亮太 訳

ASCII DWANGO

no starch press

The Rust Programming Language

Copytight © 2018 by Steve Klabnik and Carol Nichols, with contributions from the Rust Community. Title of English-language original: *The Rust Programming Language*, ISBN 978-1-59327-828-1, published by No Starch Press. Japanese-language edition copyright © 2019 by DWANGO CO., LTD. All rights reserved.

Japanese translation rights arranged with NO STARCH PRESS through Japan UNI Agency, Inc., Tokyo.

本文中に記載されている社名および商品名は，一般に開発メーカーの登録商標です．
なお，本文中では ™・©・® 表示を明記しておりません．

著者について

スティーブ・クラブニック（Steve Klabnik）は、Rust ドキュメンテーションチームのリーダーであり、Rust の核となる開発者の一人です。頻繁にスピーカーとなり、オープンソースプロジェクトの貢献者に頻繁になり、彼は、以前 Ruby や Ruby on Rails などのプロジェクトに参画していました。クラブニックは、Mozilla に勤務しています。

キャロル・ニコールズ（Carol Nichols）は、Rust コアチームのメンバーであり、世界で最初の Rust に注目したコンサルタント会社である Integer 32 という有限会社の共同設立者です。ニコールズは、Rust Belt Rust Conference（Rust 地帯の Rust 会議）を管理しています。

目次

著者について	iii
まえがき	xvii
謝辞	xix
導入	xxi
Rust は誰のためのものなの	xxii
開発者チーム	xxii
学生	xxii
企業	xxii
オープンソース開発者	xxiii
スピードと安定性に価値を見出す人たち	xxiii
この本は誰のためのものなの	xxiii
この本の使い方	xxiii
ソースコード	xxv
第 1 章　事始め	**1**
インストール	2
Linux と macOS に rustup をインストールする	2
Windows で rustup をインストールする	3
更新およびアンインストール	3
トラブルシューティング	4
ローカルのドキュメンテーション	4
Hello, World!	5
プロジェクトのディレクトリーを作成する	5
Rust プログラムを書いて走らせる	6
Rust プログラムの解剖	6
コンパイルと実行は個別のステップ	7
Hello, Cargo!	8
Cargo でプロジェクトを作成する	9
Cargo プロジェクトをビルドし、実行する	11
リリースビルドを行う	12
習慣としての Cargo	12
まとめ	13

第 2 章　数当てゲームをプログラムする　15

新規プロジェクトの立ち上げ 16

予想を処理する 17

値を変数に保持する 18

　Result 型で失敗の可能性を扱う 19

　println! マクロのプレースホルダーで値を出力する 21

　最初の部分をテストする 21

秘密の数字を生成する 22

　クレートを使用して機能を追加する 22

予想と秘密の数字を比較する 27

ループで複数回の予想を可能にする 31

　正しい予想をした後に終了する 32

　不正な入力を処理する 33

　まとめ 35

第 3 章　一般的なプログラミングの概念　37

変数と可変性 38

　変数と定数 (constants) の違い 40

　シャドーイング 40

データ型 42

　スカラー型 43

　複合型 46

関数 49

　関数の引数 50

　関数本体は、文と式を含む 51

　戻り値のある関数 53

コメント 55

フロー制御 56

　if 式 56

　ループで繰り返し 61

　まとめ 64

第 4 章　所有権を理解する　65

所有権とは? 66

　所有権規則 68

　変数スコープ 68

　String 型 69

　メモリーと確保 69

　変数とデータの相互作用法: ムーブ 71

　所有権と関数 75

戻り値とスコープ	76

参照と借用 77

可変な参照	79
宙に浮いた (dangling) 参照	82
参照の規則	83

スライス型 83

文字列スライス	86
他のスライス	90

まとめ 90

第 5 章　構造体を使用して関係のあるデータを構造化する　　91

構造体を定義し、インスタンス化する 92

フィールドと変数が同名のときにフィールド初期化省略記法を使う	93
構造体更新記法で他のインスタンスからインスタンスを生成する	94
異なる型を生成する名前付きフィールドのないタプル構造体を使用する	95
フィールドのないユニット様構造体	95

構造体を使ったプログラム例 97

タプルでリファクタリングする	98
構造体でリファクタリングする: より意味付けする	98
トレイトの継承で有用な機能を追加する	99

メソッド記法 102

メソッドを定義する	102
より引数の多いメソッド	104
関連関数	105
複数の impl ブロック	105

まとめ 106

第 6 章　enum とパターンマッチング　　107

enum を定義する 108

enum の値	108
Option enum と Null 値に勝る利点	112

match フロー制御演算子 115

値に束縛されるパターン	116
Option<T> とのマッチ	118
マッチは包括的	119
_ というプレースホルダー	119

if let で簡潔なフロー制御 120

まとめ 122

第 7 章　モジュールを使用してコードを体系化し、再利用する　123

mod とファイルシステム 124
 モジュール定義 124
 モジュールを別ファイルに移す 126
 モジュールファイルシステムの規則 132
pub で公開するか制御する 133
 関数を公開にする 135
 プライバシー規則 137
 プライバシー例 137
異なるモジュールの名前を参照する 139
 use キーワードで名前をスコープに導入する 139
 glob ですべての名前をスコープに導入する 141
 super を使用して親モジュールにアクセスする 141
まとめ 144

第 8 章　一般的なコレクション　145

ベクターで一連の値を格納する 146
 新しいベクターを生成する 146
 ベクターを更新する 146
 ベクターをドロップすれば、要素もドロップする 147
 ベクターの要素を読む 147
 ベクターの値を走査する 149
 enum を使って複数の型を保持する 150
文字列で UTF–8 でエンコードされたテキストを保持する 151
 文字列とは？ 151
 新規文字列を生成する 152
 文字列を更新する 153
 文字列に添え字アクセスする 155
 文字列をスライスする 157
 文字列を走査するメソッド群 158
 文字列はそう単純じゃない 159
ハッシュマップに値に紐付いたキーを格納する 159
 新規ハッシュマップを生成する 160
 ハッシュマップと所有権 161
 ハッシュマップの値にアクセスする 161
 ハッシュマップを更新する 162
 ハッシュ関数 164
まとめ 165

第9章　エラー処理 　　　　　　　　　　　　　　　　　　　　167

panic! で回復不能なエラー 168

　　　panic! バックトレースを使用する 169

Result で回復可能なエラー 171

　　　いろいろなエラーにマッチする 174

　　　エラー時にパニックするショートカット: unwrap と expect 175

　　　エラーを委譲する 176

panic! すべきかするまいか 180

　　　例、プロトタイプコード、テスト 181

　　　コンパイラーよりもプログラマーがより情報を握っている場合 181

　　　エラー処理のガイドライン 181

　　　検証のために独自の型を作る 183

まとめ 185

第10章　ジェネリック型、トレイト、ライフタイム 　　　　　　　　187

関数を抽出することで重複を取り除く 188

ジェネリックなデータ型 190

　　　関数定義では 190

　　　構造体定義では 193

　　　enum 定義では 195

　　　メソッド定義では 195

　　　ジェネリクスを使用したコードのパフォーマンス 197

トレイト: 共通の振る舞いを定義する 199

　　　トレイトを定義する 199

　　　トレイトを型に実装する 200

　　　デフォルト実装 202

　　　トレイト境界 204

　　　トレイト境界で largest 関数を修正する 205

　　　トレイト境界を使用して、メソッド実装を条件分けする 207

ライフタイムで参照を検証する 208

　　　ライフタイムでダングリング参照を回避する 209

　　　借用チェッカー 210

　　　関数のジェネリックなライフタイム 211

　　　ライフタイム注釈記法 212

　　　関数シグニチャーにおけるライフタイム注釈 213

　　　ライフタイムの観点で思考する 215

　　　構造体定義のライフタイム注釈 217

　　　ライフタイム省略 218

　　　メソッド定義におけるライフタイム注釈 220

静的ライフタイム 221
ジェネリックな型引数、トレイト境界、ライフタイムを一度に 221
総括 222

第11章　自動テストを書く　　　　　　　　　　　　　　　　　　223

テストの記述法 224
　　テスト関数の解剖 224
　　assert!マクロで結果を確認する 228
　　assert_eq!とassert_ne!マクロで等値性をテストする 231
　　カスタムの失敗メッセージを追加する 233
　　should_panicでパニックを確認する 235
テストの実行のされ方を制御する 238
　　テストを並行または連続して実行する 239
　　関数の出力を表示する 239
　　名前でテストの一部を実行する 241
　　特に要望のない限りテストを無視する 243
テストの体系化 244
　　単体テスト 245
　　結合テスト 246
まとめ 250

第12章　入出力プロジェクト:
　　　　コマンドラインプログラムを構築する　　　　　251

コマンドライン引数を受け付ける 252
　　引数の値を読み取る 252
　　引数の値を変数に保存する 254
ファイルを読み込む 255
リファクタリングしてモジュール性とエラー処理を向上させる 257
　　バイナリープロジェクトの責任の分離 258
　　エラー処理を修正する 262
　　mainからロジックを抽出する 265
　　コードをライブラリークレートに分割する 268
テスト駆動開発でライブラリーの機能を開発する 270
　　失敗するテストを記述する 270
　　テストを通過させるコードを書く 273
環境変数を取り扱う 276
　　大文字小文字を区別しないsearch関数用に失敗するテストを書く . . . 276
　　search_case_insensitive関数を実装する 277
標準出力ではなく標準エラーにエラーメッセージを書き込む 281
　　エラーが書き込まれる場所を確認する 281

エラーを標準エラーに出力する 282

まとめ 283

第 13 章　関数型言語の機能:
イテレーターとクロージャー   285

クロージャー: 環境をキャプチャーできる匿名関数 286

クロージャーで動作の抽象化を行う 286

クロージャーの型推論と注釈 291

ジェネリック引数と Fn トレイトを使用したクロージャーを保存する . . . 293

Cacher 実装の限界 296

クロージャーで環境をキャプチャーする 297

一連の要素をイテレーターで処理する 300

Iterator トレイトと next メソッド 301

イテレーターを消費するメソッド 302

他のイテレーターを生成するメソッド 302

環境をキャプチャーするクロージャーを使用する 304

Iterator トレイトで独自のイテレーターを作成する 305

入出力プロジェクトを改善する 307

イテレーターを使用して clone を取り除く 307

イテレーターアダプターでコードをより明確にする 310

パフォーマンス比較: ループ vs. イテレーター 311

まとめ 313

第 14 章　Cargo と crates.io についてより詳しく   315

リリースプロファイルでビルドをカスタマイズする 316

crates.io にクレートを公開する 317

役に立つドキュメンテーションコメントを行う 317

pub use で便利な公開 API をエクスポートする 321

crates.io のアカウントをセットアップする 325

新しいクレートにメタデータを追加する 325

crates.io に公開する 327

既存のクレートの新バージョンを公開する 327

cargo yank で crates.io からバージョンを削除する 328

Cargo のワークスペース 328

ワークスペースを生成する 328

ワークスペース内に 2 番目のクレートを作成する 330

cargo install で crates.io からバイナリーをインストールする 335

独自のコマンドで Cargo を拡張する 335

まとめ 336

第 15 章　スマートポインター　　　　　　　　　　337

ヒープのデータを指す Box<T> を使用する 338
　　Box<T> を使ってヒープにデータを格納する 339
　　ボックスで再帰的な型を可能にする 339
Deref トレイトでスマートポインターを普通の参照のように扱う 343
　　参照外し演算子で値までポインターを追いかける 344
　　Box<T> を参照のように使う 345
　　独自のスマートポインターを定義する 345
　　Deref トレイトを実装して型を参照のように扱う 346
　　関数やメソッドで暗黙的な参照外し型強制 347
　　参照外し型強制が可変性と相互作用する方法 349
Drop トレイトで片付け時にコードを走らせる 349
　　std::mem::drop で早期に値をドロップする 351
Rc<T> は、参照カウント方式のスマートポインター 353
　　Rc<T> でデータを共有する 353
　　Rc<T> をクローンすると、参照カウントが増える 355
RefCell<T> と内部可変性パターン 357
　　RefCell<T> で実行時に借用規則を強制する 357
　　内部可変性: 不変値への可変借用 358
　　Rc<T> と RefCell<T> を組み合わせることで可変なデータに複数の所有者を持た
　　　せる 364
循環参照してメモリーをリークすることもある 366
　　循環参照させる 366
　　循環参照を回避する: Rc<T> を Weak<T> に変換する 369
まとめ 374

第 16 章　恐れるな！　並行性　　　　　　　　　　375

スレッドを使用してコードを同時に走らせる 376
　　spawn で新規スレッドを生成する 377
　　join ハンドルで全スレッドの終了を待つ 378
　　スレッドで move クロージャーを使用する 380
メッセージ受け渡しを使ってスレッド間でデータを転送する 384
　　チャンネルと所有権の転送 386
　　複数の値を送信し、受信側が待機するのを確かめる 388
　　転送機をクローンして複数の生成器を作成する 389
状態共有並行性 390
　　ミューテックスを使用して一度に 1 つのスレッドからデータにアクセスすること
　　　を許可する 391
　　RefCell<T>/Rc<T> と Mutex<T>/Arc<T> の類似性 398

xii 目次

Sync と Send トレイトで拡張可能な並行性	399
Send でスレッド間の所有権の転送を許可する	399
Sync で複数のスレッドからのアクセスを許可する	399
Send と Sync を手動で実装するのは非安全である	400
まとめ	400

第17章　Rust のオブジェクト指向プログラミング機能　　401

オブジェクト指向言語の特徴	402
オブジェクトは、データと振る舞いを含む	402
カプセル化は、実装詳細を隠蔽する	402
型システム、およびコード共有としての継承	404
トレイトオブジェクトで異なる型の値を許容する	405
共通の振る舞い用にトレイトを定義する	406
トレイトを実装する	408
トレイトオブジェクトは、ダイナミックディスパッチを行う	411
トレイトオブジェクトには、オブジェクト安全性が必要	412
オブジェクト指向デザインパターンを実装する	413
Post を定義し、草稿状態で新しいインスタンスを生成する	415
記事の内容のテキストを格納する	416
草稿の記事の内容は空であることを保証する	416
記事の査読を要求すると、状態が変化する	417
content の振る舞いを変化させる approve メソッドを追加する	418
ステートパターンの代償	421
総括	426

第18章　パターンとマッチング　　427

パターンが使用されることのある箇所全部	428
match アーム	428
条件分岐 if let 式	428
while let 条件分岐ループ	430
for ループ	430
let 文	431
関数の引数	432
論駁可能性: パターンが合致しないかどうか	433
パターン記法	435
リテラルにマッチする	435
名前付き変数にマッチする	435
複数のパターン	436
...で値の範囲に合致させる	437
分配して値を分解する	437

パターンの値を無視する	442
ref と ref mut でパターンに参照を生成する	447
マッチガードで追加の条件式	448
@束縛	450
まとめ	451

第 19 章　高度な機能　　　　　　　　　　　　　　　　　　　453

unsafe Rust	454
unsafe の強大な力 (superpower)	454
生ポインターを参照外しする	455
unsafe な関数やメソッドを呼ぶ	457
可変で静的な変数にアクセスしたり、変更する	462
unsafe なトレイトを実装する	463
いつ unsafe コードを使用するべきか	464
高度なライフタイム	464
ライフタイム・サブタイピングにより、あるライフタイムが他よりも長生きする	
ことを保証する	464
ジェネリックな型への参照に対するライフタイム境界	470
トレイトオブジェクトライフタイムの推論	471
高度なトレイト	472
関連型でトレイト定義においてプレースホルダーの型を指定する	472
デフォルトのジェネリック型引数と演算子オーバーロード . . .	474
明確化のためのフルパス記法: 同じ名前のメソッドを呼ぶ . . .	476
スーパートレイトを使用して別のトレイト内で、あるトレイトの機能を必要とする	480
ニュータイプパターンを使用して外部の型に外部のトレイトを実装する	482
高度な型	483
型安全性と抽象化を求めてニュータイプパターンを使用する . . .	483
型エイリアスで型同義語を生成する	484
never 型は絶対に返らない	486
動的サイズ付け型と Sized トレイト	488
高度な関数とクロージャー	490
関数ポインター	490
クロージャーを返却する	491
まとめ	492

第 20 章　最後のプロジェクト:
　　　　　マルチスレッドの Web サーバーを構築する　　　493

シングルスレッドの Web サーバーを構築する	494
TCP 接続をリッスンする	494
リクエストを読み取る	497

HTTPリクエストを詳しく見る	498
レスポンスを記述する	499
本物のHTMLを返す	500
リクエストにバリデーション(検証)をかけ、選択的にレスポンスを返す	502
リファクタリングのさわり	504
シングルスレッドサーバーをマルチスレッド化する	505
現在のサーバーの実装で遅いリクエストをシミュレーションする	505
スレッドプールでスループットを向上させる	506
優美なシャットダウンと片付け	526
ThreadPoolにDropトレイトを実装する	527
スレッドに仕事をリッスンするのを止めるよう通知する	529
総括	537

付録   539

付録A: キーワード	540
現在使用されているキーワード	540
将来的な使用のために予約されているキーワード	541
付録B: 演算子と記号	542
演算子	542
演算子以外の記号	543
付録C: 継承可能なトレイト	547
プログラマー用の出力のDebug	547
等価比較のためのPartialEqとEq	548
順序付き比較のためのPartialOrdとOrd	548
値を複製するCloneとCopy	549
値を固定サイズの値にマップするHash	549
既定値のためのDefault	550
付録D: マクロ	551
マクロと関数の違い	551
一般的なメタプログラミングのためにmacro_rules!で宣言的なマクロ	552
独自のderiveのためのプロシージャルマクロ	554
マクロの未来	560
付録E: 本の翻訳	561
付録F: 最新の機能	562
フィールド初期化省略法	562
ループから戻る	562
use宣言のネストされたグループ	563
境界を含む範囲	563
128ビット整数	564

付録 G: Rust の作られる方法と "Nightly Rust" 565

　　停滞なしの安定性 565

　　シュポシュポ！ リリースチャンネルや列車に乗ること 565

　　安定しない機能 567

　　rustup と Rust ナイトリーの役目 568

　　RFC プロセスとチーム 568

索引　　　　　　　　　　　　　　　　　　　　　　　　　　　　　　570

訳者紹介　　　　　　　　　　　　　　　　　　　　　　　　　　　579

まえがき

　すぐにはわかりにくいかもしれませんが、Rust プログラミング言語は、エンパワーメント（empowerment）を根本原理としています: どんな種類のコードを現在書いているにせよ、Rust は幅広い領域で以前よりも遠くへ到達し、自信を持ってプログラムを組む力を与え（empower）ます。

　一例をあげると、メモリー管理やデータ表現、並列性などの低レベルな詳細を扱う「システムレベル」のプログラミングがあります。伝統的にこの分野は難解で、年月をかけてやっかいな落とし穴を回避するすべを習得した選ばれし者にだけ可能と見なされています。そのように鍛錬を積んだ者でさえ注意が必要で、さもないと書いたコードがクラッキングの糸口になったりクラッシュやデータ破損を引き起こしかねないのです。

　この難しさを取り除くために、Rust は、古い落とし穴を排除し、その過程で使いやすく役に立つ洗練された一連のツールを提供します。低レベルな制御に「下がる」必要があるプログラマーは、お決まりのクラッシュやセキュリティホールのリスクを負わず、気まぐれなツールチェーンのデリケートな部分を学ぶ必要なく Rust で同じことができます。さらにいいことに、Rust は、スピードとメモリー使用の観点で効率的な信頼性の高いコードへと自然に導くよう設計されています。

　すでに低レベルコードに取り組んでいるプログラマーは、Rust を使用してさらなる高みを目指せます。例えば、Rust で並列性を導入することは、比較的低リスクです: コンパイラーが伝統的なミスを捕捉してくれるのです。そして、クラッシュやクラッキングの糸口を誤って導入しないという自信を持ってコードの大胆な最適化に取り組めるのです。

　ですが、Rust は低レベルなシステムプログラミングに限定されているわけではありません。十分に表現力豊かでエルゴノミックなので、コマンドラインアプリや Web サーバー、その他さまざまな楽しいコードを書けます。この本の後半に両者の単純な例が見つかるでしょう。Rust を使うことで 1 つの領域から他の領域へと使い回せる技術を身に付けられます; ウェブアプリを書いて Rust を学び、それからその同じ技術をラズベリーパイを対象に適用できるのです。

この本は、ユーザーに力を与え（empower）る Rust のポテンシャルをすべて含んでいます。あなたの Rust の知識のみをレベルアップさせるだけでなく、プログラマーとしての全般的な能力や自信をもレベルアップさせる手助けを意図した親しみやすくわかりやすいテキストです。さあ、飛び込んで学ぶ準備をしてください。Rust コミュニティーへようこそ！

ニコラス・マットサキス（Nicholas Matsakis）
アーロン・チューロン（Aaron Turon）

謝辞

Rust 言語に取り組み、一冊の本を書くだけの価値のある素晴らしい言語にしてくださったことについて皆様に謝辞を述べます。Rust コミュニティーの皆様に歓迎していただき、より多くの同志を迎え入れるだけの価値のある環境を作り上げてくださったことにも感謝しています。

特にこの本の初期のバージョンをご一読いただき、フィードバックやバグ報告、プルリクエストを送っていただいた皆様に謝辞を申し上げます。エデュアード・ミハイ・バルテスキュー（Eduard-Mihai Burtescu）とアレックス・クリックトン（Alex Crichton）は、技術的な査読をしてくださり、またカレン・ラスタッド・トルヴァ（Karen Rustad Tölva）には表紙の絵を描いていただき、スペシャルサンクスを申し上げます。ノースターチチームのビル・ポロック（Bill Pollock）、リズ・チャドウィック（Liz Chadwick）、ジャネル・ルードワイズ（Janelle Ludowise）にもこの本の改善と、出版の手伝いをしていただき感謝しています。

スティーヴは、キャロルに素晴らしい共同執筆者になってくれたことに感謝したがっています。彼女がいなければ、この本の質は低くなり、より時間がかかったでしょう。アシュリー・ウィリアムズ（Ashley Williams）にも追加の謝辞を述べます。このかたは、全期間に渡って多大なるサポートをしてくださいました。

キャロルは、スティーヴに対して、Rust に対する興味を引き出し、この本に取り組む機会をくれたことに感謝したがっています。彼女は、自分の家族、特に夫のジェイク・ガウルディング（Jake Goulding）と娘のヴィヴィアン（Vivian）に対して、定期的に愛情とサポートをしてくれたことについて感謝しています。

導入

The Rust Programming Language へようこそ。Rust に関する入門書です。
　Rust プログラミング言語は、高速で信頼できるソフトウェアを書く手助けをしてくれます。高レベルのエルゴノミクス[*1]と低レベルの制御は、しばしばプログラミング言語の設計においてトレードオフの関係になります; Rust は、その衝突に挑戦しています。バランスのとれた強力な技術の許容量と素晴らしい開発者経験を通して、Rust は伝統的にそれらの制御と紐付いていた困難すべてなしに低レベルの詳細（メモリー使用など）を制御する選択肢を与えてくれます。

NOTE 本書のこの版は、書籍として利用可能な *The Rust Programming Language*[*2] と、No Starch Press[*3] の ebook 形式と同じです。

[*1] ergonomics とは、人間工学的という意味。砕いて言えば、人間に優しいということ
[*2] https://nostarch.com/rust
[*3] https://nostarch.com/

Rust は誰のためのものなの

Rust は、さまざまな理由により多くの人にとって理想的です。いくつか最も重要なグループを見ていきましょう。

開発者チーム

Rust は、いろいろなレベルのシステムプログラミングの知識を持つ開発者の巨大なチームとコラボするのに生産的なツールであると証明してきています。低レベルコードはさまざまな種類の微細なバグを抱える傾向があり、そのようなバグは他の言語だと広範なテストと、経験豊富な開発者による注意深いコードレビューによってのみ捕捉されるものです。Rust においては、コンパイラーが並行性のバグも含めたこのようなとらえどころのないバグのあるコードをコンパイルするのを拒むことで、門番の役割を担います。コンパイラーとともに取り組むことで、チームはバグを追いかけるよりもプログラムのロジックに集中することに、時間を費やせるのです。

Rust はまた、現代的な開発ツールをシステムプログラミング世界に導入します。

- Cargo は、付属の依存マネージャー兼ビルドツールで、依存を追加、コンパイル、管理することを楽かつ、Rust エコシステムを通じて矛盾させません。
- Rustfmt は開発者の間で矛盾のないコーディングスタイルを保証します。
- Rust Language Server は IDE（Integrated Development Environment）にコード補完とインラインのエラーメッセージの統合の源となります。

これらや他のツールを Rust のエコシステムで使用することで、開発者はシステムレベルのコードを記述しつつ、生産的になれます。

学生

Rust は、学生やシステムの概念を学ぶことに興味のある人向けです。Rust を使用して、多くの人が OS 開発などの話題を学んできました。コミュニティーはとても暖かく、喜んで学生の質問に答えてくれます。この本のような努力を通じて、Rust チームはシステムの概念を多くの人、特にプログラミング初心者にとってアクセス可能にしたいと考えています。

企業

数百の企業が、大企業、中小企業を問わず、さまざまなタスクにプロダクションで Rust を使用しています。そのタスクには、コマンドラインツール、Web サービス、DevOps ツール[4]、組み込みデバイス、オーディオとビデオの解析および変換、暗号通貨、生物情報学、サーチエ

---

[4] DevOps とは Development と Operation を組み合わせたソフトウェア開発手法の 1 つ。開発担当者と運用担当者が連携して協力する

ンジン、IoT アプリケーション[*5]、機械学習、Firefox ウェブブラウザーの主要部分さえ含まれます。

オープンソース開発者

Rust は、Rust プログラミング言語やコミュニティー、開発者ツール、ライブラリーを開発したい人向けです。あなたが Rust 言語に貢献されることを心よりお待ちしております。

スピードと安定性に価値を見出す人たち

Rust は、スピードと安定性を言語に渇望する人向けです。ここでいうスピードとは、Rustで作れるプログラムのスピードとソースコードを書くスピードのことです。Rust コンパイラーのチェックにより、機能の追加とリファクタリングを通して安定性を保証してくれます。これはこのようなチェックがない言語の脆いレガシーコードとは対照的で、その場合開発者はしばしば、変更するのを恐れてしまいます。ゼロコスト抽象化を志向し、手で書いたコードと同等の速度を誇る低レベルコードにコンパイルされる高レベル機能により、Rust は安全なコードを高速なコードにもしようと努力しています。

Rust 言語は他の多くのユーザーのサポートも望んでいます; ここで名前を出したかたは、ただの最大の出資者の一部です。総合すると、Rust の最大の野望は、プログラマーが数十年間受け入れてきた代償を排除することです: つまり、安全性と生産性、スピードとエルゴノミクスです。Rust を試してみて、その選択が自分に合っているか確かめてください。

この本は誰のためのものなの

この本は、あなたが他のプログラミング言語でコードを書いたことがあることを想定していますが、具体的にどの言語かという想定はしません。我々は、幅広い分野のプログラミング背景からの人にとってこの資料を広くアクセスできるようにしようとしてきました。プログラミングとは何なのかやそれについて考える方法について多くを語るつもりはありません。もし、完全なプログラミング初心者であれば、プログラミング入門を特に行う解説書を読むことでよりよく役に立つでしょう。

この本の使い方

一般的に、この本は、順番に読み進めていくことを前提にしています。後の章は、前の章の概念の上に成り立ち、前の章では、ある話題にさほど深入りしない可能性があります; 典型的には、後ほどの章で同じ話題を再度しています。

この本には 2 種類の章があるとわかるでしょう: 概念の章とプロジェクトの章です。概念の章では、Rust の一面を学ぶでしょう。プロジェクトの章では、それまでに学んだことを適用して一緒に小さなプログラムを構築します。第 2 章、第 12 章、第 20 章がプロジェクトの章

[*5] Internet of Things のこと。PC やスマホなどだけでなく、あらゆる機器がインターネットに接続し、情報のやり取りを行う

です。つまり、残りは概念の章です。

第1章は Rust のインストール方法、Hello, world! プログラムの書き方、Rust のパッケージマネージャー兼、ビルドツールの Cargo の使用方法を説明します。第2章は、Rust 言語への実践的な導入です。概念を高度に講義し、後ほどの章で追加の詳細を提供します。今すぐ Rust の世界に飛び込みたいなら、第2章こそがそのためのものです。第3章は他のプログラミング言語の機能に似た Rust の機能を講義していますが、最初その3章すら飛ばして、まっすぐに第4章に向かい、Rust の所有権システムについて学びたくなる可能性があります。しかしながら、あなたが次に進む前にすべての詳細を学ぶことを好む特別に几帳面な学習者なら、第2章を飛ばして真っ先に第3章に行き、学んだ詳細を適用するプロジェクトに取り組みたくなったときに第2章に戻りたくなる可能性があります。

第5章は、構造体とメソッドについて議論し、第6章は enum、match 式、if let フロー制御構文を講義します。構造体と enum を使用して Rust において独自の型を作成します。

第7章では、Rust のモジュールシステムと自分のコードとその公開された API（Application Programming Interface）を体系化するプライバシー規則について学びます。第8章では、ベクター、文字列、ハッシュマップなどの標準ライブラリーが提供する一般的なコレクションデータ構造の一部を議論します。第9章では、Rust のエラー処理哲学とテクニックを探究します。

第10章ではジェネリクス、トレイト、ライフタイムについて深入りし、これらは複数の型に適用されるコードを定義する力をくれます。第11章は、完全にテストに関してで、Rust の安全性保証があってさえ、プログラムのロジックが正しいことを保証するために、必要になります。第12章では、ファイル内のテキストを検索する grep コマンドラインツールの一部の機能を自身で構築します。このために、以前の章で議論した多くの概念を使用します。

第13章はクロージャーとイテレーターを探究します。これらは、関数型プログラミング言語由来の Rust の機能です。第14章では、Cargo をより詳しく調査し、他人と自分のライブラリーを共有する最善の策について語ります。第15章では、標準ライブラリーが提供するスマートポインターとその機能を可能にするトレイトを議論します。

第16章では、並行プログラミングの異なるモデルを見ていき、Rust が恐れなしに複数のスレッドでプログラムする手助けをする方法を語ります。第17章では、馴染み深い可能性のあるオブジェクト指向プログラミングの原則と Rust のイディオムがどう比較されるかに目を向けます。

第18章は、パターンとパターンマッチングのリファレンスであり、これらは Rust プログラムを通して、考えを表現する強力な方法になります。第19章は、unsafe Rust やライフタイム、トレイト、型、関数、クロージャーの詳細を含む、興味のある高度な話題のスモーガスボード[6]を含みます。

第20章では、低レベルなマルチスレッドの Web サーバーを実装するプロジェクトを完成させます！

最後に、言語についての有用な情報をよりリファレンスのような形式で含む付録がありま

---

[6] 日本でいうバイキングのこと

す。付録 A は Rust のキーワードを講義し、付録 B は、Rust の演算子と記号、付録 C は、標準ライブラリーが提供する継承可能なトレイト、付録 D はマクロを講義します。

この本を読む間違った方法なんてありません: 飛ばしたければ、どうぞご自由に！ 混乱したら、前の章に戻らなければならない可能性もあります。ですが、自分に合った方法でどうぞ。

Rust を学ぶ過程で重要な部分は、コンパイラーが表示するエラーメッセージを読む方法を学ぶことです: それは動くコードへと導いてくれます。そのため、各場面でコンパイラーが表示するエラーメッセージとともに、コンパイルできないコードの例を多く提供します。適当に例を選んで走らせたら、コンパイルできないかもしれないことを知ってください！ 周りのテキストを読んで実行しようとしている例がエラーになることを意図しているのか確認することを確かめてください。ほとんどの場合、コンパイルできないあらゆるコードの正しいバージョンへと導きます。

ソースコード

本書で生成されるソースファイルは、GitHub[7] で見つかります。

---

[7] https://github.com/rust-lang/book/tree/master/second-edition/src

1

事始め

Rustの旅を始めましょう！ 学ぶべきことはたくさんありますが、いかなる旅もどこかから始まります。この章では、以下のことを議論します:

- RustをLinux、macOS、Windowsにインストールする
- `Hello, world!`と出力するプログラムを書く
- `cargo`というRustのパッケージマネージャー兼ビルドシステムを使用する

インストール

最初の手順は、Rust をインストールすることです。Rust は、rustup という Rust のバージョンと関連するツールを管理するコマンドラインツールを使用して、ダウンロードします。ダウンロードするには、インターネット接続が必要でしょう。

NOTE 何らかの理由で rustup を使用しないことを好むのなら、Rust インストールページ[*1] で、他の選択肢をご覧になってください。

以下の手順で最新の安定版の Rust コンパイラーをインストールします。本書の例と出力はすべて、安定版の Rust 1.21.0 を使用しています。Rust の安定性保証により、現在本書の例でコンパイルできるものは、新しいバージョンになってもコンパイルでき続けることを保証します。出力は、バージョンによって多少異なる可能性があります。Rust は頻繁にエラーメッセージと警告を改善しているからです。言い換えると、どんな新しいバージョンでもこの手順に従ってインストールした安定版なら、本書の内容で想定どおりに動くはずです。

コマンドライン表記

この章および、本書を通して、端末で使用する何らかのコマンドを示すことがあります。読者が入力するべき行は、すべて $ で始まります。$ 文字を入れる必要はありません;各コマンドの開始を示しているだけです。$ で始まらない行は、典型的には直前のコマンドの出力を示します。また、PowerShell 限定の例は、$ ではなく、> を使用します。

Linux と macOS に rustup をインストールする

Linux か macOS を使用しているなら、端末を開き、以下のコマンドを入力してください:

```
$ curl https://sh.rustup.rs -sSf |sh
```

このコマンドはスクリプトをダウンロードし、rustup ツールのインストールを開始し、Rust の最新の安定版をインストールします。パスワードを求められる可能性があります。インストールがうまくいけば、以下の行が出現するでしょう:

```
Rust is installed now. Great!
```

お好みでご自由にスクリプトをダウンロードし、実行前に調査することもできます。
インストールスクリプトは、次回のログイン後に Rust をシステムの PATH に自動的に追加します。端末を再起動するのではなく、いますぐに Rust を使用し始めたいのなら、シェルで以下のコマンドを実行して Rust をシステムの PATH に手動で追加します:

[*1] https://www.rust-lang.org/install.html

```
$ source $HOME/.cargo/env
```

また、以下の行を ~/.bash_profile に追加することもできます:

```
$ export PATH="$HOME/.cargo/bin:$PATH"
```

さらに、何らかの類のリンカーが必要になるでしょう。すでにインストールされている可能性が高いものの、Rust プログラムのコンパイルを試みて、リンカーが実行できないというエラーが出たら、システムにリンカーがインストールされていないということなので、手動でインストールする必要があるでしょう。C コンパイラーは通常正しいリンカーとセットになっています。自分のプラットフォームのドキュメンテーションを見て C コンパイラーのインストール方法を確認してください。一般的な Rust パッケージの中には、C コードに依存し、C コンパイラーが必要になるものもあります。故に、今インストールする価値はあるかもしれません。

Windows で rustup をインストールする

Windows では、https://www.rust-lang.org/install.html に行き、手順に従って Rust をインストールしてください。インストールの途中で、Visual Studio 2013 以降用の C++ ビルドツールも必要になるという旨のメッセージが出るでしょう。ビルドツールを取得する最も簡単な方法は、Visual Studio 2017 用のビルドツール[2] をインストールすることです。ツールは、他のツールおよびフレームワークのセクションにあります。

これ以降、cmd.exe と PowerShell の両方で動くコマンドを使用します。特定の違いがあったら、どちらを使用すべきか説明します。

更新およびアンインストール

rustup 経由で Rust をインストールしたら、最新版への更新は、簡単になります。シェルから、以下の更新スクリプトを実行してください:

```
$ rustup update
```

Rust と rustup をアンインストールするには、シェルから以下のアンインストールスクリプトを実行してください:

```
$ rustup self uninstall
```

---

[2] https://www.visualstudio.com/downloads/

トラブルシューティング

Rust が正常にインストールされているか確かめるには、シェルを開いて以下の行を入力してください:

```
$ rustc --version
```

バージョンナンバー、コミットハッシュ、最新の安定版がリリースされたコミット日時が以下のフォーマットで表示されるのを目撃するはずです。

```
rustc x.y.z (abcabcabc yyyy-mm-dd)
```

この情報が見られたら、Rust のインストールに成功しました！ この情報が出ず、Windows を使っているなら、Rust が `%PATH%` システム環境変数にあることを確認してください。すべて正常で、それでも Rust が動かないなら、助力を得られる場所はたくさんあります。最も簡単なのが irc.mozilla.org の #rust IRC チャンネル[3] で、Mibbit[4] を通してアクセスできます。そのアドレスで、助けてくれる他の Rustacean（自分たちを呼ぶバカなニックネーム）とチャットできます。他の素晴らしいリソースには、ユーザー・フォーラム[5] と Stack Overflow[6] が含まれます。

Rustacean

いらないかもしれない補足です。Rustacean は公式に crustaceans（甲殻類）から来て[7] いるそうです。そのため、Rust のマスコットは非公式らしいですが、カニ[8]（章冒頭のイラストにも描かれていますね。どこで見かけたか失念しましたが、名前は Ferris（フェリス）だそうです）。上の会話で C の欠点を削ぎ落としているから c を省いてるの？ みたいなことを聞いていますが、そういうわけではないそうです。検索したら、堅牢性が高いから甲殻類という意見もありますが、真偽は不明です。明日使えるかもしれないトリビアでした。

ローカルのドキュメンテーション

インストーラーは、ドキュメンテーションの複製もローカルに含んでいるので、オフラインで閲覧することができます。ブラウザーでローカルのドキュメンテーションを開くには、`rustup doc` を実行してください。

---

[3] irc://irc.mozilla.org/#rust
[4] http://chat.mibbit.com/?server=irc.mozilla.org&channel=%23rust
[5] https://users.rust-lang.org/
[6] http://stackoverflow.com/questions/tagged/rust
[7] https://mobile.twitter.com/rustlang/status/916284650674323457
[8] https://www.slideshare.net/wolf-dog/ss-64026540

標準ライブラリーにより型や関数が提供され、それが何なのかや使用方法に確信が持てない
たびに、API ドキュメンテーションを使用して探してください！

Hello, World!

Rust をインストールしたので、最初の Rust プログラムを書きましょう。新しい言語を学ぶ
際に、Hello, world! というテキストを画面に出力する小さなプログラムを書くことは伝統
的なことなので、ここでも同じようにしましょう！

NOTE 本書は、コマンドラインに基礎的な馴染みがあることを前提にしています。Rust は、編集やツール、ど
こにコードがあるかについて特定の要求をしないので、コマンドラインではなく IDE を使用することを
好むのなら、どうぞご自由にお気に入りの IDE を使用してください。今では、多くの IDE が何らかの
形で Rust をサポートしています; 詳しくは、IDE のドキュメンテーションをご覧ください。最近、Rust
チームは優れた IDE サポートを有効にすることに注力し、その前線で急激に成果があがっています！

プロジェクトのディレクトリーを作成する

Rust コードを格納するディレクトリーを作ることから始めましょう。Rust にとって、コー
ドがどこにあるかは問題ではありませんが、本書の練習とプロジェクトのために、ホームディ
レクトリーに projects ディレクトリーを作成してプロジェクトをすべてそこに保管することを
推奨します。

端末を開いて以下のコマンドを入力し、projects ディレクトリーと、projects ディレクトリー
内に Hello, world! プロジェクトのディレクトリーを作成してください。

Linux と macOS なら、こう入力してください:

```
$ mkdir ~/projects
$ cd ~/projects
$ mkdir hello_world
$ cd hello_world
```

Windows の CMD なら、こう:

```
> mkdir "%USERPROFILE%\projects"
> cd /d "%USERPROFILE%\projects"
> mkdir hello_world
> cd hello_world
```

Windows の PowerShell なら、こう:

```
> mkdir $env:USERPROFILE\projects
> cd $env:USERPROFILE\projects
> mkdir hello_world
> cd hello_world
```

Rust プログラムを書いて走らせる

次にソースファイルを作り、main.rs と呼んでください。Rust のファイルは常に .rs という拡張子で終わります。ファイル名に 2 単語以上使っているなら、アンダースコアで区切ってください。例えば、helloworld.rs ではなく、hello_world.rs を使用してください。

さて、作ったばかりの main.rs ファイルを開き、リスト 1.1 のコードを入力してください。

リスト 1.1: Hello, world! と出力するプログラム

main.rs

```
fn main() {
    // 世界よ、こんにちは
    println!("Hello, world!");
}
```

ファイルを保存し、端末ウィンドウに戻ってください。Linux か macOS なら、以下のコマンドを打ってファイルをコンパイルし、実行してください:

```
$ rustc main.rs
$ ./main
Hello, world!
```

Windows なら、./main の代わりに.\main.exe と打ちます:

```
> rustc main.rs
> .\main.exe
Hello, world!
```

OS にかかわらず、Hello, world! という文字列が端末に出力されるはずです。この出力が見られないなら、「トラブルシューティング」（☞ p.4）に立ち戻って、助けを得る方法を参照してください。

Hello, world! が確かに出力されたら、おめでとうございます！ 正式に Rust プログラムを書きました。Rust プログラマーになったのです！ ようこそ！

Rust プログラムの解剖

Hello, world! プログラムでちょうど何が起こったのか詳しく確認しましょう。こちらがパズルの最初のピースです:

```
fn main() {

}
```

これらの行で Rust で関数を定義しています。main 関数は特別です: 常にすべての実行可能な Rust プログラムで走る最初のコードになります。1 行目は、引数がなく、何も返さない main という関数を宣言しています。引数があるなら、かっこ（()）の内部に入ります。

また、関数の本体が波かっこ（{}）に包まれていることにも注目してください。Rust では、すべての関数本体の周りにこれらが必要になります。スペースを 1 つあけて、開き波かっこを関数宣言と同じ行に配置するのがいいスタイルです。

これを執筆している時点では、rustfmt と呼ばれる自動整形ツールは開発中です。複数の Rust プロジェクトに渡って、標準的なスタイルに固執したいなら、rustfmt は特定のスタイルにコードを整形してくれます。Rust チームは、最終的に rustc のように標準的な Rust の配布にこのツールを含むことを計画しています。したがって、本書を読んだ時期によっては、すでにコンピュータにインストールされている可能性もあります！ 詳細は、オンラインのドキュメンテーションを確認してください。

main 関数内には、こんなコードがあります:

```
    println!("Hello, world!");
```

この行が、この小さなプログラムの全作業をしています: テキストを画面に出力するのです。ここで気付くべき重要な詳細が 4 つあります。まず、Rust のスタイルは、タブではなく、4 スペースでインデントするということです。

2 番目に println! は Rust のマクロを呼び出すということです。代わりに関数を呼んでいたら、println（! なし）と入力されているでしょう。Rust のマクロについて詳しくは、付録 D（☞ p.551）で議論します。とりあえず、! を使用すると、普通の関数ではなくマクロを呼んでいるのだということを知っておくだけでいいでしょう。

3 番目に、"Hello, world!" 文字列が見えます。この文字列を引数として println! に渡し、この文字列が画面に表示されているのです。

4 番目にこの行をセミコロン（;）で終え、この式が終わり、次の式の準備ができていると示唆していることです。Rust コードのほとんどの行は、セミコロンで終わります。

コンパイルと実行は個別のステップ

新しく作成したプログラムをちょうど実行したので、その途中の手順を調査しましょう。

Rust プログラムを実行する前に、以下のように、rustc コマンドを入力し、ソースファイルの名前を渡すことで、Rust コンパイラーを使用してコンパイルしなければなりません。

```
$ rustc main.rs
```

あなたに C や C++ の背景があるなら、これは gcc や clang と似ていると気付くでしょう。コンパイルに成功後、Rust はバイナリーの実行可能ファイルを出力します。

Linux、macOS、Windows の PowerShell なら、シェルで以下のように ls コマンドを入力することで実行可能ファイルを見られます:

```
$ ls
main  main.rs
```

Windows の CMD なら、以下のように入力するでしょう:

```
> dir /B %= /B オプションは、ファイル名だけを表示することを宣言する =%
main.exe
main.pdb
main.rs
```

これは、.rs 拡張子のソースコードファイル、実行可能ファイル（Windows なら main.exe、他のプラットフォームでは、main）、そして、CMD を使用しているなら、.pdb 拡張子のデバッグ情報を含むファイルを表示します。ここから、main か main.exe を走らせます。このように:

```
$ ./main # または、Windows なら .\main.exe
```

main.rs が Hello, world!プログラムなら、この行は Hello, world! と端末に出力するでしょう。

Ruby や Python、JavaScript などの動的言語により造詣が深いなら、プログラムのコンパイルと実行を個別の手順で行うことに慣れていない可能性があります。Rust は AOT コンパイル（ahead-of-time）[*9]言語です。つまり、プログラムをコンパイルし、実行可能ファイルを誰かにあげ、あげた人が Rust をインストールしていなくても実行できるわけです。誰かに .rb、.py、.js ファイルをあげたら、それぞれ Ruby、Python、JavaScript の実装がインストールされている必要があります。ですが、そのような言語では、プログラムをコンパイルし実行するには、1 コマンドしか必要ないのです。すべては言語設計においてトレードオフなのです。

簡単なプログラムなら rustc でコンパイルするだけでも十分ですが、プロジェクトが肥大化してくると、オプションをすべて管理し、自分のコードを簡単に共有したくなるでしょう。次は、Cargo ツールを紹介します。これは、現実世界の Rust プログラムを書く手助けをしてくれるでしょう。

Hello, Cargo!

Cargo は、Rust のビルドシステム兼、パッケージマネージャーです。ほとんどの Rustacean はこのツールを使用して、Rust プロジェクトの管理をしています。Cargo は、コードのビルドやコードが依存しているライブラリーのダウンロード、それらのライブラリーのビルド（コードが必要とするライブラリーを我々は、**依存**と呼んでいます）などの多くの仕事を扱ってくれるからです。

今までに書いたような最も単純な Rust プログラムは、依存がありません。したがって、

[*9] あらかじめ

Hello, world! プロジェクトを Cargo を使ってビルドしても、Cargo のコードをビルドする部分しか使用しないでしょう。より複雑な Rust プログラムを書くにつれて、依存を追加し、Cargo でプロジェクトを開始したら、依存の追加は、はるかに簡単になるのです。

Rust プロジェクトの大多数が Cargo を使用しているので、これ以降本書では、あなたも Cargo を使用していることを想定します。Cargo は、「インストール」節（☞ p. 2）で議論した公式のインストーラーを使用していれば、勝手にインストールされます。Rust を他の何らかの手段でインストールした場合、以下のコマンドを端末に入れて Cargo がインストールされているか確かめてください:

```
$ cargo --version
```

バージョンナンバーが見えたら、インストールされています！ command not found などのエラーが見えたら、自分のインストール方法を求めてドキュメンテーションを見て、Cargo を個別にインストールする方法を決定してください。

Cargo でプロジェクトを作成する

Cargo を使用して新しいプロジェクトを作成し、元の Hello, world! プロジェクトとどう違うかを見ましょう。projects ディレクトリー（あるいはコードを格納すると決めた場所）に戻ってください。それから、OS にかかわらず、以下を実行してください:

```
$ cargo new hello_cargo --bin
$ cd hello_cargo
```

最初のコマンドは、hello_cargo という新しいバイナリーの実行可能ファイルを作成します。cargo new に渡した --bin 引数が、ライブラリーとは対照的に実行可能なアプリケーション（よく単にバイナリーと呼ばれる）を作成します。プロジェクトを hello_cargo と名付け、Cargo は、そのファイルを同名のディレクトリーに作成します。

hello_cargo ディレクトリーに行き、ファイルを列挙してください。Cargo が 2 つのファイルと 1 つのディレクトリーを生成してくれたことがわかるでしょう: Cargo.toml ファイルと、中に main.rs ファイルがある src ディレクトリーです。また、.gitignore ファイルとともに、新しい Git リポジトリーも初期化しています。

NOTE Git は一般的なバージョンコントロールシステムです。cargo new を変更して、異なるバージョンコントロールシステムを使用したり、--vcs フラグを使用して何もバージョンコントロールシステムを使用しないようにもできます。cargo new --help を走らせて、利用可能なオプションを確認してください。

お好きなテキストエディタで Cargo.toml を開いてください。リスト 1.2 のコードのような見た目のはずです。

リスト 1.2: cargo new で生成される Cargo.toml の中身

Cargo.toml
```
[package]
name = "hello_cargo"
version = "0.1.0"
authors = ["自分の名前 <you@example.com>"]

[dependencies]
```

このファイルは TOML（Tom's Obvious, Minimal Language）[10][11] フォーマットで、Cargo の設定フォーマットです。

最初の行の [package] は、後の文がパッケージを設定していることを示すセクションヘッダーです。もっと情報を追加するにつれて、別のセクションも追加するでしょう。

その後の 3 行が、Cargo がプログラムをコンパイルするのに必要な設定情報をセットします: 名前、バージョン、誰が書いたかです。Cargo は名前と E メールの情報を環境から取得するので、その情報が正しくなければ、いま修正してそれから保存してください。

最後の行の [dependencies] は、プロジェクトの依存を列挙するためのセクションの始まりです。Rust では、パッケージのコードは**クレート**として参照されます。このプロジェクトでは何も他のクレートは必要ありませんが、第 2 章の最初のプロジェクトでは必要なので、そのときにはこの依存セクションを使用するでしょう。

では、src/main.rs を開いてのぞいてみてください:

src/main.rs
```
fn main() {
    println!("Hello, world!");
}
```

ちょうどリスト 1.1 で書いたように、Cargo は Hello, world! プログラムを生成してくれています。ここまでで、前のプロジェクトと Cargo が生成したプロジェクトの違いは、Cargo が src ディレクトリーにコードを配置し、最上位のディレクトリーに Cargo.toml 設定ファイルがあることです。

Cargo は、ソースファイルが src ディレクトリーにあることを期待します。プロジェクトの最上位のディレクトリーは、README ファイル、ライセンス情報、設定ファイル、あるいは、コードに関連しない他のもののためのものです。Cargo を使用すると、プロジェクトを体系化する手助けをしてくれます。適材適所であり、すべてがその場所にあるのです。

Hello, world! プロジェクトのように、Cargo を使用しないプロジェクトを開始したら、実際に Cargo を使用するプロジェクトに変換できます。プロジェクトのコードを src ディレクトリーに移動し、適切な Cargo.toml ファイルを作成してください。

---

[10] 直訳: トムの明確な最小限の言語
[11] https://github.com/toml-lang/toml

Cargo プロジェクトをビルドし、実行する

さて、Cargo で Hello, world! プログラムをビルドし、実行するときの違いに目を向けましょう！ hello_cargo ディレクトリーから、以下のコマンドを入力してプロジェクトをビルドしてください:

```
$ cargo build
   Compiling hello_cargo v0.1.0 (file:///projects/hello_cargo)
    Finished dev [unoptimized + debuginfo] target(s) in 2.85 secs
```

このコマンドは、カレントディレクトリーではなく、target/debug/hello_cargo（あるいはWindows なら、target/debug/hello_cargo.exe）に実行可能ファイルを作成します。以下のコマンドで実行可能ファイルを実行できます:

```
$ ./target/debug/hello_cargo
                         # あるいは、Windows なら、.\target\debug\hello_cargo.exe
Hello, world!
```

すべてがうまくいけば、Hello, world! が端末に出力されるはずです。初めて cargo build を実行すると、Cargo が最上位のディレクトリーに新しいファイルも作成します: Cargo.lock です。このファイルは、自分のプロジェクトの依存の正確なバージョンを追いかけます。このプロジェクトには依存がないので、ファイルはやや空っぽです。絶対にこのファイルを手動で変更する必要はないでしょう; Cargo が中身を管理してくれるのです。

cargo build でプロジェクトをビルドし、./target/debug/hello_cargo で実行したばかりですが、cargo run を使用して、コードをコンパイルし、それから吐かれた実行可能ファイルを全部 1 コマンドで実行することもできます:

```
$ cargo run
    Finished dev [unoptimized + debuginfo] target(s) in 0.0 secs
     Running `target/debug/hello_cargo`
Hello, world!
```

今回は、Cargo が hello_cargo をコンパイルしていることを示唆する出力がないことに気付いてください。Cargo はファイルが変更されていないことを推察したので、単純にバイナリーを実行したのです。ソースコードを変更していたら、Cargo は実行前にプロジェクトを再ビルドし、こんな出力を目の当たりにしたでしょう:

```
$ cargo run
   Compiling hello_cargo v0.1.0 (file:///projects/hello_cargo)
    Finished dev [unoptimized + debuginfo] target(s) in 0.33 secs
     Running `target/debug/hello_cargo`
Hello, world!
```

Cargo は cargo check というコマンドも提供しています。このコマンドは、迅速にコードを確認し、コンパイルできることを確かめますが、実行可能ファイルは生成しません：

```
$ cargo check
   Compiling hello_cargo v0.1.0 (file:///projects/hello_cargo)
    Finished dev [unoptimized + debuginfo] target(s) in 0.32 secs
```

なぜ、実行可能ファイルがほしくないのでしょうか？ しばしば、cargo check は、cargo build よりもはるかに速くなります。実行可能ファイルを生成する手順を飛ばすからです。コードを書いている際に継続的に自分の作業を確認するのなら、cargo check を使用すると、その過程が高速化されます！ そのため、多くの Rustacean は、プログラムを書く際にコンパイルできるか確かめるために定期的に cargo check を実行します。そして、実行可能ファイルを使用できる状態になったら、cargo build を走らせるのです。

ここまでに Cargo について学んだことをおさらいしましょう：

- cargo build か cargo check でプロジェクトをビルドできる。
- プロジェクトのビルドと実行を 1 ステップ、cargo run でできる。
- ビルドの結果をコードと同じディレクトリーに保存するのではなく、Cargo は target/debug ディレクトリーに格納する。

Cargo を使用する追加の利点は、使用している OS にかかわらず、同じコマンドが使用できることです。故にこの時点で、Windows と Linux および macOS で特定の手順を提供することはもはやなくなります。

リリースビルドを行う

プロジェクトを最終的にリリースする準備ができたら、cargo build --release を使用して、最適化を行ってコンパイルすることができます。このコマンドは、target/debug ではなく、target/release に実行可能ファイルを作成します。最適化は、Rust コードの実行を速くしてくれますが、オンにするとプログラムをコンパイルする時間が延びます。このため、2 つの異なるプロファイルがあるのです: 頻繁に再ビルドをかけたい開発用と、繰り返し再ビルドすることはなく、できるだけ高速に動いてユーザーにあげる最終的なプログラムをビルドする用です。コードの実行時間をベンチマークするなら、cargo build --release を確実に実行し、target/release の実行可能ファイルでベンチマークしてください。

習慣としての Cargo

単純なプロジェクトでは、Cargo は単に rustc を使用する以上の価値を生みませんが、プログラムが複雑になるにつれて、その価値を証明するでしょう。複数のクレートからなる複雑なプロジェクトでは、Cargo にビルドを調整してもらうのがはるかに簡単です。

hello_cargo プロジェクトは単純ではありますが、今では、Rust のキャリアを通じて使用するであろう本物のツールを多く使用するようになりました。事実、既存のどんなプロジェク

トに取り組むにも、以下のコマンドを使用して、Git でコードをチェックアウトし、そのプロジェクトのディレクトリーに移動し、ビルドできます:

```
$ git clone someurl.com/someproject
$ cd someproject
$ cargo build
```

Cargo についてより詳しく知るには、ドキュメンテーション[12] を確認してください。

まとめ

すでに Rust の旅の素晴らしいスタートを切っています！ この章では、以下の方法を学びました:

- rustup で最新の安定版の Rust をインストールする方法
- 新しい Rust のバージョンに更新する方法
- ローカルにインストールされたドキュメンテーションを開く方法
- 直接 rustc を使用して Hello, world! プログラムを書き、実行する方法
- Cargo の慣習を使用して新しいプロジェクトを作成し、実行する方法

より中身のあるプログラムをビルドし、Rust コードの読み書きに慣れるいいタイミングです。故に、第 2 章では、数当てゲームを構築します。むしろ一般的なプログラミングの概念が Rust でどう動くのか学ぶことから始めたいのであれば、第 3 章を見て、それから第 2 章に戻ってください。

---

[12] https://doc.rust-lang.org/cargo/

2

数当てゲームをプログラムする

実物のプロジェクトに一緒に取り組むことで、Rust の世界へ飛び込みましょう！ この章では、実際のプログラム内で使用しながらいくつかの一般的な Rust の概念に触れます。let、match、メソッド、関連関数、外部クレートの使用などについて学ぶでしょう！ 後ほどの章でこれらの概念について深く知ることになります。この章では、基礎部分だけにしましょう。

古典的な初心者向けのプログラミング問題を実装してみましょう: 数当てゲームです。これは以下のように動作します: プログラムは 1 から 100 までの乱数整数を生成します。そしてプレーヤーに予想を入力するよう促します。予想を入力したら、プログラムは、その予想が小さすぎたか大きすぎたかを出力します。予想が当たっていれば、ゲームは祝福メッセージを表示し、終了します。

新規プロジェクトの立ち上げ

新規プロジェクトを立ち上げるには、第 1 章で作成した projects ディレクトリーに行き、Cargo を使って新規プロジェクトを作成します。以下のように:

```
$ cargo new guessing_game --bin
$ cd guessing_game
```

最初のコマンド cargo new は、プロジェクト名を第 1 引数に取ります (guessing_game ですね)。--bin というフラグは、Cargo にバイナリー生成プロジェクトを作成させます。第 1 章のものと似ていますね。2 番目のコマンドで新規プロジェクトのディレクトリーに移動します。

生成された Cargo.toml ファイルを見てください:

Cargo.toml
```
[package]
name = "guessing_game"
version = "0.1.0"
authors = ["自分の名前 <you@example.com>"]

[dependencies]
```

もし、Cargo があなたの環境から取得した作者情報が間違っていたら、ファイルを編集して保存し直してください。

第 1 章でも見かけたように、cargo new コマンドは、"Hello, world!" プログラムを生成してくれます。src/main.rs ファイルをチェックしてみましょう:

src/main.rs
```
fn main() {
    println!("Hello, world!");
}
```

さて、この "Hello, world!" プログラムをコンパイルし、cargo run コマンドを使用して、以前と同じように動かしてみましょう:

```
$ cargo run
   Compiling guessing_game v0.1.0 (file:///projects/guessing_game)
    Finished dev [unoptimized + debuginfo] target(s) in 1.50 secs
     Running `target/debug/guessing_game`
Hello, world!
```

run コマンドは、プロジェクトに迅速に段階を踏んで取り掛かる必要がある場合に有用であり、次のステップに進む前に各段階を急速にテストして、このゲームではそれを行います。

予想を処理する　　17

再度 src/main.rs ファイルを開きましょう。ここにすべてのコードを書いていきます。

予想を処理する

数当てプログラムの最初の部分は、ユーザーに入力を求め、その入力を処理し、予期した形式になっていることを確認します。手始めに、プレーヤーが予想を入力できるようにしましょう。リスト 2.1 のコードを src/main.rs に入力してください。

リスト 2.1: ユーザーに予想を入力してもらい、それを出力するコード

src/main.rs

```rust
use std::io;

fn main() {
    println!("Guess the number!");          // 数を当ててごらん

    println!("Please input your guess.");   // ほら、予想を入力してね

    let mut guess = String::new();

    io::stdin().read_line(&mut guess)
        .expect("Failed to read line");      // 行の読み込みに失敗しました

    println!("You guessed: {}", guess);      // 次のように予想しました: {}
}
```

NOTE *The Rust Programming Language* 第 1 版の翻訳者によると、ソースコードのコメント中以外に日本語文字があるとコンパイルに失敗することがあるそうなので、文字列の英語は、コメントに和訳を載せます。また、重複する内容の場合には、最初の 1 回だけ掲載するようにします。

このコードには、たくさんの情報が詰め込まれていますね。なので、行ごとに見ていきましょう。ユーザー入力を受け付け、結果を出力するためには、io（入/出力）ライブラリーをスコープに導入する必要があります。io ライブラリーは、標準ライブラリー（std として知られています）に存在します:

```rust
use std::io;
```

デフォルトでは、prelude[*1] に存在するいくつかの型のみ使えます。もし、使用したい型が prelude にない場合は、use 文で明示的にその型をスコープに導入する必要があります。std::io ライブラリーを使用することで、ユーザー入力を受け付ける能力などの実用的な機能の多くを使用することができます。

第 1 章で見たとおり、main 関数がプログラムへのエントリーポイント[*2] になります:

[*1] https://doc.rust-lang.org/std/prelude/index.html
[*2] 入口

```
fn main() {
```

fn構文が関数を新しく宣言し、かっこの**()**は引数がないことを示し、波かっこの**{**が関数本体のスタート地点になります。

また、第1章で学んだように、**println!**は、文字列を画面に表示するマクロになります:

```
println!("Guess the number!");

println!("Please input your guess.");
```

このコードは、このゲームが何かを出力し、ユーザーに入力を求めています。

値を変数に保持する

次に、ユーザー入力を保持する場所を作りましょう。こんな感じに:

```
let mut guess = String::new();
```

さあ、プログラムが面白くなってきましたね。このたった1行でいろいろなことが起こっています。これが**let**文であることに注目してください。これを使用して**変数**を生成しています。こちらは、別の例です:

```
let foo = bar;
```

この行では、**foo**という名前の新しい変数を作成し、**bar**の値に束縛しています。Rustでは、変数は標準で不変（immutable）です。この概念について詳しくは、第3章の「変数と可変性」節（☞ p.38）で議論します。以下の例には、変数名の前に**mut**を付けて変数を可変にする方法が示されています:

```
let foo = 5; // immutable(不変)
let mut bar = 5; // mutable(可変)
```

NOTE **//**という記法は、行末まで続くコメントを記述します。コンパイラーは、コメントをいっさい無視し、これについても第3章で詳しく議論します。

数当てゲームのプログラムに戻りましょう。さあ、**let mut guess**が**guess**という名前の可変変数を導入するとわかりましたね。イコール記号（**=**）の反対側には、変数**guess**が束縛される値があります。この値は、**String::new**関数の呼び出し結果であり、この関数は、**String**型のオブジェクトを返します。**String**[3]型は、標準ライブラリーによって提供される

---

[3] https://doc.rust-lang.org/std/string/struct.String.html

文字列型で、サイズ可変、UTF–8 エンコードされたテキスト破片になります。

::new 行にある :: という記法は、new が String 型の**関連関数**であることを表しています。関連関数とは、String 型の特定のオブジェクトよりも型（この場合は String）に対して実装された関数のことであり、**静的（スタティック）メソッド**と呼ばれる言語もあります。

この new 関数は、新しく空の文字列を生成します。new 関数は、いろいろな型に見られます。なぜなら、何らかの新規値を生成する関数にとってありふれた名前だからです。

まとめると、let mut guess = String::new(); という行は、現在、新たに空の String オブジェクトに束縛されている 可変変数を作っているわけです。ふう！

プログラムの 1 行目で、use std::io として、標準ライブラリーから入/出力機能を取り込んだことを思い出してください。今度は、io 型の stdin 関連関数を呼び出しましょう：

```
io::stdin().read_line(&mut guess)
    .expect("Failed to read line");
```

仮に、プログラムの冒頭で use std::io としていなければ、この関数呼び出しは、std::io::stdin と記述していたでしょう。この stdin 関数は、std::io::Stdin[4] オブジェクトを返し、この型は、ターミナルの標準入力へのハンドルを表す型になります。

その次のコード片、.read_line(&mut guess) は、標準入力ハンドルの read_line[5] メソッドを呼び出して、ユーザーから入力を受け付けます。また、read_line メソッドに対して、&mut guess という引数を 1 つ渡していますね。

read_line メソッドの仕事は、ユーザーが標準入力したものすべてを取り出し、文字列に格納することなので、格納する文字列を引数として取ります。この文字列引数は、可変である必要があります。メソッドがユーザー入力を追記して、文字列の中身を変えられるようにということですね。

& という記号は、この引数が**参照**であることを表し、これのおかげで、データを複数回メモリーにコピーせずとも、コードの複数箇所で同じデータにアクセスできるようになるわけです。参照は複雑な機能であり、とても安全かつ簡単に参照を使えることは、Rust の主要な利点の 1 つでもあります。そのような詳細を知らなくても、このプログラムを完成させることはできます。現時点では、変数のように、参照も標準で不変であることを知っておけばいいでしょう。故に、&guess と書くのではなく、&mut guess と書いて、可変にする必要があるのです（第 4 章で参照についてより入念に説明します）。

Result 型で失敗の可能性を扱う

まだ、この行は終わりではありませんよ。ここまでに議論したのはテキストでは 1 行ですが、コードとしての論理行としては、まだしょせん最初の部分でしかないのです。2 番目の部分はこのメソッドです：

---

[4] https://doc.rust-lang.org/std/io/struct.Stdin.html
[5] https://doc.rust-lang.org/std/io/struct.Stdin.html#method.read_line

```
.expect("Failed to read line");
```

`.foo()`という記法でメソッドを呼び出すとき、改行と空白で長い行を分割するのがしばしば賢明です。今回の場合、こう書くこともできますよね:

```
io::stdin().read_line(&mut guess).expect("Failed to read line");
```

しかし、長い行は読みづらいものです。なので、分割しましょう: 2 回のメソッド呼び出しに、2 行です。さて、この行が何をしているのかについて議論しましょうか。

以前にも述べたように、`read_line`メソッドは、渡された文字列にユーザーが入力したものを入れ込むだけでなく、値も返します（今回は io::Result[6] です）。Rust には Result と名のついた型が、標準ライブラリーにたくさんあります: 汎用の Result[7] の他、io::Result などのサブモジュール用に特化したものまで。

この Result 型は、**列挙型**であり、普通、enum（イーナム）と呼ばれます。列挙型とは、固定された種類の値を持つ型のことであり、それらの値は、enum の**列挙子**（variant）と呼ばれます。enum については、第 6 章で詳しく講義します。

Result 型に関しては、列挙子は Ok か Err です。Ok 列挙子は、処理が成功したことを表し、中に生成された値を保持します。Err 列挙子は、処理が失敗したことを意味し、Err は、処理が失敗した過程や、理由などの情報を保有します。

これら Result 型の目的は、エラー処理の情報をコード化することです。Result 型の値も、他の型同様、メソッドが定義されています。io::Result オブジェクトには、呼び出し可能な expect メソッド[8] があります。この io::Result オブジェクトが Err 値の場合、expect メソッドはプログラムをクラッシュさせ、引数として渡されたメッセージを表示します。`read_line`メソッドが Err を返したら、おそらく根底にある OS によるエラーに起因するのでしょう。この io::Result オブジェクトが Ok 値の場合、expect メソッドは、Ok 列挙子が保持する戻り値を取り出して、ただその値を返すので、これを使用することができるでしょう。今回の場合、その戻り値とは、ユーザーが標準入力に入力したデータのバイト数になります。

もし、expect メソッドを呼び出さなかったら、コンパイルは通るものの、警告が出るでしょう:

```
$ cargo build
   Compiling guessing_game v0.1.0 (file:///projects/guessing_game)
warning: unused `std::result::Result` which must be used
警告: 使用されなければならない‘std::result::Result‘が使用されていません
  --> src/main.rs:10:5
   |
```

---

[6] https://doc.rust-lang.org/std/io/type.Result.html
[7] https://doc.rust-lang.org/std/result/enum.Result.html
[8] https://doc.rust-lang.org/std/result/enum.Result.html#method.expect

```
10 |        io::stdin().read_line(&mut guess);
   |        ^^^^^^^^^^^^^^^^^^^^^^^^^^^^^^^^^^^
   |
   = note: #[warn(unused_must_use)] on by default
     注釈: #[warn(unused_must_use)] は規定でオンです
```

コンパイラーは、我々が read_line メソッドから返ってきた Result 値を使用していない
と警告してきており、これは、プログラムがエラーの可能性に対処していないことを示します。
　警告を抑制する正しい手段は、実際にエラー対処コードを書くことですが、今は、問題が起
こったときにプログラムをクラッシュさせたいので、expect を使用できるわけです。エラー
から復旧する方法については、第 9 章で学ぶでしょう。

println! マクロのプレースホルダーで値を出力する

　閉じ波かっこを除けば、ここまでに追加されたコードのうち議論すべきものは、残り 1 行で
あり、それは以下のとおりです:

```
println!("You guessed: {}", guess);
```

　この行は、ユーザー入力を保存した文字列の中身を出力します。一組の波かっこの {} は、
プレースホルダーの役目を果たします: {} は値を所定の場所に保持する小さなカニのはさみ
と考えてください。波かっこを使って 1 つ以上の値を出力できます: 最初の波かっこの組は、
フォーマット文字列の後に列挙された最初の値に対応し、2 組目は、2 つ目の値、とそんな感
じで続いていきます。1 回の println! の呼び出しで複数の値を出力するコードは、以下のよ
うな感じになります:

```
let x = 5;
let y = 10;

println!("x = {} and y = {}", x, y);
```

　このコードは、x = 5 and y = 10 と出力するでしょう.

最初の部分をテストする

　数当てゲームの最初の部分をテストしてみましょう。cargo run でプログラムを走らせて
ください:

```
$ cargo run
   Compiling guessing_game v0.1.0 (file:///projects/guessing_game)
    Finished dev [unoptimized + debuginfo] target(s) in 2.53 secs
     Running `target/debug/guessing_game`
```

```
Guess the number!
Please input your guess.
6
You guessed: 6
```

ここまでで、ゲームの最初の部分は完成になります: キーボードからの入力を受け付け、出力できています。

秘密の数字を生成する

次に、ユーザーが数当てに挑戦する秘密の数字を生成する必要があります。毎回この秘密の数字は、変わるべきです。ゲームが何回も楽しめるようにですね。ゲームが難しくなりすぎないように、1 から 100 までの乱数を使用しましょう。Rust の標準ライブラリーには、乱数機能はまだ含まれていません。ですが、実は、Rust の開発チームが rand クレート[*9] を用意してくれています。

クレートを使用して機能を追加する

クレートは Rust コードのパッケージであることを思い出してください。我々がここまで作ってきたプロジェクトは、バイナリークレートであり、これは実行可能形式になります。rand クレートはライブラリークレートであり、他のプログラムで使用するためのコードが含まれています。

外部クレートを使用する部分は、Cargo がとても輝くところです。rand を使ったコードを書ける前に、Cargo.toml ファイルを編集して、rand クレートを依存ファイルとして取り込む必要があります。今このファイルを開いて、以下の行を Cargo が自動生成した [dependencies] セクションヘッダーの一番下に追記しましょう:

Cargo.toml

```
[dependencies]

rand = "0.3.14"
```

Cargo.toml ファイルにおいて、ヘッダーに続くものはすべて、他のセクションが始まるまで続くセクションの一部になります。[dependecies] セクションは、プロジェクトが依存する外部クレートと必要とするバージョンを記述するところです。ここでは、rand クレートで、セマンティックバージョン指定子には 0.3.14 を指定します。Cargo は、バージョンナンバー記述の標準規格であるセマンティックバージョニング[*10] (ときに SemVer と呼ばれる) を理解します。0.3.14 という数字は、実際には ^0.3.14 の省略記法で、これは、「バージョン 0.3.14 と互換性のある公開 API を持つ任意のバージョン」を意味します。

さて、コードはいっさい変えずに、リスト 2.2 のようにプロジェクトをビルドしましょう。

[*9] https://crates.io/crates/rand
[*10] http://semver.org

秘密の数字を生成する　23

リスト 2.2: rand クレートを依存として追加した後の cargo build コマンドの出力

```
$ cargo build
    Updating registry `https://github.com/rust-lang/crates.io-index`
    レジストリーを更新しています
 Downloading rand v0.3.14
 rand v0.3.14 をダウンロードしています
 Downloading libc v0.2.14
 libc v0.2.14 をダウンロードしています
   Compiling libc v0.2.14
   libc v0.2.14 をコンパイルしています
   Compiling rand v0.3.14
   rand v0.3.14 をコンパイルしています
   Compiling guessing_game v0.1.0 (file:///projects/guessing_game)
   guessing_game v0.1.0 をコンパイルしています
    Finished dev [unoptimized + debuginfo] target(s) in 2.53 secs
```

　もしかしたら、バージョンナンバーは違うかもしれません（でも、互換性はあります、SemVerのおかげでね！）。そして、行の出力順序も違うかもしれません。

　今や、外部依存を持つようになったので、Cargo はレジストリー（registry、登録所）から最新バージョンを拾ってきます。レジストリーとは、crates.io[11] のデータのコピーです。crates.io とは、Rust のエコシステムにいる人間が、他の人が使えるように自分のオープンソースの Rust プロジェクトを投稿する場所です。

　レジストリーの更新後、Cargo は [dependencies] セクションをチェックし、まだ取得していないクレートを全部ダウンロードします。今回の場合、rand しか依存ファイルには列挙していませんが、Cargo は libc のコピーも拾ってきます。rand クレートが libc に依存しているからですね。クレートのダウンロード完了後、コンパイラーは依存ファイルをコンパイルし、依存が利用可能な状態でプロジェクトをコンパイルします。

　何も変更せず即座に cargo build コマンドを走らせたら、Finished 行を除いて何も出力されないでしょう。Cargo は、すでにすべての依存をダウンロードしてコンパイル済みであることも、あなたが Cargo.toml ファイルをいじっていないことも知っているからです。さらに、Cargo はプログラマーがコードを変更していないことも検知するので、再度コンパイルすることもありません。することがないので、ただ単に終了します。

　src/main.rs ファイルを開き、ささいな変更をし、保存して再度ビルドを行えば、2 行だけ出力があるでしょう:

```
$ cargo build
   Compiling guessing_game v0.1.0 (file:///projects/guessing_game)
    Finished dev [unoptimized + debuginfo] target(s) in 2.53 secs
```

　これらの行は、Cargo が src/main.rs ファイルへの取るに足らない変更に対して、ビルドを

---

[11] https://crates.io

更新していることを示しています。依存は変更していないので、Cargo は、すでにダウンロードしてコンパイルまで済ませてある依存を使用できると検知します。自分で書いたコードのみ再ビルドをかけるわけです。

Cargo.lock ファイルで再現可能なビルドを保証する

Cargo は、プログラマーが自分のコードを更新するたびに同じ生成物を再構成することを保証してくれるメカニズムを備えています: Cargo は、プログラマーが示唆するまで、指定したバージョンの依存のみを使用します。例として、rand クレートの次週のバージョン 0.3.15 が登場し、重要なバグ修正がなされているけれども、自分のコードを破壊してしまう互換性破壊があった場合はどうなるでしょう？

この問題に対する回答は、Cargo.lock ファイルであり、このファイルは、初めて cargo build コマンドを走らせたときに生成され、現在 guessing_game ディレクトリーに存在しています。プロジェクトを初めてビルドする際に、Cargo は判断基準（criteria）に合致するようすべての依存のバージョンを計算し、Cargo.lock ファイルに記述します。次にプロジェクトをビルドする際には、Cargo は Cargo.lock ファイルが存在することを確かめ、再度バージョンの計算の作業を行うのではなく、そこに指定されているバージョンを使用します。このことにより、自動的に再現可能なビルドを構成できるのです。つまり、明示的にアップグレードしない限り、プロジェクトが使用するバージョンは 0.3.14 に保たれるのです。Cargo.lock ファイルのおかげでね。

クレートを更新して新バージョンを取得する

クレートを本当にアップグレードする必要が出てきたら、Cargo は別のコマンド（update）を提供します。これは、Cargo.lock ファイルを無視して、Cargo.toml ファイル内のすべての指定に合致する最新バージョンを計算します。それがうまくいったら、Cargo はそれらのバージョンを Cargo.lock ファイルに記述します。

しかし標準で Cargo は、0.3.0 より大きく、0.4.0 未満のバージョンのみを検索します。rand クレートの新バージョンが 2 つリリースされていたら（0.3.15 と 0.4.0 だとします）、cargo update コマンドを走らせたときに以下のようなメッセージを目の当たりにするでしょう:

```
$ cargo update
    Updating registry `https://github.com/rust-lang/crates.io-index`
    レジストリー 'https://github.com/rust-lang/crates-io-index' を更新しています
    Updating rand v0.3.14 -> v0.3.15
    rand クレートを v0.3.14 -> v0.3.15 に更新しています
```

この時点で、Cargo.lock ファイルに書かれている現在使用している rand クレートのバージョンが、0.3.15 になっていることにも気付くでしょう。

rand のバージョン 0.4.0 または、0.4.x シリーズのどれかを使用したかったら、代わりに Cargo.toml ファイルを以下のように更新しなければならないでしょう:

秘密の数字を生成する　25

```
[dependencies]

rand = "0.4.0"
```

　次回、`cargo build` コマンドを走らせたら、Cargo は利用可能なクレートのレジストリー
を更新し、rand クレートの必要条件を指定した新しいバージョンに従って再評価します。
　まだ第 14 章で議論する Cargo[*12] とそのエコシステム[*13] については述べたいことが山ほど
ありますが、とりあえずは、これで知っておくべきことはすべてです。Cargo のおかげでライ
ブラリーはとても簡単に再利用ができるので、Rustacean は数多くのパッケージから構成され
た小規模のプロジェクトを書くことができるのです。

乱数を生成する

　Cargo.toml に rand クレートを追加したので、rand クレートを使用開始しましょう。次の
ステップは、リスト 2.3 のように src/main.rs ファイルを更新することです。

リスト 2.3: 乱数を生成するコードの追加

src/main.rs
```
extern crate rand;  ❶

use std::io;
use rand::Rng;  ❷

fn main() {
    println!("Guess the number!");

    let secret_number = rand::thread_rng().gen_range(1, 101);  ❸

    println!("The secret number is: {}", secret_number);
                                // 秘密の数字は次のとおり: {}

    println!("Please input your guess.");

    let mut guess = String::new();

    io::stdin().read_line(&mut guess)
        .expect("Failed to read line");

        println!("You guessed: {}", guess);
}
```

　まず、コンパイラーに rand クレートを外部依存として使用することを知らせる行を追加し
ています❶。これにより、use rand を呼ぶのと同じ効果が得られるので、rand クレートの

―――――――――――――――――――
[*12] http://doc.crates.io
[*13] http://doc.crates.io/crates-io.html

ものを rand:: という接頭辞を付けて呼び出せるようになりました。

次に、別の use 行を追加しています: use rand::Rng ですね❷。Rng トレイトは乱数生成器が実装するメソッドを定義していて、このトレイトがスコープにないと、メソッドを使用できないのです。トレイトについて詳しくは、第 10 章で講義します。

また、途中に 2 行追加もしています❸。rand::thread_rng 関数は、これから使う特定の乱数生成器を返してくれます: この乱数生成器は、実行スレッドに固有で、OS により、シード値を与えられています。次に、この乱数生成器の gen_range メソッドを呼び出しています。このメソッドは、use rand::Rng 文でスコープに導入した Rng トレイトで定義されています。gen_range メソッドは 2 つの数字を引数に取り、それらの間の乱数を生成してくれます。範囲は下限値を含み、上限値を含まないため、1 と 101 と指定しないと 1 から 100 の範囲の数字は得られません。

NOTE 単純に使用すべきトレイトと、クレートからどのメソッドと関数を呼び出すか知っているわけではないでしょう。クレートの使用方法は、各クレートのドキュメンテーションにあります。Cargo の別の素晴らしい機能は、cargo doc --open コマンドを走らせてローカルに存在する依存すべてのドキュメンテーションをビルドし、ブラウザーで閲覧できる機能です。例えば、rand クレートの他の機能に興味があるなら、cargo doc --open コマンドを走らせて、左側のサイドバーから rand をクリックしてください。

コードに追加した 2 行目は、秘密の数字を出力してくれます。これは、プログラムを開発中にはテストするのに役立ちますが、最終版からは削除する予定です。プログラムがスタートと同時に答えを出力しちゃったら、ゲームになりませんからね！

試しに何回かプログラムを走らせてみてください:

```
$ cargo run
   Compiling guessing_game v0.1.0 (file:///projects/guessing_game)
   Finished dev [unoptimized + debuginfo] target(s) in 2.53 secs
    Running `target/debug/guessing_game`
Guess the number!                          (何回も出ているので、ここでは和訳は省略します)
The secret number is: 7
Please input your guess.
4
You guessed: 4
$ cargo run
     Running `target/debug/guessing_game`
Guess the number!
The secret number is: 83
Please input your guess.
5
You guessed: 5
```

毎回異なる乱数が出て、その数字はすべて 1 から 100 の範囲になるはずです。よくやりました！

予想と秘密の数字を比較する

今や、ユーザー入力と乱数生成ができるようになったので、比較することができますね。このステップはリスト 2.4 に示されています。これから説明するように、このコードは現状ではコンパイルできないことに注意してください。

リスト 2.4: 2 値比較の可能性のある戻り値を処理する

src/main.rs

```
extern crate rand;

use std::io;
use std::cmp::Ordering;   ❶
use rand::Rng;

fn main() {

    // 略

    println!("You guessed: {}", guess);

    match❷ guess.cmp(&secret_number)❸ {
        Ordering::Less => println!("Too small!"),      // 小さすぎ!
        Ordering::Greater => println!("Too big!"),     // 大きすぎ!
        Ordering::Equal => println!("You win!"),       // やったね!
    }
}
```

最初の新しい点は、別の use 文です❶。これで、std::cmp::Ordering という型を標準ライブラリーからスコープに導入しています。Result と同じく Ordering も enum です。ただ、Ordering の列挙子は、Less、Greater、Equal です。これらは、2 値比較したときに発生し得る 3 種類の結果です。

```
match guess.cmp(&secret_number) {
    Ordering::Less => println!("Too small!"),
    Ordering::Greater => println!("Too big!"),
    Ordering::Equal => println!("You win!"),
}
```

それから、一番下に新しく 5 行追加して Ordering 型を使用しています。cmp メソッド❸は、2 値を比較し、比較できるものに対してなら何に対しても呼び出せます。このメソッドは、比較したいものへの参照を取ります: ここでは、guess 変数と secret_number 変数を比較しています。それからこのメソッドは use 文でスコープに導入した Ordering 列挙型の値を返します。match 式❷を使用して、guess 変数と secret_number を cmp に渡して返ってきたOrdering の列挙子に基づき、次の動作を決定しています。

match式は、複数の**アーム**（腕）からできています。1つのアームは、パターンとそのパターンにmatch式の冒頭で与えた値がマッチしたときに走るコードから構成されています。Rustは、matchに与えられた値を取り、各アームのパターンを順番に照合していきます。match式とパターンは、コードを書く際に出くわすさまざまなシチュエーションを表現させてくれ、すべてのシチュエーションに対処していることを保証するのを手助けしてくれるRustの強力な機能です。これらの機能は、それぞれ、第6章と第18章で詳しく講義することにします。

ここで使われているmatch式でどんなことが起こるかの例をじっくり観察してみましょう！例えば、ユーザーは50と予想し、ランダム生成された秘密の数字は今回、38だったとしましょう。コードが50と38を比較すると、cmpメソッドはOrdering::Greaterを返します。50は38よりも大きいからですね。match式にOrdering::Greaterが与えられ、各アームのパターンを吟味し始めます。まず、最初のアームのパターンと照合します（Ordering::Lessですね）。しかし、値のOrdering::GreaterとOrdering::Lessはマッチしないため、このアームのコードは無視され、次のアームに移ります。次のアームのパターン、Ordering::Greaterは見事にOrdering::Greaterとマッチします！このアームに紐付けられたコードが実行され、画面に**Too big!** が表示されます。これでmatch式の実行は終わりになります。この筋書きでは、最後のアームと照合する必要はもうないからですね。

ところが、リスト2.4のコードは、まだコンパイルが通りません。試してみましょう:

```
$ cargo build
   Compiling guessing_game v0.1.0 (file:///projects/guessing_game)
error[E0308]: mismatched types
             型が合いません
  --> src/main.rs:23:21
   |
23 |      match guess.cmp(&secret_number) {
   |                      ^^^^^^^^^^^^^^ expected struct `std::string::String`,
     found integral variable
   | 構造体 ‘std::string::String‘を予期したけど、整数型変数が見つかりました
   |
   = note: expected type `&std::string::String`
   = note:    found type `&{integer}`

error: aborting due to previous error
先のエラーのため、処理を中断します
Could not compile `guessing_game`.
‘guessing_game‘をコンパイルできませんでした
```

このエラーの核は、**型の不一致**があると言っています。Rustには、強い静的型システムがあります。しかし、型推論にも対応しています。let guess = String::new()と書いたとき、コンパイラーは、guessがString型であるはずと推論してくれ、その型を明示させられることはありませんでした。一方で、secret_number変数は、数値型です。1から100を表すことができる数値型はいくつかあります: i32は32ビットの数字; u32は32ビットの非負

数字; i64 は 64 ビットの数字などです。Rust での標準は、i32 型であり、型情報をどこかに追加して、コンパイラーに異なる数値型だと推論させない限り、secret_number の型はこれになります。エラーの原因は、Rust では、文字列と数値型を比較できないことです。

究極的には、プログラムが入力として読み込む String 型を現実の数値型に変換し、予想と数値として比較できるようにしたいわけです。これは、以下の 2 行を main 関数の本体に追記することでできます:

src/main.rs   // 略

```
    let mut guess = String::new();

    io::stdin().read_line(&mut guess)
        .expect("Failed to read line");

    let guess: u32 = guess.trim().parse()
        .expect("Please type a number!");          // 数値を入力してください！

    println!("You guessed: {}", guess);

    match guess.cmp(&secret_number) {
        Ordering::Less => println!("Too small!"),
        Ordering::Greater => println!("Too big!"),
        Ordering::Equal => println!("You win!"),
    }
}
```

その 2 行とは:

```
let guess: u32 = guess.trim().parse()
    .expect("Please type a number!");
```

guess という名前の変数を生成しています。あれ、でも待って。もうプログラムには guess という名前の変数がありませんでしたっけ？ 確かにありますが、Rust では、新しい値で guess の値を覆い隠す（shadow）ことが許されているのです。この機能は、値を別の型に変換したいシチュエーションでよく使われます。シャドーイング（shadowing）のおかげで guess_str と guess のように、別々の変数を 2 つ作らされることなく、guess という変数名を再利用することができるのです（シャドーイングについては、第 3 章でもっと掘り下げます）。

guess を guess.trim().parse() という式に束縛しています。この式中の guess は、入力が入った String 型の元々の guess を指しています。String オブジェクトの trim メソッドは、両端の空白をすべて除去します。u32 型は、数字しか含むことができませんが、ユーザーは、read_line の処理を終えるためにエンターを押さなければなりません。ユーザーがエンターを押したら、改行文字が文字列に追加されます。具体例として、ユーザーが 5 を入力して、エンターを押せば、guess は次のようになります: 5\n。この \n が「改行」、つまりエ

ンターを押した結果を表しているわけです。trim メソッドは、\n を削除するので、ただの 5 になります。

文字列の parse メソッド[14] は、文字列を解析して何らかの数値にします。このメソッドは、いろいろな数値型を解析できるので、let guess: u32 としてコンパイラーに我々が求めている型をズバリ示唆する必要があるのです。guess の後のコロン（:）がコンパイラーに変数の型を注釈する合図になります。Rust には、組み込みの数値型がいくつかあります; ここの u32 型は、32 ビットの非負整数です。u32 型は小さな非負整数のデフォルトの選択肢としてちょうどよいです。他の数値型については、第 3 章で学ぶでしょう。付け加えると、このサンプルプログラムの u32 という注釈と secret_number 変数との比較は、secret_number 変数も u32 型であるとコンパイラーが推論することを意味します。したがって、今では比較が同じ型の 2 つの値で行われることになるわけです！

parse メソッドの呼び出しは、エラーになりやすいです。例としては、文字列が A▲% を含んでいたら、数値に変換できるわけがありません。失敗する可能性があるので、parse メソッドは、Result 型を返すわけです。ちょうど、（「Result 型で失敗の可能性を扱う」（☞ p. 19）で先ほど議論した）read_line メソッドのようにというわけですね。この Result を expect メソッドを再度使用して、同じように扱います。もし、文字列から数値を生成できなかったために、parse メソッドが Result 型の Err 列挙子を返したら、expect メソッドの呼び出しは、ゲームをクラッシュさせ、与えたメッセージを表示します。もし、parse メソッドが文字列の数値への変換に成功したら、Result 型の Ok 列挙子を返し、expect メソッドは、Ok 値から必要な数値を返してくれます。

さあ、プログラムを走らせましょう！

```
$ cargo run
   Compiling guessing_game v0.1.0 (file:///projects/guessing_game)
    Finished dev [unoptimized + debuginfo] target(s) in 0.43 secs
     Running `target/debug/guessing_game`
Guess the number!
The secret number is: 58
Please input your guess.
  76
You guessed: 76
Too big!
```

いいですね！ 予想の前にスペースを追加したにもかかわらず、プログラムはちゃんとユーザーが 76 と予想したことを導き出しました。プログラムを何回か走らせて、異なる入力のいろいろな振る舞いを確認してください: つまり、数字を正しく言い当てたり、大きすぎる値を予想したり、小さすぎる数字を入力したりということです。

ここまでで大方ゲームはうまく動くようになりましたが、まだユーザーは 1 回しか予想できません。ループを追加して、その部分を変更しましょう！

---

[14] https://doc.rust-lang.org/std/primitive.str.html#method.parse

ループで複数回の予想を可能にする

loop キーワードは、無限ループを作り出します。これを追加して、ユーザーが何回も予想できるようにしましょう:

src/main.rs

```
// 略

    println!("The secret number is: {}", secret_number);

    loop {
        println!("Please input your guess.");

        // 略

        match guess.cmp(&secret_number) {
            Ordering::Less => println!("Too small!"),
            Ordering::Greater => println!("Too big!"),
            Ordering::Equal => println!("You win!"),
        }
    }
}
```

見てわかるとおり、予想入力部分以降をループに入れ込みました。ループ内の行にインデントを追加するのを忘れないようにして、またプログラムを走らせてみましょう。新たな問題が発生したことに気付いてください。プログラムが教えたとおりに動作しているからですね: 永遠に予想入力を求めるわけです! これでは、ユーザーが終了できないようです!

ユーザーは、ctrl-c というキーボードショートカットを使って、いつでもプログラムを強制終了させられます。しかし、「予想と秘密の数字を比較する」節 (☞ p.27) の parse メソッドに関する議論で触れたように、この貪欲なモンスターを回避する別の方法があります: ユーザーが数字以外の答えを入力すれば、プログラムはクラッシュするのです。ユーザーは、その利点を生かして、終了することができます。以下のようにですね:

```
$ cargo run
   Compiling guessing_game v0.1.0 (file:///projects/guessing_game)
    Finished dev [unoptimized + debuginfo] target(s) in 1.50 secs
     Running `target/debug/guessing_game`
Guess the number!
The secret number is: 59
Please input your guess.
45
You guessed: 45
Too small!
Please input your guess.
```

```
60
You guessed: 60
Too big!
Please input your guess.
59
You guessed: 59
You win!
Please input your guess.
quit
thread 'main' panicked at 'Please type a number!: ParseIntError { kind:
    InvalidDigit }', src/libcore/result.rs:785
スレッド'main' は，数字を入力してください！ : ParseIntError { kind: InvalidDigit }',
    src/libcore/result.rs:785 でパニックしました
note: Run with `RUST_BACKTRACE=1` for a backtrace.
注釈: `RUST_BACKTRACE=1`で走らせるとバックトレースを見られます
error: Process didn't exit successfully: `target/debug/guess` (exit code: 101)
エラー: プロセスは予期なく終了しました
```

　quit と入力すれば、実際にゲームを終了できるわけですが、別に他の数字以外の入力でも
そうなります。しかしながら、これは最低限度と言えるでしょう。正しい数字が予想された
ら、自動的にゲームが停止してほしいわけです。

正しい予想をした後に終了する

　break 文を追加して、ユーザーが勝ったときにゲームが終了するようにプログラムしま
しょう:

src/main.rs　　// 略

```rust
        match guess.cmp(&secret_number) {
            Ordering::Less => println!("Too small!"),
            Ordering::Greater => println!("Too big!"),
            Ordering::Equal => {
                println!("You win!");
                break;
            }
        }
    }
}
```

　break 文の 1 行を You win! の後に追記することで、ユーザーが秘密の数字を正確に予想
したときに、プログラムはループを抜けるようになりました。ついでに、ループを抜けること
は、プログラムを終了することを意味します。ループがmain関数の最後の部分だからですね。

不正な入力を処理する

さらにゲームの振る舞いを改善するために、ユーザーが数値以外を入力したときにプログラムをクラッシュさせるのではなく、非数値を無視してユーザーが数当てを続けられるようにしましょう！ これは、guess が String 型から u32 型に変換される行を改変することで達成できます。リスト 2.5 のようにですね。

リスト 2.5: 非数値の予想を無視し、プログラムをクラッシュさせるのではなく、もう 1 回予想してもらう

src/main.rs

```
// 略

io::stdin().read_line(&mut guess)
    .expect("Failed to read line");

let guess: u32 = match guess.trim().parse() {
    Ok(num) => num,
    Err(_) => continue,
};

println!("You guessed: {}", guess);

// 略
```

expect メソッドの呼び出しから match 式に切り替えることは、エラーでクラッシュする動作からエラー処理を行う処理に変更する一般的な手段になります。parse メソッドは、Result 型を返し、Result は Ok か Err の列挙子を取り得る列挙型であることを思い出してください。ここでは match 式を使っています。cmp メソッドの Ordering という結果のような感じですね。

parse メソッドは、文字列から数値への変換に成功したら、結果の数値を保持する Ok 値を返します。この Ok 値は、最初のアームのパターンにマッチし、この match 式は parse メソッドが生成し、Ok 値に格納した num の値を返すだけです。その数値が最終的に、生成している新しい guess 変数の中のほしい場所に存在します。

parse メソッドは、文字列から数値への変換に**失敗**したら、エラーに関する情報を多く含む Err 値を返します。この Err 値は、最初の match アームの Ok(num) というパターンにはマッチしないものの、2 番目のアームの Err(_) というパターンにはマッチするわけです。この _ は、包括値です; この例では、保持している情報がどんなものでもいいからすべての Err 値にマッチさせたいと宣言しています。したがって、プログラムは 2 番目のアームのコードを実行し（continue ですね）、これは、loop の次のステップに移り、再度予想入力を求めるようプログラムに指示します。故に実質的には、プログラムは parse メソッドが遭遇し得るすべてのエラーを無視するようになります！

さて、プログラムのすべてがうまく予想どおりに動くはずです。試しましょう:

```
$ cargo run
   Compiling guessing_game v0.1.0 (file:///projects/guessing_game)
     Running `target/debug/guessing_game`
Guess the number!
The secret number is: 61
Please input your guess.
10
You guessed: 10
Too small!
Please input your guess.
99
You guessed: 99
Too big!
Please input your guess.
foo
Please input your guess.
61
You guessed: 61
You win!
```

　素晴らしい！　最後にひとつまみ変更を加えて、数当てゲームを完了にしましょう。プログラムがいまだに秘密の数字を出力していることを思い出してください。テスト中はうまく動くけど、ゲームを台なしにしてしまいます。秘密の数字を出力する `println!` を削除しましょう。リスト 2.6 が成果物のコードです：

リスト 2.6: 数当てゲームの完全なコード

src/main.rs

```rust
extern crate rand;

use std::io;
use std::cmp::Ordering;
use rand::Rng;

fn main() {
    println!("Guess the number!");

    let secret_number = rand::thread_rng().gen_range(1, 101);

    loop {
        println!("Please input your guess.");

        let mut guess = String::new();

        io::stdin().read_line(&mut guess)
            .expect("Failed to read line");

        let guess: u32 = match guess.trim().parse() {
```

```
            Ok(num) => num,
            Err(_) => continue,
        };

        println!("You guessed: {}", guess);

        match guess.cmp(&secret_number) {
            Ordering::Less => println!("Too small!"),
            Ordering::Greater => println!("Too big!"),
            Ordering::Equal => {
                println!("You win!");
                break;
            }
        }
    }
}
```

まとめ

ここまでで、数当てゲームの構築に成功しました。おめでとうございます！

このプロジェクトは、たくさんの新しい Rust の概念に触れる実践的な方法でした: let、
match、メソッド、関連関数、外部クレートの使用などなど。以降の数章で、これらの概念に
ついてより深く学ぶことになるでしょう。第 3 章では、ほとんどのプログラミング言語に存
在する、変数、データ型、関数などの概念について講義し、それらの Rust での使用方法につ
いて示します。第 4 章では、所有権について見ます。これにより、Rust は他の言語とかけ離
れた存在になっています。第 5 章では、構造体とメソッド記法について議論し、第 6 章では
enum の動作法を説明します。

3
一般的なプログラミングの概念

この章では、ほとんどすべてのプログラミング言語で見られる概念を講義し、それらが Rust において、どう動作するかを見ていきます。多くのプログラミング言語は、その核心において、いろいろなものを共有しています。この章で提示する概念は、すべて Rust に固有のものではありませんが、Rust の文脈で議論し、これらの概念を使用することにまつわる仕様を説明します。

具体的には、変数、基本的な型、関数、コメント、そしてフロー制御について学びます。これらの基礎はすべての Rust プログラムに存在するものであり、それらを早期に学ぶことにより、強力な基礎を築くことになるでしょう。

> **キーワード**
>
> Rust 言語にも他の言語同様、キーワードが存在し、これらは言語だけが使用できるようになっています。これらの単語は、変数や関数名には使えないことをわきまえておいてください。ほとんどのキーワードは、特別な意味を持っており、自らの Rust プログラムにおいて、さまざまな作業をこなすために使用することができます; いくつかは、紐付けられた機能がないものの、将来 Rust に追加されるかもしれない機能用に予約されています。キーワードの一覧は、付録 A (☞ p. 540) で確認できます。

変数と可変性

第 2 章で触れたとおり、変数は標準で不変になります。これは、Rust が提供する安全性や簡便な並行性の利点を享受する形でコードを書くための選択の 1 つです。ところが、まだ変数を可変にするという選択肢も残されています。どのように、そしてなぜ Rust は不変性を推奨するのか、さらには、なぜそれとは違う道を選びたくなることがあるのか見ていきましょう。

変数が不変であると、値がいったん名前に束縛されたら、その値を変えることができません。これを具体的に説明するために、projects ディレクトリーに cargo new --bin variables コマンドを使って、variables という名前のプロジェクトを生成しましょう。

それから、新規作成した variables ディレクトリーで、src/main.rs ファイルを開き、その中身を以下のコードに置き換えましょう。このコードはまだコンパイルできません:

src/main.rs

```
fn main() {
    let x = 5;
    println!("The value of x is: {}", x);      // x の値は{}です
    x = 6;
    println!("The value of x is: {}", x);
}
```

これを保存し、cargo run コマンドでプログラムを走らせてください。次の出力に示されているようなエラーメッセージを受け取るはずです:

```
error[E0384]: cannot assgin twice immutable variable `x`
            不変変数 'x'に 2 回代入できません
 --> src/main.rs:4:5
  |
2 |     let x = 5;
  |         - first assignment to `x`
  |          'x'への最初の代入
3 |     println!("The value of x is: {}", x);
4 |     x = 6;
  |     ^^^^^ cannot assign twice to immutable variable
```

この例では、コンパイラーがプログラムに潜むエラーを見つけ出す手助けをしてくれることが示されています。コンパイルエラーは、イライラすることもあるものですが、まだプログラムにしてほしいことを安全に行えていないだけということなのです; エラーが出るからといって、あなたがいいプログラマーではないという意味ではありません！ 経験豊富な Rustacean でも、コンパイルエラーを出すことはあります。

このエラーは、エラーの原因が**不変変数 x に 2 回代入できない**であると示しています。不変な x という変数に第 2 段階の値を代入しようとしたからです。

以前に不変と指定された値を変えようとしたときに、コンパイルエラーが出るのは重要なこ

とです。なぜなら、この状況はまさしく、バグにつながるからです。コードのある部分は、値が変わることはないという前提のもとに処理を行い、別の部分がその値を変更していたら、最初の部分が目論見どおりに動いていない可能性があるのです。このようなバグの発生は、事実[1]の後には追いかけづらいものです。特に第2のコード片が、値を**ときどき**しか変えない場合、なおさらです。

　Rust では、値が不変であると宣言したら、本当に変わらないことをコンパイラーが担保してくれます。つまり、コードを読み書きする際に、どこでどうやって値が変化しているかを追いかける必要がなくなります。故にコードを通して正しいことを確認するのが簡単になるのです。

　しかし、可変性はときとして非常に有益なこともあります。変数は、標準でのみ、不変です。つまり、第2章のように変数名の前に mut キーワードを付けることで、可変にできるわけです。この値が変化できるようにするとともに、mut により、未来の読者に対してコードの別の部分がこの変数の値を変える可能性を示すことで、その意図をくませることができるのです。

　例として、src/main.rs ファイルを以下のように書き換えてください:

src/main.rs

```
fn main() {
    let mut x = 5;
    println!("The value of x is: {}", x);
    x = 6;
    println!("The value of x is: {}", x);
}
```

　今、このプログラムを走らせると、以下のような出力が得られます:

```
$ cargo run
   Compiling variables v0.1.0 (file:///projects/variables)
    Finished dev [unoptimized + debuginfo] target(s) in 0.30 secs
     Running `target/debug/variables`
The value of x is: 5   xの値は5です
The value of x is: 6
```

　mut キーワードが使われると、x が束縛している値を5から6に変更できます。変数を可変にするほうが、不変変数だけがあるよりも書きやすくなるので、変数を可変にしたくなることもあるでしょう。

　考えるべきトレードオフはバグの予防以外にも、いくつかあります。例えば、大きなデータ構造を使う場合などです。インスタンスを可変にして変更できるようにするほうが、いちいちインスタンスをコピーして新しくメモリー割り当てされたインスタンスを返すよりも速くなります。小規模なデータ構造なら、新規インスタンスを生成して、もっと関数型っぽいコードを書くほうが通して考えやすくなるため、低パフォーマンスは、その簡潔性を得るのに足り得るペナルティーになるかもしれません。

---

[1] 実際にプログラムを走らせた結果のことと思われる

変数と定数 (constants) の違い

変数の値を変更できないようにするといえば、他の多くの言語も持っている別のプログラミング概念を思い浮かべるかもしれません: 定数です。不変変数のように、定数は名前に束縛され、変更することがかなわない値のことですが、定数と変数の間にはいくつかの違いがあります。

まず、定数には mut キーワードは使えません: 定数は標準で不変であるだけでなく、常に不変なのです。

定数は let キーワードの代わりに、const キーワードで宣言し、値の型は**必ず**注釈しなければなりません。型と型注釈については次のセクション、「データ型」で講義しますので、その詳細について気にする必要はありません。ただ単に型は常に注釈しなければならないのだと思っていてください。

定数はどんなスコープでも定義できます。グローバルスコープも含めてです。なので、いろいろなところで使用される可能性のある値を定義するのに役に立ちます。

最後の違いは、定数は定数式にしかセットできないことです。関数呼び出し結果や、実行時に評価される値にはセットできません。

定数の名前が MAX_POINTS で、値が 100,000 にセットされた定数定義の例をご覧ください（Rust の定数の命名規則は、すべて大文字でアンダースコアで単語区切りすることです）:

```
const MAX_POINTS: u32 = 100_000;
```

定数は、プログラムが走る期間、定義されたスコープ内でずっと有効です。したがって、プログラムのいろいろなところで使用される可能性のあるアプリケーション空間の値を定義するのに有益な選択肢になります。例えば、ゲームでプレイヤーが取得可能なポイントの最高値や、光速度などですね。

プログラム中で使用されるハードコードされた値に対して、定数として名前付けすることは、コードの将来的な管理者にとって値の意味をくむのに役に立ちます。将来、ハードコードされた値を変える必要が出たときに、たった 1 箇所を変更するだけで済むようにもしてくれます。

シャドーイング

第 2 章の数当てゲームのチュートリアル、「予想と秘密の数字を比較する」節（☞ p. 27）で見たように、前に定義した変数と同じ名前の変数を新しく宣言でき、新しい変数は、前の変数を覆い隠します。Rustacean はこれを最初の変数は、2 番目の変数に**覆い隠された**と言い、この変数を使用した際に、2 番目の変数の値が現れるということです。以下のようにして、同じ変数名を用いて変数を覆い隠し、let キーワードの使用を繰り返します:

変数と可変性　41

```
src/main.rs          fn main() {
    let x = 5;

    let x = x + 1;

    let x = x * 2;

    println!("The value of x is: {}", x);
}
```

このプログラムはまず、x を 5 という値に束縛します。それから let x = を繰り返すことで x を覆い隠し、元の値に 1 を加えることになるので、x の値は 6 になります。3 番目の let 文も x を覆い隠し、以前の値に 2 を掛けることになるので、x の最終的な値は 12 になります。このプログラムを走らせたら、以下のように出力するでしょう:

```
$ cargo run
   Compiling variables v0.1.0 (file:///projects/variables)
    Finished dev [unoptimized + debuginfo] target(s) in 0.31 secs
     Running `target/debug/variables`
The value of x is: 12
```

シャドーイングは、変数を mut にするのとは違います。なぜなら、let キーワードを使わずに、誤ってこの変数に再代入を試みようものなら、コンパイルエラーが出るからです。let を使うことで、値にちょっとした加工は行えますが、その加工が終わったら、変数は不変になるわけです。

mut とシャドーイングのもう 1 つの違いは、再度 let キーワードを使用したら、実効的には新しい変数を生成していることになるので、値の型を変えつつ、同じ変数名を使い回せることです。例えば、プログラムがユーザーに何らかのテキストに対して空白文字を入力することで何個分のスペースを表示したいかを尋ねますが、ただ、実際にはこの入力を数値として保持したいとしましょう:

```
let spaces = "    ";
let spaces = spaces.len();
```

この文法要素は、容認されます。というのも、最初の spaces 変数は文字列型であり、2 番目の spaces 変数は、たまたま最初の変数と同じ名前になったまっさらな変数のわけですが、数値型になるからです。故に、シャドーイングのおかげで、異なる名前を思いつく必要がなくなるわけです。spaces_str と spaces_num などですね; 代わりに、よりシンプルな spaces という名前を再利用できるわけです。一方で、この場合に mut を使おうとすると、以下に示したとおりですが、コンパイルエラーになるわけです:

```
let mut spaces = "    ";
spaces = spaces.len();
```

変数の型を可変にすることは許されていないと言われているわけです:

```
error[E0308]: mismatched types
              型が合いません
 --> src/main.rs:3:14
  |
3 |     spaces = spaces.len();
  |              ^^^^^^^^^^^^ expected &str, found usize
  |                          &str 型を予期しましたが、usize が見つかりました
  |
  = note: expected type `&str`
             found type `usize`
```

さあ、変数が動作する方法を見てきたので、今度は変数が取り得るデータ型について見ていきましょう。

データ型

Rust における値はすべて、何らかの**データ型**になり、コンパイラーがどんなデータが指定されているか知れるので、そのデータの取り扱い方も把握できるというわけです。2種のデータ型のサブセットを見ましょう: スカラー型と複合型です。

Rust は**静的型付き**言語であることをわきまえておいてください。つまり、コンパイル時にすべての変数の型が判明している必要があるということです。コンパイラーは通常、値と使用方法に基づいて、使用したい型を推論してくれます。複数の型が推論される可能性がある場合、例えば、第2章の「予想と秘密の数字を比較する」節 (☞ p. 27) で parse メソッドを使って String 型を数値型に変換したときのように、複数の型が可能な場合には、型注釈を付けなければいけません。以下のようにですね:

```
let guess: u32 = "42".parse().expect("Not a number!");    // 数字ではありません!
```

ここで型注釈を付けなければ、コンパイラーは以下のエラーを表示し、これは可能性のある型のうち、どの型を使用したいのかを知るのに、コンパイラーがプログラマーからもっと情報を得る必要があることを意味します:

```
error[E0282]: type annotations needed
              型注釈が必要です
 --> src/main.rs:2:9
  |
```

データ型　43

```
2 |        let guess = "42".parse().expect("Not a number!");
  |            ^^^^^ cannot infer type for `_`
  |                  '_'の型が推論できません
  |
  = note: type annotations or generic parameter binding required
    注釈: 型注釈、またはジェネリック引数束縛が必要です
```

他のデータ型についても、さまざまな型注釈を目にすることになるでしょう。

スカラー型

スカラー型は、単独の値を表します。Rust には主に 4 つのスカラー型があります: 整数、浮動小数点数、論理値、最後に文字です。他のプログラミング言語でも、これらの型を見かけたことはあるでしょう。Rust での動作方法に飛び込みましょう。

整数型

整数とは、小数部分のない数値のことです。第 2 章で 1 つの整数型を使用しましたね。u32 型です。この型定義は、紐付けられる値が、符号なし整数（符号付き整数は u ではなく、i で始まります）になり、これは、32 ビット分のサイズを取ります。表 3.1 は、Rust の組み込み整数型を表示しています。符号付きと符号なし欄の各バリアント（例: i16）を使用して、整数値の型を宣言することができます。

表 3.1: Rust の整数型

大きさ	符号付き	符号なし
8–bit	i8	u8
16–bit	i16	u16
32–bit	i32	u32
64–bit	i64	u64
arch	isize	usize

各バリアントは、符号付きか符号なしかを選べ、明示的なサイズを持ちます。**符号付きと符号なし**は、数値が正負を持つかどうかを示します。つまり、数値が符号を持つ必要があるかどうか（符号付き）、または、絶対に正数にしかならず符号なしで表現できるかどうか（符号なし）です。これは、数値を紙に書き下すのと似ています: 符号が問題になるなら、数値はプラス記号、またはマイナス記号とともに表示されます; しかしながら、その数値が正数であると仮定することが安全なら、符号なしで表示できるわけです。符号付き数値は、2 の補数表現で保持されます（これが何なのか確信を持てないのであれば、ネットで検索することができます。まあ要するに、この説明は、本書の範疇外というわけです）。

各符号付きバリアントは、$-(2^{n-1})$ 以上 $2^{n-1} - 1$ 以下の数値を保持でき、ここで n はこのバリアントが使用するビット数です。以上から、i8 型は $-(2^7)$ から $2^7 - 1$ まで、つまり、-128 から 127 までを保持できます。符号なしバリアントは、0 以上 $2^n - 1$ 以下を保持できるので、u8 型は、0 から $2^8 - 1$ までの値、つまり、0 から 255 までを保持できることになります。

44   第 3 章   一般的なプログラミングの概念

　加えて、isize と usize 型は、プログラムが動作しているコンピュータの種類に依存します: 64 ビットアーキテクチャーなら、64 ビットですし、32 ビットアーキテクチャーなら、32 ビットになります。

　整数リテラル[*2] は、表 3.2 に示すどの形式でも記述することができます。バイトリテラルを除く数値リテラルはすべて、型接尾辞（例えば、57u8）と _ を見た目の区切り記号（例えば、1_000）として付加することができます。

表 3.2: Rust の整数リテラル

数値リテラル	例
10 進数	98_222
16 進数	0xff
8 進数	0o77
2 進数	0b1111_0000
バイト（u8 だけ）	b'A'

　では、どの整数型を使うべきかはどう把握すればいいのでしょうか？ もし確信が持てないのならば、Rust の基準型は一般的によい選択肢になります。整数型の基準は i32 型です: 64 ビットシステム上でも、この型が普通最速になります。isize と usize を使う主な状況は、何らかのコレクションにアクセスすることです。

浮動小数点型

　Rust にはさらに、**浮動小数点数**に対しても、2 種類の基本型があり、浮動小数点数とは数値に小数点がついたもののことです。Rust の浮動小数点型は、f32 と f64 で、それぞれ 32 ビットと 64 ビットサイズです。基準型は f64 です。なぜなら、現代の CPU では、f32 とほぼ同スピードにもかかわらず、より精度が高くなるからです。

　実際に動作している浮動小数点数の例をご覧ください:

src/main.rs

```
fn main() {
    let x = 2.0; // f64

    let y: f32 = 3.0; // f32
}
```

　浮動小数点数は、IEEE–754 規格に従って表現されています。f32 が単精度浮動小数点数、f64 が倍精度浮動小数点数です。

数値演算

　Rust にも全数値型に期待され得る標準的な数学演算が用意されています: 足し算、引き算、掛け算、割り算、余りです。以下の例では、let 文での各演算の使用方法をご覧になれます:

[*2] リテラルとは、見たままの値ということ

データ型　45

```
src/main.rs    fn main() {
                   // 足し算
                   let sum = 5 + 10;

                   // 引き算
                   let difference = 95.5 - 4.3;

                   // 掛け算
                   let product = 4 * 30;

                   // 割り算
                   let quotient = 56.7 / 32.2;

                   // 余り
                   let remainder = 43 % 5;
               }
```

　これらの文の各式は、数学演算子を使用しており、1つの値に評価され、そして、変数に束縛されます。付録B（☞ p.542）にRustで使える演算子の一覧が載っています。

論理値型

　他の多くの言語同様、Rustの論理値型も取り得る値は2つしかありません: true と false です。Rustの論理値型は、bool と指定されます。例です:

```
src/main.rs    fn main() {
                   let t = true;

                   let f: bool = false; // 明示的型注釈付きで
               }
```

　論理値を使う主な手段は、条件式です。例えば、if 式などですね。if 式のRustでの動作方法については、「フロー制御」節（☞ p.56）で講義します。

文字型

　ここまで、数値型のみ扱ってきましたが、Rustには文字も用意されています。Rustの char 型は、言語の最も基本的なアルファベット型であり、以下のコードでその使用方法の一例を見ることができます（char は、ダブルクォーテーションマークを使用する文字列と対照的に、シングルクォートで指定されることに注意してください）。

46　第3章　一般的なプログラミングの概念

src/main.rs

```
fn main() {
    let c = 'z';
    let z = 'ℤ';
    let heart_eyed_cat = '😻';    // ハート目の猫
}
```

　Rust の char 型は、ユニコードのスカラー値を表します。これはつまり、アスキーよりも
ずっとたくさんのものを表せるということです。アクセント文字; 中国語、日本語、韓国語文
字; 絵文字; ゼロ幅スペースは、すべて Rust では、有効な char 型になります。ユニコードス
カラー値は、U+0000 から U+D7FF までと U+E000 から U+10FFFF までの範囲になります。と
ころが、「文字」は実はユニコードの概念ではないので、文字とは何かという人間としての直
観は、Rust における char 値が何かとは合致しない可能性があります。この話題については、
第8章の「文字列で UTF–8 でエンコードされたテキストを保持する」(☞ p.151) で詳しく
議論しましょう。

複合型

　複合型により、複数の値を1つの型にまとめることができます。Rust には、2種類の基本
的な複合型があります: タプルと配列です。

タプル型

　タプルは、複数の型の何らかの値を1つの複合型にまとめ上げる一般的な手段です。
　タプルは、丸かっこの中にカンマ区切りの値リストを書くことで生成します。タプルの位置
ごとに型があり、タプル内の値はそれぞれすべてが同じ型である必要はありません。今回の例
では、型注釈をあえて追加しました:

src/main.rs

```
fn main() {
    let tup: (i32, f64, u8) = (500, 6.4, 1);
}
```

　変数 tup は、タプル全体に束縛されています。なぜなら、タプルは、1つの複合要素と考え
られるからです。タプルから個々の値を取り出すには、パターンマッチングを使用して分解す
ることができます。以下のように:

src/main.rs

```
fn main() {
    let tup = (500, 6.4, 1);

    let (x, y, z) = tup;

    println!("The value of y is: {}", y);
}
```

このプログラムは、まずタプルを生成し、それを変数 tup に束縛しています。それから let とパターンを使って tup 変数の中身を 3 つの個別の変数（x、y、z ですね）に変換しています。この過程は、**分配**と呼ばれます。単独のタプルを破壊して三分割しているからです。最後に、プログラムは y 変数の値を出力し、6.4 と表示されます。

パターンマッチングを通しての分配の他にも、アクセスしたい値の番号をピリオド（.）に続けて書くことで、タプルの要素に直接アクセスすることもできます。例です:

src/main.rs

```rust
fn main() {
    let x: (i32, f64, u8) = (500, 6.4, 1);

    let five_hundred = x.0;

    let six_point_four = x.1;

    let one = x.2;
}
```

このプログラムは、新しいタプル x を作成し、添え字アクセスで各要素に対して新しい変数も作成しています。多くのプログラミング言語同様、タプルの最初の添え字は 0 です。

配列型

配列によっても、複数の値のコレクションを得ることができます。タプルと異なり、配列の全要素は、同じ型でなければなりません。Rust の配列は、他の言語と異なっています。Rust の配列は、固定長なのです: 一度宣言されたら、サイズを伸ばすことも縮めることもできません。

Rust では、配列に入れる要素は、角かっこ内にカンマ区切りリストとして記述します:

src/main.rs

```rust
fn main() {
    let a = [1, 2, 3, 4, 5];
}
```

配列は、ヒープよりもスタック（スタックとヒープについては第 4 章でつまびらかに議論します）にデータのメモリーを確保したいとき、または、常に固定長の要素があることを確認したいときに有効です。ただ、配列は、ベクター型ほど柔軟ではありません。ベクターは、標準ライブラリーによって提供されている配列と似たようなコレクション型で、こちらは、サイズを伸縮させることができます。配列とベクター型、どちらを使うべきか確信が持てないときは、おそらくベクター型を使うべきです。第 8 章でベクターについて詳細に議論します。

ベクター型よりも配列を使いたくなるかもしれない例は、1 年の月の名前を扱うプログラムです。そのようなプログラムで、月を追加したり削除したりすることはまずないので、配列を使用できます。常に 12 個要素があることもわかっていますからね:

```
let months = ["January", "February", "March", "April", "May", "June", "July",
              "August", "September", "October", "November", "December"];
```

配列の要素にアクセスする

配列は、スタック上に確保される一塊のメモリーです。添え字によって、配列の要素にこのようにアクセスすることができます:

src/main.rs

```
fn main() {
    let a = [1, 2, 3, 4, 5];

    let first = a[0];
    let second = a[1];
}
```

この例では、first という名前の変数には 1 という値が格納されます。配列の [0] 番目にある値が、それだからですね。second という名前の変数には、配列の [1] 番目の値 2 が格納されます。

配列要素への無効なアクセス

配列の終端を越えて要素にアクセスしようとしたら、どうなるでしょうか? 先ほどの例を以下のように変えたとすると、コンパイルは通りますが、実行するとエラーで終了します:

src/main.rs

```
fn main() {
    let a = [1, 2, 3, 4, 5];
    let index = 10;

    let element = a[index];

    println!("The value of element is: {}", element);    // 要素の値は{}です
}
```

このコードを cargo run で走らせると、以下のような結果になります:

```
$ cargo run
   Compiling arrays v0.1.0 (file:///projects/arrays)
    Finished dev [unoptimized + debuginfo] target(s) in 0.31 secs
     Running `target/debug/arrays`
thread '<main>' panicked at 'index out of bounds: the len is 5 but the index
    is 10', src/main.rs:6
スレッド'<main>' は' 範囲外アクセス: 長さは 5 ですが、添え字は 10 でした', src/main.rs:6
    でパニックしました
note: Run with `RUST_BACKTRACE=1` for a backtrace.
```

コンパイルでは何もエラーが出なかったものの、プログラムは**実行時**エラーに陥り、正常終了しませんでした。要素に添え字アクセスを試みると、言語は、指定されたその添え字が配列長よりも小さいかを確認してくれます。添え字が配列長よりも大きければ、言語はパニックします。パニックとは、プログラムがエラーで終了したことを表す Rust 用語です。

これは、実際に稼働している Rust の安全機構の最初の例になります。低レベル言語の多くでは、この種のチェックは行われないため、間違った添え字を与えると、無効なメモリーにアクセスできてしまいます。Rust では、メモリーアクセスを許可し、処理を継続する代わりに即座にプログラムを終了することで、この種のエラーからプログラマーを保護しています。Rust のエラー処理については、第 9 章でもっと議論します。

関数

関数は、Rust のコードにおいてよく見かける存在です。すでに、言語において最も重要な関数のうちの 1 つを目撃していますね: そう、main 関数です。これは、多くのプログラムのエントリーポイントになります。fn キーワードもすでに見かけましたね。これによって新しい関数を宣言することができます。

Rust の関数と変数の命名規則は、**スネークケース**[*3] を使うのが慣例です。スネークケースとは、全文字を小文字にし、単語区切りにアンダースコアを使うことです。以下のプログラムで、サンプルの関数定義をご覧ください:

src/main.rs

```rust
fn main() {
    println!("Hello, world!");

    another_function();
}

fn another_function() {
    println!("Another function.");  // 別の関数
}
```

Rust において関数定義は、fn キーワードで始まり、関数名の後に丸かっこの組が続きます。波かっこが、コンパイラーに関数本体の開始と終了の位置を伝えます。

定義した関数は、名前に丸かっこの組を続けることで呼び出すことができます。another_function 関数がプログラム内で定義されているので、main 関数内から呼び出すことができるわけです。ソースコード中で another_function を main 関数の後に定義したことに注目してください; main 関数の前に定義することもできます。コンパイラーは、関数がどこで定義されているかは気にしません。どこかで定義されていることのみ気にします。

functions という名前の新しいバイナリー生成プロジェクトを始めて、関数についてさらに深く探究していきましょう。another_function の例を src/main.rs ファイルに配置して、走

[*3] some_variable のような命名規則

50　第 3 章　一般的なプログラミングの概念

らせてください。以下のような出力が得られるはずです:

```
$ cargo run
   Compiling functions v0.1.0 (file:///projects/functions)
    Finished dev [unoptimized + debuginfo] target(s) in 0.28 secs
     Running `target/debug/functions`
Hello, world!
Another function.
```

　行出力は、main 関数内に書かれた順序で実行されています。最初に "Hello, world!" メッセージが出て、それから another_function が呼ばれて、こちらのメッセージが出力されています。

関数の引数

　関数は、引数を持つようにも定義できます。引数とは、関数シグニチャーの一部になる特別な変数のことです。関数に引数があると、引数の位置に実際の値を与えることができます。技術的にはこの実際の値は **実引数** と呼ばれますが、普段の会話では、仮引数（"parameter"）と実引数（"argument"）を関数定義の変数と関数呼び出し時に渡す実際の値、両方の意味に区別なく使います[*4]。

　以下の書き直した another_function では、Rust の仮引数がどのようなものかを示しています:

src/main.rs

```
fn main() {
    another_function(5);
}

fn another_function(x: i32) {
    println!("The value of x is: {}", x);    // x の値は{}です
}
```

　このプログラムを走らせてみてください; 以下のような出力が得られるはずです:

```
$ cargo run
   Compiling functions v0.1.0 (file:///projects/functions)
    Finished dev [unoptimized + debuginfo] target(s) in 1.21 secs
     Running `target/debug/functions`
The value of x is: 5
```

　another_function の宣言には、x という名前の仮引数があります。x の型は、i32 と指定されています。値 5 が another_function に渡されると、println! マクロにより、フォーマット文字列中の一組の波かっこがあった位置に値 5 が出力されます。

[*4] 日本語では、特別区別すべき意図がない限り、どちらも単に引数と呼ぶことが多いでしょう

関数シグニチャーにおいて、各仮引数の型を宣言しなければなりません。これは、Rust の設計において、意図的な判断です：関数定義で型注釈が必要不可欠ということは、コンパイラーがその意図するところを推し量るのに、プログラマーがコードの他の箇所で使用する必要がほとんどないということを意味します。

関数に複数の仮引数を持たせたいときは、仮引数定義をカンマで区切ってください。こんな感じです：

src/main.rs

```rust
fn main() {
    another_function(5, 6);
}

fn another_function(x: i32, y: i32) {
    println!("The value of x is: {}", x);
    println!("The value of y is: {}", y);
}
```

この例では、2 引数の関数を生成しています。そして、引数はどちらも i32 型です。それからこの関数は、仮引数の値を両方出力します。関数引数は、すべてが同じ型である必要はありません。今回は、偶然同じになっただけです。

このコードを走らせてみましょう。今、function プロジェクトの src/main.rs ファイルに記載されているプログラムを先ほどの例と置き換えて、cargo run で走らせてください：

```
$ cargo run
   Compiling functions v0.1.0 (file:///projects/functions)
    Finished dev [unoptimized + debuginfo] target(s) in 0.31 secs
     Running `target/debug/functions`
The value of x is: 5
The value of y is: 6
```

x に対して値 5、y に対して値 6 を渡して関数を呼び出したので、この 2 つの文字列は、この値で出力されました。

関数本体は、文と式を含む

関数本体は、文が並び、最後に式を置くか、文を置くという形で形成されます。現在までには、式で終わらない関数だけを見てきたわけですが、式が文の一部になっているものなら見かけましたね。Rust は、式指向言語なので、これは理解しておくべき重要な差異になります。他の言語にこの差異はありませんので、文と式が何なのかと、その違いが関数本体にどんな影響を与えるかを見ていきましょう。

実のところ、もう文と式は使っています。文とは、何らかの動作をして値を返さない命令です。式は結果値に評価されます。ちょっと例を眺めてみましょう。

let キーワードを使用して変数を生成し、値を代入することは文になります。リスト 3.1 で

let y = 6; は文です。

リスト 3.1: 1 文を含む main 関数宣言

src/main.rs
```rust
fn main() {
    let y = 6;
}
```

関数定義も文になります。つまり、先の例は全体としても文になるわけです。

文は値を返しません。故に、let 文を他の変数に代入することはできません。以下のコードではそれを試みていますが、エラーになります:

src/main.rs
```rust
fn main() {
    let x = (let y = 6);
}
```

このプログラムを実行すると、以下のようなエラーが出るでしょう:

```
$ cargo run
   Compiling functions v0.1.0 (file:///projects/functions)
error: expected expression, found statement (`let`)
エラー: 式を予期しましたが、文が見つかりました（‘let‘))
 --> src/main.rs:2:14
  |
2 |     let x = (let y = 6);
  |              ^^^
  |
  = note: variable declaration using `let` is a statement
    注釈: ‘let‘を使う変数宣言は、文です
```

この let y = 6 という文は値を返さないので、x に束縛するものがないわけです。これは、C や Ruby などの言語とは異なる動作です。C や Ruby では、代入は代入値を返します。これらの言語では、x = y = 6 と書いて、x も y も値 6 になるようにできるのですが、Rust においては、そうは問屋が卸さないわけです。

式は何かに評価され、これからあなたが書く Rust コードの多くを構成します。簡単な数学演算（5 + 6 など）を思い浮かべましょう。この例は、値 11 に評価される式です。式は文の一部になりえます: リスト 3.1 において、let y = 6 という文の 6 は値 6 に評価される式です。関数呼び出しも式です。マクロ呼び出しも式です。新しいスコープを作る際に使用するブロック（{}）も式です:

src/main.rs
```rust
fn main() {
    let x = 5;

❶ let y = { ❷
        let x = 3;
```

関数　53

```
❸   x + 1
    };

    println!("The value of y is: {}", y);
}
```

以下の式:

```
{
    let x = 3;
    x + 1
}
```

は今回の場合、4に評価されるブロックです❷。その値が、let 文の一部として y に束縛され
ます❶。今まで見かけてきた行と異なり、文末にセミコロンがついていない x + 1 の行に気
を付けてください❸。式は終端にセミコロンを含みません。式の終端にセミコロンを付けた
ら、文に変えてしまいます。そして、文は値を返しません。次に関数の戻り値や式を見ていく
際にこのことを肝に銘じておいてください。

戻り値のある関数

　関数は、それを呼び出したコードに値を返すことができます。戻り値に名前を付けはしませ
んが、矢印（->）の後に型を書いて確かに宣言します。Rust では、関数の戻り値は、関数本
体ブロックの最後の式の値と同義です。return キーワードで関数から早期リターンし、値を
指定することもできますが、多くの関数は最後の式を暗黙的に返します。こちらが、値を返す
関数の例です:

src/main.rs
```
fn five() -> i32 {
    5
}

fn main() {
    let x = five();

    println!("The value of x is: {}", x);
}
```

　five 関数内には、関数呼び出しもマクロ呼び出しも、let 文でさえ存在しません。数字の5
が単独であるだけです。これは、Rust において、完璧に問題ない関数です。関数の戻り値型
が-> i32 と指定されていることにも注目してください。このコードを実行してみましょう;
出力はこんな感じになるはずです:

54 第3章 一般的なプログラミングの概念

```
$ cargo run
   Compiling functions v0.1.0 (file:///projects/functions)
    Finished dev [unoptimized + debuginfo] target(s) in 0.30 secs
     Running `target/debug/functions`
The value of x is: 5
```

five 内の 5 が関数の戻り値です。だから、戻り値型が i32 なのです。これについてもっと深く考察しましょう。重要な箇所は 2 つあります: まず、let x = five() という行は、関数の戻り値を使って変数を初期化していることを示しています。関数 five は 5 を返すので、この行は以下のように書くのと同義です:

```
let x = 5;
```

2 番目に、five 関数は仮引数を持たず、戻り値型を定義していますが、関数本体はセミコロンなしの 5 単独です。なぜなら、これが返したい値になる式だからです。
もう 1 つ別の例を見ましょう:

src/main.rs
```
fn main() {
    let x = plus_one(5);

    println!("The value of x is: {}", x);
}

fn plus_one(x: i32) -> i32 {
    x + 1
}
```

このコードを走らせると、The value of x is: 6 と出力されるでしょう。しかし、x + 1 を含む行の終端にセミコロンを付けて、式から文に変えたら、エラーになるでしょう:

src/main.rs
```
fn main() {
    let x = plus_one(5);

    println!("The value of x is: {}", x);
}

fn plus_one(x: i32) -> i32 {
    x + 1;
}
```

このコードを実行すると、以下のようにエラーが出ます:

```
error[E0308]: mismatched types
              型が合いません
 --> src/main.rs:7:28
  |
7 |   fn plus_one(x: i32) -> i32 {
  |   ---------------------------^
8 | |     x + 1;
  | |          - help: consider removing this semicolon
  | |               助言: このセミコロンを取ってみてください
9 | | }
  | |_^ expected i32, found ()
  |       i32 を予期したのに、() 型が見つかりました
  |
  = note: expected type `i32`
                 found type `()`
```

メインのエラーメッセージである「型が合いません」でこのコードの根本的な問題が明らか
になるでしょう。関数 plus_one の定義では、i32 型を返すと言っているのに、文は値に評価
されないからです。このことは、()、つまり空のタプルとして表現されています。それゆえ
に、何も戻り値がなく、これが関数定義と矛盾するので、結果としてエラーになるわけです。
この出力内で、コンパイラーは問題を修正する手助けになりそうなメッセージも出しています
ね: セミコロンを削除するよう提言しています。そして、そうすれば、エラーは直るわけです。

コメント

全プログラマーは、自分のコードがわかりやすくなるよう努めますが、ときとして追加の説
明が許されることもあります。このような場合、プログラマーは注釈またはコメントをソース
コードに残し、コメントをコンパイラーは無視しますが、ソースコードを読む人間には有益な
ものと思えるかもしれません。

こちらが単純なコメントです:

```
// hello, world
```

Rust では、コメントは 2 連スラッシュで始め、行の終わりまで続きます。コメントが複数
行にまたがる場合、各行に // を含める必要があります。こんな感じに:

```
// ここで何か複雑なことをしていて、長すぎるから複数行のコメントが必要なんだ。
// ふう! 願わくば、このコメントで何が起こっているか説明されているとうれしい。
// So we're doing something complicated here, long enough that we need
// multiple lines of comments to do it! Whew! Hopefully, this comment will
// explain what's going on.
```

56 第 3 章 一般的なプログラミングの概念

コメントは、コードが書かれた行の末尾にも配置することができます:

src/main.rs
```rust
fn main() {
    let lucky_number = 7; // I'm feeling lucky today(今日はラッキーな気がするよ)
}
```

しかし、こちらの形式のコメントのほうが見かける機会は多いでしょう。注釈しようとしているコードの 1 行上に書く形式です:

src/main.rs
```rust
fn main() {
    // 今日はラッキーな気がするよ
    // I'm feeling lucky today
    let lucky_number = 7;
}
```

Rust には他の種類のコメント、ドキュメンテーションコメントもあり、それについては第14 章で議論します。

フロー制御

条件が真かどうかによってコードを走らせるかどうかを決定したり、条件が真の間繰り返しコードを走らせるか決定したりすることは、多くのプログラミング言語において、基本的な構成ブロックです。Rust コードの実行フローを制御する最も一般的な文法要素は、if 式とループです。

if 式

if 式によって、条件に依存して枝分かれをさせることができます。条件を与え、以下のように宣言します。「もし条件が合ったら、この一連のコードを実行しろ。条件に合わなければ、この一連のコードは実行するな」と。

projects ディレクトリーに branches という名のプロジェクトを作って if 式について掘り下げていきましょう。src/main.rs ファイルに、以下のように入力してください:

src/main.rs
```rust
fn main() {
    let number = 3;

    if number < 5 {
        // 条件は真でした
        println!("condition was true");
    } else {
        // 条件は偽でした
        println!("condition was false");
    }
}
```

if 式はすべて、キーワードの if から始め、条件式を続けます。今回の場合、条件式は変数number が 5 未満の値になっているかどうかをチェックします。条件が真のときに実行したい一連のコードを条件式の直後に波かっこで包んで配置します。if 式の条件式と紐付けられる一連のコードは、ときとしてアームと呼ばれることがあります。第 2 章の「予想と秘密の数字を比較する」節（☞ p. 27）で議論した match 式のアームと同じです。

　オプションとして、else 式を含むこともでき（ここではそうしています）、これによりプログラムは、条件式が偽になったときに実行するコードを与えられることになります。仮に、else 式を与えずに条件式が偽になったら、プログラムは単に if ブロックを飛ばして次のコードを実行しにいきます。

　このコードを走らせてみましょう; 以下のような出力を目の当たりにするはずです:

```
$ cargo run
   Compiling branches v0.1.0 (file:///projects/branches)
    Finished dev [unoptimized + debuginfo] target(s) in 0.31 secs
     Running `target/debug/branches`
condition was true
```

number の値を条件が false になるような値に変更してどうなるか確かめてみましょう:

```
let number = 7;
```

再度プログラムを実行して、出力に注目してください:

```
$ cargo run
   Compiling branches v0.1.0 (file:///projects/branches)
    Finished dev [unoptimized + debuginfo] target(s) in 0.31 secs
     Running `target/debug/branches`
condition was false
```

　このコード内の条件式は、bool 型でなければならないことにも触れる価値があります。条件式が、bool 型でないときは、エラーになります。例えば、試しに以下のコードを実行してみてください:

src/main.rs

```
fn main() {
    let number = 3;

    if number {
        // 数値は 3 です
        println!("number was three");
    }
}
```

　今回、if の条件式は 3 という値に評価され、コンパイラーがエラーを投げます:

58 第3章 一般的なプログラミングの概念

```
error[E0308]: mismatched types
                型が合いません
 --> src/main.rs:4:8
  |
4 |     if number {
  |        ^^^^^^ expected bool, found integral variable
                 bool 型を予期したのに、整数変数が見つかりました
  |
  = note: expected type `bool`
             found type `{integer}`
```

　このエラーは、コンパイラーは bool 型を予期していたのに、整数だったことを示唆しています。Ruby や JavaScript などの言語とは異なり、Rust では、論理値以外の値が、自動的に論理値に変換されることはありません。明示し、必ず if には条件式として、**論理値**を与えなければなりません。例えば、数値が 0 以外のときだけ if のコードを走らせたいなら、以下のように if 式を変更することができます:

src/main.rs
```rust
fn main() {
    let number = 3;

    if number != 0 {
        // 数値は 0以外の何かでした
        println!("number was something other than zero");
    }
}
```

　このコードを実行したら、number was something other than zero と表示されるでしょう。

else if で複数の条件を扱う

　if と else を組み合わせて else if 式にすることで複数の条件を持たせることもできます。例です:

src/main.rs
```rust
fn main() {
    let number = 6;

    if number % 4 == 0 {
        // 数値は 4で割り切れます
        println!("number is divisible by 4");
    } else if number % 3 == 0 {
        // 数値は 3で割り切れます
        println!("number is divisible by 3");
    } else if number % 2 == 0 {
        // 数値は 2で割り切れます
```

フロー制御　59

```
        println!("number is divisible by 2");
    } else {
        // 数値は 4、3、2で割り切れません
        println!("number is not divisible by 4, 3, or 2");
    }
}
```

このプログラムには、通り道が4つあります。実行後、以下のような出力を目の当たりにするはずです:

```
$ cargo run
    Compiling branches v0.1.0 (file:///projects/branches)
    Finished dev [unoptimized + debuginfo] target(s) in 0.31 secs
     Running `target/debug/branches`
number is divisible by 3
```

このプログラムを実行すると、if式が順番に吟味され、最初に条件が真になった本体が実行されます。6は2で割り切れるものの、number is devisible by 2や、elseブロックのnumber is not divisible by 4, 3, or 2という出力はされないことに注目してください。それは、Rustが最初の真条件のブロックのみを実行し、条件に合ったものが見つかったら、残りはチェックすらしないからです。

else if式を使いすぎると、コードがめちゃくちゃになってしまうので、1つ以上あるなら、コードをリファクタリングしたくなるかもしれません。これらのケースに有用なmatchと呼ばれる、強力なRustの枝分かれ文法要素については第6章で解説します。

let文内でif式を使う

ifは式なので、let文の右辺に持ってくることができます。リスト3.2のようにですね。

リスト3.2: if式の結果を変数に代入する

src/main.rs
```rust
fn main() {
    let condition = true;
    let number = if condition {
        5
    } else {
        6
    };

    // number の値は、{}です
    println!("The value of number is: {}", number);
}
```

このnumber変数は、if式の結果に基づいた値に束縛されます。このコードを走らせてどうなるか確かめてください:

```
$ cargo run
   Compiling branches v0.1.0 (file:///projects/branches)
    Finished dev [unoptimized + debuginfo] target(s) in 0.30 secs
     Running `target/debug/branches`
The value of number is: 5
```

　一連のコードは、そのうちの最後の式に評価され、数値はそれ単独でも式になることを思い出してください。今回の場合、この if 式全体の値は、どのブロックのコードが実行されるかに基づきます。これはつまり、if の各アームの結果になる可能性がある値は、同じ型でなければならないということになります; リスト 3.2 で、if アームも else アームも結果は、i32 の整数でした。以下の例のように、型が合わないときには、エラーになるでしょう:

src/main.rs

```
fn main() {
    let condition = true;

    let number = if condition {
        5
    } else {
        "six"
    };

    println!("The value of number is: {}", number);
}
```

　このコードをコンパイルしようとすると、エラーになります。if と else アームは互換性のない値の型になり、コンパイラーがプログラム内で問題の見つかった箇所をズバリ指摘してくれます:

```
error[E0308]: if and else have incompatible types
                if と else の型に互換性がありません
  --> src/main.rs:4:18
   |
4  |       let number = if condition {
   |  _____^
5  | |         5
6  | |     } else {
7  | |         "six"
8  | |     };
   | |_____^ expected integral variable, found &str
   |             整数変数を予期しましたが、&str が見つかりました
   |
   = note: expected type `{integer}`
              found type `&str`
```

if ブロックの式は整数に評価され、else ブロックの式は文字列に評価されます。これでは動作しません。変数は単独の型でなければならないからです。コンパイラーは、コンパイル時に number 変数の型を確実に把握する必要があるため、コンパイル時に number が使われている箇所全部で型が有効かどうか検査することができるのです。number の型が実行時にしか決まらないのであれば、コンパイラーはそれを実行することができなくなってしまいます; どの変数に対しても、架空の複数の型があることを追いかけなければならないのであれば、コンパイラーはより複雑になり、コードに対して行える保証が少なくなってしまうでしょう。

ループで繰り返し

一連のコードを 1 回以上実行できると、しばしば役に立ちます。この作業用に、Rust にはいくつかの**ループ**が用意されています。ループは、本体内のコードを最後まで実行し、直後にまた最初から処理を開始します。ループを試してみるのに、loops という名の新プロジェクトを作りましょう。

Rust には 3 種類のループが存在します: loop と while と for です。それぞれ試してみましょう。

loop でコードを繰り返す

loop キーワードを使用すると、同じコードを何回も何回も永遠に、明示的にやめさせるまで実行します。

例として、loops ディレクトリーの src/main.rs ファイルを以下のような感じに書き換えてください:

src/main.rs

```rust
fn main() {
    loop {
        // また
        println!("again!");
    }
}
```

このプログラムを実行すると、プログラムを手動で止めるまで、何度も何度も続けて again! と出力するでしょう。ほとんどの端末で ctrl–c というショートカットが使え、永久ループにとらわれてしまったプログラムを終了させられます。試しにやってみましょう:

```
$ cargo run
   Compiling loops v0.1.0 (file:///projects/loops)
    Finished dev [unoptimized + debuginfo] target(s) in 0.29 secs
     Running `target/debug/loops`
again!
again!
again!
again!
^Cagain!
```

^C という記号が出た場所が、**ctrl-c** を押した場所です。^C の後には **again!** と表示されたり、されなかったりします。ストップシグナルをコードが受け取ったときにループのどこにいたかによります。

幸いなことに、Rust にはループを抜け出す別のより信頼できる手段があります。ループ内に **break** キーワードを配置することで、プログラムに実行を終了すべきタイミングを教えることができます。第 2 章の「正しい予想をした後に終了する」節 (☞ p.32) の数当てゲーム内でこれをして、ユーザーが予想を的中させ、ゲームに勝ったときにプログラムを終了させたことを思い出してください。

while で条件付きループ

プログラムにとってループ内で条件式を評価できると、有益なことがしばしばあります。条件が真の間、ループが走るわけです。条件が真でなくなったときにプログラムは **break** を呼び出し、ループを終了します。このタイプのループは、**loop**、**if**、**else**、**break** を組み合わせることでも実装できます; お望みなら、プログラムで今、試してみるのもいいでしょう。

しかし、このパターンは頻出するので、Rust にはそれ用の文法要素が用意されていて、**while** ループと呼ばれます。リスト 3.3 は、**while** を使用しています: プログラムは 3 回ループし、それぞれカウントダウンします。それから、ループ後に別のメッセージを表示して終了します:

リスト 3.3: 条件が真の間、コードを走らせる **while** ループを使用する

src/main.rs

```rust
fn main() {
    let mut number = 3;

    while number != 0 {
        println!("{}!", number);

        number = number - 1;
    }

    // 発射！
    println!("LIFTOFF!!!");
}
```

この文法要素により、**loop**、**if**、**else**、**break** を使ったときに必要になるネストがなくなり、より明確になります。条件が真の間、コードは実行されます; そうでなければ、ループを抜けます.

for でコレクションをのぞき見る

while 要素を使って配列などのコレクションの要素をのぞき見ることができます。例えば、リスト 3.4 を見ましょう。

フロー制御　63

リスト 3.4: while ループでコレクションの各要素をのぞき見る

src/main.rs
```rust
fn main() {
    let a = [10, 20, 30, 40, 50];
    let mut index = 0;

    while index < 5 {
        // 値は{}です
        println!("the value is: {}", a[index]);

        index = index + 1;
    }
}
```

　ここで、コードは配列の要素を順番にカウントアップしてのぞいています。添え字 0 から始まり、配列の最終添え字に到達するまでループします (つまり、index < 5 が真でなくなるときです)。このコードを走らせると、配列内の全要素が出力されます:

```
$ cargo run
   Compiling loops v0.1.0 (file:///projects/loops)
    Finished dev [unoptimized + debuginfo] target(s) in 0.32 secs
     Running `target/debug/loops`
the value is: 10
the value is: 20
the value is: 30
the value is: 40
the value is: 50
```

　予想どおり、配列の 5 つの要素がすべてターミナルに出力されています。index 変数の値はどこかで 5 という値になるものの、配列から 6 番目の値を拾おうとする前にループは実行を終了します。

　しかし、このアプローチは間違いが発生しやすいです; 添え字の長さが間違っていれば、プログラムはパニックしてしまいます。また遅いです。コンパイラーが実行時にループの各回ごとに境界値チェックを行うようなコードを追加するからです。

　より効率的な対立案として、for ループを使ってコレクションの各アイテムに対してコードを実行することができます。for ループはリスト 3.5 のこんな見た目です。

リスト 3.5: for ループを使ってコレクションの各要素をのぞき見る

src/main.rs
```rust
fn main() {
    let a = [10, 20, 30, 40, 50];

    for element in a.iter() {
        // 値は{}です
        println!("the value is: {}", element);
    }
}
```

このコードを走らせたら、リスト 3.4 と同じ出力が得られるでしょう。より重要なのは、コードの安全性を向上させ、配列の終端を越えてアクセスしたり、終端に届く前にループを終えてアイテムを見逃してしまったりするバグの可能性を完全に排除したことです。

例えば、リスト 3.4 のコードで、a 配列からアイテムを 1 つ削除したのに、条件式を while index < 4 にするのを忘れていたら、コードはパニックします。for ループを使っていれば、配列の要素数を変えても、他のコードをいじることを覚えておく必要はなくなるわけです。

for ループのこの安全性と簡潔性により、Rust で使用頻度の最も高いループになっています。リスト 3.3 で while ループを使ったカウントダウンサンプルのように、一定の回数、同じコードを実行したいような状況であっても、多くの Rustacean は、for ループを使うでしょう。どうやってやるかといえば、Range 型を使うのです。Range 型は、標準ライブラリーで提供される片方の数字から始まって、もう片方の数字未満の数値を順番に生成する型です。

for ループと、まだ話していない別のメソッド rev を使って範囲を逆順にしたカウントダウンはこうなります:

src/main.rs

```
fn main() {
    for number in (1..4).rev() {
        println!("{}!", number);
    }
    println!("LIFTOFF!!!");
}
```

こちらのコードのほうが少しいいでしょう?

まとめ

やりましたね! けっこう長い章でした: 変数、スカラー値と複合データ型、関数、コメント、if 式、そして、ループについて学びました! この章で議論した概念について経験を積みたいのであれば、以下のことをするプログラムを組んでみてください:

- 温度を華氏と摂氏で変換する。
- フィボナッチ数列の n 番目を生成する。
- クリスマスキャロルの定番、"The Twelve Days of Christmas" の歌詞を、曲の反復性を利用して出力する。

次に進む準備ができたら、他の言語には広く存在しない Rust の概念について話しましょう: 所有権です。

4

所有権を理解する

所有権はRustの最もユニークな機能であり、これのおかげでガベージコレクターなしで安全性担保を行うことができるのです。故に、Rustにおいて、所有権がどう動作するのかを理解するのは重要です。この章では、所有権以外にも、関連する機能をいくつか話していきます: 借用、スライス、そして、コンパイラーがデータをメモリーにどう配置するかです。

所有権とは?

Rust の中心的な機能は、**所有権**です。機能は説明するのに単純なのですが、言語の残りの機能すべてにかかるほど深い裏の意味を含んでいるのです。

すべてのプログラムは、実行中にコンピュータのメモリーの使用方法を管理する必要があります。プログラムが動作するにつれて、定期的に使用されていないメモリーを検索するガベージコレクションを持つ言語もありますが、他の言語では、プログラマーが明示的にメモリーを確保したり、解放したりしなければなりません。Rust では第 3 の選択肢を取っています: メモリーは、コンパイラーがコンパイル時にチェックする一定の規則とともに所有権システムを通じて管理されています。どの所有権機能も、実行中にプログラムの動作を遅くすることはありません。

所有権は多くのプログラマーにとって新しい概念なので、慣れるまでに時間がかかります。Rust と所有権システムの規則と経験を積むにつれて、自然に安全かつ効率的なコードを構築できるようになることは、素晴らしいお知らせです。その調子でいきましょう!

所有権を理解したとき、Rust を際立たせる機能の理解に対する強固な礎を得ることになるでしょう。この章では、非常に一般的なデータ構造に着目した例を取り扱うことで所有権を学んでいきます: 文字列です。

スタックとヒープ

多くのプログラミング言語において、スタックとヒープについて考える機会はそう多くないでしょう。しかし、Rust のようなシステムプログラミング言語においては、値がスタックに載るかヒープに載るかは、言語の振る舞い方や、特定の決断を下す理由などに影響以上のものを与えるのです。この章の後半でスタックとヒープを絡めて所有権の一部は解説されるので、ここでちょっと予行演習をしておきましょう。

スタックもヒープも、実行時にコードが使用できるメモリーの一部になりますが、異なる手段で構成されています。スタックは、得た順番に値を並べ、逆の順で値を取り除いていきます。これは、last in, first out[*1]と呼ばれます。お皿の山を思い浮かべてください: お皿を追加するときには、山の一番上に置き、お皿が必要になったら、一番上から 1 枚を取り去りますよね。途中や一番下に追加したり、取り除いたりすることもできません。データを追加することは、**スタックに push する**といい、データを取り除くことは、**スタックから pop する**と表現します[*2]。

データへのアクセス方法のおかげで、スタックは高速です: 新データを置いたり、データを取得する場所を探す必要が絶対にないわけです。というのも、その場所は常に一番上だからですね。スタックを高速にする特性は他にもあり、それはスタック上のデータはすべて既知の固定サイズにならなければならないということです。

コンパイル時にサイズがわからなかったり、サイズが可変のデータについては、代わりにヒープに格納することができます。ヒープは、もっとごちゃごちゃしています: ヒープ

にデータを置くとき、あるサイズのスペースを求めます。OS はヒープ上に十分な大きさの空の領域を見つけ、使用中にし、**ポインター**を返してきます。ポインターとは、その場所へのアドレスです。この過程は、**ヒープに領域を確保する**と呼ばれ、ときとしてそのフレーズを単に allocate するなどと省略したりします[*3]。スタックに値を載せることは、メモリー確保とは考えられません。ポインターは、既知の固定サイズなので、スタックに保管することができますが、実データが必要になったら、ポインターを追いかける必要があります。

レストランで席を確保することを考えましょう。入店したら、グループの人数を告げ、店員が全員座れる空いている席を探し、そこまで誘導します。もしグループの誰かが遅れて来るのなら、着いた席の場所を尋ねてあなたを発見することができます。

ヒープへのデータアクセスは、スタックのデータへのアクセスよりも低速です。ポインターを追って目的の場所に到達しなければならないからです。現代のプロセッサーは、メモリーをあちこち行き来しなければ、より速くなります。似た例えを続けましょう。レストランで多くのテーブルから注文を受ける給仕人を考えましょう。最も効率的なのは、次のテーブルに移らずに、1 つのテーブルで全部の注文を受け付けてしまうことです。テーブル A で注文を受け、それからテーブル B の注文、さらにまた A、それからまた B と渡り歩くのは、かなり低速な過程になってしまうでしょう。同じ意味で、プロセッサーは、データが隔離されている（ヒープではそうなっている可能性がある）よりも近くにある（スタックではこうなる）ほうが、仕事をうまくこなせるのです。ヒープに大きな領域を確保する行為も時間がかかることがあります。

コードが関数を呼び出すと、関数に渡された値（ヒープのデータへのポインターも含まれる可能性あり）と、関数のローカル変数がスタックに載ります。関数の実行が終了すると、それらの値はスタックから取り除かれます。

どの部分のコードがどのヒープ上のデータを使用しているか把握すること、ヒープ上の重複するデータを最小化すること、メモリー不足にならないようにヒープ上の未使用のデータを掃除することはすべて、所有権が解決する問題です。一度所有権を理解したら、あまり頻繁にスタックとヒープに関して考える必要はなくなるでしょうが、ヒープデータを管理することが所有権の存在する理由だと知っていると、所有権がありのままで動作する理由を説明するのに役立つこともあります。

[*1] あえて日本語にするなら、けつ入れ頭出しといったところでしょうか

[*2] 日本語では単純に英語をそのまま活用してプッシュ、ポップと表現するでしょう

[*3] こちらもこなれた日本語訳はないでしょう。allocate はメモリーを確保すると訳したいところですが

所有権規則

まず、所有権のルールについて見ていきましょう。この規則を具体化する例を扱っていく間もこれらのルールを肝に銘じておいてください:

- Rust の各値は、**所有者**と呼ばれる変数と対応している。
- いかなるときも所有者は 1 つである。
- 所有者がスコープから外れたら、値は破棄される。

変数スコープ

第 2 章で、Rust プログラムの例はすでに見ています。もう基本的な記法は通り過ぎたので、`fn main() {` というコードはもう例に含みません。したがって、例をなぞっているなら、これからの例は main 関数に手動で入れ込まなければいけなくなるでしょう。結果的に、例は少々簡潔になり、定型コードよりも具体的な詳細に集中しやすくなります。

所有権の最初の例として、何らかの変数の**スコープ**について見ていきましょう。スコープとは、要素が有効になるプログラム内の範囲のことです。以下のような変数があるとしましょう:

```
let s = "hello";
```

変数 s は、文字列リテラルを参照し、ここでは、文字列の値はプログラムのテキストとしてハードコードされています。この変数は、宣言された地点から、現在の**スコープ**の終わりまで有効になります。リスト 4.1 には、変数 s が有効な場所に関する注釈がコメントで付記されています。

リスト 4.1: 変数と有効なスコープ

```
{                       // s は、ここでは有効ではない。まだ宣言されていない
    let s = "hello";    // s は、ここから有効になる

    // s で作業をする
}                       // このスコープは終わり。もうs は有効ではない
```

言い換えると、ここまでに重要な点は 2 つあります:

- s がスコープに入ると、有効になる
- スコープを抜けるまで、有効なまま

ここで、スコープと変数が有効になる期間の関係は、他の言語に類似しています。さて、この理解のもとに、String 型を導入して構築していきましょう。

String 型

　所有権の規則を具体化するには、第3章の「データ型」節（☞ p.42）で講義したものよりも、より複雑なデータ型が必要になります。以前講義した型はすべてスタックに保管され、スコープが終わるとスタックから取り除かれますが、ヒープに確保されるデータ型を観察して、コンパイラーがどうそのデータを掃除すべきタイミングを把握しているかを掘り下げていきたいです。

　ここでは、例として String 型を使用し、String 型の所有権にまつわる部分に着目しましょう。また、この観点は、標準ライブラリーや自分で生成する他の複雑なデータ型にも適用されます。String 型については、第8章でより深く議論します。

　すでに文字列リテラルは見かけましたね。文字列リテラルでは、文字列の値はプログラムにハードコードされます。文字列リテラルは便利ですが、テキストを使いたいかもしれない場面すべてに最適なわけではありません。一因は、文字列リテラルが不変であることに起因します。別の原因は、コードを書く際に、すべての文字列値が判明するわけではないからです: 例えば、ユーザー入力を受け付け、それを保持したいとしたらどうでしょうか？ このような場面用に、Rust には、2種類目の文字列型、String 型があります。この型はヒープにメモリーを確保するので、コンパイル時にはサイズが不明なテキストも保持することができるのです。from 関数を使用して、文字列リテラルから String 型を生成できます。以下のように:

```
let s = String::from("hello");
```

　この二重コロンは、string_from などの名前を使うのではなく、String 型直下の from 関数を特定する働きをする演算子です。この記法について詳しくは、第5章の「メソッド記法」節（☞ p.102）と、第7章の「モジュール定義」（☞ p.124）でモジュールを使った名前空間分けについて話をするときに議論します。

　この種の文字列は、可変化することができます:

```
let mut s = String::from("hello");

s.push_str(", world!"); // push_str()関数は、リテラルをStringに付け加える

println!("{}", s); // これは`hello, world!`と出力する
```

　では、ここでの違いは何でしょうか？ なぜ、String 型は可変化できるのに、リテラルはできないのでしょうか？ 違いは、これら2つの型がメモリーを扱う方法にあります。

メモリーと確保

　文字列リテラルの場合、中身はコンパイル時に判明しているので、テキストは最終的な実行可能ファイルに直接ハードコードされます。このため、文字列リテラルは、高速で効率的になるのです。しかし、これらの特性は、その文字列リテラルの不変性にのみ端を発するもので

す。残念なことに、コンパイル時にサイズが不明だったり、プログラム実行に合わせてサイズが可変なテキスト片用に一塊のメモリーをバイナリーに確保しておくことは不可能です。

String 型では、可変かつ伸長可能なテキスト破片をサポートするために、コンパイル時には不明な量のメモリーをヒープに確保して内容を保持します。つまり:

- メモリーは、実行時に OS に要求される。
- String 型を使用し終わったら、OS にこのメモリーを返却する方法が必要である。

この最初の部分は、すでにしています: String::from 関数を呼んだら、その実装が必要なメモリーを要求するのです。これは、プログラミング言語において、極めて普遍的です。

しかしながら、2 番目の部分は異なります。**ガベージコレクター**（GC）付きの言語では、GC がこれ以上、使用されないメモリーを検知して片付けるため、プログラマーは、そのことを考慮する必要はありません。GC がないなら、メモリーがもう使用されないことを見計らって、明示的に返却するコードを呼び出すのは、プログラマーの責任になります。ちょうど要求の際にしたようにですね。これを正確にすることは、歴史的にも難しいプログラミング問題の 1 つであり続けています。もし、忘れていたら、メモリーを無駄にします。タイミングが早すぎたら、無効な変数を作ってしまいます。2 回解放してしまっても、バグになるわけです。allocate と free は完璧に 1 対 1 対応にしなければならないのです。

Rust は、異なる道を歩んでいます: ひとたび、メモリーを所有している変数がスコープを抜けたら、メモリーは自動的に返却されます。こちらの例は、リスト 4.1 のスコープ例を文字列リテラルから String 型を使うものに変更したバージョンになります:

```
{
    let s = String::from("hello"); // s はここから有効になる

    // s で作業をする
}                                 // このスコープはここでおしまい。s は
                                  // もう有効ではない
```

String 型が必要とするメモリーを OS に返却することが自然な地点があります: s 変数がスコープを抜けるときです。変数がスコープを抜けるとき、Rust は特別な関数を呼んでくれます。この関数は、drop と呼ばれ、ここに String 型の書き手はメモリー返却するコードを配置することができます。Rust は、閉じ波かっこで自動的に drop 関数を呼び出します。

NOTE　C++ では、要素の生存期間の終了地点でリソースを解放するこのパターンを、ときに RAII（Resource Aquisition Is Initialization: リソースの獲得は、初期化である）と呼んだりします。Rust の drop 関数は、あなたが RAII パターンを使ったことがあれば、馴染み深いものでしょう。

このパターンは、Rust コードの書かれ方に甚大な影響をもたらします。現状は簡単そうに見えるかもしれませんが、ヒープ上に確保されたデータを複数の変数に使用させるようなもっと複雑な場面では、コードの振る舞いは、予期しないものになる可能性もあります。これから、そのような場面を掘り下げてみましょう。

変数とデータの相互作用法: ムーブ

Rust においては、複数の変数が同じデータに対して異なる手段で相互作用することができます。整数を使用したリスト 4.2 の例を見てみましょう。

リスト 4.2: 変数 x の整数値を y に代入する

```
let x = 5;
let y = x;
```

もしかしたら、何をしているのか予想することができるでしょう:「値 5 を x に束縛する; それから x の値をコピーして y に束縛する」。これで、2 つの変数 (x と y) が存在し、両方、値は 5 になりました。これは確かに起こっている現象を説明しています。なぜなら、整数は既知の固定サイズの単純な値で、これら 2 つの 5 という値は、スタックに積まれるからです。

では、String バージョンを見ていきましょう:

```
let s1 = String::from("hello");
let s2 = s1;
```

このコードは先ほどのコードに酷似していますので、動作方法も同じだと思い込んでしまう可能性があります: 要するに、2 行目で s1 の値をコピーし、s2 に束縛するということです。ところが、これはまったく起こることを言い当てていません。

図 4.1 を見て、ベールの下で String に何が起こっているかを確かめてください。String 型は、左側に示されているように、3 つの部品でできています: 文字列の中身を保持するメモリーへのポインターと長さ、そして、許容量です。この種のデータは、スタックに保持されます。右側には、中身を保持したヒープ上のメモリーがあります。

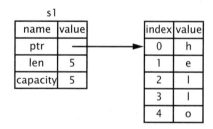

図 4.1: s1 に束縛された "hello" という値を保持する String のメモリー上の表現

長さは、String 型の中身が現在使用しているメモリー量をバイトで表したものです。許容量は、String 型が OS から受け取った全メモリー量をバイトで表したものです。長さと許容量の違いは問題になることですが、この文脈では違うので、とりあえずは、許容量を無視してもかまわないでしょう。

s1 を s2 に代入すると、String 型のデータがコピーされます。つまり、スタックにあるポインター、長さ、許容量をコピーするということです。ポインターが指すヒープ上のデータはコピーしません。言い換えると、メモリー上のデータ表現は図 4.2 のようになるということです。

メモリー上の表現は、図 4.3 のようにはなり*ません*。これは、Rust が代わりにヒープデータもコピーするという選択をしていた場合のメモリー表現ですね。Rust がこれをしていたら、

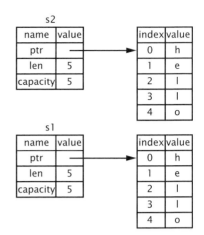

図 4.2: s1 のポインター、長さ、許容量のコピーを保持する変数 s2 のメモリー上での表現 図 4.3: Rust がヒープデータもコピーしていた場合に s2 = s1 という処理が行った可能性のあること

ヒープ上のデータが大きいときに s2 = s1 という処理の実行時性能がとても悪くなっていた可能性があるでしょう。

先ほど、変数がスコープを抜けたら、Rust は自動的に drop 関数を呼び出し、その変数が使っていたヒープメモリーを片付けると述べました。しかし、図 4.2 は、両方のデータポインターが同じ場所を指していることを示しています。これは問題です: s2 と s1 がスコープを抜けたら、両方とも同じメモリーを解放しようとします。これは**二重解放**エラーとして知られ、以前触れたメモリー安全性上のバグの 1 つになります。メモリーを 2 回解放することは、メモリーの退廃につながり、さらにセキュリティ上の脆 弱性を生む可能性があります。

メモリー安全性を保証するために、Rust においてこの場面で起こることの詳細がもう 1 つあります。確保されたメモリーをコピーしようとする代わりに、コンパイラーは、s1 がもはや有効ではないと考え、故に s1 がスコープを抜けた際に何も解放する必要がなくなるわけです。s2 の生成後に s1 を使用しようとしたら、どうなるかを確認してみましょう。動かないでしょう:

```
let s1 = String::from("hello");
let s2 = s1;

println!("{}, world!", s1);
```

コンパイラーが無効化された参照は使用させてくれないので、以下のようなエラーが出るでしょう:

```
error[E0382]: use of moved value: `s1`
              ムーブされた値の使用: `s1`
 --> src/main.rs:5:28
  |
3 |     let s2 = s1;
  |         -- value moved here
  |                値はここでムーブされました
4 |
5 |     println!("{}, world!", s1);
  |                            ^^ value used here after move
  |                               ムーブ後にここで使用されています
  |
  = note: move occurs because `s1` has type `std::string::String`, which does
    not implement the `Copy` trait
    注釈: ムーブが起こったのは、`s1`が`std::string::String`という`Copy`トレイトを実
    装していない型だからです
```

他の言語を触っている間に "shallow copy" と "deep copy" という用語を耳にしたことがあるなら、データのコピーなしにポインタと長さ、許容量をコピーするという概念は、shallow copy のように思えるかもしれません。ですが、コンパイラーは最初の変数をも無効化するので、shallow copy と呼ばれる代わりに、ムーブとして知られているわけです。この例では、s1 は s2 にムーブされたと表現するでしょう。以上より、実際に起こることを図 4.4 に示してみました。

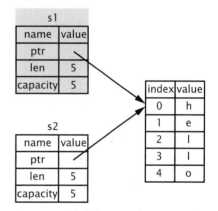

図 4.4: s1 が無効化された後のメモリー表現

これにて一件落着です。s2 だけが有効なので、スコープを抜けたら、それだけがメモリーを解放して、終わりになります。

付け加えると、これにより暗示される設計上の選択があります: Rust では、自動的にデータの "deep copy" が行われることは絶対にないわけです。それ故に、あらゆる**自動**コピーは、実行時性能の観点で言うと、悪くないと考えてよいことになります。

変数とデータの相互作用法: クローン

仮に、スタック上のデータだけでなく、**本当に** String 型のヒープデータの deep copy が必要ならば、clone と呼ばれるよくあるメソッドを使うことができます。メソッド記法については第 5 章で議論しますが、メソッドは多くのプログラミング言語に見られる機能なので、以前に見かけたこともあるんじゃないでしょうか。

こちらで、clone メソッドの稼働例をご覧ください:

```rust
let s1 = String::from("hello");
let s2 = s1.clone();

println!("s1 = {}, s2 = {}", s1, s2);
```

これは単純にうまく動き、図 4.3 で示した動作を明示的に生み出します。ここでは、ヒープデータが**実際に**コピーされています。

clone メソッドの呼び出しを見かけたら、何らかの任意のコードが実行され、その実行コストは高いと把握できます。何か違うことが起こっているなと見た目でわかるわけです。

スタックのみのデータ: コピー

まだ話題にしていない別のしわ[*4] の話があります。この整数を使用したコードは、一部をリスト 4.2 で示しましたが、うまく動作し、有効です:

```rust
let x = 5;
let y = x;

println!("x = {}, y = {}", x, y);
```

ですが、このコードは一見、今学んだことと矛盾しているように見えます: clone メソッドの呼び出しがないのに、x は有効で、y にムーブされませんでした。

その理由は、整数のようなコンパイル時に既知のサイズを持つ型は、スタック上にすっぽり保持されるので、実際の値をコピーするのも高速だからです。これは、変数 y を生成した後にも x を無効化したくなる理由がないことを意味します。換言すると、ここでは、shallow copy と deep copy の違いがないことになり、clone メソッドを呼び出しても、一般的な shallow copy 以上のことをしなくなり、そのまま放置しておけるということです。

Rust には Copy トレイトと呼ばれる特別な注釈があり、整数のようなスタックに保持される型に対して配置することができます（トレイトについては第 10 章でもっと詳しく話します）。型が Copy トレイトに適合していれば、代入後も古い変数が使用可能になります。コンパイラーは、型やその一部分でも Drop トレイトを実装している場合、Copy トレイトによる注釈をさせてくれません。型の値がスコープを外れたときに何か特別なことを起こす必要がある場合に、Copy 注釈を追加すると、コンパイルエラーが出ます。型に Copy 注釈を付ける方法について学ぶには、付録 C「継承可能トレイト」（☞ p. 547）をご覧ください。

では、どの型が Copy なのでしょうか? ある型について、ドキュメンテーションをチェックすればいいのですが、一般規則として、単純なスカラー値の集合は何でも Copy であり、メモリー確保が必要だったり、何らかの形態のリソースだったりするものは Copy ではありません。ここに Copy の型の一部を並べておきます。

[*4] 「気になるもの」程度の意味と思われる

- あらゆる整数型。u32 など。
- 論理値型、bool、true と false という値がある。
- あらゆる浮動小数点型、f64 など。
- 文字型、char。
- タプル。ただ、Copy の型だけを含む場合。例えば、(i32, i32) は Copy だが、(i32, String) は違う。

所有権と関数

意味論的に、関数に値を渡すことと、値を変数に代入することは似ています。関数に変数を渡すと、代入のようにムーブやコピーされます。リスト 4.3 は変数がスコープに入ったり、抜けたりする地点について注釈してある例です。

リスト 4.3: 所有権とスコープが注釈された関数群

main.rs

```rust
fn main() {
    let s = String::from("hello");  // s がスコープに入る

    takes_ownership(s);             // s の値が関数にムーブされ ...
                                    // ... ここではもう有効ではない

    let x = 5;                      // x がスコープに入る

    makes_copy(x);                  // x も関数にムーブされるが、
                                    // i32 は Copy なので、この後に x を使っても
                                    // 大丈夫

} // ここでx がスコープを抜け、s も。だけど、s の値はムーブされているので、
  // 何も特別なことはない。

fn takes_ownership(some_string: String) { // some_string がスコープに入る。
    println!("{}", some_string);
} // ここでsome_string がスコープを抜け、`drop`が呼ばれる。後ろ盾していたメモリーが
  // 解放される。

fn makes_copy(some_integer: i32) { // some_integer がスコープに入る
    println!("{}", some_integer);
} // ここでsome_integer がスコープを抜ける。何も特別なことはない。
```

takes_ownership の呼び出し後に s を呼び出そうとすると、コンパイラーは、コンパイルエラーを投げるでしょう。これらの静的チェックにより、ミスを犯さないでいられます。s や x を使用するコードを main に追加してみて、どこで使えて、そして、所有権規則により、どこで使えないかを確認してください。

戻り値とスコープ

値を返すことでも、所有権は移動します。リスト 4.4 は、リスト 4.3 と似た注釈のついた例です。

リスト 4.4: 戻り値の所有権を移動する

src/main.rs

```rust
fn main() {
    let s1 = gives_ownership();         // gives_ownership は、戻り値を s1 に
                                        // ムーブする

    let s2 = String::from("hello");     // s2 がスコープに入る

    let s3 = takes_and_gives_back(s2);  // s2 は takes_and_gives_back にムーブ
                                        // され、戻り値もs3にムーブされる
} // ここで、s3 はスコープを抜け、ドロップされる。s2 もスコープを抜けるが、
  // ムーブされているので、何も起こらない。s1 もスコープを抜け、ドロップされる。

fn gives_ownership() -> String {            // gives_ownership は、戻り値を
                                            // 呼び出した関数にムーブする

    let some_string = String::from("hello"); // some_string がスコープに入る

    some_string                             // some_string が返され、
                                            // 呼び出し元関数にムーブされる
}

// takes_and_gives_back は、String を 1 つ受け取り、返す。
fn takes_and_gives_back(a_string: String) -> String {
                                            // a_string がスコープに入る。

    a_string // a_string が返され、呼び出し元関数にムーブされる
}
```

変数の所有権は、毎回同じパターンをたどっています: 別の変数に値を代入すると、ムーブされます。ヒープにデータを含む変数がスコープを抜けると、データが別の変数に所有されるようムーブされていない限り、drop により片付けられるでしょう。

所有権を得ては返すをすべての関数でしていたら、ちょっと退屈ですね。関数に値を使わせたいけど、所有権は奪わせたくない場合はどうすればいいのでしょうか? 返したいとも思うかもしれない関数本体で発生したあらゆるデータとともに、再利用したかったら、渡されたものをまた返さなきゃいけないのは、非常に煩わしいことです。

タプルで、複数の値を返すことは可能です。リスト 4.5 のようにですね。

参照と借用　　77

リスト 4.5: 引数の所有権を返す

src/main.rs
```rust
fn main() {
    let s1 = String::from("hello");

    let (s2, len) = calculate_length(s1);

    //'{}'の長さは、{}です
    println!("The length of '{}' is {}.", s2, len);
}

fn calculate_length(s: String) -> (String, usize) {
    let length = s.len(); // len()メソッドは、String の長さを返します

    (s, length)
}
```

でも、これでは、大袈裟すぎますし、ありふれているはずの概念に対して、作業量が多すぎます。我々にとって幸運なことに、Rust にはこの概念に対する機能があり、参照と呼ばれます。

参照と借用

リスト 4.5 のタプルコードの問題は、String 型を呼び出し元の関数に戻さないと、calculate_length を呼び出した後に、String オブジェクトが使えなくなることであり、これは String オブジェクトが calculate_length にムーブされてしまうためでした。

ここで、値の所有権をもらう代わりに、引数としてオブジェクトへの参照を取る calculate_length 関数を定義し、使う方法を見てみましょう:

src/main.rs
```rust
fn main() {
    let s1 = String::from("hello");

    let len = calculate_length(&s1);

    println!("The length of '{}' is {}.", s1, len);
}

fn calculate_length(s: &String) -> usize {
    s.len()
}
```

まず、変数宣言と関数の戻り値にあったタプルコードはすべてなくなったことに気付いてください。2 番目に、&s1 を calcuate_length に渡し、その定義では、String 型ではなく、&String を受け取っていることに注目してください。

これらのアンド記号が参照であり、これのおかげで所有権をもらうことなく値を参照するこ

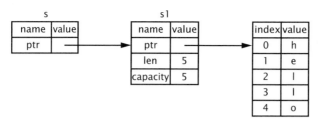

図 4.5: String s1 を指す &String s の図表

とができるのです。図 4.5 はその図解です。

NOTE & による参照の逆は、参照外しであり、参照外し演算子の * で達成できます。第 8 章で参照外し演算子の使用例を眺め、第 15 章で参照外しについて詳しく議論します。

ここの関数呼び出しについて、もっと詳しく見てみましょう:

```
let s1 = String::from("hello");

let len = calculate_length(&s1);
```

この &s1 という記法により、s1 の値を**参照する**参照を生成することができますが、これを所有することはありません。所有していないということは、指している値は、参照がスコープを抜けてもドロップされないということです。

同様に、関数のシグニチャーでも、& を使用して引数 s の型が参照であることを示しています。説明的な注釈を加えてみましょう:

```
fn calculate_length(s: &String) -> usize { // s は String への参照
    s.len()
} // ここで、s はスコープ外になる。けれど、参照しているものの所有権を持っているわけ
  // ではないので、何も起こらない
```

変数 s が有効なスコープは、あらゆる関数の引数のものと同じですが、所有権はないので、s がスコープを抜けても、参照が指しているものをドロップすることはありません。関数が実際の値の代わりに参照を引数に取ると、所有権をもらわないので、所有権を返す目的で値を返す必要はありません。

関数の引数に参照を取ることを**借用**と呼びます。現実生活のように、誰かが何かを所有していたら、それを借りることができます。用が済んだら、返さなきゃいけないわけです。

では、借用した何かを変更しようとしたら、どうなるのでしょうか? リスト 4.6 のコードを試してください。ネタバレ注意: 動きません!

参照と借用　79

リスト 4.6: 借用した値を変更しようと試みる

src/main.rs
```
fn main() {
    let s = String::from("hello");

    change(&s);
}

fn change(some_string: &String) {
    some_string.push_str(", world");
}
```

これがエラーです:

```
error[E0596]: cannot borrow immutable borrowed content `*some_string` as
    mutable
エラー: 不変な借用をした中身 '*some_string'を可変で借用できません
 --> error.rs:8:5
  |
7 | fn change(some_string: &String) {
  |                        ------- use `&mut String` here to make mutable
  |                                可変にするためにここで &mut String 使用してくだ
    さい
8 |     some_string.push_str(", world");
  |     ^^^^^^^^^^^ cannot borrow as mutable
  |                 可変で借用できません
```

変数が標準で不変なのとまったく同様に、参照も不変なのです。参照している何かを変更す
ることはかなわないわけです。

可変な参照

ひとひねり加えるだけでリスト 4.6 のコードのエラーは解決します:

src/main.rs
```
fn main() {
    let mut s = String::from("hello");

    change(&mut s);
}

fn change(some_string: &mut String) {
    some_string.push_str(", world");
}
```

始めに、s を mut に変えなければなりませんでした。そして、&mut s で可変な参照を生成
し、some_string: &mut String で可変な参照を受け入れなければなりませんでした。

ところが、可変な参照には大きな制約が 1 つあります: 特定のスコープで、ある特定のデータに対しては、1 つしか可変な参照を存在させられないことです。こちらのコードは失敗します:

src/main.rs

```
let mut s = String::from("hello");

let r1 = &mut s;
let r2 = &mut s;
```

これがエラーです:

```
error[E0499]: cannot borrow `s` as mutable more than once at a time
エラー: 一度に 's' を可変として 2 回以上借用することはできません
 --> borrow_twice.rs:5:19
  |
4 |     let r1 = &mut s;
  |                   - first mutable borrow occurs here
  |                     最初の可変な参照はここ
5 |     let r2 = &mut s;
  |                   ^ second mutable borrow occurs here
  |                     2 つ目の可変な参照はここ
6 | }
  | - first borrow ends here
  |   最初の借用はここで終わり
```

　この制約は、可変化を許可するものの、それを非常に統制の取れた形で行えます。これは、新たな Rustacean にとっては、壁です。なぜなら、多くの言語では、いつでも好きなときに可変化できるからです。

　この制約がある利点は、コンパイラーがコンパイル時にデータ競合を防ぐことができる点です。データ競合とは、競合条件と類似していて、これら 3 つの振る舞いが起こるときに発生します:

- 2 つ以上のポインターが同じデータに同時にアクセスする。
- 少なくとも 1 つのポインターがデータに書き込みを行っている。
- データへのアクセスを同期する機構が使用されていない。

　データ競合は未定義の振る舞いを引き起こし、実行時に追いかけようとしたときに特定し解決するのが難しい問題です。しかし、Rust は、データ競合が起こるコードをコンパイルさえしないので、この問題が発生しないようにしてくれるわけです。

　いつものように、波かっこを使って新しいスコープを生成し、**同時並行**なものでなく、複数の可変な参照を作ることができます。

```
let mut s = String::from("hello");

{

    let r1 = &mut s;

} // r1 はここでスコープを抜けるので、問題なく新しい参照を作ることができる

let r2 = &mut s;
```

可変と不変な参照を組み合わせることに関しても、似たような規則が存在しています。この
コードはエラーになります:

```
let mut s = String::from("hello");

let r1 = &s; // 問題なし
let r2 = &s; // 問題なし
let r3 = &mut s; // 大問題!
```

これがエラーです:

```
error[E0502]: cannot borrow `s` as mutable because it is also borrowed as
    immutable
エラー: ‘s‘は不変で借用されているので、可変で借用できません
 --> borrow_thrice.rs:6:19
  |
4 |     let r1 = &s; // no problem
  |                   - immutable borrow occurs here
  |                     不変な借用はここ
5 |     let r2 = &s; // no problem
6 |     let r3 = &mut s; // BIG PROBLEM
  |                       ^ mutable borrow occurs here
  |                          可変な借用はここ
7 | }
  | - immutable borrow ends here
  |    不変な借用はここで終わり
```

　ふぅ! さらに不変な参照をしている間は、可変な参照をすることはできません。不変参照
のユーザーは、それ以降に値が突然変わることなんて予想していません! しかしながら、複
数の不変参照をすることは可能です。データを読み込んでいるだけの人に、他人がデータを読
み込むことに対して影響を与える能力はないからです。
　これらのエラーは、ときとしてイライラするものではありますが、Rust コンパイラーがバ
グの可能性を早期に指摘してくれ(それも実行時ではなくコンパイル時に)、問題の発生箇所
をズバリ示してくれるのだと覚えておいてください。そうして想定どおりにデータが変わらな
い理由を追いかける必要がなくなります。

宙に浮いた (dangling) 参照

ポインターのある言語では、誤ってダングリングポインターを生成してしまいやすいです。ダングリングポインターとは、他人に渡されてしまった可能性のあるメモリーを指すポインターのことであり、その箇所へのポインターを保持している間に、メモリーを解放してしまうことで発生します。対照的に Rust では、コンパイラーが、参照がダングリング参照に絶対ならないよう保証してくれます: つまり、何らかのデータへの参照があったら、コンパイラーは参照がスコープを抜けるまで、データがスコープを抜けることがないよう保証してくれるわけです。

ダングリング参照作りを試してみますが、コンパイラーはこれをコンパイルエラーで阻止します:

src/main.rs
```rust
fn main() {
    let reference_to_nothing = dangle();
}

fn dangle() -> &String {
    let s = String::from("hello");

    &s
}
```

こちらがエラーです:

```
error[E0106]: missing lifetime specifier
エラー: ライフタイム指定子がありません
 --> main.rs:5:16
  |
5 | fn dangle() -> &String {
  |                ^ expected lifetime parameter
  |                  ライフタイム引数を予期しました
  |
  = help: this function's return type contains a borrowed value, but there is
    no value for it to be borrowed from
    助言: この関数の戻り値型は、借用した値を含んでいますが、借用される値がどこにもありません
  = help: consider giving it a 'static lifetime
    助言: 'static ライフタイムを与えることを考慮してみてください
```

このエラーメッセージは、まだ講義していない機能について触れています: ライフタイムです。ライフタイムについては第 10 章で詳しく議論しますが、ライフタイムに関する部分を無視すれば、このメッセージは、確かにこのコードが問題になる理由に関する鍵を握っています:

```
this function's return type contains a borrowed value, but there is no value
    for it to be borrowed from.
```

dangle コードの各段階でいったい何が起こっているのかを詳しく見ていきましょう:

src/main.rs
```
fn dangle() -> &String { // dangle は String への参照を返す

    let s = String::from("hello"); // s は新しい String

    &s // String s への参照を返す
} // ここで、s はスコープを抜け、ドロップされる。そのメモリーは消される。
  // 危険だ
```

s は、dangle 内で生成されているので、dangle のコードが終わったら、s は解放されてしまいますが、そこへの参照を返そうとしました。つまり、この参照は無効な String を指していると思われるのです。よくないことです！ コンパイラーは、これを阻止してくれるのです。

ここでの解決策は、String を直接返すことです:

```
fn no_dangle() -> String {
    let s = String::from("hello");

    s
}
```

これは何の問題もなく動きます。所有権はムーブされ、何も解放されることはありません。

参照の規則

参照について議論したことを再確認しましょう:

- 任意のタイミングで、1 つの可変参照か不変な参照いくつでものどちらかを行える。
- 参照は常に有効でなければならない。

次は、違う種類の参照を見ていきましょう: スライスです。

スライス型

所有権のない別のデータ型は、**スライス**です。スライスにより、コレクション全体というより、その内の一連の要素を参照することができます。

ここに小さなプログラミング問題があります: 文字列を受け取って、その文字列中の最初の単語を返す関数を書いてください。関数が文字列中に空白を見つけなかったら、文字列全体が1つの単語に違いないので、文字列全体が返されるべきです。

この関数のシグニチャーについて考えてみましょう:

```
fn first_word(s: &String) -> ?
```

この関数、`first_word` は引数に `&String` をとります。所有権はいらないので、これで十分です。ですが、何を返すべきでしょうか？ 文字列の**一部**について語る方法がまったくありません。しかし、単語の終端の添え字を返すことができますね。リスト 4.7 に示したように、その方法を試してみましょう。

リスト 4.7: String 引数へのバイト数で表された添え字を返す `first_word` 関数

src/main.rs
```
fn first_word(s: &String) -> usize {
  ❶ let bytes = s.as_bytes();

    for (i, &item)❷ in bytes.iter()❸.enumerate() {
      ❹ if item == b' ' {
            return i;
        }
    }

  ❺ s.len()
}
```

String の値を要素ごとに見て、空白かどうかを確かめる必要があるので、`as_bytes` メソッドを使って、String オブジェクトをバイト配列に変換しています❶。

```
let bytes = s.as_bytes();
```

次に、そのバイト配列に対して、`iter` メソッドを使用してイテレーターを生成しています❸：

```
for (i, &item) in bytes.iter().enumerate() {
```

イテレーターについて詳しくは、第 13 章で議論します。今は、`iter` は、コレクション内の各要素を返すメソッドであること、`enumerate` が `iter` の結果を包んで、代わりにタプルの一部として各要素を返すことを知っておいてください。`enumerate` から返ってくるタプルの第 1 要素は、添え字であり、2 番目の要素は、（コレクションの）要素への参照になります。これは、手動で添え字を計算するよりも少しだけ便利です。

`enumerate` メソッドがタプルを返すので、Rust のあらゆる場所同様、パターンを使って、そのタプルを分配できます❷。したがって、for ループ内で、タプルの添え字に対する `i` とタプルの 1 バイトに対応する `&item` を含むパターンを指定しています。`.iter().enumerate()` から要素への参照を取得するので、パターンに `&` を使っています。

for ループ内で、バイトリテラル表記を使用して空白を表すバイトを検索しています❹。空白が見つかったら、その位置を返します。それ以外の場合、`s.len()` を使って文字列の長さを

返します❺。

```
        if item == b' ' {
            return i;
        }
    }

    s.len()
```

さて、文字列内の最初の単語の終端の添え字を見つけ出せるようになりましたが、問題があります。usize 型を単独で返していますが、これは &String の文脈でのみ意味を持つ数値です。言い換えると、String から切り離された値なので、将来的にも有効である保証がないのです。リスト 4.7 の first_word 関数を使用するリスト 4.8 のプログラムを考えてください。

リスト 4.8: first_word 関数の呼び出し結果を保持し、String の中身を変更する

```
fn main() {
    let mut s = String::from("hello world");

    let word = first_word(&s); // word の中身は、値 5 になる

    s.clear(); // String を空にする。つまり、""と等しくする

    // word はまだ値 5 を保持しているが、もうこの値を有効に使用できる文字列は存在しない。
    // word は完全に無効なのだ！
}
```

このプログラムは何のエラーもなくコンパイルが通り、word を s.clear() の呼び出し後に使用しても、コンパイルが通ります。word は s の状態にまったく関連付けられていないので、その中身はまだ値 5 のままです。その値 5 を変数 s に使用し、最初の単語を取り出そうとすることはできますが、これはバグでしょう。というのも、s の中身は、5 を word に保存してから変わってしまったからです。

word 内の添え字が s に格納されたデータと同期されなくなるのを心配することは、退屈ですし間違いになりやすいです！ これらの添え字を管理するのは、second_word 関数を書いたら、さらに脆くなります。そのシグニチャーは以下のようにならなければおかしいです:

```
fn second_word(s: &String) -> (usize, usize) {
```

今、我々は開始と終端の添え字を追うようになりました。特定の状態のデータから計算されたけど、その状態にまったく紐付かない値が増えました。同期を取る必要のある宙に浮いた関連性のない変数が 3 つになってしまいました。

運のいいことに、Rust にはこの問題への解決策が用意されています: 文字列スライスです。

文字列スライス

文字列スライスとは、String の一部への参照で、こんな見た目をしています:

```
let s = String::from("hello world");

let hello = &s[0..5];
let world = &s[6..11]; ❶
```

これは、String 全体への参照を取ることに似ていますが、余計な [0..5] という部分が付いています。String 全体への参照というよりも、String の一部への参照です。**開始..終点**という記法は、**開始**から始まり、**終点**未満までずっと続く範囲です。

[starting_index..ending_index] と指定することで、角かっこに範囲を使い、スライスを生成できます。ここで、starting_index はスライスの最初の位置、ending_index はスライスの終端位置よりも、1 大きくなります。内部的には、スライスデータ構造は、開始地点とスライスの長さを保持しており、スライスの長さは ending_index から starting_index を引いたものに対応します。以上より、let world = &s[6..11]; の場合には、world は s の 7 バイト目へのポインターと 5 という長さを保持するスライスになるでしょう❶。

図 4.6 は、これを図解しています。

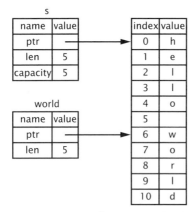

図 4.6: String オブジェクトの一部を参照する文字列スライス

Rust の .. という範囲記法で、最初の番号(ゼロ)から始めたければ、2 連ピリオドの前に値を書かなければいいのです。換言すれば、これらは等価です:

```
let s = String::from("hello");

let slice = &s[0..2];
let slice = &s[..2];
```

同様の意味で、String の最後のバイトをスライスが含むのならば、末尾の数値を書かなければいいのです。つまり、これらは等価になります:

```
let s = String::from("hello");

let len = s.len();

let slice = &s[3..len];
let slice = &s[3..];
```

さらに、両方の値を省略すると、文字列全体のスライスを得られます。故に、これらは等価です:

```
let s = String::from("hello");

let len = s.len();

let slice = &s[0..len];
let slice = &s[..];
```

NOTE 文字列スライスの範囲添え字は、有効な UTF–8 文字境界に置かなければなりません。マルチバイト文字の真ん中で文字列スライスを生成しようとしたら、エラーでプログラムは落ちるでしょう。文字列スライスを導入する目的で、この節では ASCII のみを想定しています; UTF–8 に関するより徹底した議論は、第 8 章の「文字列で UTF–8 エンコードされたテキストを格納する」節 (☞ p. 151) で行います。

これらすべての情報を心に留めて、first_word を書き直してスライスを返すようにしましょう。文字列スライスを意味する型は、&str と記述します:

src/main.rs

```
fn first_word(s: &String) -> &str {
    let bytes = s.as_bytes();

    for (i, &item) in bytes.iter().enumerate() {
        if item == b' ' {
            return &s[0..i];
        }
    }

    &s[..]
}
```

リスト 4.7 で取った手段と同じ方法で単語の終端添え字を取得しています。つまり、最初の空白を探すことです。空白を発見したら、文字列の最初と、空白の添え字を開始、終了地点として使用して文字列スライスを返しています。

これで、`first_word`を呼び出すと、元のデータに紐付けられた単独の値を得られるように
なりました。この値は、スライスの開始地点への参照とスライス中の要素数から構成されてい
ます。

`second_word`関数についても、スライスを返すことでうまくいくでしょう:

```
fn second_word(s: &String) -> &str {
```

これで、ずっと混乱しにくい素直なAPIになりました。なぜなら、`String`への参照が有効
なままであることをコンパイラーが、保証してくれるからです。最初の単語の終端添え字を得
たときに、文字列を空っぽにして先ほどの添え字が無効になってしまったリスト4.8のプログ
ラムのバグを覚えていますか？ そのコードは、論理的に正しくないのですが、即座にエラー
にはなりませんでした。問題は後になってから発生し、それは空の文字列に対して、最初の単
語の添え字を使用し続けようとしたときでした。スライスならこんなバグはあり得ず、コード
に問題があるなら、もっと迅速に判明します。スライスバージョンの`first_word`を使用する
と、コンパイルエラーが発生します:

src/main.rs
```
fn main() {
    let mut s = String::from("hello world");

    let word = first_word(&s);

    s.clear(); // error! エラー！
}
```

こちらがコンパイルエラーです:

```
error[E0502]: cannot borrow `s` as mutable because it is also borrowed as
    immutable
エラー: 不変として借用されているので、‘s‘を可変で借用できません
 --> src/main.rs:6:5
  |
4 |     let word = first_word(&s);
  |                           - immutable borrow occurs here
  |                             不変借用はここで起こっています
5 |
6 |     s.clear(); // error!
  |     ^ mutable borrow occurs here 可変借用はここで起こっています
7 | }
  | - immutable borrow ends here 不変借用はここで終わっています
```

借用規則から、何かへの不変な参照があるとき、さらに可変な参照を得ることはできないこ
とを思い出してください。`clear`は`String`を切り詰める必要があるので、可変な参照を得よ
うとして失敗しているわけです。RustのおかげでAPIが使いやすくなるだけでなく、ある種

のエラーすべてを完全にコンパイル時に排除してくれるのです！

文字列リテラルはスライスである

文字列は、バイナリーに埋め込まれると話したことを思い出してください。今やスライスのことを知ったので、文字列リテラルを正しく理解することができます。

```
let s = "Hello, world!";
```

ここでの s の型は、&str です: バイナリーのその特定の位置を指すスライスです。これは、文字列が不変である理由にもなっています。要するに、&str は不変な参照なのです。

引数としての文字列スライス

リテラルや String 値のスライスを得ることができると知ると、first_word に対して、もう 1 つ改善点を見出すことができます。シグニチャーです:

```
fn first_word(s: &String) -> &str {
```

もっと経験を積んだ Rustacean なら、代わりにリスト 4.9 のようなシグニチャーを書くでしょう。というのも、こうすると、同じ関数を String 値と &str 値両方に使えるようになるからです。

リスト 4.9: s 引数の型に文字列スライスを使用して first_word 関数を改善する

```
fn first_word(s: &str) -> &str {
```

もし、文字列スライスがあるなら、それを直接渡せます。String があるなら、その String 全体のスライスを渡せます。String への参照の代わりに文字列スライスを取るよう関数を定義すると、何も機能を失うことなく API をより一般的で有益なものにできるのです。

```
fn main() {
    let my_string = String::from("hello world");

    // first_word は`String`のスライスに対して機能する
    let word = first_word(&my_string[..]);

    let my_string_literal = "hello world";

    // first_word は文字列リテラルのスライスに対して機能する
    let word = first_word(&my_string_literal[..]);

    // 文字列リテラルは、すでに文字列スライス*な*ので、
    // スライス記法なしでも機能するのだ！
    let word = first_word(my_string_literal);
}
```

他のスライス

文字列リテラルは、ご想像どおり、文字列に特化したものです。ですが、もっと一般的なスライス型も存在します。この配列を考えてください:

```
let a = [1, 2, 3, 4, 5];
```

文字列の一部を参照したくなる可能性があるのと同様、配列の一部を参照したくなる可能性もあります。以下のようにすれば、参照することができます:

```
let a = [1, 2, 3, 4, 5];

let slice = &a[1..3];
```

このスライスは、`&[i32]` という型になります。これも文字列スライスと同じように動作します。つまり、最初の要素への参照と長さを保持することです。他のすべての種類のコレクションに対して、この種のスライスは使用するでしょう。これらのコレクションについて詳しくは、第8章でベクターについて話すときに議論します。

まとめ

所有権、借用、スライスの概念は、コンパイル時に Rust プログラムにおいて、メモリー安全性を保証します。Rust 言語も他のシステムプログラミング言語と同じように、メモリーの使用法について制御させてくれるわけですが、所有者がスコープを抜けたときにデータの所有者に自動的にデータを片付けさせることは、この制御を得るために、余計なコードを書いてデバッグする必要がないことを意味します。

所有権は、Rust の他のいろいろな部分が動作する方法に影響を与えるので、これ以降もこれらの概念についてさらに語っていく予定です。第5章に移って、`struct` でデータをグループ化することについて見ていきましょう。

5

構造体を使用して
関係のあるデータを構造化する

structまたは、構造体は、意味のあるグループを形成する複数の関連した値をまとめ、名前付けできる独自のデータ型です。あなたがオブジェクト指向言語に造詣が深いなら、structはオブジェクトのデータ属性みたいなものです。この章では、タプルと構造体を対照的に比較し、構造体の使用法をデモし、メソッドや関連関数を定義して、構造体のデータに紐付く振る舞いを指定する方法について議論します。構造体とenum（第6章で議論します）は、自分のプログラム領域で新しい型を定義し、Rustのコンパイル時型精査機能をフル活用する構成要素になります。

構造体を定義し、インスタンス化する

構造体は第3章で議論したタプルと似ています。タプル同様、構造体の一部を異なる型にできます。一方タプルとは違って、各データ片には名前を付けるので、値の意味が明確になります。この名前のおかげで、構造体はタプルに比して、より柔軟になるわけです: データの順番に頼って、インスタンスの値を指定したり、アクセスしたりする必要がないのです。

構造体の定義は、struct キーワードを入れ、構造体全体に名前を付けます。構造体名は、1つにグループ化されるデータ片の意義を表すものであるべきです。そして、波かっこ内に、データ片の名前と型を定義し、これはフィールドと呼ばれます。例えば、リスト 5.1 では、ユーザーアカウントに関する情報を保持する構造体を示しています。

リスト 5.1: User 構造体定義

```
struct User {
    username: String,
    email: String,
    sign_in_count: u64,
    active: bool,
}
```

構造体を定義した後に使用するには、各フィールドに対して具体的な値を指定して構造体のインスタンスを生成します。インスタンスは、構造体名を記述し、key: value ペアを含む波かっこを付け加えることで生成します。ここで、キーはフィールド名、値はそのフィールドに格納したいデータになります。フィールドは、構造体で宣言したとおりの順番に指定する必要はありません。換言すると、構造体定義とは、型に対する一般的な雛形のようなものであり、インスタンスは、その雛形を特定のデータで埋め、その型の値を生成するわけです。例えば、リスト 5.2 で示されたように特定のユーザーを宣言することができます。

リスト 5.2: User 構造体のインスタンスを生成する

```
let user1 = User {
    email: String::from("someone@example.com"),
    username: String::from("someusername123"),
    active: true,
    sign_in_count: 1,
};
```

構造体から特定の値を得るには、ドット記法が使えます。このユーザーの E メールアドレスだけがほしいなら、この値を使いたかった場所全部で user1.email が使えます。インスタンスが可変であれば、ドット記法を使い特定のフィールドに代入することで値を変更できます。リスト 5.3 では、可変な User インスタンスの email フィールド値を変更する方法を示しています。

構造体を定義し、インスタンス化する　93

リスト 5.3: ある User インスタンスの email フィールド値を変更する

```
let mut user1 = User {
    email: String::from("someone@example.com"),
    username: String::from("someusername123"),
    active: true,
    sign_in_count: 1,
};

user1.email = String::from("anotheremail@example.com");
```

インスタンス全体が可変でなければならないことに注意してください; Rust では、一部の
フィールドのみを可変にすることはできないのです。また、あらゆる式同様、構造体の新規イ
ンスタンスを関数本体の最後の式として生成して、そのインスタンスを返すことを暗示でき
ます。

リスト 5.4 は、与えられた email と username で User インスタンスを生成する build_user
関数を示しています。active フィールドには true 値が入り、sign_in_count には値 1 が入
ります。

リスト 5.4: E メールとユーザー名を取り、User インスタンスを返す build_user 関数

```
fn build_user(email: String, username: String) -> User {
    User {
        email: email,
        username: username,
        active: true,
        sign_in_count: 1,
    }
}
```

構造体のフィールドと同じ名前を関数の引数にも付けることは筋が通っていますが、email
と username というフィールド名と変数を繰り返さなきゃいけないのは、ちょっと面倒です。
構造体にもっとフィールドがあれば、名前を繰り返すことはさらに煩わしくなるでしょう。幸
運なことに、便利な省略記法があります!

フィールドと変数が同名のときにフィールド初期化省略記法を使う

仮引数名と構造体のフィールド名がリスト 5.4 では、まったく一緒なので、フィールド初期
化省略記法を使って build_user を書き換えても、振る舞いはまったく同じにしつつ、リスト
5.5 に示したように email と username を繰り返さなくてもよくなります。

94 第 5 章 構造体を使用して関係のあるデータを構造化する

リスト 5.5: email と username 引数が構造体のフィールドと同名なので、フィールド初期化省略記
法を使用する build_user 関数

```
fn build_user(email: String, username: String) -> User {
    User {
        email,
        username,
        active: true,
        sign_in_count: 1,
    }
}
```

ここで、email というフィールドを持つ User 構造体の新規インスタンスを生成しています。
email フィールドを build_user 関数の email 引数の値にセットしたいわけです。email
フィールドと email 引数は同じ名前なので、email: email と書くのではなく、email と書
くだけで済むのです。

構造体更新記法で他のインスタンスからインスタンスを生成する

多くは前のインスタンスの値を使用しつつ、変更する箇所もある形で新しいインスタンスを
生成できるとしばしば有用です。**構造体更新記法**でそうすることができます。

まず、リスト 5.6 では、更新記法なしで user2 に新しい User インスタンスを生成する方法
を示しています。email と username には新しい値をセットしていますが、それ以外にはリス
ト 5.2 で生成した user1 の値を使用しています。

リスト 5.6: user1 の一部の値を使用しつつ、新しい User インスタンスを生成する

```
let user2 = User {
    email: String::from("another@example.com"),
    username: String::from("anotherusername567"),
    active: user1.active,
    sign_in_count: user1.sign_in_count,
};
```

構造体更新記法を使用すると、リスト 5.7 に示したように、コード量を減らしつつ、同じ効
果を達成できます。.. という記法により、明示的にセットされていない残りのフィールドが、
与えられたインスタンスのフィールドと同じ値になるように指定します。

リスト 5.7: 構造体更新記法を使用して、新しい User インスタンス用の値に新しい email と
username をセットしつつ、残りの値は、user1 変数のフィールド値を使う

```
let user2 = User {
    email: String::from("another@example.com"),
    username: String::from("anotherusername567"),
    ..user1
};
```

リスト 5.7 のコードも、email と username については異なる値、active と sign_in_count フィールドについては、user1 と同じ値になるインスタンスを user2 に生成します。

異なる型を生成する名前付きフィールドのないタプル構造体を使用する

構造体名により追加の意味を含むものの、フィールドに紐付けられた名前がなく、むしろフィールドの型だけの**タプル構造体**と呼ばれる、タプルに似た構造体を定義することもできます。タプル構造体は、構造体名が提供する追加の意味は含むものの、フィールドに紐付けられた名前はありません; むしろ、フィールドの型だけが存在します。タプル構造体は、タプル全体に名前を付け、そのタプルを他のタプルとは異なる型にしたい場合に有用ですが、普通の構造体のように各フィールド名を与えるのは、冗長、または余計になるでしょう。

タプル構造体を定義するには、struct キーワードの後に構造体名、さらにタプルに含まれる型を続けます。例えば、こちらは、Color と Point という 2 種類のタプル構造体の定義と使用法です:

```
struct Color(i32, i32, i32);
struct Point(i32, i32, i32);

let black = Color(0, 0, 0);
let origin = Point(0, 0, 0);
```

black と origin の値は、違う型であることに注目してください。これらは、異なるタプル構造体のインスタンスだからですね。定義された各構造体は、構造体内のフィールドが同じ型であっても、それ自身が独自の型になります。例えば、Color 型を引数に取る関数は、Point を引数に取ることはできません。たとえ、両者の型が、3 つの i32 値からできていてもです。それ以外については、タプル構造体のインスタンスは、タプルと同じように振る舞います: 分配して個々の部品にしたり、. と添え字を使用して個々の値にアクセスするなどです。

フィールドのないユニット様構造体

また、いっさいフィールドのない構造体を定義することもできます！ これらは、()、ユニット型と似たような振る舞いをすることから、**ユニット様構造体**と呼ばれます。ユニット様構造体は、ある型にトレイトを実装するけれども、型自体に保持させるデータはいっさいない場面に有効になります。トレイトについては第 10 章で議論します。

構造体データの所有権

リスト 5.1 の User 構造体定義において、&str 文字列スライス型ではなく、所有権のある String 型を使用しました。これは意図的な選択です。というのも、この構造体のインスタンスには全データを所有してもらう必要があり、このデータは、構造体全体が有効な間はずっと有効である必要があるのです。

構造体に、他の何かに所有されたデータへの参照を保持させることもできますが、そうするには**ライフタイム**という第 10 章で議論する Rust の機能を使用しなければなりません。ライフタイムのおかげで構造体に参照されたデータが、構造体自体が有効な間、ずっと有効であることを保証してくれるのです。ライフタイムを指定せずに構造体に参照を保持させようとしたとしましょう。以下のとおりですが、これは動きません:

```rust
struct User {                                              src/main.rs
    username: &str,
    email: &str,
    sign_in_count: u64,
    active: bool,
}

fn main() {
    let user1 = User {
        email: "someone@example.com",
        username: "someusername123",
        active: true,
        sign_in_count: 1,
    };
}
```

コンパイラーは、ライフタイム指定子が必要だと怒るでしょう:

```
error[E0106]: missing lifetime specifier
エラー: ライフタイム指定子がありません
 -->
  |
2 |     username: &str,
  |               ^ expected lifetime parameter
  |                 ライフタイム引数を予期しました

error[E0106]: missing lifetime specifier
 -->
  |
3 |     email: &str,
  |            ^ expected lifetime parameter
```

第 10 章で、これらのエラーを解消して構造体に参照を保持する方法について議論しますが、当面、今回のようなエラーは、`&str` のような参照の代わりに、`String` のような所有された型を使うことで修正します。

構造体を使ったプログラム例

　構造体を使用したくなる可能性のあるケースを理解するために、四角形の面積を求めるプログラムを書きましょう。単一の変数から始め、代わりに構造体を使うようにプログラムをリファクタリングします。

　Cargo で rectangles という新規バイナリープロジェクトを作成しましょう。このプロジェクトは、四角形の幅と高さをピクセルで指定し、その面積を求めます。リスト 5.8 に、プロジェクトの src/main.rs で、まさにそうする一例を短いプログラムとして示しました。

リスト 5.8: 個別の幅と高さ変数を指定して四角形の面積を求める

src/main.rs

```
fn main() {
    let width1 = 30;
    let height1 = 50;

    println!(
        // 四角形の面積は、{}平方ピクセルです
        "The area of the rectangle is {} square pixels.",
        area(width1, height1)
    );
}

fn area(width: u32, height: u32) -> u32 {
    width * height
}
```

　では、`cargo run` でこのプログラムを走らせてください:

```
The area of the rectangle is 1500 square pixels.
四角形の面積は、1500 平方ピクセルです
```

　リスト 5.8 のコードはうまく動き、各次元で area 関数を呼び出すことで四角形の面積を割り出しますが、改善点があります。幅と高さは、組み合わせると 1 つの四角形を表すので、相互に関係があるわけです。

　このコードの問題点は、area のシグニチャーから明らかです:

```
fn area(width: u32, height: u32) -> u32 {
```

　area 関数は、1 四角形の面積を求めるものと考えられますが、いま書いた関数には、引数が 2 つあります。引数は関連性があるのに、このプログラム内のどこにもそのことは表現されていません。幅と高さを一緒にグループ化するほうが、より読みやすく、扱いやすくなるでしょう。それをする 1 つの方法については、第 3 章の「タプル型」(☞ p.46) ですでに議論しました: タプルを使うのです。

タプルでリファクタリングする

リスト 5.9 は、タプルを使う別バージョンのプログラムを示しています。

リスト 5.9: タプルで四角形の幅と高さを指定する

src/main.rs
```
fn main() {
    let rect1 = (30, 50);

    println!(
        "The area of the rectangle is {} square pixels.",
      ❶ area(rect1)
    );
}

fn area(dimensions: (u32, u32)) -> u32 {
  ❷ dimensions.0 * dimensions.1
}
```

ある意味では、このプログラムはマシです。タプルのおかげで少し構造的になり、一引数を渡すだけになりました❶。しかし別の意味では、このバージョンは明確性を失っています: タプルは要素に名前を付けないので、計算が不明瞭になったのです。なぜなら、タプルの一部に添え字アクセスする必要があるからです❷。

面積計算で幅と高さを混在させるのなら問題はないのですが、四角形を画面に描画したいとなると、問題になるのです！ タプルの添え字 0 が幅で、添え字 1 が高さであることを肝に銘じておかなければなりません。他人がこのコードをいじることになったら、このことを割り出し、同様に肝に銘じなければならないでしょう。たやすく、このことを忘れたり、これらの値を混ぜこぜにしたりしてエラーを発生させてしまうでしょう。データの意味をコードに載せていないからです。

構造体でリファクタリングする: より意味付けする

データにラベル付けをして意味付けを行い、構造体を使います。現在使用しているタプルを全体と一部に名前のあるデータ型に、変形することができます。そう、リスト 5.10 に示したように。

リスト 5.10: Rectangle 構造体を定義する

src/main.rs
```
struct Rectangle { ❶
  ❷ width: u32,
    height: u32,
}

fn main() {
  ❸ let rect1 = Rectangle { width: 30, height: 50 };
```

```
        println!(
            "The area of the rectangle is {} square pixels.",
            area(&rect1)
        );
    }

    fn area(rectangle: &Rectangle) -> u32 { ❹
        ❺ rectangle.width * rectangle.height
    }
```

　ここでは、構造体を定義し、Rectangle という名前にしています❶。波かっこの中で width
と height というフィールドを定義し、u32 という型にしました❷。それから main 内で
Rectangle の特定のインスタンスを生成し、幅を 30、高さを 50 にしました❸。

　これで area 関数は引数が 1 つになり、この引数は名前が rectangle、型は Rectangle 構
造体インスタンスへの不変借用になりました❹。第 4 章で触れたように、構造体の所有権を
奪うよりも借用する必要があります。こうすることで main は所有権を保って、rect1 を使用
し続けることができ、そのために関数シグニチャーと関数呼び出し時に & を使っているわけ
です。

　area 関数は、Rectangle インスタンスの width と height フィールドにアクセスしてい
ます❺。これで、area の関数シグニチャーは、我々の意図をズバリ示すようになりました:
width と height フィールドを使って、Rectangle の面積を計算します。これにより、幅と
高さが相互に関係していることが伝わり、タプルの 0 や 1 という添え字を使うのではなく、値
に説明的な名前を与えられるのです。簡潔性を勝ち取ったわけですね。

トレイトの継承で有用な機能を追加する

　プログラムのデバッグをしている間に、Rectangle のインスタンスを出力し、フィールドの
値を確認できると、素晴らしいわけです。リスト 5.11 では、以前の章のように、println! マ
クロを試しに使用しようとしていますが、動きません。

リスト 5.11: Rectangle のインスタンスを出力しようとする

src/main.rs
```
    struct Rectangle {
        width: u32,
        height: u32,
    }

    fn main() {
        let rect1 = Rectangle { width: 30, height: 50 };

        // rect1 は{}です
        println!("rect1 is {}", rect1);
    }
```

このコードを走らせると、こんな感じのエラーが出ます:

```
error[E0277]: the trait bound `Rectangle: std::fmt::Display` is not satisfied
エラー: トレイト境界 'Rectangle: std::fmt::Display' が満たされていません
```

println! マクロには、さまざまな整形があり、標準では、波かっこは Display として知られる整形をするよう、println! に指示するのです: 直接エンドユーザー向けの出力です。これまでに見てきた基本型は、標準で Display を実装しています。というのも、1 や他の基本型をユーザーに見せる方法は 1 つしかないからです。しかし構造体では、println! が出力を整形する方法は自明ではなくなります。出力方法がいくつもあるからです: カンマは必要なの? 波かっこを出力する必要はある? 全フィールドが見えるべき? この曖昧性のため、Rust は必要なものを推測しようとせず、構造体には Display 実装が提供されないのです。

エラーを読み下すと、こんな有益な注意書きがあります:

```
`Rectangle` cannot be formatted with the default formatter; try using `:?`
    instead if you are using a format string
注釈: 'Rectangle' は、デフォルト整形機では、整形できません; フォーマット文字列を使うのな
    ら代わりに ':?' を試してみてください
```

試してみましょう! pritnln! マクロ呼び出しは、println!("rect1 is {:?}", rect1); という見た目になるでしょう。波かっこ内に :? という指定子を書くと、println! に Debug と呼ばれる出力整形を使いたいと指示するのです。Debug トレイトは、開発者にとって有用な方法で構造体を出力させてくれるので、コードをデバッグしている最中に、値を確認することができます。

変更してコードを走らせてください。なに! まだエラーが出ます:

```
error[E0277]: the trait bound `Rectangle: std::fmt::Debug` is not satisfied
エラー: トレイト境界 'Rectangle: std::fmt::Debug' は満たされていません
```

しかし今回も、コンパイラーは有益な注意書きを残してくれています:

```
`Rectangle` cannot be formatted using `:?`; if it is defined in your crate,
    add `#[derive(Debug)]` or manually implement it
注釈: 'Rectangle' は ':?' を使って整形できません; 自分のクレートで定義しているのなら
    '#[derive(Debug)]' を追加するか、手動で実装してください
```

確かに Rust にはデバッグ用の情報を出力する機能が備わっていますが、この機能を構造体で使えるようにするには、明示的な選択をしなければならないのです。そうするには、構造体定義の直前に #[derive(Debug)] という注釈を追加します。そう、リスト 5.12 で示されているとおりです。

リスト 5.12: Debug トレイトを継承する注釈を追加し、Rectangle インスタンスをデバッグ用整形
機で出力する

src/main.rs

```rust
#[derive(Debug)]
struct Rectangle {
    width: u32,
    height: u32,
}

fn main() {
    let rect1 = Rectangle { width: 30, height: 50 };

    println!("rect1 is {:?}", rect1);
}
```

これでプログラムを実行すれば、エラーは出ず、以下のような出力が得られるでしょう:

```
rect1 is Rectangle { width: 30, height: 50 }
```

素晴らしい！ 最善の出力ではないものの、このインスタンスの全フィールドの値を出力し
ているので、デバッグ中には間違いなく役に立つでしょう。より大きな構造体があるなら、も
う少し読みやすい出力のほうが有用です; そのような場合には、println! 文字列中の{:?}の
代わりに{:#?}を使うことができます。この例で{:#?}というスタイルを使用したら、出力
は以下のようになるでしょう:

```
rect1 is Rectangle {
    width: 30,
    height: 50
}
```

Rust には、derive 注釈で使えるトレイトが多く提供されており、独自の型に有用な振る舞
いを追加することができます。そのようなトレイトとその振る舞いは、付録 C (☞ p.547) で
一覧になっています。これらのトレイトを独自の動作とともに実装する方法だけでなく、独自
のトレイトを生成する方法については、第 10 章で講義します。

area 関数は、非常に特殊です: 四角形の面積を算出するだけです。Rectangle 構造体とこ
の動作をより緊密に結び付けられると、役に立つでしょう。なぜなら、他のどんな型でもうま
く動作しなくなるからです。area 関数を Rectangle 型に定義された area メソッドに変形す
ることで、このコードをリファクタリングし続けられる方法について見ていきましょう。

メソッド記法

　メソッドは関数に似ています: `fn` キーワードと名前で宣言されるし、引数と戻り値があるし、どこか別の場所で呼び出されたときに実行されるコードを含みます。ところが、メソッドは構造体の文脈（あるいは enum かトレイトオブジェクトの。これらについてはおのおの第 6章と 17 章で講義します）で定義されるという点で、関数とは異なり、最初の引数は必ず `self`になり、これはメソッドが呼び出されている構造体インスタンスを表します。

メソッドを定義する

　`Rectangle` インスタンスを引数に取る `area` 関数を変え、代わりに `Rectangle` 構造体上に`area` メソッドを作りましょう。リスト 5.13 に示したとおりですね。

リスト 5.13: `Rectangle` 構造体上に `area` メソッドを定義する

src/main.rs
```
#[derive(Debug)]
struct Rectangle {
    width: u32,
    height: u32,
}

impl Rectangle { ❶
  ❷ fn area(&self) -> u32 {
        self.width * self.height
    }
}

fn main() {
    let rect1 = Rectangle { width: 30, height: 50 };

    println!(
        "The area of the rectangle is {} square pixels.",
      ❸ rect1.area()
    );
}
```

　`Rectangle` の文脈内で関数を定義するには、`impl`（implementation; 実装）ブロックを始めます❶。それから `area` 関数を `impl` の波かっこ❷内に移動させ、最初の（今回は唯一の）引数をシグニチャー内と本体内すべてで `self` に変えます。`area` 関数を呼び出し、rect1 を引数として渡す `main` では、代替としてメソッド記法を使用して、`Rectangle` インスタンスの `area` メソッドを呼び出せます❸。メソッド記法は、インスタンスの後に続きます: ドット、メソッド名、かっこ、そして引数と続くわけです。

　`area` のシグニチャーでは、`rectangle: &Rectangle` の代わりに `&self` を使用しています。というのも、コンパイラーは、このメソッドが `impl Rectangle` という文脈内に存在す

るために、self の型が Rectangle であると把握しているからです。&Rectangle と同様に、self の直前に & を使用していることに注意してください。メソッドは、self の所有権を奪ったり、ここでしているように不変で self を借用したり、可変で self を借用したりできるのです。他の引数とまったく同じですね。

ここで &self を選んでいるのは、関数バージョンで &Rectangle を使用していたのと同様の理由です: 所有権はいらず、構造体のデータを読み込みたいだけで、書き込む必要はないわけです。メソッドの一部でメソッドを呼び出したインスタンスを変更したかったら、第1引数に &mut self を使用するでしょう。self だけを第1引数にしてインスタンスの所有権を奪うメソッドを定義することはまれです; このテクニックは通常、メソッドが self を何か別のものに変形し、変形後に呼び出し元が元のインスタンスを使用できないようにしたい場合に使用されます。

関数の代替としてメソッドを使う主な利点は、メソッド記法を使用して全メソッドのシグニチャーで self の型を繰り返す必要がなくなる以外だと、体系化です。コードの将来的なユーザーに Rectangle の機能を提供しているライブラリー内の各所でその機能を探させるのではなく、この型のインスタンスでできることを1つの impl ブロックにまとめあげています。

-> 演算子はどこに行ったの？

C と C++ では、メソッド呼び出しには2種類の異なる演算子が使用されます: オブジェクトに対して直接メソッドを呼び出すのなら、. を使用するし、オブジェクトのポインターに対してメソッドを呼び出し、先にポインターを参照外しする必要があるなら、-> を使用するわけです。言い換えると、object がポインターなら、object->something()は、(*object).something() と同等なのです。

Rust には -> 演算子の代わりとなるようなものはありません; その代わり、Rust には、**自動参照**および**参照外し**という機能があります。Rust においてメソッド呼び出しは、この動作が行われる数少ない箇所なのです。

動作方法はこうです: object.something() とメソッドを呼び出すと、コンパイラーは object がメソッドのシグニチャーと合致するように、自動で & か &mut、* を付与するのです。要するに、以下のコードは同じものです:

```
p1.distance(&p2);
(&p1).distance(&p2);
```

前者のほうがずっと明確です。メソッドには自明な受け手（self の型）がいるので、この自動参照機能は動作するのです。受け手とメソッド名が与えられれば、コンパイラーは確実にメソッドが読み込み専用（&self）か、書き込みもする（&mut self）のか、所有権を奪う（self）のか判断できるわけです。Rust において、メソッドの受け手に関して借用が明示されないという事実は、所有権を現実世界でエルゴノミックにさせる大部分を占めているのです。

より引数の多いメソッド

Rectangle 構造体に 2 番目のメソッドを実装して、メソッドを使う鍛錬をしましょう。今回は、Rectangle のインスタンスに、別の Rectangle のインスタンスを取らせ、2 番目の Rectangle が self に完全にはめ込まれたら、true を返すようにしたいのです; そうでなければ、false を返すべきです。つまり、いったん can_hold メソッドを定義したら、リスト 5.14 のようなプログラムを書けるようになりたいのです。

リスト 5.14: 未完成の can_hold を使用する

src/main.rs

```rust
fn main() {
    let rect1 = Rectangle { width: 30, height: 50 };
    let rect2 = Rectangle { width: 10, height: 40 };
    let rect3 = Rectangle { width: 60, height: 45 };

    // rect1 に rect2 ははまり込む?
    println!("Can rect1 hold rect2? {}", rect1.can_hold(&rect2));
    // rect1 に rect3 ははまり込む?
    println!("Can rect1 hold rect3? {}", rect1.can_hold(&rect3));
}
```

そして、予期される出力は以下のようになります。なぜなら、rect2 の各次元は rect1 よりも小さいものの、rect3 は rect1 より幅が広いからです:

```
Can rect1 hold rect2? true
Can rect1 hold rect3? false
```

メソッドを定義したいことはわかっているので、impl Rectangle ブロック内での話になります。メソッド名は、can_hold になり、引数として別の Rectangle を不変借用で取るでしょう。メソッドを呼び出すコードを見れば、引数の型が何になるかわかります: rect1.can_hold(&rect2) は、&rect2、Rectangle のインスタンスである rect2 への不変借用を渡しています。これは道理が通っています。なぜなら、rect2 を読み込む（書き込みではなく。この場合、可変借用が必要になります）だけでよく、can_hold メソッドを呼び出した後にも rect2 が使えるよう、所有権を main に残したままにしたいからです。can_hold の戻り値は、論理値になり、メソッドの中身は、self の幅と高さがもう 1 つの Rectangle の幅と高さよりも、それぞれ大きいことを確認します。リスト 5.13 の impl ブロックに新しい can_hold メソッドを追記しましょう。リスト 5.15 に示したとおりです。

リスト 5.15: 別の Rectangle のインスタンスを引数として取る can_hold メソッドを、Rectangle
に実装する

```
impl Rectangle {
    fn area(&self) -> u32 {
        self.width * self.height
    }

    fn can_hold(&self, other: &Rectangle) -> bool {
        self.width > other.width && self.height > other.height
    }
}
```

このコードをリスト 5.14 の main 関数と合わせて実行すると、望みどおりの出力が得られ
ます。メソッドは、self 引数の後にシグニチャーに追加した引数を複数取ることができ、そ
の引数は、関数の引数と同様に動作するのです。

関連関数

impl ブロックの別の有益な機能は、impl ブロック内に self を引数に取らない関数を定義
できることです。これは、構造体に関連付けられているので、**関連関数**と呼ばれます。それで
も、関連関数は関数であり、メソッドではありません。というのも、対象となる構造体のイン
スタンスが存在しないからです。もう String::from という関連関数を使用したことがあり
ますね。

関連関数は、構造体の新規インスタンスを返すコンストラクターによく使用されます。例え
ば、1 次元の引数を取り、長さと幅両方に使用する関連関数を提供することができ、その結果、
同じ値を 2 回指定する必要なく、正方形の Rectangle を生成しやすくすることができます。

```
impl Rectangle {
    fn square(size: u32) -> Rectangle {
        Rectangle { width: size, height: size }
    }
}
```

この関連関数を呼び出すために、構造体名と一緒に :: 記法を使用します; 一例は let sq =
Rectangle::square(3); です。この関数は、構造体によって名前空間分けされています: ::
という記法は、関連関数とモジュールによって作り出される名前空間両方に使用されます。モ
ジュールについては第 7 章で議論します。

複数の impl ブロック

各構造体には、複数の impl ブロックを存在させることができます。例えば、リスト 5.15 は
リスト 5.16 に示したコードと等価で、リスト 5.16 では、各メソッドごとに impl ブロックを
用意しています。

リスト 5.16: 複数の impl ブロックを使用してリスト 5.15 を書き直す

```
impl Rectangle {
    fn area(&self) -> u32 {
        self.width * self.height
    }
}

impl Rectangle {
    fn can_hold(&self, other: &Rectangle) -> bool {
        self.width > other.width && self.height > other.height
    }
}
```

　ここでこれらのメソッドを個々の impl ブロックに分ける理由はないのですが、合法な書き方です。複数の impl ブロックが有用になるケースは第 10 章で見ますが、そこではジェネリック型と、トレイトについて議論します。

まとめ

　構造体により、自分の領域で意味のある独自の型を作成することができます。構造体を使用することで、関連のあるデータ片を相互に結合させたままにし、各部品に名前を付け、コードを明確にすることができます。メソッドにより、構造体のインスタンスが行う動作を指定することができ、関連関数により、構造体に特有の機能をインスタンスを利用することなく、名前空間分けすることができます。

　しかし、構造体だけが独自の型を作成する手段ではありません: Rust の enum 機能に目を向けて、別の道具を道具箱に追加しましょう。

6

enum とパターンマッチング

この章では、列挙型について見ていきます。列挙型は、enum[*1]とも称されます。enum は、取り得る値を列挙することで、型を定義させてくれます。最初に、enum を定義し、使用して、enum がデータとともに意味をコード化する方法を示します。次に、特別に有用な enum である Option について掘り下げていきましょう。この型は、値が何かか何でもないかを表現します。それから、match 式のパターンマッチングにより、どう enum のいろいろな値に対して異なるコードを走らせやすくなるかを見ます。最後に、if let 文法要素も、いかに enum をコードで扱う際に使用可能な便利で簡潔な慣用句であるかを講義します。

enum は多くの言語に存在する機能ですが、その能力は言語ごとに異なります。Rust の enum は、F#、OCaml、Haskell などの、関数型言語に存在する代数的データ型に最も酷似しています。

[*1] イーナムとカタカナで表記するのも変なので、enum という表記で統一します

enum を定義する

コードで表現したくなるかもしれない状況に目を向けて、enum が有用でこの場合、構造体よりも適切である理由を確認しましょう。IP アドレスを扱う必要が出たとしましょう。現在、IP アドレスの規格は 2 つあります: バージョン 4 とバージョン 6 です。これらは、プログラムが遭遇する IP アドレスのすべての可能性です: 列挙型は、取り得る値をすべて**列挙**でき、これが列挙型の名前の由来です。

どんな IP アドレスも、バージョン 4 かバージョン 6 のどちらかになりますが、同時に両方にはなり得ません。IP アドレスのその特性により、enum データ構造が適切なものになります。というのも、enum の値は、その列挙子のいずれか 1 つにしかなり得ないからです。バージョン 4 とバージョン 6 のアドレスは、どちらも根源的には IP アドレスですから、コードがいかなる種類の IP アドレスにも適用される場面を扱う際には、同じ型として扱われるべきです。

この概念をコードでは、`IpAddrKind` 列挙型を定義し、IP アドレスがなり得る種類、V4 とV6 を列挙することで、表現できます。これらは、enum の**列挙子**として知られています:

```
enum IpAddrKind {
    V4,
    V6,
}
```

これで、`IpAddrKind` はコードの他の場所で使用できる独自のデータ型になります。

enum の値

以下のようにして、`IpAddrKind` の各列挙子のインスタンスは生成できます:

```
let four = IpAddrKind::V4;
let six = IpAddrKind::V6;
```

enum の列挙子は、その識別子の元に名前空間分けされていることと、2 連コロンを使ってその 2 つを区別していることに注意してください。これが有効な理由は、こうすることで、値`IpAddrKind::V4` と `IpAddrKind::V6` という値は両方とも、同じ型 `IpAddrKind` になったからです。そうしたら、例えば、どんな `IpAddrKind` を取る関数も定義できるようになります。

```
fn route(ip_type: IpAddrKind) { }
```

そして、この関数をどちらの列挙子に対しても呼び出せます:

```
route(IpAddrKind::V4);
route(IpAddrKind::V6);
```

enum の利用には、さらなる利点さえもあります。この IP アドレス型についてもっと考えてみると、現状では、実際の IP アドレスのデータを保持する方法がありません。つまり、どんな**種類**であるかを知っているだけです。構造体について第 5 章で学んだばかりということを踏まえると、この問題に対して、あなたはリスト 6.1 のように対処するかもしれません。

リスト 6.1: IP アドレスのデータと IpAddrKind の列挙子を struct を使って保持する

```
enum IpAddrKind { ❶
    V4,
    V6,
}

struct IpAddr { ❷
  ❸ kind: IpAddrKind,
  ❹ address: String,
}

let home = IpAddr { ❺
    kind: IpAddrKind::V4,
    address: String::from("127.0.0.1"),
};

let loopback = IpAddr { ❻
    kind: IpAddrKind::V6,
    address: String::from("::1"),
};
```

ここでは、2 つのフィールドを持つ IpAddr ❷という構造体を定義しています: IpAddrKind 型（先ほど定義した enum ですね❶）の kind フィールド❸と、String 型の address フィールド❹です。この構造体のインスタンスが 2 つあります。最初のインスタンス、home ❺には kind として IpAddrKind::V4 があり、紐付けられたアドレスデータは 127.0.0.1 です。2 番目のインスタンス、loopback ❻には、kind の値として、IpAddrKind のもう 1 つの列挙子、V6 があり、アドレス ::1 が紐付いています。構造体を使って kind と address 値を一緒に包んだので、もう列挙子は値と紐付けられています。

各 enum の列挙子に直接データを格納して、enum を構造体内に使うというよりも enum だけを使って、同じ概念をもっと簡潔な方法で表現することができます。この新しい IpAddr の定義は、V4 と V6 列挙子両方に String 値が紐付けられていることを述べています。

```
enum IpAddr {
    V4(String),
    V6(String),
}
```

```
let home = IpAddr::V4(String::from("127.0.0.1"));

let loopback = IpAddr::V6(String::from("::1"));
```

enum の各列挙子にデータを直接添付できるので、余計な構造体を作る必要はまったくありません。

構造体よりも enum を使うことには、別の利点もあります: 各列挙子に紐付けるデータの型と量は、異なってもいいのです。バージョン 4 の IP アドレスには、常に 0 から 255 の値を持つ 4 つの数値があります。V4 のアドレスは、4 つの u8 型の値として格納するけれども、V6 のアドレスは引き続き、単独の String 型の値で格納したかったとしても、構造体では不可能です。enum なら、こんな場合も容易に対応できます:

```
enum IpAddr {
    V4(u8, u8, u8, u8),
    V6(String),
}

let home = IpAddr::V4(127, 0, 0, 1);

let loopback = IpAddr::V6(String::from("::1"));
```

バージョン 4 とバージョン 6 の IP アドレスを格納するデータ構造を定義する複数の異なる方法を示してきました。しかしながら、蓋を開けてみれば、IP アドレスを格納してその種類をコード化したくなるということは非常に一般的なので、標準ライブラリーに使用可能な定義があります！[*2] 標準ライブラリーでの IpAddr の定義のされ方を見てみましょう: 我々が定義し、使用したのとまったく同じ enum と列挙子がありますが、アドレスデータを 2 種の異なる構造体の形で列挙子に埋め込み、この構造体は各列挙子用に異なる形で定義されています。

```
struct Ipv4Addr {
    // 割愛
}

struct Ipv6Addr {
    // 割愛
}

enum IpAddr {
    V4(Ipv4Addr),
    V6(Ipv6Addr),
}
```

[*2] https://doc.rust-lang.org/std/net/enum.IpAddr.html

このコードは、enum 列挙子内にいかなる種類のデータでも格納できることを描き出しています: 例をあげれば、文字列、数値型、構造体などです。他の enum を含むことさえできます! また、標準ライブラリーの型は、あなたが思い付いた可能性のあるものよりも複雑ではないことがしばしばあります。

標準ライブラリーに IpAddr に対する定義は含まれるものの、標準ライブラリーの定義をスコープに導入していないので、まだ、干渉することなく自分自身の定義を生成して使用できることに注意してください。型をスコープに導入することについては、第 7 章でもっと詳しく言及します。

リスト 6.2 で enum の別の例を見てみましょう: 今回のコードは、幅広い種類の型が列挙子に埋め込まれています。

リスト 6.2: 列挙子おのおのが異なる型と量の値を格納する Message enum

```
enum Message {
    Quit,
    Move { x: i32, y: i32 },
    Write(String),
    ChangeColor(i32, i32, i32),
}
```

この enum には、異なる型の列挙子が 4 つあります:

- Quit には紐付けられたデータはまったくなし。
- Move は、中に匿名構造体を含む。
- Write は、単独の String オブジェクトを含む。
- ChangeColor は、3 つの i32 値を含む。

リスト 6.2 のような列挙子を含む enum を定義することは、enum の場合、struct キーワードを使わず、全部の列挙子が Message 型の元に分類される点を除いて、異なる種類の構造体定義を定義するのと類似しています。以下の構造体も、先ほどの enum の列挙子が保持しているのと同じデータを格納することができるでしょう:

```
struct QuitMessage; // ユニット様構造体
struct MoveMessage {
    x: i32,
    y: i32,
}
struct WriteMessage(String); // タプル構造体
struct ChangeColorMessage(i32, i32, i32); // タプル構造体
```

ですが、異なる構造体を使っていたら、おのおの、それ自身の型があるので、単独の型になるリスト 6.2 で定義した Message enum ほど、これらの種のメッセージのいずれもとる関数を簡単に定義することはできないでしょう。

enum と構造体にはもう 1 点似通っているところがあります: impl を使って構造体にメソッドを定義できるのとまったく同様に、enum にもメソッドを定義することができるのです。こちらは、Message enum 上に定義できる call という名前のメソッドです:

```
impl Message {
    fn call(&self) {
        // メソッド本体はここに定義される予定
      ❶ // method body would be defined here
    }
}

let m = Message::Write(String::from("hello")); ❷
m.call();
```

メソッドの本体では、self を使用して、メソッドを呼び出した相手の値を取得できるでしょう。この例では、Message::Write(String::from("hello")) という値を持つ、変数 m ❷ を生成したので、これが m.call() を走らせたときに、call メソッド ❶ の本体内で self が表す値になります。

非常に一般的で有用な別の標準ライブラリーの enum を見てみましょう: Option です。

Option enum と Null 値に勝る利点

前節で、IpAddr enum が Rust の型システムを使用して、プログラムにデータ以上の情報をコード化できる方法を目撃しました。この節では、Option のケーススタディーを掘り下げていきます。この型も標準ライブラリーにより定義されている enum です。この Option 型はいろいろな箇所で使用されます。なぜなら、値が何かかそうでないかという非常に一般的な筋書きをコード化するからです。この概念を型システムの観点で表現することは、コンパイラーが、プログラマーが処理すべき場面すべてを処理していることをチェックできることを意味します; この機能は、他の言語において、究極的にありふれたバグを阻止することができます。

プログラミング言語のデザインは、しばしばどの機能を入れるかという観点で考えられますが、除いた機能も重要なのです。Rust には、他の多くの言語にはある null 機能がありません。null とはそこに何も値がないことを意味する値です。null のある言語において、変数は常に二者択一どちらかの状態になります: null かそうでないかです。

null の開発者であるトニー・ホーア (Tony Hoare) の 2009 年のプレゼンテーション、"Null References: The Billion Dollar Mistake"（Null 参照: 10 億ドルの失敗）では、こんなことが語られています。

> 私はそれを 10 億ドルの失敗と呼んでいます。そのころ、私は、オブジェクト指向言語の参照に対する、最初のわかりやすい型システムを設計していました。私の目標は、どんな参照の使用もすべて完全に安全であるべきことを、コンパイラーにそのチェックを自動で行ってもらって保証することだったのです。しかし、null 参照を入れるという誘惑に打ち勝つことができませんでした。それは、単純に実装が非常に容易だったからで

す。これが無数のエラーや脆弱性、システムクラッシュにつながり、過去 40 年で 10
億ドルの苦痛や損害を引き起こしたであろうということなのです。

　null 値の問題は、null の値を null でない値のように使用しようとしたら、何らかの種類の
エラーが出ることです。この null かそうでないかという特性は広く存在するので、この種の
間違いを大変犯しやすいのです。

　しかしながら、null が表現しようとしている概念は、それでも役に立つものです: null は、
何らかの理由で現在無効、または存在しない値のことなのです。

　問題は、まったく概念にあるのではなく、特定の実装にあるのです。そんな感じなので、
Rust には null がありませんが、値が存在するか不在かという概念をコード化する enum な
らあります。この enum が Option<T> で、以下のように標準ライブラリーに定義[3] されてい
ます。

```
enum Option<T> {
    Some(T),
    None,
}
```

　Option<T> は有益すぎて、初期化処理（prelude）にさえ含まれています。つまり、明示的
にスコープに導入する必要がないのです。さらに、列挙子もそうなっています: Some と None
を Option:: の接頭辞なしに直接使えるわけです。ただ、Option<T> はそうは言っても、普通
の enum であり、Some(T) と None も Option<T> 型のただの列挙子です。

　<T> という記法は、まだ語っていない Rust の機能です。これは、ジェネリック型引数であ
り、ジェネリクスについて詳しくは、第 10 章で講義します。とりあえず、知っておく必要が
あることは、<T> は、Option enum の Some 列挙子が、あらゆる型のデータを 1 つだけ持てる
ことを意味していることだけです。こちらは、Option 値を使って、数値型や文字列型を保持
する例です。

```
let some_number = Some(5);
let some_string = Some("a string");      // とある文字列

let absent_number: Option<i32> = None;
```

　Some ではなく、None を使ったら、コンパイラーに Option<T> の型が何になるかを教えな
ければいけません。というのも、None 値を見ただけでは、Some 列挙子が保持する型をコンパ
イラーが推論できないからです。

　Some 値があるとき、値が存在するとわかり、その値は、Some に保持されています。None
値がある場合、ある意味、null と同じことを意図します: 有効な値がないのです。では、なぜ
Option<T> のほうが、null よりも少しでも好ましいのでしょうか？

---

[3] https://doc.rust-lang.org/std/option/enum.Option.html

簡潔に述べると、`Option<T>` と `T`（ここで `T` はどんな型でもよい）は異なる型なので、コンパイラーが `Option<T>` 値を確実に有効な値かのようには使用させてくれません。例えば、このコードは `i8` を `Option<i8>` に足そうとしているので、コンパイルできません。

```
let x: i8 = 5;
let y: Option<i8> = Some(5);

let sum = x + y;
```

このコードを動かしたら、以下のようなエラーメッセージが出ます。

```
error[E0277]: the trait bound `i8: std::ops::Add<std::option::Option<i8>>` is
    not satisfied
エラー: `i8: std::ops::Add<std::option::Option<i8>>`というトレイト境界が満たされて
    いません
 -->
  |
5 |     let sum = x + y;
  |                 ^ no implementation for `i8 + std::option::Option<i8>`
  |                   `i8 + std::option::Option<i8>`の実装がありません
```

なんて強烈な！ 実際に、このエラーメッセージは、`i8` と `Option<i8>` が異なる型なので、足し合わせる方法がコンパイラーにはわからないことを意味します。Rust において、`i8` のような型の値がある場合、コンパイラーが常に有効な値であることを確認してくれます。この値を使う前に null であることをチェックする必要なく、自信を持って先に進むことができるのです。`Option<i8>` があるとき（あるいはどんな型を扱おうとしていても）のみ、値を保持していない可能性を心配する必要があるわけであり、コンパイラーはプログラマーが値を使用する前にそのような場面を扱っているか確かめてくれます。

言い換えると、`T` 型の処理を行う前には、`Option<T>` を `T` に変換する必要があるわけです。一般的に、これにより、null の最もありふれた問題の 1 つを捕捉する一助になります: 実際には null なのに、そうでないかのように想定することです。

不正確に null でない値を想定する心配をしなくてもよいということは、コード内でより自信を持てることになります。null になる可能性のある値を保持するには、その値の型を `Option<T>` にすることで明示的に同意しなければなりません。それからその値を使用する際には、値が null である場合を明示的に処理する必要があります。値が `Option<T>` 以外の型であるところすべてにおいて、値が null でないと安全に想定することができます。これは、Rust にとって、意図的な設計上の決定であり、null の普遍性を制限し、Rust コードの安全性を向上させます。

では、`Option<T>` 型の値があるとき、その値を使えるようにするには、どのように Some 列挙子から `T` 型の値を取り出せばいいのでしょうか？ `Option<T>` にはさまざまな場面で有効に

活用できる非常に多くのメソッドが用意されています; ドキュメンテーション[4]でそれらを確認できます。Option<T> のメソッドに馴染むと、Rust の旅が極めて有益になるでしょう。

一般的に、Option<T> 値を使うには、各列挙子を処理するコードがほしくなります。Some(T) 値があるときだけ走る何らかのコードがほしくなり、このコードが内部の T を使用できます。None 値があった場合に走る別のコードがほしくなり、そちらのコードは T 値は使用できない状態になります。match 式が、enum とともに使用したときにこれだけの動作をするフロー制御文法要素になります: enum の列挙子によって、違うコードが走り、そのコードがマッチした値の中のデータを使用できるのです。

match フロー制御演算子

Rust には、一連のパターンに対して値を比較し、マッチしたパターンに応じてコードを実行させてくれる match と呼ばれる、非常に強力なフロー制御演算子があります。パターンは、リテラル値、変数名、ワイルドカードやその他多数のもので構成することができます; 第 18 章で、すべての種類のパターンと、その目的について講義します。match のパワーは、パターンの表現力とコンパイラーがすべてのあり得るパターンを処理しているかを確認してくれるという事実に由来します。

match 式をコイン並べ替え装置のようなものと考えてください: コインは、さまざまなサイズの穴が空いた通路を流れ落ち、各コインは、サイズのあった最初の穴に落ちます。同様に、値は match の各パターンを通り抜け、値が「適合する」最初のパターンで、値は紐付けられたコードブロックに落ち、実行中に使用されるわけです。

コインについて話したので、それを match を使用する例にとってみましょう! 数え上げ装置と同じ要領で未知のアメリカコインを 1 枚取り、どの種類のコインなのか決定し、その価値をセントで返す関数をリスト 6.3 で示したように記述することができます。

リスト 6.3: enum とその enum の列挙子をパターンにした match 式

```
enum Coin { ❶
    Penny,
    Nickel,
    Dime,
    Quarter,
}

fn value_in_cents(coin: Coin) -> u32 {
  ❷ match coin {
      ❸ Coin::Penny => 1,
        Coin::Nickel => 5,
        Coin::Dime => 10,
        Coin::Quarter => 25,
    }
}
```

---

[4] https://doc.rust-lang.org/std/option/enum.Option.html

value_in_cents 関数内の match をかみ砕きましょう。まず、match キーワードに続けて式を並べています。この式は今回の場合、値 coin❷ です。if で使用した式と非常に酷似しているようですね。しかし、大きな違いがあります: if では、式は論理値を返す必要がありますが、ここでは、どんな型でもかまいません。この例における coin の型は、1 行目で定義した Coin enum です❶。

次は、match アームです。1 本のアームには 2 つの部品があります: パターンと何らかのコードです。今回の最初のアームは Coin::Penny という値のパターンであり、パターンと動作するコードを区別する => 演算子が続きます❸。この場合のコードは、ただの値 1 です。各アームは次のアームとカンマで区切られています。

この match 式が実行されると、結果の値を各アームのパターンと順番に比較します。パターンに値がマッチしたら、そのコードに紐付けられたコードが実行されます。パターンが値にマッチしなければ、コイン並べ替え装置とまったく同じように、次のアームが継続して実行されます。必要なだけパターンは存在できます: リスト 6.3 では、match には 4 本のアームがあります。

各アームに紐付けられるコードは式であり、マッチしたアームの式の結果が match 式全体の戻り値になります。

典型的に、アームのコードが短い場合、波かっこは使用されません。リスト 6.3 では、各アームが値を返すだけなので、これにならっています。マッチのアームで複数行のコードを走らせたいのなら、波かっこを使用することができます。例えば、以下のコードは、メソッドが Coin::Penny とともに呼び出されるたびに「Lucky penny!」と表示しつつ、ブロックの最後の値、1 を返すでしょう。

```rust
fn value_in_cents(coin: Coin) -> u32 {
    match coin {
        Coin::Penny => {
            // 幸運なペニー
            println!("Lucky penny!");
            1
        },
        Coin::Nickel => 5,
        Coin::Dime => 10,
        Coin::Quarter => 25,
    }
}
```

値に束縛されるパターン

マッチのアームの別の有益な機能は、パターンにマッチした値の一部に束縛できる点です。こうして、enum の列挙子から値を取り出すことができます。

例として、enum の列挙子の 1 つを中にデータを保持するように変えましょう。1999 年から 2008 年まで、アメリカは、片側に 50 の州それぞれで異なるデザインをしたクォーターコ

インを鋳造していました。他のコインは州のデザインがなされることはなかったので、クォーターだけがこのおまけの値を保持します。Quarter 列挙子を変更して、UsState 値が中に保持されるようにすることで enum にこの情報を追加でき、それをしたのがリスト 6.4 のコードになります。

リスト 6.4: Quarter 列挙子が UsState の値も保持する Coin enum

```
#[derive(Debug)] // すぐに州を点検できるように
enum UsState {
    Alabama,
    Alaska,
    // ... などなど
}

enum Coin {
    Penny,
    Nickel,
    Dime,
    Quarter(UsState),
}
```

友人の一人が 50 州全部のクォーターコインを収集しようとしているところを想像しましょう。コインの種類で小銭を並べ替えつつ、友人が持っていない種類だったら、コレクションに追加できるように、各クォーターに関連した州の名前を出力します。

このコードの match 式では、Coin::Quarter 列挙子の値にマッチする state という名の変数をパターンに追加します。Coin::Quarter がマッチすると、state 変数はそのクォーターの state の値に束縛されます。それから、state をそのアームのコードで使用できます。以下のようにですね:

```
fn value_in_cents(coin: Coin) -> u32 {
    match coin {
        Coin::Penny => 1,
        Coin::Nickel => 5,
        Coin::Dime => 10,
        Coin::Quarter(state) => {
            println!("State quarter from {:?}!", state);
            25
        },
    }
}
```

value_in_cents(Coin::Quarter(UsState::Alaska)) と呼び出すつもりだったなら、coin は Coin::Quarter(UsState::Alaska) になります。その値を match の各アームと比較すると、Coin::Quater(state) に到達するまで、どれにもマッチしません。そのときに、state に束縛されるのは、UsState::Alaska という値です。そして、println! 式でその束縛

を使用することができ、そのため、Coin enum の列挙子から Quarter に対する中身の state の値を取得できたわけです。

Option<T> とのマッチ

前節では、Option<T> を使用する際に、Some ケースから中身の T の値を取得したくなりました。要するに、Coin enum に対して行ったように、match を使って Option<T> を扱うこともできるというわけです！ コインを比較する代わりに、Option<T> の列挙子を比較するのですが、match 式の動作の仕方は同じままです。

Option<i32> を取る関数を書きたくなったとし、中に値があったら、その値に 1 を足すことにしましょう。中に値がなければ、関数は None 値を返し、何も処理を試みるべきではありません。

match のおかげで、この関数は大変書きやすく、リスト 6.5 のような見た目になります。

リスト 6.5: Option<i32> に match 式を使う関数

```
fn plus_one(x: Option<i32>) -> Option<i32> {
    match x {
      ❶ None => None,
      ❷ Some(i) => Some(i + 1),
    }
}

let five = Some(5);
let six = plus_one(five);   ❸
let none = plus_one(None);  ❹
```

plus_one の最初の実行についてもっと詳しく検証しましょう。plus_one(five) と呼び出したとき❸、plus_one の本体の変数 x は Some(5) になります。そして、これをマッチの各アームと比較します。

```
None => None,
```

Some(5) という値は、None❶というパターンにはマッチしませんので、次のアームに処理が移ります。

```
Some(i) => Some(i + 1),
```

Some(5) は Some(i)❷にマッチしますか？ なんと、します！ 列挙子が同じです。i は Some に含まれる値に束縛されるので、i は値 5 になります。それから、このマッチのアームのコードが実行されるので、i の値に 1 を足し、合計の 6 を中身にした新しい Some 値を生成します。

さて、x が None❹になるリスト 6.5 の 2 回目の plus_one の呼び出しを考えましょう。match に入り、最初のアームと比較します❶。

```
None => None,
```

マッチします！ 足し算する値がないので、プログラムは停止し、=> の右辺にある None 値が返ります。最初のアームがマッチしたため、他のアームは比較されません。

match と enum の組み合わせは、多くの場面で有効です。Rust コードにおいて、このパターンはよく見かけるでしょう: enum に対し match し、内部のデータに変数を束縛させ、それに基づいたコードを実行します。最初はちょっと巧妙ですが、いったん慣れてしまえば、すべての言語にあってほしいと願うことになるでしょう。一貫してユーザーのお気に入りなのです。

マッチは包括的

もう 1 つ議論する必要のある match の観点があります。一点バグがありコンパイルできないこんなバージョンの plus_one 関数を考えてください:

```
fn plus_one(x: Option<i32>) -> Option<i32> {
    match x {
        Some(i) => Some(i + 1),
    }
}
```

None の場合を扱っていないため、このコードはバグを生みます。幸い、コンパイラーが捕捉できるバグです。このコードのコンパイルを試みると、こんなエラーが出ます:

```
error[E0004]: non-exhaustive patterns: `None` not covered
エラー: 包括的でないパターン: 'None'がカバーされていません
 -->
  |
6 |        match x {
  |              ^ pattern `None` not covered
  |                パターン 'None'がカバーされていません
```

全可能性を網羅していないことをコンパイラーは検知しています。もっと言えば、どのパターンを忘れているかさえ知っているのです。Rust におけるマッチは、**包括的**です: すべてのあらゆる可能性を網羅し尽くさなければ、コードは合法にならないのです。特に Option<T> の場合には、コンパイラーが明示的に None の場合を扱うのを忘れないようにするとき、null になるかもしれない値があることを想定しないように、故に、前に議論した 10 億ドルの失敗を犯さないよう、保護してくれるわけです。

_ というプレースホルダー

Rust には、すべての可能性を列挙したくないときに使用できるパターンもあります。例えば、u8 は、有効な値として、0 から 255 までを取ります。1、3、5、7 の値にだけ興味があっ

たら、0、2、4、6、8、9 と 255 までの数値を列挙する必要に迫られたくはないです。幸運なことに、する必要はありません: 代わりに特別なパターンの _ を使用できます:

```
let some_u8_value = 0u8;
match some_u8_value {
    1 => println!("one"),
    3 => println!("three"),
    5 => println!("five"),
    7 => println!("seven"),
    _ => (),
}
```

_ というパターンは、どんな値にもマッチします。他のアームの後に記述することで、_ は、それまでに指定されていないすべての可能性にマッチします。() は、ただのユニット値なので、_ の場合には、何も起こりません。結果として、_ プレースホルダーの前に列挙していない可能性すべてに対しては、何もしたくないと言えるわけです。

ですが、1 つのケースにしか興味がないような場面では、match 式はちょっと長ったらしすぎます。このような場面用に、Rust には、if let が用意されています。

if let で簡潔なフロー制御

if let 記法で if と let をより冗長性の少ない方法で組み合わせ、残りを無視しつつ、1 つのパターンにマッチする値を扱うことができます。Option<u8> にマッチするけれど、値が 3 のときにだけコードを実行したい、リスト 6.6 のプログラムを考えてください。

リスト 6.6: 値が Some(3) のときだけコードを実行する match

```
let some_u8_value = Some(0u8);
match some_u8_value {
    Some(3) => println!("three"),
    _ => (),
}
```

Some(3) にマッチしたときだけ何かをし、他の Some<u8> 値や None 値のときには何もしたくありません。match 式を満たすためには、列挙子を 1 つだけ処理した後に _ => () を追加しなければなりません。これでは、追加すべき定型コードが多すぎます。

その代わり、if let を使用してもっと短く書くことができます。以下のコードは、リスト 6.6 の match と同じように振る舞います:

```
if let Some(3) = some_u8_value {
    println!("three");
}
```

　if let という記法は等号記号で区切られたパターンと式を取り、式が match に与えられ、パターンが最初のアームになった match と、同じ動作をします。

　if let を使うと、タイプ数が減り、インデントも少なくなり、定型コードも減ります。しかしながら、match では強制された包括性チェックを失ってしまいます。match か if let かの選択は、特定の場面でどんなことをしたいかと簡潔性を得ることが包括性チェックを失うのに適切な代償となるかによります。

　言い換えると、if let は値が 1 つのパターンにマッチしたときにコードを走らせ、他は無視する match への糖衣構文[*5]と考えることができます。

　if let では、else を含むこともできます。else に入るコードブロックは、if let と else に等価な match 式の _ の場合に入るコードブロックと同じになります。リスト 6.4 の Coin enum 定義を思い出してください。ここでは、Quarter 列挙子は、UsState の値も保持していましたね。クォーターコインの状態を告げつつ、見かけたクォーター以外のコインの枚数を数えたいなら、以下のように match 式で実現することができるでしょう:

```
let mut count = 0;
match coin {
    // {:?}州のクォーターコイン
    Coin::Quarter(state) => println!("State quarter from {:?}!", state),
    _ => count += 1,
}
```

　または、以下のように if let と else を使うこともできるでしょう:

```
let mut count = 0;
if let Coin::Quarter(state) = coin {
    println!("State quarter from {:?}!", state);
} else {
    count += 1;
}
```

　match を使って表現するには冗長的すぎるロジックがプログラムにあるようなシチュエーションに遭遇したら、if let も Rust 道具箱にあることを思い出してください。

[*5] あるいは英語そのままでシンタックス・シュガーとも。平たく言えば、より便利な構文のこと

まとめ

これで、enum を使用してワンセットの列挙された値のどれかになり得る独自の型を生成する方法を講義しました。標準ライブラリーの `Option<T>` が型システムを使用して、エラーを回避する際に役立つ方法についても示しました。enum の値がデータを内部に含む場合、処理すべきケースの数に応じて、`match` か `if let` を使用して値を取り出し、使用できます。

もう Rust プログラムで構造体と enum を使用して、自分の領域の概念を表現できます。API 内で使用するために独自の型を生成することで、型安全性を保証することができます: コンパイラーが、各関数の予期する型の値のみを関数が得ることを確かめてくれるのです。

率直に使用できる整理整頓された API をユーザーに提供し、ユーザーが必要とするものだけを公開するために、今度は、Rust のモジュールに目を向けてみましょう。

7

モジュールを使用してコードを体系化し、再利用する

Rust でのプログラミングをし始めたころは、コードはすべて main 関数内に収まったかもしれません。コードが肥大化するにつれ、最終的に機能を別の関数に移して再利用性とまとまりを高めるでしょう。コードを細切りにすることで、個々のコード片をそれだけで理解しやすくするのです。しかし、あまりにも多くの関数があったらどうなるでしょうか？ Rust には、コードの再利用を体系化された形で行うことのできるモジュールシステムが組み込まれています。

コードを関数に抽出するのと同様に、関数（や他のコード、構造体や enum など）を異なるモジュールに抽出することができます。モジュールとは、関数や型定義を含む名前空間のことで、それらの定義がモジュール外からも見えるようにするか（public）否か（private）は、選択することができます。以下が、モジュールの動作法の概要です:

- mod キーワードで新規モジュールを宣言します。モジュール内のコードは、この宣言の直後の波かっこ内か、別のファイルに存在します。
- 標準では、関数、型、定数、モジュールは非公開です。pub キーワードで要素は公開され、名前空間の外からも見えるようになります。
- use キーワードでモジュールやモジュール内の定義をスコープに入れることができるので、参照するのが楽になります。

この各部品を見て、それらが全体にどうはまり込むかを理解します。

mod とファイルシステム

モジュール例を Cargo で新規プロジェクトを生成することから始めますが、バイナリーク
レートの代わりに、ライブラリークレートを作成します: 他人が依存として自分のプロジェク
トに引き込めるプロジェクトです。例をあげると、第 2 章で議論した rand クレートは、数当
てゲームプロジェクトで依存に使用したライブラリークレートです。

何らかの一般的なネットワーク機能を提供するライブラリーの骨格を作成します; モジュー
ルと関数の体系化に集中し、関数の本体にどんなコードが入るかについては気にかけません。
このライブラリーを communicator と呼びましょう。ライブラリーを生成するために、--bin
の代わりに --lib オプションを渡してください:

```
$ cargo new communicator --lib
$ cd communicator
```

Cargo が src/main.rs の代わりに src/lib.rs を生成したことに注目してください。src/lib.rs
には、以下のような記述があります:

src/lib.rs
```
#[cfg(test)]
mod tests {
    #[test]
    fn it_works() {
        assert_eq!(2 + 2, 4);
    }
}
```

Cargo は、--bin オプションを使ったときに得られる "Hello, world!" バイナリーではな
く、空のテストを生成して、ライブラリーの事始めをしてくれました。#[] と mod tests と
いう記法については、この章の後ほど、「super を使用して親モジュールにアクセスする」(☞
p. 141) で見ますが、今のところは、このコードを src/lib.rs の最後に残しておきましょう。

src/main.rs ファイルがないので、cargo run コマンドで Cargo が実行できるものは何もな
いわけです。したがって、cargo build コマンドを使用してライブラリークレートのコード
をコンパイルします。

コードの意図によって、いろいろなシチュエーションで最適になるライブラリーコードを体
系化する別のオプションをお目にかけます。

モジュール定義

communicator ネットワークライブラリーについて、まずは connect という関数定義を含
む network という名前のモジュールを定義します。Rust において、モジュール定義はすべ
て、mod キーワードから開始します。このコードを src/lib.rs ファイルの頭、テストコードの
上に追記してください。

src/lib.rs

```
mod network {
    fn connect() {
    }
}
```

mod キーワードに続いて、モジュール名の network、さらに一連のコードを波かっこ内に
記述します。このブロック内に存在するものはすべて、network という名前空間に属します。
今回の場合、connect という単独の関数があります。この関数を network モジュール外のス
クリプトから呼び出したい場合、モジュールを指定し、以下のように名前空間記法の :: を使
用する必要があるでしょう: network::connect()。

同じ src/lib.rs ファイル内に複数のモジュールを並べることもできます。例として、connect
という関数を含む client モジュールも用意するには、リスト 7.1 に示したように追記すれば
いいわけです。

リスト 7.1: src/lib.rs に並べて定義された network モジュールと client モジュール

src/lib.rs

```
mod network {
    fn connect() {
    }
}

mod client {
    fn connect() {
    }
}
```

これで、network::connect 関数と client::connect 関数が用意できました。これらは
まったく異なる機能を有する可能性があり、異なるモジュールに存在するので、関数名がお互
いに衝突することはありません。

今回の場合、ライブラリーを構成しているので、ライブラリービルド時にエントリーポイン
トとなるファイルは、src/lib.rs になります。しかし、モジュールを作成するという点に関し
ては、src/lib.rs には何も特別なことはありません。ライブラリークレートに対して src/lib.rs
にモジュールを生成するのと同様に、バイナリークレートに対して src/main.rs にモジュール
を生成することもできます。実は、モジュール内にモジュールを書くこともでき、モジュー
ルが肥大化するにつれて、関連のある機能を一緒くたにし、機能を切り離すのに有用なので
す。コードを体系化すると選択する方法は、コードの部分部分の関連性に対する考え方によ
ります。例ですが、client コードとその connect 関数は、リスト 7.2 のように、代わりに
network 名前空間内に存在したら、ライブラリーのユーザーにとって意味のあるものになる
かもしれません。

リスト 7.2: client モジュールを network モジュール内に移動させる

```
mod network {
    fn connect() {
    }

    mod client {
        fn connect() {
        }
    }
}
```

src/lib.rs ファイル内で、すでにある mod network と mod client の定義をリスト 7.2 の
ものと置き換えると、client モジュールは network の内部モジュールになるわけです。関
数、network::connect と network::client::connect はどちらも connect という名前で
すが、異なる名前空間にあるので、互いに干渉することはありません。

　このように、モジュールは階層構造を形成します。src/lib.rs の中身が頂点に立ち、サブモ
ジュールが子供になるわけです。リスト 7.1 の例を階層構造という観点で見たときの構造は、
以下のような感じになります:

```
communicator
 ├── network
 └── client
```

さらに、リスト 7.2 の例に対応する階層構造は、以下のとおりです:

```
communicator
 └── network
      └── client
```

　この階層構造は、リスト 7.2 において、client モジュールは network モジュールの兄弟と
いうよりも、子供になっていることを示しています。より複雑なプロジェクトなら、たくさん
のモジュールが存在し、把握するのに論理的に体系化しておく必要があるでしょう。プロジェ
クト内で「論理的」とは、あなた次第であり、ライブラリー作成者とユーザーがプロジェクト
の領域についてどう考えるか次第でもあるわけです。こちらで示したテクニックを使用して、
並列したモジュールや、ネストしたモジュールなど、どんな構造のモジュールでも、作成して
ください。

モジュールを別ファイルに移す

　モジュールは階層構造をなす …… コンピュータにおいて、もっと見慣れた構造に似てい
ませんか: そう、ファイルシステムです！ Rust のモジュールシステムを複数のファイルで使
用して、プロジェクトを分割するので、全部が src/lib.rs や src/main.rs に存在することにはな

らなくなります。これの例として、リスト 7.3 のようなコードから始めましょう。

リスト 7.3: すべて src/lib.rs に定義された 3 つのモジュール、client、network、network::server

src/lib.rs
```
mod client {
    fn connect() {
    }
}

mod network {
    fn connect() {
    }

    mod server {
        fn connect() {
        }
    }
}
```

src/lib.rs ファイルのモジュール階層は、こうなっています:

```
communicator
    ├──── client
    └──── network
        └──── server
```

　これらのモジュールが多数の関数を含み、その関数が長ったらしくなってきたら、このファイルをスクロールして、いじりたいコードを探すのが困難になるでしょう。関数が 1 つ以上の mod ブロックにネストされているので、関数の中身となるコードも長ったらしくなってしまうのです。これだけで、client、network、server モジュールを src/lib.rs から分け、単独のファイルに配置する理由には十分でしょう。

　最初に、client モジュールのコードを client モジュールの宣言だけに置き換えましょう。すると、src/lib.rs はリスト 7.4 のコードのようになります。

リスト 7.4: client モジュールの中身を抽出するが、宣言は src/lib.rs に残したまま

src/lib.rs
```
mod client;

mod network {
    fn connect() {
    }

    mod server {
        fn connect() {
        }
    }
}
```

一応、client モジュールをここで宣言していますが、ブロックをセミコロンで置換したことで、client モジュールのスコープのコードは別の場所を探すようにコンパイラーに指示しているわけです。言い換えると、mod client; の行は、以下のような意味になります:

```
mod client {
    // client.rs の中身
    // contents of client.rs
}
```

さて、このモジュール名の外部ファイルを作成する必要が出てきました。src/ ディレクトリー内に client.rs ファイルを作成し、開いてください。それから以下のように入力してください。前段階で削除した client モジュールの connect 関数です:

src/client.rs
```
fn connect() {
}
```

このファイルには、mod 宣言が必要ないことに着目してください。なぜなら、src/lib.rs に mod を使って、もう client モジュールを宣言しているからです。このファイルは、client モジュールの中身を提供するだけなのです。ここにも mod client を記述したら、client に client という名前のサブモジュールを与えることになってしまいます！

コンパイラーは、標準で src/lib.rs だけを検索します。プロジェクトにもっとファイルを追加したかったら、src/lib.rs で他のファイルも検索するよう、コンパイラーに指示する必要があるのです; このため、mod client を src/lib.rs に定義し、src/client.rs には定義できなかったのです。

これでプロジェクトは問題なくコンパイルできるはずです。まあ、警告がいくつか出るんですが。cargo run ではなく、cargo build を使うことを忘れないでください。バイナリークレートではなく、ライブラリークレートだからですね:

```
$ cargo build
   Compiling communicator v0.1.0 (file:///projects/communicator)

warning: function is never used: `connect`
警告: 関数は使用されていません: 'connect'
 --> src/client.rs:1:1
  |
1 | / fn connect() {
2 | | }
  | |_^
  |
  = note: #[warn(dead_code)] on by default

warning: function is never used: `connect`
 --> src/lib.rs:4:5
```

```
  |
4 | /     fn connect() {
5 | |     }
  | |_____^

warning: function is never used: `connect`
 --> src/lib.rs:8:9
  |
8 | /         fn connect() {
9 | |         }
  | |_____^
```

これらの警告は、まったく使用されていない関数があると忠告してくれています。今は、警告を危惧する必要はありません; この章の後ほど、「pub で公開するか制御する」節 (☞ p. 133) で扱います。うれしいことにただの警告です; プロジェクトはビルドに成功しました！

次に、同様のパターンで network モジュールも単独のファイルに抽出しましょう。src/lib.rs で、network モジュールの本体を削除し、宣言にセミコロンを付加してください。こんな感じです:

src/lib.rs
```
mod client;

mod network;
```

それから新しい src/network.rs ファイルを作成して、以下のように入力してください:

src/ network.rs
```
fn connect() {
}

mod server {
    fn connect() {
    }
}
```

このモジュールファイル内にもまだ mod 宣言があることに気付いてください; server はまだ network のサブモジュールにしたいからです。

再度 cargo build してください。成功！ 抽出すべきモジュールがもう 1 個あります: server です。これはサブモジュール (つまり、モジュール内のモジュール) なので、モジュール名にならったファイルにモジュールを抽出するという今の手法は、通用しません。いずれにしても、エラーが確認できるように、試してみましょう。まず、src/network.rs ファイルを server モジュールの中身を含む代わりに、mod server; となるように変更してください。

130　第7章　モジュールを使用してコードを体系化し、再利用する

*src/
network.rs*

```
fn connect() {
}


mod server;
```

そして、src/server.rs ファイルを作成し、抽出した server モジュールの中身を入力してください:

src/server.rs

```
fn connect() {
}
```

cargo build を実行しようとすると、リスト 7.5 に示したようなエラーが出ます:

リスト 7.5: server サブモジュールを src/server.rs に抽出しようとしたときのエラー

```
$ cargo build
   Compiling communicator v0.1.0 (file:///projects/communicator)
error: cannot declare a new module at this location
エラー: この箇所では新規モジュールを宣言できません
  --> src/network.rs:4:5
   |
4 | mod server;
   |     ^^^^^^
   |
note: maybe move this module `src/network.rs` to its own directory via `src/
      network/mod.rs`
注釈: もしかして、‘src/network.rs‘というこのモジュールを‘src/network/mod.rs‘経由で
      独自のディレクトリーに移すの
  --> src/network.rs:4:5
   |
4 | mod server;
   |     ^^^^^^
note: ... or maybe `use` the module `server` instead of possibly redeclaring
      it
注釈: それとも、再度宣言する可能性はなく、‘server‘というモジュールを‘use‘したの
  --> src/network.rs:4:5
   |
4 | mod server;
   |     ^^^^^^
```

　エラーは、この箇所では新規モジュールを宣言できませんと忠告し、src/network.rs の mod server; 行を指し示しています。故に、src/network.rs は、src/lib.rs と何かしら違うのです: 理由を知るために読み進めましょう。

　リスト 7.5 の真ん中の注釈は、非常に有用です。というのも、まだ話題にしていないことを指摘しているからです。

```
note: maybe move this module `src/network.rs` to its own directory via `src/
network/mod.rs`
```

以前行ったファイル命名パターンに従い続けるのではなく、注釈が提言していることをすることができます:

1. 親モジュール名である network という名前の新規ディレクトリを作成する。
2. src/network.rs ファイルを network ディレクトリに移し、src/network/mod.rs と名前を変える。
3. サブモジュールファイルの src/server.rs を network ディレクトリに移す。

以下が、これを実行するコマンドです:

```
$ mkdir src/network
$ mv src/network.rs src/network/mod.rs
$ mv src/server.rs src/network
```

cargo build を走らせたら、コンパイルは通ります（まだ警告はありますけどね）。それでも、モジュールの配置は、リスト 7.3 で src/lib.rs にすべてのコードを収めていたときとまったく同じになります:

対応するファイルの配置は、以下のようになっています:

では、network::server モジュールを抽出したかったときに、なぜ、src/network.rs ファイルを src/network/mod.rs ファイルに変更し、network::server のコードを network ディレクトリ内の src/network/server.rs に置かなければならなかったのでしょうか？ なぜ、単に network::server モジュールを src/server.rs に抽出できなかったのでしょうか？ 理由は、server.rs ファイルが src ディレクトリにあると、コンパイラーが、server は network のサブモジュールと考えられることを検知できないからです。ここでのコンパイラーの動作をはっきりさせるために、以下のようなモジュール階層を持つ別の例を考えましょう。こちらでは、

定義はすべて src/lib.rs に存在します。

この例でも、モジュールは 3 つあります: client、network、network::client です。以前と同じ手順を経てモジュールをファイルに抽出すると、client モジュール用に src/client.rs を作成することになるでしょう。network モジュールに関しては、src/network.rs を作成します。しかし、network::client モジュールを src/client.rs ファイルに抽出することはできません。もうトップ階層の client モジュールとして存在するからです！ client と network::client 双方のコードを src/client.rs ファイルに書くことができたら、コンパイラーは、コードが client 用なのか、network::client 用なのか知るすべを失ってしまうでしょう。

したがって、network モジュールの network::client サブモジュールをファイルに抽出するには、src/network.rs ファイルではなく、network モジュールのディレクトリを作成する必要があったわけです。そうすれば、network モジュールのコードは、src/network/mod.rs ファイルに移ることになり、network::client というサブモジュールは専用の src/network/client.rs ファイルを持てるわけです。これで、頂点にある src/client.rs は間違いなく、client モジュールに属するコードになるわけです。

モジュールファイルシステムの規則

ファイルに関するモジュール規則をまとめましょう:

- foo という名前のモジュールにサブモジュールがなければ、foo の定義は、foo.rs というファイルに書くべきです。
- foo というモジュールに本当にサブモジュールがあったら、foo の定義は、foo/mod.rs というファイルに書くべきです。

これらのルールは再帰的に適用されるので、foo というモジュールに bar というサブモジュールがあり、bar にはサブモジュールがなければ、src ディレクトリには以下のようなファイルが存在するはずです:

```
├── foo
│   ├── bar.rs (`foo::bar`内の定義を含む)
│   └── mod.rs (`mod bar`を含む、`foo`内の定義を含む)
```

モジュールは、親モジュールのファイル内で mod キーワードを使って宣言されるべきなのです。

次は、pub キーワードについて話し、警告を取り除きます！

pub で公開するか制御する

リスト 7.5 に示したエラーメッセージを network と network::server のコードを、src/network/mod.rs と src/network/server.rs ファイルにそれぞれ移動することで解決しました。その時点で cargo build はプロジェクトをビルドできましたが、client::connect と network::connect と network::server::connect 関数が、使用されていないという警告メッセージが出ていました:

```
warning: function is never used: `connect`
 --> src/client.rs:1:1
  |
1 | / fn connect() {
2 | | }
  | |_^
  |
  = note: #[warn(dead_code)] on by default

warning: function is never used: `connect`
 --> src/network/mod.rs:1:1
  |
1 | / fn connect() {
2 | | }
  | |_^

warning: function is never used: `connect`
 --> src/network/server.rs:1:1
  |
1 | / fn connect() {
2 | | }
  | |_^
```

では、なぜこのような警告を受けているのでしょうか? けっきょくのところ、必ずしも自分のプロジェクト内ではなく、**ユーザー**に利用されることを想定した関数を含むライブラリーを構成しているので、これらの connect 関数が使用されていかないということは、問題になるはずはありません。これらの関数を生成することの要点は、自分ではなく、他のプロジェクトで使用することにあるのです。

このプログラムがこのような警告を引き起こす理由を理解するために、外部から communicator ライブラリーを呼び出して、他のプロジェクトからこれを使用してみましょう。そうするには、以下のようなコードを含む src/main.rs を作成して、ライブラリークレートと同じディレクトリーにバイナリークレートを作成します。

src/main.rs

```
extern crate communicator;

fn main() {
    communicator::client::connect();
}
```

extern crate コマンドを使用して、communicator ライブラリークレートをスコープに
導入しています。パッケージには 2 つのクレートが含まれるようになりました。Cargo は、
src/main.rs をバイナリークレートのルートファイルとして扱い、これはルートファイルが
src/lib.rs になる既存のライブラリークレートとは区別されます。このパターンは、実行形式プ
ロジェクトで非常に一般的です: ほとんどの機能はライブラリークレートにあり、バイナリー
クレートはそれを使用するわけです。結果として、他のプログラムもまたこのライブラリーク
レートを使用でき、よい責任の分離になるわけです。

communicator ライブラリーの外部のクレートが検索するという観点から言えば、これまで
に作ってきたモジュールはすべて、communicator というクレートと同じ名前を持つモジュー
ル内にあります。クレートのトップ階層のモジュールを**ルートモジュール**と呼びます。

プロジェクトのサブモジュール内で外部クレートを使用しているとしても、extern crate
はルートモジュール (つまり、src/main.rs、または src/lib.rs) に書くべきということにも、注
目してください。それから、サブモジュールで外部クレートの要素をトップ階層のモジュール
かのように参照できるわけです。

現状、バイナリークレートは、client モジュールからライブラリーの connect 関数を呼
び出しているだけです。ところが、cargo build を呼び出すと、警告の後にエラーが発生し
ます:

```
error[E0603]: module `client` is private
エラー: 'client'モジュールは非公開です
 --> src/main.rs:4:5
  |
4 |     communicator::client::connect();
  |     ^^^^^^^^^^^^^^^^^^^^^^^^^^^^^^^^
```

ああ! このエラーは、client モジュールが非公開であることを教えてくれ、それが警告
の肝だったわけです。Rust の文脈において、**公開**とか**非公開**という概念にぶち当たったのは、
これが初めてでもあります。全コードの初期状態は、非公開です: 誰も他の人はコードを使用
できないわけです。プログラム内で非公開の関数を使用していなければ、自分のプログラムだ
けがその関数を使用することを許可された唯一のコードなので、コンパイラーは関数が未使用
と警告してくるのです。

client::connect のような関数を公開にすると指定した後は、バイナリークレートからそ
の関数への呼び出しが許可されるだけでなく、関数が未使用であるという警告も消え去るわけ
です。関数を公開にすれば、コンパイラーは、関数が自分のプログラム外のコードからも使用

されることがあると知ります。コンパイラーは、関数が「使用されている」という架空の外部
使用の可能性を考慮してくれます。それ故に、関数が公開とマークされれば、コンパイラーは
それが自分のプログラムで使用されるべきという要求をなくし、その関数が未使用という警告
も止めるのです。

関数を公開にする

コンパイラーに何かを公開すると指示するには、定義の先頭に pub キーワードを追記しま
す。今は、client::connect が未使用であるとする警告とバイナリークレートのモジュー
ル 'client' が非公開であるエラーの解消に努めます。src/lib.rs をいじって、client モ
ジュールを公開にしてください。そう、こんな感じに:

src/lib.rs
```
pub mod client;

mod network;
```

pub キーワードは、mod の直前に配置されています。再度ビルドしてみましょう:

```
error[E0603]: function `connect` is private
 --> src/main.rs:4:5
  |
4 |     communicator::client::connect();
  |     ^^^^^^^^^^^^^^^^^^^^^^^^^^^^^^
```

やった! 違うエラーになりました! そうです、別のエラーメッセージは、祝杯を上げる理
由になるのです。新エラーは、**関数 'connect' は非公開です**と示しているので、src/client.rs
を編集して、client::connect も公開にしましょう:

src/client.rs
```
pub fn connect() {
}
```

さて、再び、cargo build を走らせてください:

```
warning: function is never used: `connect`
 --> src/network/mod.rs:1:1
  |
1 | / fn connect() {
2 | | }
  | |_^
  |
  = note: #[warn(dead_code)] on by default

warning: function is never used: `connect`
 --> src/network/server.rs:1:1
```

136　第 7 章　モジュールを使用してコードを体系化し、再利用する

```
  |
1 | / fn connect() {
2 | | }
  | |_^
```

コードのコンパイルが通り、`client:connect` が使用されていないという警告はなくなり
ました！

コード未使用警告が必ずしも、コード内の要素を公開にしなければならないことを示唆して
いるわけではありません: これらの関数を公開 API の一部にしたくなかったら、未使用コード
警告がもう必要なく、安全に削除できるコードに注意を向けてくれている可能性もあります。
また未使用コード警告は、ライブラリー内でこの関数を呼び出している箇所すべてを誤って削
除した場合に、バグに目を向けさせてくれている可能性もあります。

しかし今回は、**本当**に他の 2 つの関数もクレートの公開 API にしたいので、これも pub と
マークして残りの警告を除去しましょう。src/network/mod.rs を変更して以下のようにして
ください:

src/network/
mod.rs
```
pub fn connect() {
}

mod server;
```

そして、コードをコンパイルします:

```
warning: function is never used: `connect`
 --> src/network/mod.rs:1:1
  |
1 | / pub fn connect() {
2 | | }
  | |_^
  |
  = note: #[warn(dead_code)] on by default

warning: function is never used: `connect`
 --> src/network/server.rs:1:1
  |
1 | / fn connect() {
2 | | }
  | |_^
```

んんー、`nework::connect` は pub に設定されたにもかかわらず、まだ未使用関数警告が出
ます。その理由は、関数はモジュール内で公開になったものの、関数が存在する `network` モ
ジュールは公開ではないからです。今回は、ライブラリーの内部から外に向けて作業をした一
方、`client::connect` では、外から内へ作業をしていました。src/lib.rs を変えて network

も公開にする必要があります。以下のように:

src/lib.rs
```
pub mod client;

pub mod network;
```

これでコンパイルすれば、あの警告はなくなります:

```
warning: function is never used: `connect`
 --> src/network/server.rs:1:1
  |
1 | / fn connect() {
2 | | }
  | |_^
  |
  = note: #[warn(dead_code)] on by default
```

残る警告は1つなので、自分で解消してみてください!

プライバシー規則

まとめると、要素の公開性は以下のようなルールになります:

- 要素が公開なら、どの親モジュールを通してもアクセス可能です。
- 要素が非公開なら、直接の親モジュールとその親の子モジュールのみアクセスできます。

プライバシー例

　もうちょっと鍛錬を得るために、もういくつかプライバシー例を見てみましょう。新しいライブラリープロジェクトを作成し、リスト7.6のコードを新規プロジェクトの src/lib.rs に入力してください。

リスト 7.6: 公開と非公開関数の例。不正なものもあります

src/lib.rs
```
mod outermost {
    pub fn middle_function() {}

    fn middle_secret_function() {}

    mod inside {
        pub fn inner_function() {}

        fn secret_function() {}
    }
}
```

```
fn try_me() {
    outermost::middle_function();
    outermost::middle_secret_function();
    outermost::inside::inner_function();
    outermost::inside::secret_function();
}
```

このコードをコンパイルする前に、try_me 関数のどの行がエラーになるか当ててみてください。それからコンパイルを試して、合っていたかどうか確かめ、エラーの議論を求めて読み進めてください！

エラーを確かめる

try_me 関数は、プロジェクトのルートモジュールに存在しています。outermost という名前のモジュールは非公開ですが、プライバシー規則の 2 番目にあるとおり、try_me のように、outermost は現在（ルート）のモジュールなので、try_me 関数は、outermost モジュールにアクセスすることを許可されるのです。

middle_function は公開なので、outermost::middle_function という呼び出しも動作し、try_me は middle_function にその親モジュールの outermost を通してアクセスしています。このモジュールは、アクセス可能とすでに決定しました。

outermost::middle_secret_function の呼び出しは、コンパイルエラーになるでしょう。middle_secret_function は非公開なので、2 番目の規則が適用されます。ルートモジュールは、middle_secret_function の現在のモジュール（outermost がそうです）でも、middle_secret_function の現在のモジュールの子供でもないのです。

inside という名前のモジュールは非公開で子モジュールを持たないので、現在のモジュールである outermost からのみアクセスできます。つまり、try_me 関数は、outermost::inside::inner_function も outermost::inside::secret_function も呼び出すことを許されないのです。

エラーを修正する

エラーを修正しようとする過程でできるコード変更案は、以下のとおりです。おのおの試してみる前に、エラーを解消できるか当ててみてください。それからコンパイルして正しかったか間違っていたかを確かめ、プライバシー規則を使用して理由を理解してください。もっと実験を企てて試してみるのもご自由に！

- inside モジュールが公開だったらどうだろうか？
- outermost が公開で、inside が非公開ならどうだろうか？
- inner_function の本体で ::outermost::middle_secret_function() を呼び出したらどうだろうか？（頭の 2 つのコロンは、ルートモジュールから初めてモジュールを参照したいということを意味します）

今度は、use キーワードで要素をスコープに導入する話をしましょう。

異なるモジュールの名前を参照する

モジュール名を呼び出しの一部に使用して、モジュール内に定義された関数の呼び出し方法を講義しました。リスト 7.7 に示した `nested_modules` 関数の呼び出しのような感じですね。

リスト 7.7: 囲まれたモジュールをフルパス指定して関数を呼び出す

src/main.rs

```rust
pub mod a {
    pub mod series {
        pub mod of {
            pub fn nested_modules() {}
        }
    }
}

fn main() {
    a::series::of::nested_modules();
}
```

見ておわかりのとおり、フルパス指定した名前を参照すると非常に長ったらしくなります。幸い、Rust には、これらの呼び出しをもっと簡潔にするキーワードが用意されています。

use キーワードで名前をスコープに導入する

Rust の `use` キーワードは、呼び出したい関数のモジュールをスコープに導入することで、長ったらしい関数呼び出しを短縮します。以下は、`a::series::of` モジュールをバイナリークレートのルートスコープに持ってくる例です:

src/main.rs

```rust
pub mod a {
    pub mod series {
        pub mod of {
            pub fn nested_modules() {}
        }
    }
}

use a::series::of;

fn main() {
    of::nested_modules();
}
```

`use a::series::of;` の行は、`of` モジュールを参照したい箇所全部でフルパスの `a::series::of` を使用するのではなく、`of` を利用できることを意味しています。

この use キーワードは、指定したものだけをスコープに入れます: モジュールの子供はスコープに導入しないのです。そのため、`nested_modules` 関数を呼び出したい際に、それでもまだ `of::nested_modules` を使わなければならないのです。

以下のように、代わりに use で関数を指定して、関数をスコープに入れることもできました:

```
pub mod a {
    pub mod series {
        pub mod of {
            pub fn nested_modules() {}
        }
    }
}

use a::series::of::nested_modules;

fn main() {
    nested_modules();
}
```

そうすれば、モジュールをすべて取り除き、関数を直接参照することができます。

enum もモジュールのようにある種の名前空間をなすので、enum の列挙子を use でスコープに導入することもできます。どんな use 文に関しても、1 つの名前空間から複数の要素をスコープに導入する場合、波かっことお尻にカンマを使用することで列挙できます。こんな感じで:

```
enum TrafficLight {
    Red,
    Yellow,
    Green,
}

use TrafficLight::{Red, Yellow};

fn main() {
    let red = Red;
    let yellow = Yellow;
    let green = TrafficLight::Green;
}
```

Green を use 文に含んでいないので、まだ Green 列挙子用に TrafficLight 名前空間を指定しています。

glob ですべての名前をスコープに導入する

ある名前空間の要素をすべて一度にスコープに導入するには、*表記が使用でき、これは glob（塊）演算子と呼ばれます。この例は、ある enum の列挙子をおのおのを列挙せずにすべてスコープに導入しています:

```
enum TrafficLight {
    Red,
    Yellow,
    Green,
}

use TrafficLight::*;

fn main() {
    let red = Red;
    let yellow = Yellow;
    let green = Green;
}
```

*演算子は TrafficLight 名前空間に存在するすべての公開要素をスコープに導入します。あまり glob は使用するべきではありません: 便利ではありますが、glob は予想以上の要素を引き込んで、名前衝突を引き起こす可能性があるのです。

super を使用して親モジュールにアクセスする

この章の頭で見かけたように、ライブラリークレートを作成する際、Cargo は tests モジュールを用意してくれました。今からそれについて詳しく掘り下げていくことにしましょう。communicator プロジェクトで src/lib.rs を開いてください:

src/lib.rs

```
pub mod client;

pub mod network;

#[cfg(test)]
mod tests {
    #[test]
    fn it_works() {
        assert_eq!(2 + 2, 4);
    }
}
```

第 11 章でテストについて詳しく説明しますが、これでこの例の一部が持つ意味がわかったのではないでしょうか: 他のモジュールに隣接する tests という名前のモジュールがあり、

このモジュールは it_works という名前の関数を含んでいます。特別な注釈があるものの、tests モジュールもただのモジュールです！ よって、モジュール階層は以下のような見た目になります:

```
communicator
 ├── client
 ├── network
 │    └── client
 └── tests
```

テストは、ライブラリー内でコードの準備運動を行うためのものなので、この it_works 関数から client::connect 関数を呼び出してみましょう。まあ、もっとも今のところ、機能の検査は何もしないんですけどね。これはまだ動きません:

src/lib.rs
```
#[cfg(test)]
mod tests {
    #[test]
    fn it_works() {
        client::connect();
    }
}
```

cargo test コマンドを呼び出してテストを実行してください:

```
$ cargo test
   Compiling communicator v0.1.0 (file:///projects/communicator)
error[E0433]: failed to resolve. Use of undeclared type or module `client`
エラー: 解決に失敗しました。未定義の型、またはモジュール 'client' を使用しています
 --> src/lib.rs:9:9
  |
9 |         client::connect();
  |         ^^^^^^ Use of undeclared type or module `client`
```

コンパイルが失敗しましたが、なぜでしょうか？ src/main.rs のように、関数の直前に communicator:: を配置する必要はありません。なぜなら、間違いなくここでは、communicator ライブラリークレート内にいるからです。原因は、パスが常に現在のモジュールに対して相対的になり、ここでは tests になっているからです。唯一の例外は、use 文内であり、パスは標準でクレートのルートに相対的になります。tests モジュールは、client モジュールがスコープに存在する必要があるのです！

では、どうやってモジュール階層を 1 つ上がり、tests モジュールの client::connect 関数を呼び出すのでしょうか？ tests モジュールにおいて、先頭にコロンを使用して、コンパイラーにルートから始めて、フルパスを列挙したいと知らせることもできます。こんな感じで:

```
::client::connect();
```

あるいは、super を使用して現在のモジュールからモジュール階層を 1 つ上がることもできます。以下のように：

```
super::client::connect();
```

この例では、これら 2 つの選択はそれほど異なるようには見えませんが、モジュール階層がもっと深ければ、常にルートから書き始めるのは、コードを長ったらしくする原因になります。そのような場合、super を使用して現在のモジュールから兄弟のモジュールにたどり着くのは、よいショートカットになります。さらに、コードのいろいろなところでルートからパスを指定してから、サブ木構造を別の箇所に移してモジュール構造を変化させた場合、複数箇所でパスを更新する必要に陥り、面倒なことになるでしょう。

各テストで super:: と入力しなければならないのも不快なことですが、それを解決してくれる道具をもう見かけています: use です！ super:: の機能は、use に与えるパスを変更するので、ルートモジュールではなく、親モジュールに対して相対的になります。

このような理由から、ことに tests モジュールにおいて use super::somthing は通常、最善策になるわけです。故に、今ではテストはこんな見た目になりました:

src/lib.rs
```
#[cfg(test)]
mod tests {
    use super::client;

    #[test]
    fn it_works() {
        client::connect();
    }
}
```

再度 cargo test を実行すると、テストは通り、テスト結果出力の最初の部分は以下のようになるでしょう：

```
$ cargo test
   Compiling communicator v0.1.0 (file:///projects/communicator)
     Running target/debug/communicator-92007ddb5330fa5a

running 1 test
test tests::it_works ... ok

test result: ok. 1 passed; 0 failed; 0 ignored; 0 measured; 0 filtered out
```

まとめ

　これでコードを体系化する新しいテクニックを知りましたね！　これらのテクニックを使用して、関連のある機能をまとめ上げ、ファイルが長くなりすぎるのを防ぎ、ライブラリーのユーザーに整理整頓された公開 API を提供してください。

　次は、自分の素晴らしくきれいなコードで使用できる標準ライブラリーのコレクションデータ構造について見ていきましょう。

8

一般的なコレクション

Rustの標準ライブラリーは、コレクションと呼ばれる多くの非常に有益なデータ構造を含んでいます。他の多くのデータ型は、ある1つの値を表しますが、コレクションは複数の値を含むことができます。組み込みの配列とタプル型とは異なり、これらのコレクションが指すデータはヒープに確保され、データ量はコンパイル時にわかる必要はなく、プログラムの実行にあわせて、伸縮可能であることになります。各種のコレクションには異なる能力とコストが存在し、自分の現在の状況に最適なものを選び取るスキルは、時間とともに育っていきます。この章では、Rustのプログラムにおいて、非常に頻繁に使用される3つのコレクションについて議論しましょう。

- ベクター型は、可変長の値を並べて格納できる。
- 文字列は、文字のコレクションである。以前、`String`型について触れたが、この章ではより掘り下げていく。
- ハッシュマップは、値を特定のキーと紐付けさせてくれる。より一般的なデータ構造である、マップの特定の実装である。

標準ライブラリーで提供されている他の種のコレクションについて学ぶには、ドキュメンテーション[1]を参照してください。

ベクター型、文字列、ハッシュマップの生成と更新方法や、おのおのが特別な点について議論していきましょう。

---

[1] https://doc.rust-lang.org/std/collections/index.html

ベクターで一連の値を格納する

最初に見るコレクションは、Vec<T> であり、**ベクター**としても知られています。ベクターは、メモリー上に値を隣り合わせに並べる単独のデータ構造に 2 つ以上の値を格納させてくれます。ベクターには、同じ型の値しか格納できません。要素のリストがある場合に有用です。例えば、テキストファイルの各行とか、ショッピングカートのアイテムの価格などです。

新しいベクターを生成する

新しい空のベクターを作るには、リスト 8.1 に示されたように、Vec::new 関数を呼べばよいです。

リスト 8.1: 新しい空のベクターを生成して i32 型の値を格納する

```
let v: Vec<i32> = Vec::new();
```

ここでは、型注釈を付け足したことに注目してください。このベクターに対して、何も値を挿入していないので、コンパイラーには、どんなデータを格納させるつもりなのかわからないのです。これは重要な点です。ベクターは、ジェネリクスを使用して実装されているのです；独自の型でジェネリクスを使用する方法については、第 10 章で解説します。今は、標準ライブラリーにより提供されている Vec<T> 型は、どんな型でも保持でき、特定のベクターが特定の型を保持するとき、その型は山かっこ内に指定されることを知っておいてください。リスト 8.1 では、コンパイラーに v の Vec<T> は、i32 型の要素を保持すると指示しました。

より現実的なコードでは、いったん値を挿入したら、コンパイラーは保持させたい値の型をしばしば推論できるので、この型注釈をすることはめったにありません。初期値のある Vec<T> を生成するほうが一般的ですし、Rust には、利便性のために vec! というマクロも用意されています。このマクロは、与えた値を保持する新しいベクター型を生成します。リスト 8.2 では、1、2、3 という値を持つ新しい Vec<i32> を生成しています。

リスト 8.2: 値を含む新しいベクターを生成する

```
let v = vec![1, 2, 3];
```

初期値の i32 値を与えたので、コンパイラーは、v の型が Vec<i32> であると推論でき、型注釈は必要なくなりました。次は、ベクターを変更する方法を見ましょう。

ベクターを更新する

ベクターを生成し、それから要素を追加するには、リスト 8.3 に示したように、push メソッドを使用できます。

リスト 8.3: push メソッドを使用してベクター型に値を追加する

```
let mut v = Vec::new();

v.push(5);
v.push(6);
v.push(7);
v.push(8);
```

あらゆる変数同様、第 3 章で議論したように、値を変化させたかったら、mut キーワードで可変にする必要があります。中に配置する数値はすべて i32 型であり、コンパイラーはこのことをデータから推論するので、Vec<i32> という注釈は必要なくなります。

ベクターをドロップすれば、要素もドロップする

他のあらゆる**構造体**同様、ベクターもスコープを抜ければ、解放されます。リスト 8.4 に注釈したようにですね。

リスト 8.4: ベクターとその要素がドロップされる箇所を示す

```
{
    let v = vec![1, 2, 3, 4];

    // v で作業をする

} // <- v はここでスコープを抜け、解放される
```

ベクターがドロップされると、その中身もドロップされます。つまり、保持されていた整数値が、片付けられるということです。これは一見単純な点に見えるかもしれませんが、ベクターの要素への参照を導入した途端、もうちょっと複雑になる可能性を秘めています。次は、それに挑んでいきましょう！

ベクターの要素を読む

もうベクターを生成し、更新し、破壊する方法を知ったので、中身を読む方法を知るのはよいステップアップです。ベクターに保持された値を参照する方法は 2 つあります。例では、さらなる明瞭性を求めて、これらの関数から返る値の型を注釈しました。

リスト 8.5 に示したのは、両メソッドがベクターの値に対して、添え字記法と get メソッドによりアクセスするところです。

リスト 8.5: 添え字記法か get メソッドを使用してベクターの要素にアクセスする

```
let v = vec![1, 2, 3, 4, 5];

let third: &i32 = &v[2];
let third: Option<&i32> = v.get(2);
```

ここでは、2つのことに気付いてください。まず、3番目の要素を得るのに2という添え字の値を使用していることです: ベクターは、数値により順序付けされ、添え字は0から始まります。2番目に、3番目の要素を得る2つの方法は、&と [] を使用して参照を得るものと、番号を引数として get メソッドに渡して、Option<&T> を得るものということです。

Rust には要素を参照する方法が2通りあるので、ベクターに要素が含まれない番号の値を使用しようとしたときに、プログラムの振る舞いを選択できます。例として、ベクターに5つ要素があり、添え字100の要素にアクセスを試みた場合、プログラムがすることを確認しましょう。リスト8.6に示したようにですね。

リスト8.6: 5つの要素を含むベクターの添え字100の要素にアクセスしようとする

```
let v = vec![1, 2, 3, 4, 5];

let does_not_exist = &v[100];
let does_not_exist = v.get(100);
```

このコードを走らせると、最初の [] メソッドはプログラムをパニックさせます。存在しない要素を参照しているからです。このメソッドは、ベクターの終端を越えて要素にアクセスしようとしたときにプログラムをクラッシュさせたい場合に最適です。

get メソッドがベクター外の添え字を渡されると、パニックすることなく None を返します。普通の状態でも、ベクターの範囲外にアクセスする可能性がある場合に、このメソッドを使用することになるでしょう。そうしたら、コードには Some(&element) か None を扱うロジックが存在することになります。そう、第6章で議論したように。例えば、添え字は人間に数値を入力してもらうことで得ることもできます。もし大きすぎる値を誤って入力し、プログラムが None 値を得てしまったら、現在ベクターにいくつ要素があるかをユーザーに教え、再度正しい値を入力してもらうことができるでしょう。そのほうが、タイプミスでプログラムをクラッシュさせるより、ユーザーに優しくなるでしょう。

プログラムに合法な参照がある場合、借用チェッカー（borrow checker）は（第4章で講義しましたが）、所有権と借用規則を強制し、ベクターの中身へのこの参照や他のいかなる参照も合法であり続けることを保証してくれます。同一スコープ上では、可変と不変な参照を同時には存在させられないというルールを思い出してください。このルールはリスト8.7にも適用され、リスト8.7ではベクターの最初の要素への不変参照を保持し、終端に要素を追加しようとしていますが、動きません。

リスト8.7: 要素への参照を保持しつつ、ベクターに要素を追加しようとする

```
let mut v = vec![1, 2, 3, 4, 5];

let first = &v[0];

v.push(6);
```

このコードをコンパイルすると、こんなエラーになります:

```
error[E0502]: cannot borrow `v` as mutable because it is also borrowed as
    immutable
エラー: 不変としても借用されているので、'v'を可変で借用できません
  |
4 |     let first = &v[0];
  |                      - immutable borrow occurs here
  |                        不変借用はここで発生しています
5 |
6 |     v.push(6);
  |     ^ mutable borrow occurs here
  |       可変借用は、ここで発生しています
7 | }
  | - immutable borrow ends here
  |   不変借用はここで終了しています
```

リスト 8.7 のコードは、一見動くはずのように見えるかもしれません: なぜ、最初の要素への参照が、ベクターの終端への変更を気にかける必要があるのでしょうか? このエラーは、ベクターの動作法のせいです: 新規要素をベクターの終端に追加すると、ベクターが現在存在する位置に隣り合って要素を入れるだけの領域がなかった場合に、メモリーの新規確保をして古い要素を新しいスペースにコピーする必要があるかもしれないからです。その場合、最初の要素を指す参照は、解放されたメモリーを指すことになるでしょう。借用規則により、そのような場面に陥らないよう回避されるのです。

NOTE Vec<T> の実装に関する詳細については、https://doc.rust-lang.org/stable/nomicon/vec.html の、"The Rustonomicon" を参照してください。

ベクターの値を走査する

ベクターの要素に順番にアクセスしたいなら、添え字で 1 回に 1 要素にアクセスするのではなく、全要素を走査することができます。リスト 8.8 で for ループを使い、i32 のベクターの各要素に対する不変な参照を得て、それらを出力する方法を示しています。

リスト 8.8: for ループで要素を走査し、ベクターの各要素を出力する

```
let v = vec![100, 32, 57];
for i in &v {
    println!("{}", i);
}
```

全要素に変更を加える目的で、可変なベクターの各要素への可変な参照を走査することもできます。リスト 8.9 の for ループでは、各要素に 50 を足しています。

リスト 8.9: ベクターの要素への可変な参照を走査する

```
let mut v = vec![100, 32, 57];
for i in &mut v {
    *i += 50;
}
```

可変参照が参照している値を変更するには、+= 演算子を使用する前に、参照外し演算子 (*)
を使用して i の値にたどり着かないといけません。

enum を使って複数の型を保持する

この章の冒頭で、ベクターは同じ型の値しか格納できないと述べました。これは不便なこ
ともあります; 異なる型の要素を保持する必要性が出てくるユースケースも確かにあるわけで
す。幸運なことに、enum の列挙子は、同じ enum の型の元に定義されるので、ベクターに異
なる型の要素を格納する必要が出たら、enum を定義して使用することができます!

例えば、スプレッドシートの行から値を得たくなったとしましょう。ここで行の列には、整
数を含むものや、浮動小数点数を含むもの、文字列を含むものがあります。列挙子が異なる値
の型を保持する enum を定義できます。そして、この enum の列挙子はすべて同じ型: enum
の型と考えられるわけです。それからその enum を保持するベクターを生成でき、結果的に異
なる型を保持できるようになるわけです。リスト 8.10 でこれを模擬しています。

リスト 8.10: enum を定義して、1 つのベクターに異なる型の値を格納する

```
enum SpreadsheetCell {
    Int(i32),
    Float(f64),
    Text(String),
}

let row = vec![
    SpreadsheetCell::Int(3),
    SpreadsheetCell::Text(String::from("blue")),
    SpreadsheetCell::Float(10.12),
];
```

各要素を格納するのにヒープ上でズバリどれくらいのメモリーが必要になるかがわかるよう
に、コンパイラーがコンパイル時にベクターに入る型を知る必要があります。副次的な利点
は、このベクターではどんな型が許容されるのか明示できることです。もし Rust でベクター
がどんな型でも保持できたら、ベクターの要素に対して行われる処理に対して 1 つ以上の型
がエラーを引き起こす可能性があったでしょう。enum に加えて match 式を使うことは、第 6
章で議論したとおり、コンパイル時にあり得る場合すべてに対処していることをコンパイラー
が、保証できることを意味します。

プログラム記述時にプログラムがベクターに実行時に格納するありとあらゆる一連の型をプ
ログラマーが知らない場合、この enum テクニックはうまく動かないでしょう。代わりにトレ

イトオブジェクトを使用することができ、こちらは第 17 章で講義します。

今や、ベクターを使用するべき最も一般的な方法について触れ、議論したので、標準ライブラリーで Vec<T> に定義されている多くの有益なメソッドについては、API ドキュメントを確認することを心得てください。例として、push に加えて、pop メソッドは最後の要素を削除して返します。次のコレクション型に移りましょう: String です！

文字列で UTF–8 でエンコードされたテキストを保持する

第 4 章で文字列について語りましたが、今度はより掘り下げていきましょう。新参者の Rustacean は、3 つの概念の組み合わせにより、文字列でよく行き詰まります: Rust のあり得るエラーをさらす性質、多くのプログラマーが思っている以上に文字列が複雑なデータ構造であること、そして UTF–8 です。これらの要因が、他のプログラミング言語から移ってきた場合、一見困難に見えるように絡み合うわけです。

コレクションの文脈で文字列を議論することは、有用なことです。なぜなら、文字列はテキストとして解釈されたときに有用になる機能を提供するメソッドと、バイトの塊で実装されているからです。この節では、生成、更新、読み込みのような全コレクションが持つ String の処理について語ります。また、String が他のコレクションと異なる点についても議論します。具体的には、人間とコンピュータが String データを解釈する方法の差異により、String に添え字アクセスする方法がどう複雑なのかということです。

文字列とは？

まずは、文字列という用語の意味を定義しましょう。Rust には、言語の核として 1 種類しか文字列型が存在しません。文字列スライスの str で、通常借用された形態 &str で見かけます。第 4 章で、文字列スライスについて語りました。これは、別の場所に格納された UTF–8 エンコードされた文字列データへの参照です。例えば、文字列リテラルは、プログラムのバイナリー出力に格納されるので、文字列スライスになります。

String 型は、言語の核として組み込まれるのではなく、Rust の標準ライブラリーで提供されますが、伸長可能、可変、所有権のある UTF–8 エンコードされた文字列型です。Rustacean が Rust において「文字列」を指したら、どちらかではなく、String と文字列スライスの &str のことを通常意味します。この節は、大方、String についてですが、どちらの型も Rust の標準ライブラリーで重宝されており、どちらも UTF–8 エンコードされています。

また、Rust の標準ライブラリーには、他の文字列型も含まれています。OsString、OsStr、CString、CStr などです。ライブラリークレートにより、文字列データを格納する選択肢はさらに増えます。それらの名前がすべて String か Str で終わっているのがわかりますか？所有権ありと借用されたバージョンを指しているのです。ちょうど以前見かけた String と &str のようですね。例えば、これらの文字列型は、異なるエンコード方法でテキストを格納していたり、メモリー上の表現が異なったりします。この章では、これらの他の種類の文字列については議論しません; 使用方法やどれが最適かについては、API ドキュメントを参照してください。

152　第 8 章　一般的なコレクション

新規文字列を生成する

Vec<T> で使用可能な処理の多くが String でも使用できます。文字列を生成する new 関
数から始めましょうか。リスト 8.11 に示したようにですね。

リスト 8.11: 新しい空の String を生成する

```
let mut s = String::new();
```

この行は、新しい空の s という文字列を生成しています。それからここにデータを読み込む
ことができるわけです。だいたい、文字列の初期値を決めるデータがあるでしょう。そのため
に、to_string メソッドを使用します。このメソッドは、文字列リテラルのように、Display
トレイトを実装する型なら何でも使用できます。リスト 8.12 に 2 例、示しています。

リスト 8.12: to_string メソッドを使用して文字列リテラルから String を生成する

```
// 初期値
let data = "initial contents";

let s = data.to_string();

// the method also works on a literal directly:
// このメソッドはリテラルにも直接作用する:
let s = "initial contents".to_string();
```

このコードは、initial contents を含む文字列を生成します。

さらに、String::from 関数を使っても、文字列リテラルから String を生成することがで
きます。リスト 8.13 のコードは、to_string を使用するリスト 8.12 のコードと等価です。

リスト 8.13: String::from 関数を使って文字列リテラルから String を作る

```
let s = String::from("initial contents");
```

文字列は、非常に多くのものに使用されるので、多くの異なる一般的な API を使用でき、た
くさんの選択肢があるわけです。冗長に思われるものもありますが、適材適所です！ 今回の
場合、String::from と to_string はまったく同じことをします。したがって、どちらを選
ぶかは、スタイル次第です。

文字列は UTF-8 エンコードされていることを覚えていますか？ 要するに文字列には、適
切にエンコードされていればどんなものでも含めます。リスト 8.14 に示したように。

リスト 8.14: いろいろな言語の挨拶を文字列に保持する

```
let hello = String::from("السلام عليكم");
let hello = String::from("Dobrý den");
let hello = String::from("Hello");
let hello = String::from("שלום");
let hello = String::from("नमस्ते");
```

文字列で UTF-8 でエンコードされたテキストを保持する　153

```
let hello = String::from("こんにちは");
let hello = String::from("안녕하세요 ");
let hello = String::from("你好");
let hello = String::from("Olá");
let hello = String::from("Здравствуйте ");
let hello = String::from("Hola");
```

これらはすべて、合法な String の値です。

文字列を更新する

String は、サイズを伸ばすことができ、Vec<T> の中身のように、追加のデータをプッシュすれば、中身も変化します。付け加えると、String 値を連結する + 演算子や、format! マクロを便利に使用することができます。

push_str と push で文字列に追加する

push_str メソッドで文字列スライスを追記することで、String を伸ばすことができます。リスト 8.15 のとおりです。

リスト 8.15: push_str メソッドで String に文字列スライスを追記する

```
let mut s = String::from("foo");
s.push_str("bar");
```

この 2 行の後、s は foobar を含むことになります。push_str メソッドは、必ずしも引数の所有権を得なくていいので、文字列スライスを取ります。例えば、リスト 8.16 のコードは、中身を s1 に追加した後、s2 を使えなかったら残念だということを示しています。

リスト 8.16: 中身を String に追加した後に、文字列スライスを使用する

```
let mut s1 = String::from("foo");
let s2 = "bar";
s1.push_str(s2);
println!("s2 is {}", s2);
```

もし、push_str メソッドが s2 の所有権を奪っていたら、最後の行でその値を出力することは不可能でしょう。ところが、このコードは予想どおりに動きます！

push メソッドは、1 文字を引数として取り、String に追加します。リスト 8.15 は、push メソッドで 1 を String に追加するコードを呈示しています。

リスト 8.17: push で String 値に 1 文字を追加する

```
let mut s = String::from("lo");
s.push('l');
```

このコードの結果、s は lol を含むことになるでしょう。

NOTE 訳者注: lol は laughing out loud（大笑いする）の頭文字からできたスラングです。日本語の www みたいなものですね。

＋演算子、または format! マクロで連結

2 つのすでにある文字列を組み合わせたくなることがよくあります。リスト 8.18 に示したように、1 つ目の方法は、＋演算子を使用することです。

リスト 8.18: ＋演算子を使用して 2 つの String 値を新しい String 値にする

```
let s1 = String::from("Hello, ");
let s2 = String::from("world!");
let s3 = s1 + &s2; // s1 はムーブされ、もう使用できないことに注意
```

このコードの結果、s3 という文字列は、Hello, world! を含むことになるでしょう。追記の後、s1 がもう有効でなくなった理由と、s2 への参照を使用した理由は、＋演算子を使用したときに呼ばれるメソッドのシグニチャーと関係があります。＋演算子は、add メソッドを使用し、そのシグニチャーは以下のような感じです:

```
fn add(self, s: &str) -> String {
```

これは、標準ライブラリーにあるシグニチャーそのものではありません: 標準ライブラリーでは、add はジェネリクスで定義されています。ここでは、ジェネリックな型を具体的な型に置き換えた add のシグニチャーを見ており、これは、このメソッドを String 値とともに呼び出したときに起こることです。ジェネリクスについては、第 10 章で議論します。このシグニチャーが、＋演算子の巧妙な部分を理解するのに必要な手がかりになるのです。

まず、s2 には & がついています。つまり、add 関数の s 引数のために最初の文字列に 2 番目の文字列の参照を追加するということです: String には &str を追加することしかできません。要するに 2 つの String 値を追加することはできないのです。でも待ってください。add の第 2 引数で指定されているように、&s2 の型は、&str ではなく、&String ではないですか。では、なぜ、リスト 8.18 は、コンパイルできるのでしょうか?

add 呼び出しで &s2 を使える理由は、コンパイラーが &String 引数を &str に型強制してくれるためです。add メソッド呼び出しの際、コンパイラーは、**参照外し型強制**というものを使用し、ここでは、&s2 を &s2[..] に変えるものと考えることができます。参照外し型強制について詳しくは、第 15 章で議論します。add が s 引数の所有権を奪わないので、この処理後も s2 が有効な String になるわけです。

2 番目に、シグニチャーから add は self の所有権をもらうことがわかります。self には & がついていないからです。これはつまり、リスト 8.18 において s1 は add 呼び出しにムーブされ、その後は有効ではなくなるということです。故に、s3 = s1 + &s2; は両文字列をコピーして新しいものを作るように見えますが、この文は実際には s1 の所有権を奪い、s2 の中身のコピーを追記し、結果の所有権を返すのです。言い換えると、たくさんのコピーをしているように見えますが、違います; 実装は、コピーよりも効率的です。

複数の文字列を連結する必要が出ると、+ 演算子の振る舞いは扱いにくくなります:

```
let s1 = String::from("tic");
let s2 = String::from("tac");
let s3 = String::from("toe");

let s = s1 + "-" + &s2 + "-" + &s3;
```

ここで、s は tic-tac-toe になるでしょう。+ と " 文字のせいで何が起こっているのかわかりにくいです。もっと複雑な文字列の連結には、format! マクロを使用することができます:

```
let s1 = String::from("tic");
let s2 = String::from("tac");
let s3 = String::from("toe");

let s = format!("{}-{}-{}", s1, s2, s3);
```

このコードでも、s は tic-tac-toe になります。format! マクロは、println! と同様の動作をしますが、出力をスクリーンに行う代わりに、中身を String で返すのです。format! を使用したコードのほうがはるかに読みやすく、引数の所有権を奪いません。

文字列に添え字アクセスする

他の多くのプログラミング言語では、文字列中の文字に、添え字で参照してアクセスすることは合法で、一般的な処理です。しかしながら、Rust において、添え字記法で String の一部にアクセスしようとすると、エラーが発生するでしょう。リスト 8.19 の非合法なコードを考えてください。

リスト 8.19: 文字列に対して添え字記法を試みる

```
let s1 = String::from("hello");
let h = s1[0];
```

このコードは、以下のようなエラーに落ち着きます:

```
error[E0277]: the trait bound `std::string::String: std::ops::Index<{Integer
    }>` is not satisfied
エラー: トレイト境界 'std::string::String: std::ops::Index<Integer>'が満たされていません
  |>
3 |>     let h = s1[0];
  |>             ^^^^^ the type `std::string::String` cannot be indexed by `{
    Integer}`
  |                 型 'std::string::String'は 'Integer'で添え字アクセスできません
```

```
= help: the trait `std::ops::Index<{Integer}>` is not implemented for `std::
  string::String`
```
助言: ‘std::ops::Index<Integer>‘というトレイトが ‘std::string::String‘に対して
実装されていません

エラーと注釈がすべてを物語っています: Rust の文字列は、添え字アクセスをサポートして
いないのです。でも、なぜでしょうか？ その疑問に答えるには、Rust がメモリーにどのよ
うに文字列を保持しているかについて議論する必要があります。

内部表現

String は Vec<u8> のラッパーです。リスト 8.14 から適切に UTF–8 でエンコードされた
文字列の例をご覧ください。まずは、これ:

```
let len = String::from("Hola").len();
```

この場合、len は 4 になり、これは、文字列 “Hola” を格納するベクターの長さが 4 バイト
であることを意味します。これらの各文字は、UTF–8 でエンコードすると、1 バイトになる
のです。しかし、以下の行ではどうでしょうか？（この文字列は大文字のキリル文字 Ze で始
まり、アラビア数字の 3 では始まっていないことに注意してください）

```
let len = String::from("Здравствуйте").len();
```

文字列の長さはと問われたら、あなたは 12 と答えるかもしれません。ところが、Rust の答
えは、24 です: “Здравствуйте” を UTF–8 でエンコードすると、この長さになります。各
Unicode スカラー値は、2 バイトの領域を取るからです。それ故に、文字列のバイトの添え字
は、必ずしも有効な Unicode のスカラー値とは相互に関係しないのです。デモ用に、こんな
非合法な Rust コードを考えてください:

```
let hello = "Здравствуйте";
let answer = &hello[0];
```

answer の値は何になるべきでしょうか？ 最初の文字の 3 になるべきでしょうか？ UTF–8
エンコードされたとき、3 の最初のバイトは 208、2 番目は 151 になるので、answer は実際、
208 になるべきですが、208 は単独では有効な文字ではありません。この文字列の最初の文字
を求めている場合、208 を返すことは、ユーザーの望んでいるものではないでしょう; しかしな
がら、Rust には、バイト添え字 0 の位置には、そのデータしかないのです。文字列がラテン文
字のみを含む場合でも、ユーザーは一般的にバイト値が返ることを望みません:&"hello"[0]
がバイト値を返す合法なコードだったら、h ではなく、104 を返すでしょう。予期しない値を
返し、すぐには判明しないバグを引き起こさないために、Rust はこのコードをまったくコン
パイルせず、開発過程の早い段階で誤解を防いでくれるのです。

バイトとスカラー値と書記素クラスタ！ なんてこった！

　UTF–8 について別の要点は、実際 Rust の観点から文字列を見るには 3 つの関連した方法があるということです：バイトとして、スカラー値として、そして、書記素クラスタ（人間が文字と呼ぶものに一番近い）としてです。

　ヒンディー語の単語、"नमस्ते" をデーヴァナーガリー[*2] で表記したものを見たら、以下のような見た目の u8 値のベクターとして格納されます：

```
[224, 164, 168, 224, 164, 174, 224, 164, 184, 224, 165, 141, 224, 164, 164,
224, 165, 135]
```

　18 バイトになり、このようにしてコンピュータは最終的にこのデータを保持しているわけです。これを Unicode スカラー値として見たら、Rust の char 型はこれなのですが、このバイトは以下のような見た目になります：

```
['न', 'म', 'स', '्', 'त', 'े']
```

　ここでは、6 つ char 値がありますが、4 番目と 6 番目は文字ではありません：単独では意味をなさないダイアクリティックです。最後に、書記素クラスタとして見たら、このヒンディー語の単語を作り上げる人間が 4 文字と呼ぶであろうものが得られます：

```
["न", "म", "स्", "ते"]
```

　Rust には、データが表す自然言語にかかわらず、各プログラムが必要な解釈方法を選択できるように、コンピュータが格納する生の文字列データを解釈する方法がいろいろ用意されています。

　Rust で文字を得るのに String に添え字アクセスすることが許されない最後の理由は、添え字アクセスという処理が常に定数時間（$O(1)$）になると期待されるからです。しかし、String でそのパフォーマンスを保証することはできません。というのも、合法な文字がいくつあるか決定するのに、最初から添え字まで中身を走査する必要があるからです。

文字列をスライスする

　文字列に添え字アクセスするのは、しばしば悪い考えです。文字列添え字処理の戻り値の型が明瞭ではないからです：バイト値、文字、書記素クラスタ、あるいは文字列スライスにもなります。故に、文字列スライスを生成するのに、添え字を使う必要が本当に出た場合にコンパイラーは、もっと特定するよう求めてきます。添え字アクセスを特定し、文字列スライスがほしいと示唆するためには、[] で 1 つの数値により添え字アクセスするのではなく、範囲とともに [] を使って、特定のバイトを含む文字列スライスを作ることができます：

[*2] サンスクリット語とヒンディー語を書くときに使われる書記法

```
let hello = "Здравствуйте";

let s = &hello[0..4];
```

ここで、s は文字列の最初の 4 バイトを含む &str になります。先ほど、これらの文字はおのおの 2 バイトになると指摘しましたから、s は Зд になります。

&hello[0..1] と使用したら、何が起こるでしょうか？ 答え：Rust はベクターの非合法な添え字にアクセスしたかのように、実行時にパニックするでしょう：

```
thread 'main' panicked at 'byte index 1 is not a char boundary; it is inside '
    3' (bytes 0..2) of `Здравствуйте`', src/libcore/str/mod.rs:2188:4
```
’main’ スレッドは「バイト添え字 1 は文字の境界ではありません；‘Здравствуйте‘の’ 3 ’（バイト番号 0 から 2）の中です」でパニックしました

範囲を使用して文字列スライスを作る際にはプログラムをクラッシュさせることがあるので、気を付けるべきです。

文字列を走査するメソッド群

幸いなことに、他の方法でも文字列の要素にアクセスすることができます。

もし、個々の Unicode スカラー値に対して処理を行う必要があったら、最適な方法は chars メソッドを使用するものです。"नमस्ते" に対して chars を呼び出したら、分解して 6 つの char 型の値を返すので、各要素にアクセスするには、その結果を走査すればいいわけです：

```
for c in "नमस्ते".chars() {
    println!("{}", c);
}
```

このコードは、以下のように出力します：

```
न
म
स
्
त
े
```

bytes メソッドは、各バイトをそのまま返すので、最適になることもあるかもしれません：

```
for b in "नमस्ते".bytes() {
    println!("{}", b);
}
```

このコードは、String をなす 18 バイトを出力します:

```
224
164
// 中略
165
135
```

ですが、合法な Unicode スカラー値は、2 バイト以上からなる場合もあることは心得ておいてください。

書記素クラスタを文字列から得る方法は複雑なので、この機能は標準ライブラリーでは提供されていません。この機能が必要なら、crates.io[3] でクレートを入手可能です。

文字列はそう単純じゃない

まとめると、文字列は込み入っています。プログラミング言語ごとにこの複雑性をプログラマーに提示する方法は違います。Rust では、String データを正しく扱うことが、すべての Rust プログラムにとっての規定動作になっているわけであり、これは、プログラマーが UTF-8 データを素直に扱う際に、より思考しないといけないことを意味します。このトレードオフにより、他のプログラミング言語で見えるよりも文字列の複雑性がより露出していますが、ASCII 以外の文字に関するエラーを開発の後半で扱わなければならない可能性が排除されているのです。

もう少し複雑でないものに切り替えていきましょう: ハッシュマップです!

ハッシュマップに値に紐付いたキーを格納する

一般的なコレクションのトリを飾るのは、ハッシュマップです。型 HashMap<K, V> は、K 型のキーと V 型の値の対応関係を保持します。これをハッシュ関数を介して行います。ハッシュ関数は、キーと値のメモリー配置方法を決めるものです。多くのプログラミング言語でもこの種のデータ構造はサポートされていますが、しばしば名前が違います。hash（ハッシュ）、map（マップ）、object（オブジェクト）、ハッシュテーブル、連想配列など、枚挙に暇はありません。

ハッシュマップは、ベクターのように添え字ではなく、どんな型にもなり得るキーを使ってデータを参照したいときに有用です。例えば、ゲームにおいて、各チームのスコアをハッシュマップで追いかけることができます。ここで、各キーはチーム名、値が各チームのスコアにな

---

[3] https://crates.io

ります。チーム名が与えられれば、スコアを扱うことができるわけです。

この節でハッシュマップの基礎的な API を見ていきますが、より多くのグッズが標準ライブラリーにより、HashMap<K, V> 上に定義された関数に隠されています。いつものように、もっと情報がほしければ、標準ライブラリーのドキュメンテーションをチェックしてください。

新規ハッシュマップを生成する

空のハッシュマップを new で作り、要素を insert で追加することができます。リスト 8.20 では、名前がブルーとイエローの 2 チームのスコアを追いかけています。ブルーチームは 10 点から、イエローチームは 50 点から始まります。

リスト 8.20: ハッシュマップを生成してキーと値を挿入する

```
use std::collections::HashMap;

let mut scores = HashMap::new();

scores.insert(String::from("Blue"), 10);
scores.insert(String::from("Yellow"), 50);
```

最初に標準ライブラリーのコレクション部分から HashMap を use する必要があることに注意してください。今までの 3 つの一般的なコレクションのうち、これが最も使用頻度が低いので、初期化処理で自動的にスコープに導入される機能には含まれていません。また、標準ライブラリーからのサポートもハッシュマップは少ないです; 例えば、生成するための組み込みマクロがありません。

ベクターとまったく同様に、ハッシュマップはデータをヒープに保持します。この HashMap はキーが String 型、値は i32 型です。ベクターのように、ハッシュマップは均質です: キーはすべて同じ型でなければならず、値もすべて同じ型でなければなりません。

ハッシュマップを生成する別の方法は、タプルのベクターに対して collect メソッドを使用するものです。ここで、各タプルは、キーと値から構成されています。collect メソッドはいろいろなコレクション型にデータをまとめ上げ、そこには HashMap も含まれています。例として、チーム名と初期スコアが別々のベクターに含まれていたら、zip メソッドを使ってタプルのベクターを作り上げることができ、そこでは「ブルー」は 10 とペアになるなどします。リスト 8.21 に示したように、それから collect メソッドを使って、そのタプルのベクターをハッシュマップに変換することができるわけです。

リスト 8.21: チームのリストとスコアのリストからハッシュマップを作る

```
use std::collections::HashMap;

let teams  = vec![String::from("Blue"), String::from("Yellow")];
let initial_scores = vec![10, 50];

let scores: HashMap<_, _> = teams.iter().zip(initial_scores.iter()).collect();
```

ここでは、HashMap<_, _>という型注釈が必要になります。なぜなら、いろいろなデータ構造にまとめ上げることができ、指定しない限り、コンパイラーには、どれを所望なのかわからないからです。ところが、キーと値の型引数については、アンダースコアを使用しており、コンパイラーはベクターのデータ型に基づいてハッシュマップが含む型を推論することができるのです。

ハッシュマップと所有権

i32のようなCopyトレイトを実装する型について、値はハッシュマップにコピーされます。Stringのような所有権のある値なら、値はムーブされ、リスト8.22でデモされているように、ハッシュマップはそれらの値の所有者になるでしょう。

リスト8.22: いったん挿入されたら、キーと値はハッシュマップに所有されることを示す

```
use std::collections::HashMap;

let field_name = String::from("Favorite color");
let field_value = String::from("Blue");

let mut map = HashMap::new();
map.insert(field_name, field_value);
// field_name と field_value はこの時点で無効になる。試しに使ってみて
// どんなコンパイルエラーが出るか確認してみて！
// field_name and field_value are invalid at this point, try using them and
// see what compiler error you get!
```

insertを呼び出してfield_nameとfield_valueがハッシュマップにムーブされた後は、これらの変数を使用することはかないません。

値への参照をハッシュマップに挿入したら、値はハッシュマップにムーブされません。参照が指している値は、最低でもハッシュマップが有効な間は、有効でなければなりません。これらの問題について詳細には、第10章の「ライフタイムで参照を検証する」節（☞ p.208）で語ります。

ハッシュマップの値にアクセスする

リスト8.23に示したように、キーをgetメソッドに提供することで、ハッシュマップから値を取り出すことができます。

リスト8.23: ハッシュマップに保持されたブルーチームのスコアにアクセスする

```
use std::collections::HashMap;

let mut scores = HashMap::new();

scores.insert(String::from("Blue"), 10);
scores.insert(String::from("Yellow"), 50);
```

```
let team_name = String::from("Blue");
let score = scores.get(&team_name);
```

ここで、score はブルーチームに紐付けられた値になり、結果は Some(&10) となるでしょう。結果は Some に包まれます。というのも、get は Option<&V> を返すからです; キーに対応する値がハッシュマップになかったら、get は None を返すでしょう。プログラムは、この Option を第 6 章で講義した方法のどれかで扱う必要があるでしょう。

ベクターのように、for ループでハッシュマップのキーと値のペアを走査することができます:

```
use std::collections::HashMap;

let mut scores = HashMap::new();

scores.insert(String::from("Blue"), 10);
scores.insert(String::from("Yellow"), 50);

for (key, value) in &scores {
    println!("{}: {}", key, value);
}
```

このコードは、各ペアを任意の順番で出力します:

```
Yellow: 50
Blue: 10
```

ハッシュマップを更新する

キーと値の数は伸長可能なものの、各キーには 1 回に 1 つの値しか紐付けることができません。ハッシュマップ内のデータを変えたいときは、すでにキーに値が紐付いている場合の扱い方を決めなければなりません。古い値を新しい値で置き換えて、古い値を完全に無視することもできます。古い値を保持して、新しい値を無視し、キーにまだ値がない場合に新しい値を追加するだけにすることもできます。あるいは、古い値と新しい値を組み合わせることもできます。各方法について見ていきましょう!

値を上書きする

キーと値をハッシュマップに挿入し、同じキーを異なる値で挿入したら、そのキーに紐付けられている値は置換されます。リスト 8.24 のコードは、insert を 2 度呼んでいるものの、ハッシュマップには 1 つのキーと値の組しか含まれません。なぜなら、ブルーチームキーに対する値を 2 回とも挿入しているからです。

リスト 8.24: 特定のキーで保持された値を置き換える

```
use std::collections::HashMap;

let mut scores = HashMap::new();

scores.insert(String::from("Blue"), 10);
scores.insert(String::from("Blue"), 25);

println!("{:?}", scores);
```

このコードは、{"Blue": 25}と出力するでしょう。10 という元の値は上書きされたのです。

キーに値がなかったときのみ値を挿入する

特定のキーに値があるか確認することは一般的であり、存在しないときに値を挿入することも一般的です。ハッシュマップには、これを行う entry と呼ばれる特別な API があり、これは、引数としてチェックしたいキーを取ります。この entry メソッドの戻り値は、Entry と呼ばれる enum であり、これは存在したりしなかったりする可能性のある値を表します。イエローチームに対するキーに値が紐付けられているか否か確認したくなったとしましょう。存在しなかったら、50 という値を挿入したく、ブルーチームに対しても同様です。entry API を使用すれば、コードはリスト 8.25 のようになります。

リスト 8.25: entry メソッドを使ってキーに値がない場合だけ挿入する

```
use std::collections::HashMap;

let mut scores = HashMap::new();
scores.insert(String::from("Blue"), 10);

scores.entry(String::from("Yellow")).or_insert(50);
scores.entry(String::from("Blue")).or_insert(50);

println!("{:?}", scores);
```

Entry 上の or_insert メソッドは、対応する Entry キーが存在したときにそのキーに対する値への可変参照を返すために定義されており、もしなかったら、引数をこのキーの新しい値として挿入し、新しい値への可変参照を返します。このテクニックのほうが、そのロジックを自分で書くよりもはるかにきれいな上に、借用チェッカーとも親和性が高くなります。

リスト 8.25 のコードを実行すると、{"Yellow": 50, "Blue": 10}と出力するでしょう。最初の entry 呼び出しは、まだイエローチームに対する値がないので、値 50 でイエローチームのキーを挿入します。entry の 2 回目の呼び出しはハッシュマップを変更しません。なぜなら、ブルーチームにはすでに 10 という値があるからです。

古い値に基づいて値を更新する

　ハッシュマップの別の一般的なユースケースは、キーの値を探し、古い値に基づいてそれを更新することです。例えば、リスト 8.26 は、各単語があるテキストに何回出現するかを数え上げるコードを示しています。キーに単語を入れたハッシュマップを使用し、その単語を何回見かけたか追いかけるために値を増やします。ある単語を見かけたのが最初だったら、まず 0 という値を挿入します:

リスト 8.26: 単語とカウントを保持するハッシュマップを使って単語の出現数をカウントする

```
use std::collections::HashMap;

let text = "hello world wonderful world";

let mut map = HashMap::new();

for word in text.split_whitespace() {
    let count = map.entry(word).or_insert(0);
    *count += 1;
}

println!("{:?}", map);
```

　このコードは、{"world": 2, "hello": 1, "wonderful": 1}と出力するでしょう。or_insert 関数は実際、このキーに対する値への可変参照（&mut V）を返すのです。ここでその可変参照を count 変数に保持しているので、その値に代入するには、まずアスタリスク（*）で count を参照外ししなければならないのです。この可変参照は、for ループの終端でスコープを抜けるので、これらの変更はすべて安全であり、借用規則により許可されるのです。

ハッシュ関数

　標準では、HashMap はサービス拒否（DoS）アタックに対して抵抗を示す暗号学的に安全なハッシュ関数を使用します。これは、利用可能な最速のハッシュアルゴリズムではありませんが、パフォーマンスの欠落と引き換えに安全性を得るというトレードオフは、価値があります。自分のコードをプロファイリングして、自分の目的では標準のハッシュ関数は遅すぎると判明したら、異なる hasher を指定することで別の関数に切り替えることができます。hasher とは、BuildeHasher トレイトを実装する型のことです。トレイトについてとその実装方法については、第 10 章で語ります。必ずしも独自の hasher を 1 から作り上げる必要はありません; crates.io[4] には、他の Rust ユーザーによって共有された多くの一般的なハッシュアルゴリズムを実装した hasher を提供するライブラリーがあります。

---

[4] https://crates.io

まとめ

　ベクター、文字列、ハッシュマップはデータを格納し、アクセスし、変更する必要のあるプログラムで必要になる、多くの機能を提供してくれるでしょう。今なら解決可能なはずの練習問題を用意しました:

- 整数のリストが与えられ、ベクターを使って mean（平均値）、median（ソートされたときに真ん中に来る値）、mode（最も頻繁に出現する値; ハッシュマップがここでは有効活用できるでしょう）を返してください。
- 文字列をピッグ・ラテン[*5]に変換してください。各単語の最初の子音は、単語の終端に移り、"ay" が足されます。したがって、"first" は "irst-fay" になります。ただし、母音で始まる単語には、お尻に "hay" が付け足されます（"apple" は "apple-hay" になります）。UTF–8 エンコードに関する詳細を心に留めておいてください！
- ハッシュマップとベクターを使用して、ユーザーに会社の部署に雇用者の名前を追加させられるテキストインターフェイスを作ってください。例えば、"Add Sally to Engineering"（開発部門にサリーを追加）や "Add Amir to Sales"（販売部門にアミールを追加）などです。それからユーザーに、ある部署にいる人間の一覧や部署ごとにアルファベット順で並べ替えられた会社の全人間の一覧を扱わせてあげてください。

　標準ライブラリーの API ドキュメントには、この練習問題に有用な、ベクター、文字列、ハッシュマップのメソッドが解説されています。

　処理が失敗することもあるような、より複雑なプログラムに入り込んできています; ということは、エラーの処理法について議論するのにぴったりということです。次はそれをします！

[*5] 英語の言葉遊びの 1 つ

9

エラー処理

Rust の信頼性への傾倒は、エラー処理にも及びます。ソフトウェアにおいて、エラーは生きている証しです。したがって、Rust には何かがおかしくなる場面を扱う機能がたくさんあります。多くの場面で、コンパイラーは、プログラマーにエラーの可能性を知り、コードのコンパイルが通るまでに何かしら対応を行うことを要求してきます。この要求により、エラーを発見し、コードを実用に供する前に適切に対処していることを確認することでプログラムを頑健なものにしてくれるのです！

Rust では、エラーは大きく 2 つに分類されます: 回復可能と回復不能なエラーです。ファイルが見つからないなどの回復可能なエラーには、問題をユーザーに報告し、処理を再試行することが合理的になります。回復不能なエラーは、常にバグの兆候です。例えば、配列の境界を越えた箇所にアクセスしようとすることなどです。

多くの言語では、この 2 種のエラーを区別することはなく、例外などの機構を使用して同様に扱います。Rust には例外が存在しません。代わりに、回復可能なエラーには Result<T, E> 値があり、プログラムが回復不能なエラーに遭遇したときには、実行を中止する panic! マクロがあります。この章では、まず panic! の呼び出しを講義し、それから Result<T, E> を戻り値にする話をします。加えて、エラーからの回復を試みるか、実行を中止するか決定する際に考慮すべき事項についても、探究しましょう。

panic! で回復不能なエラー

ときとして、コードで悪いことが起こるものです。そして、それに対してできることは何も
ありません。このような場面で、Rust には panic! マクロが用意されています。panic! マク
ロが実行されると、プログラムは失敗のメッセージを表示し、スタックを巻き戻し掃除して、
終了します。これが最もありふれて起こるのは、何らかのバグが検出されたときであり、プロ
グラマーには、どうエラーを処理すればいいか明確ではありません。

パニックに対してスタックを巻き戻すか異常終了するか

標準では、パニックが発生すると、プログラムは巻き戻しを始めます。つまり、言語が
スタックをさかのぼり、遭遇した各関数のデータを片付けるということです。しかし、こ
のさかのぼりと片付けはすべきことが多くなります。対立案は、即座に異常終了し、片付
けをせずにプログラムを終了させることです。そうなると、プログラムが使用していたメ
モリーは、OS が片付ける必要があります。プロジェクトにおいて、実行可能ファイルを
極力小さくする必要があれば、Cargo.toml ファイルの適切な [profile] 欄に panic =
'abort' を追記することで、パニック時に巻き戻しから異常終了するように切り替える
ことができます。例として、リリースモード時に異常終了するようにしたければ、以下を
追記してください:

```
[profile.release]
panic = 'abort'
```

単純なプログラムで panic! の呼び出しを試してみましょう:

src/main.rs

```
fn main() {
    // クラッシュして炎上
    panic!("crash and burn");
}
```

このプログラムを実行すると、以下のような出力を目の当たりにするでしょう:

```
$ cargo run
   Compiling panic v0.1.0 (file:///projects/panic)
    Finished dev [unoptimized + debuginfo] target(s) in 0.25 secs
     Running `target/debug/panic`
thread 'main' panicked at 'crash and burn', src/main.rs:2:4
```
'main' スレッドは src/main.rs:2:4 の「クラッシュして炎上」でパニックしました
```
note: Run with `RUST_BACKTRACE=1` for a backtrace.
```

panic!の呼び出しが、最後の2行に含まれるエラーメッセージを発生させているのです。1行目にパニックメッセージとソースコード中でパニックが発生した箇所を示唆しています: src/main.rs:2:4は、src/main.rsファイルの2行目4文字目であることを示しています。

この場合、示唆される行は、自分のコードの一部で、その箇所を見に行けば、panic!マクロ呼び出しがあるわけです。それ以外では、panic!呼び出しが、自分のコードが呼び出しているコードの一部になっている可能性もあるわけです。エラーメッセージで報告されるファイル名と行番号が、結果的にpanic!呼び出しに導いた自分のコードの行ではなく、panic!マクロが呼び出されている他人のコードになるでしょう。panic!呼び出しの発生元である関数のバックトレースを使用して、問題を起こしている自分のコードの箇所を割り出すことができます。バックトレースがどんなものか、次に議論しましょう。

panic!バックトレースを使用する

別の例を眺めて、自分のコードでマクロを直接呼び出す代わりに、コードに存在するバグにより、ライブラリーでpanic!呼び出しが発生するとどんな感じなのか確かめてみましょう。リスト9.1は、添え字でベクターの要素にアクセスを試みる何らかのコードです。

リスト9.1: ベクターの境界を越えて要素へのアクセスを試み、panic!の呼び出しを発生させる

src/main.rs

```
fn main() {
    let v = vec![1, 2, 3];

    v[99];
}
```

ここでは、ベクターの100番目の要素（添え字は0始まりなので添え字99）にアクセスを試みていますが、ベクターには3つしか要素がありません。この場面では、Rustはパニックします。[]の使用は、要素を返すと想定されるものの、無効な添え字を渡せば、ここでRustが返せて正しいと思われる要素は何もないわけです。

他の言語（Cなど）では、この場面でほしいものではないにもかかわらず、まさしく要求したものを返そうとしてきます: メモリーがベクターに属していないにもかかわらず、ベクター内のその要素に対応するメモリー上の箇所にあるものを何か返してくるのです。これは、バッファー外読み出し（buffer overread）[*1]と呼ばれ、攻撃者が、配列の後に格納された読めるべきでないデータを読み出せるように添え字を操作できたら、セキュリティ脆弱性につながる可能性があります。

この種の脆弱性からプログラムを保護するために、存在しない添え字の要素を読もうとしたら、Rustは実行を中止し、継続を拒みます。試して確認してみましょう:

```
$ cargo run
   Compiling panic v0.1.0 (file:///projects/panic)
    Finished dev [unoptimized + debuginfo] target(s) in 0.27 secs
```

[*1] バッファー読みすぎとも解釈できるか

```
    Running `target/debug/panic`
thread 'main' panicked at 'index out of bounds: the len is 3 but the index is
    99', /checkout/src/liballoc/vec.rs:1555:10
```
'main' スレッドは、/checkout/src/liballoc/vec.rs:1555:10 の「境界外添え字: 長さは 3
なのに、添え字は 99 です」でパニックしました
```
note: Run with `RUST_BACKTRACE=1` for a backtrace.
```

　このエラーは、自分のファイルではない vec.rs ファイルを指しています。標準ライブラリー
の Vec<T> の実装です。ベクター v に対して [] を使ったときに走るコードは、vec.rs に存在
し、ここで実際に panic! が発生しているのです。

　その次の注釈行は、RUST_BACKTRACE 環境変数をセットして、まさしく何が起こり、エラー
が発生したのかのバックトレースを得られることを教えてくれています。バックトレースと
は、ここに至るまでに呼び出された全関数の一覧です。Rust のバックトレースも、他の言語
同様に動作します: バックトレースを読むコツは、頭からスタートして自分のファイルを見つ
けるまで読むことです。そこが、問題の根源になるのです。自分のファイルを言及している箇
所以前は、自分のコードで呼び出したコードになります; 以後は、自分のコードを呼び出して
いるコードになります。これらの行には、Rust の核となるコード、標準ライブラリーのコー
ド、使用しているクレートなどが含まれるかもしれません。RUST_BACKTRACE 環境変数を 0
以外の値にセットして、バックトレースを出力してみましょう。リスト 9.2 のような出力が得
られるでしょう。

　　リスト 9.2: RUST_BACKTRACE 環境変数をセットしたときに表示される、panic! 呼び出しが生成す
　　　　るバックトレース

```
$ RUST_BACKTRACE=1 cargo run
    Finished dev [unoptimized + debuginfo] target(s) in 0.0 secs
      Running `target/debug/panic`
thread 'main' panicked at 'index out of bounds: the len is 3 but the index is
    99', /checkout/src/liballoc/vec.rs:1555:10
stack backtrace:
  0: std::sys::imp::backtrace::tracing::imp::unwind_backtrace
            at /checkout/src/libstd/sys/unix/backtrace/tracing/gcc_s.rs:49
  1: std::sys_common::backtrace::_print
            at /checkout/src/libstd/sys_common/backtrace.rs:71
  2: std::panicking::default_hook::{{closure}}
            at /checkout/src/libstd/sys_common/backtrace.rs:60
            at /checkout/src/libstd/panicking.rs:381
  3: std::panicking::default_hook
            at /checkout/src/libstd/panicking.rs:397
  4: std::panicking::rust_panic_with_hook
            at /checkout/src/libstd/panicking.rs:611
  5: std::panicking::begin_panic
            at /checkout/src/libstd/panicking.rs:572
  6: std::panicking::begin_panic_fmt
            at /checkout/src/libstd/panicking.rs:522
```

```
 7: rust_begin_unwind
          at /checkout/src/libstd/panicking.rs:498
 8: core::panicking::panic_fmt
          at /checkout/src/libcore/panicking.rs:71
 9: core::panicking::panic_bounds_check
          at /checkout/src/libcore/panicking.rs:58
10: <alloc::vec::Vec<T> as core::ops::index::Index<usize>>::index
          at /checkout/src/liballoc/vec.rs:1555
11: panic::main
          at src/main.rs:4
12: __rust_maybe_catch_panic
          at /checkout/src/libpanic_unwind/lib.rs:99
13: std::rt::lang_start
          at /checkout/src/libstd/panicking.rs:459
          at /checkout/src/libstd/panic.rs:361
          at /checkout/src/libstd/rt.rs:61
14: main
15: __libc_start_main
16: <unknown>
```

　出力が多いですね！ OS や Rust のバージョンによって、出力の詳細は変わる可能性があります。この情報とともに、バックトレースを得るには、デバッグシンボルを有効にしなければなりません。デバッグシンボルは、--release オプションなしで cargo build や cargo run を使用していれば、標準で有効になり、ここではそうなっています。

　リスト 9.2 の出力で、バックトレースの 11 行目が問題発生箇所を指し示しています: src/main.rs の 4 行目です。プログラムにパニックしてほしくなければ、自分のファイルについて言及している最初の行で示されている箇所が、どのようにパニックを引き起こす値でこの箇所にたどり着いたか割り出すために調査を開始すべき箇所になります。バックトレースの使用法を模擬するためにわざとパニックするコードを書いたリスト 9.1 において、パニックを解消する方法は、3 つしか要素のないベクターの添え字 99 の要素を要求しないことです。将来コードがパニックしたら、パニックを引き起こすどんな値でコードがどんな動作をしているのかと、代わりにコードは何をすべきなのかを算出する必要があるでしょう。

　この章の後ほど、「panic! すべきかするまいか」節（☞ p.180）で panic! とエラー状態を扱うのに panic! を使うべきときと使わぬべきときに戻ってきます。次は、Result を使用してエラーから回復する方法を見ましょう。

Result で回復可能なエラー

　多くのエラーは、プログラムを完全にストップさせるほど深刻ではありません。ときどき、関数が失敗したときに、容易に解釈し、対応できる理由によることがあります。例えば、ファイルを開こうとして、ファイルが存在しないために処理が失敗したら、プロセスを停止するのではなく、ファイルを作成したいことがあります。

第 2 章の「Result 型で失敗する可能性に対処する」(☞ p. 19) で Result enum が以下の
ように、Ok と Err の 2 列挙子からなるよう定義されていることを思い出してください:

```
enum Result<T, E> {
    Ok(T),
    Err(E),
}
```

T と E は、ジェネリックな型引数です: ジェネリクスについて詳しくは、第 10 章で議論し
ます。たった今知っておく必要があることは、T が成功したときに Ok 列挙子に含まれて返さ
れる値の型を表すことと、E が失敗したときに Err 列挙子に含まれて返されるエラーの型を表
すことです。Result はこのようなジェネリックな型引数を含むので、標準ライブラリー上に
定義されている Result 型や関数などを、成功したときとエラーのときに返したい値が異なる
ようなさまざまな場面で使用できるのです。

関数が失敗する可能性があるために Result 値を返す関数を呼び出しましょう: リスト 9.3
では、ファイルを開こうとしています。

リスト 9.3: ファイルを開く

src/main.rs

```
use std::fs::File;

fn main() {
    let f = File::open("hello.txt");
}
```

File::open が Result を返すとどう知るのでしょうか? 標準ライブラリーの API ドキュ
メントを参照することもできますし、コンパイラーに尋ねることもできます! f に関数の戻
り値ではないと判明している型注釈を与えて、コードのコンパイルを試みれば、コンパイラー
は型が合わないと教えてくれるでしょう。そして、エラーメッセージは、f の**実際**の型を教え
てくれるでしょう。試してみましょう! File::open の戻り値の型は u32 ではないと判明し
ているので、let f 文を以下のように変更しましょう:

```
let f: u32 = File::open("hello.txt");
```

これでコンパイルしようとすると、以下のような出力が得られます:

```
error[E0308]: mismatched types
エラー: 型が合いません
 --> src/main.rs:4:18
  |
4 |     let f: u32 = File::open("hello.txt");
  |                  ^^^^^^^^^^^^^^^^^^^^^^^^ expected u32, found enum `std::
    result::Result`
  |
```

```
= note: expected type `u32`
```
注釈: 予期した型は 'u32' です
```
found type `std::result::Result<std::fs::File, std::io::Error>`
```
実際の型は 'std::result::Result<std::fs::File, std::io::Error>' です

これにより、File::open 関数の戻り値の型は、Result<T, E> であることがわかります。
ジェネリック引数の T は、ここでは成功値の型 std::fs::File で埋められていて、これは
ファイルハンドルです。エラー値で使用されている E の型は、std::io::Error です。

この戻り値型は、File::open の呼び出しが成功し、読み込みと書き込みを行えるファイル
ハンドルを返す可能性があることを意味します。また、関数呼び出しは失敗もする可能性があ
ります: 例えば、ファイルが存在しない可能性、ファイルへのアクセス権限がない可能性です。
File::open には成功したか失敗したかを知らせる方法とファイルハンドルまたは、エラー情
報を与える方法が必要なのです。この情報こそが Result enum が伝達するものなのです。

File::open が成功した場合、変数 f の値はファイルハンドルを含む Ok インスタンスにな
ります。失敗した場合には、発生したエラーの種類に関する情報をより多く含む Err インスタ
ンスが f の値になります。

リスト 9.3 のコードに追記をして File::open が返す値に応じて異なる動作をする必要が
あります。リスト 9.4 に基礎的な道具を使って Result を扱う方法を 1 つ示しています。第 6
章で議論した match 式です。

リスト 9.4: match 式を使用して返却される可能性のある Result 列挙子を処理する

src/main.rs

```rust
use std::fs::File;

fn main() {
    let f = File::open("hello.txt");

    let f = match f {
        Ok(file) => file,
        Err(error) => {
            // ファイルを開く際に問題がありました
            panic!("There was a problem opening the file: {:?}", error)
        },
    };
}
```

Option enum のように、Result enum とその列挙子は、初期化処理でインポートされてい
るので、match アーム内で Ok と Err 列挙子の前に Result:: を指定する必要がないことに注
目してください。

ここでは、結果が Ok のときに、Ok 列挙子から中身の file 値を返すように指示し、それか
らそのファイルハンドル値を変数 f に代入しています。match の後には、ファイルハンドルを
使用して読み込んだり書き込むことができるわけです。

match のもう 1 つのアームは、File::open から Err 値が得られたケースを処理していま

す。この例では、panic!マクロを呼び出すことを選択しています。カレントディレクトリー
に hello.txt というファイルがなく、このコードを走らせたら、panic!マクロからの以下のよ
うな出力を目の当たりにするでしょう:

```
thread 'main' panicked at 'There was a problem opening the file: Error { repr:
    Os { code: 2, message: "No such file or directory" } }', src/main.rs:9:12
```

'main' スレッドは、src/main.rs:9:12 の「ファイルを開く際に問題がありました: Error{
    repr: Os { code: 2, message: "そのような名前のファイルまたはディレクトリーはあり
    ません" } }」でパニックしました

通常どおり、この出力は、いったい何がおかしくなったのかを物語っています。

いろいろなエラーにマッチする

リスト 9.4 のコードは、File::open が失敗した理由にかかわらず panic!します。代わ
りにしたいことは、失敗理由によって動作を変えることです: ファイルが存在しないために
File::open が失敗したら、ファイルを作成し、その新しいファイルへのハンドルを返したい
です。他の理由（例えばファイルを開く権限がなかったなど）で、File::open が失敗したら、
リスト 9.4 のようにコードには panic!してほしいのです。リスト 9.5 を眺めてください。こ
こでは match に別のアームを追加しています。

リスト 9.5: いろいろな種類のエラーを異なる方法で扱う

src/main.rs

```rust
use std::fs::File;
use std::io::ErrorKind;

fn main() {
    let f = File::open("hello.txt");

    let f = match f {
        Ok(file) => file,
        Err(ref error) if error.kind() == ErrorKind::NotFound => {
            match File::create("hello.txt") {
                Ok(fc) => fc,
                Err(e) => {
                    panic!(
                        // ファイルを作成しようとしましたが、問題がありました
                        "Tried to create file but there was a problem: {:?}",
                        e
                    )
                },
            }
        },
        Err(error) => {
            panic!(
                "There was a problem opening the file: {:?}",
                error
```

```
            )
        },
    };
}
```

File::open が Err 列挙子に含めて返す値の型は、io::Error であり、これは標準ライブラリーで提供されている構造体です。この構造体には、呼び出すと io::ErrorKind 値が得られる kind メソッドがあります。io::ErrorKind という enum は、標準ライブラリーで提供されていて、io 処理の結果発生する可能性のあるいろいろな種類のエラーを表す列挙子があります。使用したい列挙子は、ErrorKind::NotFound で、これは開こうとしているファイルがまだ存在しないことを示唆します。

if error.kind() == ErrorKind::Notfound という条件式は、**マッチガード**と呼ばれます: アームのパターンをさらに洗練する match アーム上のおまけの条件式です。この条件式は、そのアームのコードが実行されるには真でなければならないのです; そうでなければ、パターンマッチングは継続し、match の次のアームを考慮します。パターンの ref は、error がガード条件式にムーブされないように必要ですが、ただ単にガード式に参照されます。ref を使用して & の代わりにパターン内で参照を作っている理由は、第 18 章で詳しく講義します。手短に言えば、パターンの文脈において、& は参照にマッチし、その値を返しますが、ref は値にマッチし、それへの参照を返すということなのです。

マッチガードで精査したい条件は、error.kind() により返る値が、ErrorKind enum の NotFound 列挙子であるかということです。もしそうなら、File::create でファイル作成を試みます。ところが、File::create も失敗する可能性があるので、内部にも match 式を追加する必要があるのです。ファイルが開けないなら、異なるエラーメッセージが出力されるでしょう。外側の match の最後のアームは同じままなので、ファイルが存在しないエラー以外ならプログラムはパニックします。

エラー時にパニックするショートカット: unwrap と expect

match の使用は、十分に仕事をしてくれますが、いささか冗長になり得る上、必ずしも意図をよく伝えるとは限りません。Result<T, E> 型には、いろいろな作業をするヘルパーメソッドが多く定義されています。それらの関数の 1 つは、unwrap と呼ばれますが、リスト 9.4 で書いた match 式と同じように実装された短絡メソッドです。Result 値が Ok 列挙子なら、unwrap は Ok の中身を返します。Result が Err 列挙子なら、unwrap は panic! マクロを呼んでくれます。こちらが実際に動作している unwrap の例です:

src/main.rs

```
use std::fs::File;

fn main() {
    let f = File::open("hello.txt").unwrap();
}
```

このコードを hello.txt ファイルなしで走らせたら、unwrap メソッドが行う panic! 呼び出しからのエラーメッセージを目の当たりにするでしょう:

```
thread 'main' panicked at 'called `Result::unwrap()` on an `Err` value: Error
    { repr: Os { code: 2, message: "No such file or directory" } }', src/
    libcore/result.rs:906:4
```
'main' スレッドは、src/libcore/result.rs:906:4 の「`Err`値に対して
`Result::unwrap()`が呼び出されました: Error{repr: Os { code: 2, message: "そ
のようなファイルまたはディレクトリーはありません" } }」でパニックしました

別のメソッド expect は、unwrap に似ていますが、panic! のエラーメッセージも選択させてくれます。unwrap の代わりに expect を使用して、よいエラーメッセージを提供すると、意図を伝え、パニックの原因をたどりやすくしてくれます。expect の表記はこんな感じです:

src/main.rs

```
use std::fs::File;

fn main() {
    // hello.txt を開くのに失敗しました
    let f = File::open("hello.txt").expect("Failed to open hello.txt");
}
```

expect を unwrap と同じように使用しています: ファイルハンドルを返したり、panic! マクロを呼び出しています。expect が panic! 呼び出しで使用するエラーメッセージは、unwrap が使用するデフォルトの panic! メッセージではなく、expect に渡した引数になります。以下のようになります:

```
thread 'main' panicked at 'Failed to open hello.txt: Error { repr: Os { code:
    2, message: "No such file or directory" } }', src/libcore/result.rs:906:4
```

このエラーメッセージは、指定したテキストの hello.txt を開くのに失敗しましたで始まっているので、コード内のどこでエラーメッセージが出力されたのかより見つけやすくなるでしょう。複数箇所で unwrap を使用していたら、ズバリどの unwrap がパニックを引き起こしているのか理解するのは、より時間がかかる可能性があります。パニックする unwrap 呼び出しはすべて、同じメッセージを出力するからです。

エラーを委譲する

失敗する可能性のある何かを呼び出す実装をした関数を書く際、関数内でエラーを処理する代わりに、呼び出し元がどうするかを決められるようにエラーを返すことができます。これはエラーの**委譲**として認知され、自分のコードの文脈で利用可能なものよりも、エラーの処理法を規定する情報やロジックがより多くある呼び出し元のコードに制御を明け渡します。

例えば、リスト 9.6 の関数は、ファイルからユーザー名を読み取ります。ファイルが存在しなかったり、読み込みできなければ、この関数はそのようなエラーを呼び出し元のコードに返

します。

リスト 9.6: match でエラーを呼び出し元のコードに返す関数

src/main.rs

```
use std::io;
use std::io::Read;
use std::fs::File;

fn read_username_from_file() -> Result<String, io::Error>❶ {
    ❷ let f = File::open("hello.txt");

    ❸ let mut f = match f {
        Ok(file) => file,
        Err(e) => return Err(e),
    };

    ❹ let mut s = String::new();

    ❺ match f.read_to_string(&mut s)❻ {
        Ok(_) => Ok(s), ❼
        Err(e) => Err(e), ❽
    }
}
```

まずは、関数の戻り値型に注目してください: Result<String, io::Error> です❶。つまり、この関数は、Result<T, E> 型の値を返しているということです。ここでジェネリック引数の T は、具体型 String で埋められ、ジェネリック引数の E は具体型 io::Error で埋められています。この関数が何の問題もなく成功すれば、この関数を呼び出したコードは、String（関数がファイルから読み取ったユーザー名）を保持する Ok 値を受け取ります❼。この関数が何か問題に行き当たったら、呼び出し元のコードは io::Error のインスタンスを保持する Err 値を受け取り、この io::Error は問題の内容に関する情報をより多く含んでいます。関数の戻り値の型に io::Error を選んだのは、この関数本体で呼び出している失敗する可能性のある処理が両方とも偶然この型をエラー値として返すからです: File::open 関数と read_to_string メソッドです。

関数の本体は、File::open 関数を呼び出すところから始まります❷。そして、リスト 9.4 の match に似た match❸で返ってくる Result 値を扱い、Err ケースに panic! を呼び出すだけの代わりに、この関数から早期リターンしてこの関数のエラー値として、File::open から得たエラー値を呼び出し元に渡し戻します❹。File::open が成功すれば、ファイルハンドルを変数 f に保管して継続します。

さらに、変数 s❺に新規 String を生成し、f のファイルハンドルに対して read_to_string を呼び出して、ファイルの中身を s❻に読み出します。File::open が成功しても、失敗する可能性があるので、read_to_string メソッドも、Result を返却します。その Result を処理するために別の match が必要になります: read_to_string が成功したら、関数は成功し、今は Ok に包まれた s に入っているファイルのユーザー名を返却します❼。read_to_string

が失敗したら、File::open の戻り値を扱った match でエラー値を返したように、エラー値を返します❽。しかし、明示的に return を述べる必要はありません。これが関数の最後の式だからです。

そうしたら、呼び出し元のコードは、ユーザー名を含む Ok 値か、io::Error を含む Err 値を得て扱います。呼び出し元のコードがそれらの値をどうするかはわかりません。呼び出しコードが Err 値を得たら、例えば、panic! を呼び出してプログラムをクラッシュさせたり、デフォルトのユーザー名を使ったり、ファイル以外の場所からユーザー名を検索したりできるでしょう。呼び出し元のコードが実際に何をしようとするかについて、十分な情報がないので、成功や失敗情報をすべて委譲して適切に扱えるようにするのです。

Rust において、この種のエラー委譲は非常に一般的なので、Rust にはこれをしやすくする？演算子が用意されています。

エラー委譲のショートカット: ？演算子

リスト 9.7 もリスト 9.6 と同じ機能を有する read_username_from_file の実装ですが、こちらは？演算子を使用しています:

リスト 9.7: ？演算子でエラーを呼び出し元に返す関数

src/main.rs
```
use std::io;
use std::io::Read;
use std::fs::File;

fn read_username_from_file() -> Result<String, io::Error> {
    let mut f = File::open("hello.txt")?;
    let mut s = String::new();
    f.read_to_string(&mut s)?;
    Ok(s)
}
```

Result 値の直後に置かれた？は、リスト 9.6 で Result 値を処理するために定義した match 式とほぼ同じように動作します。Result の値が Ok なら、Ok の中身がこの式から返ってきて、プログラムは継続します。値が Err なら、return キーワードを使ったかのように関数全体から Err の中身が返ってくるので、エラー値は呼び出し元のコードに委譲されます。

リスト 9.6 の match 式と？演算子には違いがあります: ？を使ったエラー値は、標準ライブラリーの From トレイトで定義され、エラーの型を別のものに変換する from 関数を通ることです。？演算子が from 関数を呼び出すと、受け取ったエラー型が現在の関数の戻り値型で定義されているエラー型に変換されます。これは、個々がいろいろな理由で失敗する可能性があるのにもかかわらず、関数が失敗する可能性をすべて 1 つのエラー型で表現して返すときに有用です。各エラー型が from 関数を実装して戻り値のエラー型への変換を定義している限り、？演算子が変換の面倒を自動的に見てくれます。

リスト 9.7 の文脈では、File::open 呼び出し末尾の？は Ok の中身を変数 f に返します。エラーが発生したら、？演算子により関数全体から早期リターンし、あらゆる Err 値を呼び出

し元に与えます。同じ法則が read_to_string 呼び出し末尾の?にも適用されます。

?演算子により定型コードの多くが排除され、この関数の実装を単純にしてくれます。リスト 9.8 で示したように、?の直後のメソッド呼び出しを連結することでさらにこのコードを短くすることさえもできます。

リスト 9.8: ?演算子の後のメソッド呼び出しを連結する

src/main.rs

```
use std::io;
use std::io::Read;
use std::fs::File;

fn read_username_from_file() -> Result<String, io::Error> {
    let mut s = String::new();

    File::open("hello.txt")?.read_to_string(&mut s)?;

    Ok(s)
}
```

s の新規 String の生成を関数の冒頭に移動しました; その部分は変化していません。変数 f を生成する代わりに、read_to_string の呼び出しを直接 File::open("hello.txt")? の結果に連結させました。それでも、read_to_string 呼び出しの末尾には?があり、File::open と read_to_string 両方が成功したら、エラーを返すというよりも、s にユーザー名を含む Ok 値を返します。機能もまたリスト 9.6 および、9.7 と同じです; ただ単に異なるバージョンのよりエルゴノミックな書き方なのです。

?演算子は、Result を返す関数でしか使用できない

?演算子は戻り値に Result を持つ関数でしか使用できません。というのも、リスト 9.6 で定義した match 式と同様に動作するよう、定義されているからです。Result の戻り値型を要求する match の部品は、return Err(e) なので、関数の戻り値はこの return と互換性を保つために Result でなければならないのです。

main 関数で?演算子を使用したらどうなるか見てみましょう。main 関数は、戻り値が () でしたね:

```
use std::fs::File;

fn main() {
    let f = File::open("hello.txt")?;
}
```

このコードをコンパイルすると、以下のようなエラーメッセージが得られます:

```
error[E0277]: the trait bound `(): std::ops::Try` is not satisfied
エラー: ‘(): std::ops::Try‘というトレイト境界が満たされていません
 --> src/main.rs:4:13
  |
4 |     let f = File::open("hello.txt")?;
  |             -----------------------
  |                     |
  |                     the `?` operator can only be used in a function that returns `
    Result` (or another type that implements `std::ops::Try`)
  |                     in this macro invocation
  |                     このマクロ呼び出しの‘Result‘(かまたは‘std::ops::Try‘を実装する他の
    型)を返す関数でしか‘?‘演算子は使用できません
  |
  = help: the trait `std::ops::Try` is not implemented for `()`
    助言: ‘std::ops::Try‘トレイトは‘()‘には実装されていません
  = note: required by `std::ops::Try::from_error`
    注釈: ‘std::ops::Try::from_error‘で要求されています
```

このエラーは、?演算子は Result を返す関数でしか使用が許可されないと指摘しています。Result を返さない関数では、Result を返す別の関数を呼び出したとき、?演算子を使用してエラーを呼び出し元に委譲する可能性を生み出す代わりに、match か Result のメソッドのどれかを使う必要があるでしょう。

さて、panic! 呼び出しや Result を返す詳細について議論し終えたので、どんな場合にどちらを使うのが適切か決める方法についての話に戻りましょう。

panic! すべきかするまいか

では、panic! すべきときと Result を返すべきときはどう決定すればいいのでしょうか？コードがパニックしたら、回復する手段はありません。回復する可能性のある手段のあるなしにかかわらず、どんなエラー場面でも panic! を呼ぶことはできますが、そうすると、呼び出す側のコードの立場に立ってこの場面は回復不能だという決定を下すことになります。Result 値を返す決定をすると、決断を下すのではなく、呼び出し側に選択肢を与えることになります。呼び出し側は、場面に合わせて回復を試みることを決定したり、この場合の Err 値は回復不能と断定して、panic! を呼び出し、回復可能だったエラーを回復不能に変換することもできます。故に、Result を返却することは、失敗する可能性のある関数を定義する際には、よい第一選択肢になります。

まれな場面では、Result を返すよりもパニックするコードを書くほうがより適切になることもあります。例やプロトタイプコード、テストでパニックするのが適切な理由を探究しましょう。それからコンパイラーは失敗することはないとわからないけれど、人間はできる場面を議論しましょう。そして、ライブラリーコードでパニックするか決定する方法についての一般的なガイドラインで結論付けましょう。

例、プロトタイプコード、テスト

　例を記述して何らかの概念を具体化しているとき、頑健なエラー処理コードも例に含むことは、例の明瞭さを欠くことになりかねません。例において、unwrap などのパニックする可能性のあるメソッド呼び出しは、アプリケーションにエラーを処理してほしい方法へのプレースホルダーを意味していると理解され、これは残りのコードがしていることによって異なる可能性があります。

　同様に、unwrap や expect メソッドは、エラーの処理法を決定する準備ができる前、プロトタイプの段階では、非常に便利です。それらにより、コードにプログラムをより頑健にするときの明らかなマーカーが残されるわけです。

　メソッド呼び出しがテスト内で失敗したら、そのメソッドがテスト下に置かれた機能ではなかったとしても、テスト全体が失敗してほしいでしょう。panic! が、テストが失敗と印づけられる手段なので、unwrap や expect の呼び出しはズバリ起こるべきことです。

コンパイラーよりもプログラマーがより情報を握っている場合

　Result が Ok 値であると確認する何らかの別のロジックがある場合、unwrap を呼び出すことは適切でしょうが、コンパイラーは、そのロジックを理解はしません。それでも、処理する必要のある Result は存在するでしょう: 呼び出している処理が何であれ、自分の特定の場面では論理的に起こり得なくても、一般的にまだ失敗する可能性はあるわけです。手動でコードを調査して Err 列挙子は存在しないと確認できたら、unwrap を呼び出すことは完全に受容できることです。こちらが例です:

```
use std::net::IpAddr;

let home: IpAddr = "127.0.0.1".parse().unwrap();
```

　ハードコードされた文字列を構文解析することで IpAddr インスタンスを生成しています。プログラマーには 127.0.0.1 が合法な IP アドレスであることがわかるので、ここで unwrap を使用することは、受容可能なことです。しかしながら、ハードコードされた合法な文字列が存在することは、parse メソッドの戻り値型を変えることにはなりません: それでも得られるのは、Result 値であり、コンパイラーはまだ Err 列挙子になる可能性があるかのように Result を処理することを強制してきます。コンパイラーは、この文字列が常に合法な IP アドレスであると把握できるほど利口ではないからです。プログラムにハードコードされるのではなく、IP アドレス文字列がユーザー起源でそれ故に**確か**に失敗する可能性がある場合、絶対に Result をもっと頑健な方法で代わりに処理したくなるでしょう。

エラー処理のガイドライン

　コードが悪い状態に陥る可能性があるときにパニックさせるのは、推奨されることです。この文脈において、**悪い状態**とは、何らかの前提、保証、契約、不変性が破られたことを言い、

例をあげれば、無効な値、矛盾する値、行方不明な値がコードに渡されることと、さらに以下のいずれか1つ以上の状態であります:

- 悪い状態がときに起こるとは予想されないとき。
- この時点以降、この悪い状態にないことを頼りにコードが書かれているとき。
- 使用している型にこの情報をコード化するいい手段がないとき。

誰かが自分のコードを呼び出して筋の通らない値を渡してきたら、最善の選択肢はpanic!し、開発段階で修正できるように自分たちのコードにバグがあることをライブラリーユーザーに通知することかもしれません。同様に自分の制御下にない外部コードを呼び出し、修正しようのない無効な状態を返すときにpanic!はしばしば適切です。

しかし、どんなにコードをうまく書いても起こると予想されますが、悪い状態に達したときpanic!呼び出しをするよりも、Resultを返すほうがより適切です。例には、不正なデータを渡されたパーサーとか、訪問制限に引っかかったことを示唆するステータスを返すHTTPリクエストなどがあげられます。このような場合には、呼び出し側が問題の処理方法を決定できるようにResultを返してこの悪い状態を委譲して、失敗が予想される可能性であることを示唆するべきです。panic!を呼び出すことは、これらのケースでは最善策ではないでしょう。

コードが値に対して処理を行う場合、コードはまず値が合法であることを確認し、値が合法でなければパニックするべきです。これはほぼ安全性上の理由によるものです: 不正なデータの処理を試みると、コードを脆弱性にさらす可能性があります。これが、境界外へのメモリーアクセスを試みたときに標準ライブラリーがpanic!を呼び出す主な理由です: 現在のデータ構造に属しないメモリーにアクセスを試みることは、ありふれたセキュリティ問題なのです。関数にはしばしば契約が伴います: 入力が特定の条件を満たすときのみ、振る舞いが保証されるのです。契約が侵されたときにパニックすることは、道理が通っています。なぜなら、契約侵害は常に呼び出し側のバグを示唆し、呼び出し側に明示的に処理してもらう必要のある種類のエラーではないからです。実際に、呼び出し側が回復する合理的な手段はありません; 呼び出し側のプログラマーがコードを修正する必要があるのです。関数の契約は、特に侵害がパニックを引き起こす際には、関数のAPIドキュメント内で説明されているべきです。

ですが、すべての関数でたくさんのエラーチェックを行うことは冗長で煩わしいことでしょう。幸運にも、Rustの型システム(故にコンパイラーが行う型精査)を使用して多くの検査を行ってもらうことができます。関数の引数に特定の型があるなら、合法な値があるとコンパイラーがすでに確認していることを把握して、コードのロジックに進むことができます。例えば、Option以外の型がある場合、プログラムは、何もないではなく何かあると想定します。そうしたらコードは、SomeとNone列挙子の2つの場合を処理する必要がなくなるわけです: 確実に値があるという可能性しかありません。関数に何もないことを渡そうとしてくるコードは、コンパイルが通りもしませんので、その場合を実行時に検査する必要はないわけです。別の例は、u32のような符号なし整数を使うことであり、この場合、引数は負には絶対にならないことが確認されます。

検証のために独自の型を作る

Rust の型システムを使用して合法な値があると確認するというアイデアを一歩先に進め、検証のために独自の型を作ることに目を向けましょう。第 2 章の数当てゲームで、コードがユーザーに 1 から 100 までの数字を推測するよう求めたことを思い出してください。秘密の数字と照合する前にユーザーの推測がそれらの値の範囲にあることをまったく確認しませんでした; 推測が正であることしか確認しませんでした。この場合、結果はそれほど悲惨なものではありませんでした: 「大きすぎ」「小さすぎ」という出力は、それでも正しかったでしょう。ユーザーを合法な推測に導き、ユーザーが範囲外の数字を推測したり、例えばユーザーが文字を代わりに入力したりしたときに別の挙動をするようにしたら、有益な改善になるでしょう。

これをする 1 つの方法は、ただの u32 の代わりに i32 として推測をパースし、負の数になる可能性を許可し、それから数字が範囲に収まっているというチェックを追加することでしょう。そう、以下のように:

```
loop {
    // 略

    let guess: i32 = match guess.trim().parse() {
        Ok(num) => num,
        Err(_) => continue,
    };

    if guess < 1 || guess > 100 {
        // 秘密の数字は 1から100の範囲です
        println!("The secret number will be between 1 and 100.");
        continue;
    }

    match guess.cmp(&secret_number) {
    // 略
}
```

この if 式が、値が範囲外かどうかをチェックし、ユーザーに問題を告知し、continue を呼び出してループの次の繰り返しを始め、別の推測を求めます。if 式の後、guess は 1 から 100 の範囲にあると把握して、guess と秘密の数字の比較に進むことができます。

ところが、これは理想的な解決策ではありません: プログラムが 1 から 100 の範囲の値しか処理しないことが間違いなく、肝要であり、この要求がある関数の数が多ければ、このようなチェックを全関数で行うことは、面倒でパフォーマンスにも影響を及ぼす可能性があるでしょう。

代わりに、新しい型を作って検証を関数内に閉じ込め、検証を全箇所で繰り返すのではなく、その型のインスタンスを生成することができます。そうすれば、関数がその新しい型をシグニチャーに用い、受け取った値を自信を持って使用することは安全になります。リスト 9.9

に、new 関数が1から100までの値を受け取ったときのみ、Guess のインスタンスを生成する Guess 型を定義する1つの方法を示しました。

リスト9.9: 値が1から100の場合のみ処理を継続する Guess 型

```
pub struct Guess { ❶
    value: u32,
}

impl Guess {
  ❷ pub fn new(value: u32) -> Guess {
    ❸ if value < 1 || value > 100 {
        // 予想の値は 1から100の範囲でなければなりませんが、{}でした
      ❹ panic!("Guess value must be between 1 and 100, got {}.", value);
      }

    ❺ Guess {
          value
      }
    }

  ❻ pub fn value(&self) -> u32 {
        self.value
    }
}
```

まず、u32 型の value をフィールドに持つ Guess という名前の構造体を定義しています❶。ここに数値が保管されます。

それから Guess に Guess 値のインスタンスを生成する new という名前の関連関数を実装しています❷。new 関数は、u32 型の value という引数を取り、Guess を返すように定義されています。new 関数の本体のコードは、value をふるいにかけ、1から100の範囲であることを確かめます❸。value がふるいに引っかかったら、panic! 呼び出しを行います❹。これにより、呼び出しコードを書いているプログラマーに、修正すべきバグがあると警告します。というのも、この範囲外の value で Guess を生成することは、Guess::new が頼りにしている契約を侵害するからです。Guess::new がパニックするかもしれない条件は、公開されている API ドキュメントで議論されるべきでしょう; あなたが作成する API ドキュメントで panic! の可能性を示唆する、ドキュメンテーションの規約は、第14章で講義します。value が確かにふるいを通ったら、value フィールドが value 引数にセットされた新しい Guess を作成して返します❺。

次に、self を借用し、他に引数はなく、u32 を返す value というメソッドを実装します❻。この類のメソッドはときにゲッターと呼ばれます。目的がフィールドから何らかのデータを得て返すことだからです。この公開メソッドは、Guess 構造体の value フィールドが非公開なので、必要になります。value フィールドが非公開なことは重要であり、そのために Guess 構造体を使用するコードは、直接 value をセットすることがかなわないのです: モジュール外

のコードは、Guess::new 関数を使用して Guess のインスタンスを生成しなければならず、それにより、Guess::new 関数の条件式でチェックされていない value が Guess に存在する手段はないことが保証されるわけです。

そうしたら、引数を 1 つ持つか、1 から 100 の範囲の数値のみを返す関数は、シグニチャーで u32 ではなく、Guess を取るか返し、本体内で追加の確認を行う必要はなくなると宣言できるでしょう。

まとめ

Rust のエラー処理機能は、プログラマーがより頑健なコードを書く手助けをするように設計されています。panic! マクロは、プログラムが処理できない状態にあり、無効だったり不正な値で処理を継続するのではなく、プロセスに処理を中止するよう指示することを通知します。Result enum は、Rust の型システムを使用して、コードが回復可能な方法で処理が失敗するかもしれないことを示唆します。Result を使用して、呼び出し側のコードに成功や失敗する可能性を処理する必要があることも教えます。適切な場面で panic! や Result を使用することで、必然的な問題の眼前でコードの信頼性を上げてくれます。

今や、標準ライブラリーが Option や Result enum などでジェネリクスを有効活用するところを目の当たりにしたので、ジェネリクスの動作法と自分のコードでの使用方法について語りましょう。

10

ジェネリック型、トレイト、ライフタイム

すべてのプログラミング言語には、概念の重複を効率的に扱う道具があります。Rust において、そのような道具の 1 つがジェネリクスです。ジェネリクスは、具体型や他のプロパティーの抽象的な代役です。コード記述の際、コンパイルやコード実行時に、ジェネリクスの位置に何が入るかを知ることなく、ジェネリクスの振る舞いや他のジェネリクスとの関係を表現できるのです。

関数が未知の値の引数を取り、同じコードを複数の具体的な値に対して走らせるように、i32 や String などの具体的な型の代わりに何かジェネリックな型の引数を取ることができます。実際、第 6 章で Option<T>、第 8 章で Vec<T> と HashMap<K, V>、第 9 章で Result<T, E> をすでに使用しました。この章では、独自の型、関数、メソッドをジェネリクスとともに定義する方法を探究します！

まず、関数を抽出して、コードの重複を減らす方法を確認しましょう。次に同じテクニックを活用して、引数の型のみが異なる 2 つの関数からジェネリックな関数を生成します。また、ジェネリックな型を構造体や enum 定義で使用する方法も説明します。

それから、トレイトを使用して、ジェネリックな方法で振る舞いを定義する方法を学びます。ジェネリックな型のあるトレイトを組み合わせてただ単にどんな型に対しても行うのとは対照的に、ジェネリックな型を特定の振る舞いのある型のみに制限することができます。

最後に、ライフタイムを議論します。ライフタイムとは、コンパイラーに参照がお互いにどう関係しているかの情報を与える一種のジェネリクスです。ライフタイムのおかげでコンパイラーに参照が合法であることを確認してもらうことを可能にしつつ、多くの場面で値を借用できます。

188　第 10 章　ジェネリック型、トレイト、ライフタイム

関数を抽出することで重複を取り除く

　ジェネリクスの記法に飛び込む前にまずは、関数を抽出することでジェネリックな型がかか
わらない重複を取り除く方法を見ましょう。そして、このテクニックを適用してジェネリッ
クな関数を抽出するのです！ 重複したコードを認識して関数に抽出できるのと同じように、
ジェネリクスを使用できる重複コードも認識し始めるでしょう。

　リスト 10.1 に示したように、リスト内の最大値を求める短いプログラムを考えてください。

リスト 10.1: 数字のリストから最大値を求めるコード

```
fn main() {
  ❶ let number_list = vec![34, 50, 25, 100, 65];

  ❷ let mut largest = number_list[0];

  ❸ for number in number_list {
      ❹ if number > largest {
          ❺ largest = number;
        }
    }

    // 最大値は{}です
    println!("The largest number is {}", largest);
}
```

　このコードは、整数のリストを変数 number_list に格納し❶、リストの最初の数字を
largest という変数に配置しています❷。それからリストの数字全部を走査し❸、現在の数
字が largest に格納された数値よりも大きければ❹、その変数の値を置き換えます❺。です
が、現在の数値が今まで見た最大値よりも小さければ、変数は変わらず、コードはリストの次
の数値に移っていきます。リストの数値すべてを吟味した後、largest は最大値を保持して
いるはずで、今回は 100 になります。

　2 つの異なる数値のリストから最大値を発見するには、リスト 10.1 のコードを複製し、プロ
グラムの異なる 2 箇所で同じロジックを使用できます。リスト 10.2 のようにですね。

リスト 10.2: 2 つの数値のリストから最大値を探すコード

src/main.rs

```
fn main() {
    let number_list = vec![34, 50, 25, 100, 65];

    let mut largest = number_list[0];

    for number in number_list {
        if number > largest {
            largest = number;
        }
    }
```

関数を抽出することで重複を取り除く　189

```
    println!("The largest number is {}", largest);

    let number_list = vec![102, 34, 6000, 89, 54, 2, 43, 8];

    let mut largest = number_list[0];

    for number in number_list {
        if number > largest {
            largest = number;
        }
    }

    println!("The largest number is {}", largest);
}
```

　このコードは動くものの、コードを複製することは退屈ですし、間違いも起こりやすいです。また、複数箇所のコードを変更したいときに更新しなければなりません。

　この重複を排除するには、引数で与えられた整数のどんなリストに対しても処理が行える関数を定義して抽象化できます。この解決策によりコードがより明確になり、リストの最大値を探すという概念を抽象的に表現させてくれます。

　リスト10.3では、最大値を探すコードをlargestという関数に抽出しました。リスト10.1のコードは、たった1つの特定のリストからだけ最大値を探せますが、それとは異なり、このプログラムは2つの異なるリストから最大値を探せます。

リスト10.3: 2つのリストから最大値を探す抽象化されたコード

```
fn largest(list: &[i32]) -> i32 {
    let mut largest = list[0];

    for &item in list.iter() {
        if item > largest {
            largest = item;
        }
    }

    largest
}

fn main() {
    let number_list = vec![34, 50, 25, 100, 65];

    let result = largest(&number_list);
    println!("The largest number is {}", result);

    let number_list = vec![102, 34, 6000, 89, 54, 2, 43, 8];
```

```
        let result = largest(&number_list);
        println!("The largest number is {}", result);
    }
```

largest 関数には list と呼ばれる引数があり、これは、関数に渡す可能性のあるあらゆる i32 値の具体的なスライスを示します。結果的に、関数呼び出しの際、コードは渡した特定の値に対して走るのです。

まとめとして、こちらがリスト 10.2 のコードからリスト 10.3 に変更するのに要したステップです:

1. 重複したコードを認識する。
2. 重複コードを関数本体に抽出し、コードの入力と戻り値を関数シグニチャーで指定する。
3. 重複したコードの 2 つの実体を代わりに関数を呼び出すように更新する。

次は、この同じ手順をジェネリクスでも踏んで異なる方法でコードの重複を減らします。関数本体が特定の値ではなく抽象的な list に対して処理できたのと同様に、ジェネリクスは抽象的な型に対して処理するコードを可能にしてくれます。

例えば、関数が 2 つあるとしましょう: 1 つは i32 値のスライスから最大の要素を探し、1 つは char 値のスライスから最大要素を探します。この重複はどう排除するのでしょうか? 答えを見つけましょう!

ジェネリックなデータ型

関数シグニチャーや構造体などの要素の定義を生成するのにジェネリクスを使用することができ、それはさらに他の多くの具体的なデータ型と使用することもできます。まずは、ジェネリクスで関数、構造体、enum、メソッドを定義する方法を見ましょう。それから、ジェネリクスがコードのパフォーマンスに与える影響を議論します。

関数定義では

ジェネリクスを使用する関数を定義するとき、通常、引数や戻り値のデータ型を指定する関数のシグニチャーにジェネリクスを配置します。そうすることでコードがより柔軟になり、コードの重複を阻止しつつ、関数の呼び出し元により多くの機能を提供します。

largest 関数を続けます。リスト 10.4 はどちらもスライスから最大値を探す 2 つの関数を示しています。

リスト 10.4: 名前とシグニチャーの型のみが異なる 2 つの関数

```
fn largest_i32(list: &[i32]) -> i32 {
    let mut largest = list[0];

    for &item in list.iter() {
        if item > largest {
            largest = item;
```

```
        }
    }

    largest
}

fn largest_char(list: &[char]) -> char {
    let mut largest = list[0];

    for &item in list.iter() {
        if item > largest {
            largest = item;
        }
    }

    largest
}

fn main() {
    let number_list = vec![34, 50, 25, 100, 65];

    let result = largest_i32(&number_list);
    println!("The largest number is {}", result);

    let char_list = vec!['y', 'm', 'a', 'q'];

    let result = largest_char(&char_list);
    println!("The largest char is {}", result);
}
```

largest_i32 関数は、リスト 10.3 で抽出したスライスから最大の i32 を探す関数です。
largest_char 関数は、スライスから最大の char を探します。関数本体には同じコードがあ
るので、単独の関数にジェネリックな型引数を導入してこの重複を排除しましょう。

　これから定義する新しい関数の型を引数にするには、ちょうど関数の値引数のように型引数
に名前を付ける必要があります。型引数の名前にはどんな識別子も使用できますが、T を使用
します。というのも、慣習では、Rust の引数名は短く（しばしばたった 1 文字になります）、
Rust の型の命名規則がキャメルケースだからです。"type" の省略形なので、T が多くの Rust
プログラマーの規定の選択なのです。

　関数の本体で引数を使用すると、コンパイラーがその名前の意味を把握できるようにシグニ
チャーでその引数名を宣言しなければなりません。同様に、型引数名を関数シグニチャーで使
用する際には、使用する前に型引数名を宣言しなければなりません。ジェネリックな largest
関数を定義するために、型名宣言を山かっこ（<>）内、関数名と引数リストの間に配置してく
ださい。こんな感じに：

第10章　ジェネリック型、トレイト、ライフタイム

```rust
fn largest<T>(list: &[T]) -> T {
```

この定義は以下のように解読します: 関数 largest は、何らかの型 T に関してジェネリックであると。この関数には list という引数が1つあり、これは型 T の値のスライスです。largest 関数は同じ T 型の値を返します。

リスト 10.5 は、シグニチャーにジェネリックなデータ型を使用して largest 関数定義を組み合わせたものを示しています。このリストはさらに、この関数を i32 値か char 値のどちらかで呼べる方法も表示しています。このコードはまだコンパイルできないことに注意してください。ですが、この章の後ほどで修正します。

リスト 10.5: ジェネリックな型引数を使用するものの、まだコンパイルできない largest 関数の定義

src/main.rs
```rust
fn largest<T>(list: &[T]) -> T {
    let mut largest = list[0];

    for &item in list.iter() {
        if item > largest {
            largest = item;
        }
    }

    largest
}


fn main() {
    let number_list = vec![34, 50, 25, 100, 65];

    let result = largest(&number_list);
    println!("The largest number is {}", result);

    let char_list = vec!['y', 'm', 'a', 'q'];

    let result = largest(&char_list);
    println!("The largest char is {}", result);
}
```

直ちにこのコードをコンパイルしたら、以下のようなエラーが出ます:

```
error[E0369]: binary operation `>` cannot be applied to type `T`
エラー: 2項演算 '>' は、型 'T' に適用できません
 --> src/main.rs:5:12
  |
5 |         if item > largest {
  |            ~~~~~~~~~~~~~~~
  |
```

ジェネリックなデータ型　193

```
= note: an implementation of `std::cmp::PartialOrd` might be missing for `T`
```
注釈：‘std::cmp::PartialOrd‘の実装が‘T‘に対して存在しない可能性があります

　注釈が std::cmp::PartialOrd に触れていて、これは、**トレイト**です。トレイトについて
は、次の節で語ります。とりあえず、このエラーは、largest の本体は、T がなり得るすべて
の可能性のある型に対して動作しないと述べています。本体で型 T の値を比較したいので、値
が順序付け可能な型のみしか使用できないのです。比較を可能にするために、標準ライブラ
リーには型に実装できる std::cmp::PartialOrd トレイトがあります（このトレイトについ
て詳しくは付録 C（☞ p. 547）を参照してください）。ジェネリックな型が特定のトレイトを
持つと指定する方法は「トレイト境界」（☞ p. 204）で習うでしょうが、先にジェネリックな
型引数を使用する他の方法を探究しましょう。

構造体定義では

　また、構造体を定義して<>記法で 1 つ以上のフィールドにジェネリックな型引数を使用す
ることもできます。リスト 10.6 は、Point<T> 構造体を定義してあらゆる型の x と y 座標を
保持する方法を示しています。

リスト 10.6: 型 T の x と y 値を保持する Point<T> 構造体

src/main.rs

```
struct Point<T> {
    x: T,
    y: T,
}

fn main() {
    let integer = Point { x: 5, y: 10 };
    let float = Point { x: 1.0, y: 4.0 };
}
```

　構造体定義でジェネリクスを使用する記法は、関数定義のものと似ています。まず、山かっ
こ内に型引数の名前を構造体名の直後に宣言します。そして、そうしていなければ具体的な
データ型を記述する構造体定義の箇所にジェネリックな型を使用できます。

　1 つのジェネリックな型だけを使用して Point<T> を定義したので、この定義は、
Point<T> 構造体が何らかの型 T に関して、ジェネリックであると述べていて、その型が何で
あれ、x と y のフィールドは**両方**その同じ型になっていることに注意してください。リスト
10.7 のように、異なる型の値のある Point<T> のインスタンスを生成すれば、コードはコンパ
イルできません。

リスト 10.7: どちらも同じジェネリックなデータ型 T なので、x と y というフィールドは同じ型で
なければならない

src/main.rs

```rust
struct Point<T> {
    x: T,
    y: T,
}

fn main() {
    let wont_work = Point { x: 5, y: 4.0 };
}
```

この例で、x に整数値 5 を代入すると、この Point<T> のインスタンスに対するジェネリッ
クな型 T は整数になるとコンパイラーに知らせます。それから y に 4.0 を指定するときに、
このフィールドは x と同じ型と定義したはずなので、このように型不一致エラーが出ます:

```
error[E0308]: mismatched types
 --> src/main.rs:7:38
  |
7 |     let wont_work = Point { x: 5, y: 4.0 };
  |                                      ^^^ expected integral variable, found
    floating-point variable
  |
  = note: expected type `{integer}`
             found type `{float}`
```

x と y が両方ジェネリックだけれども、異なる型になり得る Point 構造体を定義するには、
複数のジェネリックな型引数を使用できます。例えば、リスト 10.8 では、Point の定義を変
更して、型 T と U に関してジェネリックにし、x が型 T で、y が型 U になります。

リスト 10.8: Point<T, U> は 2 つの型に関してジェネリックなので、x と y は異なる型の値になり
得る

src/main.rs

```rust
struct Point<T, U> {
    x: T,
    y: U,
}

fn main() {
    let both_integer = Point { x: 5, y: 10 };
    let both_float = Point { x: 1.0, y: 4.0 };
    let integer_and_float = Point { x: 5, y: 4.0 };
}
```

もう、示された Point インスタンスは全部許可されます! 所望の数だけ定義でジェネリッ
クな型引数を使用できますが、数個以上使用すると、コードが読みづらくなります。コードで
多くのジェネリックな型が必要なときは、コードの小分けが必要なサインかもしれません。

enum 定義では

構造体のように、列挙子にジェネリックなデータ型を保持する enum を定義することができます。標準ライブラリーが提供している Option<T> enum に別の見方をしましょう。この enum は第 6 章で使用しました:

```
enum Option<T> {
    Some(T),
    None,
}
```

この定義はもう、あなたにとってより道理が通っているはずです。ご覧のとおり、Option<T> は、型 T に関してジェネリックで 2 つの列挙子のある enum です: その列挙子は、型 T の値を保持する Some と、値を何も保持しない None です。Option<T> enum を使用することで、オプショナルな値があるという抽象的な概念を表現でき、Option<T> はジェネリックなので、オプショナルな値の型にかかわらず、この抽象を使用できます。

enum も複数のジェネリックな型を使用できます。第 9 章で使用した Result enum の定義が一例です:

```
enum Result<T, E> {
    Ok(T),
    Err(E),
}
```

Result enum は 2 つの型 T、E に関してジェネリックで、2 つの列挙子があります: 型 T の値を保持する Ok と、型 E の値を保持する Err です。この定義により、Result enum を成功する（何らかの型 T の値を返す）か、失敗する（何らかの型 E のエラーを返す）可能性のある処理があるあらゆる箇所に使用するのが便利になります。事実、ファイルを開くのに成功したときに T に型 std::fs::File が入り、ファイルを開く際に問題があったときに E に型 std::io::Error が入ったものが、リスト 9.3 でファイルを開くのに使用したものです。

自分のコード内で、保持している値の型のみが異なる構造体や enum 定義の場面を認識したら、代わりにジェネリックな型を使用することで重複を避けることができます。

メソッド定義では

（第 5 章のように、）定義にジェネリックな型を使うメソッドを構造体や enum に実装することもできます。リスト 10.9 は、リスト 10.6 で定義した Point<T> 構造体に x というメソッドを実装したものを示しています。

196　第 10 章　ジェネリック型、トレイト、ライフタイム

リスト 10.9: 型 T の x フィールドへの参照を返す x というメソッドを Point<T> 構造体に実装する

src/main.rs
```
struct Point<T> {
    x: T,
    y: T,
}

impl<T> Point<T> {
    fn x(&self) -> &T {
        &self.x
    }
}

fn main() {
    let p = Point { x: 5, y: 10 };

    println!("p.x = {}", p.x());
}
```

　ここで、フィールド x のデータへの参照を返す x というメソッドを Point<T> に定義しました。

　型 Point<T> にメソッドを実装していると指定するために T を使用できるよう impl の直後に宣言しなければならないことに注意してください。impl の後に T をジェネリックな型として宣言することで、コンパイラーは、Point の山かっこ内の型が、具体的な型ではなくジェネリックな型であることを認識できるのです。

　例えば、あらゆるジェネリックな型とともに Point<T> インスタンスではなく、Point<f32> だけにメソッドを実装することもできるでしょう。リスト 10.10 では、具体的な型 f32 を使用しています。つまり、impl の後に型を宣言しません。

リスト 10.10: ジェネリックな型引数 T に対して特定の具体的な型がある構造体にのみ適用される impl ブロック

```
impl Point<f32> {
    fn distance_from_origin(&self) -> f32 {
        (self.x.powi(2) + self.y.powi(2)).sqrt()
    }
}
```

　このコードは、Point<f32> には distance_from_origin というメソッドが存在しますが、T が f32 ではない Point<T> の他のインスタンスにはこのメソッドが定義されないことを意味します。このメソッドは、この点が座標 (0.0, 0.0) の点からどれだけ離れているかを測定し、浮動小数点数にのみ利用可能な数学的な処理を使用します。

　構造体定義のジェネリックな型引数は、必ずしもその構造体のメソッドシグニチャーで使用するものと同じにはなりません。例をあげれば、リスト 10.11 は、リスト 10.8 の Point<T, U> にメソッド mixup を定義しています。このメソッドは、他の Point を引数として取り、こ

の引数は mixup を呼び出している self の Point とは異なる型の可能性があります。このメソッドは、(型 T の) self の Point の x 値と渡した (型 W の) Point の y 値から新しい Point インスタンスを生成します。

リスト 10.11: 構造体定義とは異なるジェネリックな型を使用するメソッド

src/main.rs

```
struct Point<T, U> {
    x: T,
    y: U,
}

impl<T, U>❶ Point<T, U> {
    fn mixup<V, W>❷ (self, other: Point<V, W>) -> Point<T, W> {
        Point {
            x: self.x,
            y: other.y,
        }
    }
}

fn main() {
 ❸ let p1 = Point { x: 5, y: 10.4 };
 ❹ let p2 = Point { x: "Hello", y: 'c'};

 ❺ let p3 = p1.mixup(p2);

 ❻ println!("p3.x = {}, p3.y = {}", p3.x, p3.y);
}
```

main で、x (値は 5) に i32、y (値は 10.4) に f64 を持つ Point を定義しました❸。p2 変数は、x (値は "Hello") に文字列スライス、y (値は c) に char を持つ Point 構造体です❹。引数 p2 で p1 に mixup を呼び出すと、p3 が得られ❺、x は i32 になります。x は p1 由来だからです。p3 変数の y は、char になります。y は p2 由来だからです。println! マクロの呼び出し❻は、p3.x = 5, p3.y = c と出力するでしょう。

この例の目的は、一部のジェネリックな引数は impl で宣言され、他の一部はメソッド定義で宣言される場面をデモすることです。ここで、ジェネリックな引数 T と U は impl の後に宣言されています❶。構造体定義にはまるからです。ジェネリックな引数 V と W は fn mixup の後に宣言されています❷。なぜなら、このメソッドにしか関係ないからです。

ジェネリクスを使用したコードのパフォーマンス

ジェネリックな型引数を使用すると、実行時にコストが発生するかあなたは不思議に思っている可能性があります。コンパイラーが、ジェネリクスを具体的な型があるときよりもジェネリックな型を使用したコードを実行するのが遅くならないように実装しているのは、うれしいお知らせです。

コンパイラーはこれをジェネリクスを使用しているコードの単相化をコンパイル時に行うことで達成しています。**単相化**（monomorphization）は、コンパイル時に使用されている具体的な型を入れることで、ジェネリックなコードを特定のコードに変換する過程のことです。

この過程において、コンパイラーは、リスト 10.5 でジェネリックな関数を生成するために使用した手順と真逆のことをしています: コンパイラーは、ジェネリックなコードが呼び出されている箇所全部を見て、ジェネリックなコードが呼び出されている具体的な型のコードを生成するのです。

標準ライブラリーの `Option<T>` enum を使用する例でこれが動作する方法を見ましょう:

```
let integer = Some(5);
let float = Some(5.0);
```

コンパイラーがこのコードをコンパイルすると、単相化を行います。その過程で、コンパイラーは `Option<T>` のインスタンスに使用された値を読み取り、2 種類の `Option<T>` を識別します: 一方は `i32` で、もう片方は `f64` です。そのように、コンパイラーは、`Option<T>` のジェネリックな定義を `Option_i32` と `Option_f64` に展開し、それにより、ジェネリックな定義を特定の定義と置き換えます。

単相化されたバージョンのコードは、以下のようになります。ジェネリックな `Option<T>` が、コンパイラーが生成した特定の定義に置き換えられています:

src/main.rs

```
enum Option_i32 {
    Some(i32),
    None,
}

enum Option_f64 {
    Some(f64),
    None,
}

fn main() {
    let integer = Option_i32::Some(5);
    let float = Option_f64::Some(5.0);
}
```

Rust では、ジェネリックなコードを各インスタンスで型を指定したコードにコンパイルするので、ジェネリクスを使用することに対して実行時コストを払うことはありません。コードを実行すると、それぞれの定義を手作業で複製したときのように振る舞います。単相化の過程により、Rust のジェネリクスは実行時に究極的に効率的になるのです。

トレイト: 共通の振る舞いを定義する

トレイトにより、Rust コンパイラーに特定の型に存在し、他の型と共有できる機能について知らせます。トレイトを使用して共通の振る舞いを抽象的に定義できます。トレイト境界を使用して、あるジェネリックが特定の振る舞いのあるあらゆる型になり得ることを指定できます。

NOTE 違いはあるものの、トレイトは他の言語でよくインターフェイスと呼ばれる機能に類似しています。

トレイトを定義する

型の振る舞いは、その型に対して呼び出せるメソッドから構成されます。異なる型は、それらの型全部に対して同じメソッドを呼び出せたら、同じ振る舞いを共有します。トレイト定義は、メソッドシグニチャーを一緒くたにして何らかの目的を達成するのに必要な一連の振る舞いを定義する手段です。

例えば、いろいろな種類や量のテキストを保持する複数の構造体があるとしましょう: 特定の場所で送られる新しいニュースを保持する NewsArticle と、新規ツイートか、リツイートか、はたまた他のツイートへのリプライなのかを示すメタデータを伴う最大で 280 文字までの Tweet です。

NewsArticle や Tweet インスタンスに格納される可能性のあるデータの総括を表示するメディア総括ライブラリーを作成したいです。このために、各型から総括が必要で、インスタンスに対して summarize メソッドを呼び出すことでその総括を要求する必要があります。リスト 10.12 は、この振る舞いを表現する Summary トレイトの定義を表示しています。

リスト 10.12: summarize メソッドで提供される振る舞いからなる Summary トレイト

src/lib.rs
```
pub trait Summary {
    fn summarize(&self) -> String;
}
```

ここでは、trait キーワード、それからトレイト名を使用してトレイトを定義していて、その名前は今回の場合、Summary です。波かっこの中にこのトレイトを実装する型の振る舞いを記述するメソッドシグニチャーを定義し、今回の場合は、fn summarize(&self) -> String です。

メソッドシグニチャーの後に、波かっこ内に実装を提供する代わりに、セミコロンを使用しています。このトレイトを実装する型はそれぞれ、メソッドの本体に独自の振る舞いを提供しなければなりません。コンパイラーにより、Summary トレイトを保持するあらゆる型に、このシグニチャーとまったく同じメソッド summarize が定義されていることが、強制されます。

トレイトには、本体に複数のメソッドを含むことができます: メソッドシグニチャーは行ごとに列挙され、各行はセミコロンで終止します。

トレイトを型に実装する

今や Summary トレイトでほしい振る舞いを定義したので、メディア総括機で型に実装することができます。リスト 10.13 は見出し、著者、場所を使用して summarize の戻り値を生成する NewsArticle 構造体の Summary トレイト実装を示しています。Tweet 構造体に関しては、ツイートの内容がすでに 280 文字に限定されていることを想定して、summarize をユーザー名にツイート全体のテキストが続く形で定義します。

リスト 10.13: Summary トレイトを NewsArticle と Tweet 型に実装する

```
pub struct NewsArticle {
    pub headline: String,
    pub location: String,
    pub author: String,
    pub content: String,
}

impl Summary for NewsArticle {
    fn summarize(&self) -> String {
        format!("{}, by {} ({})", self.headline, self.author, self.location)
    }
}

pub struct Tweet {
    pub username: String,
    pub content: String,
    pub reply: bool,
    pub retweet: bool,
}

impl Summary for Tweet {
    fn summarize(&self) -> String {
        format!("{}: {}", self.username, self.content)
    }
}
```

型にトレイトを実装することは、普通のメソッドを実装することに似ています。違いは、impl の後に、実装したいトレイトの名前を置き、それから for キーワード、さらにトレイトの実装対象の型の名前を指定することです。impl ブロック内に、トレイト定義で定義したメソッドシグニチャーを置きます。各シグニチャーの後にセミコロンを追記するのではなく、波かっこを使用し、メソッド本体に特定の型のトレイトのメソッドにほしい特定の振る舞いを入れます。

トレイトを実装後、普通のメソッド同様に NewsArticle や Tweet のインスタンスに対してこのメソッドを呼び出せます。こんな感じで:

```
let tweet = Tweet {
    username: String::from("horse_ebooks"),
    // もちろん、ご存知かもしれないようにね、みなさん
    content: String::from("of course, as you probably already know, people"),
    reply: false,
    retweet: false,
};

// 1件の新しいツイート
println!("1 new tweet: {}", tweet.summarize());
```

このコードは、1 new tweet: horse_ebooks: of course, as you probably already know, people と出力します。

リスト 10.13 で Summary トレイトと NewArticle、Tweet 型を同じ lib.rs に定義したので、全部同じスコープにあることに注目してください。この lib.rs を aggregator と呼ばれるクレート専用にして、誰か他の人が我々のクレートの機能を活用して自分のライブラリーのスコープに定義された構造体に Summary トレイトを実装したいとしましょう。まず、トレイトをスコープにインポートする必要があるでしょう。use aggregator::Summary; と指定してそれを行い、これにより、自分の型に Summary を実装することが可能になるでしょう。Summary トレイトは、他のクレートが実装するためには、公開トレイトである必要があり、ここでは、リスト 10.12 の trait の前に、pub キーワードを置いたのでそうなっています。

トレイト実装で注意すべき制限の 1 つは、トレイトか対象の型が自分のクレートに固有（local）であるときのみ、型に対してトレイトを実装できるということです。例えば、Display のような標準ライブラリーのトレイトを aggregator クレートの機能の一部として、Tweet のような独自の型に実装できます。型 Tweet が aggregator クレートに固有だからです。また、Summary を aggregator クレートで Vec<T> に対して実装することもできます。トレイト Summary は、aggregator クレートに固有だからです。

しかし、外部のトレイトを外部の型に対して実装することはできません。例として、aggregator クレート内で Vec<T> に対して Display トレイトを実装することはできません。Display と Vec<T> は標準ライブラリーで定義され、aggregator クレートに固有ではないからです。この制限は、**コヒーレンス**（coherence）あるいは、具体的に**オーファンルール**（orphan rule）[1] と呼ばれるプログラムの特性の一部で、親の型が存在しないためにそう命名されました。この規則により、他の人のコードが自分のコードを壊したり、その逆が起こらないことを保証してくれます。この規則がなければ、2 つのクレートが同じ型に対して同じトレイトを実装できてしまい、コンパイラーはどちらの実装を使うべきかわからなくなってしまうでしょう。

---

[1] 孤児の規則

デフォルト実装

ときとして、すべての型の全メソッドに対して実装を必要とするのではなく、トレイトのすべて、あるいは一部のメソッドに対してデフォルトの振る舞いがあると有用です。そうすれば、特定の型にトレイトを実装する際、各メソッドのデフォルト実装を保持するかオーバーライドできるわけです。

リスト 10.14 は、リスト 10.12 のように、メソッドシグニチャーだけを定義するのではなく、Summary トレイトの summarize メソッドにデフォルトの文字列を指定する方法を示しています:

リスト 10.14: summarize メソッドのデフォルト実装がある Summary トレイトの定義

src/lib.rs

```
pub trait Summary {
    fn summarize(&self) -> String {
        // (もっと読む)
        String::from("(Read more...)")
    }
}
```

独自の実装を定義するのではなく、デフォルト実装を使用して NewsArticle のインスタンスをまとめるには、impl Summary for NewsArticle {}と空の impl ブロックを指定します。

たとえ、もはや NewsArticle に直接 summarize メソッドを定義することはなくても、デフォルト実装を提供し、NewsArticle は Summary トレイトを実装すると指定しました。結果的に、それでも、NewsArticle のインスタンスに対して summarize メソッドを呼び出すことができます。このように:

```
let article = NewsArticle {
    // ペンギンチームがスタンレーカップチャンピオンシップを勝ち取る！
    headline: String::from("Penguins win the Stanley Cup Championship!"),
    // ピッツバーグ、ペンシルベニア州、アメリカ
    location: String::from("Pittsburgh, PA, USA"),
    // アイスバーグ
    author: String::from("Iceburgh"),
    // ピッツバーグ・ペンギンが再度全国ホッケーリーグ (National Hockey League)で最強の
    ホッケーチームになった
    content: String::from("The Pittsburgh Penguins once again are the best
    hockey team in the NHL."),
};

// 新しい記事が利用可能です！ {}
println!("New article available! {}", article.summarize());
```

このコードは、New article available! (Read more...)と出力します。

トレイト：共通の振る舞いを定義する　203

　summarize にデフォルト実装を用意しても、リスト 10.13 の Tweet の Summary 実装を変え
る必要はありません。理由は、デフォルト実装をオーバーライドする記法がデフォルト実装の
ないトレイトメソッドを実装する記法と同じだからです。
　デフォルト実装は、他のデフォルト実装がないメソッドでも呼び出すことができます。この
ように、トレイトは多くの有用な機能を提供しつつ、実装者にわずかな部分だけ指定してもら
らう必要しかないのです。例えば、Summary トレイトを実装が必須の summarize_author メ
ソッドを持つように定義し、それから summarize_author メソッドを呼び出すデフォルト実
装のある summarize メソッドを定義することもできます：

```rust
pub trait Summary {
    fn summarize_author(&self) -> String;

    fn summarize(&self) -> String {
        // {}さんからもっと読む
        format!("(Read more from {}...)", self.summarize_author())
    }
}
```

　このバージョンの Summary を使用するには、型にトレイトを実装する際に
summarize_author を定義する必要しかありません：

```rust
impl Summary for Tweet {
    fn summarize_author(&self) -> String {
        format!("@{}", self.username)
    }
}
```

　summarize_author 定義後、Tweet 構造体のインスタンスに対して summarize を呼び出
せ、summarize のデフォルト実装は、提供済みの summarize_author の定義を呼び出すで
しょう。summarize_author を実装したので、追加のコードを書く必要なく、Summary トレ
イトは、summarize メソッドの振る舞いを与えてくれました。

```rust
let tweet = Tweet {
    username: String::from("horse_ebooks"),
    content: String::from("of course, as you probably already know, people"),
    reply: false,
    retweet: false,
};

println!("1 new tweet: {}", tweet.summarize());
```

　このコードは、1 new tweet: (Read more from @horse_ebooks...) と出力します。
同じメソッドのオーバーライドした実装からは、デフォルト実装を呼び出すことができない

ことに注意してください。

トレイト境界

これでトレイトの定義とトレイトを型に実装する方法を知ったので、ジェネリックな型引数でトレイトを使用する方法を探究できます。**トレイト境界**を使用してジェネリックな型を制限し、型が特定のトレイトや振る舞いを実装するものに制限されることを保証できます。

例として、リスト 10.13 で、Summary トレイトを型 NewsArticle と Tweet に実装しました。引数 item に対して summarize メソッドを呼び出す関数 notify を定義でき、この引数はジェネリックな型 T です。ジェネリックな型 T がメソッド summarize を実装しないというエラーを出さずに item に summarize を呼び出せるために、T に対してトレイト境界を使用して item は、Summary トレイトを実装する型でなければならないと指定できます:

```
pub fn notify<T: Summary>(item: T) {
    // 新ニュース! {}
    println!("Breaking news! {}", item.summarize());
}
```

トレイト境界をジェネリックな型引数宣言とともにコロンの後、山かっこ内に配置しています。T に対するトレイト境界のため、notify を呼び出して NewsArticle か Tweet のどんなインスタンスも渡すことができます。あらゆる他の型、String や i32 などでこの関数を呼び出すコードは、型が Summary を実装しないので、コンパイルできません。

+ 記法でジェネリックな型に対して複数のトレイト境界を指定できます。例えば、関数で T に対してフォーマット表示と、summarize メソッドを使用するには、T: Summary + Display を使用して、T は Summary と Display を実装するどんな型にもなると宣言できます。

しかしながら、トレイト境界が多すぎると欠点もあります。各ジェネリックには、特有のトレイト境界があるので、複数のジェネリックな型引数がある関数には、関数名と引数リストの間に多くのトレイト境界の情報が付くこともあり、関数シグニチャーが読みづらくなる原因になります。このため、Rust には関数シグニチャーの後、where 節内にトレイト境界を指定する対立的な記法があります。したがって、こう書く代わりに:

```
fn some_function<T: Display + Clone, U: Clone + Debug>(t: T, u: U) -> i32 {
```

こんな感じに where 節を活用できます:

```
fn some_function<T, U>(t: T, u: U) -> i32
    where T: Display + Clone,
          U: Clone + Debug
{
```

この関数シグニチャーは、多くのトレイト境界のない関数のように、関数名、引数リスト、戻り値の型が一緒になって近いという点でごちゃごちゃしていません。

トレイト境界で largest 関数を修正する

ジェネリックな型引数の境界で使用したい振る舞いを指定する方法を知ったので、リスト
10.5 に戻って、ジェネリックな型引数を使用する largest 関数の定義を修正しましょう！ 最
後にそのコードを実行しようとしたら、こんなエラーが出ました:

```
error[E0369]: binary operation `>` cannot be applied to type `T`
 --> src/main.rs:5:12
  |
5 |         if item > largest {
  |            ^^^^^^^^^^^^^^^^
  |
  = note: an implementation of `std::cmp::PartialOrd` might be missing for `T`
```

largest の本体で、大なり演算子（>）を使用して型 T の 2 つの値を比較したかったのです。
その演算子は、標準ライブラリートレイトの std::cmp::PartialOrd でデフォルトメソッド
として定義されているので、largest 関数が、比較できるあらゆる型のスライスに対して動く
ように、T のトレイト境界に PartialOrd を指定する必要があります。初期化処理に含まれて
いるので、PartialOrd をスコープに導入する必要はありません。largest のシグニチャーを
以下のような見た目に変えてください:

```
fn largest<T: PartialOrd>(list: &[T]) -> T {
```

今度コードをコンパイルすると、異なる一連のエラーが出ます:

```
error[E0508]: cannot move out of type `[T]`, a non-copy slice
エラー: `[T]`、コピーでないスライスからムーブできません。
 --> src/main.rs:2:23
  |
2 |     let mut largest = list[0];
  |                       ^^^^^^^
  |                       |
  |                       cannot move out of here
  |                       help: consider using a reference instead: `&list[0]`
  |                       助言: 代わりに参照の使用を考慮してください: `&list[0]`

error[E0507]: cannot move out of borrowed content
エラー: 借用された内容からムーブできません
 --> src/main.rs:4:9
  |
4 |     for &item in list.iter() {
  |         ^----
  |         ||
```

```
                    |hint: to prevent move, use `ref item` or `ref mut item`
                    |
                    |
                    |cannot move out of borrowed content
                    |ヒント: ムーブを避けるには、'ref item'か'ref mut item'を使用してください
```

このエラーの鍵となる行は、cannot move out of type '[T]', a non-copy slice です。ジェネリックでないバージョンの largest 関数では、最大の i32 か char を探そうとするだけでした。第4章の「スタックのみのデータ: コピー」(☞ p.74) で議論したように、i32 や char のような既知のサイズの型は、スタックに格納できるので、Copy トレイトを実装しています。しかし、largest 関数をジェネリックにすると、list 引数が Copy トレイトを実装しない型を含む可能性も出てきたのです。結果として、list[0] から値を largest にムーブできず、このエラーに陥ったのです。

このコードを Copy トレイトを実装する型とだけで呼び出すには、T のトレイト境界に Copy を追加できます！ リスト 10.15 は、関数に渡したスライスの値の型が i32 や char などのように、PartialOrd と Copy を実装する限り、コンパイルできるジェネリックな largest 関数の完全なコードを示しています。

リスト 10.15: PartialOrd と Copy トレイトを実装するあらゆるジェネリックな型に対して動く、largest 関数の動く定義

src/lib.rs

```rust
fn largest<T: PartialOrd + Copy>(list: &[T]) -> T {
    let mut largest = list[0];

    for &item in list.iter() {
        if item > largest {
            largest = item;
        }
    }

    largest
}


fn main() {
    let number_list = vec![34, 50, 25, 100, 65];

    let result = largest(&number_list);
    println!("The largest number is {}", result);

    let char_list = vec!['y', 'm', 'a', 'q'];

    let result = largest(&char_list);
    println!("The largest char is {}", result);
}
```

もし largest 関数を Copy を実装する型だけに制限したくなかったら、Copy ではなく、T が Clone というトレイト境界を含むと指定することもできます。そうしたら、largest 関数

に所有権がほしいときにスライスの各値をクローンできます。clone 関数を使用するということは、String のようなヒープデータを所有する型の場合にもっとヒープ確保が発生する可能性があることを意味し、大きなデータを取り扱っていたら、ヒープ確保は遅いこともあります。

　largest の別の実装方法は、関数がスライスの T 値への参照を返すようにすることです。戻り値の型を T ではなく &T に変え、それにより関数の本体を参照を返すように変更したら、Clone か Copy トレイト境界は必要なくなり、ヒープ確保も避けられるでしょう。試しにこれらの対立的な解決策もご自身で実装してみてください！

トレイト境界を使用して、メソッド実装を条件分けする

　impl ブロックでジェネリックな型引数を使用するトレイト境界を活用することで、特定のトレイトを実装する型に対するメソッド実装を条件分けできます。例えば、リスト 10.16 の型 Pair<T> は、常に new 関数を実装します。しかし、Pair<T> は、内部の型 T が比較を可能にする PartialOrd トレイトと出力を可能にする Display トレイトを実装しているときのみ、cmp_display メソッドを実装します。

リスト 10.16: トレイト境界によってジェネリックな型に対するメソッド実装を条件分けする

```
use std::fmt::Display;

struct Pair<T> {
    x: T,
    y: T,
}

impl<T> Pair<T> {
    fn new(x: T, y: T) -> Self {
        Self {
            x,
            y,
        }
    }
}

impl<T: Display + PartialOrd> Pair<T> {
    fn cmp_display(&self) {
        if self.x >= self.y {
            println!("The largest member is x = {}", self.x);
        } else {
            println!("The largest member is y = {}", self.y);
        }
    }
}
```

また、別のトレイトを実装するあらゆる型に対するトレイト実装を条件分けすることもできます。トレイト境界を満たすあらゆる型にトレイトを実装することは、**ブランケット実装**（blanket implementation）[*2] と呼ばれ、Rust の標準ライブラリーで広く使用されています。例をあげれば、標準ライブラリーは、`Display` トレイトを実装するあらゆる型に `ToString` トレイトを実装しています。標準ライブラリーの `impl` ブロックは以下のような見た目です:

```
impl<T: Display> ToString for T {
    // 略
}
```

標準ライブラリーにはこのブランケット実装があるので、`Display` トレイトを実装する任意の型に対して、`ToString` トレイトで定義された `to_string` メソッドを呼び出せるのです。例えば、整数は `Display` を実装するので、このように整数値を対応する `String` 値に変換できます:

```
let s = 3.to_string();
```

ブランケット実装は、「実装したもの」節のトレイトのドキュメンテーションに出現します。

トレイトとトレイト境界により、ジェネリックな型引数を使用して重複を減らしつつ、コンパイラーに対して、そのジェネリックな型に特定の振る舞いがほしいことを指定するコードを書くことができます。それからコンパイラーは、トレイト境界の情報を活用してコードに使用された具体的な型が正しい振る舞いを提供しているか確認できます。動的型付け言語では、型が実装しない型のメソッドを呼び出せば、実行時にエラーが出るでしょう。しかし、Rust はこの種のエラーをコンパイル時に移したので、コードが動かせるようにさえなる以前に問題を修正することを強制されるのです。加えて、コンパイル時にすでに確認したので、実行時に振る舞いがあるかどうか確認するコードを書かなくても済みます。そうすることでジェネリクスの柔軟性をあきらめる必要なく、パフォーマンスを向上させます。

もう使用してきたことのある別の種のジェネリクスは、ライフタイムと呼ばれます。型がほしい振る舞いを保持していることを保証するのではなく、必要な間だけ参照が有効であることをライフタイムは保証します。ライフタイムがどうやってそれを行うかを見ましょう。

ライフタイムで参照を検証する

第 4 章の「参照と借用」節（☞ p.77）で議論しなかった詳細の 1 つは、Rust において参照はすべてライフタイムを保持することであり、ライフタイムとは、その参照が有効になるスコープのことです。多くの場合、型が推論されるように、多くの場合、ライフタイムも暗黙的に推論されます。複数の型の可能性があるときには、型を注釈しなければなりません。同様に、参照のライフタイムがいくつか異なる方法で関係することがある場合には注釈しなければ

[*2] blanket には、分厚く幅広いスペースをカバーするものあるいは「一面の」という意味もあるので、このような名前になっていると考えられる

なりません。コンパイラーは、ジェネリックライフタイム引数を使用して関係を注釈し、実行時に実際の参照が確かに有効であることを保証することを要求するのです。

　ライフタイムの概念は、他のプログラミング言語の道具とはどこか異なり、議論はあるでしょうが、ライフタイムが Rust で一番際立った機能になっています。この章では、ライフタイムのすべてを講義しないものの、ライフタイム記法と遭遇する可能性のある一般的な手段を議論するので、概念に馴染めます。もっと詳しく知るには、第 19 章の「高度なライフタイム」節（☞ p. 464）を参照してください。

ライフタイムでダングリング参照を回避する

　ライフタイムの主な目的は、ダングリング参照を回避することであり、ダングリング参照によりプログラムは、参照することを意図したデータ以外のデータを参照してしまいます。リスト 10.17 のプログラムを考えてください。これには、外側のスコープと内側のスコープが含まれています。

リスト 10.17: 値がスコープを抜けてしまった参照を使用しようとする

```
{
  ❶ let r;

    {
      ❷ let x = 5;
      ❸ r = &x;
  ❹ }

  ❺ println!("r: {}", r);
}
```

NOTE　リスト 10.17 や 10.18、10.24 では、変数に初期値を与えずに宣言しているので、変数名は外側のスコープに存在します。初見では、これは Rust には null 値が存在しないということと衝突しているように見える可能性があります。しかしながら、値を与える前に変数を使用しようとすれば、コンパイルエラーになり、確かに Rust では null 値は許可されないことを示します。

　外側のスコープで初期値なしの r という変数を宣言し❶、内側のスコープで初期値 5 の x という変数を宣言しています❷。内側のスコープ内で、r の値を x への参照にセットしようとしています❸。それから内側のスコープが終わり❹、r の値を出力しようとしています❺。r が参照している値が使おうとする前にスコープを抜けるので、このコードはコンパイルできません。こちらがエラーメッセージです:

```
error[E0597]: `x` does not live long enough
エラー: 'x'の生存期間が短すぎます
  --> src/main.rs:7:5
   |
```

```
6  |        r = &x;
   |                - borrow occurs here
   |                  借用はここで起こっています
7  |    }
   |    ^ `x` dropped here while still borrowed
   |      'x'は借用されている間にここでドロップされました
...
10 | }
   | - borrowed value needs to live until here
   |   借用された値はここまで生きる必要があります
```

　変数 x の「生存期間が短すぎます。」原因は内側のスコープが 7 行目で終わった時点で x が
スコープを抜けるからです。ですが、r はまだ、外側のスコープに対して有効です; スコープ
が大きいので、「長生きする」と言います。Rust で、このコードが動くことを許可していたら、
r は x がスコープを抜けたときに解放されるメモリーを参照していることになり、r で行おう
とするいかなることもちゃんと動かないでしょう。では、どうやってコンパイラーはこのコー
ドが無効であると決定しているのでしょうか? 借用チェッカーを使用しています。

借用チェッカー

　Rust コンパイラーには、スコープを比較してすべての借用が有効であるかを決定する**借用**
チェッカーがあります。リスト 10.18 は、リスト 10.17 と同じコードを示していますが、変数
のライフタイムを表示する注釈が付いています:

リスト 10.18: それぞれ'a と'b と名付けられた r と x のライフタイムの注釈

```
{
    let r;              // ---------+-- 'a
                        //          |
    {                   //          |
        let x = 5;      // -+-- 'b  |
        r = &x;         //  |       |
    }                   // -+       |
                        //          |
    println!("r: {}", r); //        |
}                       // ---------+
```

　ここで、r のライフタイムは'a、x のライフタイムは'b で注釈しました。ご覧のとおり、内
側の'b ブロックのほうが、外側の'a ライフタイムブロックよりはるかに小さいです。コンパ
イル時に、コンパイラーは 2 つのライフタイムのサイズを比較し、r は'a のライフタイムだ
けれども、'b のライフタイムのメモリーを参照していると確認します。'b は'a よりも短いの
で、プログラムは拒否されます: 参照の被写体が参照ほど長生きしないのです。

　リスト 10.19 でコードを修正したので、ダングリング参照はなくなり、エラーなくコンパイ
ルできます。

リスト 10.19: データのライフタイムが参照より長いので、有効な参照

```
{
    let x = 5;            // ----------+-- 'b
                          //           |
    let r = &x;           // --+-- 'a  |
                          //   |       |
    println!("r: {}", r); //   |       |
                          // --+        |
}                         // ----------+
```

ここで x のライフタイムは'b になり、今回の場合'a よりも大きいです。つまり、コンパイラーは x が有効な間、r の参照も常に有効になることを把握しているので、r は x を参照できます。

今や、参照のライフタイムがどこにあり、コンパイラーがライフタイムを解析して参照が常に有効であることを保証する仕組みがわかったので、関数の文脈でジェネリックな引数と戻り値のライフタイムを探究しましょう。

関数のジェネリックなライフタイム

2 つの文字列スライスのうち、長い方を返す関数を書きましょう。この関数は、2 つの文字列スライスを取り、1 つの文字列スライスを返します。longest 関数の実装完了後、リスト 10.20 のコードは、The longest string is abcd と出力するはずです。

リスト 10.20: longest 関数を呼び出して 2 つの文字列スライスのうち長い方を探す main 関数

src/main.rs
```
fn main() {
    let string1 = String::from("abcd");
    let string2 = "xyz";

    let result = longest(string1.as_str(), string2);
    // 最長の文字列は、{}です
    println!("The longest string is {}", result);
}
```

関数に取ってほしい引数が文字列スライス、つまり参照であることに注意してください。なぜなら、longest 関数に引数の所有権を奪ってほしくないからです。この関数に String のスライス（変数 string1 に格納されている型）と文字列リテラル（変数 string2 が含むもの）を受け取らせたいのです。

リスト 10.20 で使用している引数が求めているものである理由についてもっと詳しい議論は、第 4 章の「引数としての文字列スライス」（☞ p.89）をご参照ください。

リスト 10.21 に示したように longetst 関数を実装しようとしたら、コンパイルできないでしょう。

リスト 10.21: 2 つの文字列スライスのうち長い方を返すけれども、コンパイルできない longest
関数の実装

src/main.rs

```rust
fn longest(x: &str, y: &str) -> &str {
    if x.len() > y.len() {
        x
    } else {
        y
    }
}
```

代わりに、以下のようなライフタイムに言及するエラーが出ます:

```
error[E0106]: missing lifetime specifier
エラー: ライフタイム指定子が不足しています
 --> src/main.rs:1:33
  |
1 | fn longest(x: &str, y: &str) -> &str {
  |                                 ^ expected lifetime parameter
  |                                   ライフタイム引数が予想されます
  |
  = help: this function's return type contains a borrowed value, but the
    signature does not say whether it is borrowed from `x` or `y`
    助言: この関数の戻り値型は借用された値を含んでいますが、シグニチャーは、それが‘x‘か
    ‘y‘由来のものなのか宣言していません
```

　助言テキストが戻り値の型はジェネリックなライフタイム引数である必要があると明かしています。というのも、返している参照が x か y を参照しているかコンパイラーにはわからないからです。この関数の本体の if ブロックは x への参照を返し、else ブロックは y への参照を返すので、実際、どちらか我々にもわかりません！

　この関数を定義する際、この関数に渡される具体的な値がわからないので、if ケースか、else ケースが実行されるか、わからないのです。また、渡される参照の具体的なライフタイムもわからないので、リスト 10.18 と 10.19 で、返す参照が常に有効であるかを決定したようにスコープを見ることもできないのです。借用チェッカーもこれを決定することはできません。x と y のライフタイムがどう戻り値のライフタイムと関係するかわからないからです。このエラーを修正するには、借用チェッカーを実行できるように、参照間の関係を定義するジェネリックなライフタイム引数を追加します。

ライフタイム注釈記法

　ライフタイム注釈は、いかなる参照の生存期間も変えることはありません。シグニチャーがジェネリックな型引数を指定しているときに、関数があらゆる型を受け入れるのとまったく同様に、ジェネリックなライフタイム引数を指定することで関数は、あらゆるライフタイムの参照を受け入れるのです。ライフタイム注釈は、ライフタイムに影響することなく、複数の参照

のライフタイムのお互いの関係を記述します。

ライフタイム注釈は、少しだけ不自然な記法です: ライフタイム引数の名前はアポストロフィー（'）で始まらなければならず、通常全部小文字で、ジェネリック型のようにとても短いです。多くの人は、'a という名前を使います。ライフタイム引数注釈は、参照の & の後に配置し、注釈と参照の型を区別するために空白を 1 つ使用します。

例をあげましょう: ライフタイム引数なしの i32 への参照、'a というライフタイム引数付きの i32 への参照、これもライフタイム 'a 付き i32 への可変参照です。

```
&i32        // （ただの）参照
&'a i32     // 明示的なライフタイム付きの参照
&'a mut i32 // 明示的なライフタイム付きの可変参照
```

1 つのライフタイム注釈それだけでは、大して意味はありません。注釈は、複数の参照のジェネリックなライフタイム引数が、お互いにどう関係するかをコンパイラーに指示することを意図しているからです。例えば、ライフタイム 'a 付きの i32 への参照となる引数 first のある関数があるとしましょう。この関数にはさらに、'a のライフタイム付きの i32 への別の参照となる second という別の引数もあります。ライフタイム注釈は、first と second の参照がどちらもジェネリックなライフタイムと同じだけ生きることを示唆します。

関数シグニチャーにおけるライフタイム注釈

さて、longest 関数の文脈でライフタイム注釈を調査しましょう。ジェネリックな型引数同様、関数名と引数リストの間、山かっこの中にジェネリックなライフタイム引数を宣言する必要があります。このシグニチャーで表現したい制約は、引数の全参照と戻り値が同じライフタイムになることです。ライフタイムを 'a と名付け、それから各参照に追記します。リスト 10.22 に示したように。

リスト 10.22: シグニチャーの全参照が同じライフタイム 'a になると指定した longest 関数の定義

src/main.rs

```rust
fn longest<'a>(x: &'a str, y: &'a str) -> &'a str {
    if x.len() > y.len() {
        x
    } else {
        y
    }
}
```

このコードはコンパイルでき、リスト 10.20 の main 関数とともに使用したら、ほしい結果になるはずです。

これで関数シグニチャーは、何らかのライフタイム 'a に対して、関数は 2 つの引数を取り、どちらも少なくともライフタイム 'a と同じだけ生きる文字列スライスであるとコンパイラーに教えるようになりました。また、この関数シグニチャーは、関数から返る文字列スライスも少なくともライフタイム 'a と同じだけ生きると、コンパイラーに教えています。これらの制

約は、コンパイラーに強制してほしいものです。この関数シグニチャーでライフタイム引数を指定するとき、渡されたり、返したりしたいかなる値のライフタイムも変更していないことを思い出してください。むしろ、借用チェッカーは、これらの制約を支持しない値すべてを拒否するべきと指定しています。longest関数は、正確にxとyの生存期間を知る必要はなく、何かのスコープが'aに代替され、このシグニチャーを満足することだけ知っている必要があることに注意してください。

関数でライフタイムを注釈する際、注釈は関数シグニチャーにはまり、関数本体にははまりません。コンパイラーは、何の助けもなく、関数内のコードを解析できます。しかしながら、関数に関数外から、または関数外への参照がある場合、コンパイラーは引数や戻り値のライフタイムをそれだけではじき出すことはほとんど不可能になります。ライフタイムは、関数が呼び出されるたびに異なる可能性があります。このために、手動でライフタイムを注釈する必要があるのです。

具体的な参照をlongestに渡すと、'aを代替する具体的なライフタイムは、yのスコープと被さるxのスコープの一部になります。言い換えると、ジェネリックなライフタイム'aは、xとyのライフタイムのうち、小さい方に等しい具体的なライフタイムになるのです。返却される参照を同じライフタイム引数'aで注釈したので、返却される参照もxかyのライフタイムの小さい方と同じだけ有効になるでしょう。

ライフタイム注釈が異なる具体的なライフタイムになる参照を渡すことでlongest関数を制限する方法を見ましょう。リスト10.23は、率直な例です。

リスト10.23: 異なる具体的なライフタイムのString値への参照でlongest関数を使用する

```
fn main() {
    // 長い文字列は長い
    let string1 = String::from("long string is long");

    {
        let string2 = String::from("xyz");
        let result = longest(string1.as_str(), string2.as_str());
        println!("The longest string is {}", result);
    }
}
```

この例において、string1は外側のスコープの終わりまで有効で、string2は内側のスコープの終わりまで有効、そしてresultは内側のスコープの終わりまで有効な何かを参照しています。このコードを実行すると、借用チェッカーがこのコードに賛成するのがわかるでしょう。要するに、コンパイルでき、The longest string is long string is longと出力するのです。

次に、resultの参照のライフタイムが2つの引数の小さい方のライフタイムになることを示す例を試しましょう。result変数の宣言を内側のスコープの外に移すものの、result変数への代入はstring2のスコープ内に残したままにします。それからresultを使用するprintln!を内側のスコープの外、内側のスコープが終わった後に移動します。リスト10.24

のコードはコンパイルできません。

リスト 10.24: string2 がスコープを抜けてから result を使用しようとする

src/main.rs

```
fn main() {
    let string1 = String::from("long string is long");
    let result;
    {
        let string2 = String::from("xyz");
        result = longest(string1.as_str(), string2.as_str());
    }
    println!("The longest string is {}", result);
}
```

このコードのコンパイルを試みると、こんなエラーになります:

```
error[E0597]: `string2` does not live long enough
  --> src/main.rs:15:5
   |
14 |         result = longest(string1.as_str(), string2.as_str());
   |                                            ------- borrow occurs here
15 |     }
   |     ^ `string2` dropped here while still borrowed
16 |     println!("The longest string is {}", result);
17 | }
   | - borrowed value needs to live until here
```

このエラーは、result が println! 文に対して有効になるために、string2 が外側のスコープの終わりまで有効である必要があることを示しています。関数引数と戻り値のライフタイムを同じライフタイム引数'a で注釈したので、コンパイラーはこのことを知っています。

人間からしたら、このコードを見て string1 は string2 よりも長いことが確認でき、故に result は string1 への参照を含んでいます。まだ string1 はスコープを抜けていないので、それでも string1 への参照は println! にとって有効でしょう。ですが、コンパイラーはこの場合、参照が有効であると見なせません。longest 関数から返ってくる参照のライフタイムは、渡した参照のうちの小さい方と同じだとコンパイラーに指示しました。それ故に、借用チェッカーは、リスト 10.24 のコードを無効な参照がある可能性があるとして許可しないのです。

試しに値や longest 関数に渡される参照のライフタイムや返される参照の使用法が異なる実験をもっと企ててみてください。自分の実験がコンパイル前に借用チェッカーを通るかどうか仮説を立ててください; そして、正しいか確かめてください!

ライフタイムの観点で思考する

ライフタイム引数を指定する必要のある手段は、関数が行っていることによります。例えば、longest 関数の実装を最長の文字列スライスではなく、常に最初の引数を返すように変更

216　第10章　ジェネリック型、トレイト、ライフタイム

したら、y引数に対してライフタイムを指定する必要はなくなるでしょう。以下のコードはコン
パイルできます:

src/main.rs
```rust
fn longest<'a>(x: &'a str, y: &str) -> &'a str {
    x
}
```

この例では、引数xと戻り値に対してライフタイム引数'aを指定しましたが、引数yには
指定していません。yのライフタイムはxや戻り値のライフタイムとは何の関係もないから
です。

関数から参照を返す際、戻り値型のライフタイム引数は、引数のうちどれかのライフタイム
引数と一致する必要があります。返される参照が引数のどれかを参照していなければ、この関
数内で生成された値を参照しているに違いなく、これは、その値が関数の末端でスコープを抜
けるので、ダングリング参照になるでしょう。コンパイルできないこのlongest関数の未遂
の実装を考えてください:

src/main.rs
```rust
fn longest<'a>(x: &str, y: &str) -> &'a str {
    // 本当に長い文字列
    let result = String::from("really long string");
    result.as_str()
}
```

ここでは、たとえ、戻り値型にライフタイム引数'aを指定していても、戻り値のライフタイ
ムは、引数のライフタイムとまったく関係がないので、この実装はコンパイルできないでしょ
う。こちらが、得られるエラーメッセージです:

```
error[E0597]: `result` does not live long enough
  --> src/main.rs:3:5
   |
3  |     result.as_str()
   |     ^^^^^^ does not live long enough
4  | }
   | - borrowed value only lives until here
   |
note: borrowed value must be valid for the lifetime 'a as defined on the
      function body at 1:1...
注釈: 借用された値は、関数本体1行目1文字目で定義されているようにライフタイム'aに対して
     有効でなければなりません
  --> src/main.rs:1:1
   |
1  | / fn longest<'a>(x: &str, y: &str) -> &'a str {
2  | |     let result = String::from("really long string");
3  | |     result.as_str()
4  | | }
   | |_^
```

ライフタイムで参照を検証する　217

　問題は、`result`が`longest`関数の末端でスコープを抜け、片付けられてしまうことです。また、関数から`result`を返そうともしています。ダングリング参照を変えるであろうライフタイム引数を指定する手段はなく、コンパイラーは、ダングリング参照を生成させてくれません。今回の場合、最善の修正案は、呼び出し元の関数が値の片付けに責任を持てるよう、参照ではなく所有されたデータ型を返すことでしょう。

　究極的にライフタイム記法は、関数のいろいろな引数と戻り値のライフタイムを接続することに関するのです。いったん、つながりができたら、メモリー安全な処理を許可するのに十分な情報がコンパイラーにはあり、ダングリングポインターを生成するであろう処理を不認可し、さもなくばメモリー安全性を侵害するのです。

構造体定義のライフタイム注釈

　ここまで、所有された型を保持する構造体だけを定義してきました。構造体に参照を保持させることもできますが、その場合、構造体定義の全参照にライフタイム注釈を付け加える必要があるでしょう。リスト 10.25 には、文字列スライスを保持する`ImportantExcerpt`（重要な一節）という構造体があります。

リスト 10.25: 参照を含む構造体なので、定義にライフタイム注釈が必要

src/main.rs

```
struct ImportantExcerpt<'a> {
    part: &'a str,
}

fn main() {
    // 僕をイシュマエルとお呼び。何年か前・・・
    let novel = String::from("Call me Ishmael. Some years ago...");
    let first_sentence = novel.split('.')
        .next()
        .expect("Could not find a '.'");   // '.'が見つかりませんでした
    let i = ImportantExcerpt { part: first_sentence };
}
```

　この構造体には文字列スライスを保持する 1 つのフィールド、`part`があり、これは参照です。ジェネリックなデータ型同様、構造体名の後、山かっこの中にジェネリックなライフタイム引数の名前を宣言するので、構造体定義の本体でライフタイム引数を使用できます。この注釈は、`ImportantExcerpt`のインスタンスが、`part`フィールドに保持している参照よりも長生きしないことを意味します。

　ここの`main`関数は、変数`novel`に所有される`String`の最初の文への参照を保持する`ImportantExcerpt`インスタンスを生成しています。`novel`のデータは、`ImportantExcerpt`インスタンスが作られる前に存在しています。加えて、`ImportantExcerpt`がスコープを抜けるまで`novel`はスコープを抜けないので、`ImportantExcerpt`インスタンスの参照は有効なのです。

ライフタイム省略

全参照にはライフタイムがあり、参照を使用する関数や構造体にはライフタイム引数を指定する必要があることを学びました。ですが、リスト4.9（☞ p.89）にとある関数があり、リスト10.26に再度示しましたが、これは、ライフタイム注釈なしでコンパイルできました。

リスト10.26: 引数と戻り値型が参照であるにもかかわらず、ライフタイム注釈なしでコンパイルできたリスト4.9で定義した関数

src/src/lib.rs

```
fn first_word(s: &str) -> &str {
    let bytes = s.as_bytes();

    for (i, &item) in bytes.iter().enumerate() {
        if item == b' ' {
            return &s[0..i];
        }
    }

    &s[..]
}
```

この関数がライフタイム注釈なしでコンパイルできた理由は、歴史的なものです: 昔のバージョンのRust（1.0以前）では、全参照に明示的なライフタイムが必要だったので、このコードはコンパイルできませんでした。そのころ、関数シグニチャーはこのように記述されていたのです:

```
fn first_word<'a>(s: &'a str) -> &'a str {
```

多くのRustコードを書いた後、Rustチームは、Rustプログラマーが特定の場面では、何度も何度も同じライフタイム注釈を入力することを発見しました。これらの場面は予測可能で、いくつかの決定的なパターンに従っていました。開発者はこのパターンをコンパイラーのコードに落とし込んだので、このような場面には借用チェッカーがライフタイムを推論できるようになり、明示的な注釈を必要としなくなったのです。

他の決定的なパターンが出現し、コンパイラーに追加されることもあり得るので、このRustの歴史は関係があります。将来的に、さらに少数のライフタイム注釈しか必要にならない可能性もあります。

コンパイラーの参照解析に落とし込まれたパターンは、**ライフタイム省略規則**と呼ばれます。これらはプログラマーが従う規則ではありません; コンパイラーが考慮する一連の特定のケースであり、自分のコードがこのケースに当てはまれば、ライフタイムを明示的に書く必要はなくなります。

省略規則は、完全な推論を提供しません。コンパイラーが決定的に規則を適用できるけれども、参照が保持するライフタイムに関してそれでも曖昧性があるなら、コンパイラーは、残りの参照がなるべきライフタイムを推論しません。この場合、推論ではなく、コンパイラーは、

参照がお互いにどう関係するかを指定するライフタイム注釈を追記することで、解決できるエラーを与えます。

関数やメソッドの引数のライフタイムは、**入力ライフタイム**と呼ばれ、戻り値のライフタイムは**出力ライフタイム**と称されます。

コンパイラーは 3 つの規則を活用し、明示的な注釈がないときに、参照がどんなライフタイムになるかを計算します。最初の規則は入力ライフタイムに適用され、2 番目と 3 番目の規則は出力ライフタイムに適用されます。コンパイラーが 3 つの規則の最後まで到達し、それでもライフタイムを割り出せない参照があったら、コンパイラーはエラーで停止します。

最初の規則は、参照である各引数は、独自のライフタイム引数を得るというものです。換言すれば、1 引数の関数は、1 つのライフタイム引数を得るということです: `fn foo<'a>(x: &'a i32)`; 2 つ引数のある関数は、2 つの個別のライフタイム引数を得ます: `fn foo<'a, 'b>(x: &'a i32, y: &'b i32)`; 以下同様。

2 番目の規則は、1 つだけ入力ライフタイム引数があるなら、そのライフタイムがすべての出力ライフタイム引数に代入されるというものです: `fn foo<'a>(x: &'a i32) -> &'a i32`。

3 番目の規則は、複数の入力ライフタイム引数があるけれども、メソッドなのでそのうちの 1 つが `&self` や `&mut self` だったら、`self` のライフタイムが全出力ライフタイム引数に代入されるというものです。この 3 番目の規則により、必要なシンボルの数が減るので、メソッドがはるかに読み書きしやすくなります。

コンパイラーになってみましょう。これらの規則を適用して、リスト 10.26 の `first_word` 関数のシグニチャーの参照のライフタイムが何か計算します。シグニチャーは、参照に紐付けられるライフタイムがない状態から始まります:

```
fn first_word(s: &str) -> &str {
```

そうして、コンパイラーは最初の規則を適用し、各引数が独自のライフタイムを得ると指定します。それを通常どおり `'a` と呼ぶので、シグニチャーはこうなります:

```
fn first_word<'a>(s: &'a str) -> &str {
```

1 つだけ入力ライフタイムがあるので、2 番目の規則を適用します。2 番目の規則は、1 つの入力引数のライフタイムが、出力引数に代入されると指定するので、シグニチャーはこうなります:

```
fn first_word<'a>(s: &'a str) -> &'a str {
```

もうこの関数シグニチャーのすべての参照にライフタイムが付いたので、コンパイラーは、プログラマーにこの関数シグニチャーのライフタイムを注釈してもらう必要なく、解析を続行できます。

別の例に目を向けましょう。今回は、リスト 10.21 で取り掛かったときにはライフタイム引数がなかった `longest` 関数です:

```
fn longest(x: &str, y: &str) -> &str {
```

最初の規則を適用しましょう: 各引数が独自のライフタイムを得るのです。今回は、1つで
はなく2つ引数があるので、ライフタイムも2つです:

```
fn longest<'a, 'b>(x: &'a str, y: &'b str) -> &str {
```

2つ以上入力ライフタイムがあるので、2番目の規則は適用されないとわかります。また3
番目の規則も適用されません。longest はメソッドではなく関数なので、どの引数も self で
はないのです。3つの規則全部を適用した後、まだ戻り値型のライフタイムが判明していませ
ん。このために、リスト10.21でこのコードをコンパイルしようとしてエラーになったので
す: コンパイラーは、ライフタイム省略規則すべてを適用したけれども、シグニチャーの参照
全部のライフタイムを計算できなかったのです。

3番目の規則は本当にメソッドシグニチャーでしか適用されないので、次にその文脈でライ
フタイムを観察し、3番目の規則が、メソッドシグニチャーであまり頻繁にライフタイムを注
釈しなくても済むことを意味する理由を確認します。

メソッド定義におけるライフタイム注釈

構造体にライフタイムのあるメソッドを実装する際、リスト10.11で示したジェネリックな
型引数と同じ記法を使用します。ライフタイム引数を宣言し使用する場所は、構造体フィール
ドかメソッド引数と戻り値に関係するかによります。

構造体のフィールド用のライフタイム名は、impl キーワードの後に宣言する必要があり、
それから構造体名の後に使用されます。そのようなライフタイムは構造体の型の一部になるか
らです。

impl ブロック内のメソッドシグニチャーでは、参照は構造体のフィールドの参照のライフ
タイムに紐付くか、独立している可能性があります。加えて、ライフタイム省略規則により、
メソッドシグニチャーでライフタイム注釈が必要なくなることがよくあります。リスト10.25
で定義した ImportantExcerpt という構造体を使用して、何か例を眺めましょう。

まず、唯一の引数が self への参照で戻り値が i32 という何かへの参照ではない level と
いうメソッドを使用します:

```
impl<'a> ImportantExcerpt<'a> {
    fn level(&self) -> i32 {
        3
    }
}
```

impl 後のライフタイム引数宣言と型名の後に使用するのは必須ですが、最初の省略規則の
ため、self への参照のライフタイムを注釈する必要はありません。

3番目のライフタイム省略規則が適用される例はこちらです:

```
impl<'a> ImportantExcerpt<'a> {
    fn announce_and_return_part(&self, announcement: &str) -> &str {
        // お知らせします
        println!("Attention please: {}", announcement);
        self.part
    }
}
```

2つ入力ライフタイムがあるので、コンパイラーは最初のライフタイム省略規則を適用し、&self と announcement に独自のライフタイムを与えます。それから、引数の1つが &self なので、戻り値型は &self のライフタイムを得て、すべてのライフタイムが考慮されました。

静的ライフタイム

議論する必要のある一種の特殊なライフタイムが、'static であり、これはプログラム全体の期間を示します。文字列リテラルはすべて'static ライフタイムになり、次のように注釈できます:

```
// 静的ライフタイムを持ってるよ
let s: &'static str = "I have a static lifetime.";
```

この文字列のテキストは、プログラムのバイナリーに直接格納され、常に利用可能です。故に、全文字列リテラルのライフタイムは、'static なのです。

エラーメッセージで'static ライフタイムを使用する提言を目撃する可能性があります。ですが、参照に対してライフタイムとして'static を指定する前に、今ある参照が本当にプログラムの全期間生きるかどうか考えてください。可能であっても、参照がそれだけの期間生きてほしいかどうか考慮する可能性があります。ほとんどの場合、問題は、ダングリング参照を生成しようとしているか、利用可能なライフタイムの不一致が原因です。そのような場合、解決策はその問題を修正することであり、'static ライフタイムを指定することではありません。

ジェネリックな型引数、トレイト境界、ライフタイムを一度に

ジェネリックな型引数、トレイト境界、ライフタイムを指定する記法をすべて1関数でちょっと眺めましょう!

```
use std::fmt::Display;

fn longest_with_an_announcement<'a, T>(x: &'a str, y: &'a str, ann: T) -> &'a
    str
    where T: Display
```

```
{
    // アナウンス！
    println!("Announcement! {}", ann);
    if x.len() > y.len() {
        x
    } else {
        y
    }
}
```

　これがリスト 10.22 からの 2 つの文字列のうち長い方を返す longest 関数ですが、ジェ
ネリックな型 T の ann という追加の引数があり、これは where 節で指定されているように、
Display トレイトを実装するあらゆる型で埋めることができます。この追加の引数は、関数
が文字列スライスの長さを比較する前に出力されるので、Display トレイト境界が必要なの
です。ライフタイムは一種のジェネリックなので、ライフタイム引数 'a とジェネリックな型
引数 T が関数名の後、山かっこ内の同じリストに収まっています。

総括

　いろいろなことをこの章では講義しましたね！　今やジェネリックな型引数、トレイトとト
レイト境界、そしてジェネリックなライフタイム引数を知ったので、多くの異なる場面で動く
コードを繰り返しなく書く準備ができました。ジェネリックな型引数により、コードを異なる
型に適用させてくれます。トレイトとトレイト境界は、型がジェネリックであっても、コード
が必要とする振る舞いを持つことを保証します。ライフタイム注釈を活用して、この柔軟な
コードにダングリング参照が存在しないことを保証する方法を学びました。さらにこの解析は
すべてコンパイル時に起こり、実行時のパフォーマンスには影響しません！

　信じるかどうかは自由ですが、この章で議論した話題にはもっともっと学ぶべきことがあり
ます: 第 17 章ではトレイトオブジェクトを議論し、これはトレイトを使用する別の手段です。
第 19 章では、ライフタイム注釈がかかわるもっと複雑な筋書きと何か高度な型システムの機
能を講義します。ですが次は、Rust でテストを書く方法を学ぶので、コードがあるべきとお
りに動いていることを確かめられます。

11

自動テストを書く

1972年のエッセイ「謙虚なプログラマー」でエドガー・W・ダイクストラ (Edsger W. Dijkstra) は以下のように述べています。「プログラムのテストは、バグの存在を示すには非常に効率的な手法であるが、バグの不在を示すには望み薄く不適切である」と。これは、できるだけテストを試みるべきではないということではありません。

プログラムの正当性は、どこまで自分のコードが意図していることをしているかなのです。Rust は、プログラムの正当性に重きを置いて設計されていますが、正当性は複雑で、単純に証明することはありません。Rust の型システムは、この重荷の多くの部分を肩代わりしてくれますが、型システムはあらゆる種類の不当性を捕捉してはくれません。ゆえに、Rust では、言語内で自動化されたソフトウェアテストを書くことをサポートしているのです。

例として、渡された何かの数値に 2 を足す add_two という関数を書くとしましょう。この関数のシグニチャーは、引数に整数を取り、結果として整数を返します。この関数を実装してコンパイルすると、コンパイラーはこれまでに学んできた型チェックと借用チェックをすべて行い、例えば、String の値や無効な参照をこの関数に渡していないかなどを確かめるのです。ところが、コンパイラーはプログラマーがまさしく意図したことを関数が実行しているかどうかは確かめられません。つまり、そうですね、引数に 10 を足したり、50 を引いたりするのではなく、引数に 2 を足していることです。そんなときに、テストは必要になるのです。

例えば、add_two 関数に 3 を渡したときに、戻り値は 5 であることをアサーションするようなテストを書くことができます。コードに変更を加えた際にこれらのテストを走らせ、既存

の正当な振る舞いが変わっていないことを確認できます。

　テストは、複雑なスキルです: よいテストの書き方をあらゆる方面から講義することは 1 章だけではできないのですが、Rust のテスト機構のメカニズムについて議論します。テストを書く際に利用可能になるアノテーションとマクロについて、テストを実行するのに提供されているオプションと標準の動作、さらにテストをユニットテストや統合テストに体系化する方法について語ります。

テストの記述法

　テストは、非テストコードが想定された方法で機能していることを実証する Rust の関数です。テスト関数の本体は、典型的には以下の 3 つの動作を行います:

1. 必要なデータや状態をセットアップする。
2. テスト対象のコードを走らせる。
3. 結果が想定どおりかアサーションする。

　Rust が、特にこれらの動作を行うテストを書くために用意している機能を見ていきましょう。これには、test 属性、いくつかのマクロ、should_panic 属性が含まれます。

テスト関数の解剖

　最も単純には、Rust におけるテストは test 属性で注釈された関数のことです。属性とは、Rust コードの欠片に関するメタデータです; 一例をあげれば、構造体とともに第 5 章で使用した derive 属性です。関数をテスト関数に変えるには、fn の前に #[test] を付け加えるのです。cargo test コマンドでテストを実行したら、コンパイラーは test 属性で注釈された関数を走らせるテスト用バイナリーをビルドし、各テスト関数が通過したか失敗したかを報告します。

　第 7 章で、Cargo で新規ライブラリープロジェクトを作成したときに、テスト関数が含まれるテストモジュールが自動で生成されたことを見かけました。このモジュールのおかげでテストを書き始めることができるので、新しいプロジェクトを立ち上げるたびに、テスト関数の正確な構造と記法を調べる必要がなくなるわけです。必要なだけ追加のテスト関数とテストモジュールは追記することができます。

　実際にテストすることなしにテンプレートのテストが生成されるのを実験することでテストの動作法の一部の側面を探究しましょう。それから、自分で書いた何らかのコードを呼び出し、振る舞いが正しいかアサーションする現実世界のテストを書きましょう。

　adder という新しいライブラリープロジェクトを生成しましょう:

```
$ cargo new adder --lib
     Created library `adder` project
$ cd adder
```

adder ライブラリーの src/lib.rs ファイルの中身は、リスト 11.1 のような見た目のはずです。

リスト 11.1: `cargo new` で自動生成されたテストモジュールと関数

```
#[cfg(test)]
mod tests {
 ❶ #[test]
    fn it_works() {
      ❷ assert_eq!(2 + 2, 4);
    }
}
```

とりあえず、最初の 2 行は無視し、関数に集中してその動作法を見ましょう。`fn` 行の`#[test]` 注釈❶に注目してください: この属性は、これがテスト関数であることを示唆しますので、テスト実行機はこの関数をテストとして扱うとわかるのです。さらに、`tests` モジュール内には非テスト関数を入れ込み、一般的なシナリオをセットアップしたり、共通の処理を行う手助けをしたりもできるので、`#[test]` 属性でどの関数がテストかを示唆する必要があるのです。

関数本体は、`assert_eq!` マクロ❷を使用して、2 + 2 が 4 に等しいことをアサーションしています。このアサーションは、典型的なテストのフォーマット例をなしているわけです。走らせてこのテストが通ることを確かめましょう。

`cargo test` コマンドでプロジェクトにあるテストがすべて実行されます。リスト 11.2 に示したようにですね。

リスト 11.2: 自動生成されたテストを走らせた出力

```
$ cargo test
   Compiling adder v0.1.0 (file:///projects/adder)
    Finished dev [unoptimized + debuginfo] target(s) in 0.22 secs
     Running target/debug/deps/adder-ce99bcc2479f4607

running 1 test ❶
test tests::it_works ... ok ❷

test result: ok.❸ 1 passed; 0 failed; 0 ignored; 0 measured; 0 filtered out

   Doc-tests adder ❹

running 0 tests

test result: ok. 0 passed; 0 failed; 0 ignored; 0 measured; 0 filtered out
```

Cargo がテストをコンパイルし、走らせました。Compiling, Finished, Running の行の後に `running 1 test` の行があります❶。次行が、生成されたテスト関数の `it_works`（動く）という名前とこのテストの実行結果、`ok` を示しています❷。テスト実行の総合的なまとめが次に出現します。`test result:ok.`❸というテキストは、全テストが通ったことを意味し、1

passed; 0 failed と読める部分は、通過または失敗したテストの数を合計しているのです。

　無視すると指定したテストは何もなかったため、まとめは 0 ignored と示しています。また、実行するテストにフィルターをかけもしなかったので、まとめの最後に 0 filtered out と表示されています。テストを無視することとフィルターすることに関しては次の節、「テストの実行のされ方を制御する」（☞ p. 238）で語ります。

　0 measured という統計は、パフォーマンスを測定するベンチマークテスト用です。ベンチマークテストは、本書記述の時点では、ナイトリー版の Rust でのみ利用可能です。詳しくは、ベンチマークテストのドキュメンテーション[*1] を参照してください。

　テスト出力の次の部分、つまり Doc-tests adder で始まる部分❹は、ドキュメンテーションテストの結果用のものです。まだドキュメンテーションテストは何もないものの、コンパイラーは、API ドキュメントに現れたどんなコード例もコンパイルできます。この機能により、ドキュメンテーションとコードを同期することができるわけです。ドキュメンテーションテストの書き方については、第 14 章の「テストとしてのドキュメンテーションコメント」（☞ p. 319）で議論しましょう。今は、Doc-tests 出力を無視します。

　テストの名前を変更してどうテスト出力が変わるか確かめましょう。it_works 関数を違う名前、exploration（探究）などに変えてください。そう、以下のように:

```
#[cfg(test)]
mod tests {
    #[test]
    fn exploration() {
        assert_eq!(2 + 2, 4);
    }
}
```

　そして、cargo test を再度走らせます。これで出力が it_works の代わりに exploration と表示しています:

```
running 1 test
test tests::exploration ... ok

test result: ok. 1 passed; 0 failed; 0 ignored; 0 measured; 0 filtered out
```

　別のテストを追加しますが、今回は失敗するテストにしましょう！ テスト関数内の何かがパニックすると、テストは失敗します。各テストは、新規スレッドで実行され、メインスレッドが、テストスレッドが死んだと確認したとき、テストは失敗と印づけられます。第 9 章でパニックを引き起こす最も単純な方法について語りました。要するに、panic! マクロを呼び出すことです。src/lib.rs ファイルがリスト 11.3 のような見た目になるよう、新しいテスト another（別の）を入力してください。

[*1] https://doc.rust-lang.org/unstable-book/library-features/test.html

テストの記述法　227

リスト 11.3: panic! マクロを呼び出したために失敗する 2 番目のテストを追加する

```
#[cfg(test)]
mod tests {
    #[test]
    fn exploration() {
        assert_eq!(2 + 2, 4);
    }

    #[test]
    fn another() {
        // このテストを失敗させる
        panic!("Make this test fail");
    }
}
```

cargo test で再度テストを走らせてください。出力はリスト 11.4 のようになるはずであり、exploration テストは通り、another は失敗したと表示されます。

リスト 11.4: 1 つのテストが通り、1 つが失敗するときのテスト結果

```
running 2 tests
test tests::exploration ... ok
test tests::another ... FAILED ❶

failures: ❷

---- tests::another stdout ----
    thread 'tests::another' panicked at 'Make this test fail', src/lib.rs:10:8
note: Run with `RUST_BACKTRACE=1` for a backtrace.

failures: ❸
    tests::another

test result: FAILED. 1 passed; 1 failed; 0 ignored; 0 measured; 0 filtered out
        ❹

error: test failed
```

ok の代わりに test test::another の行は、FAILED を表示しています❶。個々の結果とまとめの間に、2 つ新たな区域ができました: 最初の区域❷は、失敗したテストおのおのの具体的な理由を表示しています。今回の場合、another は 'Make this test fail' でパニックしたために失敗し、これは、src/lib.rs ファイルの 10 行で起こりました。次の区域❸は失敗したテストの名前だけを列挙しています。これは、テストがたくさんあり、失敗したテストの詳細がたくさん表示されるときに有用になります。失敗したテストの名前を使用してそのテストだけを実行し、より簡単にデバッグすることができます。テストの実行方法については、「テストの実行のされ方を制御する」節 (☞ p. 238) でもっと語りましょう。

総括の行が最後に出力されています❹: 総合的に言うと、テスト結果は**失敗**でした。1つの
テストが通り、1つが失敗したわけです。

異なる筋書きでのテスト結果がどんな風になるか見てきたので、テストを行う際に有用にな
る panic! 以外のマクロに目を向けましょう。

assert! マクロで結果を確認する

assert! マクロは、標準ライブラリーで提供されていますが、テスト内の何らかの条件
が true と評価されることを確かめたいときに有効です。assert! マクロには、論理値に評
価される引数を与えます。その値が true なら、assert! は何もせず、テストは通ります。
その値が false なら、assert! マクロは panic! マクロを呼び出し、テストは失敗します。
assert! マクロを使用することで、コードが意図したとおりに機能していることを確認する助
けになるわけです。

第 5 章のリスト 5.15 (☞ p.105) で、Rectangle 構造体と can_hold メソッドを使用しま
した。リスト 11.5 でもそれを繰り返しています。このコードを src/lib.rs ファイルに放り込
み、assert! マクロでそれ用のテストを何か書いてみましょう。

リスト 11.5: 第 5 章から Rectangle 構造体とその can_hold メソッドを使用する

```
#[derive(Debug)]
pub struct Rectangle {
    length: u32,
    width: u32,
}


impl Rectangle {
    pub fn can_hold(&self, other: &Rectangle) -> bool {
        self.length > other.length && self.width > other.width
    }
}
```

can_hold メソッドは論理値を返すので、assert! マクロの完璧なユースケースになるわけ
です。リスト 11.6 で、長さが 8、幅が 7 の Rectangle インスタンスを生成し、これが長さ 5、
幅 1 の別の Rectangle インスタンスを保持できるとアサーションすることで can_hold を用
いるテストを書きます。

リスト 11.6: より大きな四角形がより小さな四角形を確かに保持できるかを確認する can_hold 用
のテスト

```
#[cfg(test)]
mod tests {
  ❶ use super::*;

    #[test]
  ❷ fn larger_can_hold_smaller() {
      ❸ let larger = Rectangle { length: 8, width: 7 };
```

```
        let smaller = Rectangle { length: 5, width: 1 };

    ❹ assert!(larger.can_hold(&smaller));
    }
}
```

　tests モジュール内に新しい行を加えたことに注目してください: use super::* です❶。
tests モジュールは、第 7 章の「プライバシー規則」（☞ p. 137）で講義した通常の公開ルー
ルに従う普通のモジュールです。tests モジュールは、内部モジュールなので、外部モジュー
ル内のテスト配下にあるコードを内部モジュールのスコープに持っていく必要があります。こ
こでは glob を使用して、外部モジュールで定義したものすべてがこの tests モジュールでも
使用可能になるようにしています。

　テストは larger_can_hold_smaller（大きいほうに小さいのがはまる）と名付け❷、必要
な Rectangle インスタンスを 2 つ生成しています❸。そして、assert! マクロを呼び出し、
larger.can_hold(&smaller) の呼び出し結果を渡しました❹。この式は、true を返すと考
えられるので、テストは通るはずです。確かめましょう！

```
running 1 test
test tests::larger_can_hold_smaller ... ok

test result: ok. 1 passed; 0 failed; 0 ignored; 0 measured; 0 filtered out
```

　通ります！ 別のテストを追加しましょう。今回は、小さい四角形は、より大きな四角形を
保持できないことをアサーションします。

```
#[cfg(test)]
mod tests {
    use super::*;

    #[test]
    fn larger_can_hold_smaller() {
        // 略
    }

    #[test]
    fn smaller_cannot_hold_larger() {
        let larger = Rectangle { length: 8, width: 7 };
        let smaller = Rectangle { length: 5, width: 1 };

        assert!(!smaller.can_hold(&larger));
    }
}
```

　今回の場合、can_hold 関数の正しい結果は false なので、その結果を assert! マクロに

渡す前に反転させる必要があります。結果として、can_hold が false を返せば、テストは通ります。

```
running 2 tests
test tests::smaller_cannot_hold_larger ... ok
test tests::larger_can_hold_smaller ... ok

test result: ok. 2 passed; 0 failed; 0 ignored; 0 measured; 0 filtered out
```

通るテストが2つ！ さて、コードにバグを導入したら、テスト結果がどうなるか確認してみましょう。長さを比較する大なり記号を小なり記号で置き換えて can_hold メソッドの実装を変更しましょう:

```
// 略

impl Rectangle {
    pub fn can_hold(&self, other: &Rectangle) -> bool {
        self.length < other.length && self.width > other.width
    }
}
```

テストを実行すると、以下のような出力をします:

```
running 2 tests
test tests::smaller_cannot_hold_larger ... ok
test tests::larger_can_hold_smaller ... FAILED

failures:

---- tests::larger_can_hold_smaller stdout ----
    thread 'tests::larger_can_hold_smaller' panicked at 'assertion failed:
    larger.can_hold(&smaller)', src/lib.rs:22:8
    スレッド'tests::larger_can_hold_smaller' は src/lib.rs:22:8 の'assertion
    failed: larger.can_hold(&smaller)' でパニックしました
note: Run with `RUST_BACKTRACE=1` for a backtrace.

failures:
    tests::larger_can_hold_smaller

test result: FAILED. 1 passed; 1 failed; 0 ignored; 0 measured; 0 filtered out
```

テストによりバグが捕捉されました！ larger.length が8、smaller.length が5なので、can_hold 内の長さの比較が今は false を返すようになったのです: 8は5より小さくないですからね。

assert_eq! と assert_ne! マクロで等値性をテストする

　機能をテストする一般的な方法は、テスト下にあるコードの結果をコードが返すと期待される値と比較して、等しいと確かめることです。これを assert マクロを使用して ==演算子を使用した式を渡すことで行うこともできます。しかしながら、これはありふれたテストなので、標準ライブラリーには一組のマクロ（assert_eq! と assert_ne!）が提供され、このテストをより便利に行うことができます。これらのマクロはそれぞれ、2 つの引数を等値性と非等値性のために比較します。また、アサーションが失敗したら 2 つの値の出力もし、テストが失敗した原因を確認しやすくなります。一方で assert! マクロは、==式の値が false 値になったことしか示唆せず、false 値に導いた値は出力しません。

　リスト 11.7 において、引数に 2 を加えて結果を返す add_two という名前の関数を書いています。そして、assert_eq! マクロでこの関数をテストしています。

リスト 11.7: assert_eq! マクロで add_two 関数をテストする

```
pub fn add_two(a: i32) -> i32 {
    a + 2
}

#[cfg(test)]
mod tests {
    use super::*;

    #[test]
    fn it_adds_two() {
        assert_eq!(4, add_two(2));
    }
}
```

テストが通ることを確認しましょう！

```
running 1 test
test tests::it_adds_two ... ok

test result: ok. 1 passed; 0 failed; 0 ignored; 0 measured; 0 filtered out
```

　assert_eq! マクロに与えた第 1 引数の 4 は、add_two(2) の呼び出し結果と等しいです。このテストの行は test tests::it_adds_two ... ok であり、ok というテキストはテストが通ったことを示しています！

　コードにバグを仕込んで、assert_eq! を使ったテストが失敗したときにどんな見た目になるのか確認してみましょう。add_two 関数の実装を代わりに 3 を足すように変えてください:

```
pub fn add_two(a: i32) -> i32 {
    a + 3
}
```

テストを再度実行します:

```
running 1 test
test tests::it_adds_two ... FAILED

failures:

---- tests::it_adds_two stdout ----
    ❶ thread 'tests::it_adds_two' panicked at 'assertion failed:
`(left == right)`
  left: `4`, ❷
 right: `5`', src/lib.rs:11:8 ❸
note: Run with `RUST_BACKTRACE=1` for a backtrace.

failures:
    tests::it_adds_two

test result: FAILED. 0 passed; 1 failed; 0 ignored; 0 measured; 0 filtered out
```

　テストがバグを捕捉しました! it_adds_two のテストは失敗し、assertion failed:
'(left == right)' というメッセージを表示し❶、left は 4 で❷、right は 5 だったと示
しています❸。このメッセージは有用で、デバッグを開始する助けになります: assert_eq! の
left 引数は 4 だったが、add_two(2) がある right 引数は 5 だったことを意味しています。
　2 つの値が等しいとアサーションを行う関数の引数は、expected と actual と呼ばれ、引
数を指定する順序が問題になる言語やテストフレームワームもあることに注意してください。
ですが Rust では、left と right と呼ばれ、期待する値とテスト下のコードが生成する値
を指定する順序は、問題になりません。assert_eq!(add_two(2), 4) と今回のテストのア
サーションを書くこともでき、そうすると失敗メッセージは、assertion failed: '(left
== right)' となり、left が 5 で right が 4 と表示されるわけです。
　assert_ne! マクロは、与えた 2 つの値が等しくなければ通り、等しければ失敗します。こ
のマクロは、値が何になるだろうか確信が持てないけれども、コードが意図したとおりに動い
ていれば、確実にこの値にはならないだろうとわかっているような場合に最も有用になりま
す。例えば、入力を何らかの手段で変えることが保障されているけれども、入力が変更される
方法がテストを実行する曜日に依存する関数をテストしているなら、アサーションすべき最善
の事柄は、関数の出力が入力と等しくないことかもしれません。
　表面下では、assert_eq! と assert_ne! マクロはそれぞれ、== と != 演算子を使用してい
ます。アサーションが失敗すると、これらのマクロは引数をデバッグフォーマットを使用して
出力するので、比較対象の値は PartialEq と Debug トレイトを実装していなければなりませ

ん。組み込み型の全部と、標準ライブラリーの型はほぼすべてこれらのトレイトを実装しています。自分で定義した構造体と enum については、PartialEq を実装して、その型の値が等しいか等しくないかアサーションする必要があるでしょう。Debug を実装して、アサーションが失敗したときに値を出力する必要もあるでしょう。第 5 章のリスト 5.12（☞ p.101）で触れたように、どちらのトレイトも継承可能トレイトなので、これは通常、構造体や enum 定義に #[derive(PartialEq, Debug)] という注釈を追加するくらい単純になります。これらや他の継承可能トレイトに関する詳細については、付録 C（☞ p.547）をご覧ください。

カスタムの失敗メッセージを追加する

さらに、assert!、assert_eq!、assert_ne! の追加引数として、失敗メッセージとともにカスタムのメッセージが表示されるよう、追加することもできます。assert! の 1 つの必須引数、あるいは assert_eq! と assert_ne! の 2 つの必須引数の後に指定された引数はどれも format! マクロに明け渡されるので（format! マクロについては第 8 章の「+ 演算子または、format! マクロで連結する」（☞ p.154）で議論しました）、{} プレースホルダーを含むフォーマット文字列とこのプレースホルダーに置き換えられる値を渡すことができます。カスタムメッセージは、アサーションがどんな意味を持つかドキュメント化するのに役に立ちます; テストが失敗したとき、問題が何なのかコードとともによりよい考えを持てるでしょう。

例として、人々に名前で挨拶をする関数があり、関数に渡した名前が出力に出現することをテストしたいとしましょう:

```rust
pub fn greeting(name: &str) -> String {
    // こんにちは、{}さん！
    format!("Hello {}!", name)
}

#[cfg(test)]
mod tests {
    use super::*;

    #[test]
    fn greeting_contains_name() {
        let result = greeting("Carol");
        assert!(result.contains("Carol"));
    }
}
```

このプログラムの必要事項はまだ合意が得られておらず、挨拶の先頭の Hello というテキストは変わるだろうということは極めて確かです。要件が変わったときにテストを更新しなくてもよいようにしたいと決定したので、greeting 関数から返る値と正確な等値性を確認するのではなく、出力が入力引数のテキストを含むことをアサーションするだけにします。

greeting が name を含まないように変更してこのコードにバグを仕込み、このテストの失敗がどんな見た目になるのか確かめましょう:

```
pub fn greeting(name: &str) -> String {
    String::from("Hello!")
}
```

このテストを実行すると、以下のように出力されます:

```
running 1 test
test tests::greeting_contains_name ... FAILED

failures:

---- tests::greeting_contains_name stdout ----
        thread 'tests::greeting_contains_name' panicked at 'assertion failed:
result.contains("Carol")', src/lib.rs:12:8
note: Run with `RUST_BACKTRACE=1` for a backtrace.

failures:
    tests::greeting_contains_name
```

この結果は、アサーションが失敗し、どの行にアサーションがあるかを示しているだけです。より有用な失敗メッセージは今回の場合、greeting 関数から得た値を出力することでしょう。greeting 関数から得た実際の値で埋められるプレースホルダーを含むフォーマット文字列からなるカスタムの失敗メッセージを与え、テスト関数を変更しましょう:

```
#[test]
fn greeting_contains_name() {
    let result = greeting("Carol");
    assert!(
        result.contains("Carol"),
        // 挨拶は名前を含んでいません。値は`{}`でした
        "Greeting did not contain name, value was `{}`", result
    );
}
```

これでテストを実行したら、より有益なエラーメッセージが得られるでしょう:

```
---- tests::greeting_contains_name stdout ----
        thread 'tests::greeting_contains_name' panicked at 'Greeting did not
contain name, value was `Hello!`', src/lib.rs:12:8
note: Run with `RUST_BACKTRACE=1` for a backtrace.
```

実際に得られた値がテスト出力に見られ、起こると想定していたものではなく、起こったものをデバッグするのに役に立ちます。

should_panic でパニックを確認する

　期待する正しい値をコードが返すことを確認することに加えて、想定どおりにコードがエラー状態を扱っていることを確認するのも重要です。例えば、第9章のリスト9.9 (☞ p. 184)で生成した Guess 型を考えてください。Guess を使用する他のコードは、Guess のインスタンスは1から100の範囲の値しか含まないという保証に依存しています。その範囲外の値でGuess インスタンスを生成しようとするとパニックすることを確認するテストを書くことができます。

　これは、テスト関数に should_panic という別の属性を追加することで達成できます。この属性は、関数内のコードがパニックしたら、テストを通過させます。つまり、関数内のコードがパニックしなかったら、テストは失敗するわけです。

　リスト11.8は、予想したときに Guess::new のエラー条件が発生していることを確認するテストを示しています。

リスト11.8: 状況が panic! を引き起こすとテストする

```
pub struct Guess {
    value: u32,
}

impl Guess {
    pub fn new(value: u32) -> Guess {
        if value < 1 || value > 100 {
            panic!("Guess value must be between 1 and 100, got {}.", value);
        }

        Guess {
            value
        }
    }
}

#[cfg(test)]
mod tests {
    use super::*;

    #[test]
    #[should_panic]
    fn greater_than_100() {
        Guess::new(200);
    }
}
```

　#[test] 属性の後、適用するテスト関数の前に #[should_panic] 属性を配置しています。このテストが通るときの結果を見ましょう:

```
running 1 test
test tests::greater_than_100 ... ok

test result: ok. 1 passed; 0 failed; 0 ignored; 0 measured; 0 filtered out
```

よさそうですね！ では、値が 100 より大きいときに new 関数がパニックするという条件を
除去することでコードにバグを導入しましょう：

```
// 略

impl Guess {
    pub fn new(value: u32) -> Guess {
        if value < 1  {
            panic!("Guess value must be between 1 and 100, got .", value);
        }

        Guess {
            value
        }
    }
}
```

リスト 11.8 のテストを実行すると、失敗するでしょう：

```
running 1 test
test tests::greater_than_100 ... FAILED

failures:

failures:
    tests::greater_than_100

test result: FAILED. 0 passed; 1 failed; 0 ignored; 0 measured; 0 filtered out
```

この場合、それほど役に立つメッセージは得られませんが、テスト関数に目を向ければ、
#[should_panic] で注釈されていることがわかります。得られた失敗は、テスト関数のコー
ドがパニックを引き起こさなかったことを意味するのです。

should_panic を使用するテストは不正確なこともあります。なぜなら、コードが何らかの
パニックを起こしたことしか示さないからです。should_panic のテストは、起こると想定し
ていたもの以外の理由でテストがパニックしても通ってしまうのです。should_panic のテス
トの正確を期すために、should_panic 属性の省略可能な expected 引数を追加できます。こ
のテストの拘束具が、失敗メッセージに与えられたテキストが含まれていることを確かめてく
れるでしょう。例えば、リスト 11.9 の Guess の変更されたコードを考えてください。ここで

テストの記述法　237

は、new 関数は、値の大小によって異なるメッセージでパニックします。

リスト 11.9: 状況が特定のパニックメッセージで panic! を引き起こすことをテストする

```
// 略

impl Guess {
    pub fn new(value: u32) -> Guess {
        if value < 1 {
            // 予想値は、1以上でなければなりませんが、{}でした
            panic!("Guess value must be greater than or equal to 1, got {}.",
                value);
        } else if value > 100 {
            // 予想値は 100以下でなければなりませんが、{}でした
            panic!("Guess value must be less than or equal to 100, got {}.",
                value);
        }

        Guess {
            value
        }
    }
}

#[cfg(test)]
mod tests {
    use super::*;

    #[test]
    // 予想値は 100以下でなければなりません
    #[should_panic(expected = "Guess value must be less than or equal to 100")
    ]
    fn greater_than_100() {
        Guess::new(200);
    }
}
```

　should_panic 属性の expected 引数に置いた値が Guess::new 関数がパニックしたメッセージの一部になっているので、このテストは通ります。予想されるパニックメッセージ全体を指定することもでき、今回の場合、Guess value must be less than or equal to 100, got 200. となります。should_panic の予想される引数に指定すると決めたものは、パニックメッセージの固有性や活動性、テストの正確性によります。今回の場合、パニックメッセージの一部でも、テスト関数内のコードが、else if value > 100 ケースを実行していると確認するのに事足りるのです。

　expected メッセージありの should_panic テストが失敗すると何が起こるのが確かめるために、if value < 1 と else if value > 100 ブロックの本体を入れ替えることで再度

コードにバグを仕込みましょう:

```
if value < 1 {
    panic!("Guess value must be less than or equal to 100, got {}.", value);
} else if value > 100 {
    panic!("Guess value must be greater than or equal to 1, got {}.", value);
}
```

should_panic テストを実行すると、今回は失敗するでしょう:

```
running 1 test
test tests::greater_than_100 ... FAILED

failures:

---- tests::greater_than_100 stdout ----
        thread 'tests::greater_than_100' panicked at 'Guess value must be
    greater than or equal to 1, got 200.', src/lib.rs:11:12
note: Run with `RUST_BACKTRACE=1` for a backtrace.
note: Panic did not include expected string 'Guess value must be less than or
    equal to 100'
```
注釈: パニックには 'Guess value must be less than or equal to 100' という予想される
文字列が含まれませんでした

```
failures:
    tests::greater_than_100

test result: FAILED. 0 passed; 1 failed; 0 ignored; 0 measured; 0 filtered out
```

　この失敗メッセージは、このテストが確かにまさしく予想どおりパニックしたことを示唆していますが、パニックメッセージは、予想される文字列の 'Guess value must be less than or equal to 100' を含んでいませんでした。実際に得られたパニックメッセージは今回の場合、Guess value must be greater than or equal to 1, got 200. でした。そうしてバグの所在地を割り出し始めることができるわけです！

　今やテスト記法を複数知ったので、テストを走らせる際に起こっていることに目を向け、cargo test で使用できるいろいろなオプションを探究しましょう。

テストの実行のされ方を制御する

　cargo run がコードをコンパイルし、出来上がったバイナリーを走らせるのとまったく同様に、cargo test はコードをテストモードでコンパイルし、出来上がったテストバイナリーを実行します。コマンドラインオプションを指定して cargo test の規定動作を変更することができます。例えば、cargo test で生成されるバイナリーの規定動作は、テストをすべて並行に実行し、テスト実行中に生成された出力をキャプチャーして出力が表示されるのを防

ぎ、テスト結果に関係する出力を読みやすくすることです。

コマンドラインオプションの中には cargo test にかかるものや、出来上がったテストバイナリーにかかるものがあります。この 2 種の引数を区別するために、cargo test にかかる引数を -- という区分記号の後に列挙し、それからテストバイナリーにかかる引数を列挙します。cargo test --help を走らせると、cargo test で使用できるオプションが表示され、cargo test -- --help を走らせると、-- という区分記号の後に使えるオプションが表示されます。

テストを並行または連続して実行する

複数のテストを実行するとき、標準では、スレッドを使用して並行に走ります。これはつまり、テストが早く実行し終わり、コードが機能しているいかんにかかわらず、反応をより早く得られることを意味します。テストは同時に実行されているので、テストが相互や共有された環境を含む他の共通の状態に依存してないことを確かめてください。現在の作業対象ディレクトリーや環境変数などですね。

例えば、各テストがディスクに test_output.txt というファイルを作成し、何らかのデータを書き込むコードを走らせるとしてください。そして、各テストはそのファイルのデータを読み取り、ファイルが特定の値を含んでいるとアサーションし、その値は各テストで異なります。テストが同時に走るので、あるテストが、他のテストが書き込んだり読み込んだりする間隙にファイルを上書きするかもしれません。それから 2 番目のテストが失敗します。コードが不正だからではなく、並行に実行されている間にテストがお互いに邪魔をしてしまったせいです。各テストが異なるファイルに書き込むことを確かめるのが 1 つの解決策です; 別の解決策では、一度に 1 つのテストを実行します。

並行にテストを実行したくなかったり、使用されるスレッド数をよりきめ細かく制御したい場合、--test-threads フラグと使用したいスレッド数をテストバイナリーに送ることができます。以下の例に目を向けてください:

```
$ cargo test -- --test-threads=1
```

テストスレッドの数を 1 にセットし、並行性を使用しないようにプログラムに指示しています。1 スレッドのみを使用してテストを実行すると、並行に実行するより時間がかかりますが、状態を共有していても、お互いに邪魔をすることはありません。

関数の出力を表示する

標準では、テストが通ると、Rust のテストライブラリーは標準出力に出力されたものをすべてキャプチャーします。例えば、テストで println! を呼び出してテストが通ると、println! の出力は、端末に表示されません; テストが通ったことを示す行しか見られないでしょう。テストが失敗すれば、残りの失敗メッセージとともに、標準出力に出力されたものがすべて見えるでしょう。

例として、リスト 11.10 は引数の値を出力し、10 を返す馬鹿げた関数と通過するテスト 1

つ、失敗するテスト1つです。

リスト11.10: println! を呼び出す関数用のテスト

src/lib.rs

```rust
fn prints_and_returns_10(a: i32) -> i32 {
    // {}という値を得た
    println!("I got the value {}", a);
    10
}

#[cfg(test)]
mod tests {
    use super::*;

    #[test]
    fn this_test_will_pass() {
        let value = prints_and_returns_10(4);
        assert_eq!(10, value);
    }

    #[test]
    fn this_test_will_fail() {
        let value = prints_and_returns_10(8);
        assert_eq!(5, value);
    }
}
```

これらのテストを cargo test で実行すると、以下のような出力を目の当たりにするで
しょう:

```
running 2 tests
test tests::this_test_will_pass ... ok
test tests::this_test_will_fail ... FAILED

failures:

---- tests::this_test_will_fail stdout ----
      ❶ I got the value 8
thread 'tests::this_test_will_fail' panicked at 'assertion failed:
`(left == right)`
  left: `5`,
 right: `10`', src/lib.rs:19:8
note: Run with `RUST_BACKTRACE=1` for a backtrace.

failures:
    tests::this_test_will_fail

test result: FAILED. 1 passed; 1 failed; 0 ignored; 0 measured; 0 filtered out
```

この出力のどこにも I got the value 4 という出力が見られないことに注意してください。この出力は、通るテストが走る際に出力されるものです。この出力はキャプチャーされてしまったのです。失敗したテストからの出力である I got the value 8❶はテスト総括出力の区域に出現し、ここには、テスト失敗の原因も表示されています。

通過するテストについても出力される値が見たかったら、出力キャプチャー機能を --nocapture フラグで無効化することができます:

```
$ cargo test -- --nocapture
```

リスト 11.10 のテストを --nocapture フラグとともに再度実行したら、以下のような出力を目の当たりにします:

```
running 2 tests
I got the value 4
I got the value 8
test tests::this_test_will_pass ... ok
thread 'tests::this_test_will_fail' panicked at 'assertion failed: `(left ==
    right)`
  left: `5`,
 right: `10`', src/lib.rs:19:8
note: Run with `RUST_BACKTRACE=1` for a backtrace.
test tests::this_test_will_fail ... FAILED

failures:

failures:
    tests::this_test_will_fail

test result: FAILED. 1 passed; 1 failed; 0 ignored; 0 measured; 0 filtered out
```

テスト用の出力とテスト結果の出力がまぜこぜになっていることに注意してください; その理由は、前節で語ったようにテストが並行に実行されているからです。-test-threads=1 オプションと --nocapture フラグを使ってみて、そのとき、出力がどうなるか確かめてください！

名前でテストの一部を実行する

ときどき、全テストを実行すると時間がかかってしまうことがあります。特定の部分のコードしか対象にしていない場合、そのコードにかかわるテストのみを走らせたいかもしれません。cargo test に走らせたいテストの名前を引数として渡すことで、実行するテストを選ぶことができます。

テストの一部を走らせる方法を模擬するために、リスト 11.11 に示したように、add_two 関数用に 3 つテストを作成し、走らせるテストを選択します。

242   第 11 章   自動テストを書く

リスト 11.11: 異なる名前の 3 つのテスト

src/lib.rs
```
pub fn add_two(a: i32) -> i32 {
    a + 2
}


#[cfg(test)]
mod tests {
    use super::*;

    #[test]
    fn add_two_and_two() {
        assert_eq!(4, add_two(2));
    }

    #[test]
    fn add_three_and_two() {
        assert_eq!(5, add_two(3));
    }

    #[test]
    fn one_hundred() {
        assert_eq!(102, add_two(100));
    }
}
```

以前見かけたように、引数なしでテストを走らせたら、全テストが並行に走ります:

```
running 3 tests
test tests::add_two_and_two ... ok
test tests::add_three_and_two ... ok
test tests::one_hundred ... ok

test result: ok. 3 passed; 0 failed; 0 ignored; 0 measured; 0 filtered out
```

単独のテストを走らせる

あらゆるテスト関数の名前を cargo test に渡して、そのテストのみを実行することができます:

```
$ cargo test one_hundred
    Finished dev [unoptimized + debuginfo] target(s) in 0.0 secs
     Running target/debug/deps/adder-06a75b4a1f2515e9

running 1 test
test tests::one_hundred ... ok
```

```
test result: ok. 1 passed; 0 failed; 0 ignored; 0 measured; 2 filtered out
```

one_hundred という名前のテストだけが走りました; 他の2つのテストはその名前に合致しなかったのです。まとめ行の最後に 2 filtered out と表示することでテスト出力は、このコマンドが走らせた以上のテストがあることを知らせてくれています。

この方法では、複数のテストの名前を指定することはできません; cargo test に与えられた最初の値のみが使われるのです。ですが、複数のテストを走らせる方法もあります。

複数のテストを実行するようフィルターをかける

テスト名の一部を指定でき、その値に合致するあらゆるテストが走ります。例えば、我々のテストの2つが add という名前を含むので、cargo test add を実行することで、その2つを走らせることができます:

```
$ cargo test add
    Finished dev [unoptimized + debuginfo] target(s) in 0.0 secs
     Running target/debug/deps/adder-06a75b4a1f2515e9

running 2 tests
test tests::add_two_and_two ... ok
test tests::add_three_and_two ... ok

test result: ok. 2 passed; 0 failed; 0 ignored; 0 measured; 1 filtered out
```

このコマンドは名前に add を含むテストをすべて実行し、one_hundred という名前のテストを除外しました。また、テストが出現するモジュールがテスト名の一部になっていて、モジュール名でフィルターをかけることで、あるモジュール内のテストすべてを実行できることに注目してください。

特に要望のない限りテストを無視する

ときとして、いくつかの特定のテストが実行するのに非常に時間がかかることがあり、cargo test の実行のほとんどで除外したくなるかもしれません。引数として確かに実行したいテストをすべて列挙するのではなく、ここに示したように代わりに時間のかかるテストを ignore 属性で除外すると注釈することができます。

src/lib.rs

```
#[test]
fn it_works() {
    assert_eq!(2 + 2, 4);
}

#[test]
#[ignore]
fn expensive_test() {
```

```
        // 実行に1時間かかるコード
    }
```

#[test] の後の除外したいテストに #[ignore] 行を追加しています。これで、テストを実行したら、it_works は実行されるものの、expensive_test は実行されません:

```
$ cargo test
   Compiling adder v0.1.0 (file:///projects/adder)
    Finished dev [unoptimized + debuginfo] target(s) in 0.24 secs
     Running target/debug/deps/adder-ce99bcc2479f4607

running 2 tests
test expensive_test ... ignored
test it_works ... ok

test result: ok. 1 passed; 0 failed; 1 ignored; 0 measured; 0 filtered out
```

expensive_test 関数は、ignored と列挙されています。無視されるテストのみを実行したかったら、cargo test -- --ignored を使うことができます:

```
$ cargo test -- --ignored
    Finished dev [unoptimized + debuginfo] target(s) in 0.0 secs
     Running target/debug/deps/adder-ce99bcc2479f4607

running 1 test
test expensive_test ... ok

test result: ok. 1 passed; 0 failed; 0 ignored; 0 measured; 1 filtered out
```

どのテストを走らせるか制御することで、結果が早く出ることを確かめることができるのです。ignored テストの結果を確認することが道理に合い、結果を待つだけの時間ができたときに、代わりに cargo test -- --ignored を走らせることができます。

テストの体系化

章の初めで触れたように、テストは複雑な鍛錬であり、人によって専門用語や体系化が異なります。Rust のコミュニティーでは、テストを2つの大きなカテゴリーで捉えています: **単体テスト**と**結合テスト**です。単体テストは小規模でより集中していて、個別に1回に1モジュールをテストし、非公開のインターフェイスもテストすることがあります。結合テストは、完全にライブラリー外になり、他の外部コード同様に自分のコードを使用し、公開インターフェイスのみ使用し、1テストにつき複数のモジュールを用いることもあります。

どちらのテストを書くのも、ライブラリーの一部が個別かつ共同でしてほしいことをしていることを確認するのに重要なのです。

単体テスト

　単体テストの目的は、残りのコードから切り離して各単位のコードをテストし、コードが想定どおり、動いたり動いていなかったりする箇所を迅速に特定することです。単体テストは、テスト対象となるコードとともに、src ディレクトリーの各ファイルに置きます。慣習は、各ファイルに tests という名前のモジュールを作り、テスト関数を含ませ、そのモジュールを cfg(test) で注釈することです。

テストモジュールと #[cfg(test)]

　tests モジュールの #[cfg(test)] という注釈は、コンパイラーに cargo build を走らせたときではなく、cargo test を走らせたときにだけ、テストコードをコンパイルし走らせるよう指示します。これにより、ライブラリーをビルドしたいだけのときにはコンパイルタイムを節約し、テストが含まれないので、コンパイル後の成果物のサイズも節約します。結合テストは別のディレクトリーに存在することになるので、#[cfg(test)] 注釈は必要ないとわかるでしょう。しかしながら、単体テストはコードと同じファイルに存在するので、#[cfg(test)] を使用してコンパイル結果に含まれないよう指定するのです。

　この章の最初の節で新しい adder プロジェクトを生成したときに、Cargo がこのコードも生成してくれたことを思い出してください:

src/lib.rs

```
#[cfg(test)]
mod tests {
    #[test]
    fn it_works() {
        assert_eq!(2 + 2, 4);
    }
}
```

　このコードが自動生成されたテストモジュールです。cfg という属性は、configuration を表していて、コンパイラーに、続く要素がある特定の設定オプションを与えられたら、含まれるように指示します。今回の場合、設定オプションは、test であり、言語によって提供されているテストをコンパイルし、走らせるためのものです。cfg 属性を使用することで、cargo test で積極的にテストを実行した場合のみ、Cargo がテストコードをコンパイルします。これには、このモジュールに含まれるかもしれないヘルパー関数すべても含まれ、#[test] で注釈された関数だけにはなりません。

非公開関数をテストする

　テストコミュニティー内で非公開関数を直接テストするべきかについては議論があり、他の言語では非公開関数をテストするのは困難だったり、不可能だったりします。あなたがどちらのテストイデオロギーを支持しているかにかかわらず、Rust の公開性規則により、非公開関数をテストすることが確かに可能です。リスト 11.12 の非公開関数 internal_adder を含む

コードを考えてください。

リスト 11.12: 非公開関数をテストする

src/lib.rs
```
pub fn add_two(a: i32) -> i32 {
    internal_adder(a, 2)
}

fn internal_adder(a: i32, b: i32) -> i32 {
    a + b
}

#[cfg(test)]
mod tests {
    use super::*;

    #[test]
    fn internal() {
        assert_eq!(4, internal_adder(2, 2));
    }
}
```

internal_adder 関数は pub とマークされていないものの、テストも単なる Rust のコード
であり、tests モジュールもただのモジュールでしかないので、テスト内で internal_adder
を普通にインポートし呼び出すことができます。非公開関数はテストするべきではないとお考
えなら、Rust にはそれを強制するものは何もありません。

結合テスト

Rust において、結合テストは完全にライブラリー外のものです。他のコードとまったく同
様にあなたのライブラリーを使用するので、ライブラリーの公開 API の一部である関数しか
呼び出すことはできません。その目的は、ライブラリーのいろいろな部分が共同で正常に動作
しているかをテストすることです。単体では正常に動くコードも、結合した状態だと問題をは
らむ可能性もあるので、結合したコードのテストの範囲も同様に重要になるのです。結合テス
トを作成するには、まず tests ディレクトリーが必要になります。

tests ディレクトリー

プロジェクトディレクトリーのトップ階層、src の隣に tests ディレクトリーを作成します。
Cargo は、このディレクトリーに結合テストのファイルを探すことを把握しています。そし
て、このディレクトリー内にいくらでもテストファイルを作成することができ、Cargo はそれ
ぞれのファイルを個別のクレートとしてコンパイルします。

結合テストを作成しましょう。リスト 11.12 のコードが src/lib.rs ファイルにあるまま、
tests ディレクトリーを作成し、tests/integration_test.rs という名前の新しいファイルを生成
し、リスト 11.13 のコードを入力してください。

テストの体系化　247

リスト 11.13: adder クレートの関数の結合テスト

*tests/
integration_test.rs*

```
extern crate adder;

#[test]
fn it_adds_two() {
    assert_eq!(4, adder::add_two(2));
}
```

コードの頂点に extern crate adder を追記しましたが、これは単体テストでは必要なかったものです。理由は、tests ディレクトリーのテストはそれぞれ個別のクレートであるため、おのおののライブラリーをインポートする必要があるためです。

tests/integration_test.rs のどんなコードも #[cfg(test)] で注釈する必要はありません。Cargo は tests ディレクトリーを特別に扱い、cargo test を走らせたときにのみこのディレクトリーのファイルをコンパイルするのです。さあ、cargo test を実行してください:

```
$ cargo test
   Compiling adder v0.1.0 (file:///projects/adder)
    Finished dev [unoptimized + debuginfo] target(s) in 0.31 secs
     Running target/debug/deps/adder-abcabcabc

running 1 test ❶
test tests::internal ... ok

test result: ok. 1 passed; 0 failed; 0 ignored; 0 measured; 0 filtered out

     Running target/debug/deps/integration_test-ce99bcc2479f4607 ❷

running 1 test
test it_adds_two ... ok ❸

test result: ok. 1 passed; 0 failed; 0 ignored; 0 measured; 0 filtered out ❹

   Doc-tests adder

running 0 tests

test result: ok. 0 passed; 0 failed; 0 ignored; 0 measured; 0 filtered out
```

3つの区域の出力が単体テスト、結合テスト、ドックテストを含んでいます。単体テスト用の最初の区域❶は、今まで見てきたものと同じです: 各単体テストに1行（リスト 11.12 で追加した internal という名前のもの）と、単体テストの総括行です。

結合テストの区域は、Running target/debug/deps/integration_test-ce99bcc2479f4607 ❷という行で始まっています（最後のハッシュはあなたの出力とは違うでしょう）。次に、この結合テスト❸の各テスト関数用の行があり、Doc-tests adder

区域が始まる直前に、結合テストの結果用の総括行があります❹。

単体テスト関数を追加すると、単体テスト区域のテスト結果の行が増えることに似て、作成した結合テストファイルにもっとテスト関数を追加すると、そのファイルの区域に行が増えることになります。結合テストファイルはそれぞれ独自の区域があるため、tests ディレクトリーにさらにファイルを追加すれば、結合テストの区域が増えることになるでしょう。

それでも、テスト関数の名前を引数として cargo test に指定することで、特定の結合テスト関数を走らせることができます。特定の結合テストファイルにあるテストをすべて走らせるには、cargo test に --test 引数、その後にファイル名を続けて使用してください:

```
$ cargo test --test integration_test
    Finished dev [unoptimized + debuginfo] target(s) in 0.0 secs
      Running target/debug/integration_test-952a27e0126bb565

running 1 test
test it_adds_two ... ok

test result: ok. 1 passed; 0 failed; 0 ignored; 0 measured; 0 filtered out
```

このコマンドは、tests/integration_test.rs ファイルにあるテストのみを実行します。

結合テスト内のサブモジュール

結合テストを追加するにつれて、tests ディレクトリーに 2 つ以上のファイルを作成して体系化したくなるかもしれません; 例えば、テスト対象となる機能でテスト関数をグループ化することができます。前述したように、tests ディレクトリーの各ファイルは、個別のクレートとしてコンパイルされます。

各結合テストファイルをそれ自身のクレートとして扱うと、エンドユーザーがあなたのクレートを使用するかのように個別のスコープを生成するのに役立ちます。ですが、これは tests ディレクトリーのファイルが、コードをモジュールとファイルに分ける方法に関して第 7 章で学んだように、src のファイルとは同じ振る舞いを共有しないことを意味します。

tests ディレクトリーのファイルの異なる振る舞いは、複数の結合テストファイルで役に立ちそうなヘルパー関数ができ、第 7 章の「モジュールを別ファイルに移す」(☞ p.126) の手順に従って共通モジュールに抽出しようとしたときに最も気付きやすくなります。例えば、tests/common.rs を作成し、そこに setup という名前の関数を配置したら、複数のテストファイルの複数のテスト関数から呼び出したい setup に何らかのコードを追加することができます:

tests/
common.rs

```
pub fn setup() {
    // ここにライブラリーテストに特化したセットアップコードが来るでしょう
}
```

再度テストを実行すると、common.rs ファイルは何もテスト関数を含んだり、setup 関数を
どこかから呼んだりしてないのに、テスト出力に common.rs 用の区域が見えるでしょう。

```
running 1 test
test tests::internal ... ok

test result: ok. 1 passed; 0 failed; 0 ignored; 0 measured; 0 filtered out

     Running target/debug/deps/common-b8b07b6f1be2db70

running 0 tests

test result: ok. 0 passed; 0 failed; 0 ignored; 0 measured; 0 filtered out

     Running target/debug/deps/integration_test-d993c68b431d39df

running 1 test
test it_adds_two ... ok

test result: ok. 1 passed; 0 failed; 0 ignored; 0 measured; 0 filtered out

   Doc-tests adder

running 0 tests

test result: ok. 0 passed; 0 failed; 0 ignored; 0 measured; 0 filtered out
```

common が running 0 tests とテスト結果に表示されるのは、望んだ結果ではありません。
ただ単に他の結合テストファイルと何らかのコードを共有したかっただけです。

common がテスト出力に出現するのを防ぐには、tests/common.rs を作成する代わりに、
tests/common/mod.rs を作成します。第 7 章の「モジュールファイルシステムの規則」（☞
p. 132）において、module_name/mod.rs という命名規則をサブモジュールのあるモジュール
のファイルに使用しました。ここでは common にサブモジュールはありませんが、このように
命名することでコンパイラーに common モジュールを結合テストファイルとして扱わないよ
うに指示します。setup 関数のコードを tests/common/mod.rs に移動し、tests/common.rs
ファイルを削除すると、テスト出力に区域はもう表示されなくなります。tests ディレクトリー
のサブディレクトリー内のファイルは個別クレートとしてコンパイルされたり、テスト出力に
区域が表示されることがないのです。

tests/common/mod.rs を作成した後、それをどの結合テストファイルからもモジュールと
して使用することができます。こちらは、tests/integration_test.rs 内の it_adds_two テスト
から setup 関数を呼び出す例です:

tests/
integration_test.rs

```
extern crate adder;

mod common;

#[test]
fn it_adds_two() {
    common::setup();
    assert_eq!(4, adder::add_two(2));
}
```

mod common; という宣言は、リスト 7.4 で模擬したモジュール宣言と同じであることに注意してください。それから、テスト関数内で common::setup() 関数を呼び出すことができます。

バイナリークレート用の結合テスト

もしもプロジェクトが src/main.rs ファイルのみを含み、src/lib.rs ファイルを持たないバイナリークレートだったら、tests ディレクトリーに結合テストを作成し、extern crate を使用して src/main.rs ファイルに定義された関数をインポートすることはできません。ライブラリークレートのみが、他のクレートが呼び出して使用できる関数をさらせるのです; バイナリークレートはそれ単体で実行することを意味しています。

これは、バイナリーを提供する Rust のプロジェクトに、src/lib.rs ファイルに存在するロジックを呼び出す単純な src/main.rs ファイルがある一因になっています。この構造を使用して結合テストは、extern crate を使用して重要な機能を用いることでライブラリークレートをテストすることができます。この重要な機能が動作すれば、src/main.rs ファイルの少量のコードも動作し、その少量のコードはテストする必要がないわけです。

まとめ

Rust のテスト機能は、変更を加えた後でさえ想定どおりにコードが機能し続けることを保証して、コードが機能すべき方法を指定する手段を提供します。単体テストはライブラリーの異なる部分を個別に用い、非公開の実装詳細をテストすることができます。結合テストは、ライブラリーのいろいろな部分が共同で正常に動作することを確認し、ライブラリーの公開 API を使用して外部コードが使用するのと同じ方法でコードをテストします。Rust の型システムと所有権ルールにより防がれるバグの種類もあるものの、それでもテストは、コードが振る舞うと予想される方法に関するロジックのバグを減らすのに重要なのです。

この章と以前の章で学んだ知識を結集して、とあるプロジェクトに取り掛かりましょう！

12

入出力プロジェクト:
コマンドラインプログラムを構築する

この章は、ここまでに学んできた多くのスキルを思い出すきっかけであり、もういくつか標準ライブラリーの機能も探究します。ファイルやコマンドラインの入出力と相互作用するコマンドラインツールを構築し、今やあなたの支配下にある Rust の概念の一部を練習していきます。

Rust の速度、安全性、単バイナリー出力、クロスプラットフォームサポートにより、コマンドラインツールを作るのにふさわしい言語なので、このプロジェクトでは、独自の伝統的なコマンドラインツールの grep (globally search a regular expression and print: 正規表現をグローバルで検索し表示する) を作成していきます。最も単純な使用法では、grep は指定したファイルから指定した文字列を検索します。そうするには、grep は引数としてファイル名と文字列を受け取ります。それからファイルを読み込んでそのファイル内で文字列引数を含む行を探し、検索した行を出力するのです。

その過程で、多くのコマンドラインツールが使用している端末の機能を使用させる方法を示します。環境変数の値を読み取ってユーザーがこのツールの振る舞いを設定できるようにします。また、標準出力 (stdout) の代わりに、標準エラーに出力 (stderr) するので、例えば、ユーザーはエラーメッセージは画面上で確認しつつ、成功した出力はファイルにリダイレクトできます。

Rust コミュニティーのあるメンバーであるアンドリュー・ガラント (Andrew Gallant) が

すでに全機能装備の非常に高速な grep、ripgrep と呼ばれるものを作成しました。比較対象として、我々の grep はとても単純ですが、この章により、ripgrep のような現実世界のプロジェクトを理解するのに必要な背景知識の一部を身に付けられるでしょう。

この grep プロジェクトは、ここまでに学んできた多くの概念を集結させます:

- コードを体系化する（モジュール、第 7 章で学んだことを使用）
- ベクターと文字列を使用する（コレクション、第 8 章）
- エラーを処理する（第 9 章）
- 適切な箇所でトレイトとライフタイムを使用する（第 10 章）
- テストを記述する（第 11 章）

さらに、クロージャー、イテレーター、トレイトオブジェクトなど、第 13 章、第 17 章で詳しく講義するものもちょっとだけ紹介します。

コマンドライン引数を受け付ける

いつものように、cargo new で新しいプロジェクトを作りましょう。プロジェクトを minigrep と名付けて、すでに自分のシステムに存在するかもしれない grep ツールと区別しましょう。

最初の仕事は、minigrep を 2 つの引数を受け付けるようにすることです: ファイル名と検索する文字列ですね。つまり、cargo run で検索文字列と検索を行うファイルへのパスとともにプログラムを実行できるようになりたいということです。こんな感じにね:

```
$ cargo run searchstring example-filename.txt
```

今現在は、cargo new で生成されたプログラムは、与えた引数を処理できません。crates.io[*1] に存在する既存のライブラリーには、コマンドライン引数を受け付けるプログラムを書く手助けをしてくれるものもありますが、ちょうどこの概念を学んでいる最中なので、この能力を自分で実装しましょう。

引数の値を読み取る

minigrep が渡したコマンドライン引数の値を読み取れるようにするために、Rust の標準ライブラリーで提供されている関数が必要になり、それは、std::env::args です。この関数は、minigrep に与えられたコマンドライン引数の**イテレーター**を返します。イテレーターについてはまだ議論していません（完全には第 13 章で講義します）が、とりあえずイテレーターに関しては、2 つの詳細のみ知っていればいいです: イテレーターは一連の値を生成することと、イテレーターに対して collect 関数を呼び出し、イテレーターが生成する要素全部を含むベクターなどのコレクションに変えられることです。

リスト 12.1 のコードを使用して minigrep プログラムに渡されたあらゆるコマンドライン

[*1] https://crates.io/

引数を読み取れるようにし、それからその値をベクターとして集結させてください。

リスト 12.1: コマンドライン引数をベクターに集結させ、出力する

src/main.rs

```rust
use std::env;

fn main() {
    let args: Vec<String> = env::args().collect();
    println!("{:?}", args);
}
```

まず、std::env モジュールを use 文でスコープに導入したので、args 関数が使用できます。std::env::args 関数は、2 レベルモジュールがネストされていることに気付いてください。第 7 章で議論したように、希望の関数が 2 モジュール以上ネストされている場合、関数ではなく親モジュールをスコープに導入するのが因習的です。そうすることで、std::env から別の関数も容易に使用することができます。また、use std::env::args を追記し、関数を args とするだけで呼び出すのに比べて曖昧でもありません。というのも、args は現在のモジュールに定義されている関数と容易に見間違えられるかもしれないからです。

---

args 関数と不正なユニコード

引数のどれかが不正なユニコードを含んでいたら、std::env::args はパニックすることに注意してください。プログラムが不正なユニコードを含む引数を受け付ける必要があるなら、代わりに std::env::args_os を使用してください。この関数は、String 値ではなく、OsString 値を生成するイテレーターを返します。ここでは、簡潔性のために std::env::args を使うことを選択しました。なぜなら、OsString 値はプラットフォームごとに異なり、String 値に比べて取り扱いが煩雑だからです。

---

main の最初の行で env::args を呼び出し、そして即座に collect を使用して、イテレーターをイテレーターが生成する値すべてを含むベクターに変換しています。collect 関数を使用して多くの種類のコレクションを生成することができるので、args の型を明示的に注釈して文字列のベクターがほしいのだと指定しています。Rust において、型を注釈しなければならない頻度は非常に少ないのですが、collect はよく確かに注釈が必要になる 1 つの関数なのです。コンパイラーには、あなたが欲しているコレクションの種類が推論できないからです。

最後に、デバッグ整形機の :? を使用してベクターを出力しています。引数なしでコードを走らせてみて、それから引数 2 つで試してみましょう:

254　第 12 章　入出力プロジェクト: コマンドラインプログラムを構築する

```
$ cargo run
--略--
["target/debug/minigrep"]

$ cargo run needle haystack
--略--
["target/debug/minigrep", "needle", "haystack"]
```

　ベクターの最初の値は `"target/debug/minigrep"` であり、これはバイナリーの名前であることに気付いてください。これは C の引数リストの振る舞いと合致し、実行時に呼び出された名前をプログラムに使わせてくれるわけです。メッセージで出力したり、プログラムを起動するのに使用されたコマンドラインエイリアスによってプログラムの振る舞いを変えたい場合に、プログラム名にアクセスするのにしばしば便利です。ですが、この章の目的には、これを無視し、必要な 2 つの引数のみを保存します。

引数の値を変数に保存する

　引数のベクターの値を出力すると、プログラムはコマンドライン引数として指定された値にアクセスできることが説明されました。さて、プログラムの残りを通して使用できるように、2 つの引数の値を変数に保存する必要があります。それをしているのがリスト 12.2 です。

　リスト 12.2: クエリー引数とファイル名引数を保持する変数を生成

src/main.rs
```rust
use std::env;

fn main() {
    let args: Vec<String> = env::args().collect();

    let query = &args[1];
    let filename = &args[2];

    // {}を探しています
    println!("Searching for {}", query);
    // {}というファイルの中
    println!("In file {}", filename);
}
```

　ベクターを出力したときに確認したように、プログラム名がベクターの最初の値、`args[0]` を占めているので、添え字 1 から始めます。minigrep が取る最初の引数は、検索する文字列なので、最初の引数への参照を変数 query に置きました。2 番目の引数はファイル名でしょうから、2 番目の引数への参照は変数 filename に置きました。

　一時的にこれらの変数の値を出力して、コードが意図どおりに動いていることを証明しています。再度このプログラムを test と sample.txt という引数で実行しましょう:

```
$ cargo run test sample.txt
   Compiling minigrep v0.1.0 (file:///projects/minigrep)
    Finished dev [unoptimized + debuginfo] target(s) in 0.0 secs
     Running `target/debug/minigrep test sample.txt`
Searching for test
In file sample.txt
```

　素晴らしい、プログラムは動作しています！　必要な引数の値が、正しい変数に保存されています。後ほど、何らかのエラー処理を加えて、ユーザーが引数を提供しなかった場合など、可能性のある特定のエラー状況に対処します; 今は、そのような状況はないものとし、代わりにファイル読み取り能力を追加することに取り組みます。

ファイルを読み込む

　では、`filename` コマンドライン引数で指定されたファイルを読み込む機能を追加しましょう。まず、テスト実行するためのサンプルファイルが必要ですね: minigrep が動作していることを確かめるために使用するのに最適なファイルは、複数行に渡って同じ単語の繰り返しのある少量のテキストです。リスト 12.3 は、うまくいくであろうエミリー・ディキンソン (Emily Dickinson) の詩です！　プロジェクトのルート階層に poem.txt というファイルを作成し、この詩「私は誰でもない！　あなたは誰？」を入力してください。

リスト 12.3: エミリー・ディキンソンの詩は、いいテストケースになる

poem.txt
```
I'm nobody! Who are you?
Are you nobody, too?
Then there's a pair of us - don't tell!
They'd banish us, you know.

How dreary to be somebody!
How public, like a frog
To tell your name the livelong day
To an admiring bog!
```

私は誰でもない！　あなたは誰？
あなたも誰でもないの？
なら、私たちは組だね、何も言わないで！
あの人たちは、私たちを追放するでしょう。わかりますよね？

誰かでいるなんて侘しいじゃない！
カエルみたいで公すぎるじゃない。
自分の名を長い1日に告げるのなんて。
感服するような沼地にね！

256 第 12 章 入出力プロジェクト: コマンドラインプログラムを構築する

テキストを適当な場所に置いて、src/main.rs を編集し、ファイルを開くコードを追加してください。リスト 12.4 に示したようにですね。

リスト 12.4: 第 2 引数で指定されたファイルの中身を読み込む

```
use std::env;
use std::fs::File; ❶
use std::io::prelude::*; ❷

fn main() {
    // 略
    println!("In file {}", filename);

    // ファイルが見つかりませんでした
 ❸ let mut f = File::open(filename).expect("file not found");

 ❹ let mut contents = String::new();
 ❺ f.read_to_string(&mut contents)
        // ファイルの読み込み中に問題がありました
        .expect("something went wrong reading the file");

    // テキストは以下のとおりです:
    // {}
 ❻ println!("With text:\n{}", contents);
}
```

最初に、もう何個か use 文を追記して、標準ライブラリーの関係のある箇所を持ってきています: ファイルを扱うのに std::fs::File が必要ですし ❶、std::io::prelude::* はファイル入出力を含む入出力処理をするのに有用なトレイトをいろいろ含んでいます ❷。言語が一般的な初期化処理で特定の型や関数を自動的にスコープに導入するように、std::io モジュールにはそれ独自の共通の型や関数の初期化処理があり、入出力を行う際に必要になるわけです。標準の初期化処理とは異なり、std::io の初期化処理には明示的に use 文を加えなければなりません。

main に 3 文を追記しました: 1 つ目が、File::open 関数を呼んで filename 変数の値に渡して、ファイルへの可変なハンドルを得る処理です ❸。2 つ目が、contents という名の変数を生成して、可変で空の String を割り当てる処理です ❹。この変数が、ファイル読み込み後に中身を保持します。3 つ目が、ファイルハンドルに対して read_to_string を呼び出し、引数として contents への可変参照を渡す処理です ❺。

それらの行の後に、今回もファイル読み込み後に contents の値を出力する一時的な println! 文を追記したので、ここまでプログラムがきちんと動作していることを確認できます ❻。

第 1 コマンドライン引数には適当な文字列 (まだ検索する箇所は実装してませんからね) を、第 2 引数に poem.txt ファイルを入れて、このコードを実行しましょう:

```
$ cargo run the poem.txt
   Compiling minigrep v0.1.0 (file:///projects/minigrep)
    Finished dev [unoptimized + debuginfo] target(s) in 0.0 secs
     Running `target/debug/minigrep the poem.txt`
Searching for the
In file poem.txt
With text:
I'm nobody! Who are you?
Are you nobody, too?
Then there's a pair of us - don't tell!
They'd banish us, you know.

How dreary to be somebody!
How public, like a frog
To tell your name the livelong day
To an admiring bog!
```

　素晴らしい！ コードがファイルの中身を読み込み、出力するようになりました。しかし、このコードにはいくつか欠陥があります。main 関数が複数の責任を受け持っています: 一般に、各関数がただ 1 つの責任だけを持つようになれば、関数は明確かつ、管理しやすくなります。もう 1 つの問題点は、できうる限りのエラー処理を怠っていることです。まだプログラムが小規模なので、これらの欠陥は大きな問題にはなりませんが、プログラムが大規模になるにつれ、それをきれいに解消するのは困難になっていきます。プログラムを開発する際に早い段階でリファクタングを行うのは、よい戦術です。リファクタリングするコードの量が少なければ、はるかに簡単になりますからね。次は、それを行いましょう。

リファクタリングしてモジュール性とエラー処理を向上させる

　プログラムを改善するために、プログラムの構造と起こり得るエラーに対処する方法に関連する 4 つの問題を修正していきましょう。

　1 番目は、main 関数が 2 つの仕事を受け持っていることです: 引数を解析し、ファイルを開いています。このような小さな関数なら、これは、大した問題ではありませんが、main 内でプログラムを巨大化させ続けたら、main 関数が扱う個別の仕事の数も増えていきます。関数が責任を受け持つごとに、正しいことを確認しにくくなり、テストも行いづらくなり、機能を壊さずに変更するのも困難になっていきます。機能を小分けして、各関数が 1 つの仕事のみに責任を持つようにするのが最善です。

　この問題は、2 番目の問題にも結び付いています: query と filename はプログラムの設定用変数ですが、f や contents といった変数は、プログラムのロジックを担っています。main が長くなるほど、スコープに入れるべき変数も増えます。そして、スコープにある変数が増えれば、おのおのの目的を追うのも大変になるわけです。設定用変数を 1 つの構造に押し込め、目的を明瞭化するのが最善です。

3番目の問題は、ファイルを開き損ねたときに expect を使ってエラーメッセージを出力しているのに、エラーメッセージがファイルが見つかりませんでしたとしか表示しないことです。ファイルを開く行為は、ファイルが存在しない以外にもいろいろな方法で失敗することがあります: 例えば、ファイルは存在するかもしれないけれど、開く権限がないかもしれないなどです。現時点では、そのような状況になったとき、「ファイルが見つかりませんでした」というエラーメッセージを出力し、これはユーザーに間違った情報を与えるのです。

4番目は、異なるエラーを処理するのに expect を繰り返し使用しているので、ユーザーが十分な数の引数を渡さずにプログラムを起動したときに、問題を明確に説明しない「範囲外アクセス（index out of bounds）」というエラーが Rust から得られることです。エラー処理のコードがすべて1箇所に存在し、将来エラー処理ロジックが変更になったときに、メンテナンス者が1箇所のコードのみを考慮すればよいようにするのが最善でしょう。エラー処理コードが1箇所にあれば、エンドユーザーにとって意味のあるメッセージを出力していることを確認することにもつながります。

プロジェクトをリファクタリングして、これら4つの問題を扱いましょう。

バイナリープロジェクトの責任の分離

main 関数に複数の仕事の責任を割り当てるという構造上の問題は、多くのバイナリープロジェクトでありふれています。結果として、main が肥大化し始めた際にバイナリープログラムの個別の責任を分割するためにガイドラインとして活用できる工程を Rust コミュニティは、開発しました。この工程は、以下のような手順になっています:

- プログラムを main.rs と lib.rs に分け、ロジックを lib.rs に移動する。
- コマンドライン引数の解析ロジックが小規模な限り、main.rs に置いてもよい。
- コマンドライン引数の解析ロジックが複雑化の様相を呈し始めたら、main.rs から抽出して lib.rs に移動する。

この工程の後に main 関数に残る責任は以下に限定されます:

- 引数の値でコマンドライン引数の解析ロジックを呼び出す。
- 他のあらゆる設定を行う。
- lib.rs の run 関数を呼び出す。
- run がエラーを返したときに処理する。

このパターンは、責任の分離についてです: main.rs はプログラムの実行を行い、そして、lib.rs が手にある仕事のロジックすべてを扱います。main 関数を直接テストすることはできないので、この構造により、プログラムのロジックすべてを lib.rs の関数に移すことでテストできるようになります。main.rs に残る唯一のコードは、読めばその正当性が評価できるほど小規模になるでしょう。この工程に従って、プログラムのやり直しをしましょう。

引数解析器を抽出する

引数解析の機能を main が呼び出す関数に抽出して、コマンドライン引数解析ロジックを src/lib.rs に移動する準備をします。リスト 12.5 に新しい関数 parse_config を呼び出す main の冒頭部を示し、この新しい関数は今だけ src/main.rs に定義します。

リスト 12.5: main から parse_config 関数を抽出する

src/main.rs
```
fn main() {
    let args: Vec<String> = env::args().collect();

    let (query, filename) = parse_config(&args);

    // 略
}

fn parse_config(args: &[String]) -> (&str, &str) {
    let query = &args[1];
    let filename = &args[2];

    (query, filename)
}
```

それでもまだ、コマンドライン引数をベクターに集結させていますが、main 関数内で引数の値の添え字 1 を変数 query に、添え字 2 を変数 filename に代入する代わりに、ベクター全体を parse_config 関数に渡しています。そして、parse_config 関数にはどの引数がどの変数に入り、それらの値を main に返すというロジックが存在します。まだ main 内に query と filename という変数を生成していますが、もう main は、コマンドライン引数と変数がどう対応するかを決定する責任は持ちません。

このやり直しは、我々の小規模なプログラムにはやりすぎに思えるかもしれませんが、少しずつ段階的にリファクタリングしているのです。この変更後、プログラムを再度実行して、引数解析がまだ動作していることを実証してください。問題が発生したときに原因を特定する助けにするために頻繁に進捗を確認するのは好ましいことです。

設定値をまとめる

もう少し parse_config 関数を改善することができます。現時点では、タプルを返していますが、即座にタプルを分解して再度個別の値にしています。これは、正しい抽象化をまだできていないかもしれない兆候です。

まだ改善の余地があると示してくれる他の兆候は、parse_config の config の部分であり、返却している 2 つの値は関係があり、1 つの設定値の一部にどちらもなることを暗示しています。現状では、1 つのタプルにまとめていること以外、この意味をデータの構造に載せていません; この 2 つの値を 1 構造体に置き換え、構造体のフィールドそれぞれに意味のある名前を付けることもできるでしょう。そうすることで将来このコードのメンテナンス者が、異な

260 　第 12 章　入出力プロジェクト: コマンドラインプログラムを構築する

る値が相互に関係する仕方や、目的を理解しやすくできるでしょう。

NOTE 　この複雑型（complex type）がより適切なときに組み込みの値を使うアンチパターンを、primitive obsession[*2] と呼ぶ人もいます。

リスト 12.6 は、parse_config 関数の改善を示しています。

リスト 12.6: parse_config をリファクタリングして Config 構造体のインスタンスを返す

```
fn main() {
    let args: Vec<String> = env::args().collect();

  ❶ let config = parse_config(&args);

    println!("Searching for {}", config.query❷);
    println!("In file {}", config.filename❸);

    let mut f = File::open(config.filename❹).expect("file not found");

    // 略
}

struct Config { ❺
    query: String,
    filename: String,
}

fn parse_config(args: &[String]) -> Config { ❻
  ❼ let query = args[1].clone();
  ❽ let filename = args[2].clone();

    Config { query, filename }
}
```

query と filenmae というフィールドを持つよう定義された Config という構造体を追加しました❺。parse_config のシグニチャーは、これで Config 値を返すと示すようになりました❻。parse_config の本体では、以前は args の String 値を参照する文字列スライスを返していましたが、今では所有する String 値を含むように Config を定義しています。main の args 変数は引数値の所有者であり、parse_config 関数だけに借用させていますが、これは Config が args の値の所有権を奪おうとしたら、Rust の借用規則に違反してしまうことを意味します。

String のデータは、多くの異なる手法で管理できますが、最も単純だけれどもどこか非効率的な手段は、値に対して clone メソッドを呼び出すことです❼❽。これにより、Config インスタンスが所有するデータの総コピーが生成されるので、文字列データへの参照を保持する

[*2] 組み込み型強迫観念といったところだろうか

よりも時間とメモリーを消費します。ですが、データをクローンすることで、コードがとても素直にもなります。というのも、参照のライフタイムを管理する必要がないからです。つまり、この場面において、少々のパフォーマンスを犠牲にして単純性を得るのは、価値のある代償です。

---

clone を使用する代償

　実行時コストのために clone を使用して所有権問題を解消するのを避ける傾向が多くの Rustacean にあります。第 13 章で、この種の状況においてより効率的なメソッドの使用法を学ぶでしょう。ですがとりあえずは、これらのコピーをするのは 1 回だけですし、ファイル名とクエリー文字列は非常に小さなものなので、いくつかの文字列をコピーして進捗するのはよしとしましょう。最初の通り道でコードを究極的に効率化しようとするよりも、ちょっと非効率的でも動くプログラムを用意するほうがよいでしょう。もっと Rust の経験を積めば、最も効率的な解決法から開始することも簡単になるでしょうが、今は、clone を呼び出すことは完璧に受け入れられることです。

---

　main を更新したので、parse_config から返された Config のインスタンスを config という変数に置くようになり ❶、以前は個別の query と filename 変数を使用していたコードを更新したので、代わりに Config 構造体のフィールドを使用するようになりました ❷❸❹。
　これでコードは query と filename が関連していることと、その目的がプログラムの振る舞い方を設定するということをより明確に伝えます。これらの値を使用するあらゆるコードは、config インスタンスの目的の名前を冠したフィールドにそれらを発見することを把握しています。

Config のコンストラクターを作成する

　ここまでで、コマンドライン引数を解析する責任を負ったロジックを main から抽出し、parse_config 関数に配置しました。そうすることで query と filename の値が関連し、その関係性がコードに載っていることを確認する助けになりました。それから Config 構造体を追加して query と filename の関係する目的を名前付けし、構造体のフィールド名として parse_config 関数からその値の名前を返すことができています。
　したがって、今や parse_config 関数の目的は Config インスタンスを生成することになったので、parse_config をただの関数から Config 構造体に紐付く new という関数に変えることができます。この変更を行うことで、コードがより慣用的になります。String などの標準ライブラリーの型のインスタンスを、String::new を呼び出すことで生成できます。同様に、parse_config を Config に紐付く new 関数に変えれば、Config::new を呼び出すことで Config のインスタンスを生成できるようになります。リスト 12.7 が、行う必要のある変更を示しています。

262　第 12 章　入出力プロジェクト: コマンドラインプログラムを構築する

リスト 12.7: parse_config を Config::new に変える

```
fn main() {
    let args: Vec<String> = env::args().collect();

  ❶ let config = Config::new(&args);

    // 略
}
// 略

impl Config { ❷
  ❸ fn new(args: &[String]) -> Config {
        let query = args[1].clone();
        let filename = args[2].clone();

        Config { query, filename }
    }
}
```

parse_config を呼び出していた main を代わりに Config::new を呼び出すように更新しました❶。parse_config の名前を new に変え❸、impl ブロックに入れ込んだので❷、new 関数と Config が紐付くようになりました。再度このコードをコンパイルしてみて、動作することを確かめてください。

エラー処理を修正する

さて、エラー処理の修正に取り掛かりましょう。ベクターが 2 個以下の要素しか含んでいないときに args ベクターの添え字 1 か 2 にアクセスしようとすると、プログラムがパニックすることを思い出してください。試しに引数なしでプログラムを実行してください。すると、こんな感じになります:

```
$ cargo run
   Compiling minigrep v0.1.0 (file:///projects/minigrep)
    Finished dev [unoptimized + debuginfo] target(s) in 0.0 secs
     Running `target/debug/minigrep`
thread 'main' panicked at 'index out of bounds: the len is 1 but the index is
    1', src/main.rs:29:21
スレッド’main’ は、「境界外アクセス: 長さは 1 なのに添え字も 1 です」でパニックしました
note: Run with `RUST_BACKTRACE=1` for a backtrace.
```

境界外アクセス: 長さは 1 なのに添え字も 1 ですという行は、プログラマー向けのエラーメッセージです。エンドユーザーが起こったことと代わりにすべきことを理解する手助けにはならないでしょう。これをいま修正しましょう。

リファクタリングしてモジュール性とエラー処理を向上させる　　263

エラーメッセージを改善する

リスト 12.8 で、new 関数に、添え字 1 と 2 にアクセスする前にスライスが十分長いことを実証するチェックを追加しています。スライスの長さが十分でなければ、プログラムはパニックし、**境界外インデックス**よりもよいエラーメッセージを表示します。

リスト 12.8: 引数の数のチェックを追加する

src/main.rs

```
// 略
fn new(args: &[String]) -> Config {
    if args.len() < 3 {
        // 引数の数が足りません
        panic!("not enough arguments");
    }
    // 略
```

このコードは、リスト 9.9（☞ p. 184）で記述した value 引数が正常な値の範囲外だったときに panic! を呼び出した Guess::new 関数と似ています。ここでは、値の範囲を確かめる代わりに、args の長さが少なくとも 3 であることを確かめていて、関数の残りの部分は、この条件が満たされているという前提のもとで処理を行うことができます。args に 2 要素以下しかなければ、この条件は真になり、panic! マクロを呼び出して、即座にプログラムを終了させます。

では、new のこの追加の数行がある状態で、再度引数なしでプログラムを走らせ、エラーがどんな見た目か確かめましょう:

```
$ cargo run
   Compiling minigrep v0.1.0 (file:///projects/minigrep)
    Finished dev [unoptimized + debuginfo] target(s) in 0.0 secs
     Running `target/debug/minigrep`
thread 'main' panicked at 'not enough arguments', src/main.rs:30:12
スレッド'main' は「引数が足りません」でパニックしました
note: Run with `RUST_BACKTRACE=1` for a backtrace.
```

この出力のほうがマシです: これでエラーメッセージが合理的になりました。ですが、ユーザーに与えたくない追加の情報も含まれてしまっています。おそらく、ここではリスト 9.9 で使用したテクニックを使用するのは最善ではありません: panic! の呼び出しは、第 9 章で議論したように、使用の問題よりもプログラミング上の問題により適しています。代わりに、第 9 章で学んだもう 1 つのテクニックを使用することができます。成功か失敗かを示唆する Result を返すことです。

panic! を呼び出す代わりに new から Result を返す

代わりに、成功時には Config インスタンスを含み、エラー時には問題に言及する Result 値を返すことができます。Config::new が main と対話するとき、Result 型を使用して問題

があったと信号を送ることができます。それから main を変更して、panic! 呼び出しが引き起こしていた thread 'main' と RUST_BACKTRACE に関する周囲のテキストがない、ユーザー向けのより実用的なエラーに Err 列挙子を変換することができます。

リスト 12.9 は、Config::new の戻り値に必要な変更と Result を返すのに必要な関数の本体を示しています。main も更新するまで、これはコンパイルできないことに注意してください。その更新は次のリストで行います。

リスト 12.9: Config::new から Result を返却する

src/main.rs

```rust
impl Config {
    fn new(args: &[String]) -> Result<Config, &'static str> {
        if args.len() < 3 {
            return Err("not enough arguments");
        }

        let query = args[1].clone();
        let filename = args[2].clone();

        Ok(Config { query, filename })
    }
}
```

new 関数は、これで、成功時には Config インスタンスを、エラー時には &'static str を伴う Result を返すようになりました。第 10 章の「静的ライフタイム」(☞ p.221) から &'static str は文字列リテラルの型であることを思い出してください。これは、今はエラーメッセージの型になっています。

new 関数の本体で 2 つ変更を行いました: 十分な数の引数をユーザーが渡さなかった場合に panic! を呼び出す代わりに、今は Err 値を返し、Config 戻り値を Ok に包んでいます。これらの変更により、関数が新しい型シグニチャーに適合するわけです。

Config::new から Err 値を返すことにより、main 関数は、new 関数から返ってくる Result 値を処理し、エラー時によりきれいにプロセスから抜け出すことができます。

Config::new を呼び出し、エラーを処理する

エラーケースを処理し、ユーザーフレンドリーなメッセージを出力するために、main を更新して、リスト 12.10 に示したように Config::new から返されている Result を処理する必要があります。また、panic! からコマンドラインツールを 0 以外のエラーコードで抜け出す責任も奪い取り、手作業でそれも実装します。0 以外の終了コードは、我々のプログラムを呼び出したプロセスにプログラムがエラー状態で終了したことを通知する慣習です。

リスト 12.10: 新しい Config 作成に失敗したら、エラーコードで終了する

src/main.rs

```rust
use std::process; ❶

fn main() {
    let args: Vec<String> = env::args().collect();
```

```
❷ let config = Config::new(&args).unwrap_or_else(❸|err❹| {
      // 引数解析時に問題
   ❺ println!("Problem parsing arguments: {}", err);
   ❻ process::exit(1);
  });

  // 略
```

　このリストにおいて、以前には講義していないメソッドを使用しました: unwrap_or_else
です。これは標準ライブラリーで Result<T, E> に定義されています❷。unwrap_or_else
を使うことで、panic! ではない何らか独自のエラー処理を定義できるのです。この Result
が Ok 値だったら、このメソッドの振る舞いは unwrap に似ています: Ok が包んでいる中身の
値を返すのです。しかし、値が Err 値なら、このメソッドは、クロージャー内でコードを呼
び出し、クロージャーは我々が定義し、引数として unwrap_or_else に渡す匿名関数です❸。
クロージャーについては第 13 章で詳しく講義します。とりあえず、unwrap_or_else は、今
回リスト 12.9 で追加した not enough arguments という静的文字列の Err の中身を、縦棒
の間に出現する err 引数のクロージャーに渡していることだけ知っておく必要があります❹。
クロージャーのコードはそれから、実行されたときに err 値を使用できます。
　新規 use 行を追加して標準ライブラリーから process をインポートしました❶。クロー
ジャー内のエラー時に走るコードは、たった 2 行です: err の値を出力し❺、それから
process::exit を呼び出します❻。process::exit 関数は、即座にプログラムを停止させ、
渡された数字を終了コードとして返します。これは、リスト 12.8 で使用した panic! ベース
の処理と似ていますが、もう余計な出力はされません。試しましょう:

```
$ cargo run
   Compiling minigrep v0.1.0 (file:///projects/minigrep)
    Finished dev [unoptimized + debuginfo] target(s) in 0.48 secs
     Running `target/debug/minigrep`
Problem parsing arguments: not enough arguments
```

　素晴らしい！ この出力のほうがはるかにユーザーに優しいです。

main からロジックを抽出する

　これで設定解析のリファクタリングが終了したので、プログラムのロジックに目を向けま
しょう。「バイナリープロジェクトの責任の分離」で述べたように、現在 main 関数に存在する
設定のセットアップやエラー処理にかかわらないすべてのロジックを保持することになる run
という関数を抽出します。やり終わったら、main は簡潔かつ視察で確かめやすくなり、他の
ロジック全部に対してテストを書くことができるでしょう。
　リスト 12.11 は、抜き出した run 関数を示しています。今は少しずつ段階的に関数を抽出す
る改善を行っています。それでも、src/main.rs に関数を定義していきます。

266　第 12 章　入出力プロジェクト: コマンドラインプログラムを構築する

リスト 12.11: 残りのプログラムロジックを含む run 関数を抽出する

src/main.rs

```
fn main() {
    // 略

    println!("Searching for {}", config.query);
    println!("In file {}", config.filename);

    run(config);
}


fn run(config: Config) {
    let mut f = File::open(config.filename).expect("file not found");

    let mut contents = String::new();
    f.read_to_string(&mut contents)
        .expect("something went wrong reading the file");

    println!("With text:\n{}", contents);
}

// 略
```

　これで run 関数は、ファイル読み込みから始まる main 関数の残りのロジックすべてを含む
ようになりました。この run 関数は、引数に Config インスタンスを取ります。

run 関数からエラーを返す

　残りのプログラムロジックが run 関数に隔離されたので、リスト 12.9 の Config::new の
ように、エラー処理を改善することができます。expect を呼び出してプログラムにパニック
させる代わりに、run 関数は、何か問題が起こったときに Result<T, E> を返します。これに
より、さらにエラー処理周りのロジックをユーザーに優しい形で main に統合することができ
ます。リスト 12.12 にシグニチャーと run 本体に必要な変更を示しています。

リスト 12.12: run 関数を変更して Result を返す

src/main.rs

```
use std::error::Error; ❶

// 略

fn run(config: Config) -> Result<(), Box<Error>> { ❷
    let mut f = File::open(config.filename)?; ❸

    let mut contents = String::new();
    f.read_to_string(&mut contents)?; ❹

    println!("With text:\n{}", contents);
```

❺ Ok(())
```
}
```

ここでは、3 つの大きな変更を行いました。まず、run 関数の戻り値を Result<(), Box<Error>> に変えました❷。この関数は、以前はユニット型、() を返していて、それを Ok の場合に返される値として残しました。

エラー型については、**トレイトオブジェクトの Box<Error>** を使用しました（同時に冒頭で use 文により、std::error::Error をスコープに導入しています❶）。トレイトオブジェクトについては、第 17 章で講義します。とりあえず、Box<Error> は、関数が Error トレイトを実装する型を返すことを意味しますが、戻り値の型を具体的に指定しなくてもよいことを知っておいてください。これにより、エラーケースによって異なる型のエラー値を返す柔軟性を得ます。

2 番目に、expect の呼び出しよりも ? 演算子を選択して取り除きました❸❹。第 9 章で語りましたね。エラーでパニックするのではなく、? 演算子は呼び出し元が処理できるように、現在の関数からエラー値を返します。

3 番目に、run 関数は今、成功時に Ok 値を返すようになりました❺。run 関数の成功型は、シグニチャーで () と定義したので、ユニット型の値を Ok 値に包む必要があります。最初は、この Ok(()) という記法は奇妙に見えるかもしれませんが、このように () を使うことは、run を副作用のためだけに呼び出していると示唆する慣習的な方法です; 必要な値は返しません。

このコードを実行すると、コンパイルは通るものの、警告が表示されるでしょう:

```
warning: unused `std::result::Result` which must be used
警告: 使用されなければならない‘std::result::Result‘が未使用です
  --> src/main.rs:18:5
   |
18 |     run(config);
   |     ^^^^^^^^^^^^
= note: #[warn(unused_must_use)] on by default
```

コンパイラーは、コードが Result 値を無視していると教えてくれて、この Result 値は、エラーが発生したと示唆しているかもしれません。しかし、エラーがあったか確認するつもりはありませんが、コンパイラーは、ここにエラー処理コードを書くつもりだったんじゃないかと思い出させてくれています! 今、その問題を改修しましょう。

main で run から返ってきたエラーを処理する

リスト 12.10 の Config::new に対して行った方法に似たテクニックを使用して、エラーを確認し扱いますが、少し違いがあります:

src/main.rs

```
fn main() {
    // 略

    println!("Searching for {}", config.query);
    println!("In file {}", config.filename);

    if let Err(e) = run(config) {
        println!("Application error: {}", e);

        process::exit(1);
    }
}
```

unwrap_or_else ではなく、if let で run が Err 値を返したかどうかを確認し、そうなら process::exit(1) を呼び出しています。run 関数は、Config::new が Config インスタンスを返すのと同じように unwrap したい値を返すことはありません。run は成功時に () を返すので、エラーを検知することにのみ興味があり、() でしかないので、unwrap_or_else に包まれた値を返してもらう必要はないのです。

if let と unwrap_or_else 関数の中身はどちらも同じです: エラーを出力して終了します。

コードをライブラリークレートに分割する

ここまで minigrep はよさそうですね！ では、テストを行え、src/main.rs ファイルの責任が減らせるように、src/main.rs ファイルを分割し、一部のコードを src/lib.rs ファイルに置きましょう。

main 関数以外のコード全部を src/main.rs から src/lib.rs に移動しましょう:

- run 関数定義
- 関係する use 文
- Config の定義
- Config::new 関数定義

src/lib.rs の中身にはリスト 12.13 に示したようなシグニチャーがあるはずです（関数の本体は簡潔性のために省略しました）。リスト 12.14 で src/main.rs に変更を加えるまで、このコードはコンパイルできないことに注意してください。

リスト 12.13: Config と run を src/lib.rs に移動する

src/lib.rs

```
use std::error::Error;
use std::fs::File;
use std::io::prelude::*;

pub struct Config {
    pub query: String,
```

```
    pub filename: String,
}

impl Config {
    pub fn new(args: &[String]) -> Result<Config, &'static str> {
        // 略
    }
}

pub fn run(config: Config) -> Result<(), Box<Error>> {
    // 略
}
```

ここでは、寛大に pub を使用しています: Config のフィールドと new メソッドと run 関数
です。これでテスト可能な公開 API のあるライブラリークレートができました！

さて、src/lib.rs に移動したコードを src/main.rs のバイナリークレートのスコープに持って
いく必要があります。リスト 12.14 に示したようにですね。

リスト 12.14: minigrep クレートを src/main.rs のスコープに持っていく

src/main.rs

```
extern crate minigrep;

use std::env;
use std::process;

use minigrep::Config;

fn main() {
    // 略
    if let Err(e) = minigrep::run(config) {
        // 略
    }
}
```

ライブラリークレートをバイナリークレートに持っていくのに、extern crate minigrep
を使用しています。それから use minigrep::Config 行を追加して Config 型をスコープに
持ってきて、run 関数にクレート名を接頭辞として付けます。これで全機能が連結され、動く
はずです。cargo run でプログラムを走らせて、すべてがうまくいっていることを確かめて
ください。

ふう！ 作業量が多かったですね。ですが、将来成功する準備はできています。もう、エラー
処理ははるかに楽になり、コードのモジュール化もできました。ここから先の作業は、ほぼ
src/lib.rs で完結するでしょう。

古いコードでは大変だけれども、新しいコードでは楽なことをして新発見のモジュール性を
活用しましょう: テストを書くのです！

テスト駆動開発でライブラリーの機能を開発する

今や、ロジックを src/lib.rs に抜き出し、引数集めとエラー処理を src/main.rs に残したので、コードの核となる機能のテストを書くのが非常に容易になりました。いろいろな引数で関数を直接呼び出し、コマンドラインからバイナリを呼び出す必要なく戻り値を確認できます。ご自由に Config::new や run 関数の機能のテストは、ご自身でお書きください。

この節では、テスト駆動開発（TDD）過程を活用して minigrep プログラムに検索ロジックを追加します。このソフトウェア開発テクニックは、以下の手順に従います:

1. 失敗するテストを書き、走らせて想定どおりの理由で失敗することを確かめる。
2. 十分な量のコードを書くか変更して、新しいテストを通過するようにする。
3. 追加または変更したばかりのコードをリファクタリングし、テストが通り続けることを確認する。
4. 手順 1 から繰り返す！

この過程は、ソフトウェアを書く多くの方法のうちの 1 つにすぎませんが、TDD によりコードデザインも駆動することができます。テストを通過させるコードを書く前にテストを書くことで、過程を通して高いテストカバー率を保つ助けになります。

実際にクエリー文字列の検索を行う機能の実装をテスト駆動し、クエリーに合致する行のリストを生成します。この機能を search という関数に追加しましょう。

失敗するテストを記述する

もう必要ないので、プログラムの振る舞いを確認していた println! 文を src/lib.rs と src/main.rs から削除しましょう。それから src/lib.rs で、テスト関数のある test モジュールを追加します。第 11 章のようにですね。このテスト関数が search 関数にほしい振る舞いを指定します: クエリーとそれを検索するテキストを受け取り、クエリーを含む行だけをテキストから返します。リスト 12.15 にこのテストを示していますが、まだコンパイルは通りません。

リスト 12.15: こうだったらいいなという search 関数の失敗するテストを作成する

```
#[cfg(test)]
mod test {
    use super::*;

    #[test]
    fn one_result() {
        let query = "duct";
        // Rust は
        // 安全で速く生産性も高い。
        // 3つ選んで。
        let contents = "\
```

```
Rust:
safe, fast, productive.
Pick three.";

        assert_eq!(
            vec!["safe, fast, productive."],
            search(query, contents)
        );
    }
}
```

このテストは、"duct." という文字列を検索します。検索対象の文字列は 3 行で、うち 1
行だけが "duct." を含みます。search 関数から返る値が想定している行だけを含むことをア
サーションします。

このテストを走らせ、失敗するところを観察することはできません。このテストはコンパイ
ルもできないからです: まだ search 関数が存在していません! ゆえに今度は、空のベクター
を常に返す search 関数の定義を追加することで、テストをコンパイルし走らせるだけのコー
ドを追記します。リスト 12.16 に示したようにですね。そうすれば、テストはコンパイルで
き、失敗するはずです。なぜなら、空のベクターは、"safe, fast, productive." という行
を含むベクターとは合致しないからです。

リスト 12.16: テストがコンパイルできるのに十分なだけ search 関数を定義する

src/lib.rs
```
pub fn search<'a>(query: &str, contents: &'a str) -> Vec<&'a str> {
    vec![]
}
```

明示的なライフタイムの 'a が search のシグニチャーで定義され、contents 引数と戻り値
で使用されていることに気付いてください。第 10 章からライフタイム仮引数は、どの実引数
のライフタイムが戻り値のライフタイムに関連付けられているかを指定することを思い出して
ください。この場合、返却されるベクターは、(query 引数ではなく) contents 引数のスライ
スを参照する文字列スライスを含むべきと示唆しています。

言い換えると、コンパイラーに search 関数に返されるデータは、search 関数に contents
引数で渡されているデータと同期間生きることを教えています。これは重要なことです! ス
ライスに参照されるデータは、参照が有効になるために有効である必要があるのです; コンパ
イラーが contents ではなく query の文字列スライスを生成すると想定してしまったら、安
全性チェックを間違って行うことになってしまいます。

ライフタイム注釈を忘れてこの関数をコンパイルしようとすると、こんなエラーが出ます:

```
error[E0106]: missing lifetime specifier
エラー: ライフタイム指定子が欠けています
 --> src/lib.rs:5:51
  |
```

272　第12章　入出力プロジェクト: コマンドラインプログラムを構築する

```
5 | pub fn search(query: &str, contents: &str) -> Vec<&str> {
  |                                                 ^ expected lifetime
    parameter
  |
  = help: this function's return type contains a borrowed value, but the
    signature does not say whether it is borrowed from `query` or `contents`
```
助言: この関数の戻り値は、借用された値を含んでいますが、シグニチャーにはそれが、
‘query‘か‘contents‘から借用されたものであるかが示されていません

　コンパイラーには、2つの引数のどちらが必要なのか知る由がないので、教えてあげる必要
があるのです。contents がテキストをすべて含む引数で、合致するそのテキストの一部を返
したいので、contents がライフタイム記法で戻り値に関連付くはずの引数であることを我々
は知っています。

　他のプログラミング言語では、シグニチャーで引数と戻り値を関連付ける必要はありませ
ん。これは奇妙に思えるかもしれませんが、時間とともに楽になっていきます。この例を第
10章、「ライフタイムで参照を検証する」節 (☞ p. 208) と比較したくなるかもしれません。

　さあ、テストを実行しましょう:

```
$ cargo test
   Compiling minigrep v0.1.0 (file:///projects/minigrep)
--warnings--
    Finished dev [unoptimized + debuginfo] target(s) in 0.43 secs
     Running target/debug/deps/minigrep-abcabcabc

running 1 test
test test::one_result ... FAILED

failures:

---- test::one_result stdout ----
        thread 'test::one_result' panicked at 'assertion failed: `(left ==
right)`
left: `["safe, fast, productive."]`,
right: `[]`)', src/lib.rs:48:8
note: Run with `RUST_BACKTRACE=1` for a backtrace.

failures:
    test::one_result

test result: FAILED. 0 passed; 1 failed; 0 ignored; 0 measured; 0 filtered out

error: test failed, to rerun pass '--lib'
```

　素晴らしい。テストはまったく想定どおりに失敗しています。テストが通るようにしま
しょう!

テストを通過させるコードを書く

空のベクターを常に返しているために、現状テストは失敗しています。それを修正し、search を実装するには、プログラムは以下の手順に従う必要があります:

- 中身を各行ごとに繰り返す。
- 行にクエリー文字列が含まれるか確認する。
- するなら、それを返却する値のリストに追加する。
- しないなら、何もしない。
- 一致する結果のリストを返す。

各行を繰り返す作業から、この手順に順に取り掛かりましょう。

lines メソッドで各行を繰り返す

Rust には、文字列を行ごとに繰り返す役立つメソッドがあり、利便性のために lines と名付けられ、リスト 12.17 のように動作します。まだ、これはコンパイルできないことに注意してください。

リスト 12.17: contents の各行を繰り返す

src/lib.rs
```
pub fn search<'a>(query: &str, contents: &'a str) -> Vec<&'a str> {
    for line in contents.lines() {
        // 行に対して何かする
        // do something with line
    }
}
```

lines メソッドはイテレーターを返します。イテレーターについて詳しくは、第 13 章で話しますが、リスト 3.5（☞ p.63）でこのようなイテレーターの使用法は見かけたことを思い出してください。そこでは、イテレーターに for ループを使用してコレクションの各要素に対して何らかのコードを走らせていました。

クエリーを求めて各行を検索する

次に現在の行がクエリー文字列を含むか確認します。幸運なことに、文字列にはこれを行ってくれる contains という役に立つメソッドがあります！ search 関数に、contains メソッドの呼び出しを追加してください。リスト 12.18 のようにですね。それでもまだコンパイルできないことに注意してください。

リスト 12.18: 行が query の文字列を含むか確認する機能を追加する

src/lib.rs
```
pub fn search<'a>(query: &str, contents: &'a str) -> Vec<&'a str> {
    for line in contents.lines() {
        if line.contains(query) {
            // do something with line
```

```
            }
        }
    }
```

合致した行を保存する

また、クエリー文字列を含む行を保存する方法が必要です。そのために、for ループの前に可変なベクターを生成し、push メソッドを呼び出して line をベクターに保存することができます。for ループの後でベクターを返却します。リスト 12.19 のようにですね。

リスト 12.19: 合致する行を保存したので、返すことができる

src/lib.rs
```rust
pub fn search<'a>(query: &str, contents: &'a str) -> Vec<&'a str> {
    let mut results = Vec::new();

    for line in contents.lines() {
        if line.contains(query) {
            results.push(line);
        }
    }

    results
}
```

これで search 関数は、query を含む行だけを返すはずであり、テストも通るはずです。テストを実行しましょう:

```
$ cargo test
--略--
running 1 test
test test::one_result ... ok

test result: ok. 1 passed; 0 failed; 0 ignored; 0 measured; 0 filtered out
```

テストが通り、動いていることがわかりました！

ここで、テストが通過するよう保ったまま、同じ機能を保持しながら、検索関数の実装をリファクタリングする機会を考えることもできます。検索関数のコードは悪すぎるわけではありませんが、イテレーターの有用な機能の一部を活用していません。この例には第 13 章で再度触れ、そこでは、イテレーターをより深く探究し、さらに改善する方法に目を向けます。

run 関数内で search 関数を使用する

search 関数が動きテストできたので、run 関数から search を呼び出す必要があります。config.query の値と、ファイルから run が読み込む contents の値を search 関数に渡す必要があります。それから run は、search から返ってきた各行を出力するでしょう:

src/lib.rs

```
pub fn run(config: Config) -> Result<(), Box<Error>> {
    let mut f = File::open(config.filename)?;

    let mut contents = String::new();
    f.read_to_string(&mut contents)?;

    for line in search(&config.query, &contents) {
        println!("{}", line);
    }

    Ok(())
}
```

それでも for ループで search から各行を返し、出力しています。

さて、プログラム全体が動くはずです！ 試してみましょう。まずはエミリー・ディキンソンの詩から、ちょうど1行だけを返すはずの言葉から。"frog" です:

```
$ cargo run frog poem.txt
   Compiling minigrep v0.1.0 (file:///projects/minigrep)
    Finished dev [unoptimized + debuginfo] target(s) in 0.38 secs
     Running `target/debug/minigrep frog poem.txt`
How public, like a frog
```

かっこいい！ 今度は、複数行にマッチするであろう言葉を試しましょう。"body" とかね:

```
$ cargo run body poem.txt
    Finished dev [unoptimized + debuginfo] target(s) in 0.0 secs
     Running `target/debug/minigrep body poem.txt`
I'm nobody! Who are you?
Are you nobody, too?
How dreary to be somebody!
```

そして最後に、詩のどこにも現れない単語を探したときに、何も出力がないことを確かめましょう。"monomorphization" などね:

```
$ cargo run monomorphization poem.txt
    Finished dev [unoptimized + debuginfo] target(s) in 0.0 secs
     Running `target/debug/minigrep monomorphization poem.txt`
```

最高です！ 古典的なツールの独自のミニバージョンを構築し、アプリケーションを構造化する方法を多く学びました。また、ファイル入出力、ライフタイム、テスト、コマンドライン引数の解析についても、少し学びました。

276　第 12 章　入出力プロジェクト: コマンドラインプログラムを構築する

　　このプロジェクトをまとめ上げるために、環境変数を扱う方法と標準エラー出力に出力する
方法を少しだけデモします。これらはどちらも、コマンドラインプログラムを書く際に有用
です。

環境変数を取り扱う

　　おまけの機能を追加して minigrep を改善します: 環境変数でユーザーがオンにできる大文
字小文字無視の検索用のオプションです。この機能をコマンドラインオプションにして、適用
したいたびにユーザーが入力しなければならないようにすることもできますが、代わりに環境
変数を使用します。そうすることでユーザーは 1 回環境変数をセットすれば、そのターミナル
セッションの間は、大文字小文字無視の検索を行うことができるようになるわけです。

大文字小文字を区別しない search 関数用に失敗するテストを書く

　　環境変数がオンの場合に呼び出す search_case_insensitive 関数を新しく追加したいで
す。テスト駆動開発の過程に従い続けるので、最初の手順は、今回も失敗するテストを書く
ことです。新しい search_case_insensitive 関数用の新規テストを追加し、古いテストを
one_result から case_sensitive に名前変更して、2 つのテストの差異を明確化します。リ
スト 12.20 に示したようにですね。

リスト 12.20: 追加しようとしている大文字小文字を区別しない関数用の失敗するテストを新しく追
　　　　　　加する

src/lib.rs
```
#[cfg(test)]
mod test {
    use super::*;

    #[test]
    fn case_sensitive() {
        let query = "duct";
// Rust
// 安全かつ高速で生産的
// 3つを選んで
// ガムテープ
        let contents = "\
Rust:
safe, fast, productive.
Pick three.
Duct tape.";

        assert_eq!(
            vec!["safe, fast, productive."],
            search(query, contents)
        );
    }
```

```
    #[test]
    fn case_insensitive() {
        let query = "rUsT";
// （最後の行のみ）
// 私を信じて
        let contents = "\
Rust:
safe, fast, productive.
Pick three.
Trust me.";

        assert_eq!(
            vec!["Rust:", "Trust me."],
            search_case_insensitive(query, contents)
        );
    }
}
```

　古いテストの contents も変更していることに注意してください。大文字小文字を区別する検索を行う際に、"duct" というクエリーに合致しないはずの大文字 D を使用した "Duct tape"（ガムテープ）という新しい行を追加しました。このように古いテストを変更することで、すでに実装済みの大文字小文字を区別する検索機能を誤って壊してしまわないことを保証する助けになります。このテストはもう通り、大文字小文字を区別しない検索に取り掛かっても通り続けるはずです。

　大文字小文字を区別しない検索の新しいテストは、クエリーに"rUsT"を使用しています。追加直前の search_case_insensitive 関数では、"rUsT" というクエリーは、両方ともクエリーとは大文字小文字が異なるのに、大文字 R の"Rust:"を含む行と、"Trust me."という行にもマッチするはずです。これが失敗するテストであり、まだ search_case_insensitive 関数を定義していないので、コンパイルは失敗するでしょう。リスト 12.16 の search 関数で行ったように空のベクターを常に返す実装の骨格を追加して、ご自由にテストがコンパイルされ、失敗する様を確認してください。

search_case_insensitive 関数を実装する

　search_case_insensitive 関数は、リスト 12.21 に示しましたが、search 関数とほぼ同じです。唯一の違いは、query と各 line を小文字化していることなので、入力引数の大文字小文字によらず、行がクエリーを含んでいるか確認する際には、同じになるわけです。

リスト 12.21: 比較する前にクエリーと行を小文字化するよう、search_case_insensitive 関数を定義する

src/lib.rs

```
pub fn search_case_insensitive<'a>(query: &str, contents: &'a str) -> Vec<&'a
    str> {
 ❶ let query = query.to_lowercase();
    let mut results = Vec::new();
```

```
        for line in contents.lines() {
            if line.to_lowercase()❷.contains(&query❸) {
                results.push(line);
            }
        }

        results
    }
```

まず、query 文字列を小文字化し、同じ名前の覆い隠された変数に保存します❶。ユーザーのクエリーが "rust" や "RUST"、"Rust"、"rUsT" などだったりしても、"rust" であり、大文字小文字を区別しないかのようにクエリーを扱えるように、to_lowercase をクエリーに対して呼び出すことは必須です。

query はもはや、文字列スライスではなく String であることに注意してください。というのも、to_lowercase を呼び出すと、既存のデータを参照するというよりも、新しいデータを作成するからです。例として、クエリーは "rUsT" だとしましょう: その文字列スライスは、小文字の u や t を使えるように含んでいないので、"rust" を含む新しい String のメモリーを確保しなければならないのです。今、contains メソッドに引数として query を渡すと、アンド記号❸を追加する必要があります。contains のシグニチャーは、文字列スライスを取るよう定義されているからです。

次に、各 line が query を含むか確かめる前に to_lowercase の呼び出しを追加し、全文字を小文字化しています❷。今や line と query を小文字に変換したので、クエリーが大文字であろうと小文字であろうとマッチを検索するでしょう。

この実装がテストを通過するか確認しましょう:

```
running 2 tests
test test::case_insensitive ... ok
test test::case_sensitive ... ok

test result: ok. 2 passed; 0 failed; 0 ignored; 0 measured; 0 filtered out
```

素晴らしい!どちらも通りました。では、run 関数から新しい search_case_insensitive 関数を呼び出しましょう。1 番目に大文字小文字の区別を切り替えられるよう、Config 構造体に設定オプションを追加します。まだどこでも、このフィールドの初期化をしていないので、追加するとコンパイルエラーが起こります:

src/lib.rs
```
pub struct Config {
    pub query: String,
    pub filename: String,
    pub case_sensitive: bool,
}
```

論理値を持つ `case_sensitive` フィールドを追加したことに注意してください。次に、`run` 関数に、`case_sensitive` フィールドの値を確認し、`search` 関数か `search_case_insensitive` 関数を呼ぶかを決定するのに使ってもらう必要があります。リスト 12.22 のようにですね。それでも、これはまだコンパイルできないことに注意してください。

リスト 12.22: `config.case_sensitive` の値に基づいて `search` か `search_case_insensitive` を呼び出す

```rust
pub fn run(config: Config) -> Result<(), Box<Error>> {
    let mut f = File::open(config.filename)?;

    let mut contents = String::new();
    f.read_to_string(&mut contents)?;

    let results = if config.case_sensitive {
        search(&config.query, &contents)
    } else {
        search_case_insensitive(&config.query, &contents)
    };

    for line in results {
        println!("{}", line);
    }

    Ok(())
}
```

最後に、環境変数を確認する必要があります。環境変数を扱う関数は、標準ライブラリーの env モジュールにあるので、`use std::env;` 行で src/lib.rs の冒頭でそのモジュールをスコープに持ってくる必要があります。そして、env モジュールから var 関数を使用して CASE_INSENSITIVE という環境変数のチェックを行います。リスト 12.23 のようにですね。

リスト 12.23: CASE_INSENSITIVE という環境変数のチェックを行う

```rust
use std::env;

// 略

impl Config {
    pub fn new(args: &[String]) -> Result<Config, &'static str> {
        if args.len() < 3 {
            return Err("not enough arguments");
        }

        let query = args[1].clone();
        let filename = args[2].clone();
```

```
        let case_sensitive = env::var("CASE_INSENSITIVE").is_err();

        Ok(Config { query, filename, case_sensitive })
    }
}
```

ここで、case_sensitiveという新しい変数を生成しています。その値をセットするために、
env::var関数を呼び出し、CASE_INSENSITIVE環境変数の名前を渡しています。env::var
関数は、環境変数がセットされていたら、環境変数の値を含むOk列挙子の成功値になる
Resultを返します。環境変数がセットされていなければ、Err列挙子を返すでしょう。

　Resultのis_errメソッドを使用して、エラーであり、ゆえにセットされていないこ
とを確認しています。これは大文字小文字を区別する検索をすべきことを意味します。
CASE_INSENSITIVE環境変数が何かにセットされていれば、is_errはfalseを返し、プロ
グラムは大文字小文字を区別しない検索を実行するでしょう。環境変数の値はどうでもよく、
セットされているかどうかだけ気にするので、unwrapやexpectあるいは、他のここまで見
かけたResultのメソッドではなく、is_errをチェックしています。

　case_sensitive変数の値をConfigインスタンスに渡しているので、リスト12.22で実装
したように、run関数はその値を読み取り、searchかsearch_case_insensitiveを呼び出
すか決定できるのです。

　試行してみましょう！まず、環境変数をセットせずにクエリーはtoでプログラムを実行
し、このときはすべて小文字で"to"という言葉を含むあらゆる行が合致するはずです。

```
$ cargo run to poem.txt
   Compiling minigrep v0.1.0 (file:///projects/minigrep)
    Finished dev [unoptimized + debuginfo] target(s) in 0.0 secs
     Running `target/debug/minigrep to poem.txt`
Are you nobody, too?
How dreary to be somebody!
```

　まだ機能しているようです！では、CASE_INSENSITIVEを1にしつつ、同じクエリーのto
でプログラムを実行しましょう。

　PowerShellを使用しているなら、1コマンドではなく、2コマンドで環境変数をセットし、
プログラムを実行する必要があるでしょう:

```
$ $env:CASE_INSENSITIVE=1
$ cargo run to poem.txt
```

　大文字も含む可能性のある"to"を含有する行が得られるはずです:

```
$ CASE_INSENSITIVE=1 cargo run to poem.txt
   Finished dev [unoptimized + debuginfo] target(s) in 0.0 secs
    Running `target/debug/minigrep to poem.txt`
Are you nobody, too?
How dreary to be somebody!
To tell your name the livelong day
To an admiring bog!
```

　素晴らしい、"To"を含む行も出てきましたね！ minigrep プログラムはこれで、環境変数によって制御できる大文字小文字を区別しない検索も行えるようになりました。もうコマンドライン引数か、環境変数を使ってオプションを管理する方法も知りましたね。

　引数と環境変数で同じ設定を行うことができるプログラムもあります。そのような場合、プログラムはどちらが優先されるか決定します。自身の別の鍛錬として、コマンドライン引数か、環境変数で大文字小文字の区別を制御できるようにしてみてください。片方は大文字小文字を区別するようにセットされ、もう片方は区別しないようにセットしてプログラムが実行された時に、コマンドライン引数と環境変数のどちらの優先度が高くなるかを決めてください。

　std::env モジュールは、環境変数を扱うもっと多くの有用な機能を有しています：ドキュメンテーションを確認して、何が利用可能か確かめてください。

標準出力ではなく標準エラーにエラーメッセージを書き込む

　現時点では、すべての出力を println! 関数を使用して端末に書き込んでいます。多くの端末は、2種類の出力を提供します：普通の情報用の**標準出力**（stdout）とエラーメッセージ用の**標準エラー出力**（stderr）です。この差異のおかげで、ユーザーは、エラーメッセージを画面に表示しつつ、プログラムの成功した出力をファイルにリダイレクトすることを選択できます。

　println! 関数は、標準出力に出力する能力しかないので、標準エラーに出力するには他のものを使用しなければなりません。

エラーが書き込まれる場所を確認する

　まず、minigrep に出力される中身が、代わりに標準エラーに書き込みたいいかなるエラーメッセージも含め、どのように標準出力に書き込まれているかを観察しましょう。意図的にエラーを起こしつつ、ファイルに標準出力ストリームをリダイレクトすることでそうします。標準エラーストリームはリダイレクトしないので、標準エラーに送られる内容は、すべて画面に表示され続けます。

　コマンドラインプログラムは、エラーメッセージを標準エラー出力に送信していると期待されているので、標準出力ストリームをファイルにリダイレクトしても、画面にエラーメッセージが見られます。我々のプログラムは、現状、いい振る舞いをしていません：代わりにファイルにエラーメッセージ出力を保存するところを、目撃するところです！

282　第 12 章　入出力プロジェクト：コマンドラインプログラムを構築する

　この動作をデモする方法は、>と標準出力ストリームをリダイレクトする先のファイル名、
output.txt でプログラムを走らせることによります。引数は何も渡さず、そうするとエラーが
起こるはずです：

```
$ cargo run > output.txt
```

　>記法により、標準出力の中身を画面の代わりに output.txt に書き込むようシェルは指示さ
れます。画面に出力されると期待していたエラーメッセージは見られないので、ファイルに
入っているということでしょう。以下が output.txt が含んでいる内容です：

```
Problem parsing arguments: not enough arguments
```

　そうです。エラーメッセージは標準出力に出力されているのです。このようなエラーメッ
セージは標準エラーに出力され、成功した状態のデータのみがファイルに残るとはるかに有用
です。それを変更します。

エラーを標準エラーに出力する

　リスト 12.24 のコードを使用して、エラーメッセージの出力の仕方を変更します。この章
の前で行ったリファクタリングのため、エラーメッセージを出力するコードはすべて 1 関
数、main にあります。標準ライブラリーは、標準エラーストリームに出力する eprintln! マ
クロを提供しているので、println! を呼び出してエラーを出力していた 2 箇所を代わりに
eprintln! を使うように変更しましょう。

リスト 12.24: eprintln! を使って標準出力ではなく、標準エラーにエラーメッセージを書き込む

src/lib.rs
```
fn main() {
    let args: Vec<String> = env::args().collect();

    let config = Config::new(&args).unwrap_or_else(|err| {
        eprintln!("Problem parsing arguments: {}", err);
        process::exit(1);
    });

    if let Err(e) = minigrep::run(config) {
        eprintln!("Application error: {}", e);

        process::exit(1);
    }
}
```

　println! を eprintln! に変えてから、再度同じようにプログラムを実行しましょう。引
数なしかつ、標準出力を>でリダイレクトしてね：

```
$ cargo run > output.txt
Problem parsing arguments: not enough arguments
```

これで、エラーは画面に見えつつ、output.txt は何も含まなくなり、これはコマンドライン
プログラムに期待する動作です。

再度、標準出力をファイルにリダイレクトしてエラーは起こさない引数でプログラムを走ら
せましょう。以下のようにですね:

```
$ cargo run to poem.txt > output.txt
```

ターミナルには出力は見られず、output.txt に結果が含まれます:

output.txt
```
Are you nobody, too?
How dreary to be somebody!
```

これは、もう成功した出力には標準出力を、エラー出力には標準エラーを適切に使用してい
ることをデモしています。

まとめ

この章では、ここまでに学んできた主要な概念の一部を念押しし、Rust で入出力処理を
行う方法を講義しました。コマンドライン引数、ファイル、環境変数、そしてエラー出力に
eprintln! マクロを使用することで、もう、コマンドラインアプリケーションを書く準備がで
きています。以前の章の概念を使用することで、コードはうまく体系化され、適切なデータ構
造に効率的にデータを保存し、エラーをうまく扱い、よくテストされるでしょう。

次は、関数型言語に影響された Rust 機能を一部探究します: クロージャーとイテレーター
です。

13

関数型言語の機能:
イテレーターとクロージャー

Rustの設計は、多くの既存の言語やテクニックにインスピレーションを得ていて、その1つの大きな影響が関数型プログラミングです。関数型でのプログラミングには、しばしば、引数で渡したり、関数から関数を返したり、関数を後ほど使用するために変数に代入することで関数を値として使用することが含まれます。

この章では、関数型プログラミングがどんなものであったり、なかったりするかという問題については議論しませんが、代わりに関数型とよく言及される多くの言語の機能に似たRustの機能の一部について議論しましょう。

具体的には、以下を講義します:

- クロージャー、変数に保存できる関数に似た文法要素
- イテレーター、一連の要素を処理する方法
- これら2つの機能を使用して第12章の入出力プロジェクトを改善する方法
- これら2つの機能のパフォーマンス（ネタバレ: 思ったよりも速いです）

パターンマッチングやenumなど、他のRustの機能も関数型に影響されていますが、他の章で講義してきました。クロージャーとイテレーターをマスターすることは、慣用的で速いRustコードを書くことの重要な部分なので、この章を丸ごと捧げます。

クロージャー: 環境をキャプチャーできる匿名関数

　Rust のクロージャーは、変数に保存したり、引数として他の関数に渡すことのできる匿名関数です。ある場所でクロージャーを生成し、それから別の文脈でクロージャーを呼び出して評価することができます。関数と異なり、呼び出されたスコープの値をクロージャーは、キャプチャーすることができます。これらのクロージャーの機能がコードの再利用や、動作のカスタマイズを行わせてくれる方法を模擬しましょう。

クロージャーで動作の抽象化を行う

　クロージャーを保存して後々使用できるようにするのが有用な場面の例に取り掛かりましょう。その過程で、クロージャーの記法、型推論、トレイトについて語ります。

　以下のような架空の場面を考えてください: カスタマイズされたエクササイズのトレーニングプランを生成するアプリを作る立ち上げにかかることになりました。バックエンドは Rust で記述され、トレーニングプランを生成するアルゴリズムは、アプリユーザーの年齢や、BMI、運動の好み、最近のトレーニング、指定された強弱値などの多くの要因を考慮します。実際に使用されるアルゴリズムは、この例では重要ではありません; 重要なのは、この計算が数秒要することです。必要なときだけこのアルゴリズムを呼び出し、1 回だけ呼び出したいので、必要以上にユーザーを待たせないことになります。

　リスト 13.1 に示した simulated_expensive_calculation 関数でこの仮定のアルゴリズムを呼び出すことをシミュレートし、この関数は calculating slowly と出力し、2 秒待ってから、渡した数値を何でも返します。

リスト 13.1: 実行に約 2 秒かかる架空の計算の代役を務める関数

src/main.rs

```
use std::thread;
use std::time::Duration;

fn simulated_expensive_calculation(intensity: u32) -> u32 {
    // ゆっくり計算します
    println!("calculating slowly...");
    thread::sleep(Duration::from_secs(2));
    intensity
}
```

　次は、この例で重要なトレーニングアプリの部分を含む main 関数です。この関数は、ユーザーがトレーニングプランを要求したときにアプリが呼び出すコードを表します。アプリのフロントエンドと相互作用する部分は、クロージャーの使用と関係ないので、プログラムへの入力を表す値をハードコードし、その出力を表示します。

　必要な入力は以下のとおりです:

- ユーザーの強弱値。これはユーザーがトレーニングを要求して、低強度のトレーニング

クロージャー: 環境をキャプチャーできる匿名関数　287

か、高強度のトレーニングがしたいかを示したときに指定されます。
- 乱数。これはトレーニングプランにバリエーションを起こします。

出力は、推奨されるトレーニングプランになります。リスト 13.2 は使用する main 関数を
示しています。

リスト 13.2: ユーザー入力や乱数生成をシミュレートするハードコードされた値がある main 関数

```rust
fn main() {
    let simulated_user_specified_value = 10;
    let simulated_random_number = 7;

    generate_workout(
        simulated_user_specified_value,
        simulated_random_number
    );
}
```

簡潔性のために、変数 simulated_user_specified_value は 10、変数 simulated_
random_number は 7 とハードコードしました; 実際のプログラムにおいては、強弱値は
アプリのフロントエンドから取得し、乱数の生成には、第 2 章の数当てゲームの例のよう
に、rand クレートを使用するでしょう。main 関数は、シミュレートされた入力値とともに
generate_workout 関数を呼び出します。

今や文脈ができたので、アルゴリズムに取り掛かりましょう。リスト 13.3 の
generate_workout 関数は、この例で最も気にかかるアプリのビジネスロジックを含
んでいます。この例での残りの変更は、この関数に対して行われるでしょう:

リスト 13.3: 入力に基づいてトレーニングプランを出力するビジネスロジックと、
simulated_expensive_calculation 関数の呼び出し

```rust
fn generate_workout(intensity: u32, random_number: u32) {
❶ if intensity < 25 {

        println!(
            // 今日は{}回腕立て伏せをしてください！
            "Today, do {} pushups!",
            simulated_expensive_calculation(intensity)
        );

        println!(
            // 次に、{}回腹筋をしてください！
            "Next, do {} situps!",
            simulated_expensive_calculation(intensity)
        );
    } else {
  ❷ if random_number == 3 {
            // 今日は休憩してください！水分補給を忘れずに！
            println!("Take a break today! Remember to stay hydrated!");
```

```
❸ } else {
        println!(
            // 今日は、{}分間走ってください！
            "Today, run for {} minutes!",
            simulated_expensive_calculation(intensity)
        );
    }
  }
}
```

リスト 13.3 のコードには、遅い計算を行う関数への呼び出しが複数あります。最初の if ブロック❶が、simulated_expensive_calculation を 2 回呼び出し、外側の else 内の if❷はまったく呼び出さず、2 番目の else ケース❸の内側にあるコードは 1 回呼び出しています。

generate_workout 関数の期待される振る舞いは、まずユーザーが低強度のトレーニング（25 より小さい数値で表される）か、高強度のトレーニング（25 以上の数値）を欲しているか確認することです。

低強度のトレーニングプランは、シミュレーションしている複雑なアルゴリズムに基づいて、多くの腕立て伏せや腹筋運動を推奨してきます。

ユーザーが高強度のトレーニングを欲していれば、追加のロジックがあります: アプリが生成した乱数がたまたま 3 なら、アプリは休憩と水分補給を勧めます。そうでなければ、ユーザーは複雑なアルゴリズムに基づいて数分間のランニングをします。

このコードは現在、ビジネスのほしいままに動くでしょうが、データサイエンスチームが、simulated_expensive_calculation 関数を呼び出す方法に何らかの変更を加える必要があると決定したとしましょう。そのような変更が起こったときに更新を簡略化するため、simulated_expensive_calculation 関数を 1 回だけ呼び出すように、このコードをリファクタリングしたいです。また、その過程でその関数への呼び出しを増やすことなく無駄に 2 回、この関数を現時点で呼んでいるところを切り捨てたくもあります。要するに、結果が必要なければ関数を呼び出したくなく、それでも 1 回だけ呼び出したいのです。

関数でリファクタリング

多くの方法でトレーニングプログラムを再構築することもできます。1 番目に simulated_expensive_calculation 関数への重複した呼び出しを変数に抽出しようとしましょう。リスト 13.4 に示したように。

リスト 13.4: 複数の simulated_expensive_calculation の呼び出しを 1 箇所に抽出し、結果を expensive_result 変数に保存する

```
fn generate_workout(intensity: u32, random_number: u32) {
    let expensive_result =
        simulated_expensive_calculation(intensity);

    if intensity < 25 {
        println!(
            "Today, do {} pushups!",
```

```
            expensive_result
        );
        println!(
            "Next, do {} situps!",
            expensive_result
        );
    } else {
        if random_number == 3 {
            println!("Take a break today! Remember to stay hydrated!");
        } else {
            println!(
                "Today, run for {} minutes!",
                expensive_result
            );
        }
    }
}
```

この変更により simulated_expensive_calculation の呼び出しが単一化され、最初の
if ブロックが無駄に関数を 2 回呼んでいた問題を解決します。不幸なことに、これでは、あ
らゆる場合にこの関数を呼び出し、その結果を待つことになり、結果値をまったく使用しない
内側の if ブロックでもそうしてしまいます。

　プログラムの 1 箇所でコードを定義したいですが、結果が本当に必要なところでだけコード
を実行します。これは、クロージャーのユースケースです！

クロージャーでリファクタリングして、コードを保存する

　if ブロックの前にいつも simulated_expensive_calculation 関数を呼び出す代わりに、
クロージャーを定義し、関数呼び出しの結果を保存するのではなく、そのクロージャーを変数
に保存できます。リスト 13.5 のようにですね。simulated_expensive_calculation の本
体全体を実際に、ここで導入しているクロージャー内に移すことができます。

リスト 13.5: クロージャーを定義し、expensive_closure 変数に保存する

```
let expensive_closure = |num| {
    println!("calculating slowly...");
    thread::sleep(Duration::from_secs(2));
    num
};
```

　クロージャー定義が = に続き、変数 expensive_closure に代入されています。クロー
ジャーを定義するには、一組の縦棒から始め、その内部にクロージャーの仮引数を指定しま
す; この記法は、Smalltalk や Ruby のクロージャー定義と類似していることから、選択され
ました。このクロージャーには、num という引数が 1 つあります: 2 つ以上引数があるなら、
|param1, param2|のように、カンマで区切ります。

引数の後に、クロージャーの本体を保持する波かっこを配置します（これはクロージャー本体が式1つなら省略可能です）。波かっこの後、クロージャーのお尻には、セミコロンが必要で、`let`文を完成させます。クロージャー本体の最後の行から返る値（`num`）が、呼び出されたときにクロージャーから返る値になります。その行がセミコロンで終わっていないからです; ちょうど関数の本体みたいですね。

この`let`文は、`expensive_closure`が、匿名関数を呼び出した**結果の値**ではなく、匿名関数の**定義**を含むことを意味することに注意してください。コードを定義して、1箇所で呼び出し、そのコードを保存し、後々、それを呼び出したいがためにクロージャーを使用していることを思い出してください; 呼び出したいコードは、現在、`expensive_closure`に保存されています。

クロージャーが定義されたので、`if`ブロックのコードを変更して、そのコードを実行するクロージャーを呼び出し、結果値を得ることができます。クロージャーは、関数のように呼び出せます: クロージャー定義を含む変数名を指定し、使用したい引数値を含むかっこを続けます。リスト13.6に示したようにですね。

リスト13.6: 定義した `expensive_closure` を呼び出す

```
fn generate_workout(intensity: u32, random_number: u32) {
    let expensive_closure = |num| {
        println!("calculating slowly...");
        thread::sleep(Duration::from_secs(2));
        num
    };

    if intensity < 25 {
        println!(
            "Today, do {} pushups!",
            expensive_closure(intensity)
        );
        println!(
            "Next, do {} situps!",
            expensive_closure(intensity)
        );
    } else {
        if random_number == 3 {
            println!("Take a break today! Remember to stay hydrated!");
        } else {
            println!(
                "Today, run for {} minutes!",
                expensive_closure(intensity)
            );
        }
    }
}
```

今では、重い計算はたった 1 箇所でのみ呼び出され、その結果が必要なコードを実行するだけになりました。

ところが、リスト 13.3 の問題の 1 つを再浮上させてしまいました: それでも、最初の if ブロックでクロージャーを 2 回呼んでいて、そうすると、重いコードを 2 回呼び出し、必要な分の 2 倍ユーザーを待たせてしまいます。その if ブロックのみに属する変数を生成して、クロージャーの呼び出し結果を保持するその if ブロックに固有の変数を生成することでこの問題を解消することもできますが、クロージャーは他の解決法も用意してくれます。その解決策については、もう少し先で語りましょう。でもまずは、クロージャー定義に型注釈がない理由とクロージャーにかかわるトレイトについて話しましょう。

クロージャーの型推論と注釈

クロージャーでは、fn 関数のように引数の型や戻り値の型を注釈する必要はありません。関数では、型注釈は必要です。ユーザーに露出する明示的なインターフェイスの一部だからです。このインターフェイスを堅実に定義することは、関数が使用したり、返したりする値の型についてみんなが合意していることを保証するために重要なのです。しかし、クロージャーはこのような露出するインターフェイスには使用されません: 変数に保存され、名前付けしたり、ライブラリーのユーザーにさらされることなく、使用されます。

クロージャーは通常短く、あらゆる任意の筋書きではなく、狭い文脈でのみ関係します。このような限定された文脈内では、コンパイラーは、多くの変数の型を推論できるのに似て、引数や戻り値の型を頼もしく推論することができます。

このような小さく、匿名の関数で型をプログラマーに注釈させることは、煩わしく、コンパイラーがすでに利用可能な情報に対して大方、冗長でしょう。

変数のように、厳格に必要な以上に冗長になることと引き換えに、明示性と明瞭性を向上させたいなら、型注釈を加えることができます; リスト 13.5 で定義したクロージャーに型を注釈するなら、リスト 13.7 に示した定義のようになるでしょう。

リスト 13.7: クロージャーの引数と戻り値の省略可能な型注釈を追加する

```
let expensive_closure = |num: u32| -> u32 {
    println!("calculating slowly...");
    thread::sleep(Duration::from_secs(2));
    num
};
```

型注釈を付け加えると、クロージャーの記法は、関数の記法により酷似して見えます。以下が、引数に 1 を加える関数の定義と、同じ振る舞いをするクロージャーの定義の記法を縦に比べたものです。空白を追加して、関連のある部分を並べています。これにより、縦棒の使用と省略可能な記法の量を除いて、クロージャー記法が関数記法に似ているところを説明しています。

```
fn  add_one_v1   (x: u32) -> u32 { x + 1 }
let add_one_v2 = |x: u32| -> u32 { x + 1 };
let add_one_v3 = |x|              { x + 1 };
let add_one_v4 = |x|                x + 1  ;
```

1行目が関数定義を示し、2行目がフルに注釈したクロージャー定義を示しています。3行
目は、クロージャー定義から型注釈を取り除き、4行目は、かっこを取り除いていて、かっこ
はクロージャーの本体がただ1つの式からなるので、省略可能です。これらはすべて、呼び出
されたときに同じ振る舞いになる合法な定義です。

クロージャー定義には、引数それぞれと戻り値に対して推論される具体的な型が1つあり
ます。例えば、リスト13.8に引数として受け取った値を返すだけの短いクロージャーの定義
を示しました。このクロージャーは、この例での目的以外には有用ではありません。この定義
には、何も型注釈を加えていないことに注意してください: それから1回目に String を引数
に、2回目に u32 を引数に使用してこのクロージャーを2回呼び出そうとしたら、エラーにな
ります。

リスト13.8: 2つの異なる型で型が推論されるクロージャーの呼び出しを試みる

src/main.rs
```
let example_closure = |x| x;

let s = example_closure(String::from("hello"));
let n = example_closure(5);
```

コンパイラーは、次のエラーを返します:

```
error[E0308]: mismatched types
 --> src/main.rs
  |
  | let n = example_closure(5);
  |                         ^ expected struct `std::string::String`, found
    integral variable
  |
  = note: expected type `std::string::String`
            found type `{integer}`
```

String 値で example_closure を呼び出した最初の時点で、コンパイラーは x とクロー
ジャーの戻り値の型を String と推論します。そして、その型が example_closure のクロー
ジャーに閉じ込められ、同じクロージャーを異なる型で使用しようとすると、型エラーが出る
のです。

ジェネリック引数と Fn トレイトを使用したクロージャーを保存する

　トレーニング生成アプリに戻りましょう。リスト 13.6 において、まだコードは必要以上の回数、重い計算のクロージャーを呼んでいました。この問題を解決する 1 つの選択肢は、重いクロージャーの結果を再利用できるように変数に保存し、クロージャーを再度呼ぶ代わりに、結果が必要になる箇所それぞれでその変数を使用することです。しかしながら、この方法は同じコードを大量に繰り返す可能性があります。

　運のいいことに、別の解決策もあります。クロージャーやクロージャーの呼び出し結果の値を保持する構造体を作れるのです。結果の値が必要な場合のみにその構造体はクロージャーを実行し、その結果の値をキャッシュするので、残りのコードは、結果を保存し、再利用する責任を負わなくて済むのです。このパターンは、**メモ化**（memoization）または、**遅延評価**（lazy evaluation）としてご存知かもしれません。

　クロージャーを保持する構造体を作成するために、クロージャーの型を指定する必要があります。構造体定義は、各フィールドの型を把握しておく必要がありますからね。各クロージャーインスタンスには、独自の匿名の型があります: つまり、たとえ 2 つのクロージャーがまったく同じシグニチャーでも、その型はそれでも違うものと考えられるということです。クロージャーを使用する構造体、enum、関数引数を定義するには、第 10 章で議論したように、ジェネリクスとトレイト境界を使用します。

　Fn トレイトは、標準ライブラリーで用意されています。すべてのクロージャーは、そのトレイトのどれかを実装しています: **Fn**、**FnMut** または、**FnOnce** です。「クロージャーで環境をキャプチャーする」（☞ p. 297）で、これらのトレイト間の差異を議論します; この例では、**Fn** トレイトを使えます。

　Fn トレイト境界への型を追加して、クロージャーがこのトレイト境界を合致させるために持っていなければならない引数と戻り値の型を表します。今回の場合、クロージャーは、引数の型が u32 で、u32 を返すので、指定するトレイト境界は、**Fn(u32) -> u32** です。

　リスト 13.9 は、クロージャーとオプションの結果値を保持する **Cacher** 構造体の定義を示しています。

> リスト 13.9: クロージャーを calculation に、オプションの結果値を value に保持する Cacher 構造体を定義する

src/main.rs

```
struct Cacher<T>
    where T: Fn(u32) -> u32
{
    calculation: T,
    value: Option<u32>,
}
```

　Cacher 構造体には、ジェネリックな型 T の calculation フィールドがあります。T に関するトレイト境界は、**Fn** トレイトを使うことでクロージャーであると指定しています。calculation フィールドに保存したいクロージャーはすべて、1 つの u32 引数（Fn の後のかっこ内で指定されている）を取り、u32（-> の後に指定されている）を返さなければなりま

294   第13章   関数型言語の機能: イテレーターとクロージャー

せん。

NOTE　関数も 3 つの Fn トレイト全部を実装します。したいことに環境から値をキャプチャーすることが必要ないなら、Fn トレイトを実装する何かが必要になるクロージャーではなく、関数を使用できます。

　value フィールドの型は、Option<u32> です。クロージャーを実行する前に、value は None になるでしょう。Cacher を使用するコードがクロージャーの結果を求めてきたら、その時点で Cacher はクロージャーを実行し、その結果を value フィールドの Some 列挙子に保存します。それから、コードが再度クロージャーの結果を求めたら、クロージャーを再実行するのではなく、Cacher は Some 列挙子に保持された結果を返すでしょう。

　たった今解説した value フィールド周りのロジックは、リスト 13.10 で定義されています。

リスト 13.10: Cacher のキャッシュ機構

```
impl<T> Cacher<T>
  ❶ where T: Fn(u32) -> u32
{
  ❷ fn new(calculation: T) -> Cacher<T> {
      ❸ Cacher {
            calculation,
            value: None,
        }
    }

  ❹ fn value(&mut self, arg: u32) -> u32 {
        match self.value {
          ❺ Some(v) => v,
          ❻ None => {
                let v = (self.calculation)(arg);
                self.value = Some(v);
                v
            },
        }
    }
}
```

　呼び出し元のコードにこれらのフィールドの値を直接変えてもらうのではなく、Cacher に構造体のフィールドの値を管理してほしいので、これらのフィールドは非公開になっています。

　Cacher::new 関数は、ジェネリックな引数の T を取り❷、これは、Cacher 構造体❶と同じトレイト境界を持つと定義しました。それから calculation フィールドに指定されたクロージャーと、value フィールドに None 値を保持する Cacher インスタンス❸を Cacher::new は返します。まだクロージャーを実行していないからですね。

　呼び出し元のコードがクロージャーの評価結果を必要としたら、クロージャーを直接呼ぶ代わりに、value メソッドを呼びます❹。このメソッドは、結果の値が self.value の Some に

すでにあるかどうか確認します; そうなら、クロージャーを再度実行することなく Some 内の
値を返します❺。

self.value が None なら、コードは self.calculation に保存されたクロージャーを呼
び出し、結果を将来使えるように self.value に保存し、その値を返しもします❻。

リスト 13.11 は、リスト 13.6 の関数 generate_workout でこの Cacher 構造体を使用する
方法を示しています。

リスト 13.11: generate_workout 関数内で Cacher を使用し、キャッシュ機構を抽象化する

```
fn generate_workout(intensity: u32, random_number: u32) {
❶ let mut expensive_result = Cacher::new(|num| {
       println!("calculating slowly...");
       thread::sleep(Duration::from_secs(2));
       num
   });

   if intensity < 25 {
       println!(
           "Today, do {} pushups!",
         ❷ expensive_result.value(intensity)
       );
       println!(
           "Next, do {} situps!",
         ❸ expensive_result.value(intensity)
       );
   } else {
       if random_number == 3 {
           println!("Take a break today! Remember to stay hydrated!");
       } else {
           println!(
               "Today, run for {} minutes!",
             ❹ expensive_result.value(intensity)
           );
       }
   }
}
```

クロージャーを変数に直接保存する代わりに、クロージャーを保持する Cacher の新規イン
スタンスを保存しています❶。そして、結果が必要な場所それぞれで❷❸❹、その Cacher イ
ンスタンスに対して value メソッドを呼び出しています。必要なだけ value メソッドを呼び
出したり、まったく呼び出さないこともでき、重い計算は最大でも 1 回しか走りません。

リスト 13.2 の main 関数とともにこのプログラムを走らせてみてください。
simulated_user_specified_value と simulated_random_number 変数の値を変え
て、いろいろな if や else ブロックの場合すべてで、calculating slowly は 1 回だけ、必
要なときにのみ出現することを実証してください。必要以上に重い計算を呼び出さないことを

296　第 13 章　関数型言語の機能: イテレーターとクロージャー

保証するのに必要なロジックの面倒を Cacher は見るので、generate_workout はビジネス
ロジックに集中できるのです。

Cacher 実装の限界

　値をキャッシュすることは、コードの他の部分でも異なるクロージャーで行いたくなる可能
性のある一般的に有用な振る舞いです。しかし、現在の Cacher の実装には、他の文脈で再利
用することを困難にしてしまう問題が 2 つあります。

　1 番目の問題は、Cacher インスタンスが、常に value メソッドの引数 arg に対して同じ値
になると想定していることです。言い換えると、Cacher のこのテストは、失敗するでしょう:

```
#[test]
fn call_with_different_values() {
    let mut c = Cacher::new(|a| a);

    let v1 = c.value(1);
    let v2 = c.value(2);

    assert_eq!(v2, 2);
}
```

　このテストは、渡された値を返すクロージャーを伴う Cacher インスタンスを新しく生成し
ています。この Cacher インスタンスに対して 1 という arg 値で呼び出し、それから 2 とい
う arg 値で呼び出し、2 という arg 値の value 呼び出しは 2 を返すべきと期待しています。

　このテストをリスト 13.9 とリスト 13.10 の Cacher 実装で動かすと、assert_eq からこん
なメッセージが出て、テストは失敗します:

```
thread 'call_with_different_values' panicked at 'assertion failed: `(left ==
    right)`
  left: `1`,
 right: `2`', src/main.rs
```

　問題は、初めて c.value を 1 で呼び出したときに、Cacher インスタンスは self.value
に Some(1) を保存したことです。その後 value メソッドに何を渡しても、常に 1 を返すわけ
です。

　単独の値ではなく、ハッシュマップを保持するように Cacher を改変してみてください。
ハッシュマップのキーは、渡される arg 値になり、ハッシュマップの値は、そのキーでクロー
ジャーを呼び出した結果になるでしょう。self.value が直接 Some か None 値であることを
調べる代わりに、value 関数はハッシュマップの arg を調べ、存在するならその値を返しま
す。存在しないなら、Cacher はクロージャーを呼び出し、arg 値に紐付けてハッシュマップ
に結果の値を保存します。

　現在の Cacher 実装の 2 番目の問題は、引数の型に u32 を 1 つ取り、u32 を返すクロー

ジャーしか受け付けないことです。例えば、文字列スライスを取り、usize を返すクロージャーの結果をキャッシュしたくなるかもしれません。この問題を修正するには、Cacher 機能の柔軟性を向上させるためによりジェネリックな引数を導入してみてください。

クロージャーで環境をキャプチャーする

トレーニング生成の例においては、クロージャーをインラインの匿名関数として使っただけでした。しかし、クロージャーには、関数にはない追加の能力があります: 環境をキャプチャーし、自分が定義されたスコープの変数にアクセスできるのです。

リスト 13.12 は、equal_to_x 変数に保持されたクロージャーを囲む環境から x 変数を使用するクロージャーの例です。

リスト 13.12: 内包するスコープの変数を参照するクロージャーの例

src/main.rs
```
fn main() {
    let x = 4;

    let equal_to_x = |z| z == x;

    let y = 4;

    assert!(equal_to_x(y));
}
```

ここで、x は equal_to_x の引数でもないのに、equal_to_x が定義されているのと同じスコープで定義されている x 変数を equal_to_x クロージャーは使用できています。

同じことを関数では行うことができません; 以下の例で試したら、コードはコンパイルできません:

src/main.rs
```
fn main() {
    let x = 4;

    fn equal_to_x(z: i32) -> bool { z == x }

    let y = 4;

    assert!(equal_to_x(y));
}
```

エラーが出ます:

```
error[E0434]: can't capture dynamic environment in a fn item; use the || { ...
    } closure form instead
エラー: fn 要素では動的な環境をキャプチャーできません; 代わりに|| { ... }のクロージャー
    形式を使用してください
 --> src/main.rs
```

```
  |
4 |     fn equal_to_x(z: i32) -> bool { z == x }
  |                                          ^
```

コンパイラーは、この形式はクロージャーでのみ動作することさえも思い出させてくれています！

クロージャーが環境から値をキャプチャーすると、メモリーを使用してクロージャー本体で使用できるようにその値を保存します。このメモリー使用は、環境をキャプチャーしないコードを実行するようなもっと一般的な場合には払いたくないオーバーヘッドです。関数は、絶対に環境をキャプチャーすることが許可されていないので、関数を定義して使えば、このオーバーヘッドを招くことは絶対にありません。

クロージャーは、3つの方法で環境から値をキャプチャーでき、この方法は関数が引数を取れる3つの方法に直に対応します: 所有権を奪う、可変で借用する、不変で借用するです。これらは、以下のように3つの Fn トレイトでコード化されています:

- FnOnce は内包されたスコープからキャプチャーした変数を消費し、これがクロージャーの**環境**として知られています。キャプチャーした変数を消費するために、定義された際にクロージャーはこれらの変数の所有権を奪い、自身にムーブするのです。名前のうち、Once の部分は、このクロージャーは同じ変数の所有権を2回以上奪うことができないという事実を表しているので、1回しか呼ぶことができないのです。
- FnMut は、可変で値を借用するので、環境を変更することができます。
- Fn は、環境から値を不変で借用します。

クロージャーを生成するとき、クロージャーが環境を使用する方法に基づいて、コンパイラーはどのトレイトを使用するか推論します。少なくとも1回は呼び出されるので、すべてのクロージャーは FnOnce を実装しています。キャプチャーした変数をムーブしないクロージャーは、FnMut も実装し、キャプチャーした変数に可変でアクセスする必要のないクロージャーは、Fn も実装しています。リスト 13.12 では、equal_to_x クロージャーは x を不変で借用しています（ゆえに equal_to_x は Fn トレイトです）。クロージャーの本体は、x を読む必要しかないからです。

環境でクロージャーが使用している値の所有権を奪うことをクロージャーに強制したいなら、引数リストの前に move キーワードを使用できます。このテクニックは、新しいスレッドにデータが所有されるように、クロージャーを新しいスレッドに渡して、データをムーブする際に大概は有用です。

並行性について語る第16章で、move クロージャーの例はもっと多く出てきます。とりあえず、こちらが move キーワードがクロージャー定義に追加され、整数の代わりにベクターを使用するリスト 13.12 からのコードです。整数はムーブではなく、コピーされてしまいますからね; このコードはまだコンパイルできないことに注意してください。

クロージャー: 環境をキャプチャーできる匿名関数　299

src/main.rs

```rust
fn main() {
    let x = vec![1, 2, 3];

    let equal_to_x = move |z| z == x;

    // ここでは、x を使用できません: {:?}
    println!("can't use x here: {:?}", x);

    let y = vec![1, 2, 3];

    assert!(equal_to_x(y));
}
```

以下のようなエラーを受けます:

```
error[E0382]: use of moved value: `x`
エラー: ムーブされた値の使用: 'x'
 --> src/main.rs:6:40
  |
4 |     let equal_to_x = move |z| z == x;
  |                      -------- value moved (into closure) here
  |                               値はここで (クロージャーに) ムーブされた
5 |
6 |     println!("can't use x here: {:?}", x);
  |                                        ^ value used here after move
  |                                          ムーブ後、値はここで使用された
  |
  = note: move occurs because `x` has type `std::vec::Vec<i32>`, which does
    not implement the `Copy` trait
    注釈: 'x'が'std::vec::Vec<i32>'という'Copy'トレイトを実装しない型のため、ムーブ
    が起こりました
```

　クロージャーが定義された際に、クロージャーに x の値はムーブされています。move キーワードを追加したからです。そして、クロージャーは x の所有権を持ち、main が println! で x を使うことはもうかなわないのです。println! を取り除けば、この例は修正されます。
　Fn トレイトのどれかを指定するほとんどの場合、Fn から始めると、コンパイラーがクロージャー本体内で起こっていることにより、FnMut や FnOnce が必要な場合、教えてくれるでしょう。
　環境をキャプチャーできるクロージャーが関数の引数として有用な場面を説明するために、次のトピックに移りましょう: イテレーターです。

一連の要素をイテレーターで処理する

イテレーターパターンにより、一連の要素に順番に何らかの作業を行うことができます。イテレーターは、各要素を繰り返し、シーケンスが終わったことを決定するロジックの責任を負います。イテレーターを使用すると、自身でそのロジックを再実装する必要がなくなるのです。

Rust において、イテレーターは**怠惰**です。つまり、イテレーターを使い込んで消費するメソッドを呼ぶまで何の効果もないということです。例えば、リスト 13.13 のコードは、Vec<T> に定義された iter メソッドを呼ぶことで v1 ベクターの要素に対するイテレーターを生成しています。このコード単独では、何も有用なことはしません。

リスト 13.13: イテレーターを生成する

```
let v1 = vec![1, 2, 3];

let v1_iter = v1.iter();
```

いったんイテレーターを生成したら、いろいろな手段で使用することができます。第 3 章のリスト 3.5 (☞ p.63) では、ここまで iter の呼び出しが何をするかごまかしてきましたが、for ループでイテレーターを使い、各要素に何かコードを実行しています。

リスト 13.14 の例は、イテレーターの生成と for ループでイテレーターを使用することを区別しています。イテレーターは、v1_iter 変数に保存され、そのときには繰り返しは起こっていません。v1_iter のイテレーターで、for ループが呼び出されたときに、イテレーターの各要素がループの繰り返しで使用され、各値が出力されます。

リスト 13.14: for ループでイテレーターを使用する

```
let v1 = vec![1, 2, 3];

let v1_iter = v1.iter();

for val in v1_iter {
    // {}でした
    println!("Got: {}", val);
}
```

標準ライブラリーにより提供されるイテレーターが存在しない言語では、変数を添え字 0 から始め、その変数でベクターに添え字アクセスして値を得て、ベクターの総要素数に到達するまでループでその変数の値をインクリメントすることで、この同じ機能を書く可能性が高いでしょう。

イテレーターはそのロジックすべてを処理してくれるので、めちゃくちゃにしてしまう可能性のあるコードの繰り返しを減らしてくれます。イテレーターにより、添え字を使えるデータ構造、ベクターなどだけではなく、多くの異なるシーケンスに対して同じロジックを使う柔軟

一連の要素をイテレーターで処理する　301

性も得られます。イテレーターがそれをする方法を調査しましょう。

Iterator トレイトと next メソッド

すべてのイテレーターは、標準ライブラリーで定義されている Iterator というトレイトを実装しています。このトレイトの定義は、以下のようになっています:

```
pub trait Iterator {
    type Item;

    fn next(&mut self) -> Option<Self::Item>;

    // デフォルト実装のあるメソッドは省略
}
```

この定義は、何か新しい記法を使用していることに気付いてください: type Item と Self::Item で、これらはこのトレイトとの**関連型**（associated type）を定義しています。関連型についての詳細は、第 19 章で語ります。とりあえず、知っておく必要があることは、このコードが Iterator トレイトを実装するには、Item 型も定義する必要があり、そして、この Item 型が next メソッドの戻り値の型に使われていると述べていることです。換言すれば、Item 型がイテレーターから返ってくる型になるだろうということです。

Iterator トレイトは、1 つのメソッドを定義することを実装者に要求することだけします: next メソッドで、これは一度に Some に包まれたイテレーターの 1 要素を返し、繰り返しが終わったら、None を返します。

イテレーターに対して直接 next メソッドを呼び出すこともできます; リスト 13.15 は、ベクターから生成されたイテレーターの next を繰り返し呼び出したときにどんな値が返るかを模擬しています。

リスト 13.15: イテレーターに対して next メソッドを呼び出す

src/lib.rs

```
#[test]
fn iterator_demonstration() {
    let v1 = vec![1, 2, 3];

    let mut v1_iter = v1.iter();

    assert_eq!(v1_iter.next(), Some(&1));
    assert_eq!(v1_iter.next(), Some(&2));
    assert_eq!(v1_iter.next(), Some(&3));
    assert_eq!(v1_iter.next(), None);
}
```

v1_iter を可変にする必要があったことに注目してください: イテレーターの next メソッドを呼び出すと、今シーケンスのどこにいるかを追いかけるためにイテレーターが使用してい

る内部の状態が変わります。つまり、このコードはイテレーターを消費、または使い込むので
す。next の各呼び出しは、イテレーターの要素を 1 つ、食います。for ループを使用したと
きには、v1_iter を可変にする必要はありませんでした。というのも、ループが v1_iter の
所有権を奪い、陰で可変にしていたからです。

また、next の呼び出しで得られる値は、ベクターの値への不変な参照であることにも注目
してください。iter メソッドは、不変参照へのイテレーターを生成します。v1 の所有権を奪
い、所有された値を返すイテレーターを生成したいなら、iter ではなく into_iter を呼び出
すことができます。同様に、可変参照を繰り返したいなら、iter ではなく iter_mut を呼び
出せます。

イテレーターを消費するメソッド

Iterator トレイトには、標準ライブラリーが提供してくれているデフォルト実装のある多
くの異なるメソッドがあります; Iterator トレイトの標準ライブラリーの API ドキュメント
を検索することで、これらのメソッドについて知ることができます。これらのメソッドの中に
は、定義内で next メソッドを呼ぶものもあり、故に Iterator トレイトを実装する際には、
next メソッドを実装する必要があるのです。

next を呼び出すメソッドは、**消費アダプター**（consuming adaptors）と呼ばれます。呼び
出しがイテレーターの使い込みになるからです。一例は、sum メソッドで、これはイテレー
ターの所有権を奪い、next を繰り返し呼び出すことで要素を繰り返し、故にイテレーターを
消費するのです。繰り返しが進むごとに、各要素を一時的な合計に追加し、繰り返しが完了し
たら、その合計を返します。リスト 13.16 は、sum の使用を説明したテストです:

リスト 13.16: sum メソッドを呼び出してイテレーターの全要素の合計を得る

src/lib.rs
```
#[test]
fn iterator_sum() {
    let v1 = vec![1, 2, 3];

    let v1_iter = v1.iter();

    let total: i32 = v1_iter.sum();

    assert_eq!(total, 6);
}
```

sum は呼び出し対象のイテレーターの所有権を奪うので、sum 呼び出し後に v1_iter を使
用することはできません。

他のイテレーターを生成するメソッド

Iterator トレイトに定義された他のメソッドは、**イテレーターアダプター**（iterator
adaptors）として知られていますが、イテレーターを別の種類のイテレーターに変えさせてく
れます。イテレーターアダプターを複数回呼ぶ呼び出しを連結して、複雑な動作を読みやすい

一連の要素をイテレーターで処理する　303

形で行うことができます。ですが、すべてのイテレーターは怠惰なので、消費アダプターメソッドのどれかを呼び出し、イテレーターアダプターの呼び出しから結果を得なければなりません。

　リスト 13.17 は、イテレーターアダプターメソッドの map の呼び出し例を示し、各要素に対して呼び出すクロージャーを取り、新しいイテレーターを生成します。ここのクロージャーは、ベクターの各要素が 1 インクリメントされる新しいイテレーターを作成します。ところが、このコードは警告を発します:

リスト 13.17: イテレーターアダプターの map を呼び出して新規イテレーターを作成する

src/main.rs
```
let v1: Vec<i32> = vec![1, 2, 3];

v1.iter().map(|x| x + 1);
```

出る警告は以下のとおりです:

```
warning: unused `std::iter::Map` which must be used: iterator adaptors are
    lazy and do nothing unless consumed
```
警告: 使用されねばならない 'std::iter::Map' が未使用です: イテレーターアダプターは怠惰で、消費されるまで何もしません
```
 --> src/main.rs:4:5
  |
4 |     v1.iter().map(|x| x + 1);
  |     ^^^^^^^^^^^^^^^^^^^^^^^^^
  |
  = note: #[warn(unused_must_use)] on by default
```

　リスト 13.17 のコードは何もしません; 指定したクロージャーは、決して呼ばれないのです。警告が理由を思い出させてくれています: イテレーターアダプターは怠惰で、ここでイテレーターを消費する必要があるのです。

　これを修正し、イテレーターを消費するには、collect メソッドを使用しますが、これは第 12 章のリスト 12.1 （☞ p.253） で env::args とともに使用しました。このメソッドはイテレーターを消費し、結果の値をコレクションデータ型に集結させます。

　リスト 13.18 において、map 呼び出しから返ってきたイテレーターを繰り返した結果をベクターに集結させています。このベクターは、最終的に元のベクターの各要素に 1 を足したものが含まれます。

リスト 13.18: map メソッドを呼び出して新規イテレーターを作成し、それから collect メソッドを呼び出してその新規イテレーターを消費し、ベクターを生成する

src/main.rs
```
let v1: Vec<i32> = vec![1, 2, 3];

let v2: Vec<_> = v1.iter().map(|x| x + 1).collect();

assert_eq!(v2, vec![2, 3, 4]);
```

304　第 13 章　関数型言語の機能: イテレーターとクロージャー

map はクロージャーを取るので、各要素に対して行いたいどんな処理も指定することができます。これは、Iterator トレイトが提供する繰り返し動作を再利用しつつ、クロージャーにより一部の動作をカスタマイズできる好例になっています。

環境をキャプチャーするクロージャーを使用する

イテレーターが出てきたので、filter イテレーターアダプターを使って環境をキャプチャーするクロージャーの一般的な使用をデモすることができます。イテレーターの filter メソッドは、イテレーターの各要素を取り、論理値を返すクロージャーを取ります。このクロージャーが true を返せば、filter が生成するイテレーターにその値が含まれます。クロージャーが false を返したら、結果のイテレーターにその値は含まれません。

リスト 13.19 では、環境から shoe_size 変数をキャプチャーするクロージャーで filter を使って、Shoe 構造体インスタンスのコレクションを繰り返しています。指定したサイズの靴だけを返すわけです。

リスト 13.19: shoe_size をキャプチャーするクロージャーで filter メソッドを使用する

src/lib.rs

```
#[derive(PartialEq, Debug)]
struct Shoe {
    size: u32,
    style: String,
}

fn shoes_in_my_size(shoes: Vec<Shoe>, shoe_size: u32) -> Vec<Shoe> { ❶
  ❷ shoes.into_iter()
        ❸ .filter(|s| s.size == shoe_size)
        ❹ .collect()
}

#[test]
fn filters_by_size() {
    let shoes = vec![
        Shoe { size: 10, style: String::from("sneaker") },  // スニーカー
        Shoe { size: 13, style: String::from("sandal") },   // サンダル
        Shoe { size: 10, style: String::from("boot") },     // ブーツ
    ];

    let in_my_size = shoes_in_my_size(shoes, 10);

    assert_eq!(
        in_my_size,
        vec![
            Shoe { size: 10, style: String::from("sneaker") },
            Shoe { size: 10, style: String::from("boot") },
        ]
    );
}
```

shoes_in_my_size 関数は、引数として靴のベクターとサイズの所有権を奪います❶。指定されたサイズの靴だけを含むベクターを返します。

shoes_in_my_size の本体で、into_iter を呼び出してベクターの所有権を奪うイテレーターを作成しています❷。そして、filter を呼び出してそのイテレーターをクロージャーが true を返した要素だけを含む新しいイテレーターに適合させます❸。

クロージャーは、環境から shoe_size 引数をキャプチャーし、指定されたサイズの靴だけを保持しながら、その値を各靴のサイズと比較します。最後に、collect を呼び出すと、関数により返ってきたベクターに適合させたイテレーターから返ってきた値が集まるのです❹。

shoes_in_my_size を呼び出したときに、指定した値と同じサイズの靴だけが得られることをテストは示しています。

Iterator トレイトで独自のイテレーターを作成する

ベクターに対し、iter、into_iter、iter_mut を呼び出すことでイテレーターを作成できることを示してきました。ハッシュマップなどの標準ライブラリーの他のコレクション型からもイテレーターを作成できます。Iterator トレイトを自分で実装することで、したいことを何でもするイテレーターを作成することもできます。前述のとおり、定義を提供する必要のある唯一のメソッドは、next メソッドなのです。いったん、そうしてしまえば、Iterator トレイトが用意しているデフォルト実装のある他のすべてのメソッドを使うことができるのです！

デモ用に、絶対に 1 から 5 をカウントするだけのイテレーターを作成しましょう。まず、値を保持する構造体を生成し、Iterator トレイトを実装することでこの構造体をイテレーターにし、その実装内の値を使用します。

リスト 13.20 は、Counter 構造体と Counter のインスタンスを作る new 関連関数の定義です:

リスト 13.20: Counter 構造体と count に対して 0 という初期値で Counter のインスタンスを作る new 関数を定義する

src/lib.rs

```rust
struct Counter {
    count: u32,
}

impl Counter {
    fn new() -> Counter {
        Counter { count: 0 }
    }
}
```

Counter 構造体には、count というフィールドがあります。このフィールドは、1 から 5 までの繰り返しのどこにいるかを追いかける u32 値を保持しています。Counter の実装にその値を管理してほしいので、count フィールドは非公開です。count フィールドは常に 0 という値から新規インスタンスを開始するという動作を new 関数は強要します。

次に、next メソッドの本体をこのイテレーターが使用された際に起こってほしいことを指

定するように定義して、Counter 型に対して Iterator トレイトを実装します。リスト 13.21
のようにですね:

リスト 13.21: Counter 構造体に Iterator トレイトを実装する

```
impl Iterator for Counter {
    type Item = u32;

    fn next(&mut self) -> Option<Self::Item> {
        self.count += 1;

        if self.count < 6 {
            Some(self.count)
        } else {
            None
        }
    }
}
```

イテレーターの Item 関連型を u32 に設定しました。つまり、イテレーターは、u32 の値を
返します。ここでも、まだ関連型について心配しないでください。第 19 章で講義します。

イテレーターに現在の状態に 1 を足してほしいので、まず 1 を返すように count を 0 に初
期化しました。count の値が 5 以下なら、next は Some に包まれた現在の値を返しますが、
count が 6 以上なら、イテレーターは None を返します。

Counter イテレーターの next メソッドを使用する

いったん Iterator トレイトを実装し終わったら、イテレーターの出来上がりです！ リス
ト 13.22 は、リスト 13.15 のベクターから生成したイテレーターとまったく同様に、直接 next
メソッドを呼び出すことで、Counter 構造体のイテレーター機能を使用できることをデモす
るテストを示しています。

リスト 13.22: next メソッド実装の機能をテストする

```
#[test]
fn calling_next_directly() {
    let mut counter = Counter::new();

    assert_eq!(counter.next(), Some(1));
    assert_eq!(counter.next(), Some(2));
    assert_eq!(counter.next(), Some(3));
    assert_eq!(counter.next(), Some(4));
    assert_eq!(counter.next(), Some(5));
    assert_eq!(counter.next(), None);
}
```

このテストは、counter 変数に新しい Counter インスタンスを生成し、それからイテレーターにほしい動作が実装し終わっていることを実証しながら、next を繰り返し呼び出しています: 1 から 5 の値を返すことです。

他の Iterator トレイトメソッドを使用する

next メソッドを定義して Iterator トレイトを実装したので、今では、標準ライブラリーで定義されているように、どんな Iterator トレイトメソッドのデフォルト実装も使えるようになりました。すべて next メソッドの機能を使っているからです。

例えば、何らかの理由で、Counter インスタンスが生成する値を取り、最初の値を飛ばしてから、別の Counter インスタンスが生成する値と一組にし、各ペアを掛け算し、3 で割り切れる結果だけを残し、全結果の値を足し合わせたくなったら、リスト 13.23 のテストに示したように、そうすることができます:

リスト 13.23: Counter イテレーターに対していろいろな Iterator トレイトのメソッドを使用する

src/lib.rs

```
#[test]
fn using_other_iterator_trait_methods() {
    let sum: u32 = Counter::new().zip(Counter::new().skip(1))
                                 .map(|(a, b)| a * b)
                                 .filter(|x| x % 3 == 0)
                                 .sum();
    assert_eq!(18, sum);
}
```

zip は 4 組しか生成しないことに注意してください; 理論的な 5 番目の組の (5, None) は、入力イテレーターのどちらかが None を返したら、zip は None を返却するため、決して生成されることはありません。

next メソッドの動作方法を指定し、標準ライブラリーが next を呼び出す他のメソッドにデフォルト実装を提供しているので、これらのメソッド呼び出しはすべて可能です。

入出力プロジェクトを改善する

このイテレーターに関する新しい知識があれば、イテレーターを使用してコードのいろいろな場所をより明確で簡潔にすることで、第 12 章の入出力プロジェクトを改善することができます。イテレーターが Config::new 関数と search 関数の実装を改善する方法に目を向けましょう。

イテレーターを使用して clone を取り除く

リスト 12.6 において、スライスに添え字アクセスして値をクローンすることで、Config 構造体に値を所有させながら、String 値のスライスを取り、Config 構造体のインスタンスを作るコードを追記しました。リスト 13.24 では、リスト 12.23 のような Config::new の実装を

308   第 13 章   関数型言語の機能: イテレーターとクロージャー

再現しました:

リスト 13.24: リスト 12.23 から Config::new 関数の再現

src/lib.rs

```rust
impl Config {
    pub fn new(args: &[String]) -> Result<Config, &'static str> {
        if args.len() < 3 {
            return Err("not enough arguments");
        }

        let query = args[1].clone();
        let filename = args[2].clone();

        let case_sensitive = env::var("CASE_INSENSITIVE").is_err();

        Ok(Config { query, filename, case_sensitive })
    }
}
```

その際、将来的に除去する予定なので、非効率的な clone 呼び出しを憂慮するなと述べました。えっと、その時は今です！

引数 args に String 要素のスライスがあるためにここで clone が必要だったのですが、new 関数は args を所有していません。Config インスタンスの所有権を返すためには、Config インスタンスがその値を所有できるように、Config の query と filename フィールドから値をクローンしなければなりませんでした。

イテレーターについての新しい知識があれば、new 関数をスライスを借用する代わりに、引数としてイテレーターの所有権を奪うように変更することができます。スライスの長さを確認し、特定の場所に添え字アクセスするコードの代わりにイテレーターの機能を使います。これにより、イテレーターは値にアクセスするので、Config::new 関数がすることが明確化します。

ひとたび、Config::new がイテレーターの所有権を奪い、借用する添え字アクセス処理をやめたら、clone を呼び出して新しくメモリー確保するのではなく、イテレーターからの String 値を Config にムーブできます。

返却されるイテレーターを直接使う

入出力プロジェクトの src/main.rs ファイルを開いてください。こんな見た目のはずです:

src/main.rs

```rust
fn main() {
    let args: Vec<String> = env::args().collect();

    let config = Config::new(&args).unwrap_or_else(|err| {
        eprintln!("Problem parsing arguments: {}", err);
        process::exit(1);
    });
```

```
    //  略
}
```

リスト 12.24 のような main 関数の冒頭をリスト 13.25 のコードに変更します。これは、
Config::new も更新するまでコンパイルできません。

リスト 13.25: env::args の戻り値を Config::new に渡す

src/main.rs
```
fn main() {
    let config = Config::new(env::args()).unwrap_or_else(|err| {
        eprintln!("Problem parsing arguments: {}", err);
        process::exit(1);
    });

    //  略
}
```

env::args 関数は、イテレーターを返します！ イテレーターの値をベクターに集結させ、
それからスライスを Config::new に渡すのではなく、今では env::args から返ってくるイ
テレーターの所有権を直接 Config::new に渡しています。

次に、Config::new の定義を更新する必要があります。入出力プロジェクトの src/lib.rs
ファイルで、Config::new のシグニチャーをリスト 13.26 のように変えましょう。関数本体
を更新する必要があるので、それでもコンパイルはできません。

リスト 13.26: Config::new のシグニチャーをイテレーターを期待するように更新する

src/lib.rs
```
impl Config {
    pub fn new(mut args: std::env::Args) -> Result<Config, &'static str> {
        //  略
```

env::args 関数の標準ライブラリードキュメンテーションは、自身が返すイテレーターの
型は、std::env::Args であると表示しています。Config::new 関数のシグニチャーを更新
したので、引数 args の型は、&[String] ではなく、std::env::Args になりました。args
の所有権を奪い、繰り返しを行うことで args を可変化する予定なので、args 引数の仕様に
mut キーワードを追記でき、可変にします。

添え字の代わりに Iterator トレイトのメソッドを使用する

次に、Config::new の本体を修正しましょう。標準ライブラリーのドキュメンテーション
は、std::env::Args が Iterator トレイトを実装していることにも言及しているので、それ
に対して next メソッドを呼び出せることがわかります！ リスト 13.27 は、リスト 12.23 の
コードを next メソッドを使用するように更新したものです:

310　第 13 章　関数型言語の機能: イテレーターとクロージャー

リスト 13.27: Config::new の本体をイテレーターメソッドを使うように変更する

```rust
impl Config {
    pub fn new(mut args: std::env::Args) -> Result<Config, &'static str> {
        args.next();

        let query = match args.next() {
            Some(arg) => arg,
            // クエリー文字列を取得しませんでした
            None => return Err("Didn't get a query string"),
        };

        let filename = match args.next() {
            Some(arg) => arg,
            // ファイル名を取得しませんでした
            None => return Err("Didn't get a file name"),
        };

        let case_sensitive = env::var("CASE_INSENSITIVE").is_err();

        Ok(Config { query, filename, case_sensitive })
    }
}
```

env::args の戻り値の 1 番目の値は、プログラム名であることを思い出してください。それは無視し、次の値を取得したいので、まず next を呼び出し、戻り値に対して何もしません。2 番目に、next を呼び出して Config の query フィールドに置きたい値を得ます。next が Some を返したら、match を使用してその値を抜き出します。None を返したら、十分な引数が与えられなかったということなので、Err 値で早期リターンします。filename 値に対しても同じことをします。

イテレーターアダプターでコードをより明確にする

入出力プロジェクトの search 関数でも、イテレーターを活用することができ、その関数は、リスト 12.19 のように、リスト 13.28 に再現しました。

リスト 13.28: リスト 12.19 の search 関数の実装

src/lib.rs

```rust
pub fn search<'a>(query: &str, contents: &'a str) -> Vec<&'a str> {
    let mut results = Vec::new();

    for line in contents.lines() {
        if line.contains(query) {
            results.push(line);
        }
    }
```

```
            results
        }
```

イテレーターアダプターメソッドを使用して、このコードをもっと簡潔に書くことができます。そうすれば、可変な中間の results ベクターをなくすこともできます。関数型プログラミングスタイルは、可変な状態の量を最小化することを好み、コードを明瞭化します。可変な状態を除去すると、検索を同時並行に行うという将来的な改善をするのが、可能になる可能性があります。なぜなら、results ベクターへの同時アクセスを管理する必要がなくなるからです。リスト 13.29 は、この変更を示しています:

リスト 13.29: search 関数の実装でイテレーターアダプターのメソッドを使用する

src/lib.rs
```
pub fn search<'a>(query: &str, contents: &'a str) -> Vec<&'a str> {
    contents.lines()
        .filter(|line| line.contains(query))
        .collect()
}
```

search 関数の目的は、query を含む contents の行すべてを返すことであることを思い出してください。リスト 13.19 の filter 例に酷似して、このコードは filter アダプターを使用して line.contains(query) が真を返す行だけを残すことができます。それから、合致した行を別のベクターに collect で集結させます。ずっと単純です！ ご自由に、同じ変更を行い、search_case_insensitive 関数でもイテレーターメソッドを使うようにしてください。

次の論理的な疑問は、自身のコードでどちらのスタイルを選ぶかと理由です: リスト 13.28 の元の実装とリスト 13.29 のイテレーターを使用するバージョンです。多くの Rust プログラマーは、イテレータースタイルを好みます。とっかかりが少し困難ですが、いろいろなイテレーターアダプターとそれがすることの感覚を一度つかめれば、イテレーターのほうが理解しやすいこともあります。いろいろなループを少しずつもてあそんだり、新しいベクターを構築する代わりに、コードは、ループの高難度の目的に集中できるのです。これは、ありふれたコードの一部を抽象化するので、イテレーターの各要素が通過しなければならないふるい条件など、このコードに独特の概念を理解しやすくなります。

ですが、本当に 2 つの実装は等価なのでしょうか？ 直観的な仮説は、より低レベルのループのほうがより高速ということかもしれません。パフォーマンスに触れましょう。

パフォーマンス比較: ループ vs. イテレーター

ループを使うべきかイテレーターを使うべきか決定するために、search 関数のうち、どちらのバージョンが速いか知る必要があります: 明示的な for ループがあるバージョンと、イテレーターのバージョンです。

サー・アーサー・コナン・ドイル（Sir Arthur Conan Doyle）の、『シャーロックホームズの冒険』（*The Adventures of Sherlock Homes*）全体を String に読み込み、そのコンテンツ

でthe という単語を検索することでベンチマークを行いました。こちらが、for を使用した
search 関数のバージョンと、イテレーターを使用したバージョンに関するベンチマーク結果
です。

```
test bench_search_for   ... bench:   19,620,300 ns/iter (+/- 915,700)
test bench_search_iter  ... bench:   19,234,900 ns/iter (+/- 657,200)
```

イテレーターバージョンのほうがいささか高速ですね！ ここでは、ベンチマークのコード
は説明しません。なぜなら、要点は、2つのバージョンが等価であることを証明することでは
なく、これら2つの実装がパフォーマンス的にどう比較されるかを大まかに把握することだか
らです。

　より理解しやすいベンチマークには、いろいろなサイズのさまざまなテキストを contents
として、異なる単語、異なる長さの単語を query として、他のあらゆる種類のバリエーショ
ンを確認するべきです。重要なのは: イテレーターは、高度な抽象化にもかかわらず、低レベ
ルのコードを自身で書いているかのように、ほぼ同じコードにコンパイルされることです。イ
テレーターは、Rust のゼロ代償抽象化の1つであり、これは、抽象化を使うことが追加の実
行時オーバーヘッドを生まないことを意味しています。このことは、C++ の元の設計者であ
り実装者のビャーネ・ストロヴストルップ（Bjarne Stroustrup）が、ゼロオーバーヘッドを
「C++ の基礎（2012）」で定義したのと類似しています。

> 　一般的に、C++ の実装は、ゼロオーバーヘッド原則を遵守します: 使用しないものに
> は、支払わなくてよい。さらに: 実際に使っているものに対して、コードをそれ以上う
> まく渡すことはできない。

　別の例として、以下のコードは、オーディオデコーダから取ってきました。デコードアルゴ
リズムは、線形予測数学演算を使用して、以前のサンプルの線形関数に基づいて未来の値を予
測します。このコードは、イテレーター連結をしてスコープにある3つの変数に計算を行って
います: buffer というデータのスライス、12 の coefficients（係数）の配列、qlp_shift
でデータをシフトする量です。この例の中で変数を宣言しましたが、値は与えていません; こ
のコードは、文脈の外では大して意味を持ちませんが、それでも Rust が高レベルな考えを低
レベルなコードに翻訳する簡潔で現実的な例になっています:

```rust
let buffer: &mut [i32];
let coefficients: [i64; 12];
let qlp_shift: i16;

for i in 12..buffer.len() {
    let prediction = coefficients.iter()
                                 .zip(&buffer[i - 12..i])
                                 .map(|(&c, &s)| c * s as i64)
                                 .sum::<i64>() >> qlp_shift;
    let delta = buffer[i];
```

```
        buffer[i] = prediction as i32 + delta;
    }
```

　prediction の値を算出するために、このコードは、coefficients の 12 の値を繰り返し、zip メソッドを使用して、係数値を前の buffer の 12 の値と組にします。それから各組について、その値をかけ合わせ、結果をすべて合計し、合計のビットを qlp_shift ビット分だけ右にシフトさせます。

　オーディオデコーダのようなアプリケーションの計算は、しばしばパフォーマンスに最も重きを置きます。ここでは、イテレーターを作成し、2 つのアダプターを使用し、それから値を消費しています。この Rust コードは、どんな機械語コードにコンパイルされるのでしょうか? えー、執筆時点では、手作業で書いたものと同じ機械語にコンパイルされます。coefficients の値の繰り返しに対応するループはまったく存在しません: コンパイラーは、12 回繰り返しがあることを把握しているので、ループを「展開」します。ループの展開は、ループ制御コードのオーバーヘッドを除去し、代わりにループの繰り返しごとに同じコードを生成する最適化です。

　係数はすべてレジスタに保存されます。つまり、値に非常に高速にアクセスします。実行時に配列の境界チェックをすることもありません。コンパイラーが適用可能なこれらの最適化すべてにより、結果のコードは究極的に効率化されます。このことがわかったので、もうイテレーターとクロージャーを恐れなしに使用することができますね! それらのおかげでコードは、高レベルだけれども、そうすることに対して実行時のパフォーマンスを犠牲にしないようになります。

まとめ

　クロージャーとイテレーターは、関数型言語の考えに着想を得た Rust の機能です。低レベルのパフォーマンスで、高レベルの考えを明確に表現するという Rust の能力に貢献しています。クロージャーとイテレーターの実装は、実行時のパフォーマンスが影響されないようなものです。これは、ゼロ代償抽象化を提供するのに努力を惜しまない Rust の目標の一部です。

　今や入出力プロジェクトの表現力を改善したので、プロジェクトを世界と共有するのに役に立つ cargo の機能にもっと目を向けましょう。

14

Cargo と crates.io についてより詳しく

今まで Cargo のビルド、実行、コードのテストを行うという最も基礎的な機能のみを使ってきましたが、他にもできることはたくさんあります。この章では、そのような他のより高度な機能の一部を議論し、以下のことをする方法をお見せしましょう:

- リリースプロファイルでビルドをカスタマイズする
- crates.io[*1] でライブラリーを公開する
- ワークスペースで巨大なプロジェクトを体系化する
- crates.io からバイナリーをインストールする
- 独自のコマンドを使用して Cargo を拡張する

また、Cargo はこの章で講義する以上のこともできるので、機能の全解説を見るには、ドキュメンテーション[*2] を参照してください。

[*1] https://crates.io
[*2] https://doc.rust-lang.org/cargo/

リリースプロファイルでビルドをカスタマイズする

Rust において、リリースプロファイルとは、プログラマーがコードのコンパイルオプションについてより制御可能にしてくれる、定義済みのカスタマイズ可能なプロファイルです。各プロファイルは、それぞれ独立して設定されます。

Cargo には 2 つの主なプロファイルが存在します: dev プロファイルは、cargo build コマンドを実行したときに使用され、release プロファイルは、cargo build --release コマンドを実行したときに使用されます。dev プロファイルは、開発中に役に立つデフォルト設定がなされており、release プロファイルは、リリース用の設定がなされています。

これらのプロファイル名は、ビルドの出力で馴染みのある可能性があります:

```
$ cargo build
    Finished dev [unoptimized + debuginfo] target(s) in 0.0 secs
$ cargo build --release
    Finished release [optimized] target(s) in 0.0 secs
```

このビルド出力で表示されている dev と release は、コンパイラーが異なるプロファイルを使用していることを示しています。

プロジェクトの Cargo.toml ファイルに [profile.*] セクションが存在しない際に適用される各プロファイル用のデフォルト設定が、Cargo には存在します。カスタマイズしたいプロファイル用の [profile.*] セクションを追加することで、デフォルト設定の一部を上書きすることができます。例えば、こちらが dev と release プロファイルの opt-level 設定のデフォルト値です:

Cargo.toml

```
[profile.dev]
opt-level = 0

[profile.release]
opt-level = 3
```

opt-level 設定は、0 から 3 の範囲でコンパイラーがコードに適用する最適化の度合いを制御します。最適化を多くかけると、コンパイル時間が延びるので、開発中に頻繁にコードをコンパイルするのなら、たとえ出力結果のコードの動作速度が遅くなっても早くコンパイルが済んでほしいですよね。これが、dev の opt-level のデフォルト設定が 0 になっている唯一の理由です。コードのリリース準備ができたら、より長い時間をコンパイルにかけるのが最善の策です。リリースモードでコンパイルするのはたった 1 回ですが、コンパイル結果のプログラムは何度も実行するので、リリースモードでは、長いコンパイル時間と引き換えに、生成したコードが速く動作します。そのため、release の opt-level のデフォルト設定が 3 になっているのです。

デフォルト設定に対して Cargo.toml で異なる値を追加すれば、上書きすることができま

す。例として、開発用プロファイルで最適化レベル 1 を使用したければ、以下の 2 行をプロ
ジェクトの Cargo.toml ファイルに追加できます:

Cargo.toml
```
[profile.dev]
opt-level = 1
```

このコードは、デフォルト設定の 0 を上書きします。こうすると、cargo build を実行し
たときに、dev プロファイル用のデフォルト設定に加えて、Cargo は opt-level の変更を適
用します。opt-level を 1 に設定したので、Cargo はデフォルトよりは最適化を行いますが、
リリースビルドほどではありません。

設定の選択肢と各プロファイルのデフォルト設定の一覧は、Cargo のドキュメンテーショ
ン[3] を参照してください。

crates.io にクレートを公開する

プロジェクトの依存として crates.io[4] のパッケージを使用しましたが、自分のパッケージ
を公開することで他の人とコードを共有することもできます。crates.io のクレート登録所は、
自分のパッケージのソースコードを配布するので、主にオープンソースのコードをホストし
ます。

Rust と Cargo は、公開したパッケージを人が使用し、そもそも見つけやすくしてくれる機
能を有しています。これらの機能の一部を次に語り、そして、パッケージの公開方法を説明し
ます。

役に立つドキュメンテーションコメントを行う

パッケージを正確にドキュメント化することで、他のユーザーがパッケージを使用する方法
や、いつ使用すべきかを理解する手助けをすることになるので、ドキュメンテーションを書
くことに時間を費やす価値があります。第 3 章で、2 連スラッシュ、// で Rust のコードに
コメントを付ける方法を議論しました。Rust には、ドキュメンテーション用のコメントも用
意されていて、便利なことにドキュメンテーションコメントとして知られ、HTML ドキュメ
ンテーションを生成します。クレートの実装法とは対照的にクレートの使用法を知ることに
興味のあるプログラマー向けの、公開 API 用のドキュメンテーションコメントの中身をこの
HTML は表示します。

ドキュメンテーションコメントは、2 つではなく、3 連スラッシュ、/// を使用し、テキス
トを整形する Markdown 記法もサポートしています。ドキュメンテーション対象の要素の直
前にドキュメンテーションコメントを配置してください。リスト 14.1 は、my_crate という
名のクレートの add_one 関数用のドキュメンテーションコメントを示しています:

---

[3] https://doc.rust-lang.org/cargo/
[4] https://crates.io

リスト 14.1: 関数のドキュメンテーションコメント

src/lib.rs

```
/// 与えられた数値に1を足す。
/// Adds one to the number given.
///
/// # Examples
///
/// ```
/// let five = 5;
///
/// assert_eq!(6, my_crate::add_one(5));
/// ```
pub fn add_one(x: i32) -> i32 {
    x + 1
}
```

ここで、add_one 関数がすることの説明を与え、Examples というタイトルでセクションを開始し、add_one 関数の使用法を模擬するコードを提供しています。このドキュメンテーションコメントから cargo doc を実行することで、HTML ドキュメンテーションを生成することができます。このコマンドはコンパイラーとともに配布されている rustdoc ツールを実行し、生成された HTML ドキュメンテーションを target/doc ディレクトリーに配置します。

利便性のために、cargo doc --open を走らせれば、現在のクレートのドキュメンテーション用の HTML（と、自分のクレートが依存しているすべてのドキュメンテーション）を構築し、その結果を Web ブラウザーで開きます。add_one 関数まで下り、図 14.1 に示したように、ドキュメンテーションコメントのテキストがどう描画されるかを確認しましょう:

図 14.1: add_one 関数の HTML ドキュメンテーション

よく使われるセクション

`# Examples` マークダウンのタイトルをリスト 14.1 で使用し、「例」というタイトルのセクションを HTML に生成しました。こちらがこれ以外にドキュメンテーションでよくクレート筆者が使用するセクションです:

- Panics: ドキュメンテーション対象の関数が `panic!` する可能性のある筋書きです。プログラムをパニックさせたくない関数のユーザーは、これらの状況で関数が呼ばれないことを確かめる必要があります。
- Errors: 関数が `Result` を返すなら、起こり得るエラーの種類とどんな条件がそれらのエラーを引き起こす可能性があるのか解説すると、呼び出し側の役に立つので、エラーの種類によって処理するコードを変えて書くことができます。
- Safety: 関数が呼び出すのに `unsafe`（`unsafe` については第 19 章で議論します）なら、関数が `unsafe` な理由を説明し、関数が呼び出し元に保持していると期待する不変条件を講義するセクションがあるべきです。

多くのドキュメンテーションコメントでは、これらすべてのセクションが必要になることはありませんが、これは自分のコードを呼び出している人が知りたいと思うコードの方向性を思い出させてくれるよいチェックリストになります。

テストとしてのドキュメンテーションコメント

ドキュメンテーションコメントに例のコードブロックを追加すると、ライブラリーの使用方法のデモに役立ち、おまけもついてきます: `cargo test` を走らせると、ドキュメンテーションのコード例をテストとして実行するのです！ 例付きのドキュメンテーションに上回るものはありません。しかし、ドキュメンテーションが書かれてからコードが変更されたがために、動かない例がついているよりも悪いものもありません。リスト 14.1 から `add_one` 関数のドキュメンテーションとともに、`cargo test` を走らせたら、テスト結果に以下のような区域が見られます:

```
   Doc-tests my_crate

running 1 test
test src/lib.rs - add_one (line 5) ... ok

test result: ok. 1 passed; 0 failed; 0 ignored; 0 measured; 0 filtered out
```

さて、例の `assert_eq!` がパニックするように、関数か例を変更し、再度 `cargo test` を実行したら、doc テストが、例とコードがお互いに同期されていないことを捕捉するところを目撃するでしょう！

含まれている要素にコメントする

docコメントの別スタイル、`//!`は、コメントに続く要素にドキュメンテーションを付け加えるのではなく、コメントを含む要素にドキュメンテーションを付け加えます。典型的には、クレートのルートファイル（規定では、src/lib.rs）内部や、モジュールの内部で使用して、クレートやモジュール全体にドキュメンテーションを付けます。

例えば、`add_one`関数を含む`my_crate`クレートの目的を解説するドキュメンテーションを追加したいのなら、`//!`で始まるドキュメンテーションコメントをsrc/lib.rsファイルの先頭に付けることができます。リスト14.2に示したようにですね:

リスト14.2: 全体として`my_crate`クレートにドキュメンテーションを付ける

src/lib.rs

```
//! #自分のクレート
//!
//! `my_crate`は、ユーティリティの集まりであり、特定の計算をより便利に行うことができます。

//! # My Crate
//!
//! `my_crate` is a collection of utilities to make performing certain
//! calculations more convenient.

/// Adds one to the number given.
// 略
```

`//!`で始まる最後の行以降には、コードが何もないことに気付いてください。`///`ではなく、`//!`でコメントを開始しているので、このコメントに続く要素ではなく、このコメントを含む要素にドキュメンテーションを付けているわけです。今回の場合、このコメントを含む要素はsrc/lib.rsファイルであり、クレートのルートです。これらのコメントは、クレート全体を解説しています。

`cargo doc --open`を実行すると、これらのコメントは、`my_crate`のドキュメンテーショ

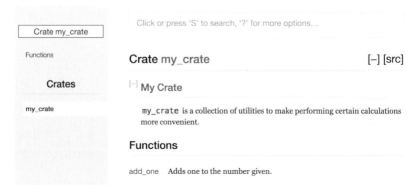

図14.2: クレート全体を解説するコメントを含む`my_crate`の描画されたドキュメンテーション

ンの最初のページ、クレートの公開要素のリストの上部に表示されます。図14.2のようにで
すね:

要素内のドキュメンテーションコメントは、特にクレートやモジュールを解説するのに有用
です。コンテナの全体の目的を説明し、クレートのユーザーがクレートの体系を理解する手助
けをするのに使用してください。

pub use で便利な公開 API をエクスポートする

第7章において、mod キーワードを使用してモジュールにコードを体系化する方法、
pub キーワードで要素を公開にする方法、use キーワードで要素をスコープに導入する
方法について講義しました。しかしながら、クレートの開発中に、自分にとって意味の
ある構造は、ユーザーにはあまり便利ではない可能性があります。複数階層を含む階
層で、自分の構造体を体系化したくなるかもしれませんが、そうしたら階層の深いとこ
ろで定義した型を使用したい人は、型が存在することを見つけ出すのに困難を伴う可
能性もあります。また、そのような人は、use my_crate::UsefulType の代わりに use
my_crate::some_module::another_module::UsefulType; と入力するのを煩わしく感じ
る可能性もあります。

自分の公開 API の構造は、クレートを公開する際に考慮すべき点です。自分のクレートを
使用したい人は、自分よりもその構造に馴染みがないですし、クレートのモジュール階層が大
きければ、使用したい部分を見つけるのが困難になる可能性があります。

うれしいお知らせは、構造が、他人が他のライブラリーから使用するのに便利ではない場
合、内部的な体系を再構築する必要はないということです: 代わりに、要素を再エクスポート
し、pub use で自分の非公開構造とは異なる公開構造にできます。再エクスポートは、ある場
所の公開要素を1つ取り、別の場所で定義されているかのように別の場所で公開します。

例えば、芸術的な概念をモデル化するために art という名のライブラリーを作ったと
しましょう。このライブラリー内には、2つのモジュールがあります: PrimaryColor と
SecondaryColor という名前の2つの enum を含む、kinds モジュールと mix という関数を
含む utils モジュールです。リスト14.3のようにですね:

リスト 14.3: kinds と utils モジュールに体系化される要素を含む art ライブラリー

src/lib.rs
```
//! #芸術
//!
//! 芸術的な概念をモデル化するライブラリー。

pub mod kinds {
    /// RYB カラーモデルによる主色
    pub enum PrimaryColor {
        Red,
        Yellow,
        Blue,
    }
```

```rust
        /// RYB カラーモデルによる副色
        pub enum SecondaryColor {
            Orange,
            Green,
            Purple,
        }
    }

    pub mod utils {
        use kinds::*;

        /// 2つの主色を同じ割合で混合し、副色にする
        pub fn mix(c1: PrimaryColor, c2: PrimaryColor) -> SecondaryColor {
            // 略
        }
    }
```

図 14.3 は、`cargo doc` により生成されるこのクレートのドキュメンテーションの最初の
ページがどんな見た目になるか示しています:

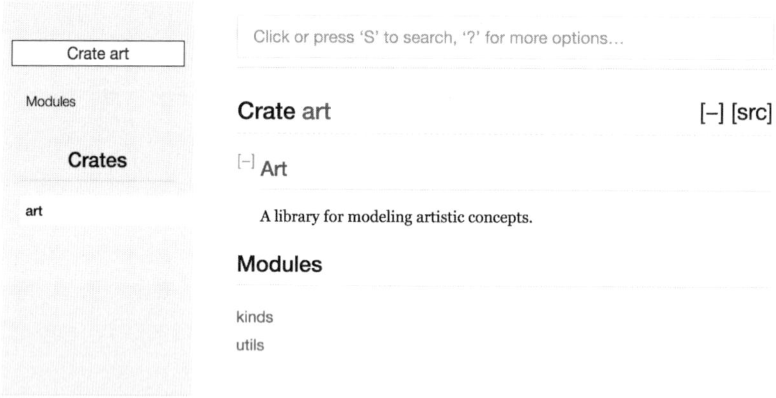

図 14.3: kinds と utils モジュールを列挙する art のドキュメンテーションのトップページ

PrimaryColor 型も SecondaryColor 型も、mix 関数もトップページには列挙されていな
いことに注意してください。kinds と utils をクリックしなければ、参照することができま
せん。

このライブラリーに依存する別のクレートは、現在定義されているモジュール構造を指定し
て、art の要素をインポートする use 文が必要になるでしょう。リスト 14.4 は、art クレー
トから PrimaryColor と mix 要素を使用するクレートの例を示しています:

crates.io にクレートを公開する　　323

リスト 14.4: 内部構造がエクスポートされて art クレートの要素を使用するクレート

src/main.rs

```
extern crate art;

use art::kinds::PrimaryColor;
use art::utils::mix;

fn main() {
    let red = PrimaryColor::Red;
    let yellow = PrimaryColor::Yellow;
    mix(red, yellow);
}
```

　リスト 14.4 は art クレートを使用していますが、このコードの筆者は、PrimaryColor が kinds モジュールにあり、mix が utils モジュールにあることを理解しなければなりませんでした。art クレートのモジュール構造は、art クレートのユーザーとなる開発者よりも、art クレートに取り組む開発者などに関係が深いです。クレートの一部を kinds モジュールと utils モジュールに体系化する内部構造は、art クレートの使用方法を理解しようとする人には、何も役に立つ情報を含んでいません。代わりに、開発者がどこを見るべきか計算する必要があるので、art クレートのモジュール構造は混乱を招き、また、開発者はモジュール名を use 文で指定しなければならないので、この構造は不便です。

　公開 API から内部体系を除去するために、リスト 14.3 の art クレートコードを変更し、pub use 文を追加して、最上位で要素を再エクスポートすることができます。リスト 14.5 のように:

リスト 14.5: pub use 文を追加して要素を再エクスポートする

src/lib.rs

```
//! #芸術
//!
//! 芸術的な概念をモデル化するライブラリー。

pub use kinds::PrimaryColor;
pub use kinds::SecondaryColor;
pub use utils::mix;

pub mod kinds {
    // 略
}

pub mod utils {
    // 略
}
```

　このクレートに対して cargo doc が生成する API ドキュメンテーションは、これで図 14.4 のようにトップページに再エクスポートを列挙しリンクするので、PrimaryColor 型と SecondaryColor 型と mix 関数を見つけやすくします。

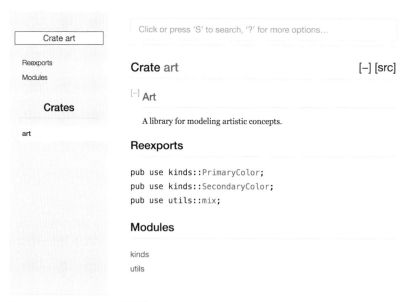

図 14.4: 再エクスポートを列挙する art のドキュメンテーションのトップページ

art クレートのユーザーは、それでも、リスト 14.4 にデモされているように、リスト 14.3 の内部構造を見て使用することもできますし、リスト 14.5 のより便利な構造を使用することもできます。リスト 14.6 に示したようにですね:

リスト 14.6: art クレートの再エクスポートされた要素を使用するプログラム

src/main.rs

```
extern crate art;

use art::PrimaryColor;
use art::mix;

fn main() {
    // 略
}
```

ネストされたモジュールがたくさんあるような場合、最上位階層で pub use により型を再エクスポートすることは、クレートのユーザーの経験に大きな違いを生みます。

役に立つ API 構造を作ることは、科学というよりも芸術の領域であり、ユーザーにとって何が最善の API なのか、探究するために繰り返してみることができます。pub use は、内部的なクレート構造に柔軟性をもたらし、その内部構造をユーザーに提示する構造から切り離してくれます。インストールしてある他のクレートを見て、内部構造が公開 API と異なっているか確認してみてください。

crates.io のアカウントをセットアップする

クレートを公開する前に、crates.io[5] のアカウントを作成し、API トークンを取得する必要があります。そうするには、crates.io のホームページを訪れ、Github アカウントでログインしてください (現状は、Github アカウントがなければなりませんが、いずれは他の方法でもアカウントを作成できるようになる可能性があります)。ログインしたら、https://crates.io/me/ で自分のアカウントの設定に行き、API キーを取り扱ってください。そして、cargo login コマンドを API キーとともに実行してください。以下のようにですね:

```
$ cargo login abcdefghijklmnopqrstuvwxyz012345
```

このコマンドは、Cargo に API トークンを知らせ、~/.cargo/credentials にローカルに保存します。このトークンは、**秘密**です: 他人とは共有しないでください。何らかの理由で他人と実際に共有してしまったら、古いものを破棄して crates.io で新しいトークンを生成するべきです。

新しいクレートにメタデータを追加する

アカウントはできたので、公開したいクレートがあるとしましょう。公開前に、Cargo.toml ファイルの [package] セクションに追加することでクレートにメタデータを追加する必要があるでしょう。

クレートには、独自の名前が必要でしょう。クレートをローカルで作成している間、クレートの名前は何でもいい状態でした。ところが、crates.io のクレート名は、最初に来たもの勝ちの精神で付与されていますので、いったんクレート名が取られてしまったら、その名前のクレートを他の人が公開することは絶対できません。もう使われているか、サイトで使いたい名前を検索してください。まだなら、Cargo.toml ファイルの [package] 以下の名前を編集して、名前を公開用に使ってください。以下のように:

Cargo.toml
```
[package]
name = "guessing_game"
```

たとえ、独自の名前を選択していたとしても、この時点で cargo publish を実行すると、警告とエラーが出ます:

```
$ cargo publish
    Updating registry `https://github.com/rust-lang/crates.io-index`
warning: manifest has no description, license, license-file, documentation,
    homepage or repository.
```

---

[5] https://crates.io

> 警告: マニフェストに説明、ライセンス、ライセンスファイル、ドキュメンテーション、ホーム
> ページ、リポジトリーがありません
> --略--
> error: api errors: missing or empty metadata fields: description, license.
> エラー: API エラー: 存在しないか空のメタデータフィールド: description, license

　原因は、大事な情報を一部入れていないからです: 説明とライセンスは、他の人があなたの
クレートは何をし、どんな条件の元で使っていいのかを知るために必要なのです。このエラー
を解消するには、Cargo.toml ファイルにこの情報を入れ込む必要があります。
　1 文か 2 文程度の説明を付けてください。これは、検索結果に表示されますからね。license
フィールドには、**ライセンス識別子**を与える必要があります。Linux 団体の Software Package
Data Exchange（SPDX）[6] に、この値に使用できる識別子が列挙されています。例えば、自
分のクレートを MIT ライセンスでライセンスするためには、MIT 識別子を追加してください:

Cargo.toml
```
[package]
name = "guessing_game"
license = "MIT"
```

　SPDX に出現しないライセンスを使用したい場合、そのライセンスをファイルに配置し、プ
ロジェクトにそのファイルを含め、それから license キーを使う代わりに、そのファイルの
名前を指定するのに license-file を使う必要があります。
　どのライセンスが自分のプロジェクトに相応しいかというガイドは、本書の範疇を超えて
います。Rust コミュニティーの多くの人間は、MIT OR Apache-2.0 のデュアルライセンス
を使用することで、Rust 自体と同じようにプロジェクトをライセンスします。この実践は、
OR で区切られる複数のライセンス識別子を指定して、プロジェクトに複数のライセンスを持
たせることもできることを模擬しています。
　独自の名前、バージョン、クレート作成時に cargo new が追加した筆者の詳細、説明、ラ
イセンスが追加され、公開準備のできたプロジェクト用の Cargo.toml ファイルは以下のよう
な見た目になっていることでしょう:

Cargo.toml
```
[package]
name = "guessing_game"
version = "0.1.0"
authors = ["Your Name <you@example.com>"]
description = "A fun game where you guess what number the computer has chosen."
                    コンピュータが選択した数字を言い当てる面白いゲーム
license = "MIT OR Apache-2.0"

[dependencies]
```

---

[6] http://spdx.org/licenses/

Cargo のドキュメンテーション[7]には、指定して他人が発見し、よりたやすくクレートを使用できることを保証する他のメタデータが解説されています。

crates.io に公開する

アカウントを作成し、API トークンを保存し、クレートの名前を決め、必要なメタデータを指定したので、公開する準備が整いました！ クレートを公開すると、特定のバージョンが、crates.io[8]に他の人が使用できるようにアップロードされます。

公開は永久なので、クレートの公開時には気を付けてください。バージョンは絶対に上書きできず、コードも削除できません。crates.io の 1 つの主な目標が、crates.io のクレートに依存しているすべてのプロジェクトのビルドが、動き続けるようにコードの永久アーカイブとして機能することなのです。バージョン削除を可能にしてしまうと、その目標を達成するのが不可能になってしまいます。ですが、公開できるクレートバージョンの数に制限はありません。

再度 cargo publish コマンドを実行してください。今度は成功するはずです:

```
$ cargo publish
 Updating registry `https://github.com/rust-lang/crates.io-index`
 レジストリーを更新しています
Packaging guessing_game v0.1.0 (file:///projects/guessing_game)
guessing_game をパッケージ化しています
 Verifying guessing_game v0.1.0 (file:///projects/guessing_game)
guessing_game を検証しています
 Compiling guessing_game v0.1.0
guessing_game をコンパイルしています
(file:///projects/guessing_game/target/package/guessing_game-0.1.0)
 Finished dev [unoptimized + debuginfo] target(s) in 0.19 secs
Uploading guessing_game v0.1.0 (file:///projects/guessing_game)
guessing_game をアップロードしています
```

おめでとうございます！ Rust コミュニティーとコードを共有し、誰でもあなたのクレートを依存として簡単に追加できます。

既存のクレートの新バージョンを公開する

クレートに変更を行い、新バージョンをリリースする準備ができたら、Cargo.toml ファイルに指定された version の値を変更し、再公開します。セマンティックバージョンルール[9]を使用して加えた変更の種類に基づいて次の適切なバージョン番号を決定してください。そして、cargo publish を実行し、新バージョンをアップロードします。

---

[7] https://doc.rust-lang.org/cargo
[8] http://crates.io
[9] http://semver.org/

cargo yank で crates.io からバージョンを削除する

以前のバージョンのクレートを削除することはできないものの、新しい依存として将来的にプロジェクトに追加することを防ぐことはできます。何らかの理由により、クレートバージョンが壊れている場合に有用です。そのような場面において、そのような場面において、Cargoはクレートバージョンの**取り下げ**（yanking）をサポートしています。

バージョンを取り下げると、他の既存のプロジェクトには、引き続きダウンロードし、そのバージョンに依存させ続けつつ、新規プロジェクトが新しくそのバージョンに依存しだすことを防ぎます。本質的に取り下げは、Cargo.lock が存在するプロジェクトはすべて壊れないことを意味し、将来的に Cargo.lock ファイルが生成されるものは、取り下げられたバージョンを使わないのです。

あるバージョンのクレートを取り下げるには、cargo yank を実行し、取り下げたいバージョンを指定します:

```
$ cargo yank --vers 1.0.1
```

--undo をコマンドに付与することで、取り下げを取り消し、再度あるバージョンにプロジェクトを依存させ始めることもできます:

```
$ cargo yank --vers 1.0.1 --undo
```

取り下げは、コードの削除はいっさいしません。例として、取り下げ機能は、誤ってアップロードされた秘密鍵を削除するためのものではありません。もしそうなってしまったら、即座に秘密鍵をリセットしなければなりません。

Cargo のワークスペース

第 12 章で、バイナリークレートとライブラリークレートを含むパッケージを構築しました。プロジェクトの開発が進むにつれて、ライブラリークレートの肥大化が続き、その上で複数のライブラリークレートにパッケージを分割したくなることでしょう。この場面において、Cargo は**ワークスペース**という協調して開発された関連のある複数のパッケージを管理するのに役立つ機能を提供しています。

ワークスペースを生成する

ワークスペースは、同じ Cargo.lock と出力ディレクトリーを共有する一連のパッケージです。ワークスペースを使用したプロジェクトを作成し、ワークスペースの構造に集中できるよう、さまつなコードを使用しましょう。ワークスペースを構築する方法は複数ありますが、一般的な方法を提示しましょう。バイナリー 1 つとライブラリー 2 つを含むワークスペースを作ります。バイナリーは、主要な機能を提供しますが、2 つのライブラリーに依存しています。

一方のライブラリーは、add_one 関数を提供し、2 番目のライブラリーは、add_two 関数を提供します。これら 3 つのクレートが同じワークスペースの一部になります。ワークスペース用の新しいディレクトリーを作ることから始めましょう:

```
$ mkdir add
$ cd add
```

次に add ディレクトリーにワークスペース全体を設定する Cargo.toml ファイルを作成します。このファイルには、他の Cargo.toml ファイルで見かけるような [package] セクションやメタデータはありません。代わりにバイナリークレートへのパスを指定することでワークスペースにメンバーを追加させてくれる [workspace] セクションから開始します; 今回の場合、そのパスは adder です:

Cargo.toml

```
[workspace]

members = [
    "adder",
]
```

次に、add ディレクトリー内で cargo new を実行することで adder バイナリークレートを作成しましょう:

```
$ cargo new --bin adder
     Created binary (application) `adder` project
```

この時点で、cargo build を走らせるとワークスペースを構築できます。add ディレクトリーに存在するファイルは、以下のようになるはずです:

```
├── Cargo.lock
├── Cargo.toml
├── adder
│   ├── Cargo.toml
│   └── src
│       └── main.rs
└── target
```

ワークスペースには、コンパイルした生成物を置けるように最上位に target のディレクトリーがあります; adder クレートには target ディレクトリーはありません。adder ディレクトリー内部から cargo build を走らせることになっていたとしても、コンパイルされる生成物は、add/adder/target ではなく、add/target に落ち着くでしょう。ワークスペースのクレートは、お互いに依存しあうことを意味するので、Cargo はワークスペースの target ディレクトリーをこのように構成します。各クレートが target ディレクトリーを持っていたら、各クレー

330　第 14 章　Cargo と crates.io についてより詳しく

トがワークスペースの他のクレートを再コンパイルし、target ディレクトリーに生成物がある
状態にしなければならないでしょう。1 つの target ディレクトリーを共有することで、クレー
トは不要な再ビルドを回避できるのです。

ワークスペース内に 2 番目のクレートを作成する

次に、ワークスペースに別のメンバークレートを作成し、add-one と呼びましょう。最上位
の Cargo.toml を変更して members リストで add-one パスを指定するようにしてください:

Cargo.toml

```
[workspace]

members = [
    "adder",
    "add-one",
]
```

それから、add-one という名前のライブラリークレートを生成してください:

```
$ cargo new add-one
    Created library `add-one` project
```

これで add ディレクトリーには、以下のディレクトリーやファイルが存在するはずです:

```
├── Cargo.lock
├── Cargo.toml
├── add-one
│   ├── Cargo.toml
│   └── src
│       └── lib.rs
├── adder
│   ├── Cargo.toml
│   └── src
│       └── main.rs
└── target
```

add-one/src/lib.rs ファイルに add_one 関数を追加しましょう:

add-one/
src/lib.rs

```
pub fn add_one(x: i32) -> i32 {
    x + 1
}
```

ワークスペースにライブラリークレートが存在するようになったので、バイナリークレート
adder をライブラリークレートの add-one に依存させられます。まず、add-one へのパス依
存を adder/Cargo.toml に追加する必要があります:

adder/
Cargo.toml

```
[dependencies]

add-one = { path = "../add-one" }
```

Cargo はワークスペースのクレートが、お互いに依存しているとは想定していないので、ク
レート間の依存関係について明示する必要があります。

次に、adder クレートの add-one クレートから add_one 関数を使用しましょう。adder/
src/main.rs ファイルを開き、冒頭に extern crate 行を追加して新しい add-one ライブラ
リークレートをスコープに導入してください。それから main 関数を変更し、add_one 関数を
呼び出します。リスト 14.7 のようにですね:

リスト 14.7: adder クレートから add-one ライブラリークレートを使用する

adder/src/
main.rs

```
extern crate add_one;

fn main() {
    let num = 10;
    // こんにちは世界！ {}+1は{}！
    println!("Hello, world! {} plus one is {}!", num, add_one::add_one(num));
}
```

最上位の add ディレクトリーで cargo build を実行することでワークスペースをビルドし
ましょう！

```
$ cargo build
   Compiling add-one v0.1.0 (file:///projects/add/add-one)
   Compiling adder v0.1.0 (file:///projects/add/adder)
    Finished dev [unoptimized + debuginfo] target(s) in 0.68 secs
```

add ディレクトリーからバイナリークレートを実行するには、-p 引数とパッケージ名を
cargo run とともに使用して、使用したいワークスペースのパッケージを指定する必要があ
ります:

```
$ cargo run -p adder
    Finished dev [unoptimized + debuginfo] target(s) in 0.0 secs
     Running `target/debug/adder`
Hello, world! 10 plus one is 11!
```

これにより、adder/src/main.rs のコードが実行され、これは add_one クレートに依存して
います。

ワークスペースの外部クレートに依存する

ワークスペースには、各クレートのディレクトリーそれぞれに Cargo.lock が存在するのではなく、ワークスペースの最上位階層にただ 1 つの Cargo.lock が存在するだけのことに注目してください。これにより、全クレートが全依存の同じバージョンを使用していることが確認されます。rand クレートを adder/Cargo.toml と add-one/Cargo.toml ファイルに追加すると、Cargo は両者をあるバージョンの rand に解決し、それを 1 つの Cargo.lock に記録します。ワークスペースの全クレートに同じ依存を使用させるということは、ワークスペースのクレートが相互に互換性を常に維持するということになります。add-one/Cargo.toml ファイルの [dependencies] セクションに rand クレートを追加して、add-one クレートで rand クレートを使用できます:

add-one/
Cargo.toml

```
[dependencies]

rand = "0.3.14"
```

これで、add-one/src/lib.rs ファイルに extern crate rand; を追加でき、add ディレクトリーで cargo build を実行することでワークスペース全体をビルドすると、rand クレートを持ってきてコンパイルするでしょう:

```
$ cargo build
    Updating registry `https://github.com/rust-lang/crates.io-index`
 Downloading rand v0.3.14
   --略--
   Compiling rand v0.3.14
   Compiling add-one v0.1.0 (file:///projects/add/add-one)
   Compiling adder v0.1.0 (file:///projects/add/adder)
    Finished dev [unoptimized + debuginfo] target(s) in 10.18 secs
```

さて、最上位の Cargo.lock は、rand に対する add-one の依存の情報を含むようになりました。ですが、rand はワークスペースのどこかで使用されているにもかかわらず、それぞれの Cargo.toml ファイルにも、rand を追加しない限り、ワークスペースの他のクレートでそれを使用することはできません。例えば、adder クレートの adder/src/main.rs ファイルに extern crate rand; を追加すると、エラーが出ます:

```
$ cargo build
   Compiling adder v0.1.0 (file:///projects/add/adder)
error: use of unstable library feature 'rand': use `rand` from crates.io (see
    issue #27703)
エラー: 不安定なライブラリーの機能'rand' を使用しています: crates.io の 'rand' を使用し
    てください
  --> adder/src/main.rs:1:1
```

```
  |
1 | extern crate rand;
```

　これを修正するには、adder クレートの Cargo.toml ファイルを編集し、同様にそのクレートが rand に依存していることを示してください。adder クレートをビルドすると、rand を Cargo.lock の adder の依存一覧に追加しますが、rand のファイルが追加でダウンロードされることはありません。Cargo が、ワークスペースの rand を使用するどのクレートも、同じバージョンを使っていることを確かめてくれるのです。ワークスペース全体で rand の同じバージョンを使用することにより、複数のコピーが存在しないのでスペースを節約し、ワークスペースのクレートが相互に互換性を維持することを確かめます。

ワークスペースにテストを追加する

　さらなる改善として、add_one クレート内に add_one::add_one 関数のテストを追加しましょう:

add-one/
src/lib.rs
```
pub fn add_one(x: i32) -> i32 {
    x + 1
}

#[cfg(test)]
mod tests {
    use super::*;

    #[test]
    fn it_works() {
        assert_eq!(3, add_one(2));
    }
}
```

　では、最上位の add ディレクトリーで cargo test を実行してください:

```
$ cargo test
   Compiling add-one v0.1.0 (file:///projects/add/add-one)
   Compiling adder v0.1.0 (file:///projects/add/adder)
    Finished dev [unoptimized + debuginfo] target(s) in 0.27 secs
     Running target/debug/deps/add_one-f0253159197f7841

running 1 test
test tests::it_works ... ok

test result: ok. 1 passed; 0 failed; 0 ignored; 0 measured; 0 filtered out

     Running target/debug/deps/adder-f88af9d2cc175a5e
```

```
running 0 tests

test result: ok. 0 passed; 0 failed; 0 ignored; 0 measured; 0 filtered out

    Doc-tests add-one

running 0 tests

test result: ok. 0 passed; 0 failed; 0 ignored; 0 measured; 0 filtered out
```

出力の最初の区域が、add-one クレートの it_works テストが通ったことを示しています。次の区域には、adder クレートにはテストが見つかなかったことが示され、さらに最後の区域には、add-one クレートにドキュメンテーションテストは見つからなかったと表示されています。このような構造をしたワークスペースで cargo test を走らせると、ワークスペースの全クレートのテストを実行します。

-p フラグを使用し、テストしたいクレートの名前を指定することで最上位ディレクトリーから、ワークスペースのある特定のクレート用のテストを実行することもできます:

```
$ cargo test -p add-one
    Finished dev [unoptimized + debuginfo] target(s) in 0.0 secs
      Running target/debug/deps/add_one-b3235fea9a156f74

running 1 test
test tests::it_works ... ok

test result: ok. 1 passed; 0 failed; 0 ignored; 0 measured; 0 filtered out

    Doc-tests add-one

running 0 tests

test result: ok. 0 passed; 0 failed; 0 ignored; 0 measured; 0 filtered out
```

この出力は、cargo test が add-one クレートのテストのみを実行し、adder クレートのテストは実行しなかったことを示しています。

ワークスペースのクレートを https://crates.io/ に公開したら、ワークスペースのクレートは個別に公開される必要があります。cargo publish コマンドには --all フラグや -p フラグはないので、各クレートのディレクトリーに移動して、ワークスペースの各クレートを cargo publish して、公開しなければなりません。

鍛錬を積むために、add-one クレートと同様の方法でワークスペースに add-two クレートを追加してください！

プロジェクトが肥大化してきたら、ワークスペースの使用を考えてみてください: 大きな1つのコードの塊よりも、微細で個別のコンポーネントのほうが理解しやすいです。またワーク

スペースにクレートを保持することは、同時に変更されることが多いのなら、協調しやすくなることにもつながります。

cargo install で crates.io からバイナリーをインストールする

cargo install コマンドにより、バイナリークレートをローカルにインストールし、使用することができます。これは、システムパッケージを置き換えることを意図したものではありません。すなわち、Rust の開発者が、他人が crates.io[10] に共有したツールをインストールするのに便利な方法を意味するのです。バイナリーターゲットを持つパッケージのみインストールできることに注意してください。バイナリーターゲットとは、クレートが src/main.rs ファイルやバイナリーとして指定された他のファイルを持つ場合に生成される実行可能なプログラムのことであり、単独では実行不可能なものの、他のプログラムに含むのには適しているライブラリーターゲットとは一線を画します。通常、クレートには、README ファイルに、クレートがライブラリーかバイナリーターゲットか、両方を持つかという情報があります。

cargo install でインストールされるバイナリーはすべて、インストールのルートの bin フォルダに保持されます。Rust を rustup を使用し、独自の設定を何も行っていなければ、このディレクトリーは、HOME/.cargo/bin になります。'cargo install' でインストールしたプログラムを実行できるようにするためには、そのディレクトリーが 'PATH' に含まれていることを確かめてください。

例えば、第 12 章で、ファイルを検索する ripgrep という grep ツールの Rust 版があることに触れました。ripgrep をインストールしたかったら、以下を実行することができます:

```
$ cargo install ripgrep
Updating registry `https://github.com/rust-lang/crates.io-index`
 Downloading ripgrep v0.3.2
 --略--
   Compiling ripgrep v0.3.2
    Finished release [optimized + debuginfo] target(s) in 97.91 secs
  Installing ~/.cargo/bin/rg
```

出力の最後の行が、インストールされたバイナリーの位置と名前を示していて、ripgrep の場合、rg です。インストールディレクトリーが $PATH に存在する限り、前述したように、rg --help を走らせて、より高速で Rust らしいファイル検索ツールを使用し始めることができます!

独自のコマンドで Cargo を拡張する

Cargo は変更する必要なく、新しいサブコマンドで拡張できるように設計されています。$PATH にあるバイナリーが cargo-something という名前なら、cargo something を実行す

---

[10] https://crates.io

ることで、Cargo のサブコマンドであるかのように実行することができます。このような独自のコマンドは、`cargo --list` を実行すると、列挙もされます。`cargo install` を使用して拡張をインストールし、それから組み込みの Cargo ツール同様に実行できることは、Cargo の設計上の非常に便利な恩恵です！

まとめ

Cargo で crates.io[11] とコードを共有することは、Rust のエコシステムを多くの異なる作業に有用にするものの一部です。Rust の標準ライブラリーは、小さく安定的ですが、クレートは共有および使用しやすく、言語とは異なるタイムラインで進化します。積極的に crates.io で自分にとって有用なコードを共有してください; 他の誰かにとっても、役に立つものであることでしょう！

---

[11] https://crates.io

15

スマートポインター

ポインターは、メモリーのアドレスを含む変数の一般的な概念です。このアドレスは、何らかの他のデータを参照、または「指します」。Rust において、最もありふれた種類のポインターは、参照であり、第 4 章で習いましたね。参照は、& 記号で示唆され、指している値を借用します。データを参照すること以外に特別な能力は何もありません。また、オーバーヘッドもなく、最も頻繁に使われる種類のポインターです。

一方、**スマートポインター**は、ポインターのように振る舞うだけでなく、追加のメタデータと能力があるデータ構造です。スマートポインターという概念は、Rust に特有のものではありません: スマートポインターは、C++ に端を発し、他の言語にも存在しています。Rust では、標準ライブラリーに定義されたいろいろなスマートポインターが、参照以上の機能を提供します。この章で探究する 1 つの例が、**参照カウント方式のスマートポインター**型です。このポインターにより、所有者の数を追いかけることでデータに複数の所有者を持たせることができ、所有者がいなくなったら、データの片付けをしてくれます。

所有権と借用の概念を使う Rust で、参照とスマートポインターの別の差異は、参照はデータを借用するだけのポインターであることです; 対照的に多くの場合、スマートポインターは指しているデータを**所有**します。

そのときは、スマートポインターとは呼ばなかったものの、第 8 章の `String` や `Vec<T>` のように、本書の中でいくつかのスマートポインターに遭遇してきました。これらの型はどちらも、あるメモリーを所有し、それをいじることができるので、スマートポインターに数えられ

ます。また、メタデータ（キャパシティなど）や追加の能力、あるいは保証（String ならデータが常に有効な UTF-8 であると保証することなど）もあります。

スマートポインターは普通、構造体を使用して実装されています。スマートポインターを通常の構造体と区別する特徴は、スマートポインターは、Deref と Drop トレイトを実装していることです。Deref トレイトにより、スマートポインター構造体のインスタンスは、参照のように振る舞うことができるので、参照あるいはスマートポインターのどちらとも動作するコードを書くことができます。Drop トレイトにより、スマートポインターのインスタンスがスコープを外れたときに走るコードをカスタマイズすることができます。この章では、どちらのトレイトについても議論し、これらのトレイトがスマートポインターにとって重要な理由を説明します。

スマートポインターパターンが Rust においてよく使われる一般的なデザインパターンだとして、この章では、すべての既存のスマートポインターを講義しません。多くのライブラリーに独自のスマートポインターがあり、自分だけのスマートポインターを書くことさえできます。標準ライブラリーの最もありふれたスマートポインターを講義します:

- ヒープに値を確保する Box<T>
- 複数の所有権を可能にする参照カウント型の Rc<T>
- RefCell<T> を通してアクセスされ、コンパイル時ではなく実行時に借用規則を強制する型の Ref<T> と RefMut<T>

さらに、不変の型が、内部の値を可変化する API をさらす**内部可変性**パターンについても講義します。また、**循環参照**についても議論します: 循環参照により、メモリーがリークする方法とそれを回避する方法です。

さあ、飛び込みましょう！

ヒープのデータを指す Box<T> を使用する

最も素直なスマートポインターは**ボックス**であり、その型は Box<T> と記述されます。ボックスにより、スタックではなくヒープにデータを格納することができます。スタックに残るのは、ヒープデータへのポインターです。スタックとヒープの違いを再確認するには、第 4 章を参照してください。

ボックスは、データをスタックの代わりにヒープに格納する以外は、パフォーマンスのオーバーヘッドはありません。しかし、多くのおまけの能力もありません。以下のような場面で最もよく使用するでしょう:

- コンパイル時にはサイズを知ることができない型があり、正確なサイズを要求する文脈でその型の値を使用するとき。
- 多くのデータがあり、所有権を転送したいが、そうするときにデータがコピーされないことを確認するとき。
- 値を所有する必要があり、特定の型ではなく特定のトレイトを実装する型であることのみ気にかけているとき。

「ボックスで再帰的な型を可能にする」の最初の場面を模擬します。2番目の場合、多くの
データの所有権を転送するには、データがスタック上でコピーされるので、長い時間がかかり
得ます。この場面でパフォーマンスを向上させるには、多くのデータをヒープ上にボックスと
して格納することができます。そして、参照しているデータはヒープ上の1箇所に留まりつ
つ、少量のポインターのデータのみをスタック上でコピーするのです。3番目のケースは、ト
レイトオブジェクトとして知られ、第17章は、その話題だけに「トレイトオブジェクトで異
なる型の値を許容する」の節全体を捧げています（☞ p. 405）。したがって、ここで学ぶこと
は、第17章でまた適用するでしょう！

Box<T> を使ってヒープにデータを格納する

Box<T> のこのユースケースを議論する前に、記法と Box<T> 内に格納された値と相互作用
する方法について講義しましょう。

リスト 15.1 は、ボックスを使用してヒープに i32 の値を格納する方法を示しています:

リスト 15.1: ボックスを使用して i32 の値をヒープに格納する

src/main.rs
```
fn main() {
    let b = Box::new(5);
    println!("b = {}", b);
}
```

変数 b を定義して値 5 を指す Box の値があって、この値はヒープに確保されています。こ
のプログラムは、b = 5 と出力するでしょう; この場合、このデータがスタックにあるのと
同じような方法でボックスのデータにアクセスできます。あらゆる所有された値同様、b が
main の終わりでするようにボックスがスコープを抜けたら、メモリーから解放されます。メ
モリーの解放は（スタックに格納されている）ボックスと（ヒープに格納されている）指して
いるデータに対して起こります。

ヒープに単独の値を置くことはあまり有用ではないので、このように単独でボックスを使用
することはあまりありません。単独の i32 のような値を規定で格納される場所であるスタッ
クに置くことが、大多数の場合にはより適切です。ボックスがなかったら定義することのかな
わない型をボックスが定義させてくれる場合を見ましょう。

ボックスで再帰的な型を可能にする

コンパイル時に、コンパイラーは、ある型が取る領域を知る必要があります。コンパイル時
にサイズがわからない型の1つは、**再帰的な型**であり、これは、型の一部として同じ型の他
の値を持つものです。この値のネストは、理論的には無限に続く可能性があるので、コンパイ
ラーは再帰的な型の値が必要とする領域を知ることができないのです。しかしながら、ボック
スは既知のサイズなので、再帰的な型の定義にボックスを挟むことで再帰的な型を存在させる
ことができるのです。

コンスリストは関数型プログラミング言語では一般的なデータ型ですが、これを再帰的な型

340 第15章 スマートポインター

の例として探究しましょう。我々が定義するコンスリストは、再帰を除いて素直です; 故に、これから取り掛かる例の概念は、再帰的な型がかかわるもっと複雑な場面に遭遇したら必ず役に立つでしょう。

コンスリストについてもっと詳しく

コンスリストは、Lisp プログラミング言語とその方言に由来するデータ構造です。Lisp では、cons 関数（"construct function"（生成関数）の省略形です）が 2 つの引数から新しいペアを構成し、この引数は通常、単独の値と別のペアからなります。これらのペアを含むペアがリストをなすのです。

cons 関数の概念は、より一般的な関数型プログラミングの俗語にもなっています: "to cons x onto y" は、俗に要素 x をこの新しいコンテナの初めに置き、コンテナ y を続けて新しいコンテナのインスタンスを生成することを意味します。

コンスリストの各要素は、2 つの要素を含みます: 現在の要素の値と次の要素です。リストの最後の要素は、次の要素なしに Nil と呼ばれる値だけを含みます。コンスリストは、繰り返し cons 関数を呼び出すことで生成されます。繰り返しの規範事例を意味する標準的な名前は、Nil です。これは第 6 章の "null" や "nil" の概念とは異なることに注意してください。"null" や "nil" は、無効だったり存在しない値です。

関数型プログラミング言語は、頻繁にコンスリストを使用するものの、Rust ではあまり使用されないデータ構造です。Rust で要素のリストがある場合はほとんどの場合、Vec<T> を使用するのがよりよい選択になります。他のより複雑で再帰的なデータ型は、さまざまな場面で役に立ちますが、コンスリストから始めることで、大して気を散らすことなく再帰的なデータ型をボックスが定義させてくれる方法を探究することができます。

リスト 15.2 には、コンスリストの enum 定義が含まれています。このコードは、List 型が既知のサイズではないため、まだコンパイルできないことに注意してください。既知のサイズがないことをこれから模擬します。

リスト 15.2: i32 値のコンスリストデータ構造を表す enum を定義する最初の試行

src/main.rs

```
enum List {
    Cons(i32, List),
    Nil,
}
```

NOTE この例のためだけに i32 値だけを保持するコンスリストを実装します。第 10 章で議論したように、ジェネリクスを使用してどんな型の値も格納できるコンスリストを定義して実装することもできたでしょう。

この List 型を使用してリスト 1, 2, 3 を格納すると、リスト 15.3 のコードのような見た目になるでしょう:

リスト 15.3: List enum を使用してリスト 1, 2, 3 を格納する

src/main.rs

```
use List::{Cons, Nil};

fn main() {
    let list = Cons(1, Cons(2, Cons(3, Nil)));
}
```

　最初の Cons 値は、1 と別の List 値を保持しています。この List 値は、2 とまた別の List 値を保持する別の Cons 値です。この List 値は、3 と、ついにリストの終端を通知する非再帰的な列挙子の Nil になる List 値を保持するまたまた別の Cons 値です。

　リスト 15.3 のコードをコンパイルしようとすると、リスト 15.4 に示したエラーが出ます:

リスト 15.4: 再帰的な enum を定義しようとすると得られるエラー

```
error[E0072]: recursive type `List` has infinite size
エラー: 再帰的な型 'List'は無限のサイズです
 --> src/main.rs:1:1
  |
1 | enum List {
  | ^^^^^^^^^ recursive type has infinite size
2 |     Cons(i32, List),
  |               ----- recursive without indirection
  |                     間接参照がなく再帰的
  |
  = help: insert indirection (e.g., a `Box`, `Rc`, or `&`) at some point to
    make `List` representable
    助言: 間接参照 (例: 'Box'、'Rc'、あるいは '&') をどこかに挿入して、'List'を表現可能
    にしてください
```

　エラーは、この型は「無限のサイズである」と表示しています。理由は、再帰的な列挙子を含む List を定義したからです: 自身の別の値を直接保持しているのです。結果として、コンパイラーは、List 値を格納するのに必要な領域が計算できないのです。このエラーが得られた理由を少しかみ砕きましょう。まず、非再帰的な型の値を格納するのに必要な領域をどうコンパイラーが決定しているかを見ましょう。

非再帰的な型のサイズを計算する

　第 6 章で enum 定義を議論したときにリスト 6.2 (☞ p. 111) で定義した Message enum を思い出してください:

```
enum Message {
    Quit,
    Move { x: i32, y: i32 },
    Write(String),
    ChangeColor(i32, i32, i32),
}
```

Message 値 1 つにメモリーを確保するために必要な領域を決定するために、コンパイラーは、各列挙子を見てどの列挙子が最も領域を必要とするかを確認します。コンパイラーは、Message::Quit はまったく領域を必要とせず、Message::Move は i32 値を 2 つ格納するのに十分な領域が必要などと確かめます。ただ 1 つの列挙子しか使用されないので、Message 値 1 つが必要とする最大の領域は、最大の列挙子を格納するのに必要になる領域です。

これをコンパイラーがリスト 15.2 の List enum のような再帰的な型が必要とする領域を決定しようとするときに起こることと比較してください。コンパイラーは、Cons 列挙子を見ることから始め、この列挙子には、型 i32 値が 1 つと型 List の値が 1 つ保持されます。故に、Cons は 1 つの i32 と List のサイズに等しい領域を必要とします。List が必要とするメモリー量を計算するのに、コンパイラーは Cons 列挙子から列挙子を観察

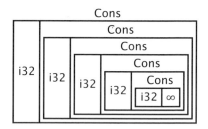

図 15.1: 無限の Cons 列挙子からなる無限の List

します。Cons 列挙子は型 i32 を 1 つと型 List の値 1 つを保持し、この過程は無限に続きます。図 15.1 のようにですね。

Box<T> で既知のサイズの再帰的な型を得る

コンパイラーは、再帰的に定義された型に必要なメモリー量を計算できないので、リスト 15.4 ではエラーを返します。しかし、エラーには確かにこの役に立つ提言が含まれています:

```
= help: insert indirection (e.g., a `Box`, `Rc`, or `&`) at some point to
  make `List` representable
```

この提言において、「間接参照」は、値を直接格納する代わりに、データ構造を変更して値へのポインターを代わりに格納することで、値を間接的に格納することを意味します。

Box<T> はポインターなので、コンパイラーには Box<T> が必要とする領域が必ずわかります: ポインターのサイズは、指しているデータの量によって変わることはありません。つまり、別の List 値を直接置く代わりに、Cons 列挙子の中に Box<T> を配置することができます。Box<T> は、Cons 列挙子の中ではなく、ヒープに置かれる次の List 値を指します。概念的には、それでも他のリストを「保持する」リストとともに作られたリストがありますが、この実装は今では、要素はお互いの中にあるというよりも、隣り合って配置するような感じになります。

リスト 15.2 の List enum の定義とリスト 15.3 の List の使用をリスト 15.5 のコードに変更することができ、これはコンパイルが通ります:

リスト 15.5: 既知のサイズにするために Box<T> を使用する List の定義

src/main.rs
```
enum List {
    Cons(i32, Box<List>),
    Nil,
}

use List::{Cons, Nil};

fn main() {
    let list = Cons(1,
        Box::new(Cons(2,
            Box::new(Cons(3,
                Box::new(Nil))))));
}
```

Cons 列挙子は、1 つの i32 のサイズプラスボックスのポインターデータを格納する領域を必要とするでしょう。Nil 列挙子は、値を格納しないので、Cons 列挙子よりも必要な領域は小さいです。これで、どんな List 値も i32 ひとつのサイズプラスボックスのポインターデータのサイズを必要とすることがわかりました。ボックスを使うことで、無限の再帰的な繰り返しを破壊したので、コンパイラーは、List 値を格納するのに必要なサイズを計算できます。図 15.2 は、Cons 列挙子の今の見た目を示しています。

ボックスは、間接参照とヒープメモリー確保だけを提供します; 他のスマートポインター型で目撃するような、他の特別な能力は何もありません。これらの特別な能力が招くパフォーマンスのオーバーヘッドもないので、間接参照だけが必要になる唯一の機能であるコンスリストのような場合に有用になり得ます。より多くのボックスのユースケースは第 17 章でも見かけるでしょう。

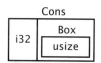

図 15.2: Cons が Box を保持しているので、無限にサイズがあるわけではない List

Box<T> 型は、Deref トレイトを実装しているので、スマートポインターであり、このトレイトにより Box<T> の値を参照のように扱うことができます。Box<T> 値がスコープを抜けると、Drop トレイト実装によりボックスが参照しているヒープデータも片付けられます。これら 2 つのトレイトをより詳しく探究しましょう。これら 2 つのトレイトは、この章の残りで議論する他のスマートポインター型で提供される機能にとってさらに重要でしょう。

Deref トレイトでスマートポインターを普通の参照のように扱う

Deref トレイトを実装することで参照外し演算子の * (掛け算や glob 演算子とは対照的に) の振る舞いをカスタマイズすることができます。スマートポインターを普通の参照のように扱えるように Deref を実装することで、参照に対して処理を行うコードを書き、そのコードをスマートポインターとともにも使用できます。

344　第 15 章　スマートポインター

まずは、参照外し演算子が普通の参照に対して動作するところを見ましょう。それから
Box<T> のように振る舞う独自の型を定義し、参照外し演算子が新しく定義した型に対して参
照のように動作しない理由を確認しましょう。Deref トレイトを実装することでスマートポイ
ンターが参照と似た方法で動作するようにできる方法を探究します。そして、Rust の参照
外し型強制機能と、それにより参照やスマートポインターと協調できる方法を見ます。

参照外し演算子で値までポインターを追いかける

普通の参照は一種のポインターであり、ポインターの捉え方の 1 つが、どこか他の場所に格
納された値への矢印としてというものです。リスト 15.6 で、i32 値への参照を生成し、それ
から参照外し演算子を使用して参照をデータまで追いかけています:

リスト 15.6: 参照外し演算子を使用して参照を i32 値まで追いかける

src/main.rs

```
fn main() {
❶ let x = 5;
❷ let y = &x;

❸ assert_eq!(5, x);
❹ assert_eq!(5, *y);
}
```

変数 x は i32 値の 5 を保持しています❶。y を x への参照にセットします❷。x は 5 に等
しいとアサートできます❸。しかしながら、y の値に関するアサートを行いたい場合、*y を
使用して参照を指している値まで追いかけなければなりません（そのため**参照外し**します）❹。
いったん、y を参照外ししたら、y が指している 5 と比較できる整数値にアクセスできます。
代わりに assert_eq!(5, y); と書こうとしたら、こんなコンパイルエラーが出るでしょう:

```
error[E0277]: the trait bound `{integer}: std::cmp::PartialEq<&{integer}>` is
   not satisfied
エラー: トレイト境界 'integer: std::cmp::PartialEq<&integer>'は満たされていません
 --> src/main.rs:6:5
  |
6 |     assert_eq!(5, y);
  |     ^^^^^^^^^^^^^^^^^ can't compare `{integer}` with `&{integer}`
  |                      'integer'を '&integer'と比較できません
  |
  = help: the trait `std::cmp::PartialEq<&{integer}>` is not implemented for
    `{integer}`
    助言: トレイト 'std::cmp::PartialEq<&integer>'は 'integer'に対して実装されていま
    せん
```

参照と数値は異なる型なので、比較することは許容されていません。参照外し演算子を使用
して、参照を指している値まで追いかけなければならないのです。

Deref トレイトでスマートポインターを普通の参照のように扱う　345

Box<T> を参照のように使う

リスト 15.6 のコードを参照の代わりに Box<T> を使うように書き直すことができます; 参照
外し演算子は、リスト 15.7 に示したように動くでしょう:

リスト 15.7: Box<i32> に対して参照外し演算子を使用する

src/main.rs
```
fn main() {
    let x = 5;
  ❶ let y = Box::new(x);

    assert_eq!(5, x);
  ❷ assert_eq!(5, *y);
}
```

リスト 15.7 とリスト 15.6 の唯一の違いは、ここでは、x の値を指す参照ではなく、x の値
を指すボックスのインスタンスに y をセットしていることです❶。最後のアサート❷で参照
外し演算子を使用して y が参照だったときのようにボックスのポインターを追いかけること
ができます。次に、独自のボックス型を定義することで参照外し演算子を使用させてくれる
Box<T> について、何が特別なのかを探究します。

独自のスマートポインターを定義する

標準ライブラリーが提供している Box<T> 型に似たスマートポインターを構築して、スマー
トポインターは規定で、参照に比べてどう異なって振る舞うのか経験しましょう。それから、
参照外し演算子を使う能力を追加する方法に目を向けましょう。

Box<T> 型は究極的に 1 要素のタプル構造体として定義されているので、リスト 15.8 は、同
じように MyBox<T> 型を定義しています。また、Box<T> に定義された new 関数と合致する
new 関数も定義しています。

リスト 15.8: MyBox<T> 型を定義する

src/main.rs
```
struct MyBox<T>(T); ❶

impl<T> MyBox<T> {
  ❷ fn new(x: T) -> MyBox<T> {
      ❸ MyBox(x)
    }
}
```

MyBox という構造体を定義し、ジェネリック引数の T を宣言しています❶。自分の型に
どんな型の値も保持させたいからです。MyBox 型は、型 T を 1 要素持つタプル構造体です。
MyBox::new 関数は型 T❷の引数を 1 つ取り、渡した値を保持する MyBox インスタンスを返
します❸。

試しにリスト 15.7 の main 関数をリスト 15.8 に追加し、Box\<T\> の代わりに定義した
MyBox\<T\> 型を使うよう変更してみてください。コンパイラーは MyBox を参照外しする方法が
わからないので、リスト 15.9 のコードはコンパイルできません。

リスト 15.9: 参照と Box\<T\> を使ったのと同じように MyBox\<T\> を使おうとする

src/main.rs

```
fn main() {
    let x = 5;
    let y = MyBox::new(x);

    assert_eq!(5, x);
    assert_eq!(5, *y);
}
```

こちらが結果として出るコンパイルエラーです:

```
error[E0614]: type `MyBox<{integer}>` cannot be dereferenced
エラー: 型 'MyBox<integer>' は参照外しできません
  --> src/main.rs:14:19
   |
14 |     assert_eq!(5, *y);
   |                   ^^
```

MyBox\<T\> に参照外しの能力を実装していないので、参照外しできません。* 演算子で参照
外しできるようにするには、Deref トレイトを実装します。

Deref トレイトを実装して型を参照のように扱う

第 10 章で議論したように、トレイトを実装するには、トレイトの必須メソッドに実装を提
供する必要があります。Deref トレイトは標準ライブラリーで提供されていますが、self を
借用し、内部のデータへの参照を返す deref という 1 つのメソッドを実装する必要がありま
す。リスト 15.10 には、MyBox の定義に追記する Deref の実装が含まれています:

リスト 15.10: MyBox\<T\> に Deref を実装する

```
use std::ops::Deref;
impl<T> Deref for MyBox<T> {
    type Target = T;

    fn deref(&self) -> &T {
        &self.0
    }
}
```

type Target = T; という記法は、Deref トレイトが使用する関連型を定義しています。
関連型は、ジェネリック引数を宣言する少しだけ異なる方法ですが、今は気にする必要はあり

ません; 第19章でより詳しく講義します。

deref メソッドの本体を &self.0 で埋めているので、deref は * 演算子でアクセスしたい値への参照を返します。リスト 15.9 の MyBox<T> に * を呼び出す main 関数はこれでコンパイルでき、アサートも通ります!

Deref がなければ、コンパイラーは & 参照しか参照外しできなくなります。deref メソッドによりコンパイラーは、Deref を実装するあらゆる型の値を取り、deref メソッドを呼び出して参照外しの仕方を知っている & 参照を得る能力を獲得するのです。

リスト 15.9 に *y を入力したとき、水面下でコンパイラーは、実際にはこのようなコードを走らせていました:

```
*(y.deref())
```

コンパイラーは、* 演算子を deref メソッド、それから何の変哲もない参照外しの呼び出しに置き換えるので、deref メソッドを呼び出す必要があるかどうかを考える必要はないわけです。この Rust の機能により、普通の参照か Deref を実装した型があるかどうかにかかわらず、等しく機能するコードを書かせてくれます。

deref メソッドが値への参照を返し、*(y.deref()) のかっこの外の何の変哲もない参照外しがそれでも必要な理由は、所有権システムです。deref メソッドが値への参照ではなく、値を直接返したら、値は self から外にムーブされてしまいます。今回の場合や、参照外し演算子を使用する多くの場合には MyBox<T> の中の値の所有権を奪いたくはありません。

* 演算子は、コードで * を打つたびに、ただ 1 回、deref メソッドの呼び出し、そして * 演算子の呼び出しに置き換えられることに注意してください。* 演算子の置き換えは、無限に繰り返されないので、型 i32 に行き着き、リスト 15.9 で assert_eq! の 5 と合致します。

関数やメソッドで暗黙的な参照外し型強制

参照外し型強制は、コンパイラーが関数やメソッドの実引数に行う便利なものです。参照外し型強制は、Deref を実装する型への参照を Deref が元の型を変換できる型への参照に変換します。参照外し型強制は、特定の型の値への参照を関数やメソッド定義の引数型と一致しない引数として関数やメソッドに渡すときに自動的に発生します。一連の deref メソッドの呼び出しが、提供した型を引数が必要とする型に変換します。

参照外し型強制は、関数やメソッド呼び出しを書くプログラマーが & や * を多くの明示的な参照や参照外しとして追記する必要がないように、Rust に追加されました。また、参照外し型強制のおかげで参照あるいはスマートポインターのどちらかで動くコードをもっと書くことができます。

参照外し型強制が実際に動いていることを確認するため、リスト 15.8 で定義した MyBox<T> と、リスト 15.10 で追加した Deref の実装を使用しましょう。リスト 15.11 は、文字列スライス引数のある関数の定義を示しています:

リスト 15.11: 型 &str の引数 name のある hello 関数

src/main.rs
```rust
fn hello(name: &str) {
    println!("Hello, {}!", name);
}
```

hello 関数は、文字列スライスを引数として呼び出すことができます。例えば、hello("Rust") などです。参照外し型強制により、hello を型 MyBox<String> の値への参照とともに呼び出すことができます。リスト 15.12 のようにですね:

リスト 15.12: hello を MyBox<String> 値とともに呼び出し、参照外し型強制のおかげで動く

```rust
fn main() {
    let m = MyBox::new(String::from("Rust"));
    hello(&m);
}
```

ここで、hello 関数を引数 &m とともに呼び出しています。この引数は、MyBox<String> 値への参照です。リスト 15.10 で MyBox<T> に Deref トレイトを実装したので、コンパイラーは deref を呼び出すことで、&MyBox<String> を &String に変換できるのです。標準ライブラリーは、String に文字列スライスを返す Deref の実装を提供していて、この実装は、Deref の API ドキュメンテーションに載っています。コンパイラーはさらに deref を呼び出して、&String を &str に変換し、これは hello 関数の定義と合致します。

Rust に参照外し型強制が実装されていなかったら、リスト 15.12 のコードの代わりにリスト 15.13 のコードを書き、型 &MyBox<String> の値で hello を呼び出さなければならなかったでしょう。

リスト 15.13: Rust に参照外し型強制がなかった場合に書かなければならないであろうコード

```rust
fn main() {
    let m = MyBox::new(String::from("Rust"));
    hello(&(*m)[..]);
}
```

(*m) が MyBox<String> を String に参照外ししています。そして、& と [..] により、文字列全体と等しい String の文字列スライスを取り、hello のシグニチャーと一致するわけです。参照外し型強制のないコードは、これらの記号が関係するので、読むのも書くのも理解するのもより難しくなります。参照外し型強制により、コンパイラーはこれらの変換を自動的に扱えるのです。

Deref トレイトが関係する型に定義されていると、コンパイラーは、型を分析し必要なだけ Deref::deref を使用して、参照を得、引数の型と一致させます。Deref::deref が挿入される必要のある回数は、コンパイル時に解決されるので、参照外し型強制を活用するための実行時の代償は何もありません。

参照外し型強制が可変性と相互作用する方法

Deref トレイトを使用して不変参照に対して * をオーバーライドするように、DerefMut トレイトを使用して可変参照の * 演算子をオーバーライドできます。

以下の3つの場合に型やトレイト実装を見つけたときにコンパイラーは、参照外し型強制を行います:

- T: Deref<Target=U> のとき、&T から &U
- T: DerefMut<Target=U> のとき、&mut T から &mut U
- T: Deref<Target=U> のとき、&mut T から &U

前者2つは、可変性を除いて一緒です。最初のケースは、&T があり、T が何らかの型 U への Deref を実装しているなら、透過的に &U を得られると述べています。2番目のケースは、同じ参照外し型強制が可変参照についても起こることを述べています。

3番目のケースはもっと巧妙です: Rust はさらに、可変参照を不変参照にも型強制するのです。ですが、逆はできません: 不変参照は、絶対に可変参照に型強制されないのです。借用規則により、可変参照があるなら、その可変参照がそのデータへの唯一の参照に違いありません（でなければ、プログラムはコンパイルできません）。1つの可変参照を1つの不変参照に変換することは、借用規則を絶対に破壊しません。不変参照を可変参照にするには、そのデータへの不変参照がたった1つしかないことが必要ですが、借用規則はそれを保証してくれません。故に、コンパイラーは不変参照を可変参照に変換することが可能であるという前提を敷けません。

Drop トレイトで片付け時にコードを走らせる

スマートポインターパターンにとって重要な2番目のトレイトは、Drop であり、これのおかげで値がスコープを抜けそうになったときに起こることをカスタマイズできます。どんな型に対しても Drop トレイトの実装を提供することができ、指定したコードは、ファイルやネットワーク接続などのリソースを解放するのに活用できます。Drop をスマートポインターの文脈で導入しています。Drop トレイトの機能は、ほぼ常にスマートポインターを実装するときに使われるからです。例えば、Box<T> は Drop をカスタマイズしてボックスが指しているヒープの領域を解放しています。

ある言語では、プログラマーがスマートポインターのインスタンスを使い終わるたびにメモリーやリソースを解放するコードを呼ばなければなりません。忘れてしまったら、システムは詰め込みすぎになりクラッシュする可能性があります。Rust では、値がスコープを抜けるたびに特定のコードが走るよう指定でき、コンパイラーはこのコードを自動的に挿入します。結果として、特定の型のインスタンスを使い終わったプログラムの箇所全部にクリーンアップコードを配置するのに配慮する必要はありません。それでもリソースをリークすることはありません。

Drop トレイトを実装することで値がスコープを抜けたときに走るコードを指定してくださ

い。Drop トレイトは、self への可変参照を取る drop という 1 つのメソッドを実装する必要
があります。いつ Rust が drop を呼ぶのか確認するために、今は println! 文のある drop
を実装しましょう。

リスト 15.14 は、唯一の独自の機能が、インスタンスがスコープを抜けるときに Dropping
CustomSmartPointer! と出力するだけの、CustomSmartPointer 構造体です。この例は、コ
ンパイラーがいつ drop 関数を走らせるかをデモしています。

リスト 15.14: クリーンアップコードを配置する Drop トレイトを実装する CustomSmartPointer
構造体

src/main.rs

```rust
struct CustomSmartPointer {
    data: String,
}

impl Drop for CustomSmartPointer { ❶
    fn drop(&mut self) {
        // CustomSmartPointer をデータ`{}`とともにドロップするよ
      ❷ println!("Dropping CustomSmartPointer with data `{}`!", self.data);
    }
}

fn main() {
    // 俺のもの
  ❸ let c = CustomSmartPointer { data: String::from("my stuff") };
    // 別のもの
  ❹ let d = CustomSmartPointer { data: String::from("other stuff") };
    // CustomSmartPointer が生成された
  ❺ println!("CustomSmartPointers created.");
} ❻
```

Drop トレイトは、初期化処理に含まれるので、インポートする必要はありません。
CustomSmartPointer❶ に Drop トレイトを実装し、println! を呼び出す drop メソッド
の実装を提供しています❷。drop 関数の本体は、自分の型のインスタンスがスコープを抜け
るときに走らせたいあらゆるロジックを配置する場所です。ここで何らかのテキストを出力
し、コンパイラーがいつ drop を呼ぶのかデモしています。

main で、CustomSmartPointer のインスタンスを 2 つ作り❸❹、それから CustomSmart
Pointers created. と出力しています❺。main の最後❻で、CustomSmartPointer のイン
スタンスはスコープを抜け、コンパイラーは最後のメッセージを出力しながら、drop メソッ
ド❷に置いたコードを呼び出します。drop メソッドを明示的に呼び出す必要はなかったこと
に注意してください。

このプログラムを実行すると、以下のような出力が出ます:

```
CustomSmartPointers created.
Dropping CustomSmartPointer with data `other stuff`!
Dropping CustomSmartPointer with data `my stuff`!
```

インスタンスがスコープを抜けたときに指定したコードを呼び出しながらコンパイラーは、drop を自動的に呼び出してくれました。変数は、生成されたのと逆の順序でドロップされるので、d は c より先にドロップされました。この例は、drop メソッドの動き方を見た目で案内するだけですが、通常は、メッセージ出力ではなく、自分の型が走らせる必要のあるクリーンアップコードを指定するでしょう。

std::mem::drop で早期に値をドロップする

残念ながら、自動的な drop 機能を無効化することは、単純ではありません。通常、drop を無効化する必要はありません; Drop トレイトの最重要な要点は、自動的に考慮されることです。ですが、ときとして、値を早期に片付けたくなる可能性があります。一例は、ロックを管理するスマートポインターを使用するときです: 同じスコープの他のコードがロックを獲得できるように、ロックを解放する drop メソッドを強制的に走らせたくなる可能性があります。Rust は、Drop トレイトの drop メソッドを手動で呼ばせてくれません; スコープが終わる前に値を強制的にドロップさせたいなら、代わりに標準ライブラリーが提供する std::mem:drop 関数を呼ばなければなりません。

リスト 15.14 の main 関数を変更して手動で Drop トレイトの drop メソッドを呼び出そうとしたら、コンパイルエラーになるでしょう。リスト 15.15 のようにですね:

リスト 15.15: Drop トレイトから drop メソッドを手動で呼び出し、早期に片付けようとする

src/main.rs

```rust
fn main() {
    let c = CustomSmartPointer { data: String::from("some data") };
    println!("CustomSmartPointer created.");
    c.drop();
    // main の終端の前に CustomSmartPointer がドロップされた
    println!("CustomSmartPointer dropped before the end of main.");
}
```

このコードをコンパイルしてみようとすると、こんなエラーが出ます:

```
error[E0040]: explicit use of destructor method
エラー: デストラクターメソッドを明示的に使用しています
  --> src/main.rs:14:7
   |
14 |     c.drop();
   |       ^^^^ explicit destructor calls not allowed
   |            明示的なデストラクターの呼び出しは許容されていません
```

明示的に drop を呼び出すことは許されていないことをこのエラーメッセージは述べています。エラーメッセージは**デストラクター**という専門用語を使っていて、これは、インスタンスを片付ける関数の一般的なプログラミング専門用語です。**デストラクター**は、**コンストラクター**に類似していて、これはインスタンスを生成します。Rust の drop 関数は、一種の特定のデストラクターです。

コンパイラーはそれでも、main の終端で値に対して自動的に drop を呼び出すので、drop を明示的に呼ばせてくれません。コンパイラーが 2 回同じ値を片付けようとするので、これは**二重解放**エラーになるでしょう。

値がスコープを抜けるときに drop が自動的に挿入されるのを無効化できず、drop メソッドを明示的に呼ぶこともできません。よって、値を早期に片付けさせる必要があるなら、std::mem::drop 関数を使用できます。

std::mem::drop 関数は、Drop トレイトの drop メソッドとは異なります。早期に強制的にドロップさせたい値を引数で渡すことで呼びます。この関数は初期化処理に含まれているので、リスト 15.15 の main を変更して drop 関数を呼び出せます。リスト 15.16 のようにですね:

リスト 15.16: 値がスコープを抜ける前に明示的にドロップするために std::mem::drop を呼び出す

```
fn main() {
    let c = CustomSmartPointer { data: String::from("some data") };
    println!("CustomSmartPointer created.");
    drop(c);
    // CustomSmartPointer は main が終わる前にドロップされた
    println!("CustomSmartPointer dropped before the end of main.");
}
```

このコードを実行すると、以下のように出力されます:

```
CustomSmartPointer created.
Dropping CustomSmartPointer with data `some data`!
CustomSmartPointer dropped before the end of main.
```

Dropping CustomSmartPointer with data 'some data'! というテキストが、CustomSmartPointer created. と CustomSmartPointer dropped before the end of main. テキストの間に出力されるので、drop メソッドのコードがその時点で呼び出されて c をドロップしたことを示しています。

Drop トレイト実装で指定されたコードをいろいろな方法で使用し、片付けを便利で安全にすることができます: 例をあげれば、これを使用して独自のメモリーアロケーターを作ることもできるでしょう! Drop トレイトと Rust の所有権システムがあれば、コンパイラーが自動的に行うので、片付けを覚えておく必要はなくなります。

まだ使用中の値を間違って片付けてしまうことに起因する問題を心配する必要もなくて済みます: 参照が常に有効であると確認してくれる所有権システムが、値がもはや使用されなくなったときに drop が 1 回だけ呼ばれることを保証してくれるのです。

これで Box<T> とスマートポインターの特徴の一部を調査したので、標準ライブラリーに定義されている他のスマートポインターをいくつか見ましょう。

Rc<T>は、参照カウント方式のスマートポインター

大多数の場合、所有権は明らかです: いったいどの変数が与えられた値を所有しているかわかるのです。ところが、単独の値が複数の所有者を持つ可能性のある場合もあります。例えば、グラフデータ構造では、複数の辺が同じノードを指す可能性があり、概念的にそのノードはそれを指すすべての辺に所有されるわけです。指す辺がなくならない限り、ノードは片付けられるべきではありません。

複数の所有権を可能にするため、Rust には Rc<T> という型があり、これは、reference counting (参照カウント) の省略形です。Rc<T> 型は、値がまだ使用中かどうか決定する値への参照の数を追跡します。値への参照が 0 なら、どの参照も無効にすることなく、値は片付けられます。

Rc<T> を家族部屋のテレビと想像してください。1 人がテレビを観に部屋に入ったら、テレビをつけます。他の人も部屋に入ってテレビを観ることができます。最後の人が部屋を離れるとき、もう使用されていないので、テレビを消します。他の人がまだ観ているのに誰かがテレビを消したら、残りのテレビ視聴者が騒ぐでしょう！

ヒープにプログラムの複数箇所で読む何らかのデータを確保したいときに Rc<T> 型を使用し、コンパイル時には、どの部分が最後にデータを使用し終わるか決定できません。どの部分が最後に使用し終わるかわかれば、単にその部分をデータの所有者にして、コンパイル時に強制される普通の所有権ルールが効果を発揮するでしょう。

Rc<T> は、シングルスレッドの筋書きで使用するためだけのものであることに注意してください。第 16 章で並行性について議論するときに、マルチスレッドプログラムで参照カウントをする方法を講義します。

Rc<T> でデータを共有する

リスト 15.5 のコンスリストの例に回帰しましょう。Box<T> を使って定義したことを思い出してください。今回は、両方とも 3 番目のリストの所有権を共有する 2 つのリストを作成します。これは概念的には図 15.3 のような見た目になります:

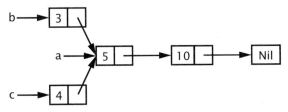

図 15.3: 3 番目のリスト、a の所有権を共有する 2 つのリスト、b と c

5 と 10 を含むリスト a を作ります。さらにもう 2 つリストを作ります: 3 で始まる b と 4 で始まる c です。b と c のどちらもそれから 5 と 10 を含む最初の a リストに続きます。換言すれば、どちらのリストも 5 と 10 を含む最初のリストを共有しています。

354 第 15 章 スマートポインター

List の定義を使用して Box<T> とともにこの筋書きを実装しようとしても、うまくいきません。リスト 15.17 のようにですね:

リスト 15.17: 3 番目のリストの所有権を共有しようとする Box<T> を使った 2 つのリストを存在させることはできないとデモする

src/main.rs

```rust
enum List {
    Cons(i32, Box<List>),
    Nil,
}

use List::{Cons, Nil};

fn main() {
    let a = Cons(5,
        Box::new(Cons(10,
            Box::new(Nil))));
  ❶ let b = Cons(3, Box::new(a));
  ❷ let c = Cons(4, Box::new(a));
}
```

このコードをコンパイルすると、こんなエラーが出ます:

```
error[E0382]: use of moved value: `a`
  --> src/main.rs:13:30
   |
12 |     let b = Cons(3, Box::new(a));
   |                              - value moved here
13 |     let c = Cons(4, Box::new(a));
   |                              ^ value used here after move
   |
   = note: move occurs because `a` has type `List`, which does not implement
     the `Copy` trait
```

Cons 列挙子は、保持しているデータを所有するので、b リストを作成するときに❶、a が b にムーブされ、b が a を所有します。それから c を作る際に再度 a を使用しようとすると❷、a はムーブ済みなので、できないわけです。

Cons 定義を代わりに参照を保持するように変更することもできますが、そうしたら、ライフタイム引数を指定しなければなりません。ライフタイム引数を指定することで、リストの各要素が最低でもリスト全体と同じ期間だけ生きることを指定することになります。例えば、借用精査機は let a = Cons(10, &Nil); をコンパイルさせてくれません。一時的な Nil 値が、a が参照を得られるより前にドロップされてしまうからです。

代わりに、List の定義をリスト 15.18 のように、Box<T> の箇所に Rc<T> を使うように変更します。これで各 Cons 列挙子は、値と List を指す Rc<T> を保持するようになりました。b を作る際、a の所有権を奪うのではなく、a が保持している Rc<List> をクローンします。そ

れによって、参照の数が1から2に増え、aとbにそのRc<List>にあるデータの所有権を共有させます。また、cを生成する際にもaをクローンするので、参照の数は2から3になります。Rc::cloneを呼ぶたびに、Rc<List>内のデータの参照カウントが増え、参照が0にならない限りデータは片付けられません。

リスト15.18: Rc<T>を使用するListの定義

src/main.rs

```
enum List {
    Cons(i32, Rc<List>),
    Nil,
}

use List::{Cons, Nil};
use std::rc::Rc; ❶

fn main() {
  ❷ let a = Rc::new(Cons(5, Rc::new(Cons(10, Rc::new(Nil)))));
  ❸ let b = Cons(3, Rc::clone(&a));
  ❹ let c = Cons(4, Rc::clone(&a));
}
```

初期化処理に含まれていないので、use文を追加してRc<T>をスコープに導入する必要があります❶。mainで5と10を保持するリストを作成し、aの新しいRc<List>に格納しています❷。それから、b❸とc❹を作成する際に、Rc::clone関数を呼び出し、引数としてaのRc<List>への参照を渡しています。

Rc::clone(&a)ではなく、a.clone()を呼ぶこともできますが、Rustのしきたりは、この場合Rc::cloneを使うことです。Rc::cloneの実装は、多くの型のclone実装のように、すべてのデータのディープコピーをすることではありません。Rc::cloneの呼び出しは、参照カウントをインクリメントするだけであり、時間はかかりません。データのディープコピーは時間がかかることもあります。参照カウントにRc::cloneを使うことで、視覚的にディープコピーをする類のクローンと参照カウントを増やす種類のクローンを区別することができます。コード内でパフォーマンスの問題を探す際、ディープコピーのクローンだけを考慮し、Rc::cloneの呼び出しを無視できるのです。

Rc<T>をクローンすると、参照カウントが増える

aのRc<List>への参照を作ったりドロップするごとに参照カウントが変化するのが確かめられるように、リスト15.18の動く例を変更しましょう。

リスト15.19で、リストcを囲む内側のスコープができるようmainを変更します; そうすれば、cがスコープを抜けるときに参照カウントがどう変化するか確認できます。

リスト 15.19: 参照カウントを出力する

```
fn main() {
    let a = Rc::new(Cons(5, Rc::new(Cons(10, Rc::new(Nil)))));
    // a 生成後のカウント = {}
    println!("count after creating a = {}", Rc::strong_count(&a));
    let b = Cons(3, Rc::clone(&a));
    // b 生成後のカウント = {}
    println!("count after creating b = {}", Rc::strong_count(&a));
    {
        let c = Cons(4, Rc::clone(&a));
        // c 生成後のカウント = {}
        println!("count after creating c = {}", Rc::strong_count(&a));
    }
    // c がスコープを抜けた後のカウント = {}
    println!("count after c goes out of scope = {}", Rc::strong_count(&a));
}
```

プログラム内で参照カウントが変更されるたびに、参照カウントを出力します。参照カウントは、Rc::strong_count 関数を呼び出すことで得られます。Rc<T> 型には weak_count もあるので、この関数は count ではなく strong_count と命名されています; weak_count の使用目的は、「循環参照を回避する」(☞ p.369) で確かめます。

このコードは、以下の出力をします:

```
count after creating a = 1
count after creating b = 2
count after creating c = 3
count after c goes out of scope = 2
```

a の Rc<List> は最初 1 という参照カウントであることがわかります; そして、clone を呼び出すたびに、カウントは 1 ずつ上がります。c がスコープを抜けると、カウントは 1 下がります。参照カウントを増やすのに、Rc::clone を呼ばなければならなかったように、参照カウントを減らすのに関数を呼び出す必要はありません: Rc<T> 値がスコープを抜けるときに Drop トレイトの実装が自動的に参照カウントを減らします。

この例でわからないことは、b そして a が、main の終端でスコープを抜けるときに、カウントが 0 になり、その時点で Rc<List> が完全に片付けられることです。Rc<T> を使用すると、単独の値に複数の所有者を持たせることができ、所有者のいずれかが存在している限り、値が有効であり続けることをカウントは保証します。

不変参照経由で、Rc<T> は読み取り専用にプログラムの複数箇所間でデータを共有させてくれます。Rc<T> が複数の可変参照を存在させることも許可してくれたら、第 4 章で議論した借用規則の 1 つを侵害するおそれがあります: 同じ場所への複数の可変借用は、データ競合や矛盾を引き起こすことがあるのです。しかし、データを可変化する能力はとても有用です! 次の節では、内部可変性パターンと、Rc<T> と絡めて使用してこの不変性制限を手がけられる

RefCell<T>型について議論します。

RefCell<T> と内部可変性パターン

内部可変性は、そのデータへの不変参照があるときでさえもデータを可変化できる Rust でのデザインパターンです: 普通、この行動は借用規則により許可されません。データを可変化するために、このパターンは、データ構造内で unsafe コードを使用して、可変性と借用を支配する Rust の通常の規則を捻じ曲げています。まだ、unsafe コードについては講義していません; 第 19 章で行います。たとえ、コンパイラーが保証できなくても、借用規則に実行時に従うことが保証できるとき、内部可変性パターンを使用した型を使用できます。関係する unsafe コードはそうしたら、安全な API にラップされ、外側の型は、それでも不変です。

内部可変性パターンに従う RefCell<T>型を眺めてこの概念を探究しましょう。

RefCell<T> で実行時に借用規則を強制する

Rc<T> と異なり、RefCell<T>型は、保持するデータに対して単独の所有権を表します。では、どうして RefCell<T>が Box<T>のような型と異なるのでしょうか? 第 4 章で学んだ借用規則を思い出してください:

- いかなるときも (以下の両方ではなく)、1 つの可変参照かいくつもの不変参照のどちらかが可能になる
- 参照は常に有効でなければならない。

参照と Box<T>では、借用規則の不変条件は、コンパイル時に強制されています。RefCell<T>では、これらの不変条件は、実行時に強制されます。参照でこれらの規則を破ったら、コンパイルエラーになりました。RefCell<T>でこれらの規則を破ったら、プログラムはパニックし、終了します。

コンパイル時に借用規則を精査することの利点は、エラーが開発過程の早い段階で捕捉されることと、あらかじめすべての分析が終わるので、実行パフォーマンスへの影響がないことです。それらの理由により、多くの場合でコンパイル時に借用規則を精査することが最善の選択肢であり、これが Rust の規定になっているのです。

借用規則を実行時に代わりに精査する利点は、コンパイル時の精査では許容されない特定のメモリー安全な筋書きが許容されることです。Rust コンパイラーのような静的解析は、本質的に保守的です。コードの特性には、コードを解析するだけでは検知できないものもあります: 最も有名な例は停止性問題であり、本書の範疇を超えていますが、調べると面白い話題です。

不可能な分析もあるので、Rust のコンパイラーが、コードが所有権規則に応じていると確証を得られない場合、正しいプログラムを拒否する可能性があります; このように、保守的なのです。コンパイラーが不正なプログラムを受け入れたら、ユーザーは、コンパイラーが行う保証を信じることはできなくなるでしょう。しかしながら、コンパイラーが正当なプログラムを拒否するのなら、プログラマーは不便に思うでしょうが、悲劇的なことは何も起こり得ません。コードが借用規則に従っていると確証を得られるときに RefCell<T>型は有用ですが、コ

ンパイラーはそれを理解し、保証できません。

Rc<T>と類似して、RefCell<T>もシングルスレッドの筋書きで使用するためのものであり、試しにマルチスレッドの文脈で使ってみようとすると、コンパイルエラーを出します。RefCell<T>の機能をマルチスレッドのプログラムで得る方法については、第16章で語ります。

こちらにBox<T>, Rc<T>, RefCell<T>を選択する理由を要約しておきます:

- Rc<T>は、同じデータに複数の所有者を持たせてくれる; Box<T>とRefCell<T>は単独の所有者。
- Box<T>は、不変または可変借用をコンパイル時に精査してくれる; Rc<T>は不変借用のみをコンパイル時に精査してくれる; RefCell<T>は、不変または可変借用を実行時に精査してくれる。
- RefCell<T>は実行時に精査される可変借用を許可するので、RefCell<T>が不変でも、RefCell<T>内の値を可変化できる。

不変な値の中の値を可変化することは、**内部可変性**パターンです。内部可変性が有用になる場面を見て、それが可能になる方法を調査しましょう。

内部可変性: 不変値への可変借用

借用規則の結果は、不変値があるとき、可変で借用することはできないということです。例えば、このコードはコンパイルできません:

```
fn main() {
    let x = 5;
    let y = &mut x;
}
```

このコードをコンパイルしようとしたら、以下のようなエラーが出るでしょう:

```
error[E0596]: cannot borrow immutable local variable `x` as mutable
エラー: 不変なローカル変数 'x' を可変で借用することはできません
 --> src/main.rs:3:18
  |
2 |     let x = 5;
  |         - consider changing this to `mut x`
  |             これを 'mut x' に変更することを考慮してください
3 |     let y = &mut x;
  |                  ^ cannot borrow mutably
  |                    可変で借用できません
```

ですが、メソッド内で値が自身を可変化するけれども、他のコードにとっては、不変に見えることが有用な場面もあります。その値のメソッドの外のコードは、その値を可変化するこ

とはできないでしょう。RefCell<T> を使うことは、内部可変性を取得する能力を得る 1 つの
方法です。しかし、RefCell<T> は借用規則を完全に回避するものではありません: コンパイ
ラーの借用チェッカーは、内部可変性を許可し、借用規則は代わりに実行時に精査されます。
この規則を侵害したら、コンパイルエラーではなく panic! になるでしょう。

　RefCell<T> を使用して不変値を可変化する実践的な例に取り組み、それが役に立つ理由を
確認しましょう。

内部可変性のユースケース: モックオブジェクト

　テストダブルは、テスト中に別の型の代わりに使用される型の一般的なプログラミングの概
念です。モックオブジェクトは、テスト中に起こることを記録するテストダブル[1]の特定の型
なので、正しい動作が起こったことをアサートできます。

　Rust には、他の言語でいうオブジェクトは存在せず、また、他の言語のように標準ライブ
ラリーにモックオブジェクトの機能が組み込まれてもいません。ですが、同じ目的をモックオ
ブジェクトとして提供する構造体を作成することは確実にできます。

　以下が、テストを行う筋書きです: 値を最大値に対して追跡し、現在値がどれくらい最大値
に近いかに基づいてメッセージを送信するライブラリーを作成します。このライブラリーは、
ユーザーが行うことのできる API コールの数の割り当てを追跡するのに使用することができ
るでしょう。

　作成するライブラリーは、値がどれくらい最大に近いかと、いつどんなメッセージになるべ
きかを追いかける機能を提供するだけです。このライブラリーを使用するアプリケーション
は、メッセージを送信する機構を提供すると期待されるでしょう: アプリケーションは、アプ
リケーションにメッセージを置いたり、メールを送ったり、テキストメッセージを送るなど
できるでしょう。ライブラリーはその詳細を知る必要はありません。必要なのは、提供する
Messenger と呼ばれるトレイトを実装している何かだけなのです。リスト 15.20 は、ライブ
ラリーのコードを示しています:

　リスト 15.20: 値が最大値にどれくらい近いかを追跡し、特定のレベルのときに警告するライブラ
リー

src/lib.rs

```
pub trait Messenger {
  ❶ fn send(&self, msg: &str);
}

pub struct LimitTracker<'a, T: 'a + Messenger> {
    messenger: &'a T,
    value: usize,
    max: usize,
}

impl<'a, T> LimitTracker<'a, T>
    where T: Messenger {
```

---

[1] テストダブルとは、ソフトウェアテストにおいて、テスト対象が依存しているコンポーネントを置き換える代
　用品のこと

```rust
    pub fn new(messenger: &T, max: usize) -> LimitTracker<T> {
        LimitTracker {
            messenger,
            value: 0,
            max,
        }
    }

❷   pub fn set_value(&mut self, value: usize) {
        self.value = value;

        let percentage_of_max = self.value as f64 / self.max as f64;

        if percentage_of_max >= 0.75 && percentage_of_max < 0.9 {
            // 警告: 割り当ての75%以上を使用してしまいました
            self.messenger.send("Warning: You've used up over 75% of your
quota!");
        } else if percentage_of_max >= 0.9 && percentage_of_max < 1.0 {
            // 切迫した警告: 割り当ての90%以上を使用してしまいました
            self.messenger.send("Urgent warning: You've used up over 90% of
your quota!");
        } else if percentage_of_max >= 1.0 {
            // エラー: 割り当てを超えています
            self.messenger.send("Error: You are over your quota!");
        }
    }
}
```

　このコードの重要な点の1つは、Messenger トレイトには、self への不変参照とメッセージのテキストを取る send というメソッドが1つあることです❶。これが、モックオブジェクトが持つ必要のあるインターフェイスなのです。もう1つの重要な点は、LimitTracker の set_value メソッドの振る舞いをテストしたいということです❷。value 引数に渡すものを変えることができますが、set_value はアサートを行えるものは何も返してくれません。LimitTracker を Messenger トレイトを実装する何かと、max の特定の値で生成したら、value に異なる数値を渡したときにメッセンジャーは適切なメッセージを送ると指示されると言えるようになりたいです。

　send を呼び出すときに、メールやテキストメッセージを送る代わりに送ると指示されたメッセージを追跡するだけのモックオブジェクトが必要です。モックオブジェクトの新規インスタンスを生成し、モックオブジェクトを使用する LimitTracker を生成し、LimitTracker の set_value を呼び出し、それからモックオブジェクトに期待しているメッセージがあることを確認できます。リスト 15.21 は、それだけをするモックオブジェクトを実装しようとするところを示しますが、借用チェッカーが許可してくれません:

RefCell<T> と内部可変性パターン　　361

リスト 15.21: 借用チェッカーが許可してくれない MockMessanger を実装しようとする

src/lib.rs

```
#[cfg(test)]
mod tests {
    use super::*;

❶  struct MockMessenger {
❷      sent_messages: Vec<String>,
    }

    impl MockMessenger {
❸      fn new() -> MockMessenger {
            MockMessenger { sent_messages: vec![] }
        }
    }

❹  impl Messenger for MockMessenger {
        fn send(&self, message: &str) {
❺          self.sent_messages.push(String::from(message));
        }
    }

    #[test]
❻  fn it_sends_an_over_75_percent_warning_message() {
        let mock_messenger = MockMessenger::new();
        let mut limit_tracker = LimitTracker::new(&mock_messenger, 100);

        limit_tracker.set_value(80);

        assert_eq!(mock_messenger.sent_messages.len(), 1);
    }
}
```

　このテストコードは String の Vec❷で送信すると指示されたメッセージを追跡する
sent_messages フィールドのある MockMessenger 構造体❶を定義しています。また、空の
メッセージリストから始まる新しい MockMessenger 値を作るのを便利にしてくれる関連関数
の new も定義しています❸。それから MockMessenger に Messenger トレイトを実装してい
るので❹、LimitTracker に MockMessenger を与えられます。send メソッドの定義で引数
として渡されたメッセージを取り、sent_messages の MockMessenger リストに格納してい
ます❺。
　テストでは、max 値の 75% 以上になる何かに value をセットしろと LimitTracker が
指示されるときに起こることをテストしています❻。まず、新しい MockMessenger を生成
し、空のメッセージリストから始まります。そして、新しい LimitTracker を生成し、新し
い MockMessenger の参照と 100 という max 値を与えます。LimitTracker の set_value
メソッドは 80 という値で呼び出し、これは 100 の 75% を上回っています。そして、

MockMessenger が追いかけているメッセージのリストが、今は1つのメッセージを含んでいるはずとアサートします。

ところが、以下のようにこのテストには1つ問題があります:

```
error[E0596]: cannot borrow immutable field `self.sent_messages` as mutable
エラー: 不変なフィールド'self.sent_messages'を可変で借用できません
  --> src/lib.rs:52:13
   |
51 |         fn send(&self, message: &str) {
   |                 ----- use `&mut self` here to make mutable
   |                       '&mut self'をここで使用して可変にしてください
52 |             self.sent_messages.push(String::from(message));
   |             ^^^^^^^^^^^^^^^^^^ cannot mutably borrow immutable field
   |                               不変なフィールドを可変で借用できません
```

send メソッドは self への不変参照を取るので、MockMessenger を変更してメッセージを追跡できないのです。代わりに &mut self を使用するというエラーテキストからの提言を選ぶこともできないのです。そうしたら、send のシグニチャーが、Messenger トレイト定義のシグニチャーと一致しなくなるからです（気軽に試してエラーメッセージを確認してください）。

これは、内部可変性が役に立つ場面なのです！ sent_messages を RefCell<T> 内部に格納し、そうしたら send メッセージは、sent_messages を変更して見かけたメッセージを格納できるようになるでしょう。リスト 15.22 は、それがどんな感じかを示しています:

リスト 15.22: 外側の値は不変と考えられる一方で、RefCell<T> で内部の値を可変化する

```
#[cfg(test)]
mod tests {
    use super::*;
    use std::cell::RefCell;

    struct MockMessenger {
      ❶ sent_messages: RefCell<Vec<String>>,
    }

    impl MockMessenger {
        fn new() -> MockMessenger {
          ❷ MockMessenger { sent_messages: RefCell::new(vec![]) }
        }
    }

    impl Messenger for MockMessenger {
        fn send(&self, message: &str) {
          ❸ self.sent_messages.borrow_mut().push(String::from(message));
        }
    }
```

```
    #[test]
    fn it_sends_an_over_75_percent_warning_message() {
        // 略

      ❹ assert_eq!(mock_messenger.sent_messages.borrow().len(), 1);
    }
}
```

　さて、sent_messages フィールドは、Vec<String> ではなく、型 RefCell<Vec<String>> に
なりました❶。new 関数で、空のベクターの周りに RefCell<Vec<String>> を新しく作成し
ています❷。

　send メソッドの実装については、最初の引数はそれでも self への不変借用で、トレイト定
義と合致しています。RefCell<Vec<String>> の borrow_mut を self.sent_messages に
呼び出し❸、RefCell<Vec<String>> の中の値への可変参照を得て、これはベクターになり
ます。それからベクターへの可変参照に push を呼び出して、テスト中に送られるメッセージ
を追跡しています。

　行わなければならない最後の変更は、アサート内部にあります: 内部のベクターにある要素
の数を確認するため、RefCell<Vec<String>> に borrow を呼び出し、ベクターへの不変参
照を得ています❹。

　RefCell<T> の使用法を見かけたので、動作の仕方を深掘りしましょう！

RefCell<T> で実行時に借用を追いかける

　不変および可変参照を作成するとき、それぞれ & と &mut 記法を使用します。RefCell<T> で
は、borrow と borrow_mut メソッドを使用し、これらは RefCell<T> に所属する安全な API
の一部です。borrow メソッドは、スマートポインター型の Ref<T> を返し、borrow_mut は
スマートポインター型の RefMut<T> を返します。どちらの型も Deref を実装しているので、
普通の参照のように扱うことができます。

　RefCell<T> は、現在活動中の Ref<T> と RefMut<T> スマートポインターの数を追いか
けます。borrow を呼び出すたびに、RefCell<T> は活動中の不変参照の数を増やします。
Ref<T> の値がスコープを抜けたら、不変参照の数は 1 下がります。コンパイル時の借用規則
とまったく同じように、RefCell<T> はいかなるときも、複数の不変借用または 1 つの可変借
用を存在させてくれるのです。

　これらの規則を侵害しようとすれば、参照のようにコンパイルエラーになるのではなく、
RefCell<T> の実装は実行時にパニックするでしょう。リスト 15.23 は、リスト 15.22 の send
実装に対する変更を示しています。同じスコープで 2 つの可変借用が活動するようわざと生成
し、RefCell<T> が実行時にこうすることを阻止してくれるところを説明しています。

リスト 15.23: 同じスコープで 2 つの可変参照を生成して RefCell<T> がパニックすることを確かめる

src/lib.rs
```
impl Messenger for MockMessenger {
    fn send(&self, message: &str) {
        let mut one_borrow = self.sent_messages.borrow_mut();
        let mut two_borrow = self.sent_messages.borrow_mut();

        one_borrow.push(String::from(message));
        two_borrow.push(String::from(message));
    }
}
```

borrow_mut から返ってきた RefMut<T> スマートポインターに対して変数 one_borrow を生成しています。そして、同様にして変数 two_borrow にも別の可変借用を生成しています。これにより同じスコープで 2 つの可変参照ができ、これは許可されないことです。このテストを自分のライブラリー用に走らせると、リスト 15.23 のコードはエラーなくコンパイルできますが、テストは失敗するでしょう:

```
---- tests::it_sends_an_over_75_percent_warning_message stdout ----
    thread 'tests::it_sends_an_over_75_percent_warning_message' panicked at '
    already borrowed: BorrowMutError', src/libcore/result.rs:906:4
    スレッド'tests::it_sends_an_over_75_percent_warning_message'は、'すでに借用
    されています: BorrowMutError', src/libcore/result.rs:906:4 でパニックしました
note: Run with `RUST_BACKTRACE=1` for a backtrace.
```

コードは、already borrowed: BorrowMutError というメッセージとともにパニックしたことに気付いてください。このようにして RefCell<T> は実行時に借用規則の侵害を扱うのです。

コンパイル時ではなく実行時に借用エラーをキャッチするということは、開発過程の遅い段階でコードのミスを発見し、コードをプロダクションにデプロイするときまで発見できない可能性もあることを意味します。また、コンパイル時ではなく、実行時に借用を追いかける結果として、少し実行時にパフォーマンスを犠牲にするでしょう。しかしながら、RefCell<T> を使うことで不変値のみが許可される文脈で使用しつつ、自身を変更して見かけたメッセージを追跡するモックオブジェクトを書くことを可能にしてくれます。その代償にもかかわらず RefCell<T> を使用して、普通の参照よりも多くの機能を得ることができるわけです。

Rc<T> と RefCell<T> を組み合わせることで可変なデータに複数の所有者を持たせる

RefCell<T> の一般的な使用法は、Rc<T> と組み合わせることにあります。Rc<T> は何らかのデータに複数の所有者を持たせてくれるけれども、そのデータに不変のアクセスしかさせてくれないことを思い出してください。RefCell<T> を抱える Rc<T> があれば、複数の所有者を持ちそして、可変化できる値を得ることができるのです。

RefCell<T> と内部可変性パターン　365

　例をあげれば、Rc<T> を使用して複数のリストに別のリストの所有権を共有させたリスト
15.18 のコンスリストの例を思い出してください。Rc<T> は不変値だけを抱えるので、いった
ん生成したら、リストの値はどれも変更できません。RefCell<T> を含めて、リストの値を変
更する能力を得ましょう。RefCell<T> を Cons 定義で使用することで、リストすべてに格納
されている値を変更できることをリスト 15.24 は示しています:

リスト 15.24: Rc<RefCell<i32>> で可変化できる List を生成する

src/main.rs
```
#[derive(Debug)]
enum List {
    Cons(Rc<RefCell<i32>>, Rc<List>),
    Nil,
}

use List::{Cons, Nil};
use std::rc::Rc;
use std::cell::RefCell;

fn main() {
  ❶ let value = Rc::new(RefCell::new(5));

  ❷ let a = Rc::new(Cons(Rc::clone(&value), Rc::new(Nil)));

    let b = Cons(Rc::new(RefCell::new(6)), Rc::clone(&a));
    let c = Cons(Rc::new(RefCell::new(10)), Rc::clone(&a));

  ❸ *value.borrow_mut() += 10;

    println!("a after = {:?}", a);
    println!("b after = {:?}", b);
    println!("c after = {:?}", c);
}
```

　Rc<RefCell<i32>> のインスタンスの値を生成し、value という名前の変数に格納してい
るので、直接後ほどアクセスすることができます❶。そして、a に value を持つ Cons 列挙子
で List を生成しています❷。value から a に所有権を移したり、a が value から借用するの
ではなく、a と value どちらにも中の 5 の値の所有権を持たせるよう、value をクローンす
る必要があります。

　リスト a を Rc<T> に包んでいるので、リスト b と c を生成するときに、どちらも a を参照
できます。リスト 15.18 ではそうしていました。

　a、b、c のリストを作成した後、value の値に 10 を足しています❸。これを value の
borrow_mut を呼び出すことで行い、これは、第 5 章で議論した自動参照外し機能（「-> 演算子
はどこに行ったの？」(☞ p. 103) をご覧ください) を使用して、Rc<T> を内部の RefCell<T> 値
に参照外ししています。borrow_mut メソッドは、RefMut<T> スマートポインターを返し、そ
れに対して参照外し演算子を使用し、中の値を変更します。

a、b、c を出力すると、すべて 5 ではなく、変更された 15 という値になっていることがわかります。

```
a after = Cons(RefCell { value: 15 }, Nil)
b after = Cons(RefCell { value: 6 }, Cons(RefCell { value: 15 }, Nil))
c after = Cons(RefCell { value: 10 }, Cons(RefCell { value: 15 }, Nil))
```

このテクニックは非常にきれいです！ RefCell<T> を使用することで表面上は不変な List 値を持てます。しかし、内部可変性へのアクセスを提供する RefCell<T> のメソッドを使用できるので、必要なときにはデータを変更できます。借用規則を実行時に精査することでデータ競合を防ぎ、ときとしてデータ構造でちょっとのスピードを犠牲にこの柔軟性を得るのは価値があります。

標準ライブラリーには、Cell<T> などの内部可変性を提供する他の型もあり、この型は、内部値への参照を与える代わりに、値は Cell<T> の内部や外部へコピーされる点を除き似ています。また Mutex<T> もあり、これはスレッド間で使用するのが安全な内部可変性を提供します; 第 16 章で使用することを議論しましょう。標準ライブラリーのドキュメンテーションをチェックして、これらの型の違いを詳しく知ってください。

循環参照してメモリーをリークすることもある

Rust のメモリー安全保証により誤って絶対に片付けられることのないメモリー（メモリーリークとして知られています）を生成してしまうことが困難にはなりますが、不可能にはなりません。コンパイル時にデータ競合を防ぐのと同じようにメモリーリークを完全に回避することは、Rust の保証の 1 つではなく、メモリーリークは Rust においてはメモリー安全であることを意味します。Rust では、Rc<T> と RefCell<T> を使用してメモリーリークを許可するとわかります: 要素がお互いに循環して参照する参照を生成することも可能ということです。循環の各要素の参照カウントが絶対に 0 にならないので、これはメモリーリークを起こし、値は絶対にドロップされません。

循環参照させる

リスト 15.25 の List enum の定義と tail メソッドから始めて、どう循環参照が起こる可能性があるのかとその回避策を見ましょう:

リスト 15.25: Cons 列挙子が参照しているものを変更できるように、RefCell<T> を抱えているコンスリストの定義

```
use std::rc::Rc;
use std::cell::RefCell;
use List::{Cons, Nil};

#[derive(Debug)]
enum List {
  ❶ Cons(i32, RefCell<Rc<List>>),
```

```
        Nil,
    }

    impl List {
    ❷ fn tail(&self) -> Option<&RefCell<Rc<List>>> {
            match *self {
                Cons(_, ref item) => Some(item),
                Nil => None,
            }
        }
    }
}
```

リスト 15.5 の List 定義の別バリエーションを使用しています。Cons 列挙子の 2 番目の要素はこれで RefCell<Rc<List>> になり ❶、リスト 15.24 のように i32 値を変更する能力があるのではなく、Cons 列挙子が指している List 値の先を変えたいということです。また、tail メソッドを追加して Cons 列挙子があるときに 2 番目の要素にアクセスするのが便利になるようにしています ❷。

リスト 15.26 でリスト 15.25 の定義を使用する main 関数を追加しています。このコードは、a にリストを、b に a のリストを指すリストを作成します。それから a のリストを変更して b を指し、循環参照させます。その流れの中に過程のいろいろな場所での参照カウントを示す println! 文が存在しています。

リスト 15.26: 2 つの List 値がお互いを指して循環参照する

```
fn main() {
  ❶ let a = Rc::new(Cons(5, RefCell::new(Rc::new(Nil))));

    // a の最初の参照カウント = {}
    println!("a initial rc count = {}", Rc::strong_count(&a));
    // a の次の要素は = {:?}
    println!("a next item = {:?}", a.tail());

  ❷ let b = Rc::new(Cons(10, RefCell::new(Rc::clone(&a))));

    // b 作成後の a の参照カウント = {}
    println!("a rc count after b creation = {}", Rc::strong_count(&a));
    // b の最初の参照カウント = {}
    println!("b initial rc count = {}", Rc::strong_count(&b));
    // b の次の要素 = {:?}
    println!("b next item = {:?}", b.tail());

  ❸ if let Some(link) = a.tail() {
      ❹ *link.borrow_mut() = Rc::clone(&b);
    }
```

```
        // a を変更後の b の参照カウント = {}
        println!("b rc count after changing a = {}", Rc::strong_count(&b));
        // a を変更後の a の参照カウント = {}
        println!("a rc count after changing a = {}", Rc::strong_count(&a));

        // 次の行のコメントを外して循環していると確認してください; スタックオーバーフローし
        ます
        // println!("a next item = {:?}", a.tail());        // a の次の要素 = {:?}
    }
```

最初のリストが5, Nil の List 値を保持する Rc<List> インスタンスを変数 a に生成します❶。そして、値 10 と a のリストを指す別の List 値を保持する Rc<List> インスタンスを変数 b に生成します❷。

a が Nil ではなく b を指すように変更して、循環させます。tail メソッドを使用して、a の RefCell<Rc<List>> への参照を得ることで循環させて、この参照は変数 link に配置します❸。それから RefCell<Rc<List>> の borrow_mut メソッドを使用して中の値を Nil 値を持つ Rc<List> から、b の Rc<List> に変更します❹。

最後の println! を今だけコメントアウトしたまま、このコードを実行すると、こんな出力が得られます:

```
a initial rc count = 1
a next item = Some(RefCell { value: Nil })
a rc count after b creation = 2
b initial rc count = 1
b next item = Some(RefCell { value: Cons(5, RefCell { value: Nil }) })
b rc count after changing a = 2
a rc count after changing a = 2
```

a のリストを b を指すように変更した後の a と b の Rc<List> インスタンスの参照カウントは 2 です。main の終端で、コンパイラーはまず b をドロップしようとし、a と b の各 Rc<List> インスタンスのカウントを 1 減らします。

しかしながら、それでも a は b にあった Rc<List> を参照しているので、その Rc<List> のカウントは 0 ではなく 1 になり、その Rc<List> がヒープに確保していたメモリーはドロップされません。メモリーはただ、カウント 1 のままそこに永遠に居座るのです。この循環参照を可視化するために、図 15.4 に図式を作成しました:

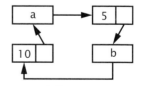

図 15.4: お互いを指すリスト a と b の循環参照

最後の println! のコメントを外してプログラムを実行したら、a が b を指して、b が a を指してと、スタックがオーバーフローするまでコンパイラーはこの循環を出力しようとするでしょう。

循環参照してメモリーをリークすることもある　369

　この場合、循環参照を作る直後にプログラムは終了します。この循環の結果は、それほど悲壮なものではありません。しかしながら、より複雑なプログラムが多くのメモリーを循環で確保し長い間その状態を保ったら、プログラムは必要以上のメモリーを使用し、使用可能なメモリーを枯渇させてシステムを参らせてしまう可能性があります。

　循環参照は簡単にできることではありませんが、不可能というわけでもありません。Rc<T> 値を含む RefCell<T> 値があるなどの内部可変性と参照カウントのある型がネストして組み合わさっていたら、循環していないことを保証しなければなりません; コンパイラーがそれを捕捉することを信頼できないのです。循環参照をするのは、自動テストやコードレビューなどの他のソフトウェア開発手段を使用して最小化すべきプログラム上のロジックバグでしょう。

　循環参照を回避する別の解決策は、ある参照は所有権を表現して他の参照はしないというようにデータ構造を再構成することです。結果として、所有権のある関係と所有権のない関係からなる循環ができ、所有権のある関係だけが、値がドロップされ得るかどうかに影響します。リスト 15.25 では、常に Cons 列挙子にリストを所有してほしいので、データ構造を再構成することはできません。親ノードと子ノードからなるグラフを使った例に目を向けて、どんなときに所有権のない関係が循環参照を回避するのに適切な方法になるか確認しましょう。

循環参照を回避する: Rc<T> を Weak<T> に変換する

　ここまで、Rc::clone を呼び出すと Rc<T> インスタンスの strong_count が増えることと、strong_count が 0 になったときに Rc<T> インスタンスは片付けられることをデモしてきました。Rc::downgrade を呼び出し、Rc<T> への参照を渡すことで、Rc<T> インスタンス内部の値への弱い参照（weak reference）を作ることもできます。Rc::downgrade を呼び出すと、型 Weak<T> のスマートポインターが得られます。Rc<T> インスタンスの strong_count を 1 増やす代わりに、Rc::downgrade を呼び出すと、weak_count が 1 増えます。strong_count 同様、Rc<T> 型は weak_count を使用して、いくつの Weak<T> 参照が存在しているかを追跡します。違いは、Rc<T> が片付けられるのに、weak_count が 0 である必要はないということです。

　強い参照は、Rc<T> インスタンスの所有権を共有する方法です。弱い参照は、所有権関係を表現しません。ひとたび、関係する値の強い参照カウントが 0 になれば、弱い参照がかかわる循環は何でも破壊されるので、循環参照にはなりません。

　Weak<T> が参照する値はドロップされてしまっている可能性があるので、Weak<T> が指す値に何かをするには、値がまだ存在することを確認しなければなりません。Weak<T> の upgrade メソッドを呼び出すことでこれをしてください。このメソッドは Option<Rc<T>> を返します。Rc<T> 値がまだドロップされていなければ、Some の結果が、Rc<T> 値がドロップ済みなら、None の結果が得られます。upgrade が Option<T> を返すので、コンパイラーは、Some ケースと None ケースが扱われていることを確かめてくれ、無効なポインターは存在しません。

　例として、要素が次の要素を知っているだけのリストを使うのではなく、要素が子要素と親要素を知っている木を作りましょう。

木データ構造を作る: 子ノードのある Node

手始めに子ノードを知っているノードのある木を構成します。独自の i32 値と子供の Node 値への参照を抱える Node という構造体を作ります:

src/main.rs

```
use std::rc::Rc;
use std::cell::RefCell;

#[derive(Debug)]
struct Node {
    value: i32,
    children: RefCell<Vec<Rc<Node>>>,
}
```

Node に子供を所有してほしく、木の各 Node に直接アクセスできるよう、その所有権を変数と共有したいです。こうするために、Vec<T> 要素を型 Rc<Node> の値になるよう定義しています。どのノードが他のノードの子供になるかも変更したいので、Vec<Rc<Node>> の周りの children を RefCell<T> にしています。

次にこの構造体定義を使って値 3 と子供なしの leaf という 1 つの Node インスタンスと、値 5 と leaf を子要素の 1 つとして持つ branch という別のインスタンスを作成します。リスト 15.27 のようにですね:

リスト 15.27: 子供なしの leaf ノードと leaf を子要素に持つ branch ノードを作る

```
fn main() {
    let leaf = Rc::new(Node {
        value: 3,
        children: RefCell::new(vec![]),
    });

    let branch = Rc::new(Node {
        value: 5,
        children: RefCell::new(vec![Rc::clone(&leaf)]),
    });
}
```

leaf の Rc<Node> をクローンし、branch に格納しているので、leaf の Node は leaf と branch という 2 つの所有者を持つことになります。branch.children を通して branch から leaf へたどることはできるものの、leaf から branch へたどる方法はありません。理由は、leaf には branch への参照がなく、関係していることを知らないからです。leaf に branch が親であることを知ってほしいです。次はそれを行います。

子供から親に参照を追加する

子供に親の存在を気付かせるために、Node構造体定義に parent フィールドを追加する必要があります。parent の型を決める際に困ったことになります。Rc<T> を含むことができないのはわかります。そうしたら、leaf.parent が branch を指し、branch.children が leaf を指して循環参照になり、strong_count 値が絶対に0にならなくなってしまうからです。

この関係を別の方法で捉えると、親ノードは子供を所有すべきです: 親ノードがドロップされたら、子ノードもドロップされるべきなのです。ですが、子供は親を所有するべきではありません: 子ノードをドロップしても、親はまだ存在するべきです。弱い参照を使う場面ですね!

したがって、Rc<T> の代わりに parent の型を Weak<T> を使ったもの、具体的には RefCell<Weak<Node>> にします。さあ、Node 構造体定義はこんな見た目になりました:

src/main.rs

```
use std::rc::{Rc, Weak};
use std::cell::RefCell;

#[derive(Debug)]
struct Node {
    value: i32,
    parent: RefCell<Weak<Node>>,
    children: RefCell<Vec<Rc<Node>>>,
}
```

ノードは親ノードを参照できるものの、所有はしないでしょう。リスト 15.28 で、leaf ノードが親の branch を参照できるよう、この新しい定義を使用するように main を更新します:

リスト 15.28: 親ノードの branch への弱い参照がある leaf ノード

```
fn main() {
    let leaf = Rc::new(Node {
        value: 3,
      ❶ parent: RefCell::new(Weak::new()),
        children: RefCell::new(vec![]),
    });

    // leaf の親 = {:?}
  ❷ println!("leaf parent = {:?}", leaf.parent.borrow().upgrade());

    let branch = Rc::new(Node {
        value: 5,
      ❸ parent: RefCell::new(Weak::new()),
        children: RefCell::new(vec![Rc::clone(&leaf)]),
    });
```

```
❹ *leaf.parent.borrow_mut() = Rc::downgrade(&branch);

❺ println!("leaf parent = {:?}", leaf.parent.borrow().upgrade());
}
```

leaf ノードを作成することは、parent フィールドの例外を除いてリスト 15.27 での
leaf ノードの作成法の見た目に似ています: leaf は親なしで始まるので、新しく空の
Weak<Node> 参照インスタンスを作ります❶。

この時点で upgrade メソッドを使用して leaf の親への参照を得ようとすると、None 値に
なります。このことは、最初の println! 文の出力でわかります❷:

```
leaf parent = None
```

branch ノードを作る際、branch には親ノードがないので、こちらも parent フィールドに
は新しい Weak<Node> 参照が入ります❸。それでも、leaf は branch の子供になっています。
いったん branch に Node インスタンスができたら、leaf を変更して親への Weak<Node> 参
照を与えることができます❹。leaf の parent フィールドには、RefCell<Weak<Node>> の
borrow_mut メソッドを使用して、それから Rc::downgrade 関数を使用して、branch の
Rc<Node> から branch への Weak<Node> 参照を作ります。

再度 leaf の親を出力すると❺、今度は branch を保持する Some 列挙子が得られます: こ
れで leaf が親にアクセスできるようになったのです！ leaf を出力すると、リスト 15.26 で
起こっていたような最終的にスタックオーバーフローに行き着く循環を避けることもできま
す; Weak<Node> 参照は、(Weak) と出力されます:

```
leaf parent = Some(Node { value: 5, parent: RefCell { value: (Weak) },
children: RefCell { value: [Node { value: 3, parent: RefCell { value: (Weak)
    },
children: RefCell { value: [] } }] } })
```

無限の出力が欠けているということは、このコードは循環参照しないことを示唆します。こ
のことは、Rc::strong_count と Rc::weak_count を呼び出すことで得られる値を見てもわ
かります。

strong_count と weak_count への変更を可視化する

新しい内部スコープを作り、branch の作成をそのスコープに移動することで、Rc<Node> イ
ンスタンスの strong_count と weak_count 値がどう変化するかを眺めましょう。そうする
ことで、branch が作成され、それからスコープを抜けてドロップされるときに起こることが
確認できます。変更は、リスト 15.29 に示してあります:

リスト 15.29: 内側のスコープで branch を作成し、強弱参照カウントを調査する

```
fn main() {
    let leaf = Rc::new(Node {
        value: 3,
        parent: RefCell::new(Weak::new()),
        children: RefCell::new(vec![]),
    });

❶  println!(
        // leaf の strong_count = {}, weak_count = {}
        "leaf strong = {}, weak = {}",
        Rc::strong_count(&leaf),
        Rc::weak_count(&leaf),
    );

❷  {
        let branch = Rc::new(Node {
            value: 5,
            parent: RefCell::new(Weak::new()),
            children: RefCell::new(vec![Rc::clone(&leaf)]),
        });

        *leaf.parent.borrow_mut() = Rc::downgrade(&branch);

❸      println!(
            // branch の strong_count = {}, weak_count = {}
            "branch strong = {}, weak = {}",
            Rc::strong_count(&branch),
            Rc::weak_count(&branch),
        );

❹      println!(
            "leaf strong = {}, weak = {}",
            Rc::strong_count(&leaf),
            Rc::weak_count(&leaf),
        );
❺  }

❻  println!("leaf parent = {:?}", leaf.parent.borrow().upgrade());
❼  println!(
        "leaf strong = {}, weak = {}",
        Rc::strong_count(&leaf),
        Rc::weak_count(&leaf),
    );
}
```

leaf 作成後、その Rc<Node> の強カウントは 1、弱カウントは 0 になります❶。内側のス
コープ❷で branch を作成し、leaf に紐付け、この時点でカウントを出力すると❸、branch
の Rc<Node> の強カウントは 1、弱カウントも 1 になります（leaf.parent が Weak<Node> で
branch を指しているため）。leaf のカウントを出力すると❹、強カウントが 2 になっている
ことがわかります。branch が今は、branch.children に格納された leaf の Rc<Node> のク
ローンを持っているからですが、それでも弱カウントは 0 でしょう。

　内側のスコープが終わると❺、branch はスコープを抜け、Rc<Node> の強カウントは 0 に
減るので、この Node はドロップされます。leaf.parent からの弱カウント 1 は、Node がド
ロップされるか否かには関係ないので、メモリーリークはしないのです！

　このスコープの終端以後に leaf の親にアクセスしようとしたら、再び None が得られま
す❻。プログラムの終端❼で leaf の Rc<Node> の強カウントは 1、弱カウントは 0 です。変
数 leaf が今では Rc<Node> への唯一の参照に再度なったからです。

　カウントや値のドロップを管理するロジックはすべて、Rc<T> や Weak<T> とその Drop ト
レイトの実装に組み込まれています。Node の定義で子供から親への関係は Weak<T> 参照にな
るべきと指定することで、循環参照やメモリーリークを引き起こさずに親ノードに子ノードを
参照させたり、その逆を行うことができます。

まとめ

　この章は、スマートポインターを使用して Rust が規定で普通の参照に対して行うのと異な
る保証や代償を行う方法を講義しました。Box<T> 型は、既知のサイズで、ヒープに確保され
たデータを指します。Rc<T> 型は、ヒープのデータへの参照の数を追跡するので、データは複
数の所有者を保有できます。内部可変性のある RefCell<T> 型は、不変型が必要だけれども、
その型の中の値を変更する必要があるときに使用できる型を与えてくれます; また、コンパイ
ル時ではなく実行時に借用規則を強制します。

　Deref と Drop トレイトについても議論しましたね。これらは、スマートポインターの多く
の機能を可能にしてくれます。メモリーリークを引き起こす循環参照と Weak<T> でそれを回
避する方法も探究しました。

　この章で興味をそそられ、独自のスマートポインターを実装したくなったら、もっと役に立
つ情報を求めて、"The Rustonomicon"[*2] をチェックしてください。

　次は、Rust での並行性について語ります。もういくつか新しいスマートポインターについ
てさえも学ぶでしょう。

[*2] https://doc.rust-lang.org/stable/nomicon/

16

恐れるな！ 並行性

並行性を安全かつ効率的に扱うことは、Rust の別の主な目標です。並行プログラミングは、プログラムの異なる部分が独立して動作することであり、並列プログラミングはプログラムの異なる部分が同時に動作することですが、多くのコンピュータが複数のプロセッサーの利点を生かすようになるにつれ、重要度を増しています。歴史的に、これらの文脈で行うプログラミングは困難で、エラーが起こりやすいものでした: Rust はこれを変えると願っています。

当初、Rust チームは、メモリー安全性を保証することと、並行性問題を回避することは、異なる方法で解決すべき別々の課題だと考えていました。時間とともに、チームは、所有権と型システムは、メモリー安全性と並行性問題を管理する役に立つ一連の強力な道具であることを発見しました。所有権と型チェックを活用することで、多くの並行性エラーは、実行時エラーではなくコンパイル時エラーになります。故に、実行時に並行性のバグが起こった状況とまったく同じ状況を再現しようと時間を浪費させるよりも、不正なコードはコンパイルを拒み、問題を説明するエラーを提示するでしょう。結果として、プロダクトになった後でなく、作業中にコードを修正できます。Rust のこの方向性を恐れるな！ 並行性とニックネーム付けしました。これにより、潜在的なバグがなく、かつ、新しいバグを導入することなく簡単にリファクタリングできるコードを書くことができます。

NOTE 簡潔性のため、並行かつ/または並列と述べることで正確を期するのではなく、多くの問題を並行と割り切ってしまいます。本書がもし並行性あるいは並列性に関した解説書ならば、詳述していたでしょう。この章に対しては、並行を使ったら、脳内で並行かつ/または並列と置き換えてください。

多くの言語は、自分が提供する並行性問題を扱う解決策について独断的です。例えば、Erlang には、メッセージ受け渡しの並行性に関する素晴らしい機能がありますが、スレッド間で状態を共有することに関しては、曖昧な方法しかありません。可能な解決策の一部のみをサポートすることは、高級言語にとっては合理的な施策です。なぜなら、高級言語は一部の制御を失う代わりに抽象化することから恩恵を受けるからです。ところが、低級言語は、どんな場面でも最高のパフォーマンスで解決策を提供すると想定され、ハードウェアに関してほとんど抽象化はしません。そのため、Rust は、自分の状況と必要性に適した方法が何であれ、問題をモデル化するためのいろいろな道具を備えています。

こちらが、この章で講義する話題です:

- スレッドを生成して、複数のコードを同時に走らせる方法
- チャンネルがスレッド間でメッセージを送る**メッセージ受け渡し**並行性
- 複数のスレッドが何らかのデータにアクセスする**状態共有**並行性
- 標準ライブラリーが提供する型だけでなく、ユーザーが定義した型に対しても Rust の並行性の安全保証を拡張する Sync と Send トレイト

スレッドを使用してコードを同時に走らせる

多くの現代の OS では、実行中のプログラムのコードは**プロセス**で走り、OS は同時に複数のプロセスを管理します。自分のプログラム内で、独立した部分を同時に実行できます。これらの独立した部分を走らせる機能を**スレッド**と呼びます。

プログラム内の計算を複数のスレッドに分けると、パフォーマンスが改善します。プログラムが同時に複数の作業をするからですが、複雑度も増します。スレッドは同時に走らせることができるので、異なるスレッドのコードが走る順番に関して、本来の保証はありません。これは問題を招きます。例えば:

- スレッドがデータやリソースに矛盾した順番でアクセスする**競合状態**
- 2 つのスレッドがお互いにもう一方が持っているリソースを使用し終わるのを待ち、両者が継続するのを防ぐ**デッドロック**
- 特定の状況でのみ起こり、確実な再現や修正が困難なバグ

Rust は、スレッドを使用する際のマイナスの影響を軽減しようとしていますが、それでも、マルチスレッドの文脈でのプログラミングでは、注意深い思考とシングルスレッドで走るプログラムとは異なるコード構造が必要です。

プログラミング言語によってスレッドはいくつかの異なる方法で実装されています。多くの OS で、新規スレッドを生成する API が提供されています。言語が OS の API を呼び出してスレッドを生成するこのモデルをときに 1:1 と呼び、1 つの OS スレッドに対して 1 つの言語スレッドを意味します。

多くのプログラミング言語がスレッドの独自の特別な実装を提供しています。プログラミング言語が提供するスレッドは、**グリーンスレッド**として知られ、このグリーンスレッドを使用

する言語は、それを異なる数の OS スレッドの文脈で実行します。このため、グリーンスレッドのモデルは M:N モデルと呼ばれます: M 個のグリーンスレッドに対して、N 個の OS スレッドがあり、M と N は必ずしも同じ数字ではありません。

各モデルには、それだけの利点と代償があり、Rust にとって最も重要な代償は、ランタイムのサポートです。**ランタイム**は、混乱しやすい用語で文脈によって意味も変わります。

この文脈での**ランタイム**とは、言語によってすべてのバイナリーに含まれるコードのことを意味します。言語によってこのコードの大小は決まりますが、非アセンブリ言語はすべてある量の実行時コードを含みます。そのため、口語的に誰かが「ノーランタイム」と言ったら、「小さいランタイム」のことを意味することがしばしばあります。ランタイムが小さいと機能も少ないですが、バイナリーのサイズも小さくなるという利点があり、その言語を他の言語とより多くの文脈で組み合わせることが容易になります。多くの言語では、より多くの機能と引き換えにランタイムのサイズが膨れ上がるのは、受け入れられることですが、Rust にはほとんどゼロのランタイムが必要です。また、パフォーマンスを維持するために C コードを呼び出せることを妥協できません。

M:N のグリーンスレッドモデルは、スレッドを管理するのにより大きな言語ランタイムが必要です。よって、Rust の標準ライブラリーは、1:1 スレッドの実装のみを提供しています。Rust はそのような低級言語なので、例えば、むしろどのスレッドがいつ走るかのより詳細な制御や、より低コストの文脈切り替えなどの一面をオーバーヘッドと引き換えるなら、M:N スレッドの実装をしたクレートもあります。

今や Rust におけるスレッドを定義したので、標準ライブラリーで提供されているスレッド関連の API の使用法を探究しましょう。

spawn で新規スレッドを生成する

新規スレッドを生成するには、`thread::spawn` 関数を呼び出し、新規スレッドで走らせたいコードを含むクロージャー（クロージャーについては第 13 章で語りました）を渡します。リスト 16.1 の例は、メインスレッドと新規スレッドからテキストを出力します:

リスト 16.1: メインスレッドが別のものを出力する間に新規スレッドを生成して何かを出力する

src/main.rs

```rust
use std::thread;
use std::time::Duration;

fn main() {
    thread::spawn(|| {
        for i in 1..10 {
            // やあ！立ち上げたスレッドから数字{}だよ！
            println!("hi number {} from the spawned thread!", i);
            thread::sleep(Duration::from_millis(1));
        }
    });
```

```
    for i in 1..5 {
        // メインスレッドから数字{}だよ！
        println!("hi number {} from the main thread!", i);
        thread::sleep(Duration::from_millis(1));
    }
}
```

この関数では、新しいスレッドは、実行が終わったかどうかにかかわらず、メインスレッドが終了したら停止することに注意してください。このプログラムからの出力は毎回少々異なる可能性がありますが、だいたい以下のような感じでしょう:

```
hi number 1 from the main thread!
hi number 1 from the spawned thread!
hi number 2 from the main thread!
hi number 2 from the spawned thread!
hi number 3 from the main thread!
hi number 3 from the spawned thread!
hi number 4 from the main thread!
hi number 4 from the spawned thread!
hi number 5 from the spawned thread!
```

thread::sleep を呼び出すと、少々の間、スレッドの実行を止め、違うスレッドを走らせることができます。スレッドはおそらく切り替わるでしょうが、保証はありません: OS がスレッドのスケジュールを行う方法によります。この実行では、コード上では立ち上げられたスレッドの println 文が先に現れているのに、メインスレッドが先に出力しています。また、立ち上げたスレッドには i が 9 になるまで出力するよう指示しているのに、メインスレッドが終了する前の 5 までしか到達していません。

このコードを実行してメインスレッドの出力しか目の当たりにできなかったり、オーバーラップがなければ、範囲の値を増やして OS がスレッド切り替えを行う機会を増やしてみてください。

join ハンドルで全スレッドの終了を待つ

リスト 16.1 のコードは、メインスレッドが終了するためにほとんどの場合、立ち上げたスレッドがすべて実行されないだけでなく、立ち上げたスレッドが実行されるかどうかも保証できません。原因は、スレッドの実行順に保証がないからです。

thread::spawn の戻り値を変数に保存することで、立ち上げたスレッドが実行されなかったり、完全には実行されなかったりする問題を修正することができます。thread:spawn の戻り値の型は JoinHandle です。JoinHandle は、その join メソッドを呼び出したときにスレッドの終了を待つ所有された値です。リスト 16.2 は、リスト 16.1 で生成したスレッドの JoinHandle を使用し、join を呼び出して、main が終了する前に、立ち上げたスレッドが確実に完了する方法を示しています:

リスト 16.2: thread::spawn の JoinHandle を保存してスレッドが完了するのを保証する

src/main.rs

```rust
use std::thread;
use std::time::Duration;

fn main() {
    let handle = thread::spawn(|| {
        for i in 1..10 {
            println!("hi number {} from the spawned thread!", i);
            thread::sleep(Duration::from_millis(1));
        }
    });

    for i in 1..5 {
        println!("hi number {} from the main thread!", i);
        thread::sleep(Duration::from_millis(1));
    }

    handle.join().unwrap();
}
```

　ハンドルに対して join を呼び出すと、ハンドルが表すスレッドが終了するまで現在実行中のスレッドをブロックします。スレッドを**ブロック**するとは、そのスレッドが動いたり、終了したりすることを防ぐことです。join の呼び出しをメインスレッドの for ループの後に配置したので、リスト 16.2 を実行すると、以下のように出力されるはずです:

```
hi number 1 from the main thread!
hi number 2 from the main thread!
hi number 1 from the spawned thread!
hi number 3 from the main thread!
hi number 2 from the spawned thread!
hi number 4 from the main thread!
hi number 3 from the spawned thread!
hi number 4 from the spawned thread!
hi number 5 from the spawned thread!
hi number 6 from the spawned thread!
hi number 7 from the spawned thread!
hi number 8 from the spawned thread!
hi number 9 from the spawned thread!
```

　2つのスレッドが代わる代わる実行されていますが、handle.join() 呼び出しのためにメインスレッドは待機し、立ち上げたスレッドが終了するまで終わりません。
　ですが、代わりに handle.join() を for ループの前に移動したらどうなるのか確認しましょう。こんな感じに:

src/main.rs

```
use std::thread;
use std::time::Duration;

fn main() {
    let handle = thread::spawn(|| {
        for i in 1..10 {
            println!("hi number {} from the spawned thread!", i);
            thread::sleep(Duration::from_millis(1));
        }
    });

    handle.join().unwrap();

    for i in 1..5 {
        println!("hi number {} from the main thread!", i);
        thread::sleep(Duration::from_millis(1));
    }
}
```

メインスレッドは、立ち上げたスレッドが終了するまで待ち、それから for ループを実行するので、以下のように出力はもう混ざらないでしょう:

```
hi number 1 from the spawned thread!
hi number 2 from the spawned thread!
hi number 3 from the spawned thread!
hi number 4 from the spawned thread!
hi number 5 from the spawned thread!
hi number 6 from the spawned thread!
hi number 7 from the spawned thread!
hi number 8 from the spawned thread!
hi number 9 from the spawned thread!
hi number 1 from the main thread!
hi number 2 from the main thread!
hi number 3 from the main thread!
hi number 4 from the main thread!
```

どこで join を呼ぶかといったほんのささいなことが、スレッドが同時に走るかどうかに影響することもあります。

スレッドで move クロージャーを使用する

move クロージャーは、thread::spawn とともによく使用されます。あるスレッドのデータを別のスレッドで使用できるようになるからです。

第 13 章で、クロージャーの引数リストの前に move キーワードを使用して、クロージャーに環境で使用している値の所有権を強制的に奪わせることができると述べました。このテクニッ

クは、あるスレッドから別のスレッドに値の所有権を移すために新しいスレッドを生成する際に特に有用です。

リスト 16.1 において、thread::spawn に渡したクロージャーには引数がなかったことに注目してください: 立ち上げたスレッドのコードでメインスレッドからのデータは何も使用していないのです。立ち上げたスレッドでメインスレッドのデータを使用するには、立ち上げるスレッドのクロージャーは、必要な値をキャプチャーしなければなりません。リスト 16.3 は、メインスレッドでベクターを生成し、立ち上げたスレッドで使用する試みを示しています。しかしながら、すぐにわかるように、これはまだ動きません:

リスト 16.3: 別のスレッドでメインスレッドが生成したベクターを使用しようとする

src/main.rs

```rust
use std::thread;

fn main() {
    let v = vec![1, 2, 3];

    let handle = thread::spawn(|| {
        // こちらがベクター: {:?}
        println!("Here's a vector: {:?}", v);
    });

    handle.join().unwrap();
}
```

クロージャーは v を使用しているので、v をキャプチャーし、クロージャーの環境の一部にしています。thread::spawn はこのクロージャーを新しいスレッドで走らせるので、その新しいスレッド内で v にアクセスできるはずです。しかし、このコードをコンパイルすると、以下のようなエラーが出ます:

```
error[E0373]: closure may outlive the current function, but it borrows `v`,
    which is owned by the current function
エラー: クロージャーは現在の関数よりも長生きするかもしれませんが、現在の関数が所有してい
    る`v`を借用しています
 --> src/main.rs:6:32
  |
6 |     let handle = thread::spawn(|| {
  |                                ^^ may outlive borrowed value `v`
  |                                   借用された値`v`よりも長生きするかもしれません
7 |         println!("Here's a vector: {:?}", v);
  |                                           - `v` is borrowed here
  |                                             `v`はここで借用されています
  |
help: to force the closure to take ownership of `v` (and any other referenced
    variables), use the `move` keyword
助言: `v`(や他の参照されている変数)の所有権をクロージャーに強制的に奪わせるには、
    `move`キーワードを使用してください
```

```
  |
6 |     let handle = thread::spawn(move || {
  |                                ^^^^^^^^
```

Rust は v のキャプチャー方法を推論し、**println!** は v への参照のみを必要とするので、クロージャーは、v を借用しようとします。ですが、問題があります: コンパイラーには、立ち上げたスレッドがどのくらいの期間走るのかわからないので、v への参照が常に有効であるか把握できないのです。

リスト 16.4 は、v への参照がより有効でなさそうな筋書きです:

リスト 16.4: v をドロップするメインスレッドから v への参照をキャプチャーしようとするクロージャーを伴うスレッド

src/main.rs
```
use std::thread;

fn main() {
    let v = vec![1, 2, 3];

    let handle = thread::spawn(|| {
        println!("Here's a vector: {:?}", v);
    });

    drop(v); // いや～!

    handle.join().unwrap();
}
```

このコードを実行できてしまうなら、立ち上げたスレッドはまったく実行されることなく即座にバックグラウンドに置かれる可能性があります。立ち上げたスレッドは内部に v への参照を保持していますが、メインスレッドは、第 15 章で議論した **drop** 関数を使用して、即座に v をドロップしています。そして、立ち上げたスレッドが実行を開始するときには、v はもう有効ではなく、参照も不正になるのです。あちゃー!

リスト 16.3 のコンパイルエラーを修正するには、エラーメッセージのアドバイスを活用できます:

```
help: to force the closure to take ownership of `v` (and any other referenced
      variables), use the `move` keyword
  |
6 |     let handle = thread::spawn(move || {
  |                                ^^^^^^^^
```

クロージャーの前に **move** キーワードを付することで、コンパイラーに値を借用すべきと推論させるのではなく、クロージャーに使用している値の所有権を強制的に奪わせます。リスト16.5 に示したリスト 16.3 に対する変更は、コンパイルでき、意図どおりに動きます:

リスト 16.5: move キーワードを使用してクロージャーに使用している値の所有権を強制的に奪わせる

src/main.rs

```rust
use std::thread;

fn main() {
    let v = vec![1, 2, 3];

    let handle = thread::spawn(move || {
        println!("Here's a vector: {:?}", v);
    });

    handle.join().unwrap();
}
```

move クロージャーを使用していたら、メインスレッドが drop を呼び出すリスト 16.4 のコードはどうなるのでしょうか？ move で解決するのでしょうか？ 残念ながら、違います; リスト 16.4 が試みていることは別の理由によりできないので、違うエラーが出ます。クロージャーに move を付与したら、v をクロージャーの環境にムーブするので、もはやメインスレッドで drop を呼び出すことはかなわなくなるでしょう。代わりにこのようなコンパイルエラーが出るでしょう:

```
error[E0382]: use of moved value: `v`
エラー: ムーブされた値の使用: 'v'
  --> src/main.rs:10:10
   |
6  |     let handle = thread::spawn(move || {
   |                                ------- value moved (into closure) here
   ...
10 |     drop(v); // oh no!
   |          ^ value used here after move
   |
   = note: move occurs because `v` has type `std::vec::Vec<i32>`, which does
    not implement the `Copy` trait
    注釈: 'v'の型が 'std::vec::Vec<i32>'のためムーブが起こりました。この型は、
    'Copy'トレイトを実装していません
```

再三 Rust の所有権規則が救ってくれました！ リスト 16.3 のコードはエラーになりました。コンパイラーが一時的に保守的になり、スレッドに対して v を借用しただけだったからで、これは、メインスレッドは理論上、立ち上げたスレッドの参照を不正化する可能性があることを意味します。v の所有権を立ち上げたスレッドに移動するとコンパイラーに指示することで、メインスレッドはもう v を使用しないとコンパイラーに保証しているのです。リスト 16.4 も同様に変更したら、メインスレッドで v を使用しようとする際に所有権の規則に違反することになります。move キーワードにより、Rust の規範である保守的な借用が上書きされるのです; 所有権の規則を侵害させてくれないのです。

384　第16章　恐れるな！並行性

スレッドとスレッドAPIの基礎知識を得たので、スレッドでできることを見ていきましょう。

メッセージ受け渡しを使ってスレッド間でデータを転送する

人気度を増してきている安全な並行性を保証する1つのアプローチがメッセージ受け渡しで、スレッドやアクターがデータを含むメッセージを相互に送り合うことでやり取りします。こちらが、Go言語のドキュメンテーション[1]のスローガンにある考えです：「メモリーを共有することでやり取りするな; 代わりにやり取りすることでメモリーを共有しろ」。

メッセージ送信並行性を達成するためにRustに存在する1つの主な道具は、**チャンネル**で、Rustの標準ライブラリーが実装を提供しているプログラミング概念です。プログラミングのチャンネルは、水の流れのように考えることができます。小川とか川ですね。アヒルのおもちゃやボートみたいなものを流れに置いたら、水路の終端まで下流に流れていきます。

プログラミングにおけるチャンネルは、2分割できます: 転送機と受信機です。転送機はアヒルのおもちゃを川に置く上流になり、受信機は、アヒルのおもちゃが行き着く下流になります。コードのある箇所が送信したいデータとともに転送機のメソッドを呼び出し、別の部分がメッセージが到着していないか受信側を調べます。転送機と受信機のどちらかがドロップされると、チャンネルは**閉じられた**と言います。

ここで、1つのスレッドが値を生成し、それをチャンネルに送信し、別のスレッドがその値を受け取り、出力するプログラムに取り掛かります。チャンネルを使用してスレッド間に単純な値を送り、機能の説明を行います。いったん、そのテクニックに慣れてしまえば、チャンネルを使用してチャットシステムや、多くのスレッドが計算の一部を担い、結果をまとめる1つのスレッドにその部分を送るようなシステムを実装できるでしょう。

まず、リスト16.6において、チャンネルを生成するものの、何もしません。チャンネル越しにどんな型の値を送りたいのかコンパイラーがわからないため、これはまだコンパイルできないことに注意してください。

リスト16.6: チャンネルを生成し、2つの部品を tx と rx に代入する

```
use std::sync::mpsc;

fn main() {
    let (tx, rx) = mpsc::channel();
}
```

`mpsc::channel` 関数で新しいチャンネルを生成しています; `mpsc` は multiple producer, single consumer（複数の生成者、単独の消費者）を表しています。簡潔に言えば、Rustの標準ライブラリーがチャンネルを実装している方法は、1つのチャンネルが値を生成する複数の**送信側**と、その値を消費するたった1つの**受信側**を持つことができるということを意味します。複数の小川が互いに合わさって1つの大きな川になるところを想像してください: どの小

---

[1] http:golang.org/doc/effective_go.html

川を通っても、送られたものは最終的に 1 つの川に行き着きます。今は、1 つの生成器から始めますが、この例が動作するようになったら、複数の生成器を追加します。

mpsc::channel 関数はタプルを返し、1 つ目の要素は送信側、2 つ目の要素は受信側になります。tx と rx という略称は、多くの分野で伝統的に**転送機**と**受信機**にそれぞれ使用されているので、変数をそのように名付けて、各終端を示します。タプルを分配するパターンを伴う let 文を使用しています; let 文でパターンを使用することと分配については、第 18 章で議論しましょう。このように let 文を使うと、mpsc::channel で返ってくるタプルの部品を抽出するのが便利になります。

立ち上げたスレッドがメインスレッドとやり取りするように、転送機を立ち上げたスレッドに移動し、1 文字列を送らせましょう。リスト 16.7 のようにですね。川の上流にアヒルのおもちゃを置いたり、チャットのメッセージをあるスレッドから別のスレッドに送るみたいですね。

リスト 16.7: tx を立ち上げたスレッドに移動し、「やあ」を送る

src/main.rs

```rust
use std::thread;
use std::sync::mpsc;

fn main() {
    let (tx, rx) = mpsc::channel();

    thread::spawn(move || {
        let val = String::from("hi");
        tx.send(val).unwrap();
    });
}
```

今回も、thread::spawn を使用して新しいスレッドを生成し、それから move を使用して、立ち上げたスレッドが tx を所有するようにクロージャーに tx をムーブしています。立ち上げたスレッドは、メッセージをチャンネルを通して送信できるように、チャンネルの送信側を所有する必要があります。

転送側には、送信したい値を取る send メソッドがあります。send メソッドは Result<T, E> 型を返すので、すでに受信側がドロップされ、値を送信する場所がなければ、送信処理はエラーを返します。この例では、エラーの場合には、パニックするように unwrap を呼び出しています。ですが、実際のアプリケーションでは、ちゃんと扱うでしょう: 第 9 章に戻ってちゃんとしたエラー処理の方法を再確認してください。

リスト 16.8 において、メインスレッドのチャンネルの受信側から値を得ます。アヒルのおもちゃを川の終端で水から回収したり、チャットメッセージを取得するみたいですね。

リスト 16.8: 「やあ」の値をメインスレッドで受け取り、出力する

```rust
use std::thread;
use std::sync::mpsc;

fn main() {
    let (tx, rx) = mpsc::channel();

    thread::spawn(move || {
        let val = String::from("hi");
        tx.send(val).unwrap();
    });

    let received = rx.recv().unwrap();
    // 値は{}です
    println!("Got: {}", received);
}
```

src/main.rs

チャンネルの受信側には有用なメソッドが 2 つあります: recv と try_recv です。receive の省略形である recv を使っています。これは、メインスレッドの実行をブロックし、値がチャンネルを流れてくるまで待機します。いったん値が送信されたら、recv はそれを Result<T, E> に含んで返します。チャンネルの送信側が閉じたら、recv はエラーを返し、もう値は来ないと通知します。

try_recv メソッドはブロックせず、代わりに即座に Result<T, E> を返します: メッセージがあったら、それを含む Ok 値、今回は何もメッセージがなければ、Err 値です。メッセージを待つ間にこのスレッドにすることが他にあれば、try_recv は有用です: try_recv を頻繁に呼び出し、メッセージがあったら処理し、それ以外の場合は、再度チェックするまでちょっとの間、他の作業をするループを書くことができるでしょう。

この例では、簡潔性のために recv を使用しました; メッセージを待つこと以外にメインスレッドがすべき作業はないので、メインスレッドをブロックするのは適切です。

リスト 16.8 のコードを実行したら、メインスレッドから値が出力されるところを目撃するでしょう:

```
Got: hi
```

完璧です!

チャンネルと所有権の転送

安全な並行コードを書く手助けをしてくれるので、所有権規則は、メッセージ送信で重要な役割を担っています。並行プログラミングでエラーを回避することは、Rust プログラム全体で所有権について考える利点です。実験をしてチャンネルと所有権が協調して、どう問題を回避するかをお見せしましょう: val 値を立ち上げたスレッドで、チャンネルに送った**後**に使用

を試みます。リスト 16.9 のコードのコンパイルを試みて、このコードが許容されない理由を確認してください:

リスト 16.9: チャンネルに送信後に val の使用を試みる

src/main.rs

```rust
use std::thread;
use std::sync::mpsc;

fn main() {
    let (tx, rx) = mpsc::channel();

    thread::spawn(move || {
        let val = String::from("hi");
        tx.send(val).unwrap();
        // val は{}
        println!("val is {}", val);
    });

    let received = rx.recv().unwrap();
    println!("Got: {}", received);
}
```

ここで、**tx.send** 経由でチャンネルに送信後に **val** を出力しようとしています。これを許可するのは、悪い考えです: いったん、値が他のスレッドに送信されたら、再度値を使用しようとする前にそのスレッドが変更したりドロップできてしまいます。可能性として、その別のスレッドの変更により、矛盾していたり存在しないデータのせいでエラーが発生したり、予期しない結果になるでしょう。ですが、リスト 16.9 のコードのコンパイルを試みると、Rust はエラーを返します:

```
error[E0382]: use of moved value: `val`
  --> src/main.rs:10:31
   |
9  |         tx.send(val).unwrap();
   |                 --- value moved here
10 |         println!("val is {}", val);
   |                               ^^^ value used here after move
   |
   = note: move occurs because `val` has type `std::string::String`, which
     does not implement the `Copy` trait
```

並行性のミスがコンパイルエラーを招きました。**send** 関数は引数の所有権を奪い、値がムーブされると、受信側が所有権を得るのです。これにより、送信後に誤って再度値を使用するのを防いでくれます; 所有権システムが、万事問題ないことを確認してくれます。

複数の値を送信し、受信側が待機するのを確かめる

リスト 16.8 のコードはコンパイルでき、動きましたが、2 つの個別のスレッドがお互いに
チャンネル越しに会話していることは、明瞭に示されませんでした。リスト 16.10 において、
リスト 16.8 のコードが並行に動いていることを証明する変更を行いました: 立ち上げたス
レッドは、複数のメッセージを送信し、各メッセージ間で、1 秒待機します。

リスト 16.10: 複数のメッセージを送信し、メッセージ間で停止する

src/main.rs
```rust
use std::thread;
use std::sync::mpsc;
use std::time::Duration;

fn main() {
    let (tx, rx) = mpsc::channel();

    thread::spawn(move || {
        // スレッドからやあ (hi from the thread)
        let vals = vec![
            String::from("hi"),
            String::from("from"),
            String::from("the"),
            String::from("thread"),
        ];

        for val in vals {
            tx.send(val).unwrap();
            thread::sleep(Duration::from_secs(1));
        }
    });

    for received in rx {
        println!("Got: {}", received);
    }
}
```

今回は、メインスレッドに送信したい文字列のベクターを立ち上げたスレッドが持っていま
す。それらを繰り返し、おのおの個別に送信し、Duration の値 1 秒とともに thread::sleep
関数を呼び出すことで、メッセージ間で停止します。

メインスレッドにおいて、もはや recv 関数を明示的に呼んではいません: 代わりに、rx を
イテレーターとして扱っています。受信した値それぞれを出力します。チャンネルが閉じられ
ると、繰り返しも終わります。

リスト 16.10 のコードを走らせると、各行の間に 1 秒の待機をしつつ、以下のような出力を
目の当たりにするはずです:

```
Got: hi
Got: from
Got: the
Got: thread
```

　メインスレッドの for ループには停止したり、遅れせたりするコードは何もないので、メインスレッドが立ち上げたスレッドから値を受け取るのを待機していることがわかります。

転送機をクローンして複数の生成器を作成する

　mpsc は、multiple producer, single consumer の頭字語であると前述しました。mpsc を使用に移し、リスト 16.10 のコードを拡張してすべてが値を同じ受信機に送信する複数のスレッドを生成しましょう。チャンネルの転送の片割れをクローンすることでそうすることができます。リスト 16.11 のようにですね:

リスト 16.11: 複数の生成器から複数のメッセージを送信する

```
// 略

let (tx, rx) = mpsc::channel();

let tx1 = mpsc::Sender::clone(&tx);
thread::spawn(move || {
    let vals = vec![
        String::from("hi"),
        String::from("from"),
        String::from("the"),
        String::from("thread"),
    ];

    for val in vals {
        tx1.send(val).unwrap();
        thread::sleep(Duration::from_secs(1));
    }
});

thread::spawn(move || {
    // 君のためにもっとメッセージを (more messages for you)
    let vals = vec![
        String::from("more"),
        String::from("messages"),
        String::from("for"),
        String::from("you"),
    ];

    for val in vals {
        tx.send(val).unwrap();
```

```
        thread::sleep(Duration::from_secs(1));
    }
});

for received in rx {
    println!("Got: {}", received);
}

// 略
```

　今回、最初のスレッドを立ち上げる前に、チャンネルの送信側に対して**clone**を呼び出しています。これにより、最初に立ち上げたスレッドに渡せる新しい送信ハンドルが得られます。元のチャンネルの送信側は、2番目に立ち上げたスレッドに渡します。これにより2つスレッドが得られ、それぞれチャンネルの受信側に異なるメッセージを送信します。

　コードを実行すると、出力は以下のようなものになるはずです:

```
Got: hi
Got: more
Got: from
Got: messages
Got: for
Got: the
Got: thread
Got: you
```

　別の順番で値が出る可能性もあります; システム次第です。並行性が面白いと同時に難しい部分でもあります。異なるスレッドでいろいろな値を与えて**thread::sleep**で実験をしたら、走らせるたびにより非決定的になり、毎回異なる出力をするでしょう。

　チャンネルの動作方法を見たので、他の並行性の手法に目を向けましょう。

状態共有並行性

　メッセージ受け渡しは、並行性を扱う素晴らしい方法ですが、唯一の方法ではありません。Go言語ドキュメンテーションのスローガンのこの部分を再び考えてください: 「メモリーを共有することでやり取りする」。

　メモリーを共有することでやり取りするとはどんな感じなのでしょうか? さらに、なぜメッセージ受け渡しに熱狂的な人は、それを使わず、代わりにまったく反対のことをするのでしょうか?

　ある意味では、どんなプログラミング言語のチャンネルも単独の所有権に類似しています。いったんチャンネルに値を転送したら、その値はもはや使用することがないからです。メモリー共有並行性は、複数の所有権に似ています: 複数のスレッドが同時に同じメモリー位置にアクセスできるのです。第15章でスマートポインターが複数の所有権を可能にするのを目の

当たりにしたように、異なる所有者を管理する必要があるので、複数の所有権は複雑度を増させます。Rust の型システムと所有権規則により、この管理を正当に行う大きな助けになります。例をあげれば、メモリー共有を行うより一般的な並行性の基本型の 1 つであるミューテックスを見ましょう。

ミューテックスを使用して一度に 1 つのスレッドからデータにアクセスすることを許可する

ミューテックスは、どんなときも 1 つのスレッドにしか何らかのデータへのアクセスを許可しないというように、"mutual exclusion"（相互排他）の省略形です。ミューテックスにあるデータにアクセスするには、ミューテックスのロックを所望することでアクセスしたいことをまず、スレッドは通知しなければなりません。ロックとは、現在誰がデータへの排他的アクセスを行っているかを追跡するミューテックの一部をなすデータ構造です。故に、ミューテックスはロックシステム経由で保持しているデータを**死守する**（guarding）と解説されます。

ミューテックスは、2 つの規則を覚えておく必要があるため、難しいという評判があります:

- データを使用する前にロックの獲得を試みなければならない。
- ミューテックスが死守しているデータの使用が終わったら、他のスレッドがロックを獲得できるように、データをアンロックしなければならない。

ミューテックスを現実世界の物で例えるなら、マイクが 1 つしかない会議のパネルディスカッションを思い浮かべてください。パネリストが発言できる前に、マイクを使用したいと申し出たり、通知しなければなりません。マイクを受け取ったら、話したいだけ話し、それから次に発言を申し出たパネリストにマイクを手渡します。パネリストが発言し終わったときに、マイクを手渡すのを忘れていたら、誰も他の人は発言できません。共有されているマイクの管理がうまくいかなければ、パネルは予定どおりに機能しないでしょう！

ミューテックスの管理は、正しく行うのに著しく巧妙なことがあるので、多くの人がチャンネルに熱狂的になるわけです。しかしながら、Rust の型システムと所有権規則のおかげで、ロックとアンロックをおかしくすることはありません。

Mutex<T> の API

ミューテックスの使用方法の例として、ミューテックスをシングルスレッドの文脈で使うことから始めましょう。リスト 16.12 のようにですね:

リスト 16.12: 簡潔性のために Mutex<T> の API をシングルスレッドの文脈で探究する

src/main.rs
```
use std::sync::Mutex;

fn main() {
  ❶ let m = Mutex::new(5);

    {
      ❷ let mut num = m.lock().unwrap();
```

```
❸  *num = 6;
❹ }

❺ println!("m = {:?}", m);
}
```

多くの型同様、`new` という関連関数を使用して `Mutex<T>` を生成します❶。ミューテックス内部のデータにアクセスするには、`lock` メソッドを使用してロックを獲得します❷。この呼び出しは、現在のスレッドをブロックするので、ロックを得られる順番が来るまで何も作業はできません。

ロックを保持している他のスレッドがパニックしたら、`lock` の呼び出しは失敗するでしょう。その場合、誰もロックを取得することはかなわないので、`unwrap` すると決定し、そのような状況になったら、このスレッドをパニックさせます。

ロックを獲得した後、今回の場合、`num` と名付けられていますが、戻り値を中に入っているデータへの可変参照として扱うことができます❸。型システムにより、`m` の値を使用する前にロックを獲得していることが確認されます: `Mutex<i32>` は `i32` ではないので、`i32` を使用できるようにするには、ロックを獲得しなければならないのです。忘れることはあり得ません; 型システムにより、それ以外の場合に内部の `i32` にアクセスすることは許されません。

疑っている可能性がありますが、`Mutex<T>` はスマートポインターです。より正確を期すなら、`lock` の呼び出しが `MutexGuard` というスマートポインターを返却します。このスマートポインターが、内部のデータを指す `Deref` を実装しています; このスマートポインターはさらに `MutexGuard` がスコープを外れたときに、自動的にロックを解除する `Drop` 実装もしていて、これがリスト 16.12 の内部スコープの終わりで発生します❹。結果として、ロックの解除が自動的に行われるので、ロックの解除を忘れ、ミューテックスが他のスレッドで使用されるのを阻害するリスクを負いません。

ロックをドロップした後、ミューテックスの値を出力し、内部の `i32` の値を 6 に変更できたことが確かめられるのです❺。

複数のスレッド間で Mutex<T> を共有する

さて、`Mutex<T>` を使って複数のスレッド間で値を共有してみましょう。10 個のスレッドを立ち上げ、おのおののカウンターの値を 1 ずつインクリメントさせるので、カウンターは 0 から 10 まで上がります。以下の数例は、コンパイルエラーになることに注意し、そのエラーを使用して `Mutex<T>` の使用法と、コンパイラーがそれを正しく活用する手助けをしてくれる方法について学びます。リスト 16.13 が最初の例です:

リスト 16.13: Mutex<T> により死守されているカウンタを 10 個のスレッドがそれぞれインクリメントする

src/main.rs

```
use std::sync::Mutex;
use std::thread;

fn main() {
```

```
❶ let counter = Mutex::new(0);
  let mut handles = vec![];

❷ for _ in 0..10 {
❸     let handle = thread::spawn(move || {
❹         let mut num = counter.lock().unwrap();

❺         *num += 1;
       });
❻     handles.push(handle);
  }

  for handle in handles {
❼     handle.join().unwrap();
  }

❽ println!("Result: {}", *counter.lock().unwrap());
}
```

リスト 16.12 のように、counter 変数を生成して Mutex<T> の内部に i32 を保持して
います❶。次に、数値の範囲をマッピングして 10 個のスレッドを生成しています❷。
thread::spawn を使用して、全スレッドに同じクロージャーを与えています❸。このク
ロージャーは、スレッド内にカウンタをムーブし、lock メソッドを呼ぶことで Mutex<T> の
ロックを獲得し❹、それからミューテックスの値に 1 を足します❺。スレッドがクロージャー
を実行し終わったら、num はスコープ外に出てロックを解除するので、他のスレッドが獲得で
きるわけです。

メインスレッドですべての join ハンドルを収集します❻。それからリスト 16.2 のように、
おのおのに対して join を呼び出し、全スレッドが終了するのを確かめています❼。その時点
で、メインスレッドはロックを獲得し、このプログラムの結果を出力します❽。

この例はコンパイルできないでしょうとほのめかしました。では、理由を探りましょう！

```
error[E0382]: capture of moved value: `counter`
エラー: ムーブされた値をキャプチャーしています: 'counter'
  --> src/main.rs:10:27
   |
9  |         let handle = thread::spawn(move || {
   |                                    ------- value moved (into closure)
    here
10 |             let mut num = counter.lock().unwrap();
   |                           ^^^^^^^^ value captured here after move
   |
   = note: move occurs because `counter` has type `std::sync::Mutex<i32>`,
   which does not implement the `Copy` trait

error[E0382]: use of moved value: `counter`
```

394   第16章 恐れるな！並行性

```
  --> src/main.rs:21:29
   |
9  |          let handle = thread::spawn(move || {
   |                                     ------- value moved (into closure)
    here
...
21 |      println!("Result: {}", *counter.lock().unwrap());
   |                              ^^^^^^^ value used here after move
   |
  = note: move occurs because `counter` has type `std::sync::Mutex<i32>`,
    which does not implement the `Copy` trait

error: aborting due to 2 previous errors
エラー: 前述の2つのエラーにより中止
```

　エラーメッセージは、counter 値はクロージャーにムーブされ、それから lock を呼び出したときにキャプチャーされていると述べています。その説明は、所望した動作のように聞こえますが、許可されていないのです！

　プログラムを単純化してこれを理解しましょう。for ループで 10 個スレッドを生成する代わりに、ループなしで2つのスレッドを作るだけにしてどうなるか確認しましょう。リスト16.13 の最初の for ループを代わりにこのコードと置き換えてください:

```rust
use std::sync::Mutex;
use std::thread;

fn main() {
    let counter = Mutex::new(0);
    let mut handles = vec![];

    let handle = thread::spawn(move || {
        let mut num = counter.lock().unwrap();

        *num += 1;
    });
    handles.push(handle);

    let handle2 = thread::spawn(move || {
        let mut num2 = counter.lock().unwrap();

        *num2 += 1;
    });
    handles.push(handle2);

    for handle in handles {
        handle.join().unwrap();
    }
```

```
        println!("Result: {}", *counter.lock().unwrap());
    }
```

2 つのスレッドを生成し、2 番目のスレッドの変数名を handle2 と num2 に変更しています。今回このコードを走らせると、コンパイラーは以下の出力をします:

```
error[E0382]: capture of moved value: `counter`
  --> src/main.rs:16:24
   |
8  |     let handle = thread::spawn(move || {
   |                                ------- value moved (into closure) here
...
16 |         let mut num2 = counter.lock().unwrap();
   |                        ^^^^^^^ value captured here after move
   |
   = note: move occurs because `counter` has type `std::sync::Mutex<i32>`,
     which does not implement the `Copy` trait

error[E0382]: use of moved value: `counter`
  --> src/main.rs:26:29
   |
8  |     let handle = thread::spawn(move || {
   |                                ------- value moved (into closure) here
...
26 |     println!("Result: {}", *counter.lock().unwrap());
   |                             ^^^^^^^ value used here after move
   |
   = note: move occurs because `counter` has type `std::sync::Mutex<i32>`,
     which does not implement the `Copy` trait

error: aborting due to 2 previous errors
```

なるほど！ 最初のエラーメッセージは、handle に紐付けられたスレッドのクロージャーに counter がムーブされていることを示唆しています。そのムーブにより、それに対して lock を呼び出し、結果を 2 番目のスレッドの num2 に保持しようとしたときに、counter をキャプチャーすることを妨げています！ ゆえに、コンパイラーは、counter の所有権を複数のスレッドに移すことはできないと教えてくれています。これは、以前では確認しづらかったことです。なぜなら、スレッドはループの中にあり、ループの違う繰り返しにある違うスレッドをコンパイラーは指し示せないからです。第 15 章で議論した複数所有権メソッドによりコンパイルエラーを修正しましょう。

複数のスレッドで複数の所有権

第 15 章で、スマートポインターの Rc<T> を使用して参照カウントの値を作ることで、1 つの値に複数の所有者を与えました。同じことをここでもして、どうなるか見ましょう。リス

ト 16.14 で Rc<T> に Mutex<T> を包含し、所有権をスレッドに移す前に Rc<T> をクローンします。今やエラーを確認したので、for ループの使用に立ち戻り、クロージャーに move キーワードを使用し続けます。

リスト 16.14: Rc<T> を使用して複数のスレッドに Mutex<T> を所有させようとする

src/main.rs

```rust
use std::rc::Rc;
use std::sync::Mutex;
use std::thread;

fn main() {
    let counter = Rc::new(Mutex::new(0));
    let mut handles = vec![];

    for _ in 0..10 {
        let counter = Rc::clone(&counter);
        let handle = thread::spawn(move || {
            let mut num = counter.lock().unwrap();

            *num += 1;
        });
        handles.push(handle);
    }

    for handle in handles {
        handle.join().unwrap();
    }

    println!("Result: {}", *counter.lock().unwrap());
}
```

再三、コンパイルし······別のエラーが出ました! コンパイラーはいろいろなことを教えてくれています。

```
error[E0277]: the trait bound `std::rc::Rc<std::sync::Mutex<i32>>: std::marker
    ::Send` is not satisfied in `[closure@src/main.rs:11:36: 15:10 counter:std
    ::rc::Rc<std::sync::Mutex<i32>>]` ❶
エラー: トレイト境界 'std::rc::Rc<std::sync::Mutex<i32>>: std::marker::Send' は
    '[closure@src/main.rs:11:36:15:10
    counter:std::rc::Rc<std::sync::Mutex<i32>>]' で満たされていません
  --> src/main.rs:11:22
   |
11 |         let handle = thread::spawn(move || {
❷ |                      ^^^^^^^^^^^^^ `std::rc::Rc<std::sync::Mutex<i32>>`
     cannot be sent between threads safely
   | 'std::rc::Rc<std::sync::Mutex<i32>>' は、スレッド間で安全に送信できません
   |
```

```
= help: within `[closure@src/main.rs:11:36: 15:10 counter:std::rc::Rc<std::
  sync::Mutex<i32>>]`, the trait `std::marker::Send` is not implemented for
  `std::rc::Rc<std::sync::Mutex<i32>>`
```
　助言: `[closure@src/main.rs:11:36 15:10
　counter:std::rc::Rc<std::sync::Mutex<i32>>]`内でトレイト
　`std::marker::Send`は、`std::rc::Rc<std::sync::Mutex<i32>>`に対して実装されて
　いません
```
= note: required because it appears within the type `[closure@src/main.rs
  :11:36: 15:10 counter:std::rc::Rc<std::sync::Mutex<i32>>]`
```
　注釈: 型`[closure@src/main.rs:11:36 15:10
　counter:std::rc::Rc<std::sync::Mutex<i32>>]`内に出現するので必要です
```
= note: required by `std::thread::spawn`
```
　注釈: `std::thread::spawn`により必要とされています

　おお、このエラーメッセージはとても長ったらしいですね！ こちらが、注目すべき重要な
部分です: 最初のインラインエラーは'std::rc::Rc<std::sync::Mutex<i32>>' cannot
be sent between threads safelyと述べています❷。この理由は、エラーメッセージの
次に注目すべき重要な部分にあります。洗練されたエラーメッセージは、the trait bound
'Send' is not satisfiedと述べています❶。Send については、次の節で語ります: ス
レッドとともに使用している型が並行な場面で使われることを意図したものであることを保証
するトレイトの 1 つです。

　残念ながら、Rc<T>はスレッド間で共有するには安全ではないのです。Rc<T>が参照カウン
トを管理する際、clone が呼び出されるたびにカウントを追加し、クローンがドロップされる
たびにカウントを差し引きます。しかし、並行基本型を使用してカウントの変更が別のスレッ
ドに妨害されないことを確認していないのです。これは間違ったカウントにつながる可能性が
あり、今度はメモリーリークや、使用し終わる前に値がドロップされることにつながる可能性
のある潜在的なバグです。必要なのは、いかにも Rc<T>のようだけれども、参照カウントへの
変更をスレッドセーフに行うものです。

Arc<T>で原子的な参照カウント

　幸いなことに、Arc<T> は Rc<T>のような並行な状況で安全に使用できる型です。A は
atomic を表し、原子的に参照カウントする型を意味します。アトミックは、ここでは詳しく講
義しない並行性の別の基本型です: 詳細は、std::sync::atomic の標準ライブラリードキュ
メンテーションを参照してください。現時点では、アトミックは、基本型のように動くけれど
も、スレッド間で共有しても安全なことだけ知っていればよいです。

　そうしたらあなたは、なぜすべての基本型がアトミックでなく、標準ライブラリーの型も
標準で Arc<T> を使って実装されていないのか疑問に思う可能性があります。その理由は、ス
レッド安全性が、本当に必要なときだけ支払いたいパフォーマンスの犠牲とともに得られるも
のだからです。シングルスレッドで値に処理を施すだけなら、アトミックが提供する保証を強
制する必要がないほうがコードはより速く走るのです。

　例に回帰しましょう: Arc<T> と Rc<T> の API は同じなので、use 行と new の呼び出しと
clone の呼び出しを変更して、プログラムを修正します。リスト 16.15 は、ようやくコンパイ

ルでき、動作します:

リスト 16.15: Arc<T> を使用して Mutex<T> をラップし、所有権を複数のスレッド間で共有できる
ようにする

src/main.rs

```rust
use std::sync::{Mutex, Arc};
use std::thread;

fn main() {
    let counter = Arc::new(Mutex::new(0));
    let mut handles = vec![];

    for _ in 0..10 {
        let counter = Arc::clone(&counter);
        let handle = thread::spawn(move || {
            let mut num = counter.lock().unwrap();

            *num += 1;
        });
        handles.push(handle);
    }

    for handle in handles {
        handle.join().unwrap();
    }

    println!("Result: {}", *counter.lock().unwrap());
}
```

このコードは、以下のように出力します:

```
Result: 10
```

やりました！ 0 から 10 まで数え上げました。これは、あまり印象的ではないように思える
かもしれませんが、本当に Mutex<T> とスレッド安全性についていろいろなことを教えてくれ
ました。このプログラムの構造を使用して、カウンタをインクリメントする以上の複雑な処理
を行うこともできるでしょう。この手法を使えば、計算を独立した部分に小分けにし、その部
分をスレッドに分割し、それから Mutex<T> を使用して、各スレッドに最終結果を更新させる
ことができます。

RefCell<T>/Rc<T> と Mutex<T>/Arc<T> の類似性

counter は不変なのに、その内部にある値への可変参照を得ることができたことに気付いた
でしょうか; つまり、Mutex<T> は、Cell 系のように内部可変性を提供するわけです。第 15 章
で RefCell<T> を使用して Rc<T> の内容を可変化できるようにしたのと同様に、Mutex<T> を
使用して Arc<T> の内容を可変化しているのです。

気付いておくべき別の詳細は、`Mutex<T>` を使用する際にあらゆる種類のロジックエラーからは、コンパイラーは保護してくれないということです。第 15 章で `Rc<T>` は、循環参照を生成してしまうリスクを伴い、そうすると、2 つの `Rc<T>` の値がお互いを参照し合い、メモリーリークを引き起こしてしまうことを思い出してください。同様に、`Mutex<T>` はデッドロックを生成するリスクを伴っています。これは、処理が 2 つのリソースをロックする必要があり、2 つのスレッドがそれぞれにロックを 1 つ獲得して永久にお互いを待ち合ってしまうときに起こります。デッドロックに興味があるのなら、デッドロックのある Rust プログラムを組んでみてください; それからどんな言語でもいいので、ミューテックスに対してデッドロックを緩和する方法を調べて、Rust でぜひ、それを実装してみてください。`Mutex<T>` と `MutexGuard` に関する標準ライブラリーの API ドキュメンテーションは、役に立つ情報を提供してくれます。

Send と Sync トレイトと、それらを独自の型で使用する方法について語って、この章を締めくくります。

Sync と Send トレイトで拡張可能な並行性

面白いことに、Rust 言語には、寡少な並行性機能があります。この章でここまでに語った並行性機能のほとんどは、標準ライブラリーの一部であり、言語ではありません。並行性を扱う選択肢は、言語や標準ライブラリーに制限されません; 独自の並行性機能を書いたり、他人が書いたものを利用したりできるのです。

ですが、2 つの並行性概念が言語に埋め込まれています: `std::marker` トレイトの Sync と Send です。

Send でスレッド間の所有権の転送を許可する

`Send` マーカートレイトは、`Send` を実装した型の所有権をスレッド間で転送できることを示唆します。Rust のほとんどの型は `Send` ですが、`Rc<T>` を含めて一部例外があります: この型は、`Rc<T>` の値をクローンし、クローンしたものの所有権を別のスレッドに転送しようとしたら、両方のスレッドが同時に参照カウントを更新できてしまうので、`Send` になり得ません。このため、`Rc<T>` はスレッド安全性のためのパフォーマンスの犠牲を支払わなくても済む、シングルスレッド環境で使用するために実装されているわけです。

故に、Rust の型システムとトレイト境界により、`Rc<T>` の値を非安全にスレッド間で誤って送信することが絶対ないよう保証してくれるのです。リスト 16.14 でこれを試みたときには、`the trait Send is not implemented for Rc<Mutex<i32>>` というエラーが出ました。`Send` の `Arc<T>` に切り替えたら、コードはコンパイルできたわけです。

完全に `Send` の型からなる型もすべて自動的に `Send` と印づけされます。生ポインターを除くほとんどの基本型も `Send` で、生ポインターについては第 19 章で議論します。

Sync で複数のスレッドからのアクセスを許可する

`Sync` マーカートレイトは、`Sync` を実装した型は、複数のスレッドから参照されても安全で

あることを示唆します。言い換えると、&T（T への参照）が Send なら、型 T は Sync であり、参照が他のスレッドに安全に送信できることを意味します。Send 同様、基本型は Sync であり、Sync の型からのみ構成される型もまた Sync です。

Send ではなかったのと同じ理由で、スマートポインターの Rc<T> もまた Sync ではありません。RefCell<T> 型（これについては第 15 章で話しました）と関連する Cell<T> 系についても Sync ではありません。RefCell<T> が実行時に行う借用チェックの実装は、スレッド安全ではないのです。スマートポインターの Mutex<T> は Sync で、「複数のスレッド間で Mutex<T> を共有する」（☞ p.392）で見たように、複数のスレッドでアクセスを共有するのに使用することができます。

Send と Sync を手動で実装するのは非安全である

Send と Sync トレイトから構成される型は自動的に Send と Sync にもなるので、それらのトレイトを手動で実装する必要はありません。マーカートレイトとして、実装すべきメソッドさえも何もありません。並行性に関連する不変条件を強制することに役立つだけなのです。

これらのトレイトを手動で実装するには、unsafe な Rust コードを実装することがかかわってきます。unsafe な Rust コードを使用することについては第 19 章で語ります; とりあえず、重要な情報は、Send と Sync ではない部品からなる新しい並行な型を構成するには、安全性保証を保持するために、注意深い思考が必要になるということです。The Rustonomicon[*2] には、これらの保証とそれを保持する方法についての情報がより多くあります。

まとめ

本書において並行性を見かけるのは、これで最後ではありません: 第 20 章のプロジェクトでは、この章の概念をここで議論した微小な例よりもより現実的な場面で使用するでしょう。

前述のように、Rust が並行性を扱うごく一部が言語の一部なので、多くの並行性解決策は、クレートとして実装されています。これらは標準ライブラリーよりも迅速に進化するので、確実にオンラインで、マルチスレッド環境で使用すべき現在の最先端のクレートを検索してください。

Rust の標準ライブラリーは、メッセージ受け渡しにチャンネルを、並行の文脈で安全に使用できる、Mutex<T> や Arc<T> などのスマートポインター型を提供しています。型システムと借用精査機により、これらの解決策を使用するコードがデータ競合や無効な参照に行き着かないことを保証してくれます。いったんコードをコンパイルすることができたら、他の言語ではありふれている追跡困難な類のバグなしに、複数のスレッドでも喜んで動くので安心できます。並行プログラミングは、もはや恐れるべき概念ではありません: 進んでそして、恐れずにプログラムを並行にしてください！

次は、Rust プログラムが肥大化するにつれて問題をモデル化し、解決策を構造化する慣例的な方法について話します。さらに、Rust のイディオムがオブジェクト指向プログラミングで馴染み深いかもしれないイディオムに関連する方法についても議論します。

[*2] https://doc.rust-lang.org/stable/nomicon/

17

Rust のオブジェクト指向
プログラミング機能

オブジェクト指向プログラミング（OOP）は、プログラムをモデル化する手段です。オブジェクトは、1960 年代の Simula に端緒を発しています。このオブジェクトは、お互いにメッセージを渡し合うというアラン・ケイ（Alan Kay）のプログラミングアーキテクチャーに影響を及ぼしました。彼は、このアーキテクチャーを解説するために、オブジェクト指向プログラミングという用語を造語しました。多くの競合する定義が、OOP が何かを解説しています; Rust をオブジェクト指向と区分する定義もありますし、しない定義もあります。この章では、広くオブジェクト指向と捉えられる特定の特徴と、それらの特徴がこなれた Rust でどう表現されるかを探究します。それからオブジェクト指向のデザインパターンを Rust で実装する方法を示し、そうすることと Rust の強みを活用して代わりの解決策を実装する方法の代償を議論します。

オブジェクト指向言語の特徴

言語がオブジェクト指向と考えられるのになければならない機能について、プログラミングコミュニティー内での総意はありません。Rust は OOP を含めた多くのプログラミングパラダイムに影響を受けています; 例えば、第 13 章で関数型プログラミングに由来する機能を探究しました。議論はあるかもしれませんが、OOP 言語は特定の一般的な特徴を共有しています。具体的には、オブジェクトやカプセル化、継承などです。それらの個々の特徴が意味するものと Rust がサポートしているかを見ましょう。

オブジェクトは、データと振る舞いを含む

エーリヒ・ガンマ（Enoch Gamma）、リチャード・ヘルム（Richard Helm）、ラルフ・ジョンソン（Ralph Johnson）、ジョン・ブリシディース（John Vlissides）により、1994 年に書かれた *Design Patterns: Elements of Reusable Object–Oriented Software*（Addison–Wasley Professional）[*1]という本は、俗に **4 人のギャングの本**[*2]と呼ばれ、オブジェクト指向デザインパターンのカタログです。そこでは、OOP は以下のように定義されています:

> オブジェクト指向プログラムは、オブジェクトで構成される。オブジェクトは、データとそのデータを処理するプロシージャーを梱包している。このプロシージャーは、典型的に**メソッド**または**オペレーション**と呼ばれる。

この定義を使用すれば、Rust はオブジェクト指向です: 構造体と enum にはデータがありますし、impl ブロックが構造体と enum にメソッドを提供します。メソッドのある構造体と enum は、オブジェクトとは呼ばれないものの、GoF のオブジェクト定義によると、同じ機能を提供します。

カプセル化は、実装詳細を隠蔽する

OOP とよく紐付けられる別の側面は、カプセル化の思想です。これは、オブジェクトの実装詳細は、そのオブジェクトを使用するコードにはアクセスできないことを意味します。故に、オブジェクトと相互作用する唯一の手段は、その公開 API を通してです; オブジェクトを使用するコードは、オブジェクトの内部に到達して、データや振る舞いを直接変更できるべきではありません。このために、プログラマーはオブジェクトの内部をオブジェクトを使用するコードを変更する必要なく、変更しリファクタリングできます。

カプセル化を制御する方法は、第 7 章で議論しました: pub キーワードを使用して、自分のコードのどのモジュールや型、関数、メソッドを公開するか決められ、規定ではそれ以外のものはすべて非公開になります。例えば、i32 値のベクターを含むフィールドのある AveragedCollection（平均化されたコレクション）という構造体を定義できます。こ

[*1] 『オブジェクト指向における再利用のためのデザインパターン』、ソフトバンククリエイティブ、本位田真一、吉田和樹 訳、改訂版、1999 年

[*2] the Gang of Four book; GoF とよく略される

オブジェクト指向言語の特徴　　403

の構造体はさらに、ベクターの値の平均を含むフィールドを持てます。つまり、平均は誰か
が必要とするたびに、オンデマンドで計算する必要はないということです。言い換えれば、
AveragedCollection は、計算した平均をキャッシュしてくれるわけです。リスト 17.1 に
は、AveragedCollection 構造体の定義があります:

リスト 17.1: 整数のリストとコレクションの要素の平均を管理する AveragedCollection 構造体

src/lib.rs

```rust
pub struct AveragedCollection {
    list: Vec<i32>,
    average: f64,
}
```

　構造体は、他のコードが使用できるように pub で印づけされていますが、構造体のフィール
ドは非公開のままです。値が追加されたりリストから削除されるたびに、平均も更新されるこ
とを保証したいので、今回の場合重要です。add や remove、average メソッドを構造体に実
装することでこれをします。リスト 17.2 のようにですね:

リスト 17.2: AveragedCollection の add、remove、average 公開メソッドの実装

```rust
impl AveragedCollection {
    pub fn add(&mut self, value: i32) {
        self.list.push(value);
        self.update_average();
    }

    pub fn remove(&mut self) -> Option<i32> {
        let result = self.list.pop();
        match result {
            Some(value) => {
                self.update_average();
                Some(value)
            },
            None => None,
        }
    }

    pub fn average(&self) -> f64 {
        self.average
    }

    fn update_average(&mut self) {
        let total: i32 = self.list.iter().sum();
        self.average = total as f64 / self.list.len() as f64;
    }
}
```

add、remove、average の公開メソッドが AveragedCollection のインスタンスを変更する唯一の方法になります。要素が add メソッドを使用して list に追加されたり、remove メソッドを使用して削除されたりすると、各メソッドの実装が average フィールドの更新を扱う非公開の update_average メソッドも呼び出します。

list と average フィールドを非公開のままにしているので、外部コードが要素を list フィールドに直接追加したり削除したりする方法はありません; そうでなければ、average フィールドは、list が変更されたときに同期されなくなる可能性があります。average メソッドは average フィールドの値を返し、外部コードに average を読ませるものの、変更は許可しません。

構造体 AveragedCollection の実装詳細をカプセル化したので、データ構造などの側面を将来容易に変更することができます。例をあげれば、list フィールドに Vec<i32> ではなく HashSet<i32> を使うこともできます。add、remove、average 公開メソッドのシグニチャーが同じである限り、AveragedCollection を使用するコードは変更する必要がないでしょう。代わりに list を公開にしたら、必ずしもこうはならないでしょう: HashSet<i32> と Vec<i32> は、要素の追加と削除に異なるメソッドを持っているので、外部コードが直接 list を変更しているなら、外部コードも変更しなければならない可能性が高いでしょう。

カプセル化が、言語がオブジェクト指向と考えられるのに必要な側面ならば、Rust はその条件を満たしています。コードの異なる部分で pub を使用するかしないかという選択肢のおかげで、実装詳細をカプセル化することが可能になります。

型システム、およびコード共有としての継承

継承は、それによってオブジェクトが他のオブジェクトの定義から受け継ぐことができる機構であり、それ故に、再定義する必要なく、親オブジェクトのデータと振る舞いを得ます。

言語がオブジェクト指向言語であるために継承がなければならないのならば、Rust は違います。親構造体のフィールドとメソッドの実装を受け継ぐ構造体を定義する方法はありません。しかしながら、継承がプログラミング道具箱にあることに慣れていれば、そもそも継承に手を伸ばす理由によって、Rust で他の解決策を使用することができます。

継承を選択する理由は主に2つあります。1つ目は、コードの再利用です: ある型に特定の振る舞いを実装し、継承により、その実装を他の型にも再利用できるわけです。デフォルトのトレイトメソッド実装を代わりに使用して、Rust コードを共有でき、これは、リスト10.14 で Summary トレイトに summarize メソッドのデフォルト実装を追加したときに見かけました。Summary トレイトを実装する型はすべて、追加のコードなく summarize メソッドが使用できます。これは、親クラスにメソッドの実装があり、継承した子クラスにもそのメソッドの実装があることと似ています。また、Summary トレイトを実装するときに、summarize メソッドのデフォルト実装を上書きすることもでき、これは、親クラスから継承したメソッドの実装を子クラスが上書きすることに似ています。

継承を使用するもう1つの理由は、型システムに関連しています: 親の型と同じ箇所で子供の型を使用できるようにです。これは、**多相性**(polymorphism)とも呼ばれ、複数のオブジェクトが特定の特徴を共有しているなら、実行時にお互いに代用できることを意味します。

> ### 多相性
>
> 　多くの人にとって、多相性は、継承の同義語です。ですが、実際には複数の型のデータを取り扱えるコードを指すより一般的な概念です。継承について言えば、それらの型は一般的にはサブクラスです。
>
> 　Rust は代わりにジェネリクスを使用してさまざまな可能性のある型を抽象化し、トレイト境界を使用してそれらの型が提供するものに制約を課します。これはときに、**パラメーター境界多相性**（bounded parametric polymorphism）と呼ばれます。

　継承は、近年、多くのプログラミング言語において、プログラミングの設計上の解決策としては軽んじられています。というのも、しばしば必要以上にコードを共有してしまう危険性があるからです。サブクラスは、必ずしも親クラスの特徴をすべて共有するべきではないのに、継承ではそうなってしまうのです。これにより、プログラムの設計の柔軟性を失わせることもあります。また道理に合わなかったり、メソッドがサブクラスには適用されないために、エラーを発生させるサブクラスのメソッドの呼び出しを引き起こす可能性が出てくるのです。さらに、サブクラスに 1 つのクラスからだけ継承させる言語もあり、さらにプログラムの設計の柔軟性が制限されます。

　これらの理由により、継承ではなくトレイトオブジェクトを使用して Rust は異なるアプローチを取っています。Rust において、トレイトオブジェクトがどう多相性を可能にするかを見ましょう。

トレイトオブジェクトで異なる型の値を許容する

　第 8 章で、ベクターの 1 つの制限は、たった 1 つの型の要素を保持することしかできないことだと述べました。リスト 8.10 で整数、浮動小数点数、テキストを保持する列挙子のある `SpreadsheetCell` enum を定義して、これを回避しました（☞ p. 150）。つまり、各セルに異なる型のデータを格納しつつ、1 行のセルを表すベクターを保持するということです。コンパイル時にわかるある固定されたセットの型にしか取り替え可能な要素がならない場合には、完璧な解決策です。

　ところが、ときとして、ライブラリーのユーザーが特定の場面で合法になる型のセットを拡張できるようにしたくなることがあります。これをどう実現する可能性があるか示すために、各アイテムに `draw` メソッドを呼び出してスクリーンに描画するという、GUI ツールで一般的なテクニックを用いて、あるリストの要素を走査する例の GUI ツールを作ります。GUI ライブラリーの構造を含む `gui` と呼ばれるライブラリークレートを作成します。このクレートには、他人が使用できる `Button` や `TextField` などの型が包含される可能性があります。さらに、`gui` のユーザーは、描画可能な独自の型を作成したくなるでしょう：例えば、ある人は `Image` を追加し、別の人は `SelectBox` を追加する可能性があります。

　この例のために本格的な GUI ライブラリーは実装するつもりはありませんが、部品がどう組み合わさるかは示します。ライブラリーの記述時点では、他のプログラマーが作成したくな

る可能性のある型すべてを知る由も、定義することもできません。しかし、gui は異なる型の多くの値を追いかけ、この異なる型の値に対して draw メソッドを呼び出す必要があることは、確かにわかっています。draw メソッドを呼び出したときに正確に何が起こるかを知っている必要はありません。値にそのメソッドが呼び出せるようあることだけわかっていればいいのです。

　継承のある言語でこれを行うには、draw という名前のメソッドがある Component というクラスを定義する可能性があります。Button、Image、SelectBox などの他のクラスは、Component を継承し、故に draw メソッドを継承します。個々に draw メソッドをオーバーライドして、独自の振る舞いを定義するものの、フレームワークは、Component インスタンスであるかのようにその型全部を扱い、この型に対して draw を呼び出します。ですが、Rust に継承は存在しないので、ユーザーに新しい型で拡張してもらうために gui ライブラリーを構成する他の方法が必要です。

共通の振る舞い用にトレイトを定義する

　gui にほしい振る舞いを実装するには、draw という 1 つのメソッドを持つ Draw というトレイトを定義します。それからトレイトオブジェクトを取るベクターを定義できます。トレイトオブジェクトは、指定したトレイトを実装するある型のインスタンスを指します。&参照やBox<T> スマートポインターなどの、何らかのポインターを指定し、それから関係のあるトレイトを指定する（トレイトオブジェクトがポインターを使用しなければならない理由については、第 19 章の「動的サイズ付け型と Sized トレイト」（☞ p. 488）で語ります）ことでトレイトオブジェクトを作成します。ジェネリックまたは具体的な型があるところにトレイトオブジェクトは使用できます。どこでトレイトオブジェクトを使用しようと、Rust の型システムは、コンパイル時にその文脈で使用されているあらゆる値がそのトレイトオブジェクトのトレイトを実装していることを保証します。結果的にコンパイル時に可能性のある型をすべて知る必要はなくなるのです。

　Rust では、構造体と enum を他の言語のオブジェクトと区別するために「オブジェクト」と呼ぶことを避けていることに触れましたね。構造体や enum において、構造体のフィールドのデータや impl ブロックの振る舞いは区分けされているものの、他の言語では 1 つの概念に押し込められるデータと振る舞いは、しばしばオブジェクトと分類されます。しかしながら、トレイトオブジェクトは、データと振る舞いをごちゃ混ぜにするという観点で他の言語のオブジェクトに近いです。しかし、トレイトオブジェクトは、データを追加できないという点で伝統的なオブジェクトと異なっています。トレイトオブジェクトは、他の言語のオブジェクトほど一般的に有用ではありません: その特定の目的は、共通の振る舞いに対して抽象化を行うことです。

　リスト 17.3 は、draw という 1 つのメソッドを持つ Draw というトレイトを定義する方法を示しています:

リスト 17.3: Draw トレイトの定義

src/lib.rs

```rust
pub trait Draw {
    fn draw(&self);
}
```

　この記法は、第 10 章のトレイトの定義方法に関する議論で馴染み深いはずです。その次は、新しい記法です: リスト 17.4 では、components というベクターを保持する Screen という名前の構造体を定義しています。このベクターの型は Box<Draw> で、これはトレイトオブジェクトです; Draw トレイトを実装する Box 内部の任意の型に対する代役です。

リスト 17.4: Draw トレイトを実装するトレイトオブジェクトのベクターを保持する components フィールドがある Screen 構造体の定義

```rust
pub struct Screen {
    pub components: Vec<Box<Draw>>,
}
```

　Screen 構造体に、components の各要素に対して draw メソッドを呼び出す run というメソッドを定義します。リスト 17.5 のようにですね:

リスト 17.5: 各コンポーネントに対して draw メソッドを呼び出す Screen の run メソッド

```rust
impl Screen {
    pub fn run(&self) {
        for component in self.components.iter() {
            component.draw();
        }
    }
}
```

　これは、トレイト境界を含むジェネリックな型引数を使用する構造体を定義するのとは異なる動作をします。ジェネリックな型引数は、一度に 1 つの具体型にしか置き換えられないのに対して、トレイトオブジェクトは、実行時にトレイトオブジェクトに対して複数の具体型で埋めることができます。例として、ジェネリックな型とトレイト境界を使用してリスト 17.6 のように Screen 構造体を定義することもできました:

リスト 17.6: ジェネリクスとトレイト境界を使用した Screen 構造体と run メソッドの対立的な実装

```rust
pub struct Screen<T: Draw> {
    pub components: Vec<T>,
}

impl<T> Screen<T>
    where T: Draw {
    pub fn run(&self) {
        for component in self.components.iter() {
            component.draw();
```

こうすると、すべてのコンポーネントの型が Button だったり、TextField だったりする Screen のインスタンスに制限されてしまいます。絶対に同種のコレクションしか持つ予定がないのなら、ジェネリクスとトレイト境界は、定義がコンパイル時に具体的な型を使用するように単相化されるので、望ましいです。

一方で、メソッドがトレイトオブジェクトを使用すると、1 つの Screen インスタンスが、Box<Button> と Box<TextField> を含む Vec<T> を保持できます。この動作方法を見、それから実行時性能の裏の意味について語りましょう。

トレイトを実装する

さて、Draw トレイトを実装する型を追加しましょう。Button 型を提供します。ここも、実際に GUI ライブラリーを実装することは、本書の範疇を超えているので、draw メソッドの本体は、何も有用な実装はしません。実装がどんな感じになるか想像するために、Button 構造体は、width、height、label フィールドを持っている可能性があります。リスト 17.7 に示したようにですね:

リスト 17.7: Draw トレイトを実装するある Button 構造体

```rust
pub struct Button {
    pub width: u32,
    pub height: u32,
    pub label: String,
}

impl Draw for Button {
    fn draw(&self) {
        // 実際にボタンを描画するコード
    }
}
```

Button の width、height、label フィールドは、TextField 型のように、それらのフィールドプラス placeholder フィールドを代わりに持つ可能性のある他のコンポーネントのフィールドとは異なるでしょう。スクリーンに描画したい型のコンポーネントはそれぞれ Draw トレイトを実装しますが、Button がここでしているように、draw メソッドでは異なるコードを使用してその特定の型を描画する方法を定義しています（実際の GUI コードは、この章の範疇を超えるのでありませんが）。例えば、Button には、ユーザーがボタンをクリックしたときに起こることに関連するメソッドを含む、追加の impl ブロックがある可能性があります。この種のメソッドは、TextField のような型には適用されません。

ライブラリーのユーザーが、width、height、options フィールドのある SelectBox 構造体を実装しようと決めたら、SelectBox 型にも Draw トレイトを実装します。リスト 17.8 のようにですね:

リスト 17.8: gui を使用し、SelectBox 構造体に Draw トレイトを実装する別のクレート

src/main.rs

```
extern crate gui;
use gui::Draw;

struct SelectBox {
    width: u32,
    height: u32,
    options: Vec<String>,
}

impl Draw for SelectBox {
    fn draw(&self) {
        // セレクトボックスを実際に描画するコード
    }
}
```

ライブラリーのユーザーはもう、main 関数を書き、Screen インスタンスを生成できます。Screen インスタンスには、それぞれを Box<T> に放り込んでトレイトオブジェクト化して SelectBox と Button を追加できます。それから Screen インスタンスに対して run メソッドを呼び出すことができ、そうすると各コンポーネントの draw が呼び出されます。リスト 17.9 は、この実装を示しています:

リスト 17.9: トレイトオブジェクトを使って同じトレイトを実装する異なる型の値を格納する

src/main.rs

```
use gui::{Screen, Button};

fn main() {
    let screen = Screen {
        components: vec![
            Box::new(SelectBox {
                width: 75,
                height: 10,
                options: vec![
                    // はい
                    String::from("Yes"),
                    // たぶん
                    String::from("Maybe"),
                    // いいえ
                    String::from("No")
                ],
            }),
```

```
        Box::new(Button {
            width: 50,
            height: 10,
            // 了解
            label: String::from("OK"),
        }),
    ],
};

screen.run();
}
```

ライブラリーを記述した時点では、誰かが SelectBox 型を追加する可能性があるなんて知りませんでしたが、Screen の実装は、新しい型を処理し、描画することができました。なぜなら、SelectBox は Draw 型、つまり、draw メソッドを実装しているからです。

この値の具体的な型ではなく、値が応答したメッセージにのみ関係するという概念は、動的型付け言語の**ダックタイピング**に似た概念です: アヒルのように歩き、鳴くならば、アヒルに違いないのです! リスト 17.5 の Screen の run の実装では、run は、各コンポーネントの実際の型が何であるか知る必要はありません。コンポーネントが、Button や SelectBox のインスタンスであるかを確認することはなく、コンポーネントの draw メソッドを呼び出すだけです。components ベクターで Box<Draw> を値の型として指定することで、Screen を、draw メソッドを呼び出せる値を必要とするように定義できたのです。

ダックタイピングについて

　ご存知かもしれませんが、ダックタイピングについて補足です。ダックタイピングとは、動的型付け言語や C++ のテンプレートで使用される、特定のフィールドやメソッドがあることを想定してコンパイルを行い、実行時に実際にあることを確かめるというプログラミング手法です。ダック・テストという思考法に由来するそうです。

　私個人の主観でしかありませんが、ダックタイピングの利点は、XML や JSON など、厳密なスキーマがないことが多い形式を扱いやすくなること、欠点は、実行してみるまで動くかどうかわからないことでしょう。

トレイトオブジェクトと Rust の型システムを使用してダックタイピングを活用したコードに似たコードを書くことの利点は、実行時に値が特定のメソッドを実装しているかどうかを確認したり、値がメソッドを実装していないときにエラーになることを心配したりする必要は絶対になく、とにかく呼び出せることです。コンパイラーは、値が、トレイトオブジェクトが必要としているトレイトを実装していなければ、コンパイルを通さないのです。

　例えば、リスト 17.10 は、コンポーネントに String のある Screen を作成しようとしたときに起こることを示しています:

リスト 17.10: トレイトオブジェクトのトレイトを実装しない型の使用を試みる

src/main.rs

```rust
extern crate gui;
use gui::Screen;

fn main() {
    let screen = Screen {
        components: vec![
            Box::new(String::from("Hi")),
        ],
    };

    screen.run();
}
```

String は Draw トレイトを実装していないので、このようなエラーが出ます:

```
error[E0277]: the trait bound `std::string::String: gui::Draw` is not
    satisfied
エラー: トレイト境界 'std::string::String: gui::Draw'は満たされていません
  --> src/main.rs:7:13
   |
7  |                 Box::new(String::from("Hi")),
   |                 ^^^^^^^^^^^^^^^^^^^^^^^^^^^^ the trait gui::Draw is not
    implemented for `std::string::String`
   |                                             トレイト gui::Draw は
   'std::string::String'に対して実装されていません
   |
   = note: required for the cast to the object type `gui::Draw`
     注釈: オブジェクト型の 'gui::Draw'へのキャストに必要です
```

このエラーは、渡すことを意図していないものを Screen に渡しているので、異なる型を渡すべきか、Screen が draw を呼び出せるように String に Draw を実装するべきのどちらかであることを知らせてくれています。

トレイトオブジェクトは、ダイナミックディスパッチを行う

第10章の「ジェネリクスを使用したコードのパフォーマンス」(☞ p. 197) でジェネリクスに対してトレイト境界を使用したときに、コンパイラーが行う単相化過程の議論を思い出してください: コンパイラーは、関数やメソッドのジェネリックでない実装を、ジェネリックな型引数の箇所に使用している具体的な型に対して生成するのでした。単相化の結果吐かれるコードは、**スタティックディスパッチ**を行い、これは、コンパイル時にコンパイラーがどのメソッドを呼び出しているかわかるときのことです。これは、**ダイナミックディスパッチ**とは対照的で、このとき、コンパイラーは、コンパイル時にどのメソッドを呼び出しているのかわかりません。ダイナミックディスパッチの場合、コンパイラーは、実行時にどのメソッドを呼び出す

か弾き出すコードを生成します。

トレイトオブジェクトを使用すると、コンパイラーはダイナミックディスパッチを使用しなければなりません。コンパイラーは、トレイトオブジェクトを使用しているコードで使用される可能性のある型すべてを把握しないので、どの型に実装されたどのメソッドを呼び出すかわからないのです。代わりに実行時に、トレイトオブジェクト内でポインターを使用して、コンパイラーは、どのメソッドを呼ぶか知ります。スタティックディスパッチでは行われないこの検索が起こるときには、実行時コストがあります。また、ダイナミックディスパッチは、コンパイラーがメソッドのコードをインライン化することも妨げ、そのため、ある種の最適化が不可能になります。ですが、リスト 17.5 で記述し、リスト 17.9 ではサポートできたコードで追加の柔軟性を確かに得られたので、考慮すべき代償です。

トレイトオブジェクトには、オブジェクト安全性が必要

トレイトオブジェクトには、オブジェクト安全なトレイトしか作成できません。トレイトオブジェクトを安全にする特性すべてを司る複雑な規則がありますが、実際には、2 つの規則だけが関係があります。トレイトは、トレイト内で定義されているメソッドすべてに以下の特性があれば、オブジェクト安全になります。

- 戻り値の型が Self でない。
- ジェネリックな型引数がない。

Self キーワードは、トレイトやメソッドを実装しようとしている型の別名です。トレイトオブジェクトは、いったんトレイトオブジェクトを使用したら、コンパイラーにはそのトレイトを実装している具体的な型を知りようがないので、オブジェクト安全でなければなりません。トレイトメソッドが具体的な Self 型を返すのに、トレイトオブジェクトが Self の具体的な型を忘れてしまったら、メソッドが元の具体的な型を使用できる手段はなくなってしまいます。同じことがトレイトを使用するときに具体的な型引数で埋められるジェネリックな型引数に対しても言えます: 具体的な型がトレイトを実装する型の一部になるのです。トレイトオブジェクトの使用を通して型が忘却されたら、そのジェネリックな型引数を埋める型が何なのか知るすべはないのです。

メソッドがオブジェクト安全でないトレイトの例は、標準ライブラリーの Clone トレイトです。Clone トレイトの clone メソッドのシグニチャーは以下のような感じです:

```
pub trait Clone {
    fn clone(&self) -> Self;
}
```

String 型は Clone トレイトを実装していて、String のインスタンスに対して clone メソッドを呼び出すと、String のインスタンスが返ってきます。同様に、Vec<T> のインスタンスに対して clone を呼び出すと、Vec<T> のインスタンスが返ってきます。clone のシグニチャーは、Self の代わりに入る型を知る必要があります。それが、戻り値の型になるから

です。

　コンパイラーは、トレイトオブジェクトに関していつオブジェクト安全の規則を侵害するようなことを試みているかを示唆します。例えば、リスト 17.4 で Screen 構造体を実装して Draw トレイトではなく、Clone トレイトを実装した型を保持しようとしたとしましょう。こんな感じで:

```
pub struct Screen {
    pub components: Vec<Box<Clone>>,
}
```

こんなエラーになるでしょう:

```
error[E0038]: the trait `std::clone::Clone` cannot be made into an object
エラー: ‘std::clone::Clone‘トレイトは、オブジェクトにすることはできません
 --> src/lib.rs:2:5
  |
2 |     pub components: Vec<Box<Clone>>,
  |     ^^^^^^^^^^^^^^^^^^^^^^^^^^^^^^^^ the trait `std::clone::Clone` cannot
    be made into an object
  |
  = note: the trait cannot require that `Self : Sized`
    注釈: このトレイトは、‘Self : Sized‘を満たせません
```

　このエラーは、このようにこのトレイトをトレイトオブジェクトとして使用することはできないことを意味しています。オブジェクト安全性についての詳細に興味があるのなら、Rust RFC 255*3 を参照してください。

オブジェクト指向デザインパターンを実装する

　ステートパターンは、オブジェクト指向デザインパターンの 1 つです。このパターンの肝は、値が一連のステートオブジェクトで表される何らかの内部状態を持ち、その内部の状態に基づいて値の振る舞いが変化するというものです。ステートオブジェクトは、機能を共有します: Rust では、もちろん、オブジェクトと継承ではなく、構造体とトレイトを使用します。各ステートオブジェクトは、自身の振る舞いと別の状態に変化すべきときを司ることに責任を持ちます。ステートオブジェクトを保持する値は、状態ごとの異なる振る舞いや、いつ状態が移行するかについては何も知りません。

　ステートパターンを使用することは、プログラムの業務用件が変わるとき、状態を保持する値のコードや、値を使用するコードを変更する必要はないことを意味します。ステートオブジェクトの 1 つのコードを更新して、規則を変更したり、あるいはおそらくステートオブジェクトを追加する必要しかないのです。ステートデザインパターンの例と、その Rust での使用

---

*3 https://github.com/rust-lang/rfcs/blob/master/text/0255-object-safety.md

414　第 17 章　Rust のオブジェクト指向プログラミング機能

方法を見ましょう。

　ブログ記事のワークフローを少しずつ実装していきます。ブログの最終的な機能は以下のような感じになるでしょう:

1. ブログ記事は、空の草稿から始まる。
2. 草稿ができたら、査読が要求される。
3. 記事が承認されたら、公開される。
4. 公開されたブログ記事だけが表示する内容を返すので、未承認の記事は、誤って公開されない。

それ以外の記事に対する変更は、効果を持つべきではありません。例えば、査読を要求する前にブログ記事の草稿を承認しようとしたら、記事は、非公開の草稿のままになるべきです。

　リスト 17.11 は、このワークフローをコードの形で示しています: これは、blog というライブラリークレートに実装する API の使用例です。まだ blog クレートを実装していないので、コンパイルはできません。

リスト 17.11: blog クレートにほしい振る舞いをデモするコード

src/main.rs

```rust
extern crate blog;
use blog::Post;

fn main() {
❶ let mut post = Post::new();

    // 今日はお昼にサラダを食べた
❷ post.add_text("I ate a salad for lunch today");
❸ assert_eq!("", post.content());

❹ post.request_review();
❺ assert_eq!("", post.content());

❻ post.approve();
❼ assert_eq!("I ate a salad for lunch today", post.content());
}
```

　ユーザーが Post::new で新しいブログ記事の草稿を作成できるようにしたいです❶。それから、草稿状態の間にブログ記事にテキストを追加できるようにしたいです❷。承認前に記事の内容を即座に得ようとしたら、記事はまだ草稿なので、何も起こるべきではありません。デモ目的でコードに assert_eq! を追加しました❸。これに対する素晴らしい単体テストは、ブログ記事の草稿が content メソッドから空の文字列を返すことをアサートすることでしょうが、この例に対してテストを書くつもりはありません。

　次に、記事の査読を要求できるようにしたく❹、また査読を待機している間は content に空の文字列を返してほしいです❺。記事が承認を受けたら❻、公開されるべきです。つまり、content を呼んだときに記事のテキストが返されるということです❼。

クレートから相互作用している唯一の型は、Post だけであることに注意してください。この型はステートパターンを使用し、記事がなり得る種々の状態を表す 3 つのステートオブジェクトのうちの 1 つになる値を保持します。draft（草稿）、waiting for review（査読待ち）、published（公開中）です。1 つの状態から別の状態への変更は、Post 型内部で管理されます。Post インスタンスのライブラリーユーザーが呼び出すメソッドに呼応して状態は変化しますが、状態の変化を直接管理する必要はありません。また、ユーザーは、査読前に記事を公開するなど状態を誤ることはありません。

Post を定義し、草稿状態で新しいインスタンスを生成する

ライブラリーの実装に取り掛かりましょう！ 何らかの内容を保持する公開の Post 構造体が必要なことはわかるので、構造体の定義と、関連する公開の Post インスタンスを生成する new 関数から始めましょう。リスト 17.12 のようにですね。また、非公開の State トレイトも作成します。それから、Post は state という非公開のフィールドに、Option で Box<State> のトレイトオブジェクトを保持します。Option が必要な理由はすぐわかります。

リスト 17.12: Post 構造体、新規 Post インスタンスを生成する new 関数、State トレイト、Draft 構造体の定義

src/lib.rs

```
pub struct Post {
    state: Option<Box<State>>,
    content: String,
}

impl Post {
    pub fn new() -> Post {
        Post {
          ❶ state: Some(Box::new(Draft {})),
          ❷ content: String::new(),
        }
    }
}

trait State {}

struct Draft {}

impl State for Draft {}
```

State トレイトは、異なる記事の状態で共有される振る舞いを定義し、Draft、PendingReview、Published 状態はすべて、State トレイトを実装します。今は、トレイトにメソッドは何もなく、Draft が記事の初期状態にしたい状態なので、その状態だけを定義することから始めます。

新しい Post を作るとき、state フィールドは、Box を保持する Some 値にセットします❶。この Box が Draft 構造体の新しいインスタンスを指します。これにより、新しい Post を作

るたびに、草稿から始まることが保証されます。Post の state フィールドは非公開なので、Post を他の状態で作成する方法はないのです！ Post::new 関数では、content フィールドを新しい空の String にセットしています❷。

記事の内容のテキストを格納する

リスト 17.11 は、add_text というメソッドを呼び出し、ブログ記事のテキスト内容に追加される &str を渡せるようになりたいことを示しました。これを content フィールドを pub にしてさらすのではなく、メソッドとして実装しています。これは、後ほど content フィールドデータの読まれ方を制御するメソッドを実装できることを意味しています。add_text メソッドは非常に素直なので、リスト 17.13 の実装を impl Post ブロックに追加しましょう:

リスト 17.13: 記事の content にテキストを追加する add_text メソッドを実装する

```
impl Post {
    // 略
    pub fn add_text(&mut self, text: &str) {
        self.content.push_str(text);
    }
}
```

add_text メソッドは、self への可変参照を取ります。というのも、add_text を呼び出した Post インスタンスを変更しているからです。それから content の String に対して push_str を呼び出し、text 引数を渡して保存された content に追加しています。この振る舞いは、記事の状態によらないので、ステートパターンの一部ではありません。add_text メソッドは、state フィールドとまったく相互作用しませんが、サポートしたい振る舞いの一部ではあります。

草稿の記事の内容は空であることを保証する

add_text を呼び出して記事に内容を追加した後でさえ、記事はまだ草稿状態なので、それでも content メソッドには空の文字列スライスを返してほしいです。リスト 17.11 の 7 行目❸で示したようにですね。とりあえず、この要求を実現する最も単純な方法で content メソッドを実装しましょう: 常に空の文字列スライスを返すことです。いったん、記事の状態を変更する能力を実装したら、公開できるように、これを後ほど変更します。ここまで、記事は草稿状態にしかなり得ないので、記事の内容は常に空のはずです。リスト 17.14 は、この仮の実装を表示しています:

リスト 17.14: Post に常に空の文字列スライスを返す content の仮の実装を追加する

```
impl Post {
    // 略
    pub fn content(&self) -> &str {
        ""
    }
}
```

オブジェクト指向デザインパターンを実装する　417

この追加された content メソッドとともに、リスト 17.11 の 8 行目 ❸ までのコードは、想定どおり動きます。

記事の査読を要求すると、状態が変化する

次に、記事の査読を要求する機能を追加する必要があり、これをすると、状態が Draft から PendingReview に変わるはずです。リスト 17.15 はこのコードを示しています:

リスト 17.15: Post と State トレイトに request_review メソッドを実装する

```
impl Post {
    // 略
  ❶ pub fn request_review(&mut self) {
      ❷ if let Some(s) = self.state.take() {
          ❸ self.state = Some(s.request_review())
        }
    }
}

trait State {
  ❹ fn request_review(self: Box<Self>) -> Box<State>;
}

struct Draft {}

impl State for Draft {
    fn request_review(self: Box<Self>) -> Box<State> {
      ❺ Box::new(PendingReview {})
    }
}

struct PendingReview {}

impl State for PendingReview {
    fn request_review(self: Box<Self>) -> Box<State> {
      ❻ self
    }
}
```

Post に self への可変参照を取る request_review という公開メソッドを与えます ❶。それから、Post の現在の状態に対して内部の request_review メソッドを呼び出し ❸、この 2番目の request_review が現在の状態を消費し、新しい状態を返します。

State トレイトに request_review メソッドを追加しました ❹; このトレイトを実装する型はすべて、これで request_review メソッドを実装する必要があります。メソッドの第 1引数に self、&self、&mut self ではなく、self: Box<Self> としていることに注意してください。この記法は、型を保持する Box に対して呼ばれた時のみ、このメソッドが合法になる

418　第 17 章　Rust のオブジェクト指向プログラミング機能

ことを意味しています。この記法は、Box<Self> の所有権を奪い、古い状態を無効化するので、Post の状態値は、新しい状態に変形できます。

　古い状態を消費するために、request_review メソッドは、状態値の所有権を奪う必要があります。ここで Post の state フィールドの Option が問題になるのです: take メソッドを呼び出して、state フィールドから Some 値を取り出し、その箇所に None を残します。なぜなら、Rust は、構造体に未代入のフィールドを持たせてくれないからです❷。これにより、借用するのではなく、Post の state 値をムーブすることができます。それから、記事の state 値をこの処理の結果にセットするのです。

　self.state = self.state.request_review(); のようなコードで直接 state 値の所有権を得るよう設定するのではなく、一時的に None に state をセットする必要があります。これにより、新しい状態に変形した後に、Post が古い state 値を使えないことが保証されるのです。

　Draft の request_review メソッドは、新しい PendingReview 構造体❹の新しいボックスのインスタンスを返す必要があり、これが、記事が査読待ちのときの状態を表します。PendingReview 構造体も request_review メソッドを実装しますが、何も変形はしません。むしろ、自身を返します❻。というのも、すでに PendingReview 状態にある記事の査読を要求したら、PendingReview 状態に留まるべきだからです。

　ようやくステートパターンの利点が見えてき始めました: state 値が何であれ、Post の request_review メソッドは同じです。各状態は、独自の規則にのみ責任を持ちます。

　Post の content メソッドを空の文字列スライスを返してそのままにします。これで Post は PendingReview と Draft 状態になり得ますが、PendingReview 状態でも、同じ振る舞いがほしいです。もうリスト 17.11 は 9 行目❺まで動くようになりました！

content の振る舞いを変化させる approve メソッドを追加する

　approve メソッドは、request_review メソッドと類似するでしょう: 状態が承認されたときに、現在の状態があるべきと言う値に state をセットします。リスト 17.16 のようにですね:

リスト 17.16: Post と State トレイトに approve メソッドを実装する

src/lib.rs

```
impl Post {
    // 略
    pub fn approve(&mut self) {
        if let Some(s) = self.state.take() {
            self.state = Some(s.approve())
        }
    }
}

trait State {
    fn request_review(self: Box<Self>) -> Box<State>;
    fn approve(self: Box<Self>) -> Box<State>;
```

```
    }

    struct Draft {}

    impl State for Draft {
        // 略
        fn approve(self: Box<Self>) -> Box<State> {
          ❶ self
        }
    }

    struct PendingReview {}

    impl State for PendingReview {
        // 略
        fn approve(self: Box<Self>) -> Box<State> {
          ❷ Box::new(Published {})
        }
    }

    struct Published {}

    impl State for Published {
        fn request_review(self: Box<Self>) -> Box<State> {
            self
        }

        fn approve(self: Box<Self>) -> Box<State> {
            self
        }
    }
```

　State トレイトに approve メソッドを追加し、Published 状態という State を実装する新しい構造体を追加します。

　request_review のように、Draft に対して approve メソッドを呼び出したら、self を返すので、何も効果はありません❶。PendingReview に対して approve を呼び出すと、Published 構造体の新しいボックス化されたインスタンスを返します❷。Published 構造体は State トレイトを実装し、request_review メソッドと approve メソッド両方に対して、自身を返します。そのような場合に記事は、Published 状態に留まるべきだからです。

　さて、Post の content メソッドを更新する必要が出てきました: 状態が Published なら、記事の content フィールドの値を返したいのです; それ以外なら、空の文字列スライスを返したいです。リスト 17.17 のようにですね:

リスト 17.17: Post の content メソッドを更新して State の content メソッドに委譲する

```rust
impl Post {
    // 略
    pub fn content(&self) -> &str {
        self.state.as_ref().unwrap().content(&self)
    }
    // 略
}
```

目的は、これらの規則すべてを State を実装する構造体の内部に押し留めることなので、state の値に対して content メソッドを呼び出し、記事のインスタンス（要するに、self）を引数として渡します。そして、state 値の content メソッドを使用したことから返ってきた値を返します。

Option に対して as_ref メソッドを呼び出します。値の所有権ではなく、Option 内部の値への参照がほしいからです。state は Option<Box<State>> なので、as_ref を呼び出すと、Option<&Box<State>> が返ってきます。as_ref を呼ばなければ、state を関数引数の借用した&self からムーブできないので、エラーになるでしょう。

さらに unwrap メソッドを呼び出し、これは絶対にパニックしないことがわかっています。なぜなら、Post のメソッドが、それらのメソッドが完了した際に state は常に Some 値を含んでいることを保証するからです。これは、コンパイラーには理解不能であるものの、None 値が絶対にあり得ないとわかる第 9 章の「コンパイラーよりもプログラマーがより情報を握っている場合」（☞ p. 181）で語った一例です。

この時点で、&Box<State> に対して content を呼び出すと、参照外し型強制が & と Box に働くので、究極的に content メソッドが State トレイトを実装する型に対して呼び出されることになります。つまり、content を State トレイト定義に追加する必要があり、そこが現在の状態に応じてどの内容を返すべきかというロジックを配置する場所です。リスト 17.18 のようにですね:

リスト 17.18: State トレイトに content メソッドを追加する

```rust
trait State {
    // 略
    fn content<'a>(&self, post: &'a Post) -> &'a str {
      ❶ ""
    }
}

// 略

struct Published {}

impl State for Published {
    // 略
    fn content<'a>(&self, post: &'a Post) -> &'a str {
```

```
    ❷ &post.content
    }
}
```

　空の文字列スライスを返すデフォルト実装を `content` メソッドに追加しています❶。
これにより、`Draft` と `PendingReview` 構造体に `content` を実装する必要はありません。
`Published` 構造体は、`content` メソッドをオーバーライドし、`post.content` の値を返しま
す❷。

　第 10 章で議論したように、このメソッドにはライフタイム注釈が必要なことに注意してく
ださい。`post` への参照を引数として取り、その `post` の一部への参照を返しているので、返却
される参照のライフタイムは、`post` 引数のライフタイムに関連します。

　出来上がりました。要するに、リスト 17.11 はもう動くようになったのです！ ブログ記事
ワークフローの規則でステートパターンを実装しました。その規則に関連するロジックは、
`Post` 中に散乱するのではなく、ステートオブジェクトに息づいています。

ステートパターンの代償

　オブジェクト指向のステートパターンを実装して各状態のときに記事がなり得る異なる種類
の振る舞いをカプセル化する能力が、Rust にあることを示してきました。`Post` のメソッド
は、種々の振る舞いについては何も知りません。コードを体系化する仕方によれば、公開され
た記事が振る舞うことのあるさまざまな方法を知るには、1 箇所のみを調べればいいのです:
`Published` 構造体の `State` トレイトの実装です。

　ステートパターンを使用しない対立的な実装を作ることになったら、代わりに `Post` のメ
ソッドか、あるいは記事の状態を確認し、それらの箇所の振る舞いを変更する `main` コードで
さえ、`match` 式を使用したかもしれません。そうなると、複数個所を調べて記事が公開状態に
あることの裏の意味すべてを理解しなければならなくなります！ これは、追加した状態が増
えれば、さらに増すだけでしょう: 各 `match` 式には、別のアームが必要になるのです。

　ステートパターンでは、`Post` のメソッドと `Post` を使用する箇所で、`match` 式が必要にな
ることはなく、新しい状態を追加するのにも、新しい構造体を追加し、その 1 つの構造体にト
レイトメソッドを実装するだけでよいわけです。

　ステートパターンを使用した実装は、拡張して機能を増やすことが容易です。ステートパ
ターンを使用するコードの管理の単純さを確認するために、以下の提言を試してみてください:

- 記事の状態を `PendingReview` から `Draft` に戻す `reject` メソッドを追加する。
- 状態が `Published` に変化させられる前に `approve` を 2 回呼び出す必要があるように
  する。
- 記事が `Draft` 状態のときのみテキスト内容をユーザーが追加できるようにする。ヒン
  ト: ステートオブジェクトに内容について変わる可能性のあるものの責任を持たせつつ
  も、`Post` を変更することには責任を持たせない。

　ステートパターンの欠点の 1 つは、状態が状態間の遷移を実装しているので、状態の一部が密

に結合した状態になってしまうことです。PendingReview と Published の間に、Scheduled のような別の状態を追加したら、代わりに PendingReview のコードを Scheduled に遷移するように変更しなければならないでしょう。状態が追加されても PendingReview を変更する必要がなければ、作業が減りますが、そうすれば別のデザインパターンに切り替えることになるでしょう。

別の欠点は、ロジックの一部を重複させてしまうことです。重複を除くためには、State トレイトの request_review と approve メソッドに self を返すデフォルト実装を試みる可能性があります; ですが、これはオブジェクト安全性を侵害するでしょう。というのも、具体的な self がいったい何なのかトレイトには知りようがないからです。State をトレイトオブジェクトとして使用できるようにしたいので、メソッドにはオブジェクト安全になってもらう必要があるのです。

他の重複には、Post の request_review と approve メソッドの実装が似ていることが含まれます。両メソッドは Option の state の値に対する同じメソッドの実装に委譲していて、state フィールドの新しい値を結果にセットします。このパターンに従う Post のメソッドが多くあれば、マクロを定義して繰り返しを排除することも考慮する可能性があります（マクロについては付録 D（☞ p.551）を参照）。

オブジェクト指向言語で定義されているとおり忠実にステートパターンを実装することで、Rust の強みをできるだけ発揮していません。blog クレートに対して行える無効な状態と遷移をコンパイルエラーにできる変更に目を向けましょう。

状態と振る舞いを型としてコード化する

ステートパターンを再考して別の代償を得る方法をお見せします。状態と遷移を完全にカプセル化して、外部のコードに知らせないようにするよりも、状態を異なる型にコード化します。結果的に、Rust の型検査システムが、公開記事のみが許可される箇所で草稿記事の使用を試みることをコンパイルエラーを発して阻止します。

リスト 17.11 の main の最初の部分を考えましょう:

src/main.rs
```rust
fn main() {
    let mut post = Post::new();

    post.add_text("I ate a salad for lunch today");
    assert_eq!("", post.content());
}
```

それでも、Post::new で草稿状態の新しい記事を生成することと記事の内容にテキストを追加する能力は可能にします。しかし、空の文字列を返す草稿記事の content メソッドを保持する代わりに、草稿記事は、content メソッドをまったく持たないようにします。そうすると、草稿記事の内容を得ようとしたら、メソッドが存在しないというコンパイルエラーになるでしょう。その結果、誤ってプロダクションコードで草稿記事の内容を表示することが不可能になります。そのようなコードは、コンパイルさえできないからです。リスト 17.19 は Post

オブジェクト指向デザインパターンを実装する　423

構造体、DraftPost 構造体、さらにメソッドの定義を示しています:

リスト 17.19: content メソッドのある Post と content メソッドのない DraftPost

src/lib.rs

```rust
pub struct Post {
    content: String,
}

pub struct DraftPost {
    content: String,
}

impl Post {
  ❶ pub fn new() -> DraftPost {
        DraftPost {
            content: String::new(),
        }
    }

  ❷ pub fn content(&self) -> &str {
        &self.content
    }
}

impl DraftPost {
  ❸ pub fn add_text(&mut self, text: &str) {
        self.content.push_str(text);
    }
}
```

　Post と DraftPost 構造体どちらにもブログ記事のテキストを格納する非公開の content フィールドがあります。状態のコード化を構造体の型に移動したので、この構造体はもはや state フィールドを持ちません。Post は公開された記事を表し、content を返す content メソッドがあります❷。

　それでも Post::new 関数はありますが、Post のインスタンスを返すのではなく、DraftPost のインスタンスを返します❶。content は非公開であり、Post を返す関数も存在しないので、現状 Post のインスタンスを生成することは不可能です。

　DraftPost 構造体には、以前のようにテキストを content に追加できるよう add_text メソッドがありますが❸、DraftPost には content メソッドが定義されていないことに注目してください！ したがって、これでプログラムは、すべての記事が草稿記事から始まり、草稿記事は表示できる内容がないことを保証します。この制限をかいくぐる試みは、すべてコンパイルエラーに落ち着くでしょう。

遷移を異なる型への変形として実装する

では、どうやって公開された記事を得るのでしょうか？ 公開される前に草稿記事は査読され、承認されなければならないという規則を強制したいです。査読待ち状態の記事は、それでも内容を表示するべきではありません。別の構造体 PendingReviewPost を追加し、DraftPost に PendingReviewPost を返す request_review メソッドを定義し、PendingReviewPost に Post を返す approve メソッドを定義してこれらの制限を実装しましょう。リスト 17.20 のようにですね:

リスト 17.20: DraftPost の request_review を呼び出すことで生成される PendingReviewPost と、PendingReviewPost を公開された Post に変換する approve メソッド

```
impl DraftPost {
    // 略

    pub fn request_review(self) -> PendingReviewPost {
        PendingReviewPost {
            content: self.content,
        }
    }
}

pub struct PendingReviewPost {
    content: String,
}

impl PendingReviewPost {
    pub fn approve(self) -> Post {
        Post {
            content: self.content,
        }
    }
}
```

request_review と approve メソッドは self の所有権を奪い、故に DraftPost と PendingReviewPost インスタンスを消費し、それぞれ PendingReviewPost と公開された Post に変形します。このように、DraftPost インスタンスに request_review を呼んだ後には、DraftPost インスタンスは生きながらえず、以下同様です。PendingReviewPost 構造体には、content メソッドが定義されていないので、DraftPost 同様に、その内容を読もうとするとコンパイルエラーに落ち着きます。content メソッドが確かに定義された公開された Post インスタンスを得る唯一の方法が、PendingReviewPost に対して approve を呼び出すことであり、PendingReviewPost を得る唯一の方法が、DraftPost に request_review を呼び出すことなので、これでブログ記事のワークフローを型システムにコード化しました。

ですが、さらに main にも多少小さな変更を行わなければなりません。request_review と approve メソッドは、呼ばれた構造体を変更するのではなく、新しいインスタンスを返すの

で、`let post =`というシャドーイング代入をもっと追加し、返却されたインスタンスを保存する必要があります。また、草稿と査読待ち記事の内容を空の文字列でアサートすることも、する必要もありません: もはや、その状態にある記事の内容を使用しようとするコードはコンパイル不可能だからです。`main` の更新されたコードは、リスト 17.21 に示されています:

リスト 17.21: ブログ記事ワークフローの新しい実装を使う `main` の変更

src/main.rs

```
extern crate blog;
use blog::Post;

fn main() {
    let mut post = Post::new();

    post.add_text("I ate a salad for lunch today");

    let post = post.request_review();

    let post = post.approve();

    assert_eq!("I ate a salad for lunch today", post.content());
}
```

post を再代入するために main に行う必要のあった変更は、この実装がもう、まったくオブジェクト指向のステートパターンに沿っていないことを意味します: 状態間の変形はもはや、Post 実装内に完全にカプセル化されていません。ですが、型システムとコンパイル時に起こる型チェックのおかげでもう無効な状態があり得なくなりました。これにより、未公開の記事の内容が表示されるなどの特定のバグが、プロダクションコードに移る前に発見されることが保証されます。

blog クレートに関してこの節の冒頭で触れた追加の要求に提言される作業をそのままリスト 17.20 の後に試してみて、このバージョンのコードについてどう思うか確かめてください。この設計では、すでに作業の一部が達成されている可能性があることに注意してください。

Rust は、オブジェクト指向のデザインパターンを実装する能力があるものの、状態を型システムにコード化するなどの他のパターンも、Rust では利用可能なことを確かめました。これらのパターンには、異なる代償があります。あなたが、オブジェクト指向のパターンには非常に馴染み深い可能性があるものの、問題を再考して Rust の機能の強みを生かすと、コンパイル時に一部のバグを回避できるなどの利益が得られることもあります。オブジェクト指向のパターンは、オブジェクト指向言語にはない所有権などの特定の機能により Rust では、必ずしも最善の解決策ではないでしょう。

総括

この章読了後に、あなたが Rust はオブジェクト指向言語であると考えるかどうかにかかわらず、もうトレイトオブジェクトを使用して Rust でオブジェクト指向の機能の一部を得ることができると知っています。ダイナミックディスパッチは、多少の実行時性能と引き換えにコードに柔軟性をもたらしてくれます。この柔軟性を利用してコードのメンテナンス性に寄与するオブジェクト指向パターンを実装することができます。Rust にはまた、オブジェクト指向言語にはない所有権などの他の機能もあります。オブジェクト指向パターンは、必ずしも Rust の強みを生かす最善の方法にはなりませんが、利用可能な選択肢の 1 つではあります。

次は、パターンを見ます。パターンも多くの柔軟性を可能にする Rust の別の機能です。本書全体を通してわずかに見かけましたが、まだその全能力は目の当たりにしていません。さあ、行きましょう！

18

パターンとマッチング

パターンは、複雑であれ、単純であれ、Rustで型の構造に一致する特別な記法です。match式や他の構文と組み合わせてパターンを使用すると、プログラムの制御フローをよりコントロールできます。パターンは、以下を組み合わせることで構成されます:

- リテラル
- 分配された配列、enum、構造体、タプル
- 変数
- ワイルドカード
- プレースホルダー

これらの要素が取り組んでいるデータの形を説明し、それから値に対してマッチを行い、プログラムに正しい値があって特定のコードを実行し続けられるかどうかを決定します。

パターンを使用するには、何らかの値と比較します。パターンが値に合致したら、コードで値の部分を使用します。コイン並べ替えマシンの例のような第6章でパターンを使用したmatch式を思い出してください。値がパターンの形に当てはまったら、名前のある部品を使用できます。当てはまらなければ、パターンに紐付いたコードは実行されません。

この章は、パターンに関連するあらゆるものの参考文献です。パターンを使用するのが合法な箇所、論駁可能と論駁不可能なパターンの違い、目撃する可能性のあるいろいろな種類のパターン記法を講義します。章の終わりまでに、パターンを使用して多くの概念をはっきり表現する方法を知るでしょう。

パターンが使用されることのある箇所全部

Rust において、パターンはいろいろな箇所に出現し、そうと気づかないうちにたくさん使用してきました！ この節は、パターンが合法な箇所全部を議論します。

match アーム

第 6 章で議論したように、パターンを match 式のアームで使います。正式には、match 式はキーワード match、マッチ対象の値、パターンとそのアームのパターンに値が合致したら実行される式からなる 1 つ以上のマッチアームとして定義されます。以下のように:

```
match VALUE {
    PATTERN => EXPRESSION,
    PATTERN => EXPRESSION,
    PATTERN => EXPRESSION,
}
```

match 式の必須事項の 1 つは、match 式の値の可能性すべてが考慮されなければならないという意味で網羅的である必要があることです。全可能性をカバーしていると保証する 1 つの手段は、最後のアームに包括的なパターンを入れることです: 例えば、どんな値にも合致する変数名は失敗することがあり得ないので、故に残りの全ケースをカバーできます。

_ という特定のパターンは何にでもマッチしますが、変数には束縛されないので、よく最後のマッチアームに使用されます。例えば、_ パターンは、指定されていないあらゆる値を無視したいときに有用です。_ パターンについて詳しくは、この章の後ほど、「パターンの値を無視する」(☞ p. 442) で講義します。

条件分岐 if let 式

第 6 章で主に if let 式を 1 つの場合にしか合致しない match と同様のものを書く省略法として使用する方法を議論しました。オプションとして、if let には if let のパターンが合致しないときに走るコードを含む対応する else も用意できます。

リスト 18.1 は、if let、else if、else if let 式を混ぜてマッチさせることもできることを示しています。そうすると、パターンと 1 つの値しか比較することを表現できない match 式よりも柔軟性が高くなります。また、一連の if let、else if、else if let アームの条件は、お互いに関連している必要はありません。

リスト 18.1 のコードは、背景色が何になるべきかを決定するいくつかの条件を連なって確認するところを示しています。この例では、実際のプログラムではユーザー入力を受け付ける可能性のある変数をハードコードされた値で生成しています。

パターンが使用されることのある箇所全部　429

リスト 18.1: if let、else if、else if let、else を混ぜる

main.rs

```
fn main() {
    let favorite_color: Option<&str> = None;
    let is_tuesday = false;
    let age: Result<u8, _> = "34".parse();

 ❶ if let Some(color) = favorite_color {
        // あなたのお気に入りの色、{}を背景色に使用します
     ❷ println!("Using your favorite color, {}, as the background", color);
 ❸ } else if is_tuesday {
        // 火曜日は緑の日！
     ❹ println!("Tuesday is green day!");
 ❺ } else if let Ok(age) = age {
     ❻ if age > 30 {
            // 紫を背景色に使用します
         ❼ println!("Using purple as the background color");
        } else {
            // オレンジを背景色に使用します
         ❽ println!("Using orange as the background color");
        }
 ❾ } else {
        // 青を背景色に使用します
     ❿ println!("Using blue as the background color");
    }
}
```

　ユーザーがお気に入りの色を指定したら❶、その色が背景色になります❷。今日が火曜日なら❸、背景色は緑です❹。ユーザーが年齢を文字列で指定し、数値として解析することができたら❺、背景色は、その数値の値❻によって紫❼かオレンジ❽になります。どの条件も適用できなければ❾、背景色は青になります❿:

　この条件分岐構造により、複雑な要件をサポートさせてくれます。ここにあるハードコードされた値では、この例は Using purple as the background color と出力するでしょう。

　match アームのように if let もシャドーイングされた変数を導入できることがわかります: if let Ok(age) = age の行❺は、Ok 列挙子の中の値を含むシャドーイングされた新しい age 変数を導入します。つまり、if age > 30 という条件❻は、そのブロック内に配置する必要があります: これら 2 つの条件を組み合わせて、if let Ok(age) = age && age > 30 とすることはできません。30 と比較したいシャドーイングされた age は、波かっこで新しいスコープが始まるまで有効にならないのです。

　if let 式を使うことの欠点は、コンパイラーが網羅性を確認してくれないことです。一方で match 式ではしてくれます。最後の else ブロック❾を省略した故に、扱い忘れたケースがあっても、コンパイラーは、ロジックバグの可能性を指摘してくれないでしょう。

while let 条件分岐ループ

if let と構成が似て、while let 条件分岐ループは、パターンが合致し続ける限り、while ループを走らせます。リスト 18.2 の例は、ベクターをスタックとして使用する while let ループを示し、ベクターの値をプッシュしたのとは逆順に出力します:

リスト 18.2: while let ループを使って stack.pop() が Some を返す限り値を出力する

```
let mut stack = Vec::new();

stack.push(1);
stack.push(2);
stack.push(3);

while let Some(top) = stack.pop() {
    println!("{}", top);
}
```

この例は、3、2、そして 1 と出力します。pop メソッドはベクターの最後の要素を取り出して Some(value) を返します。ベクターが空なら、pop は None を返します。while ループは pop が Some を返す限り、ブロックのコードを実行し続けます。pop が None を返すと、ループは停止します。while let を使用してスタックからすべての要素を取り出せるのです。

for ループ

第 3 章で、Rust コードにおいては、for ループが最もありふれたループ構造だと述べましたが、for が取るパターンについてはまだ議論していませんでした。for ループにおいて、直接キーワード for に続く値がパターンなので、for x in y では、x がパターンになります。

リスト 18.3 は for ループでパターンを使用して for ループの一部としてタプルを分配あるいは、分解する方法をデモしています。

リスト 18.3: for ループでパターンを使用してタプルを分配する

```
let v = vec!['a', 'b', 'c'];

for (index, value) in v.iter().enumerate() {
    println!("{} is at index {}", value, index);
}
```

リスト 18.3 のコードは、以下のように出力するでしょう:

```
a is at index 0
b is at index 1
c is at index 2
```

enumerate メソッドを使用してイテレーターを改造し、値とその値のイテレーターでの添え字をタプルに配置して生成しています。enumerate の最初の呼び出しは、タプル (0, 'a') を生成します。この値がパターン (index, value) とマッチさせられると、index は 0、value は 'a' になり、出力の最初の行を出力するのです。

let 文

この章に先駆けて、match と if let でパターンを使用することだけ明示的に議論してきましたが、実は let 文を含む他の箇所でもパターンを使用してきたのです。例として、この let での単純な変数代入を考えてください:

```
let x = 5;
```

本書を通してこのような let を何百回も使用してきて、お気付きではなかったかもしれませんが、パターンを使用していたのです! より正式には、let 文はこんな見た目をしています:

```
let PATTERN = EXPRESSION;
```

let x = 5; のような変数名が PATTERN スロットにある文で、変数名は、ただ特に単純な形態のパターンなのです。Rust は式をパターンと比較し、見つかったあらゆる名前を代入します。故に、let x = 5; の例では、x は「ここでマッチしたものを変数 x に束縛する」ことを意味するパターンです。名前 x がパターンの全容なので、このパターンは実質的に「値が何であれ、すべてを変数 x に束縛しろ」を意味します。

let のパターンマッチングの観点をよりはっきり確認するために、リスト 18.4 を考えてください。これは let でパターンを使用し、タプルを分配します。

リスト 18.4: パターンを使用してタプルを分配し、3 つの変数を一度に生成する

```
let (x, y, z) = (1, 2, 3);
```

ここでタプルに対してパターンをマッチさせています。Rust は値 (1, 2, 3) をパターン (x, y, z) と比較し、値がパターンに合致すると確認するので、1 を x に、2 を y に、3 を z に束縛します。このタプルパターンを個別の 3 つの変数パターンが内部にネストされていると考えることもできます。

パターンの要素数がタプルの要素数と一致しない場合、全体の型が一致せず、コンパイルエラーになるでしょう。例えば、リスト 18.5 は、3 要素のタプルを 2 つの変数に分配しようとしているところを表示していて、動きません。

リスト 18.5: 変数がタプルの要素数と一致しないパターンを間違って構成する

```
let (x, y) = (1, 2, 3);
```

このコードのコンパイルを試みると、このような型エラーに落ち着きます:

```
error[E0308]: mismatched types
 --> src/main.rs:2:9
  |
2 |     let (x, y) = (1, 2, 3);
  |         ^^^^^^ expected a tuple with 3 elements, found one with 2 elements
  |               3要素のタプルを予期したのに、2要素のタプルが見つかりました
  |
  = note: expected type `({integer}, {integer}, {integer})`
             found type `(_, _)`
```

　タプルの値のうち1つ以上を無視したかったら、「パターンの値を無視する」（☞ p.442）で
見かけるように、 _ か .. を使用できるでしょう。パターンに変数が多すぎるというのが問題
なら、変数の数がタプルの要素数と一致するように変数を減らすことで、型を一致させること
が解決策です。

関数の引数

　関数の引数もパターンにできます。リスト18.6のコードは、型i32のxという引数1つを
取るfooという関数を宣言していますが、これまでに馴染み深くなっているはずです。

リスト18.6: 関数シグニチャーが引数にパターンを使用している

```rust
fn foo(x: i32) {
    // コードがここに来る
}
```

　xの部分がパターンです！ let のように、関数の引数でパターンにタプルを合致させられる
でしょう。リスト18.7では、タプルを関数に渡したのでその中の値を分離しています。

リスト18.7: タプルを分配する引数を伴う関数

main.rs

```rust
fn print_coordinates(&(x, y): &(i32, i32)) {
    // 現在の位置: ({}, {})
    println!("Current location: ({}, {})", x, y);
}

fn main() {
    let point = (3, 5);
    print_coordinates(&point);
}
```

　このコードは Current location: (3, 5) と出力します。値&(3, 5)はパターン&(x,
y)と合致するので、xは値3、yは値5になります。
　また、クロージャーの引数リストでも、関数の引数リストのようにパターンを使用すること
ができます。第13章で議論したように、クロージャーは関数に似ているからです。

論駁可能性: パターンが合致しないかどうか　433

この時点で、パターンを使用する方法をいくつか見てきましたが、パターンを使用できる箇所全部で同じ動作をするわけではありません。パターンが論駁不可能でなければならない箇所もあります。他の状況では、論駁可能にもなり得ます。この2つの概念を次に議論します。

論駁可能性: パターンが合致しないかどうか

パターンには2つの形態があります: 論駁可能なものと論駁不可能なものです。渡される可能性のあるあらゆる値に合致するパターンは、**論駁不可能**なものです。文 let x = 5; の x は一例でしょう。x は何にでも合致し、故に合致に失敗することがあり得ないからです。何らかの可能性のある値に対して合致しないことがあるパターンは、**論駁可能**なものです。一例は、式 if let Some(x) = a_value の Some(x) になるでしょう; a_value 変数の値が Some ではなく、None なら、Some(x) パターンは合致しないでしょうから。

関数の引数、let 文、for ループは、値が合致しなかったら何も意味のあることをプログラムが実行できないので、論駁不可能なパターンしか受け付けられません。if let と while let 式は、定義により失敗する可能性を処理することを意図したものなので、論駁可能なパターンのみを受け付けます: 条件式の機能は、成功か失敗によって異なる振る舞いをする能力にあるのです。

一般的に、論駁可能と論駁不可能なパターンの差異について心配しなくてもよいはずです; しかしながら、エラーメッセージで見かけた際に対応できるように、論駁可能性の概念に確かに慣れておく必要があります。そのような場合には、コードの意図した振る舞いに応じて、パターンかパターンを使用している構文を変える必要があるでしょう。

コンパイラーが論駁不可能なパターンを必要とする箇所で論駁可能なパターンを使用しようとしたら、何が起こるかとその逆の例を見ましょう。リスト 18.8 は let 文を示していますが、パターンには Some(x) と指定し、論駁可能なパターンです。ご想像どおりかもしれませんが、このコードはコンパイルできません。

リスト 18.8: let で**論駁可能なパターン**を使用しようとする

```
let Some(x) = some_option_value;
```

some_option_value が None 値だったなら、パターン Some(x) に合致しないことになり、パターンが論駁可能であることを意味します。ですが、let 文は論駁不可能なパターンしか受け付けられません。None 値に対してコードができる合法なことは何もないからです。コンパイル時にコンパイラーは、論駁不可能なパターンが必要な箇所に論駁可能なパターンを使用しようとしたと文句を言うでしょう:

```
error[E0005]: refutable pattern in local binding: `None` not covered
エラー: ローカル束縛に論駁可能なパターン: 'None'がカバーされていません
 -->
  |
3 | let Some(x) = some_option_value;
  |     ^^^^^^^ pattern `None` not covered
```

パターン Some(x) ですべての合法な値をカバーしなかった（できませんでした！）ので、コンパイラーは当然、コンパイルエラーを生成します。

論駁不可能なパターンが必要な箇所に論駁可能なパターンがある問題を修正するには、パターンを使用するコードを変えればいいのです: let の代わりに if let を使用できます。そして、パターンが合致しなかったら、コードは合法に継続する手段を残して、波かっこ内のコードを飛ばすだけでしょう。リスト 18.9 は、リスト 18.8 のコードの修正方法を示しています。

リスト 18.9: let ではなく、if let と論駁可能なパターンを含むブロックを使用する

```
if let Some(x) = some_option_value {
    println!("{}", x);
}
```

コードに逃げ道を与えました！ このコードは完全に合法ですが、エラーを受け取らないで論駁不可能なパターンを使用することはできないことを意味します。リスト 18.10 のように、x のような常にマッチするパターンを if let に与えたら、コンパイルできないでしょう。

リスト 18.10: if let で論駁不可能なパターンを使用してみる

```
if let x = 5 {
    println!("{}", x);
};
```

コンパイラーは、論駁不可能なパターンと if let を使用するなんて道理が通らないと文句を言います:

```
error[E0162]: irrefutable if-let pattern
エラー: 論駁不可能な if-let パターン
 --> <anon>:2:8
  |
2 | if let x = 5 {
  |        ^ irrefutable pattern
```

このため、マッチアームは、論駁不可能なパターンで残りのあらゆる値に合致すべき最後のアームを除いて、論駁可能なパターンを使用しなければなりません。コンパイラーは、たった1つしかアームのない match で論駁不可能なパターンを使用させてくれますが、この記法は特別有用なわけではなく、より単純な let 文に置き換えることもできるでしょう。

今やパターンを使用すべき箇所と論駁可能と論駁不可能なパターンの違いを知ったので、パターンを生成するために使用できるすべての記法を講義しましょう。

パターン記法   435

パターン記法

本書全体で、多くの種類のパターンの例を見かけてきました。この節では、パターンで合法な記法すべてを集め、それぞれを使用したくなる可能性がある理由について議論します。

リテラルにマッチする

第6章で目撃したように、パターンを直接リテラルに合致させられます。以下のコードが例をあげています:

```
let x = 1;

match x {
    1 => println!("one"),        // 1
    2 => println!("two"),        // 2
    3 => println!("three"),      // 3
    _ => println!("anything"),   // 何でも
}
```

このコードは、x の値が 1 なので、one を出力します。この記法は、コードが特定の具体的な値を得たときに行動を起こしてほしいときに有用です。

名前付き変数にマッチする

名前付き変数はどんな値にも合致する論駁不可能なパターンであり、本書の中で何度も使用してきました。ですが、名前付き変数を match 式で使うと、やっかいな問題があります。match は新しいスコープを開始するので、match 式内のパターンの一部として宣言された変数は、あらゆる変数同様に match 構文外部の同じ名前の変数を覆い隠します。リスト 18.11 で、値 Some(5) の x という変数と値 10 の変数 y を宣言しています。それから値 x に対して match 式を生成します。マッチアームのパターンと最後の println! を見て、このコードを実行したり、先まで読み進める前にこのコードが何を出力するか推測してみてください。

リスト 18.11: シャドーイングされた変数 y を導入するアームのある match 式

main.rs
```
fn main() {
 ❶ let x = Some(5);
 ❷ let y = 10;

    match x {
        // 50だったよ
      ❸ Some(50) => println!("Got 50"),
        // マッチしたよ、y = {:?}
      ❹ Some(y) => println!("Matched, y = {:?}", y),
        // 規定のケース、x = {:?}
      ❺ _ => println!("Default case, x = {:?}", x),
```

```
    }

    // 最後にはx = {}, y = {}
  ❻ println!("at the end: x = {:?}, y = {:?}", x, y);
}
```

match 式を実行したときに起こることを見ていきましょう。最初のマッチアーム❸のパター
ンは、x の定義された値に合致しないので❶、コードは継続します。

2 番目のマッチアームのパターン❹は、Some 値内部のあらゆる値に合致する新しい y とい
う変数を導入します。match 式内の新しいスコープ内にいるので、これは新しい y 変数であ
り、最初に値 10 で宣言した y ではありません❷。この新しい y 束縛は、Some 内のあらゆる
値に合致し、x にあるものはこれです。故に、この新しい y は、x の中身の値に束縛されます。
その値は 5 なので、そのアームの式が実行され、Matched, y = 5 と出力されます。

x が Some(5) ではなく None 値だったなら、最初の 2 つのアームのパターンはマッチしな
いので、値はアンダースコアに合致したでしょう❺。アンダースコアのアームのパターンでは
x 変数を導入しなかったので、その式の x は、まだシャドーイングされない外側の x のままで
す。この架空の場合、match は Default case, x = None と出力するでしょう。

match 式が完了すると、スコープが終わるので、中の y のスコープも終わります。最後の
println!❻は at the end: x = Some(5), y = 10 を生成します。

シャドーイングされた変数を導入するのではなく、外側の x と y の値を比較する match 式
を生成するには、代わりにマッチガード条件式を使用する必要があるでしょう。マッチガード
については、後ほど、「マッチガードで追加の条件式」(☞ p.448) で語ります。

複数のパターン

match 式で | 記法で複数のパターンに合致させることができ、これは or を意味します。例
えば、以下のコードは x の値をマッチアームに合致させ、最初のマッチアームには or 選択肢
があり、x の値がそのアームのどちらかの値に合致したら、そのアームのコードが走ることを
意味します:

```
let x = 1;

match x {
    // 1か2
    1 | 2 => println!("one or two"),
    // 3
    3 => println!("three"),
    // 何でも
    _ => println!("anything"),
}
```

このコードは、one or two を出力します。

... で値の範囲に合致させる

... 記法により、限度値を含む値の範囲にマッチさせることができます。以下のコードでは、パターンが範囲内のどれかの値に合致すると、そのアームが実行されます:

```
let x = 5;

match x {
    // 1から5まで
    1 ... 5 => println!("one through five"),
    // それ以外
    _ => println!("something else"),
}
```

x が 1、2、3、4 か 5 なら、最初のアームが合致します。この記法は、| 演算子を使用して同じ考えを表現するより便利です; 1 ... 5 ではなく、| を使用したら、1 | 2 | 3 | 4 | 5 と指定しなければならないでしょう。範囲を指定するほうがはるかに短いのです。特に 1 から 1000 までの値と合致させたいとかなら!

範囲は、数値か char 値でのみ許可されます。コンパイラーがコンパイル時に範囲が空でないことを確認しているからです。範囲が空かそうでないかコンパイラーにわかる唯一の型が char か数値なのです。

こちらは、char 値の範囲を使用する例です:

```
let x = 'c';

match x {
    // ASCII 文字前半
    'a' ... 'j' => println!("early ASCII letter"),
    // ASCII 文字後半
    'k' ... 'z' => println!("late ASCII letter"),
    // それ以外
    _ => println!("something else"),
}
```

コンパイラーには c が最初のパターンの範囲にあることがわかり、early ASCII letter と出力されます。

分配して値を分解する

また、パターンを使用して構造体、enum、タプル、参照を分配し、これらの値の異なる部分を使用することもできます。各値を見ていきましょう。

構造体を分配する

リスト 18.12 は、let 文でパターンを使用して分解できる 2 つのフィールド x と y のある Point 構造体を示しています。

リスト 18.12: 構造体のフィールドを個別の変数に分配する

main.rs
```rust
struct Point {
    x: i32,
    y: i32,
}

fn main() {
    let p = Point { x: 0, y: 7 };

    let Point { x: a, y: b } = p;
    assert_eq!(0, a);
    assert_eq!(7, b);
}
```

このコードは、p 変数の x と y フィールドの値に合致する変数 a と b を生成します。この例は、パターンの変数の名前は、構造体のフィールド名と合致する必要はないことを示しています。しかし、変数名をフィールド名と一致させてどの変数がどのフィールド由来のものなのか覚えやすくしたくなることは一般的なことです。

変数名をフィールドに一致させることは一般的であり、let Point{ x: x, y: y } = p; と書くことは多くの重複を含むので、構造体のフィールドと一致するパターンには省略法があります: 構造体のフィールドの名前を列挙するだけで、パターンから生成される変数は同じ名前になるのです。リスト 18.13 は、リスト 18.12 と同じ振る舞いをするコードを表示していますが、let パターンで生成される変数は a と b ではなく、x と y です。

リスト 18.13: 構造体フィールド省略法で構造体のフィールドを分配する

main.rs
```rust
struct Point {
    x: i32,
    y: i32,
}

fn main() {
    let p = Point { x: 0, y: 7 };

    let Point { x, y } = p;
    assert_eq!(0, x);
    assert_eq!(7, y);
}
```

このコードは、p 変数の x と y フィールドに一致する変数 x と y を生成します。結果は、変数 x と y が p 構造体の値を含むというものです。

また、全フィールドに対して変数を生成するのではなく、リテラル値を構造体パターンの一部にして分配することもできます。そうすることで他のフィールドは分配して変数を生成しつつ、一部のフィールドは特定の値と一致するか確認できます。

リスト 18.14 は、Point 値を 3 つの場合に区別する match 式を表示しています: x 軸上の点 (y = 0 ならそうなる)、y 軸上の点 (x = 0)、あるいはどちらでもありません。

リスト 18.14: 分配とリテラル値との一致を 1 つのパターンで

```
fn main() {
    let p = Point { x: 0, y: 7 };

    match p {
        // x 軸上の{}
        Point { x, y: 0 } => println!("On the x axis at {}", x),
        // y 軸上の{}
        Point { x: 0, y } => println!("On the y axis at {}", y),
        // どちらの軸上でもない: ({}, {})
        Point { x, y } => println!("On neither axis: ({}, {})", x, y),
    }
}
```

最初のアームは、y フィールドの値がリテラル 0 と一致するならマッチすると指定することで、x 軸上にあるどんな点とも一致します。このパターンはそれでも、このアームのコードで使用できる x 変数を生成します。

同様に、2 番目のアームは、x フィールドが 0 ならマッチすると指定することで y 軸上のどんな点とも一致し、y フィールドの値には変数 y を生成します。3 番目のアームは何もリテラルを指定しないので、それ以外のあらゆる Point に合致し、x と y フィールド両方に変数を生成します。

この例で、値 p は 0 を含む x の力で 2 番目のアームに一致するので、このコードは On the y axis at 7 と出力します。

enum を分配する

例えば、第 6 章のリスト 6.5 (☞ p. 118) で Option<i32> を分配するなど本書の前半で enum を分配しました。明示的に触れなかった詳細の 1 つは、enum を分配するパターンは、enum 内に格納されているデータが定義されている手段に対応すべきということです。例として、リスト 18.15 では、リスト 6.2 (☞ p. 111) から Message enum を使用し、内部の値それぞれを分配するパターンを伴う match を書いています。

440 第 18 章 パターンとマッチング

リスト 18.15: 異なる種類の値を保持する enum の列挙子を分配する

main.rs
```rust
enum Message {
    Quit,
    Move { x: i32, y: i32 },
    Write(String),
    ChangeColor(i32, i32, i32),
}

fn main() {
 ❶ let msg = Message::ChangeColor(0, 160, 255);

    match msg {
     ❷ Message::Quit => {
            // Quit 列挙子には分配すべきデータがない
            println!("The Quit variant has no data to destructure.")
        },
     ❸ Message::Move { x, y } => {
            println!(
                // x 方向に{}、y 方向に{}だけ動く
                "Move in the x direction {} and in the y direction {}",
                x,
                y
            );
        }
        // テキストメッセージ: {}
     ❹ Message::Write(text) => println!("Text message: {}", text),
     ❺ Message::ChangeColor(r, g, b) => {
            println!(
                // 色を赤{}，緑{}，青{}に変更
                "Change the color to red {}, green {}, and blue {}",
                r,
                g,
                b
            )
        }
    }
}
```

このコードは、Change the color to red 0, green 160, blue 255 と出力します。試しに msg の値を変更して ❶、他のアームのコードが走るところを確認してください。

Message::Quit のようなデータのない enum 列挙子 ❷ については、それ以上値を分配することができません。リテラル Message::Quit 値にマッチするだけで、変数はそのパターンに存在しません。

Message::Move のような構造体に似た enum の列挙子 ❸ については、構造体と一致させるために指定するパターンと似たパターンを使用できます。列挙子の名前の後に波かっこを配置

し、それから変数とともにフィールドを列挙するので、部品を分解してこのアームのコードで使用します。ここでは、リスト 18.13 のように省略形態を使用しています。

1 要素タプルを保持する Message::Write ❹ や、3 要素タプルを保持する Message::Change Color のようなタプルに似た enum の列挙子 ❺ について、パターンは、タプルと一致させるために指定するパターンと類似しています。パターンの変数の数は、マッチ対象の列挙子の要素数と一致しなければなりません。

参照を分配する

パターンとマッチさせている値に参照が含まれる場合、値から参照を分配する必要があり、パターンに & を指定することでそうすることができます。そうすることで参照を保持する変数を得るのではなく、参照が指している値を保持する変数が得られます。このテクニックは、参照を走査するイテレーターがあるクロージャーで特に役に立ちますが、そのクロージャーで参照ではなく、値を使用したいです。

リスト 18.16 の例は、ベクターの Point インスタンスへの参照を走査し、x と y 値に簡単に計算を行えるように、参照と構造体を分配します。

リスト 18.16: 構造体への参照を構造体のフィールド値に分配する

```
let points = vec![
    Point { x: 0, y: 0 },
    Point { x: 1, y: 5 },
    Point { x: 10, y: -3 },
];

let sum_of_squares: i32 = points
    .iter()
    .map(|&Point { x, y }| x * x + y * y)
    .sum();
```

このコードは、値 135 を保持する変数 sum_of_squares を返してきて、これは、x 値と y 値を 2 乗し、足し合わせ、points ベクターの Point それぞれの結果を足して 1 つの数値にした結果です。

&Point { x, y } に & が含まれていなかったら、型不一致エラーが発生していたでしょう。iter はそうすると、実際の値ではなく、ベクターの要素への参照を走査するからです。そのエラーはこんな見た目でしょう:

```
error[E0308]: mismatched types
  -->
   |
14 |         .map(|Point { x, y }| x * x + y * y)
   |               ^^^^^^^^^^^^^^ expected &Point, found struct `Point`
   |
   = note: expected type `&Point`
              found type `Point`
```

442 第 18 章 パターンとマッチング

このエラーは、コンパイラーがクロージャーに &Point と一致することを期待しているのに、Point への参照ではなく、Point 値に直接一致させようとしたことを示唆しています。

構造体とタプルを分配する

分配パターンをさらに複雑な方法で混ぜてマッチさせ、ネストすることができます。以下の例は、構造体とタプルをタプルにネストし、すべての基本的な値を取り出している複雑な分配を表示しています:

```
let ((feet, inches), Point {x, y}) = ((3, 10), Point { x: 3, y: -10 });
```

このコードは、複雑な型を構成する部品に分配させてくれるので、興味のある値を個別に使用できます。

パターンで分配することは、構造体の各フィールドからの値のように、複数の値をお互いに区別して使用する便利な方法です。

パターンの値を無視する

match の最後のアームのように、パターンの値を無視して実際には何もしないけれども、残りのすべての値の可能性を考慮する包括的なものを得ることは、ときとして有用であると認識しましたね。値全体やパターンの一部の値を無視する方法はいくつかあります: _ パターンを使用すること（もう見かけました）、他のパターン内で _ パターンを使用すること、アンダースコアで始まる名前を使用すること、.. を使用して値の残りの部分を無視することです。これらのパターンそれぞれを使用する方法と理由を探究しましょう。

_ で値全体を無視する

どんな値にも一致するけれども、値を束縛しないワイルドカードパターンとしてアンダースコア、_ を使用してきました。アンダースコア、_ パターンは特に match 式の最後のアームとして役に立ちますが、関数の引数も含めてあらゆるパターンで使えます。リスト 18.17 に示したようにですね。

リスト 18.17: 関数シグニチャーで _ を使用する

main.rs
```
fn foo(_: i32, y: i32) {
    // このコードは、y 引数を使うだけです: {}
    println!("This code only uses the y parameter: {}", y);
}

fn main() {
    foo(3, 4);
}
```

このコードは、最初の引数として渡された値 3 を完全に無視し、This code only uses the y parameter: 4 と出力します。

特定の関数の引数がもはや必要ないほとんどの場合、未使用の引数が含まれないようにシグニチャーを変更するでしょう。関数の引数を無視することが特に有用なケースもあり、例えば、トレイトを実装する際、特定の型シグニチャーが必要だけれども、自分の実装の関数本体では引数の1つが必要ないときなどです。そうすれば、代わりに名前を使った場合のようには、未使用関数引数についてコンパイラーが警告することはないでしょう。

ネストされた_で値の一部を無視する

また、他のパターンの内部で_を使用して、値の一部だけを無視することもでき、例えば、値の一部だけを確認したいけれども、走らせたい対応するコードでは他の部分を使用することがないときなどです。リスト18.18は、設定の値を管理する責任を負ったコードを示しています。業務要件は、ユーザーが既存の設定の変更を上書きすることはできないべきだけれども、設定を解除し、現在設定がされていなければ設定に値を与えられるというものです。

リスト18.18: Some内の値を使用する必要がないときにSome列挙子と合致するパターンでアンダースコアを使用する

```
let mut setting_value = Some(5);
let new_setting_value = Some(10);

match (setting_value, new_setting_value) {
    (Some(_), Some(_)) => {
        // 既存の値の変更を上書きできません
        println!("Can't overwrite an existing customized value");
    }
    _ => {
        setting_value = new_setting_value;
    }
}

// 設定は{:?}です
println!("setting is {:?}", setting_value);
```

このコードは、Can't overwrite an existing customized value、そしてsetting is Some(5)と出力するでしょう。最初のマッチアームで、どちらのSome列挙子内部の値にも合致させたり、使用する必要はありませんが、setting_valueとnew_setting_valueがSome列挙子の場合を確かに確認する必要があります。その場合、なぜsetting_valueを変更しないかを出力し、変更しません。

2番目のアームの_パターンで表現される他のあらゆる場合（setting_valueとnew_setting_valueどちらかがNoneなら）には、new_setting_valueにsetting_valueになってほしいです。

また、1つのパターンの複数箇所でアンダースコアを使用して特定の値を無視することもできます。リスト18.19は、5要素のタプルで2番目と4番目の値を無視する例です。

444　第 18 章　パターンとマッチング

リスト 18.19: タプルの複数の部分を無視する

```
let numbers = (2, 4, 8, 16, 32);

match numbers {
    (first, _, third, _, fifth) => {
        // 何らかの数値: {}, {}, {}
        println!("Some numbers: {}, {}, {}", first, third, fifth)
    },
}
```

このコードは、Some numbers: 2, 8, 32 と出力し、値 4 と 16 は無視されます。

名前を _ で始めて未使用の変数を無視する

変数を作っているのにどこでも使用していなければ、バグかもしれないのでコンパイラーは通常、警告を発します。しかしときとして、まだ使用しない変数を作るのが有用なこともあります。プロトタイプを開発していたり、プロジェクトを始めた直後だったりなどです。このような場面では、変数名をアンダースコアで始めることで、コンパイラーに未使用変数について警告しないよう指示することができます。リスト 18.20 で 2 つの未使用変数を生成していますが、このコードを実行すると、そのうちの 1 つにしか警告が出ないはずです。

リスト 18.20: アンダースコアで変数名を始めて未使用変数警告が出るのを回避する

main.rs
```
fn main() {
    let _x = 5;
    let y = 10;
}
```

ここで、変数 y を使用していないことに対して警告が出ていますが、アンダースコアが接頭辞になっている変数には、使用していないという警告が出ていません。

_ だけを使うのとアンダースコアで始まる名前を使うことには微妙な違いがあることに注意してください。_x 記法はそれでも、値を変数に束縛する一方で、_ はまったく束縛しません。この差異が問題になる場合を示すために、リスト 18.21 はエラーを提示するでしょう。

リスト 18.21: それでも、アンダースコアで始まる未使用の変数は値を束縛し、値の所有権を奪う可能性がある

```
// こんにちは！
let s = Some(String::from("Hello!"));

if let Some(_s) = s {
    // 文字列が見つかりました
    println!("found a string");
}

println!("{:?}", s);
```

それでも s 値は _s にムーブされ、再度 s を使用できなくするので、エラーを受け取るでしょう。ですが、アンダースコアを単独で使用すれば、値を束縛することはまったくありません。s が _ にムーブされないので、リスト 18.22 はエラーなくコンパイルできます。

リスト 18.22: アンダースコアを使用すると、値を束縛しない

```
let s = Some(String::from("Hello!"));

if let Some(_) = s {
    println!("found a string");
}

println!("{:?}", s);
```

このコードは、s を何にも束縛しないので、ただ単に上手く動きます。つまり、ムーブされないのです。

.. で値の残りの部分を無視する

多くの部分がある値では、.. 記法を使用していくつかの部分だけを使用して残りを無視し、無視する値それぞれにアンダースコアを列挙する必要性を回避できます。.. パターンは、パターンの残りで明示的にマッチさせていない値のどんな部分も無視します。リスト 18.23 では、3 次元空間で座標を保持する Point 構造体があります。match 式で x 座標のみ処理し、y と z フィールドの値は無視したいです。

リスト 18.23: .. で x 以外の Point のフィールドすべてを無視する

```
struct Point {
    x: i32,
    y: i32,
    z: i32,
}

let origin = Point { x: 0, y: 0, z: 0 };

match origin {
    Point { x, .. } => println!("x is {}", x),
}
```

x 値を列挙し、それから .. パターンを含んでいるだけです。これは、y: _ や z: _ と列挙しなければいけないのに比べて、手っ取り早いです。特に 1 つや 2 つのフィールドのみが関連する場面で多くのフィールドがある構造体に取り掛かっているときには。

.. 記法は、必要な数だけ値に展開されます。リスト 18.24 は、タプルで .. を使用する方法を表示しています。

446   第18章 パターンとマッチング

リスト 18.24: タプルの最初と最後の値にだけ合致し、他の値を無視する

main.rs
```rust
fn main() {
    let numbers = (2, 4, 8, 16, 32);

    match numbers {
        (first, .., last) => {
            println!("Some numbers: {}, {}", first, last);
        },
    }
}
```

このコードにおいて、最初と最後の値は first と last に合致します。.. は、途中のもの全部に合致し、無視します。

しかしながら、.. を使うのは明確でなければなりません。どの値がマッチしてどの値が無視されるべきかが不明瞭なら、コンパイラーはエラーを出します。リスト 18.25 は、.. を曖昧に使用する例なので、コンパイルできません。

リスト 18.25: .. を曖昧に使用しようとする試み

main.rs
```rust
fn main() {
    let numbers = (2, 4, 8, 16, 32);

    match numbers {
        (.., second, ..) => {
            println!("Some numbers: {}", second)
        },
    }
}
```

この例をコンパイルすると、こんなエラーが出ます:

```
error: `..` can only be used once per tuple or tuple struct pattern
エラー: '..'は、タプルやタプル構造体パターン1つにつき、1回しか使用できません
 --> src/main.rs:5:22
  |
5 |         (.., second, ..) => {
  |                      ^^
```

コンパイラーが、second の値に合致する前にタプルのいくつの値を無視し、それからそれによってさらにいくつの値を無視するかを決めることは不可能です。このコードは、2 を無視し、second に 4 を束縛し、それから 8、16、32 を無視したり、2 と 4 を無視して second に 8 を束縛し、それから 16 と 32 を無視するなどを意味することもあるでしょう。変数名の second は、コンパイラーにとって何の特別な意味もなく、このように 2 箇所で .. を使うのは曖昧なので、コンパイルエラーになります。

パターン記法　447

ref と ref mut でパターンに参照を生成する

　ref を使用して値の所有権がパターンの変数にムーブされないように、参照を生成すること
に目を向けましょう。通常、パターンにマッチさせると、パターンで導入された変数は値に束
縛されます。Rust の所有権規則は、その値が match などパターンを使用しているあらゆる場
所にムーブされることを意味します。リスト 18.26 は、変数があるパターンとそれから match
の後に値全体を println! 文で後ほど使用する match の例を示しています。このコードはコ
ンパイルに失敗します。robot_name 値の一部の所有権が、最初の match アームのパターン
の name 変数に移るからです。

リスト 18.26: match アームパターンで変数を生成すると、値の所有権が奪われる

```
// ボアズ
let robot_name = Some(String::from("Bors"));

match robot_name {
    // 名前が見つかりました: {}
    Some(name) => println!("Found a name: {}", name),
    None => (),
}

// robot_name は: {:?}
println!("robot_name is: {:?}", robot_name);
```

　robot_name の一部の所有権が name にムーブされたので、robot_name にもはや所有権が
ないために、match の後に println! でもはや robot_name を使用することはかないません。
　このコードを修正するために、Some(name) パターンに所有権を奪わせるのではなく、
robot_name のその部分を借用させたいです。パターンの外なら、値を借用する手段は、
& で参照を生成することだとすでに認識されているでしょうから、解決策は Some(name) を
Some(&name) に変えることだとお考えかもしれませんね。
　しかしながら、「分配して値を分解する」(☞ p. 437) で見かけたように、パターンにおけ
る & 記法は参照を生成せず、値の既存の参照にマッチします。パターンにおいて & にはすでに
その意味があるので、& を使用してパターンで参照を生成することはできません。
　その代わりに、パターンで参照を生成するには、リスト 18.27 のように、新しい変数の前に
ref キーワードを使用します。

リスト 18.27: パターンの変数が値の所有権を奪わないように参照を生成する

```
let robot_name = Some(String::from("Bors"));

match robot_name {
    Some(ref name) => println!("Found a name: {}", name),
    None => (),
}
```

```
println!("robot_name is: {:?}", robot_name);
```

robot_name の Some 列挙子の値が match にムーブされないので、この例はコンパイルできます; match はムーブするのではなく、robot_name のデータへの参照を取っただけなのです。

パターンで合致した値を可変化できるように可変参照を生成するには、&mut の代わりに ref mut を使用します。理由は今度も、パターンにおいて、前者は既存の可変参照にマッチするためにあり、新しい参照を生成しないからです。リスト 18.28 は、可変参照を生成するパターンの例です。

リスト 18.28: ref mut を使用して、パターンの一部として値への可変参照を生成する

```
let mut robot_name = Some(String::from("Bors"));

match robot_name {
    // 別の名前
    Some(ref mut name) => *name = String::from("Another name"),
    None => (),
}

println!("robot_name is: {:?}", robot_name);
```

この例はコンパイルが通り、robot_name is: Some("Another name") と出力するでしょう。name は可変参照なので、値を可変化するためにマッチアーム内で * 演算子を使用して参照外しする必要があります。

マッチガードで追加の条件式

マッチガードは、match アームのパターンの後に指定されるパターンマッチングとともに、そのアームが選択されるのにマッチしなければならない追加の if 条件です。マッチガードは、1 つのパターン単独でできるよりも複雑な考えを表現するのに役に立ちます。

この条件は、パターンで生成された変数を使用できます。リスト 18.29 は、最初のアームにパターン Some(x) と if x < 5 というマッチガードもある match を示しています。

リスト 18.29: パターンにマッチガードを追記する

```
let num = Some(4);

match num {
    // 5未満です: {}
    Some(x) if x < 5 => println!("less than five: {}", x),
    Some(x) => println!("{}", x),
    None => (),
}
```

この例は、less than five: 4 と出力します。num が最初のアームのパターンと比較され

パターン記法　449

ると、Some(4) は Some(x) に一致するので、マッチします。そして、マッチガードが x の値が 5 未満か確認し、そうなっているので、最初のアームが選択されます。

　代わりに num が Some(10) だったなら、最初のアームのマッチガードは偽になったでしょう。10 は 5 未満ではないからです。Rust はそうしたら 2 番目のアームに移動し、マッチするでしょう。2 番目のアームにはマッチガードがなく、それ故にあらゆる Some 列挙子に一致するからです。

　パターン内で if x < 5 という条件を表現する方法はありませんので、マッチガードにより、この論理を表現する能力が得られるのです。

　リスト 18.11（☞ p.435）において、マッチガードを使用すれば、パターンがシャドーイングする問題を解決できると述べました。match の外側の変数を使用するのではなく、match 式のパターン内部では新しい変数が作られることを思い出してください。その新しい変数は、外側の変数の値と比較することができないことを意味しました。リスト 18.30 は、マッチガードを使ってこの問題を修正する方法を表示しています。

リスト 18.30: マッチガードを使用して外側の変数と等しいか確認する

main.rs
```rust
fn main() {
    let x = Some(5);
    let y = 10;

    match x {
        Some(50) => println!("Got 50"),
        Some(n) if n == y => println!("Matched, n = {:?}", n),
        _ => println!("Default case, x = {:?}", x),
    }

    println!("at the end: x = {:?}, y = {:?}", x, y);
}
```

このコードは今度は、Default case, x = Some(5) と出力するでしょう。2 番目のマッチアームのパターンは、外側の y を覆い隠してしまう新しい変数 y を導入せず、マッチガード内で外側の y を使用できることを意味します。外側の y を覆い隠してしまう Some(y) としてパターンを指定するのではなく、Some(n) を指定しています。これにより、何も覆い隠さない新しい変数 n が生成されます。match の外側には n 変数は存在しないからです。

　マッチガードの if n == y はパターンではなく、故に新しい変数を導入しません。この y は、新しいシャドーイングされた y ではなく、外側の y であり、n と y を比較することで、外側の y と同じ値を探すことができます。

　また、マッチガードで or 演算子の | を使用して複数のパターンを指定することもできます; マッチガードの条件はすべてのパターンに適用されます。リスト 18.31 は、| を使用するパターンとマッチガードを組み合わせる優先度を示しています。この例で重要な部分は、if y は 6 にしか適用されないように見えるのに、if y マッチガードが 4、5、そして 6 に適用されることです。

リスト 18.31: 複数のパターンとマッチガードを組み合わせる

```
let x = 4;
let y = false;

match x {
    // はい
    4 | 5 | 6 if y => println!("yes"),
    // いいえ
    _ => println!("no"),
}
```

マッチの条件は、xの値が4、5、6に等しくかつyがtrueの場合だけにアームがマッチすると宣言しています。このコードが走ると、最初のアームのパターンはxが4なので、合致しますが、マッチガードif yは偽なので、最初のアームは選ばれません。コードは2番目のアームに移動して、これがマッチし、このプログラムはnoと出力します。理由は、if条件が最後の値の6だけでなく、パターン全体4 | 5 | 6に適用されるからです。言い換えると、パターンとかかわるマッチガードの優先度は、以下のように振る舞います:

```
(4 | 5 | 6) if y => ...
```

以下のようにではありません:

```
4 | 5 | (6 if y) => ...
```

コードを実行後には、優先度の動作は明らかになります: マッチガードが|演算子で指定される値のリストの最後の値にしか適用されないなら、アームはマッチし、プログラムはyesと出力したでしょう。

@束縛

at演算子（@）により、値を保持する変数を生成するのと同時にその値がパターンに一致するかを調べることができます。リスト18.32は、`Message::Hello`のidフィールドが範囲3..7にあるかを確かめたいという例です。しかし、アームに紐付いたコードで使用できるように変数id_variableに値を束縛もしたいです。この変数をフィールドと同じ、idと名付けることもできますが、この例では異なる名前にします。

リスト 18.32: @を使用してテストしつつ、パターンの値に束縛する

```
enum Message {
    Hello { id: i32 },
}

let msg = Message::Hello { id: 5 };
```

```
match msg {
    Message::Hello { id: id_variable @ 3...7 } => {
        // 範囲内のidが見つかりました: {}
        println!("Found an id in range: {}", id_variable)
    },
    Message::Hello { id: 10...12 } => {
        // 別の範囲内のidが見つかりました
        println!("Found an id in another range")
    },
    Message::Hello { id } => {
        // それ以外のidが見つかりました
        println!("Found some other id: {}", id)
    },
}
```

　この例は、Found an id in range: 5と出力します。範囲 3...7 の前に id_variable @と指定することで、値が範囲パターンに一致することを確認しつつ、範囲にマッチしたどんな値も捕捉しています。

　パターンで範囲しか指定していない 2 番目のアームでは、アームに紐付いたコードに id フィールドの実際の値を含む変数はありません。id フィールドの値は 10、11、12 だった可能性があるでしょうが、そのパターンに来るコードは、どれなのかわかりません。パターンのコードは id フィールドの値を使用することはかないません。id の値を変数に保存していないからです。

　範囲なしに変数を指定している最後のアームでは、確かにアームのコードで使用可能な値が id という変数にあります。理由は、構造体フィールド省略記法を使ったからです。しかし、このアームで id フィールドの値に対して、最初の 2 つのアームのようには、確認を行っていません: どんな値でも、このパターンに一致するでしょう。

　@を使用することで、値を検査しつつ、1 つのパターン内で変数に保存させてくれるのです。

まとめ

　Rust のパターンは、異なる種類のデータを区別するのに役立つという点でとても有用です。match 式で使用されると、コンパイラーはパターンがすべての可能性を網羅しているか保証し、そうでなければプログラムはコンパイルできません。let 文や関数の引数のパターンは、その構文をより有用にし、値を分配して小さな部品にすると同時に変数に代入できるようにしてくれます。単純だったり複雑だったりするパターンを生成してニーズに合わせることができます。

　次の本書の末尾から 2 番目の章では、Rust の多彩な機能の高度な視点に目を向けます。

19

高度な機能

今までに、Rust プログラミング言語の最もよく使われる部分を学んできました。第 20 章でもう 1 つ別のプロジェクトを行う前に、ときおり遭遇する言語の側面をいくつか見ましょう。この章は、Rust を使用する際に知らないことに遭遇したときに参考にすることができます。この章で使用することを学ぶ機能は、かなり限定的な場面でしか役に立ちません。あまり頻繁には手を伸ばすことがない可能性はありますが、Rust が提供しなければならない機能すべての概要を確かに把握してもらいたいのです。

この章で講義するのは:

- Unsafe Rust: Rust の保証の一部を抜けてその保証を手動で保持する責任を負う方法
- 高度なライフタイム: 複雑なライフタイム状況の記法
- 高度なトレイト: 関連型、デフォルト型引数、フルパス記法、スーパートレイト、トレイトに関連するニュータイプパターン
- 高度な型: ニュータイプパターンについてもっと、型エイリアス、never 型、動的サイズ型
- 高度な関数とクロージャー: 関数ポインターとクロージャーの返却

皆さんのための何かがある Rust の機能の盛大な儀式です! さあ、飛び込みましょう!

unsafe Rust

ここまでに議論してきたコードはすべて、Rust のメモリー安全保証がコンパイル時に強制されていました。しかしながら、Rust には、これらのメモリー安全保証を強制しない第 2 の言語が中に隠されています: それは unsafe Rust と呼ばれ、普通の Rust のように動きますが、おまけの強大な力を与えてくれます。

静的解析は原理的に保守的なので、unsafe Rust が存在します。コードが保証を保持しているかコンパイラーが決定しようとする際、何らかの不正なプログラムを受け入れるよりも合法なプログラムを拒否したほうがいいのです。コードは大丈夫かもしれないけれど、コンパイラーにわかる範囲ではダメなのです! このような場合、unsafe コードを使用してコンパイラーに「信じて! 何をしているかわかってるよ」と教えられます。欠点は、自らのリスクで使用することです: unsafe コードを誤って使用したら、null ポインター参照外しなどのメモリー非安全に起因する問題が起こることもあるのです。

Rust に unsafe な分身がある別の理由は、根本にあるコンピュータのハードウェアが本質的に unsafe だからです。Rust が unsafe な処理を行わせてくれなかったら、特定の仕事を行えないでしょう。Rust は、低レベルなシステムプログラミングを許可する必要があります。直接 OS と相互作用したり、独自の OS を書くことさえもそうです。低レベルなシステムプログラミングに取り組むことは、言語の目標の 1 つなのです。unsafe Rust でできることとその方法を探究しましょう。

unsafe の強大な力 (superpower)

unsafe Rust に切り替えるには、unsafe キーワードを使用し、それから unsafe コードを保持する新しいブロックを開始してください。safe Rust では行えない 4 つの行動を unsafe Rust では行え、これは unsafe superpowers と呼ばれます。その superpower には、以下の能力が含まれています:

- 生ポインターを参照外しすること
- unsafe な関数やメソッドを呼ぶこと
- 可変で静的な変数にアクセスしたり変更すること
- unsafe なトレイトを実装すること

unsafe は、借用チェッカーや他の Rust の安全性チェックを無効にしないことを理解するのは重要なことです: unsafe コードで参照を使用しても、チェックはされます。unsafe キーワードにより、これら 4 つの機能にアクセスできるようになり、その場合、コンパイラーによってこれらのメモリー安全性は確認されないのです。unsafe ブロック内でも、ある程度の安全性は得られます。

また、unsafe は、そのブロックが必ずしも危険だったり、絶対メモリー安全上の問題を抱えていることを意味するものではありません: その意図は、プログラマーとして unsafe ブロッ

ク内のコードがメモリーに合法的にアクセスすることを保証することです。

人間は失敗をするもので、間違いも起こりますが、これら4つの unsafe な処理を unsafe で注釈されたブロックに入れる必要があることで、メモリー安全性に関するどんなエラーも unsafe ブロック内にあるに違いないと知ります。unsafe ブロックは小さくしてください; 後日、メモリーのバグを調査するときに感謝することになるでしょう。

unsafe なコードをできるだけ分離するために、unsafe なコードを安全な抽象の中に閉じ込め、安全な API を提供するのが最善です。これについては、後ほど unsafe な関数とメソッドを調査する際に議論します。標準ライブラリーの一部は、検査された unsafe コードの安全な抽象として実装されています。安全な抽象に unsafe なコードを包むことで、unsafe が、あなたやあなたのユーザーが unsafe コードで実装された機能を使いたがる可能性のある箇所全部に漏れ出ることを防ぎます。安全な抽象を使用することは、安全だからです。

4つの unsafe な superpower を順に見ていきましょう。unsafe なコードへの安全なインターフェイスを提供する一部の抽象化にも目を向けます。

生ポインターを参照外しする

第4章の「宙に浮いた（dangling）参照」(☞ p.82) で、コンパイラーは、参照が常に有効であることを保証することに触れました。unsafe Rust には参照に類似した**生ポインター**と呼ばれる2つの新しい型があります。参照同様、生ポインターも不変や可変になり得て、それぞれ *const T と *mut T と表記されます。このアスタリスクは、参照外し演算子ではありません; 型名の一部です。生ポインターの文脈では、**不変**は、参照外し後に直接ポインターに代入できないことを意味します。

参照やスマートポインターと異なり、生ポインターは:

- 同じ場所への不変と可変なポインターや複数の可変なポインターが存在することで借用規則を無視できる
- 有効なメモリーを指しているとは保証されない
- null の可能性がある
- 自動的な片付けは実装されていない

これらの保証をコンパイラーに強制させることから抜けることで、保証された安全性をあきらめてパフォーマンスを向上させたり、Rust の保証が適用されない他の言語やハードウェアとのインターフェイスの能力を得ることができます。

リスト 19.1 は、参照から不変と可変な生ポインターを生成する方法を示しています。

リスト 19.1: 参照から生ポインターを生成する

```
let mut num = 5;

let r1 = &num as *const i32;
let r2 = &mut num as *mut i32;
```

このコードには unsafe キーワードを含めていないことに気付いてください。safe コードで

生ポインターを生成できます; もうすぐわかるように、unsafe ブロックの外では、生ポインターを参照外しできないだけなのです。

as を使って不変と可変な参照を対応する生ポインターの型にキャストして生ポインターを生成しました。有効であることが保証される参照から直接生ポインターを生成したので、これらの特定の生ポインターは有効であることがわかりますが、その前提をあらゆる生ポインターに敷くことはできません。

次に、有効であることが確信できない生ポインターを生成します。リスト 19.2 は、メモリーの任意の箇所を指す生ポインターの生成法を示しています。任意のメモリーを使用しようとすることは未定義です: そのアドレスにデータがある可能性もあるし、ない可能性もあり、コンパイラーがコードを最適化してメモリーアクセスがなくなる可能性もあるし、プログラムがセグメンテーションフォールト (segmentation fault)[1] でエラーになる可能性もあります。通常、このようなコードを書くべき好ましい理由はありませんが、可能ではあります。

リスト 19.2: 任意のメモリーアドレスへの生ポインターを生成する

```
let address = 0x012345usize;
let r = address as *const i32;
```

safe コードで生ポインターを生成できるけれども、生ポインターを**参照外し**して指しているデータを読むことはできないことを思い出してください。リスト 19.3 では、unsafe ブロックが必要になる参照外し演算子の * を生ポインターに使っています。

リスト 19.3: unsafe ブロック内で生ポインターを参照外しする

```
let mut num = 5;

let r1 = &num as *const i32;
let r2 = &mut num as *mut i32;

unsafe {
    println!("r1 is: {}", *r1);
    println!("r2 is: {}", *r2);
}
```

ポインターの生成は害を及ぼしません; 無効な値を扱うことに落ち着く可能性のあるポインターが指している値にアクセスしようとするときのみです。

また、リスト 19.1 とリスト 19.3 では、num が格納されている同じメモリー上の場所を両方とも指す *const i32 と *mut i32 の生ポインターを生成したことに注目してください。代わりに num への不変と可変な参照を生成しようとしたら、コードはコンパイルできなかったでしょう。Rust の所有権規則により、不変参照と可変参照を同時に存在させられないからです。生ポインターなら、同じ場所への可変なポインターと不変なポインターを生成でき、可変なポ

---

[1] アクセスが許可されていない位置のメモリーアクセスや、許可されていない方法でメモリーにアクセスしようとする時に発生するエラーのこと

インターを通してデータを変更し、データ競合を引き起こす可能性があります。気を付けてください！

　これらの危険がありながら、いったいなぜ生ポインターを使うのでしょうか？ 主なユースケースの 1 つは、次の「unsafe な関数やメソッドを呼ぶ」で見るように、C コードとのインターフェイスです。別のユースケースは、借用チェッカーには理解できない安全な抽象を構成するときです。unsafe な関数を導入し、それから unsafe コードを使用する安全な抽象の例に目を向けます。

unsafe な関数やメソッドを呼ぶ

　unsafe ブロックが必要になる 2 番目の処理は、unsafe 関数の呼び出しです。unsafe な関数やメソッドも見た目は、普通の関数やメソッドとまったく同じですが、残りの定義の前に追加の unsafe があります。この文脈での unsafe キーワードは、この関数を呼ぶ際に保持しておく必要のある要求が関数にあることを示唆します。コンパイラーには、この要求を満たしているかどうかを保証できないからです。unsafe ブロックで unsafe な関数を呼び出すことで、この関数のドキュメンテーションを読み、関数の契約を守っているという責任を取ると宣言しています。

　こちらは、本体で何もしない dangerous という unsafe な関数です:

```
unsafe fn dangerous() {}

unsafe {
    dangerous();
}
```

　個別の unsafe ブロックで dangerous 関数を呼ばなければなりません。unsafe ブロックなしで dangerous を呼ぼうとすれば、エラーになるでしょう:

```
error[E0133]: call to unsafe function requires unsafe function or block
エラー: unsafe 関数の呼び出しには、unsafe な関数かブロックが必要です
  -->
   |
4 |     dangerous();
   |     ^^^^^^^^^^^ call to unsafe function
```

　dangerous への呼び出しの周りに unsafe ブロックを挿入することで、コンパイラーに関数のドキュメンテーションを読み、適切に使用する方法を理解したことをアサートし、関数の契約を満たしていると実証しました。

　unsafe 関数の本体は、実効的に unsafe ブロックになるので、unsafe 関数内で unsafe な別の処理を行うのに、別の unsafe ブロックは必要ないのです。

unsafe コードに安全な抽象を行う

関数が unsafe なコードを含んでいるだけで関数全体を unsafe でマークする必要があること
にはなりません。事実、安全な関数で unsafe なコードをラップすることは一般的な抽象化で
す。例として、何らかの unsafe コードが必要になる標準ライブラリーの関数 split_at_mut
を学び、その実装方法を探究しましょう。この安全なメソッドは、可変なスライスに定義され
ています: スライスを 1 つ取り、引数で与えられた添え字でスライスを分割して 2 つにしま
す。リスト 19.4 は、split_at_mut の使用法を示しています。

リスト 19.4: 安全な split_at_mut 関数を使用する

```
let mut v = vec![1, 2, 3, 4, 5, 6];

let r = &mut v[..];

let (a, b) = r.split_at_mut(3);

assert_eq!(a, &mut [1, 2, 3]);
assert_eq!(b, &mut [4, 5, 6]);
```

この関数を safe Rust だけを使用して実装することはできません。試みは、リスト 19.5 の
ようになる可能性がありますが、コンパイルできません。簡単のため、split_at_mut をメ
ソッドではなく関数として実装し、ジェネリックな型 T ではなく、i32 のスライス用に実装し
ます。

リスト 19.5: safe Rust だけを使用した split_at_mut の未遂の実装

```
fn split_at_mut(slice: &mut [i32], mid: usize) -> (&mut [i32], &mut [i32]) {
    let len = slice.len();

    assert!(mid <= len);

    (&mut slice[..mid],
     &mut slice[mid..])
}
```

この関数はまず、スライスの全体の長さを得ます。それから引数で与えられた添え字が長さ
以下であるかを確認してスライス内にあることをアサートします。このアサートは、スライス
を分割する添え字よりも大きい添え字を渡したら、その添え字を使用しようとする前に関数が
パニックすることを意味します。

そして、2 つの可変なスライスをタプルで返します: 1 つは元のスライスの最初から mid 添
え字まで、もう一方は、mid からスライスの終わりまでです。

リスト 19.5 のコードのコンパイルを試みると、エラーになるでしょう。

```
error[E0499]: cannot borrow `*slice` as mutable more than once at a time
エラー: 一度に2回以上、'*slice'を可変で借用できません
 -->
  |
6 |     (&mut slice[..mid],
  |          ----- first mutable borrow occurs here
  |               最初の可変借用はここで起きています
7 |      &mut slice[mid..])
  |           ^^^^^ second mutable borrow occurs here
  |               2番目の可変借用はここです
8 | }
  | - first borrow ends here
  |   最初の借用はここで終わります
```

　Rust の借用チェッカーには、スライスの異なる部分を借用していることが理解できないのです; 同じスライスから2回借用していることだけ知っています。2つのスライスが被らないので、スライスの異なる部分を借用することは、根本的に大丈夫なのですが、コンパイラーはこれを知るほど賢くありません。プログラマーにはコードが大丈夫とわかるのに、コンパイラーにはわからないのなら、unsafe コードに手を伸ばすタイミングです。

　リスト 19.6 は unsafe ブロック、生ポインター、unsafe 関数への呼び出しをして split_at_mut の実装が動くようにする方法を示しています。

リスト 19.6: split_at_mut 関数の実装で unsafe コードを使用する

```
use std::slice;

fn split_at_mut(slice: &mut [i32], mid: usize) -> (&mut [i32], &mut [i32]) {
  ❶ let len = slice.len();
  ❷ let ptr = slice.as_mut_ptr();

  ❸ assert!(mid <= len);

  ❹ unsafe {
        ❺ (slice::from_raw_parts_mut(ptr, mid),
        ❻ slice::from_raw_parts_mut(ptr.offset(mid as isize), len - mid))
    }
}
```

　第4章の「スライス型」節 (☞ p. 83) から、スライスは何らかのデータへのポインターとスライスの長さであることを思い出してください。len メソッドを使用してスライスの長さを得て❶、as_mut_ptr メソッドを使用してスライスの生ポインターにアクセスしています❷。この場合、i32 値の可変スライスがあるので、as_mut_ptr は型 *mut i32 の生ポインターを返し、これを変数 ptr に格納しました。

mid 添え字がスライス内にあるかというアサートを残しています❸。そして、unsafe コードに到達します❹：slice::from_raw_parts_mut 関数は、生ポインターと長さを取り、スライスを生成します。この関数を使って、ptr から始まり、mid の長さのスライスを生成しています❺。それから ptr に mid を引数として offset メソッドを呼び出し、mid で始まる生ポインターを得て、そのポインターと mid の後の残りの要素数を長さとして使用してスライスを生成しています❻。

関数 slice::from_raw_parts_mut は、unsafe です。なぜなら、生ポインターを取り、このポインターが有効であることを信用しなければならないからです。生ポインターの offset メソッドも unsafe です。オフセット位置もまた有効なポインターであることを信用しなければならないからです。故に、slice::from_raw_parts_mut と offset を呼べるように、その呼び出しの周りに unsafe ブロックを置かなければならなかったのです。コードを眺めて mid が len 以下でなければならないとするアサートを追加することで、unsafe ブロック内で使用されている生ポインターがすべてスライス内のデータへの有効なポインターであることがわかります。これは、受け入れられ、適切な unsafe の使用法です。

出来上がった split_at_mut 関数を unsafe でマークする必要はなく、この関数を safe Rust から呼び出せることに注目してください。unsafe コードを安全に使用する関数の実装で、unsafe コードへの安全な抽象化を行いました。この関数がアクセスするデータからの有効なポインターだけを生成するからです。

対照的に、リスト 19.7 の slice::from_raw_parts_mut の使用は、スライスが使用されるとクラッシュする可能性が高いでしょう。このコードは任意のメモリーアドレスを取り、10,000 要素の長さのスライスを生成します：

リスト 19.7: 任意のメモリーアドレスからスライスを生成する

```
use std::slice;

let address = 0x012345usize;
let r = address as *mut i32;

let slice = unsafe {
    slice::from_raw_parts_mut(r, 10000)
};
```

この任意の場所のメモリーは所有していなく、このコードが生成するスライスに有効な i32 値が含まれる保証もありません。slice を有効なスライスであるかのように使用しようとすると、未定義動作に陥ります。

extern 関数を使用して、外部のコードを呼び出す

ときとして、自分の Rust コードが他の言語で書かれたコードと相互作用する必要が出てくる可能性があります。このために、Rust には extern というキーワードがあり、これは、FFI（Foreign Function Interface: 外部関数インターフェイス）の生成と使用を容易にします。FFI は、あるプログラミング言語に関数を定義させ、異なる（外部の）プログラミング言語に

それらの関数を呼び出すことを可能にする方法です

リスト 19.8 は、C の標準ライブラリーから **abs** 関数を統合するセットアップ方法をデモしています。**extern** ブロック内で宣言された関数は、常に Rust コードから呼ぶには unsafe になります。理由は、他の言語では、Rust の規則や保証が強制されず、コンパイラーもチェックできないので、安全性を保証する責任はプログラマーに降りかかるのです。

リスト 19.8: 他の言語で定義された extern 関数を宣言し、呼び出す

src/main.rs

```rust
extern "C" {
    fn abs(input: i32) -> i32;
}

fn main() {
    unsafe {
        // -3の絶対値は、C によると{}
        println!("Absolute value of -3 according to C: {}", abs(-3));
    }
}
```

extern **"C"**ブロック内で他の言語から呼び出した関数の名前とシグニチャーを列挙します。**"C"** の部分は、外部関数がどの ABI（Application Binary Interface: アプリケーション・バイナリー・インターフェイス）を使用しているか定義します: ABI は関数の呼び出し方法をアセンブリレベルで定義します。**"C"** ABI は最も一般的で、C プログラミング言語の ABI に従っています。

他の言語から Rust の関数を呼び出す

また、**extern** を使用して他の言語に Rust の関数を呼ばせるインターフェイスを生成することもできます。**extern** ブロックの代わりに、**extern** キーワードを追加し、**fn** キーワードの直前に使用する ABI を指定します。さらに、**#[no_mangle]** 注釈を追加して Rust コンパイラーに関数名をマングルしないように指示する必要もあります。**マングル**とは、コンパイラーが関数に与えた名前を他のコンパイル過程の情報をより多く含むけれども、人間に読みにくい異なる名前にすることです。すべての言語のコンパイラーは、少々異なる方法でマングルを行うので、Rust の関数が他の言語で名前付けできるように、Rust コンパイラーの名前マングルをオフにしなければならないのです。

以下の例では、共有ライブラリーにコンパイルし、C からリンクした後に **call_from_c** 関数を C コードからアクセスできるようにしています:

```rust
#[no_mangle]
pub extern "C" fn call_from_c() {
    // C から Rust 関数を呼び出したばかり！
    println!("Just called a Rust function from C!");
}
```

462　第 19 章　高度な機能

> この extern の使用法では、unsafe は必要ありません。

可変で静的な変数にアクセスしたり、変更する

　今までずっと、グローバル変数について語りませんでした。グローバル変数を Rust は確か
にサポートしていますが、Rust の所有権規則で問題になることもあります。2 つのスレッド
が同じ可変なグローバル変数にアクセスしていたら、データ競合を起こすこともあります。

　Rust では、グローバル変数は、static（静的）変数と呼ばれます。リスト 19.9 は、値として
文字列スライスのある静的変数の宣言例と使用を示しています。

リスト 19.9: 不変で静的な変数を定義し、使用する

src/main.rs
```rust
static HELLO_WORLD: &str = "Hello, world!";

fn main() {
    // 名前は: {}
    println!("name is: {}", HELLO_WORLD);
}
```

　静的変数は、定数に似ています。定数については、第 3 章の「変数と定数（constants）の
違い」（☞ p.40）で議論しました。静的変数の名前は慣習で SCREAMING_SNAKE_CASE[2] にな
り、変数の型を注釈しなければなりません。この例では &'static str です。静的変数は、
'static ライフタイムの参照のみ格納でき、これは、Rust コンパイラーがライフタイムを推
量できることを意味します; 明示的に注釈する必要はありません。不変で静的な変数にアクセ
スすることは安全です。

　定数と不変で静的な変数は、類似して見える可能性がありますが、微妙な差異は、静的変数
の値は固定されたメモリーアドレスになることです。値を使用すると、常に同じデータにアク
セスします。一方、定数は使用されるたびにデータを複製させることができます。

　定数と静的変数の別の違いは、静的変数は可変にもなることです。可変で静的な変数にアク
セスし変更することは、unsafe です。リスト 19.10 は、COUNTER という可変で静的な変数を
宣言し、アクセスし、変更する方法を表示しています。

リスト 19.10: 可変で静的な変数を読んだり、書き込むのは unsafe である

src/main.rs
```rust
static mut COUNTER: u32 = 0;

fn add_to_count(inc: u32) {
    unsafe {
        COUNTER += inc;
    }
}
```

---

[2] 直訳: 叫ぶスネークケース; 叫ぶ → 強調 → 全部大文字ということと思われる

```
fn main() {
    add_to_count(3);

    unsafe {
        println!("COUNTER: {}", COUNTER);
    }
}
```

普通の変数同様、mut キーワードを使用して可変性を指定します。COUNTER を読み書きする
コードはどれも、unsafe ブロックになければなりません。シングルスレッドなので、このコー
ドは想定どおり、コンパイルでき、COUNTER: 3 と出力します。複数のスレッドに COUNTER
にアクセスさせると、データ競合になる可能性が高いでしょう。

グローバルにアクセス可能な可変なデータがあると、データ競合がないことを保証するのは
難しくなり、そのため、Rust は可変で静的な変数を unsafe と考えるのです。可能なら、コン
パイラーが、データが異なるスレッドからアクセスされることが安全に行われているかを確認
するように、第 16 章で議論した並行性テクニックとスレッド安全なスマートポインターを使
用するのが望ましいです。

unsafe なトレイトを実装する

unsafe でのみ動く最後の動作は、unsafe なトレイトを実装することです。少なくとも、1
つのメソッドにコンパイラーが確かめられない何らかの不変条件があると、トレイトは unsafe
になります。trait の前に unsafe キーワードを追加し、トレイトの実装も unsafe でマーク
することで、トレイトが unsafe であると宣言できます。リスト 19.11 のようにですね。

リスト 19.11: unsafe なトレイトを定義して実装する

```
unsafe trait Foo {
    // メソッドがここに来る
}

unsafe impl Foo for i32 {
    // メソッドの実装がここに来る
}
```

unsafe impl を使用することで、コンパイラーが確かめられない不変条件を守ることを約
束しています。

例として、第 16 章の「Sync と Send トレイトで拡張可能な並行性」節（☞ p.399）で議論
した Sync と Send マーカートレイトを思い出してください: 型が完全に Send と Sync 型だけ
で構成されていたら、コンパイラーはこれらのトレイトを自動的に実装します。生ポインター
などの Send や Sync でない型を含む型を実装し、その型を Send や Sync でマークしたいな
ら、unsafe を使用しなければなりません。コンパイラーは、型がスレッド間を安全に送信で
きたり、複数のスレッドから安全にアクセスできるという保証を保持しているか確かめられま

いつ unsafe コードを使用するべきか

unsafe を使って議論したばかりの 4 つの行動（強大な力）のうちの 1 つを行うのは間違っていたり、認められさえもしないものではありません。ですが、unsafe コードを正しくするのは、より巧妙なことでしょう。コンパイラーがメモリー安全性を保持する手助けをできないからです。unsafe コードを使用する理由があるなら、そうすることができ、明示的に unsafe 注釈をすることで問題が起こったら、その原因を追求するのが容易になります。

高度なライフタイム

第 10 章の「ライフタイムで参照を検証する」節（☞ p. 208）で、参照をライフタイム引数で注釈し、コンパイラーに異なる参照のライフタイムがどう関連しているかを指示する方法を学びました。すべての参照にはライフタイムがあるものの、ほとんどの場合、コンパイラーがライフタイムを省略させてくれることも見ました。ここでは、まだ講義していないライフタイムの高度な機能を 3 つ見ていきます:

- ライフタイム・サブタイピング: あるライフタイムが他のライフタイムより長生きすることを保証する。
- ライフタイム境界: ジェネリックな型への参照のライフタイムを指定する。
- トレイトオブジェクトのライフタイムの推論: コンパイラーにトレイトオブジェクトのライフタイムを推論させることと指定する必要があるタイミング。

ライフタイム・サブタイピングにより、あるライフタイムが他よりも長生きすることを保証する

ライフタイム・サブタイピング（lifetime subtyping[3]）は、あるライフタイムが他のライフタイムよりも長生きすべきであることを指定します。ライフタイム・サブタイピングを探究するために、パーサーを書きたいところを想像してください。パース[4]中の文字列への参照を保持する Context と呼ばれる構造を使用します。この文字列をパースし、成功か失敗を返すパーサーを書きます。パーサーは構文解析を行うために Context を借用する必要があるでしょう。リスト 19.12 は、コードに必要なライフタイム注釈がないことを除いてこのパーサーのコードを実装しているので、コンパイルはできません。

リスト 19.12: ライフタイム注釈なしでパーサーを定義する

src/lib.rs

```
struct Context(&str);

struct Parser {
```

---

[3] あえて訳すなら、ライフタイムの継承
[4] parse; 構文解析

高度なライフタイム　465

```
        context: &Context,
    }

    impl Parser {
        fn parse(&self) -> Result<(), &str> {
            Err(&self.context.0[1..])
        }
    }
```

　コンパイラーは Context の文字列スライスと Parser の Context への参照にライフタイム
引数を期待するので、このコードをコンパイルすると、エラーに落ち着きます。

　簡単のため、parse 関数は、Result<(), &str> を返します。つまり、関数は成功時には
何もせず、失敗時には、正しくパースできなかった文字列スライスの一部を返すということで
す。本物の実装は、もっとエラーの情報を提供し、パースが成功したら、構造化されたデータ
型を返すでしょう。そのような詳細を議論するつもりはありません。この例のライフタイムの
部分に関係ないからです。

　このコードを単純に保つため、構文解析のロジックは何も書きません。ですが、構文解析ロ
ジックのどこかで、非合法な入力の一部を参照するエラーを返すことで非合法な入力を扱う可
能性が非常に高いでしょう; この参照が、ライフタイムに関連してこのコード例を面白くして
くれます。パーサーのロジックが、最初のバイトの後で入力が不正だった振りをしましょう。
最初のバイトが合法な文字境界になければ、このコードはパニックする可能性があることに注
意してください; ここでも、例を簡略化して関連するライフタイムに集中しています。

　このコードをコンパイルできるようにするには、Context の文字列スライスと Parser の
Context への参照のライフタイム引数を埋める必要があります。最も率直な方法は、リスト
19.13 のように、すべての箇所で同じライフタイム名を使用することです。第 10 章の「構造体
定義のライフタイム注釈」(☞ p. 217) から、struct Context<'a>、struct Parser<'a>、
impl<'a> それぞれが新しいライフタイム引数を宣言することを思い出してください。全部の
名前が偶然一致しましたが、この例で宣言された 3 つのライフタイム引数は、関連していま
せん。

リスト 19.13: Context と Parser の全参照をライフタイム引数で注釈する

src/lib.rs
```
struct Context<'a>(&'a str);

struct Parser<'a> {
    context: &'a Context<'a>,
}

impl<'a> Parser<'a> {
    fn parse(&self) -> Result<(), &str> {
        Err(&self.context.0[1..])
    }
}
```

466 第 19 章 高度な機能

このコードは、単純にうまくコンパイルできます。コンパイラーに Parser はライフタイム
'a の Context への参照を保持し、Context は Parser の Context への参照と同じ期間生き
る文字列スライスを保持していると指示しています。Rust コンパイラーのエラーメッセージ
は、これらの参照にライフタイム引数が必要であることを述べていて、今ではライフタイム引
数を追加しました。

次にリスト 19.14 では、Context のインスタンスを 1 つ取り、Parser を使ってその文脈を
パースし、parse が返すものを返す関数を追加します。このコードはあまり動きません。

リスト 19.14: Context を取り、Parser を使用する parse_context 関数を追加する試み

src/lib.rs
```
fn parse_context(context: Context) -> Result<(), &str> {
    Parser { context: &context }.parse()
}
```

parse_context 関数を追加してコードをコンパイルしようとすると、2 つ冗長なエラーが
出ます:

```
error[E0597]: borrowed value does not live long enough
エラー: 借用された値は十分長生きしません
  --> src/lib.rs:14:5
   |
14 |     Parser { context: &context }.parse()
   |     ^^^^^^^^^^^^^^^^^^^^^^^^^^^^ does not live long enough
15 | }
   | - temporary value only lives until here
   |   一時的な値はここまでしか生きません
   |
note: borrowed value must be valid for the anonymous lifetime #1 defined on
      the function body at 13:1...
注釈: 借用された値は、13:1 の関数本体で定義された 1 番目の匿名のライフタイムに有効でなけれ
      ばなりません
  --> src/lib.rs:13:1
   |
13 | / fn parse_context(context: Context) -> Result<(), &str> {
14 | |     Parser { context: &context }.parse()
15 | | }
   | |_^

error[E0597]: `context` does not live long enough
  --> src/lib.rs:14:24
   |
14 |     Parser { context: &context }.parse()
   |                        ^^^^^^^ does not live long enough
15 | }
   | - borrowed value only lives until here
   |
```

```
note: borrowed value must be valid for the anonymous lifetime #1 defined on
    the function body at 13:1...
  --> src/lib.rs:13:1
   |
13 | / fn parse_context(context: Context) -> Result<(), &str> {
14 | |     Parser { context: &context }.parse()
15 | | }
   | |_^
```

　これらのエラーは、生成された Parser インスタンスと context 引数が parse_context 関数の最後までしか生きないと述べています。しかし、どちらも関数全体のライフタイムだけ生きる必要があります。

　言い換えると、Parser と context は関数全体より**長生き**し、このコードの全参照が常に有効であるためには、関数が始まる前や、終わった後も有効である必要があります。生成している Parser と context 引数は、関数の終わりでスコープを抜けます。parse_context が context の所有権を奪っているからです。

　これらのエラーが起こる理由を理解するため、再度リスト 19.13 の定義、特に parse メソッドのシグニチャーの参照を観察しましょう:

```
fn parse(&self) -> Result<(), &str> {
```

　省略規則を覚えていますか? 省略するのではなく、参照のライフタイムを注釈するなら、シグニチャーは以下のようになるでしょう:

```
fn parse<'a>(&'a self) -> Result<(), &'a str> {
```

　要するに、parse の戻り値のエラー部分は、Parser インスタンスのライフタイムと紐付いたライフタイムになるのです (parse メソッドシグニチャーの &self のライフタイム)。それは、理に適っています: 返却される文字列スライスは、Parser に保持された Context インスタンスの文字列スライスを参照していて、Parser 構造体の定義は、Context への参照のライフタイムと Context が保持する文字列スライスのライフタイムは同じになるべきと指定しています。

　問題は、parse_context 関数は、parse から返却される値を返すので、parse_context の戻り値のライフタイムも、Parser のライフタイムに紐付くことです。しかし、parse_context 関数で生成された Parser インスタンスは、関数の終端を越えて生きることはなく (一時的なのです)、context も関数の終端でスコープを抜けるのです (parse_context が所有権を奪っています)。

　コンパイラーは、我々が、関数の終端でスコープを抜ける値への参照を返そうとしていると考えます。全ライフタイムを同じライフタイム引数で注釈したからです。注釈は、コンパイラーに Context が保持する文字列スライスのライフタイムは、Parser が保持する Context への参照のライフタイムと一致すると指示しました。

parse_context 関数には、parse 関数内で返却される文字列スライスが Context と Parser より長生きし、parse_context が返す参照が Context や Parser ではなく、文字列スライスを参照することはわかりません。

parse の実装が何をするか知ることで、parse の戻り値が Parser インスタンスに紐付く唯一の理由が、Parser インスタンスの Context、引いては文字列スライスを参照していることであることを把握します。したがって、parse_context が気にする必要があるのは、本当は文字列スライスのライフタイムなのです。Context の文字列スライスと Parser の Context への参照が異なるライフタイムになり、parse_context の戻り値が Context の文字列スライスのライフタイムに紐付くことをコンパイラーに教える方法が必要です。

まず、試しに Parser と Context に異なるライフタイム引数を与えてみましょう。リスト 19.15 のようにですね。ライフタイム引数の名前として's と'c を使用して、どのライフタイムが Context の文字列スライスに当てはまり、どれが Parser の Context への参照に当てはまるかを明確化します。この解決策は、完全には問題を修正しませんが、スタート地点です。コンパイルしようとするときにこの修正で十分でない理由に目を向けます。

リスト 19.15: 文字列スライスと Context への参照に異なるライフタイム引数を指定する

src/lib.rs

```rust
struct Context<'s>(&'s str);

struct Parser<'c, 's> {
    context: &'c Context<'s>,
}

impl<'c, 's> Parser<'c, 's> {
    fn parse(&self) -> Result<(), &'s str> {
        Err(&self.context.0[1..])
    }
}

fn parse_context(context: Context) -> Result<(), &str> {
    Parser { context: &context }.parse()
}
```

参照のライフタイム全部をリスト 19.13 で注釈したのと同じ箇所に注釈しました。ですが今回は、参照が文字列スライスか Context に当てはまるかによって異なる引数を使用しました。また、parse の戻り値の文字列スライス部分にも注釈を追加して、Context の文字列スライスのライフタイムに当てはまることを示唆しました。

今コンパイルを試みると、以下のようなエラーになります:

```
error[E0491]: in type `&'c Context<'s>`, reference has a longer lifetime than
    the data it references
```
エラー: 型 '&'c Cotnext<'s>' において、参照のライフタイムが参照先のデータよりも長くなっ
    ています
```
 --> src/lib.rs:4:5
  |
4 |     context: &'c Context<'s>,
  |              ^^^^^^^^^^^^^^^^^^^^^^^^^^
  |
note: the pointer is valid for the lifetime 'c as defined on the struct at 3:1
```
注釈: ポインターは 3:1 の構造体で定義されたように、ライフタイム'c の間有効です
```
 --> src/lib.rs:3:1
  |
3 | / struct Parser<'c, 's> {
4 | |     context: &'c Context<'s>,
5 | | }
  | |_^
note: but the referenced data is only valid for the lifetime 's as defined on
    the struct at 3:1
```
注釈: しかし、参照されたデータは、3:1 の構造体で定義されたように、ライフタイム's の間だけ
    有効です
```
 --> src/lib.rs:3:1
  |
3 | / struct Parser<'c, 's> {
4 | |     context: &'c Context<'s>,
5 | | }
  | |_^
```

　コンパイラーは、'c と's の間に何の関連性も知りません。合法であるために、Context で
ライフタイム'c と参照されたデータは、制限され、ライフタイム'c の参照よりも長生きする
ことを保証する必要があります。's が'c より長くないと、Context への参照は合法ではない
可能性があるのです。

　さて、この節の要点に到達しました: Rust の機能、**ライフタイム・サブタイピング**は、ある
ライフタイム引数が、少なくとも他のライフタイムと同じだけ生きることを指定します。ライ
フタイム引数を宣言する山かっこ内で、通常どおりライフタイム'a を宣言し、'b を'b: 'a
記法を使用して宣言することで、'a と少なくとも同じ期間生きるライフタイム'b を宣言でき
ます。

　Parser の定義で、's（文字列スライスのライフタイム）が少なくとも'c（Context への参
照のライフタイム）と同じ期間だけ生きると、保証することを宣言するには、ライフタイム宣
言を以下のように変更します:

```
struct Parser<'c, 's: 'c> {
    context: &'c Context<'s>,
}
```

これで Parser の Context への参照と Context の文字列スライスへの参照のライフタイム
は、違うものになりました; 文字列スライスのライフタイムが Context への参照よりも長いこ
とを保証したのです。

非常に長くぐにゃぐにゃした例でしたが、この章の冒頭で触れたように、Rust の高度な機
能は、非常に限定的です。この例で解説した記法は、あまり必要になりませんが、そのような
場面では、何かを参照し、それに必要なライフタイムを与える方法を知っているでしょう。

ジェネリックな型への参照に対するライフタイム境界

第 10 章の「トレイト境界」(☞ p.204) で、ジェネリックな型にトレイト境界を使用するこ
とを議論しました。また、ジェネリックな型への制限としてライフタイム引数を追加すること
もできます; これは**ライフタイム境界**と呼ばれます。ライフタイム境界は、コンパイラーが、
ジェネリックな型の中の参照が参照先のデータよりも長生きしないことを確かめる手助けをし
ます。

例として、参照のラッパーの型を考えてください。第 15 章の「RefCell<T> と内部可変性
パターン」節 (☞ p.357) から RefCell<T> 型を思い出してください: borrow と borrow_mut
メソッドがそれぞれ、Ref と RefMut を返します。これらの型は、実行時に借用規則を追いか
ける参照に対するラッパーです。Ref 構造体の定義をリスト 19.16 に今はライフタイム境界な
しで示しました。

リスト 19.16: ライフタイム境界なしでジェネリックな型への参照をラップする構造体を定義する

src/lib.rs
```
struct Ref<'a, T>(&'a T);
```

明示的にジェネリック引数 T と関連してライフタイム 'a を制限しないと、ジェネリックな
型 T がどれだけ生きるのかわからないので、コンパイラーはエラーにします:

```
error[E0309]: the parameter type `T` may not live long enough
エラー: パラメーター型の 'T' は十分長生きしないかもしれません
 --> src/lib.rs:1:19
  |
1 | struct Ref<'a, T>(&'a T);
  |                   ^^^^^^^
  |
  = help: consider adding an explicit lifetime bound `T: 'a`...
     助言: 明示的なライフタイム境界 'T: 'a' を追加することを考慮してください
note: ...so that the reference type `&'a T` does not outlive the data it
    points at
 注釈: そうすれば、参照型の '&'a T' が、指しているデータよりも長生きしません
 --> src/lib.rs:1:19
  |
1 | struct Ref<'a, T>(&'a T);
  |                   ^^^^^^^
```

Tはどんな型にもなるので、Tが参照や1つ以上の参照を保持する型になることもあり、その個々の参照が独自のライフタイムになることもあるでしょう。コンパイラーは、Tが'aと同じだけ生きることを確信できません。

幸運なことに、この場合、エラーがライフタイム境界を指定する方法について役に立つアドバイスをくれています:

```
consider adding an explicit lifetime bound `T: 'a` so that the reference type
    `&'a T` does not outlive the data it points at
```

リスト19.17は、ジェネリックな型Tを宣言するときにライフタイム境界を指定することで、このアドバイスを適用する方法を示しています。

リスト19.17: TにライフタイムTのどんな参照も少なくとも、'aと同じだけ生きると指定する

```
struct Ref<'a, T: 'a>(&'a T);
```

このコードはもうコンパイルできます。T: 'a記法により、Tはどんな型にもなり得ますが、何か参照を含んでいるのなら、その参照は少なくとも、'aと同じだけ生きなければならないと指定しているからです。

この問題をリスト19.18のStaticRef構造体の定義で示したように、Tに'staticライフタイム境界を追加し、異なる方法で解決することもできます。これは、Tに何か参照が含まれるなら、'staticライフタイムでなければならないことを意味します。

リスト19.18: Tに'staticライフタイム境界を追加してTを'static参照だけがあるか参照なしの型に制限する

```
struct StaticRef<T: 'static>(&'static T);
```

'staticは、参照がプログラム全体と同じだけ生きなければならないことを意味するので、何も参照を含まない型は、すべての参照がプログラム全体と同じだけ生きるという基準を満たします（参照がないからです）。借用チェッカーが、参照が十分長生きしないと心配することに関しては、参照が何もない型と永久に生きる参照がある型を現実的に区別できません: どちらも、参照が参照先のライフタイムよりも短いか決定することに関しては同じです。

トレイトオブジェクトライフタイムの推論

第17章の「トレイトオブジェクトで異なる型の値を許容する」節（☞ p.405）で、参照の背後のトレイトから構成され、ダイナミック・ディスパッチを使用できるトレイトオブジェクトを議論しました。まだ、トレイトオブジェクトのトレイトを実装する型が、独自のライフタイムだったときに何が起こるか議論していません。トレイトRedと構造体Ballがあるリスト19.19を考えてください。Ball構造体は参照を保持し（故にライフタイム引数があり）、トレイトRedを実装もしています。BallのインスタンスをBox<Red>として使用したいです。

472 第 19 章 高度な機能

リスト 19.19: トレイトオブジェクトでライフタイム引数のある型を使用する

src/main.rs
```
trait Red { }

struct Ball<'a> {
    diameter: &'a i32,
}

impl<'a> Red for Ball<'a> { }

fn main() {
    let num = 5;

    let obj = Box::new(Ball { diameter: &num }) as Box<Red>;
}
```

明示的に obj に関連するライフタイムを注釈していないものの、このコードはエラーなくコンパイルできます。ライフタイムとトレイトオブジェクトとともに働く規則があるので、このコードは動くのです:

- トレイトオブジェクトのデフォルトのライフタイムは、'static。
- &'a Trait や &'a mut Trait に関して、トレイトオブジェクトのデフォルトのライフタイムは、'a。
- 単独の T: 'a 節について、トレイトオブジェクトのデフォルトのライフタイムは、'a。
- 複数の T: 'a のような節について、デフォルトのライフタイムはない; 明示しなければならない。

明示しなければならないとき、Box<Red> のようなトレイトオブジェクトに対して、参照がプログラム全体で生きるかどうかにより、記法 Box<Red + 'static> か Box<Red + 'a> を使用してライフタイム境界を追加できます。他の境界同様、ライフタイム境界を追記する記法は、型の内部に参照がある Red トレイトを実装しているものはすべて、トレイト境界に指定されるライフタイムがそれらの参照と同じにならなければならないことを意味します。

次は、トレイトを管理する他の一部の高度な機能に目を向けましょう。

高度なトレイト

最初にトレイトについて講義したのは、第 10 章の「トレイト: 共通の振る舞いを定義する」節（☞ p.199）でしたが、ライフタイム同様、より高度な詳細は議論しませんでした。今や、Rust に詳しくなったので、核心に迫れるでしょう。

関連型でトレイト定義においてプレースホルダーの型を指定する

関連型は、トレイトのメソッド定義がシグニチャーでプレースホルダーの型を使用できるように、トレイトと型のプレースホルダーを結び付けます。トレイトを実装するものがこの特定

高度なトレイト　473

の実装で型の位置に使用される具体的な型を指定します。そうすることで、何らかの型を使用するトレイトをトレイトを実装するまでその型がいったい何であるかを知る必要なく定義できます。

この章のほとんどの高度な機能は、まれにしか必要にならないと解説しました。関連型はその中間にあります: 本書の他の部分で説明される機能よりは使用されるのがまれですが、この章で議論される他の多くの機能よりは頻繁に使用されます。

関連型があるトレイトの一例は、標準ライブラリーが提供する Iterator トレイトです。その関連型は Item と名付けられ、Iterator トレイトを実装している型が走査している値の型の代役を務めます。第 13 章の「Iterator トレイトと next メソッド」(☞ p. 301) で、Iterator トレイトの定義は、リスト 19.20 に示したようなものであることに触れました。

リスト 19.20: 関連型 Item がある Iterator トレイトの定義

```
pub trait Iterator {
    type Item;

    fn next(&mut self) -> Option<Self::Item>;
}
```

型 Item はプレースホルダー型で next メソッドの定義は、型 Option<Self::Item> の値を返すことを示しています。Iterator トレイトを実装するものは、Item の具体的な型を指定し、next メソッドは、その具体的な型の値を含む Option を返します。

関連型は、ジェネリクスにより扱う型を指定せずに関数を定義できるという点でジェネリクスに似た概念のように思える可能性があります。では、なぜ関連型を使用するのでしょうか?

2 つの概念の違いを第 13 章から Counter 構造体に Iterator トレイトを実装する例で調査しましょう。リスト 13.21 で、Item 型は u32 だと指定しました:

src/lib.rs
```
impl Iterator for Counter {
    type Item = u32;

    fn next(&mut self) -> Option<Self::Item> {
        // 略
```

この記法は、ジェネリクスと比較可能に思えます。では、なぜ単純にリスト 19.21 のように、Iterator トレイトをジェネリクスで定義しないのでしょうか?

リスト 19.21: ジェネリクスを使用した架空の Iterator トレイトの定義

```
pub trait Iterator<T> {
    fn next(&mut self) -> Option<T>;
}
```

差異は、リスト 19.21 のようにジェネリクスを使用すると、各実装で型を注釈しなければならないことです; Iterator<String> for Counter や他のどんな型にも実装することができ

474　第 19 章　高度な機能

るので、Counter の Iterator の実装が複数できるでしょう。換言すれば、トレイトにジェネリックな引数があると、毎回ジェネリックな型引数の具体的な型を変更してある型に対して複数回実装できるということです。Counter に対して next メソッドを使用する際に、どの Iterator の実装を使用したいか型注釈を付けなければならないでしょう。

　関連型なら、同じ型に対してトレイトを複数回実装できないので、型を注釈する必要はありません。関連型を使用する定義があるリスト 19.20 では、Item の型は 1 回しか選択できませんでした。1 つしか impl Iterator for Counter がないからです。Counter に next を呼び出すたびに、u32 値のイテレーターがほしいと指定しなくてもよいわけです。

デフォルトのジェネリック型引数と演算子オーバーロード

　ジェネリックな型引数を使用する際、ジェネリックな型に対して規定の具体的な型を指定できます。これにより、規定の型が動くのなら、トレイトを実装する側が具体的な型を指定する必要を排除します。ジェネリックな型に規定の型を指定する記法は、ジェネリックな型を宣言する際に <PlaceholderType=ConcreteType> です。

　このテクニックが有用になる場面の好例が、演算子オーバーロードです。**演算子オーバーロード**とは、特定の状況で演算子（+ など）の振る舞いをカスタマイズすることです。

　Rust では、独自の演算子を作ったり、任意の演算子をオーバーロードすることはできません。しかし、演算子に紐付いたトレイトを実装することで std::ops に列挙された処理と対応するトレイトをオーバーロードできます。例えば、リスト 19.22 で + 演算子をオーバーロードして 2 つの Point インスタンスを足し合わせています。Point 構造体に Add トレイトを実装することでこれを行っています。

リスト 19.22: Add トレイトを実装して Point インスタンス用に + 演算子をオーバーロードする

src/main.rs

```rust
use std::ops::Add;

#[derive(Debug, PartialEq)]
struct Point {
    x: i32,
    y: i32,
}

impl Add for Point {
    type Output = Point;

    fn add(self, other: Point) -> Point {
        Point {
            x: self.x + other.x,
            y: self.y + other.y,
        }
    }
}
```

```
fn main() {
    assert_eq!(Point { x: 1, y: 0 } + Point { x: 2, y: 3 },
               Point { x: 3, y: 3 });
}
```

add メソッドは 2 つの Point インスタンスの x 値と 2 つの Point インスタンスの y 値を足します。Add トレイトには、add メソッドから返却される型を決定する Output という関連型があります。

このコードの規定のジェネリック型は、Add トレイト内にあります。こちらがその定義です:

```
trait Add<RHS=Self> {
    type Output;

    fn add(self, rhs: RHS) -> Self::Output;
}
```

このコードは一般的に馴染みがあるはずです: 1 つのメソッドと関連型が 1 つあるトレイトです。新しい部分は、RHS=Self です: この記法は、**デフォルト型引数**と呼ばれます。RHS というジェネリックな型引数 ("Right Hand Side": 右辺の省略形) が、add メソッドの rhs 引数の型を定義しています。Add トレイトを実装する際に RHS の具体的な型を指定しなければ、RHS の型は標準で Self になり、これは Add を実装している型になります。

Point に Add を実装する際、2 つの Point インスタンスを足したかったので、RHS の規定を使用しました。規定を使用するのではなく、RHS の型をカスタマイズしたくなる Add トレイトの実装例に目を向けましょう。

異なる単位で値を保持する構造体、Millimeters と Meters (それぞれミリメートルとメートル) が 2 つあります。ミリメートルの値をメートルの値に足し、Add の実装に変換を正しくしてほしいです。Add を RHS に Meters のある Millimeters に実装することができます。リスト 19.23 のように:

リスト 19.23: Millimeters に Add トレイトを実装して、Meters に Millimeters を足す

src/lib.rs

```
use std::ops::Add;

struct Millimeters(u32);
struct Meters(u32);

impl Add<Meters> for Millimeters {
    type Output = Millimeters;

    fn add(self, other: Meters) -> Millimeters {
        Millimeters(self.0 + (other.0 * 1000))
    }
}
```

476   第 19 章　高度な機能

Millimeters を Meters に足すため、Self という規定を使う代わりに impl
Add<Meters> を指定して、RHS 型引数の値をセットしています。

主に 2 通りの方法でデフォルト型引数を使用します:

- 既存のコードを破壊せずに型を拡張する。
- ほとんどのユーザーは必要としない特定の場合でカスタマイズを可能にする。

標準ライブラリーの **Add** トレイトは、2 番目の目的の例です: 通常、2 つの似た型を足しま
すが、**Add** トレイトはそれ以上にカスタマイズする能力を提供します。**Add** トレイト定義でデ
フォルト型引数を使用することは、ほとんどの場合、追加の引数を指定しなくてもよいことを
意味します。つまり、トレイトを使いやすくして、ちょっとだけ実装の定型コードが必要なく
なるのです。

最初の目的は 2 番目に似ていますが、逆です: 既存のトレイトに型引数を追加したいなら、
規定を与えて、既存の実装コードを破壊せずにトレイトの機能を拡張できるのです。

明確化のためのフルパス記法: 同じ名前のメソッドを呼ぶ

Rust において、別のトレイトのメソッドと同じ名前のメソッドがトレイトにあったり、両
方のトレイトを 1 つの型に実装することを妨げるものは何もありません。トレイトのメソッド
と同じ名前のメソッドを直接型に実装することも可能です。

同じ名前のメソッドを呼ぶ際、コンパイラーにどれを使用したいのか教える必要があるで
しょう。両方とも fly というメソッドがある 2 つのトレイト、Pilot と Wizard[5] を定義し
たリスト 19.24 のコードを考えてください。それから両方のトレイトをすでに fly というメ
ソッドが実装されている型 Human[6] に実装します。各 fly メソッドは異なることをします。

リスト 19.24: 2 つのトレイトに fly があるように定義され、Human に実装されつつ、fly メソッド
は Human に直接にも実装されている

src/main.rs

```rust
trait Pilot {
    fn fly(&self);
}

trait Wizard {
    fn fly(&self);
}

struct Human;

impl Pilot for Human {
    fn fly(&self) {
        // キャプテンのお言葉
        println!("This is your captain speaking.");
    }
```

---

[5] パイロットと魔法使い
[6] 人間

```
    }

    impl Wizard for Human {
        fn fly(&self) {
            // 上がれ！
            println!("Up!");
        }
    }

    impl Human {
        fn fly(&self) {
            // *激しく腕を振る*
            println!("*waving arms furiously*");
        }
    }
```

Human のインスタンスに対して fly を呼び出すと、コンパイラーは型に直接実装されたメ
ソッドを標準で呼び出します。リスト 19.25 のようにですね:

リスト 19.25: Human のインスタンスに対して fly を呼び出す

```
fn main() {
    let person = Human;
    person.fly();
}
```

このコードを実行すると、*waving arms furiously* と出力され、コンパイラーが Human
に直接実装された fly メソッドを呼んでいることを示しています。

Pilot トレイトか、Wizard トレイトの fly メソッドを呼ぶためには、より明示的な記法を
使用して、どの fly メソッドを意図しているか指定する必要があります。リスト 19.26 は、こ
の記法をデモしています。

リスト 19.26: どのトレイトの fly メソッドを呼び出したいか指定する

```
fn main() {
    let person = Human;
    Pilot::fly(&person);
    Wizard::fly(&person);
    person.fly();
}
```

メソッド名の前にトレイト名を指定すると、コンパイラーにどの fly の実装を呼び出したい
か明確化できます。また、Human::fly(&person) と書くこともでき、リスト 19.26 で使用し
た person.fly() と等価ですが、こちらの方は明確化する必要がないなら、ちょっと記述量が
増えます。

このコードを実行すると、こんな出力がされます:

```
This is your captain speaking.
Up!
*waving arms furiously*
```

flyメソッドはself引数を取るので、1つのトレイトを両方実装する**型**が2つあれば、コンパイラーには、selfの型に基づいてどのトレイトの実装を使うべきかわかるでしょう。

しかしながら、トレイトの一部になる関連型にはself引数がありません。同じスコープの2つの型がそのトレイトを実装する場合、**フルパス記法**（fully qualified syntax）を使用しない限り、どの型を意図しているかコンパイラーは推論できません。例えば、リスト19.27のAnimalトレイトには、関連関数baby_name、構造体DogのAnimalの実装、Dogに直接定義された関連関数baby_nameがあります。

リスト19.27: 関連関数のあるトレイトとそのトレイトも実装し、同じ名前の関連関数がある型

src/main.rs
```rust
trait Animal {
    fn baby_name() -> String;
}

struct Dog;

impl Dog {
    fn baby_name() -> String {
        // スポット（Wikipediaによると、飼い主の事故死後もその人の帰りを
        // 待つ忠犬の名前の模様）
        String::from("Spot")
    }
}

impl Animal for Dog {
    fn baby_name() -> String {
        // 子犬
        String::from("puppy")
    }
}

fn main() {
    // 赤ちゃん犬は{}と呼ばれる
    println!("A baby dog is called a {}", Dog::baby_name());
}
```

このコードは、すべての子犬をスポットと名付けたいアニマル・シェルター[7]用で、Dogに定義されたbaby_name関連関数で実装されています。Dog型は、トレイトAnimalも実装し、このトレイトはすべての動物が持つ特徴を記述します。赤ちゃん犬は子犬と呼ばれ、それが

---

[7] 身寄りのないペットを保護する保健所のようなところ

Dog の Animal トレイトの実装の Animal トレイトと紐付いた base_name 関数で表現されて
います。

main で、Dog::baby_name 関数を呼び出し、直接 Dog に定義された関連関数を呼び出して
います。このコードは以下のような出力をします:

```
A baby dog is called a Spot
```

この出力は、ほしかったものではありません。Dog に実装した Animal トレイトの一部の
baby_name 関数を呼び出したいので、コードは A baby dog is called a puppy と出力し
ます。リスト 19.26 で使用したトレイト名を指定するテクニックは、ここでは役に立ちませ
ん; main をリスト 19.28 のようなコードに変更したら、コンパイルエラーになるでしょう。

リスト 19.28: Animal トレイトの baby_name 関数を呼び出そうとするも、コンパイラーにはどの
実装を使うべきかわからない

src/main.rs
```rust
fn main() {
    println!("A baby dog is called a {}", Animal::baby_name());
}
```

Animal::baby_name はメソッドではなく関連関数であり、故に self 引数がないので、ど
の Animal::baby_name がほしいのか、コンパイラーには推論できません。こんなコンパイル
エラーが出るでしょう:

```
error[E0283]: type annotations required: cannot resolve `_: Animal`
エラー: 型注釈が必要です: '_: Animal'を解決できません
  --> src/main.rs:20:43
   |
20 |     println!("A baby dog is called a {}", Animal::baby_name());
   |                                           ^^^^^^^^^^^^^^^^^^
   |
   = note: required by `Animal::baby_name`
     注釈: 'Animal::baby_name'に必要です
```

Dog に対して Animal 実装を使用したいと明確化し、コンパイラーに指示するには、フルパ
ス記法を使う必要があります。リスト 19.29 は、フルパス記法を使用する方法をデモしてい
ます。

リスト 19.29: フルパス記法を使って Dog に実装されているように、Animal トレイトからの
baby_name 関数を呼び出したいと指定する

```rust
fn main() {
    println!("A baby dog is called a {}", <Dog as Animal>::baby_name());
}
```

コンパイラーに山かっこ内で型注釈を提供し、これは、この関数呼び出しでは Dog 型を
Animal として扱いたいと宣言することで、Dog に実装されたように、Animal トレイトの

baby_name メソッドを呼び出したいと示唆しています。もうこのコードは、望みどおりの出力をします:

```
A baby dog is called a puppy
```

一般的に、フルパス記法は、以下のように定義されています:

```
<Type as Trait>::function(receiver_if_method, next_arg, ...);
```

関連関数では、receiver がないでしょう: 他の引数のリストがあるだけでしょう。関数やメソッドを呼び出す箇所全部で、フルパス記法を使用することもできるでしょうが、プログラムの他の情報からコンパイラーが推論できるこの記法のどの部分も省略することが許容されています。同じ名前を使用する実装が複数あり、どの実装を呼び出したいかコンパイラーが特定するのに助けが必要な場合だけに、このより冗長な記法を使用する必要があるのです。

スーパートレイトを使用して別のトレイト内で、あるトレイトの機能を必要とする

ときとして、あるトレイトに別のトレイトの機能を使用させる必要がある可能性があります。この場合、依存するトレイトも実装されることを信用する必要があります。信用するトレイトは、実装しているトレイトの**スーパートレイト**です。

例えば、アスタリスクをフレームにする値を出力する outline_print メソッドがある OutlinePrint トレイトを作りたくなったとしましょう。つまり、Display を実装し、(x, y) という結果になる Point 構造体が与えられて、x が 1、y が 3 の Point インスタンスに対して outline_print を呼び出すと、以下のような出力をするはずです:

```
**********
*        *
* (1, 3) *
*        *
**********
```

outline_print の実装では、Display トレイトの機能を使用したいです。故に、Display も実装する型に対してだけ OutlinePrint が動くと指定し、OutlinePrint が必要とする機能を提供する必要があるわけです。トレイト定義で OutlinePrint: Display と指定することで、そうすることができます。このテクニックは、トレイトにトレイト境界を追加することに似ています。リスト 19.30 は、OutlinePrint トレイトの実装を示しています。

高度なトレイト　481

リスト 19.30: Display からの機能を必要とする OutlinePrint トレイトを実装する

src/main.rs

```
use std::fmt;

trait OutlinePrint: fmt::Display {
    fn outline_print(&self) {
        let output = self.to_string();
        let len = output.len();
        println!("{}", "*".repeat(len + 4));
        println!("*{}*", " ".repeat(len + 2));
        println!("* {} *", output);
        println!("*{}*", " ".repeat(len + 2));
        println!("{}", "*".repeat(len + 4));
    }
}
```

OutlinePrint は Display トレイトを必要とすると指定したので、Display を実装する
どんな型にも自動的に実装される to_string 関数を使えます。トレイト名の後にコロンと
Display トレイトを追加せずに to_string を使おうとしたら、現在のスコープで型 &Self に
to_string というメソッドは存在しないというエラーが出るでしょう。

Display を実装しない型、Point 構造体などに OutlinePrint を実装しようとしたら、何
が起こるか確認しましょう:

```
struct Point {
    x: i32,
    y: i32,
}

impl OutlinePrint for Point {}
```

Display が必要だけれども、実装されていないというエラーが出ます:

```
error[E0277]: the trait bound `Point: std::fmt::Display` is not satisfied
  --> src/main.rs:20:6
   |
20 | impl OutlinePrint for Point {}
   |      ^^^^^^^^^^^^ `Point` cannot be formatted with the default formatter;
     try using `:?` instead if you are using a format string
   |
   = help: the trait `std::fmt::Display` is not implemented for `Point`
```

これを修正するために、Point に Display を実装し、OutlinePrint が必要とする制限を
満たします。こんな感じで:

```rust
use std::fmt;

impl fmt::Display for Point {
    fn fmt(&self, f: &mut fmt::Formatter) -> fmt::Result {
        write!(f, "({}, {})", self.x, self.y)
    }
}
```

そうすれば、Point に OutlinePrint トレイトを実装してもコンパイルは成功し、Point イ
ンスタンスに対して outline_print を呼び出し、アスタリスクのふちの中に表示できます。

ニュータイプパターンを使用して外部の型に外部のトレイトを実装する

第 10 章の「トレイトを型に実装する」(☞ p. 200) で、トレイトか型がクレートにローカル
な限り、型にトレイトを実装できると述べるオーファンルールについて触れました。**ニュータ
イプパターン**を使用してこの制限を回避することができ、タプル構造体に新しい型を作成する
ことになります (タプル構造体については、第 5 章の「異なる型を生成する名前付きフィール
ドのないタプル構造体を使用する」(☞ p. 95) で講義しました)。タプル構造体は 1 つのフィー
ルドを持ち、トレイトを実装したい型の薄いラッパーになるでしょう。そして、ラッパーの型
はクレートにローカルなので、トレイトをラッパーに実装できます。**ニュータイプ**という用語
は、Haskell プログラミング言語に端を発しています。このパターンを使用するのに実行時の
パフォーマンスを犠牲にすることはなく、ラッパー型はコンパイル時に省かれます。

例として、Vec<T> に Display を実装したいとしましょう。Display トレイトも Vec<T> 型
もクレートの外で定義されているので、直接それを行うことはオーファンルールにより妨
げられます。Vec<T> のインスタンスを保持する Wrapper 構造体を作成できます; そして、
Wrapper に Display を実装し、Vec<T> 値を使用できます。リスト 19.31 のように。

リスト 19.31: Vec<String> の周りに Wrapper を作成して Display を実装する

src/main.rs
```rust
use std::fmt;

struct Wrapper(Vec<String>);

impl fmt::Display for Wrapper {
    fn fmt(&self, f: &mut fmt::Formatter) -> fmt::Result {
        write!(f, "[{}]", self.0.join(", "))
    }
}

fn main() {
    let w = Wrapper(vec![String::from("hello"), String::from("world")]);
    println!("w = {}", w);
}
```

Display の実装は、self.0 で中身の Vec<T> にアクセスしています。Wrapper はタプル構造体で、Vec<T> がタプルの添え字 0 の要素だからです。それから、Wrapper に対して Display 型の機能を使用できます。

このテクニックを使用する欠点は、Wrapper が新しい型なので、保持している値のメソッドがないことです。self.0 に委譲して、Wrapper を Vec<T> とまったく同様に扱えるように、Wrapper に直接 Vec<T> のすべてのメソッドを実装しなければならないでしょう。内部の型が持つすべてのメソッドを新しい型に持たせたいなら、Deref トレイト（第 15 章の「Deref トレイトでスマートポインターを普通の参照のように扱う」節（☞ p.343）で議論しました）を Wrapper に実装して、内部の型を返すことは解決策の 1 つでしょう。内部の型のメソッド全部を Wrapper 型に持たせたくない（例えば、Wrapper 型の機能を制限するなど）なら、本当にほしいメソッドだけを手動で実装しなければならないでしょう。

もう、トレイトに関してニュータイプパターンが使用される方法を知りました; トレイトが関連しなくても、有用なパターンでもあります。焦点を変更して、Rust の型システムと相互作用する一部の高度な方法を見ましょう。

高度な型

Rust の型システムには、本書で触れたけれども、まだ議論していない機能があります。ニュータイプがなぜ型として有用なのかを調査するため、一般化してニュータイプを議論することから始めます。そして、型エイリアスに移ります。ニュータイプに類似しているけれども、多少異なる意味を持つ機能です。また、! 型と動的サイズ付け型も議論します。

NOTE　次の節は、前節「外部の型に外部のトレイトを実装するニュータイプパターン」を読了済みであることを前提にしています。

型安全性と抽象化を求めてニュータイプパターンを使用する

ここまでに議論した以上の作業についてもニュータイプパターンは有用で、静的に絶対に値を混同しないことを強制したり、値の単位を示すことを含みます。ニュータイプを使用して単位を示す例をリスト 19.23 で見かけました: Millimeters と Meters 構造体は、u32 値をニュータイプにラップしていたことを思い出してください。型 Millimeters を引数にする関数を書いたら、誤ってその関数を型 Meters や普通の u32 で呼び出そうとするプログラムはコンパイルできないでしょう。

型の実装の詳細を抽象化する際にニュータイプパターンを使用するでしょう: 例えば、新しい型を直接使用して、利用可能な機能を制限したら、非公開の内部の型の API とは異なる公開 API を新しい型は露出できます。

ニュータイプはまた、内部の実装を隠匿_{いんとく}することもできます。例をあげれば、People 型を提供して、人の ID と名前を紐付けて格納する HashMap<i32, String> をラップすることができるでしょう。People を使用するコードは、名前の文字列を People コレクションに追加するメソッドなど、提供している公開 API とだけ相互作用するでしょう; そのコードは、内部

で i32 ID を名前に代入していることを知る必要はないでしょう。ニュータイプパターンは、カプセル化を実現して実装の詳細を隠匿する軽い方法であり、実装の詳細を隠匿することは、第 17 章の「カプセル化は、実装詳細を隠蔽する」（☞ p. 402）で議論しましたね。

型エイリアスで型同義語を生成する

ニュータイプパターンに付随して、Rust では、既存の型に別の名前を与える**型エイリアス**（type alias: 型別名）を宣言する能力が提供されています。このために、type キーワードを使用します。例えば、以下のように i32 に対して Kilometers というエイリアスを作れます。

```
type Kilometers = i32;
```

これで、別名の Kilometers は i32 と**同義語**になりました; リスト 19.23 で生成した Millimeters と Meters とは異なり、Kilometers は個別の新しい型ではありません。型 Kilometers の値は、型 i32 の値と同等に扱われます。

```
type Kilometers = i32;

let x: i32 = 5;
let y: Kilometers = 5;

println!("x + y = {}", x + y);
```

Kilometers と i32 が同じ型なので、両方の型の値を足し合わせたり、Kilometers の値を i32 引数を取る関数に渡せたりします。ですが、この方策を使用すると、先ほど議論したニュータイプパターンで得られる型チェックの利便性は得られません。

型同義語の主なユースケースは、繰り返しを減らすことです。例えば、こんな感じの長い型があるかもしれません:

```
Box<Fn() + Send + 'static>
```

この長ったらしい型を関数シグニチャーや型注釈としてコードのあちこちで記述するのは、面倒で間違いも起こりやすいです。リスト 19.32 のそのようなコードであふれかえったプロジェクトがあることを想像してください。

リスト 19.32: 長い型を多くの場所で使用する

```
let f: Box<Fn() + Send + 'static> = Box::new(|| println!("hi"));

fn takes_long_type(f: Box<Fn() + Send + 'static>) {
    // 略
}
```

```
fn returns_long_type() -> Box<Fn() + Send + 'static> {
    // 略
}
```

　型エイリアスは、繰り返しを減らすことでこのコードをより管理しやすくしてくれます。リスト 19.33 で、冗長な型に Thunk[8] を導入し、その型の使用全部をより短い別名の Thunk で置き換えることができます。

リスト 19.33: 型エイリアスの Thunk を導入して繰り返しを減らす

```
type Thunk = Box<Fn() + Send + 'static>;

let f: Thunk = Box::new(|| println!("hi"));

fn takes_long_type(f: Thunk) {
    // 略
}

fn returns_long_type() -> Thunk {
    // 略
}
```

　このコードのほうがはるかに読み書きしやすいです！ 型エイリアスに意味のある名前を選択すると、意図を伝えるのにも役に立つことがあります（thunk は後ほど評価されるコードのための単語なので、格納されるクロージャーには適切な名前です）。
　型エイリアスは、繰り返しを減らすために Result<T, E> 型ともよく使用されます。標準ライブラリーの std::io モジュールを考えてください。I/O 処理はしばしば、Result<T, E> を返して処理がうまく動かなかったときを扱います。このライブラリーには、すべての可能性のある I/O エラーを表す std::io::Error 構造体があります。std::io の関数の多くは、Write トレイトの以下の関数のように E が std::io::Error の Result<T, E> を返すでしょう:

```
use std::io::Error;
use std::fmt;

pub trait Write {
    fn write(&mut self, buf: &[u8]) -> Result<usize, Error>;
    fn flush(&mut self) -> Result<(), Error>;

    fn write_all(&mut self, buf: &[u8]) -> Result<(), Error>;
    fn write_fmt(&mut self, fmt: fmt::Arguments) -> Result<(), Error>;
}
```

---

[8] 塊

Result<..., Error>が何度も繰り返されています。そんな状態なので、std::ioにはこんな類のエイリアス宣言があります:

```
type Result<T> = Result<T, std::io::Error>;
```

この宣言はstd::ioモジュール内にあるので、フルパスエイリアスのstd::io::Result<T>を使用できます。つまり、Eがstd::io::Errorで埋められたResult<T, E>です。その結果、Writeトレイトの関数シグニチャーは、以下のような見た目になります:

```
pub trait Write {
    fn write(&mut self, buf: &[u8]) -> Result<usize>;
    fn flush(&mut self) -> Result<()>;

    fn write_all(&mut self, buf: &[u8]) -> Result<()>;
    fn write_fmt(&mut self, fmt: Arguments) -> Result<()>;
}
```

型エイリアスは、2通りの方法で役に立っています: コードを書きやすくすることとstd::ioを通して首尾一貫したインターフェイスを与えてくれることです。別名なので、ただのResult<T, E>であり、要するにResult<T, E>に対して動くメソッドは何でも使えるし、?演算子のような特殊な記法も使えます。

never型は絶対に返らない

Rustには、型理論用語で値がないため、空型として知られる!という特別な型があります。我々は、関数が絶対に返らないときに戻り値の型の場所に立つので、never type[9]と呼ぶのを好みます。こちらが例です:

```
fn bar() -> ! {
    // 略
}
```

このコードは、「関数barはneverを返す」と解読します。neverを返す関数は、**発散する関数**(diverging function)と呼ばれます。型!の値は生成できないので、barが返ることは絶対にあり得ません。

ですが、値を絶対に生成できない型をどう使用するのでしょうか? リスト2–5のコードを思い出してください; リスト19.34に一部を再現しました。

---

[9] 日本語にはできないので、never型と呼ぶしかないか

リスト 19.34: continue になるアームがある match

```
let guess: u32 = match guess.trim().parse() {
    Ok(num) => num,
    Err(_) => continue,
};
```

この時点では、このコードの詳細の一部を飛ばしました。第 6 章の「match フロー制御演算子」節 (☞ p. 115) で、match アームはすべて同じ型を返さなければならないと議論しました。したがって、例えば以下のコードは動きません:

```
let guess = match guess.trim().parse() {
    Ok(_) => 5,
    Err(_) => "hello",
}
```

このコードの guess は整数かつ文字列にならなければならないでしょうが、Rust では、guess は 1 つの型にしかならないことを要求されます。では、continue は何を返すのでしょうか? どうやってリスト 19.34 で 1 つのアームからは u32 を返し、別のアームでは、continue で終わっていたのでしょうか?

もうお気付きかもしれませんが、continue は ! 値です。つまり、コンパイラーが guess の型を計算するとき、両方の match アームを見て、前者は u32 の値、後者は ! 値となります。! は絶対に値を持ち得ないので、コンパイラーは、guess の型は u32 と決定するのです。

この振る舞いを解説する公式の方法は、型 ! の式は、他のどんな型にも型強制され得るということです。この match アームを continue で終えることができます。なぜなら、continue は値を返さないからです; その代わりに制御をループの冒頭に戻すので、Err の場合、guess には絶対に値を代入しないのです。

never 型は、panic! マクロとも有用です。Option<T> 値に対して呼び出して、値かパニックを生成した unwrap 関数を覚えていますか? こちらがその定義です:

```
impl<T> Option<T> {
    pub fn unwrap(self) -> T {
        match self {
            Some(val) => val,
            // `None`値に対して`Option::unwrap()`が呼び出されました
            None => panic!("called `Option::unwrap()` on a `None` value"),
        }
    }
}
```

このコードにおいて、リスト 19.34 の match と同じことが起こっています: コンパイラーは、val の型は T で、panic! の型は ! なので、match 式全体の結果は T と確認します。panic! は値を生成しないので、このコードは動きます。つまり、プログラムを終了するのです。None

488　第 19 章　高度な機能

の場合、unwrap から値は返さないので、このコードは合法なのです。

　型が ! の最後の式は、loop です:

```
// 永遠に
print!("forever ");

loop {
    // さらに永遠に
    print!("and ever ");
}
```

　ここで、ループは終わりませんので、! が式の値です。ところが、break を含んでいたら、これは真実にはならないでしょう。break に到達した際にループが終了してしまうからです。

動的サイズ付け型と Sized トレイト

　コンパイラーが特定の型の値 1 つにどれくらいのスペースのメモリーを確保するのかなどの特定の詳細を知る必要があるために、型システムには混乱することもある秘密の場所があります: 動的サイズ付け型の概念です。ときとして DST やサイズなし型とも称され、これらの型により、実行時にしかサイズを知ることのできない値を使用するコードを書かせてくれます。

　str と呼ばれる動的サイズ付け型の詳細を深掘りしましょう。本書を通して使用してきましたね。そうです。&str ではなく、str は単独で DST なのです。実行時までは文字列の長さを知ることができず、これは、型 str の変数を生成したり、型 str を引数に取ることはできないことを意味します。動かない以下のコードを考えてください:

```
// こんにちは
let s1: str = "Hello there!";
// 調子はどう?
let s2: str = "How's it going?";
```

　コンパイラーは、特定の型のどんな値に対しても確保するメモリー量を知る必要があり、ある型の値はすべて同じ量のメモリーを使用しなければなりません。Rust でこのコードを書くことが許容されたら、これら 2 つの str 値は、同じ量のスペースを消費する必要があったでしょう。ですが、長さが異なります: s1 は、12 バイトのストレージが必要で、s2 は 15 バイトです。このため、動的サイズ付け型を保持する変数を生成することはできないのです。

　では、どうすればいいのでしょうか? この場合、もう答えはご存知です: s1 と s2 の型を str ではなく、&str にすればいいのです。第 4 章の「文字列スライス」（☞ p. 86）でスライスデータ構造は、開始地点とスライスの長さを格納していると述べたことを思い出してください。

　したがって、&T は、T がどこにあるかのメモリーアドレスを格納する単独の値だけれども、&str は 2 つの値なのです: str のアドレスとその長さです。そのため、コンパイル時に &str のサイズを知ることができます: usize の長さの 2 倍です。要するに、参照している文字列の

長さによらず、常に &str のサイズがわかります。通常、このようにして Rust では動的サイズ付け型が使用されます: 動的情報のサイズを格納する追加のちょっとしたメタデータがあるのです。動的サイズ付け型の黄金規則は、常に動的サイズ付け型の値を何らかの種類のポインターの背後に配置しなければならないということです。

str をすべての種類のポインターと組み合わせられます: 例をあげれば、Box<str> や Rc<str> などです。実際、これまでに見かけましたが、異なる動的サイズ付け型でした: トレイトです。すべてのトレイトは、トレイト名を使用して参照できる動的サイズ付け型です。第 17 章の「トレイトオブジェクトで異なる型の値を許容する」節 (☞ p. 405) で、トレイトをトレイトオブジェクトとして使用するには、&Trait や Box<Trait> (Rc も動くでしょう) など、ポインターの背後に配置しなければならないことに触れました。

DST を扱うために、Rust には Sized トレイトと呼ばれる特定のトレイトがあり、型のサイズがコンパイル時にわかるかどうかを決定します。このトレイトは、コンパイル時にサイズの判明するすべてのものに自動的に実装されます。加えて、コンパイラーは暗黙的にすべてのジェネリックな関数に Sized の境界を追加します。つまり、こんな感じのジェネリック関数定義は:

```
fn generic<T>(t: T) {
    // 略
}
```

実際にはこう書いたかのように扱われます:

```
fn generic<T: Sized>(t: T) {
    // 略
}
```

規定では、ジェネリック関数はコンパイル時に判明するサイズがある型に対してのみ動きます。ですが、以下の特別な記法を用いてこの制限を緩めることができます:

```
fn generic<T: ?Sized>(t: &T) {
    // 略
}
```

?Sized のトレイト境界は、Sized のトレイト境界の逆になります: これを「T は Sized かもしれないし、違うかもしれない」と解読するでしょう。この記法は、Sized にのみ利用可能で、他のトレイトにはありません。

また、t 引数の型を T から &T に切り替えたことにも注目してください。型は Sized でない可能性があるので、何らかのポインターの背後に使用する必要があるのです。今回は、参照を選択しました。

次は、関数とクロージャーについて語ります!

490 第 19 章 高度な機能

高度な関数とクロージャー

最後に関数とクロージャーに関連する高度な機能の一部を探究し、これには関数ポインター
とクロージャーの返却が含まれます。

関数ポインター

クロージャーを関数に渡す方法について語りました; 普通の関数を関数に渡すこともできる
のです！ 新しいクロージャーを定義するのではなく、すでに定義した関数を渡したいときに
このテクニックは有用です。これを関数ポインターで行うと、関数を引数として他の関数に渡
して使用できます。関数は、型 fn（小文字の f です）に型強制されます。Fn クロージャートレ
イトと混同すべきではありません。fn 型は、**関数ポインター**と呼ばれます。引数が関数ポイ
ンターであると指定する記法は、クロージャーのものと似ています。リスト 19.35 のように。

リスト 19.35: fn 型を使用して引数として関数ポインターを受け入れる

src/main.rs

```
fn add_one(x: i32) -> i32 {
    x + 1
}

fn do_twice(f: fn(i32) -> i32, arg: i32) -> i32 {
    f(arg) + f(arg)
}

fn main() {
    let answer = do_twice(add_one, 5);

    // 答えは{}
    println!("The answer is: {}", answer);
}
```

このコードは、The answer is: 12 と出力します。do_twice の仮引数 f は、型 i32 の 1
つの引数を取り、i32 を返す fn と指定しています。それから、do_twice の本体で f を呼び
出すことができます。main では、関数名の add_one を最初の実引数として do_twice に渡せ
ます。

クロージャーと異なり、fn はトレイトではなく型なので、トレイト境界として Fn トレイ
トの 1 つでジェネリックな型引数を宣言するのではなく、直接 fn を仮引数の型として指定し
ます。

関数ポインターは、クロージャートレイト 3 つすべて（Fn、FnMut、FnOnce）を実装する
ので、常に関数ポインターを実引数として、クロージャーを期待する関数に渡すことができま
す。関数が関数とクロージャーどちらも受け入れられるように、ジェネリックな型とクロー
ジャートレイトの 1 つを使用して関数を書くのが最善です。

クロージャーではなく fn だけを受け入れたくなる箇所の一例は、クロージャーのない外部コードとのインターフェイスです: C 関数は引数として関数を受け入れられますが、C にはクロージャーがありません。

インラインでクロージャーが定義されるか、名前付きの関数を使用できるであろう箇所の例として、map の使用に目を向けましょう。map 関数を使用して数字のベクターを文字列のベクターに変換するには、このようにクロージャーを使用できるでしょう:

```
let list_of_numbers = vec![1, 2, 3];
let list_of_strings: Vec<String> = list_of_numbers
    .iter()
    .map(|i| i.to_string())
    .collect();
```

あるいは、このようにクロージャーの代わりに map に実引数として関数を名指しできるでしょう:

```
let list_of_numbers = vec![1, 2, 3];
let list_of_strings: Vec<String> = list_of_numbers
    .iter()
    .map(ToString::to_string)
    .collect();
```

先ほど「高度なトレイト」節（☞ p.472）で語ったフルパス記法を使わなければならないことに注意してください。というのも、to_string という利用可能な関数は複数あるからです。ここでは、ToString トレイトで定義された to_string 関数を使用していて、このトレイトは標準ライブラリーが、Display を実装するあらゆる型に実装しています。

このスタイルを好む人もいますし、クロージャーを使うのを好む人もいます。どちらも結果的に同じコードにコンパイルされるので、どちらでも、自分にとって明確なほうを使用してください。

クロージャーを返却する

クロージャーはトレイトによって表現されます。つまり、クロージャーを直接は返却できないのです。トレイトを返却したい可能性のあるほとんどの場合、代わりにトレイトを実装する具体的な型を関数の戻り値として使用できます。ですが、クロージャーではそれはできません。返却可能な具体的な型がないからです; 例えば、関数ポインターの fn を戻り値の型として使うことは許容されていません。

以下のコードは、クロージャーを直接返そうとしていますが、コンパイルできません:

```
fn returns_closure() -> Fn(i32) -> i32 {
    |x| x + 1
}
```

コンパイルエラーは以下のとおりです:

```
error[E0277]: the trait bound `std::ops::Fn(i32) -> i32 + 'static:
std::marker::Sized` is not satisfied
  -->
  |
1 | fn returns_closure() -> Fn(i32) -> i32 {
  |                         ^^^^^^^^^^^^^^^ `std::ops::Fn(i32) -> i32 + 'static
    ` does not have a constant size known at compile-time
  |                                         `std::ops::Fn(i32) -> i32 +
    'static`にはコンパイル時に判明する固定サイズがありません
  |
  = help: the trait `std::marker::Sized` is not implemented for `std::ops::Fn(
    i32) -> i32 + 'static`
  = note: the return type of a function must have a statically known size
    注釈: 関数の戻り値型は、静的にわかるサイズが存在しなければなりません
```

エラーは、再度 Sized トレイトを参照しています! コンパイラーには、クロージャーを格納するのに必要なスペースがどれくらいかわからないのです。この問題の解決策は先ほど見かけました。トレイトオブジェクトを使えます:

```
fn returns_closure() -> Box<Fn(i32) -> i32> {
    Box::new(|x| x + 1)
}
```

このコードは、問題なくコンパイルできます。トレイトオブジェクトについて詳しくは、第17章の「トレイトオブジェクトで異なる型の値を許容する」節 (☞ p.405) を参照してください。

まとめ

ふう! もう道具箱に頻繁には使用しない Rust の機能の一部がありますが、非常に限定された状況で利用可能だと知るでしょう。エラーメッセージや他の人のコードで遭遇した際に、これらの概念や記法を認識できるように、複雑な話題をいくつか紹介しました。この章は、解決策へ導く参考文献としてご活用ください。

次は、本書を通して議論してきたすべてを実践に配備し、もう1つプロジェクトをこなします!

20

最後のプロジェクト: マルチスレッドの Web サーバーを構築する

長い旅でしたが、この本の末端に到達しました。この章では、ともにもう1つプロジェクトを構築して最後のほうの章で講義した概念の一部をデモしつつ、前のレッスンを思い出してもらいます。

最後のプロジェクトでは、`hello` と話す Web サーバーを作り、Web ブラウザーでは、図 20.1 のような見た目になります。

図 20.1: 最後の共有されたプロジェクト

494　第 20 章　最後のプロジェクト：マルチスレッドの Web サーバーを構築する

こちらが Web サーバーを構築するプランです：

1. TCP と HTTP について少し学ぶ。
2. ソケットで TCP 接続をリッスンする。
3. 少量の HTTP リクエストを構文解析する。
4. 適切な HTTP レスポンスを生成する。
5. スレッドプールでサーバーのスループットを強化する。

ですが、取り掛かる前に、ある詳細に触れるべきです：使用する方法は、Rust で Web サーバーを構築する最善の方法ではないのです。これから構築するよりもより完全な Web サーバーとスレッドプールの実装を提供する製品利用可能な多くのクレートが、`https://crates.io/`で利用可能なのです。

しかしながら、この章での意図は、学習の手助けであり、簡単なルートを選ぶことではありません。Rust はシステムプログラミング言語なので、取り掛かる抽象度を選ぶことができ、他の言語で可能だったり実践的だったりするよりも低レベルまで行くことができます。一般的な考えと将来使う可能性のあるクレートの背後にある技術を学べるように、手動で基本的な HTTP サーバーとスレッドプールを書きます。

シングルスレッドの Web サーバーを構築する

シングルスレッドの Web サーバーを動かすところから始めます。始める前に、Web サーバー構築に関係するプロトコルをさっと一覧しましょう。これらのプロトコルの詳細は、本書の範疇を超えていますが、さっと眺めることで必要な情報が得られるでしょう。

主に 2 つのプロトコルが Web サーバーに関係し、Hypertext Transfer Protocol (HTTP) [1]と、Transmission Control Protocol (TCP) [2] です。両者のプロトコルは、リクエスト・レスポンスプロトコルであり、つまり、**クライアント**がリクエスト（要求）を初期化し、**サーバー**はリクエストをリッスンし、クライアントにレスポンス（応答）を提供するということです。それらのリクエストとレスポンスの中身は、プロトコルで規定されています。

TCP は、情報がとあるサーバーから別のサーバーへどう到達するかの詳細を記述するものの、その情報が何なのかは指定しない、より低レベルのプロトコルです。HTTP はリクエストとレスポンスの中身を定義することで TCP の上に成り立っています。技術的には HTTP を他のプロトコルとともに使用することができますが、過半数の場合、HTTP は TCP の上にデータを送信します。TCP と HTTP のリクエストとレスポンスの生のバイトを取り扱います。

TCP 接続をリッスンする

Web サーバーは TCP 接続をリッスンするので、そこが最初に取り掛かる部分になります。標準ライブラリーは、`std::net` というこれを行うモジュールを用意しています。通常どおり、

---

[1] ハイパーテキスト転送プロトコル
[2] 伝送制御プロトコル

新しいプロジェクトを作りましょう:

```
$ cargo new hello --bin
    Created binary (application) `hello` project
$ cd hello
```

さて、リスト 20.1 のコードを src/main.rs に入力して始めてください。このコードは、やってくる TCP ストリームを求めて 127.0.0.1:7878 というアドレスをリッスンします。入力ストリームを得ると、Connection established! と出力します。

リスト 20.1: 入力ストリームをリッスンし、ストリームを受け付けたときにメッセージを出力する

src/main.rs
```
use std::net::TcpListener;

fn main() {
  ❶ let listener = TcpListener::bind("127.0.0.1:7878").unwrap();

  ❷ for stream in listener.incoming() {
      ❸ let stream = stream.unwrap();

        // 接続が確立しました
      ❹ println!("Connection established!");
    }
}
```

TcpListener により、アドレス 127.0.0.1:7878 で TCP 接続をリッスンできます❶。アドレス内で、コロンの前の区域は、自分のコンピュータを表す IP アドレスで（これはどんなコンピュータでも同じで、特に著者のコンピュータを表すわけではありません）、7878 はポートです。このポートを選択した理由は 2 つあります: HTTP は通常このポートで受け付けられることと、7878 は電話で "rust" と入力されるからです。

この筋書きでの bind 関数は、新しい TcpListener インスタンスを返すという点で new 関数のような働きをします。この関数が bind と呼ばれている理由は、ネットワークにおいて、リッスンすべきポートに接続することは、「ポートに束縛する」（binding to a port）こととして知られているからです。

bind 関数は Result<T, E> を返し、束縛が失敗することもあることを示しています。例えば、ポート 80 に接続するには管理者権限が必要なので（管理者以外はポート 1024 以上しかリッスンできません）管理者にならずにポート 80 に接続を試みたら、束縛はうまくいかないでしょう。また、別の例として自分のプログラムを 2 つ同時に立ち上げて 2 つのプログラムが同じポートをリッスンしたら、束縛は機能しないでしょう。学習目的のためだけに基本的なサーバーを記述しているので、この種のエラーを扱う心配はしません; その代わり、unwrap を使用してエラーが発生したら、プログラムを停止します。

TcpListener の incoming メソッドは、一連のストリームを与えるイテレーターを返します❷（具体的には、型 TcpStream のストリーム）。単独のストリームがクライアント・サー

バー間の開かれた接続を表します。**接続**（connection）は、クライアントがサーバーに接続し、サーバーがレスポンスを生成し、サーバーが接続を閉じるというリクエストとレスポンス全体の過程の名前です。そのため、TcpStream は自身を読み取って、クライアントが送信したことを確認し、それからレスポンスをストリームに記述させてくれます。総括すると、この for ループは各接続を順番に処理し、我々が扱えるように一連のストリームを生成します。

とりあえず、ストリームの扱いは、unwrap を呼び出してストリームにエラーがあった場合にプログラムを停止することから構成されています ❸；エラーがなければ、プログラムはメッセージを出力します ❹。次のリストで成功したときにさらに多くの機能を追加します。クライアントがサーバーに接続する際に incoming メソッドからエラーを受け取る可能性がある理由は、実際には接続を走査していないからです。代わりに**接続の試行**を走査しています。接続は多くの理由で失敗する可能性があり、そのうちの多くは、OS 特有です。例をあげれば、多くの OS には、サポートできる同時に開いた接続数に上限があります；開かれた接続の一部が閉じられるまでその数字を超えた接続の試行はエラーになります。

このコードを試しに実行してみましょう！ 端末で cargo run を呼び出し、それから Web ブラウザーで 127.0.0.1:7878 をロードしてください。ブラウザーは、「接続がリセットされました」などのエラーメッセージを表示するはずです。サーバーが現状、何もデータを返してこないからです。ですが、端末に目を向ければ、ブラウザーがサーバーに接続した際にいくつかメッセージが出力されるのを目の当たりにするはずです。

```
    Running `target/debug/hello`
Connection established!
Connection established!
Connection established!
```

ときどき、1 回のブラウザーリクエストで複数のメッセージが出力されるのを目の当たりにするでしょう；その理由は、ブラウザーがページだけでなく、ブラウザーのタブに出現する favicon.ico アイコンなどの他のリソースにもリクエストを行っているということかもしれません。

サーバーが何もデータを送り返してこないので、ブラウザーがサーバーに何度も接続を試みているということである可能性もあるでしょう。stream がスコープを抜け、ループの最後でドロップされると、接続は drop 実装の一部として閉じられます。ブラウザーは、再試行することで閉じられた接続を扱うことがあります。問題が一時的なものである可能性があるからです。重要な要素は、TCP 接続へのハンドルを得ることに成功したということです！

特定のバージョンのコードを走らせ終わったときに ctrl-c を押して、プログラムを止めることを忘れないでください。そして、一連のコード変更を行った後に cargo run を再起動し、最新のコードを実行していることを確かめてください。

リクエストを読み取る

　ブラウザーからリクエストを読み取る機能を実装しましょう！ まず接続を得て、それから
接続に対して何らかの行動を行う責任を分離するために、接続を処理する新しい関数を開始し
ます。この新しい`handle_connection`関数において、TCP ストリームからデータを読み取
り、ブラウザーからデータが送られていることを確認できるように端末に出力します。コード
をリスト 20.2 のように変更してください。

リスト 20.2: TcpStream から読み取り、データを出力する

src/main.rs

```
use std::io::prelude::*; ❶
use std::net::TcpStream;
use std::net::TcpListener;

fn main() {
    let listener = TcpListener::bind("127.0.0.1:7878").unwrap();

    for stream in listener.incoming() {
        let stream = stream.unwrap();

      ❷ handle_connection(stream);
    }
}

fn handle_connection(❸ mut stream: TcpStream) {
  ❹ let mut buffer = [0; 512];

  ❺ stream.read(&mut buffer).unwrap();

  ❻ println!("Request: {}", String::from_utf8_lossy(&buffer[..]));
}
```

　`std::io::prelude`をスコープに導入して、ストリームから読み書きさせてくれる特定の
トレイトにアクセスできるようにしています❶。main 関数内の for ループで、接続を確立し
たというメッセージを出力する代わりに、今では、新しい`handle_connection`関数を呼び出
し、`stream`を渡しています❷。

　`handle_connection`関数において、`stream`引数を可変にしました❸。理由は、TcpStream
インスタンスが内部で返すデータを追いかけているからです。要求した以上のデータを読み取
り、次回データを要求したときのためにそのデータを保存する可能性があります。故に、内部
の状態が変化する可能性があるので、`mut`にする必要があるのです; 普通、「読み取り」に可変
化は必要ないと考えてしまいますが、この場合、`mut`キーワードが必要です。

　次に、実際にストリームから読み取る必要があります。これを 2 つの手順で行います: ま
ず、スタックに読み取ったデータを保持する`buffer`を宣言します❹。バッファーのサイズは
512 バイトにしました。これは、基本的なリクエストには十分な大きさでこの章の目的には必

要十分です。任意のサイズのリクエストを扱いたければ、バッファーの管理はもっと複雑にする必要があります; 今は、単純に保っておきます。このバッファーを stream.read に渡し、これが TcpStream からバイトを読み取ってバッファーに置きます❺。

2 番目にバッファーのバイトを文字列に変換し、その文字列を出力します❻。String::from_utf8_lossy 関数は、&[u8] を取り、String を生成します。名前の"lossy" の箇所は、無効な UTF-8 シーケンスを目の当たりにした際のこの関数の振る舞いを示唆しています: 無効なシーケンスを�、U+FFFD REPLACEMENT CHARACTER で置き換えます。置き換え文字をリクエストデータによって埋められたバッファーの文字の箇所に目撃する可能性があります。

このコードを試しましょう! プログラムを開始して Web ブラウザーで再度リクエストを送ってください。ブラウザーではそれでも、エラーページが得られるでしょうが、端末のプログラムの出力はこんな感じになっていることに注目してください:

```
$ cargo run
   Compiling hello v0.1.0 (file:///projects/hello)
    Finished dev [unoptimized + debuginfo] target(s) in 0.42 secs
     Running `target/debug/hello`
Request: GET / HTTP/1.1
Host: 127.0.0.1:7878
User-Agent: Mozilla/5.0 (Windows NT 10.0; WOW64; rv:52.0) Gecko/20100101
Firefox/52.0
Accept: text/html,application/xhtml+xml,application/xml;q=0.9,*/*;q=0.8
Accept-Language: en-US,en;q=0.5
Accept-Encoding: gzip, deflate
Connection: keep-alive
Upgrade-Insecure-Requests: 1
������������������������������������������������
```

ブラウザーによって、少し異なる出力になる可能性があります。今やリクエストデータを出力しているので、Request: GET の後のパスを見ることで 1 回のブラウザーリクエストから複数の接続が得られる理由が確認できます。繰り返される接続がすべて / を要求しているなら、ブラウザーは、我々のプログラムからレスポンスが得られないので、繰り返し / をフェッチしようとしていることがわかります。

このリクエストデータをかみ砕いて、ブラウザーが我々のプログラムに何を要求しているかを理解しましょう。

HTTP リクエストを詳しく見る

HTTP はテキストベースのプロトコルで、1 つの要求はこのようなフォーマットにのっとっています:

```
Method Request-URI HTTP-Version CRLF
headers CRLF
message-body
```

1 行目は、クライアントが要求しているものが何なのかについての情報を保持するリクエスト行です。リクエスト行の最初の部分は使用されている GET や POST などのメソッドを示し、これは、どのようにクライアントがこの要求を行っているかを記述します。クライアントは GET リクエストを使用しました。

リクエスト行の次の部分は / で、これはクライアントが要求している Uniform Resource Identifier（URI）[3] を示します: URI はほぼ、ですが完全ではなく、Uniform Resource Locator（URL）[4] と同じです。URI と URL の違いは、この章の目的には重要ではありませんが、HTTP の規格は URI という用語を使用しているので、ここでは単に脳内で URI を URL と読み替えられます。

最後の部分は、クライアントが使用している HTTP のバージョンで、それからリクエスト行は CRLF で終了します（CRLF は carriage return と line feed（無理に日本語でいえば、キャリッジ（紙を固定するシリンダー）が戻ることと行を（コンピュータに）与えること）を表していて、これはタイプライター時代からの用語です！）。CRLF は \r\n とも表記され、\r がキャリッジ・リターンで \n がライン・フィードです。CRLF により、リクエスト行がリクエストデータの残りと区別されています。CRLF を出力すると、\r\n ではなく、新しい行が開始されることに注意してください。

ここまでプログラムを実行して受け取ったリクエスト行のデータをみると、GET がメソッド、/ が要求 URI、HTTP/1.1 がバージョンであることが確認できます。

リクエスト行の後に、Host: 以下から始まる残りの行は、ヘッダーです。GET リクエストには、本体がありません。

試しに他のブラウザーからリクエストを送ったり、127.0.0.1:7878/test などの異なるアドレスを要求してみて、どうリクエストデータが変わるか確認してください。

さて、ブラウザーが要求しているものがわかったので、何かデータを返しましょう！

レスポンスを記述する

さて、クライアントのリクエストに対する返答としてデータの送信を実装します。レスポンスは、以下のようなフォーマットです:

```
HTTP-Version Status-Code Reason-Phrase CRLF
headers CRLF
message-body
```

---

[3] 統一資源識別子
[4] 統一資源位置指定子

1 行目は、**ステータス行**で、レスポンスで使用される HTTP バージョン、リクエストの結果を総括する数値のステータスコード、ステータスコードをテキストで表現する理由フレーズを含みます。CRLF の後には、あらゆるヘッダー、別の CRLF、レスポンスの本体があります。

こちらが HTTP バージョン 1.1 を使用し、ステータスコードが 200 で、OK フレーズ、ヘッダーと本体なしの例のレスポンスです:

```
HTTP/1.1 200 OK\r\n\r\n
```

ステータスコード 200 は、一般的な成功のレスポンスです。このテキストは、矮小な成功の HTTP レスポンスです。これを成功したリクエストへの返答としてストリームに書き込みましょう！ handle_connection 関数から、リクエストデータを出力していた println! を除去し、リスト 20.3 のコードと置き換えてください。

リスト 20.3: ストリームに矮小な成功の HTTP レスポンスを書き込む

```
fn handle_connection(mut stream: TcpStream) {
    let mut buffer = [0; 512];

    stream.read(&mut buffer).unwrap();

  ❶ let response = "HTTP/1.1 200 OK\r\n\r\n";

  ❷ stream.write(response.as_bytes()❸).unwrap();
  ❹ stream.flush().unwrap();
}
```

新しい最初の行に成功したメッセージのデータを保持する response 変数を定義しています❶。そして、response に対して as_bytes を呼び出し、文字列データをバイトに変換します❸。stream の write メソッドは、&[u8] を取り、接続に直接そのバイトを送信します❷。

write 処理は失敗することもあるので、以前のようにエラーの結果には unwrap を使用します。今回も、実際のアプリでは、エラー処理をここに追加するでしょう。最後に flush は待機し、バイトがすべて接続に書き込まれるまでプログラムが継続するのを防ぎます❹; TcpStream は内部にバッファーを保持して、元となる OS への呼び出しを最小化します。

これらの変更とともに、コードを実行し、リクエストをしましょう。もはや、端末にどんなデータも出力していないので、Cargo からの出力以外には何も出力はありません。Web ブラウザーで 127.0.0.1:7878 をロードすると、エラーではなく空のページが得られるはずです。HTTP リクエストとレスポンスを手で実装したばかりなのです！

本物の HTML を返す

空のページ以上のものを返す機能を実装しましょう。新しいファイル hello.html を src ディレクトリーではなく、プロジェクトのルートディレクトリーに作成してください。お好きなように HTML を書いてください; リスト 20.4 は、1 つの可能性を示しています。

リスト 20.4: レスポンスで返すサンプルの HTML ファイル

hello.html

```html
<!DOCTYPE html>
<html lang="en">
  <head>
    <meta charset="utf-8">
    <title>Hello!</title>
  </head>
  <body>
    <!-- やあ！ -->
    <h1>Hello!</h1>
    <!-- Rust からやあ -->
    <p>Hi from Rust</p>
  </body>
</html>
```

　これは、ヘッドとテキストのある最低限の HTML5 ドキュメンテーションです。リクエスト
を受け付けた際にこれをサーバーから返すには、リスト 20.5 のように handle_connection
を変更して HTML ファイルを読み込み、本体としてレスポンスに追加して送ります。

リスト 20.5: レスポンスの本体として hello.html の中身を送る

```rust
use std::fs::File; ❶
// 略

fn handle_connection(mut stream: TcpStream) {
    let mut buffer = [0; 512];
    stream.read(&mut buffer).unwrap();

    let mut file = File::open("hello.html").unwrap();

    let mut contents = String::new();
    file.read_to_string(&mut contents).unwrap();

❷  let response = format!("HTTP/1.1 200 OK\r\n\r\n{}", contents);

    stream.write(response.as_bytes()).unwrap();
    stream.flush().unwrap();
}
```

　先頭に行を追加して標準ライブラリーの File をスコープに導入しました❶。ファイルを開
き、中身を読み込むコードは、馴染みがあるはずです; リスト 12.4 で I/O プロジェクト用に
ファイルの中身を読み込んだときに第 12 章で使用しましたね。

　次に format! でファイルの中身を成功したレスポンスの本体として追記しています❷。

　このコードを cargo run で走らせ、127.0.0.1:7878 をブラウザーでロードしてください;
HTML が描画されるのが確認できるはずです！

502 第 20 章 最後のプロジェクト: マルチスレッドの Web サーバーを構築する

現時点では、`buffer` 内のリクエストデータは無視し、無条件で HTML ファイルの中身を送り返しているだけです。これはつまり、ブラウザーで 127.0.0.1:7878/something−else をリクエストしても、この同じ HTML レスポンスが得られるということです。我々のサーバーはかなり限定的で、多くの Web サーバーとは異なっています。リクエストに基づいてレスポンスをカスタマイズし、/への合法なリクエストに対してのみ HTML ファイルを送り返したいです。

リクエストにバリデーション (検証) をかけ、選択的にレスポンスを返す

現状、この Web サーバーはクライアントが何を要求しても、このファイルの HTML を返します。HTML ファイルを返却する前にブラウザーが / をリクエストしているか確認し、ブラウザーが他のものを要求していたらエラーを返す機能を追加しましょう。このために、`handle_connection` をリスト 20.6 のように変更する必要があります。この新しいコードは、/への要求がどんな見た目になるのか我々が知っていることに対して受け取ったリクエストの中身を検査し、`if` と `else` ブロックを追加して、リクエストを異なる形で扱います。

リスト 20.6: リクエストをマッチさせ、/へのリクエストを他のリクエストとは異なる形で扱う

```
// 略

fn handle_connection(mut stream: TcpStream) {
    let mut buffer = [0; 512];
    stream.read(&mut buffer).unwrap();

❶ let get = b"GET / HTTP/1.1\r\n";

❷ if buffer.starts_with(get) {
        let mut file = File::open("hello.html").unwrap();

        let mut contents = String::new();
        file.read_to_string(&mut contents).unwrap();

        let response = format!("HTTP/1.1 200 OK\r\n\r\n{}", contents);

        stream.write(response.as_bytes()).unwrap();
        stream.flush().unwrap();
❸ } else {
        // 何か他の要求
    }
}
```

まず、/リクエストに対応するデータを `get` 変数にハードコードしています❶。生のバイトをバッファーに読み込んでいるので、`b""`バイト文字列記法を中身のデータの先頭に追記することで、`get` をバイト文字列に変換しています。そして、`buffer` が `get` のバイトから始まっているか確認します❷。もしそうなら、/への合法なリクエストを受け取ったことを意味し、

シングルスレッドの Web サーバーを構築する　503

これが、HTML ファイルの中身を返す if ブロックで扱う成功した場合になります。

　buffer が get のバイトで始まらないのなら、何か他のリクエストを受け取ったことになります。この後すぐ、else ブロック ❸ に他のリクエストに対応するコードを追加します。

　さあ、このコードを走らせて 127.0.0.1:7878 を要求してください; hello.html の HTML が得られるはずです。127.0.0.1:7878/something–else などの他のリクエストを行うと、リスト 20.1 や 20.2 のコードを走らせたときに見かけた接続エラーになるでしょう。

　では、else ブロックにリスト 20.7 のコードを追記して、ステータスコード 404 のレスポンスを返しましょう。これは、リクエストの中身が見つからなかったことを通知します。エンドユーザーへのレスポンスを示し、ページをブラウザーに描画するよう、何か HTML も返します。

リスト 20.7: / 以外の何かが要求されたら、ステータスコード 404 とエラーページで応答する

```
// 略

} else {
  ❶ let status_line = "HTTP/1.1 404 NOT FOUND\r\n\r\n";
  ❷ let mut file = File::open("404.html").unwrap();
    let mut contents = String::new();

    file.read_to_string(&mut contents).unwrap();

    let response = format!("{}{}", status_line, contents);

    stream.write(response.as_bytes()).unwrap();
    stream.flush().unwrap();
}
```

　ここでは、レスポンスにはステータスコード 404 と理由フレーズ NOT FOUND のステータス行があります❶。それでもヘッダーは返さず、レスポンスの本体は、ファイル 404.html の HTML になります❷。エラーページのために、hello.html の隣に 404.html ファイルを作成する必要があります; 今回も、ご自由にお好きな HTML にしたり、リスト 20.8 の例の HTML を使用したりしてください。

リスト 20.8: あらゆる 404 レスポンスでページが送り返す中身のサンプル

404.html

```
<!DOCTYPE html>
<html lang="en">
  <head>
    <meta charset="utf-8">
    <title>Hello!</title>
  </head>
  <body>
    <!-- ああ！-->
    <h1>Oops!</h1>
    <!-- すいません。要求しているものが理解できません -->
```

504　第 20 章　最後のプロジェクト: マルチスレッドの Web サーバーを構築する

```
    <p>Sorry, I don't know what you're asking for.</p>
  </body>
</html>
```

これらの変更とともに、もう一度サーバーを実行してください。127.0.0.1:7878 を要求する
と、hello.html の中身が返り、127.0.0.1:7878/foo などの他のリクエストには 404.html からの
エラー HTML が返るはずです。

リファクタリングのさわり

現在、if と else ブロックには多くの繰り返しがあります: どちらもファイルを読み、ファ
イルの中身をストリームに書き込んでいます。唯一の違いは、ステータス行とファイル名だけ
です。それらの差異を、ステータス行とファイル名の値を変数に代入する個別の if と else
行に引っ張り出して、コードをより簡潔にしましょう; そうしたら、それらの変数を無条件に
コードで使用し、ファイルを読んでレスポンスを書き込めます。リスト 20.9 は、大きな if と
else ブロックを置き換えた後の結果のコードを示しています。

リスト 20.9: 2 つの場合で異なるコードだけを含むように、if と else ブロックをリファクタリン
　　　　　　グする

```
// 略

fn handle_connection(mut stream: TcpStream) {
    // 略

    let (status_line, filename) = if buffer.starts_with(get) {
        ("HTTP/1.1 200 OK\r\n\r\n", "hello.html")
    } else {
        ("HTTP/1.1 404 NOT FOUND\r\n\r\n", "404.html")
    };

    let mut file = File::open(filename).unwrap();
    let mut contents = String::new();

    file.read_to_string(&mut contents).unwrap();

    let response = format!("{}{}", status_line, contents);

    stream.write(response.as_bytes()).unwrap();
    stream.flush().unwrap();
}
```

これで、if と else ブロックは、タプルにステータス行とファイル名の適切な値を返すだけ
になりました; それから、分配を使用してこれら 2 つの値を第 18 章で議論したように、let 文
のパターンで status_line と filename に代入しています。

前は重複していたコードは、今では if と else ブロックの外に出て、`status_line` と
`filename` 変数を使用しています。これにより、2つの場合の違いがわかりやすくなり、ファ
イル読み取りとレスポンス記述の動作法を変更したくなった際に、1箇所だけコードを更新す
ればよいようになったことを意味します。リスト20.9のコードの振る舞いは、リスト20.8と
同じです。

　素晴らしい！　もう、およそ40行のRustコードで、あるリクエストには中身のあるページ
で応答し、他のあらゆるリクエストには404レスポンスで応答する単純なWebサーバーがで
きました。

　現状、このサーバーは、シングルスレッドで実行されます。つまり、1回に1つのリクエス
トしかさばけないということです。何か遅いリクエストをシミュレーションすることで、それ
が問題になる可能性を調査しましょう。それから一度にサーバーが複数のリクエストを扱える
ように修正します。

シングルスレッドサーバーをマルチスレッド化する

　現状、サーバーはリクエストを順番に処理します。つまり、最初の接続が処理し終わるま
で、2番目の接続は処理しないということです。サーバーが受け付けるリクエストの量が増え
るほど、この連続的な実行は、最適ではなくなるでしょう。サーバーが処理するのに長い時間
がかかるリクエストを受け付けたら、新しいリクエストは迅速に処理できても、続くリクエス
トは長いリクエストが完了するまで待たなければならなくなるでしょう。これを修正する必要
がありますが、まずは、実際に問題が起こっているところを見ます。

現在のサーバーの実装で遅いリクエストをシミュレーションする

　処理が遅いリクエストが現在のサーバー実装に対して行われる他のリクエストにどう影響す
るかに目を向けます。リスト20.10は、応答する前に5秒サーバーをスリープさせる遅いレス
ポンスをシミュレーションした /sleep へのリクエストを扱う実装です。

リスト20.10: /sleep を認識して5秒間スリープすることで遅いリクエストをシミュレーションす
る

src/main.rs

```
use std::thread;
use std::time::Duration;
// 略

fn handle_connection(mut stream: TcpStream) {
    // 略

    let get = b"GET / HTTP/1.1\r\n";
❶ let sleep = b"GET /sleep HTTP/1.1\r\n";

    let (status_line, filename) = if buffer.starts_with(get) {
        ("HTTP/1.1 200 OK\r\n\r\n", "hello.html")
❷ } else if buffer.starts_with(sleep) {
```

```
❸ thread::sleep(Duration::from_secs(5));
❹ ("HTTP/1.1 200 OK\r\n\r\n", "hello.html")
} else {
    ("HTTP/1.1 404 NOT FOUND\r\n\r\n", "404.html")
};

// 略
}
```

このコードはちょっと汚いですが、シミュレーション目的には十分です。2番目のリクエスト sleep を作成し❶、そのデータをサーバーは認識します。if ブロックの後に else if を追加し、/sleep へのリクエストを確認しています❷。そのリクエストが受け付けられると、サーバーは成功の HTML ページを描画する❹前に5秒間スリープ❸します。

我々のサーバーがどれだけ基礎的か見て取れます: 本物のライブラリーは、もっと冗長でない方法で複数のリクエストの認識を扱うでしょう!

cargo run でサーバーを開始してください。それから2つブラウザーのウインドウを開いてください: 1つは、http://localhost:7878/ 用、そしてもう1つは http://localhost:7878/sleep 用です。以前のように / URI を数回入力したら、素早く応答するでしょう。しかし、/sleep を入力し、それから / をロードしたら、sleep がロードする前にきっかり5秒スリープし終わるまで、/ は待機するのを目撃するでしょう。

より多くのリクエストが遅いリクエストの背後に回ってしまうのを回避するよう Web サーバーが動く方法を変える方法は複数あります; これから実装するのは、スレッドプールです。

スレッドプールでスループットを向上させる

スレッドプールは、待機し、タスクを処理する準備のできた一塊りの大量に生成されたスレッドです。プログラムが新しいタスクを受け取ったら、プールのスレッドのどれかをタスクにあてがい、そのスレッドがそのタスクを処理します。プールの残りのスレッドは、最初のスレッドが処理中にやってくる他のあらゆるタスクを扱うために利用可能です。最初のスレッドがタスクの処理を完了したら、アイドル状態のスレッドプールに戻り、新しいタスクを処理する準備ができます。スレッドプールにより、並行で接続を処理でき、サーバーのスループットを向上させます。

プール内のスレッド数は、小さい数字に制限し、DoS (Denial of Service)[5] 攻撃から保護します; リクエストが来たたびに新しいスレッドをプログラムが生成したら、1000万リクエストをサーバーに行う誰かが、サーバーのリソースを使い尽くし、リクエストの処理を停止に追い込むことで、大混乱を招くことができてしまうでしょう。

無制限にスレッドを大量生産するのではなく、プールに固定された数のスレッドを待機させます。リクエストが来るたびに、処理するためにプールに送られます。プールは、やって来るリクエストのキューを管理します。プールの各スレッドがこのキューからリクエストを取り出

---

[5] サービスの拒否

し、リクエストを処理し、そして、別のリクエストをキューに要求します。この設計により、Nリクエストを並行して処理でき、ここでNはスレッド数です。各スレッドが実行に時間のかかるリクエストに応答していたら、続くリクエストはそれでも、キュー内で待機させられてしまうこともありますが、その地点に到達する前に扱える時間のかかるリクエスト数を増加させました。

このテクニックは、Webサーバーのスループットを向上させる多くの方法の1つにすぎません。探究する可能性のある他の選択肢は、fork/joinモデルと、シングルスレッドの非同期I/Oモデルです。この話題にご興味があれば、他の解決策についてもっと読み、Rustで実装を試みることができます; Rustのような低レベル言語であれば、これらの選択肢全部が可能なのです。

スレッドプールを実装し始める前に、プールを使うのはどんな感じになるはずなのかについて語りましょう。コードの設計を試みる際、クライアントのインターフェイスをまず書くことは、設計を導く手助けになることがあります。呼び出したいように構成されるよう、コードのAPIを記述してください; そして、機能を実装してから公開APIの設計をするのではなく、その構造内で機能を実装してください。

第12章のプロジェクトでTDDを使用したように、ここではCompiler Driven Development（コンパイラー駆動開発）を使用します。ほしい関数を呼び出すコードを書き、それからコンパイラーの出すエラーを見てコードが動くように次に何を変更すべきかを決定します。

各リクエストに対してスレッドを立ち上げられる場合のコードの構造

まず、全接続に対して新しいスレッドを確かに生成した場合にコードがどんな見た目になるかを探究しましょう。先ほど述べたように、無制限にスレッドを大量生産する可能性があるという問題のため、これは最終的な計画ではありませんが、開始点です。リスト20.11は、新しいスレッドを立ち上げてforループ内で各ストリームを扱うためにmainに行う変更を示しています。

リスト20.11: 各ストリームに対して新しいスレッドを立ち上げる

```
fn main() {
    let listener = TcpListener::bind("127.0.0.1:7878").unwrap();

    for stream in listener.incoming() {
        let stream = stream.unwrap();

        thread::spawn(|| {
            handle_connection(stream);
        });
    }
}
```

第16章で学んだように、thread::spawnは新しいスレッドを生成し、それからクロージャー内のコードを新しいスレッドで実行します。このコードを実行してブラウザーで /sleep

508 第 20 章 最後のプロジェクト：マルチスレッドの Web サーバーを構築する

をロードし、それからもう 2 つのブラウザーのタブで / をロードしたら、確かに / へのリクエストは、/sleep が完了するのを待機しなくても済むことがわかるでしょう。ですが、前述したように、無制限にスレッドを生成することになるので、これは最終的にシステムを参らせてしまうでしょう。

有限数のスレッド用に似たインターフェイスを作成する

スレッドからスレッドプールへの変更に API を使用するコードへの大きな変更が必要ないように、スレッドプールには似た、馴染み深い方法で動作してほしいです。リスト 20.12 は、thread::spawn の代わりに使用したい ThreadPool 構造体の架空のインターフェイスを表示しています。

リスト 20.12: ThreadPool の理想的なインターフェイス

```
fn main() {
    let listener = TcpListener::bind("127.0.0.1:7878").unwrap();
❶ let pool = ThreadPool::new(4);

    for stream in listener.incoming() {
        let stream = stream.unwrap();

    ❷ pool.execute(|| {
            handle_connection(stream);
        });
    }
}
```

ThreadPool::new を使用して設定可能なスレッド数で新しいスレッドプールを作成し、今回の場合は 4 です ❶。それから for ループ内で、pool.execute は、プールが各ストリームに対して実行すべきクロージャーを受け取るという点で、thread::spawn と似たインターフェイスです ❷。pool.execute を実装する必要があるので、これはクロージャーを取り、実行するためにプール内のスレッドに与えます。このコードはまだコンパイルできませんが、コンパイラーがどう修正したらいいかガイドできるように試してみます。

コンパイラー駆動開発で ThreadPool 構造体を構築する

リスト 20.12 の変更を src/main.rs に行い、それから開発を駆動するために cargo check からのコンパイルエラーを活用しましょう。こちらが得られる最初のエラーです：

```
$ cargo check
   Compiling hello v0.1.0 (file:///projects/hello)
error[E0433]: failed to resolve. Use of undeclared type or module `ThreadPool`
エラー：解決に失敗しました。未定義の型またはモジュール‘ThreadPool’を使用しています
  --> src\main.rs:10:16
   |
```

```
10 |     let pool = ThreadPool::new(4);
   |                ^^^^^^^^^^^^^^^^ Use of undeclared type or module `
   ThreadPool`

error: aborting due to previous error
```

　よろしい！ このエラーは ThreadPool 型かモジュールが必要なことを教えてくれているので、いま構築します。ThreadPool の実装は、Web サーバーが行う仕事の種類とは独立しています。したがって、hello クレートをバイナリークレートからライブラリークレートに切り替え、ThreadPool の実装を保持させましょう。ライブラリークレートに変更後、個別のスレッドプールライブラリーを Web リクエストを提供するためだけではなく、スレッドプールでしたいあらゆる作業にも使用できます。

　以下を含む src/lib.rs を生成してください。これは、現状存在できる最も単純な ThreadPool の定義です:

src/lib.rs
```
pub struct ThreadPool;
```

　それから新しいディレクトリー、src/bin を作成し、src/main.rs に根付くバイナリークレートを src/bin/main.rs に移動してください。そうすると、ライブラリークレートが hello ディレクトリー内で主要クレートになります; それでも、cargo run で src/bin/main.rs のバイナリーを実行することはできます。main.rs ファイルを移動後、編集してライブラリークレートを持ち込み、以下のコードを src/bin/main.rs の先頭に追記して ThreadPool をスコープに導入してください:

src/bin/
main.rs
```
extern crate hello;
use hello::ThreadPool;
```

　このコードはまだ動きませんが、再度それを確認して扱う必要のある次のエラーを手に入れましょう:

```
$ cargo check
   Compiling hello v0.1.0 (file:///projects/hello)
error[E0599]: no function or associated item named `new` found for type `hello
   ::ThreadPool` in the current scope
```
エラー: 現在のスコープで型 `hello::ThreadPool` の関数または関連アイテムに `new` というものが見つかりません
```
  --> src/bin/main.rs:13:16
   |
13 |     let pool = ThreadPool::new(4);
   |                ^^^^^^^^^^^^^^^^ function or associated item not found in `
   hello::ThreadPool`
```

510 第 20 章 最後のプロジェクト: マルチスレッドの Web サーバーを構築する

このエラーは、次に、ThreadPool に対して new という関連関数を作成する必要があること
を示唆しています。また、new には 4 を引数として受け入れる引数 1 つがあり、ThreadPool
インスタンスを返すべきということも知っています。それらの特徴を持つ最も単純な new 関
数を実装しましょう:

src/lib.rs
```
pub struct ThreadPool;

impl ThreadPool {
    pub fn new(size: usize) -> ThreadPool {
        ThreadPool
    }
}
```

size 引数の型として、usize を選択しました。なぜなら、マイナスのスレッド数は、何も
筋が通らないことを知っているからです。また、この 4 をスレッドのコレクションの要素数と
して使用し、第 3 章の「整数型」(☞ p.43) で議論したように、これは usize のあるべき姿で
あることも知っています。

コードを再度確認しましょう:

```
$ cargo check
   Compiling hello v0.1.0 (file:///projects/hello)
warning: unused variable: `size`
警告: 未使用の変数: 'size'
 --> src/lib.rs:4:16
  |
4 |     pub fn new(size: usize) -> ThreadPool {
  |                ^^^^
  |
 = note: #[warn(unused_variables)] on by default
 = note: to avoid this warning, consider using `_size` instead

error[E0599]: no method named `execute` found for type `hello::ThreadPool` in
   the current scope
 --> src/bin/main.rs:18:14
  |
18 |         pool.execute(|| {
  |              ^^^^^^^
```

今度は、警告とエラーが出ました。一時的に警告は無視して、ThreadPool に execute メ
ソッドがないためにエラーが発生しました。「有限数のスレッド用に似たインターフェイスを
作成する」(☞ p.508) で我々のスレッドプールは、thread::spawn と似たインターフェイス
にするべきと決定したことを思い出してください。さらに、execute 関数を実装するので、与
えられたクロージャーを取り、実行するようにプールの待機中のスレッドに渡します。

ThreadPool に execute メソッドをクロージャーを引数として受け取るように定義します。第13章の「ジェネリック引数と Fn トレイトを使用してクロージャーを保存する」（☞ p. 293）から、3つの異なるトレイトでクロージャーを引数として取ることができることを思い出してください: Fn、FnMut、FnOnce です。ここでは、どの種類のクロージャーを使用するか決定する必要があります。最終的には、標準ライブラリーの thread::spawn 実装に似たことをすることがわかっているので、thread::spawn のシグニチャーで引数にどんな境界があるか見ることができます。ドキュメンテーションは、以下のものを示しています:

```
pub fn spawn<F, T>(f: F) -> JoinHandle<T>
    where
        F: FnOnce() -> T + Send + 'static,
        T: Send + 'static
```

F 型引数がここで関心のあるものです; T 型引数は戻り値と関係があり、関心はありません。spawn は、F のトレイト境界として FnOnce を使用していることが確認できます。これはおそらく、我々が欲しているものでもあるでしょう。というのも、最終的には execute で得た引数を spawn に渡すからです。さらに FnOnce は使用したいトレイトであると自信を持つことができます。リクエストを実行するスレッドは、そのリクエストのクロージャーを1回だけ実行し、これは FnOnce の Once に合致するからです。

F 型引数にはまた、トレイト境界の Send とライフタイム境界の'static もあり、この状況では有用です: あるスレッドから別のスレッドにクロージャーを移動するのに Send が必要で、スレッドの実行にどれくらいかかるかわからないので、'static も必要です。ThreadPool にこれらの境界のジェネリックな型 F の引数を取る execute メソッドを生成しましょう:

```
impl ThreadPool {
    // 略

    pub fn execute<F>(&self, f: F)
        where
            F: FnOnce()❶ + Send + 'static
    {

    }
}
```

それでも、FnOnce の後に () を使用しています。この FnOnce ❶は引数を取らず、値も返さないクロージャーを表すからです。関数定義同様に、戻り値の型はシグニチャーから省略できますが、引数がなくても、かっこは必要です。

またもや、これが execute メソッドの最も単純な実装です: 何もしませんが、コードがコンパイルできるようにしようとしているだけです。再確認しましょう:

```
$ cargo check
   Compiling hello v0.1.0 (file:///projects/hello)
warning: unused variable: `size`
 --> src/lib.rs:4:16
  |
4 |     pub fn new(size: usize) -> ThreadPool {
  |                ^^^^
  |
  = note: #[warn(unused_variables)] on by default
  = note: to avoid this warning, consider using `_size` instead

warning: unused variable: `f`
 --> src/lib.rs:8:30
  |
8 |     pub fn execute<F>(&self, f: F)
  |                              ^
  |
  = note: to avoid this warning, consider using `_f` instead
```

　これで警告を受け取るだけになり、コンパイルできるようになりました！ しかし、**cargo run** を試して、ブラウザーでリクエストを行うと、章の冒頭で見かけたエラーがブラウザーに現れることに注意してください。ライブラリーは、まだ実際に **execute** に渡されたクロージャーを呼び出していないのです！

NOTE Haskell や Rust などの厳密なコンパイラーがある言語についての格言として「コードがコンパイルできたら、動作する」というものをお聞きになったことがある可能性があります。ですが、この格言は普遍的に当てはまるものではありません。このプロジェクトはコンパイルできますが、まったく何もしません！ 本物の完璧なプロジェクトを構築しようとしているのなら、ここが単体テストを書き始めて、コードがコンパイルでき、かつほしい振る舞いを保持していることを確認するのによい機会でしょう。

new でスレッド数を検査する

　new と **execute** の引数で何もしていないので、警告が出続けます。ほしい振る舞いでこれらの関数の本体を実装しましょう。まずはじめに、**new** を考えましょう。先刻、**size** 引数に非負整数型を選択しました。負のスレッド数のプールは、まったく道理が通らないからです。しかしながら、0 スレッドのプールもまったく意味がわかりませんが、0 も完全に合法な **usize** です。ThreadPool インスタンスを返す前に **size** が 0 よりも大きいことを確認するコードを追加し、リスト 20.13 に示したように、**assert!** マクロを使用することで 0 を受け取ったときにプログラムをパニックさせます。

シングルスレッドサーバーをマルチスレッド化する　513

リスト 20.13: ThreadPool::new を実装して size が 0 ならパニックする

```
impl ThreadPool {
    /// 新しいThreadPool を生成する。
    ///
    /// size がプールのスレッド数です。
    ///
    /// # パニック
    ///
    /// size が 0 なら、`new`関数はパニックします。
    ///
    /// Create a new ThreadPool.
    ///
    /// The size is the number of threads in the pool.
    ///
  ❶ /// # Panics
    ///
    /// The `new` function will panic if the size is zero.
    pub fn new(size: usize) -> ThreadPool {
      ❷ assert!(size > 0);

        ThreadPool
    }

    // 略
}
```

　doc comment で ThreadPool にドキュメンテーションを追加しました❶。第 14 章で議論
したように、関数がパニックすることもある場面を声高に叫ぶセクションを追加すること
で、いいドキュメンテーションの実践にならっていることに注意してください。試しに cargo
doc --open を実行し、ThreadPool 構造体をクリックして、new の生成されるドキュメン
テーションがどんな見た目か確かめてください!

　ここでしたように assert! マクロを追加する代わりに❷、リスト 12.9 の I/O プロジェクト
の Config::new のように、new に Result を返させることもできるでしょう。しかし、今回
の場合、スレッドなしでスレッドプールを作成しようとするのは、回復不能なエラーであるべ
きと決定しました。野心を感じるのなら、以下のシグニチャーの new も書いてみて、両者を比
較してみてください:

```
pub fn new(size: usize) -> Result<ThreadPool, PoolCreationError> {
```

スレッドを格納するスペースを生成する

　今や、プールに格納する合法なスレッド数を知る方法ができたので、ThreadPool 構造体を
返す前にスレッドを作成して格納できます。ですが、どのようにスレッドを「格納」するので

しょうか? もう一度、thread::spawn シグニチャーを眺めてみましょう:

```
pub fn spawn<F, T>(f: F) -> JoinHandle<T>
    where
        F: FnOnce() -> T + Send + 'static,
        T: Send + 'static
```

　spawn 関数は、JoinHandle<T> を返し、ここで T は、クロージャーが返す型です。試しに同じように JoinHandle を使ってみて、どうなるか見てみましょう。我々の場合、スレッドプールに渡すクロージャーは接続を扱い、何も返さないので、T はユニット型 () になるでしょう。

　リスト 20.14 のコードはコンパイルできますが、まだスレッドは何も生成しません。ThreadPool の定義を変更して、thread::JoinHandle<()> インスタンスのベクターを保持し、size キャパシティのベクターを初期化し、スレッドを生成する何らかのコードを実行する for ループを設定し、それらを含む ThreadPool インスタンスを返します。

リスト 20.14: ThreadPool にスレッドを保持するベクターを生成する

src/lib.rs

```
use std::thread; ❶

pub struct ThreadPool {
  ❷ threads: Vec<thread::JoinHandle<()>>,
}

impl ThreadPool {
    // 略
    pub fn new(size: usize) -> ThreadPool {
        assert!(size > 0);

      ❸ let mut threads = Vec::with_capacity(size);

        for _ in 0..size {
            // 何個かスレッドを生成してベクターに格納する
        }

        ThreadPool {
            threads
        }
    }

    // 略
}
```

　ライブラリークレート内で std::thread をスコープに導入しました❶。ThreadPool のベクターの要素の型として、thread::JoinHandle を使用しているからです❷。

　いったん、合法なサイズを受け取ったら、ThreadPool は size 個の要素を保持できる新しいベクターを生成します❸。本書ではまだ、with_capacity 関数を使用したことがありませ

んが、これは Vec::new と同じ作業をしつつ、重要な違いがあります: ベクターにあらかじめスペースを確保しておくのです。ベクターに size 個の要素を格納する必要があることはわかっているので、このメモリー確保を前もってしておくと、Vec::new よりも少しだけ効率的になります。Vec::new は、要素が挿入されるにつれて、自身のサイズを変更します。

再び cargo check を実行すると、もういくつか警告が出るものの、成功するはずです。

ThreadPool からスレッドにコードを送信する責任を負う Worker 構造体

リスト 20.14 の for ループにスレッドの生成に関するコメントを残しました。ここでは、実際にスレッドを生成する方法に目を向けます。標準ライブラリーはスレッドを生成する手段として thread::spawn を提供し、thread::spawn は、生成されるとすぐにスレッドが実行すべき何らかのコードを得ることを予期します。ところが、我々の場合、スレッドを生成して、後ほど送信するコードを待機してほしいです。標準ライブラリーのスレッドの実装は、それをするいかなる方法も含んでいません; それを手動で実装しなければなりません。

この新しい振る舞いを管理するスレッドと ThreadPool 間に新しいデータ構造を導入することでこの振る舞いを実装します。このデータ構造を Worker と呼び、プール実装では一般的な用語です。レストランのキッチンで働く人々を思い浮かべてください: 労働者は、お客さんからオーダーが来るまで待機し、それからそれらのオーダーを取り、満たすことに責任を負います。

スレッドプールに JoinHanlde<()> インスタンスのベクターを格納する代わりに、Worker 構造体のインスタンスを格納します。各 Worker が単独の JoinHandle<()> インスタンスを格納します。そして、Worker に実行するコードのクロージャーを取り、すでに走っているスレッドに実行してもらうために送信するメソッドを実装します。ログを取ったり、デバッグする際にプールの異なるワーカーを区別できるように、各ワーカーに id も付与します。

ThreadPool を生成する際に発生することに以下の変更を加えましょう。このように Worker をセットアップした後に、スレッドにクロージャーを送信するコードを実装します:

1. id と JoinHandle<()> を保持する Worker 構造体を定義する。
2. ThreadPool を変更し、Worker インスタンスのベクターを保持する。
3. id 番号を取り、id と空のクロージャーで大量生産されるスレッドを保持する Worker インスタンスを返す Worker::new 関数を定義する。
4. ThreadPool::new で for ループカウンターを使用して id を生成し、その id で新しい Worker を生成し、ベクターにワーカーを格納する。

挑戦に積極的ならば、リスト 20.15 のコードを見る前にご自身でこれらの変更を実装してみてください。

いいですか? こちらが先ほどの変更を行う 1 つの方法を行ったリスト 20.15 です。

516　第 20 章　最後のプロジェクト: マルチスレッドの Web サーバーを構築する

> リスト 20.15: ThreadPool を変更してスレッドを直接保持するのではなく、Worker インスタンス
> を保持する

src/lib.rs

```rust
use std::thread;

pub struct ThreadPool {
  ❶ workers: Vec<Worker>,
}

impl ThreadPool {
    // 略
    pub fn new(size: usize) -> ThreadPool {
        assert!(size > 0);

        let mut workers = Vec::with_capacity(size);

      ❷ for id in 0..size {
          ❸ workers.push(Worker::new(id));
        }

        ThreadPool {
            workers
        }
    }
    // 略
}

struct Worker { ❹
    id: usize,
    thread: thread::JoinHandle<()>,
}

impl Worker {
  ❺ fn new(id: usize) -> Worker {
      ❻ let thread = thread::spawn(|| {});

        Worker {
          ❼ id,
          ❽ thread,
        }
    }
}
```

　ThreadPool のフィールド名を threads から workers に変更しました❶。JoinHandle<()> イ
ンスタンスではなく、Worker インスタンスを保持するようになったからです。for ループの
カウンターを Worker::new への引数として使用し❷、それぞれの新しい Worker を workers
というベクターに格納します❸。

外部のコード（src/bin/main.rs のサーバーなど）は、ThreadPool 内で Worker 構造体を使用していることに関する実装の詳細を知る必要はないので、Worker 構造体❹とその new 関数❺は非公開にしています。Worker::new 関数は与えた id を使用し❼、空のクロージャー❻を使って新しいスレッドを立ち上げることで生成される JoinHandle<()> インスタンスを格納します❽。

このコードはコンパイルでき、ThreadPool::new への引数として指定した数の Worker インスタンスを格納します。ですがそれでも、execute で得るクロージャーを処理してはいません。次は、それをする方法に目を向けましょう。

チャンネル経由でスレッドにリクエストを送信する

さて、thread::spawn に与えられたクロージャーが確かに何もしない問題に取り組みましょう。現在、execute メソッドで実行したいクロージャーを得ています。ですが、ThreadPool の生成中、Worker それぞれを生成する際に、実行するクロージャーを thread::spawn に与える必要があります。

作ったばかりの Worker 構造体に ThreadPool が保持するキューから実行するコードをフェッチして、そのコードをスレッドが実行できるように送信してほしいです。

第 16 章でこのユースケースにぴったりであろう**チャンネル**（2 スレッド間コミュニケーションをとる単純な方法）について学びました。チャンネルをキューの仕事として機能させ、execute は ThreadPool から Worker インスタンスに仕事を送り、これが仕事をスレッドに送信します。こちらが計画です:

1. ThreadPool はチャンネルを生成し、チャンネルの送信側に就く。
2. Worker それぞれは、チャンネルの受信側に就く。
3. チャンネルに送信したいクロージャーを保持する新しい Job 構造体を生成する。
4. execute メソッドは、実行したい仕事をチャンネルの送信側に送信する。
5. スレッド内で、Worker はチャンネルの受信側をループし、受け取ったあらゆる仕事のクロージャーを実行する。

ThreadPool::new 内でチャンネルを生成し、ThreadPool インスタンスに送信側を保持することから始めましょう。リスト 20.16 のようにですね。いまのところ、Job 構造体は何も保持しませんが、チャンネルに送信する種類の要素になります。

リスト 20.16: ThreadPool を変更して Job インスタンスを送信するチャンネルの送信側を格納する

```
// 略
use std::sync::mpsc;

pub struct ThreadPool {
    workers: Vec<Worker>,
    sender: mpsc::Sender<Job>,
}
```

518　第 20 章　最後のプロジェクト: マルチスレッドの Web サーバーを構築する

```rust
struct Job;

impl ThreadPool {
    // 略
    pub fn new(size: usize) -> ThreadPool {
        assert!(size > 0);

      ❶ let (sender, receiver) = mpsc::channel();

        let mut workers = Vec::with_capacity(size);

        for id in 0..size {
            workers.push(Worker::new(id));
        }

        ThreadPool {
            workers,
          ❷ sender,
        }
    }
    // 略
}
```

ThreadPool::new 内で新しいチャンネルを生成し❶、プールに送信側を保持させています❷。これはコンパイルに成功しますが、まだ警告があります。

スレッドプールがワーカーを生成する際に各ワーカーにチャンネルの受信側を試しに渡してみましょう。受信側はワーカーが大量生産するスレッド内で使用したいことがわかっているので、クロージャー内で receiver 引数を参照します。リスト 20.17 のコードはまだ完璧にはコンパイルできません。

リスト 20.17: チャンネルの受信側をワーカーに渡す

src/lib.rs
```rust
impl ThreadPool {
    // 略
    pub fn new(size: usize) -> ThreadPool {
        assert!(size > 0);

        let (sender, receiver) = mpsc::channel();

        let mut workers = Vec::with_capacity(size);

        for id in 0..size {
          ❶ workers.push(Worker::new(id, receiver));
        }

        ThreadPool {
            workers,
```

```
            sender,
        }
    }
    // 略
}

// 略

impl Worker {
    fn new(id: usize, receiver: mpsc::Receiver<Job>) -> Worker {
        let thread = thread::spawn(|| {
          ❷ receiver;
        });

        Worker {
            id,
            thread,
        }
    }
}
```

　多少ささいで単純な変更を行いました: チャンネルの受信側を Worker::new に渡し❶、そ
れからクロージャーの内側で使用しています❷。
　このコードのチェックを試みると、このようなエラーが出ます:

```
$ cargo check
   Compiling hello v0.1.0 (file:///projects/hello)
error[E0382]: use of moved value: `receiver`
  --> src/lib.rs:27:42
   |
27 |             workers.push(Worker::new(id, receiver));
   |                                          ^^^^^^^^ value moved here in
   previous iteration of loop
   |
   = note: move occurs because `receiver` has type `std::sync::mpsc::Receiver<
     Job>`, which does not implement the `Copy` trait
```

　このコードは、receiver を複数の Worker インスタンスに渡そうとしています。第 16 章を
思い出すように、これは動作しません: Rust が提供するチャンネル実装は、複数の**生成者**、単
独の**消費者**です。要するに、チャンネルの消費側をクローンするだけでこのコードを修正する
ことはできません。たとえできたとしても、使用したいテクニックではありません; 代わりに、
全ワーカー間で単独の receiver を共有することで、スレッド間に仕事を分配したいです。
　さらに、チャンネルキューから仕事を取り出すことは、receiver を可変化することに関連
するので、スレッドには、receiver を共有して変更する安全な方法が必要です; さもなくば、
競合状態に陥る可能性があります（第 16 章で講義しました）。

520 第 20 章　最後のプロジェクト: マルチスレッドの Web サーバーを構築する

第 16 章で議論したスレッド安全なスマートポインターを思い出してください: 複数のスレッドで所有権を共有しつつ、スレッドに値を可変化させるためには、`Arc<Mutex<T>>` を使用する必要があります。`Arc` 型は、複数のワーカーに受信者を所有させ、`Mutex` により、一度に受信者から 1 つの仕事をたった 1 つのワーカーが受け取ることを保証します。リスト 20.18 は、行う必要のある変更を示しています。

リスト 20.18: `Arc` と `Mutex` を使用してワーカー間でチャンネルの受信側を共有する

src/lib.rs
```rust
use std::sync::Arc;
use std::sync::Mutex;
// 略

impl ThreadPool {
    // 略
    pub fn new(size: usize) -> ThreadPool {
        assert!(size > 0);

        let (sender, receiver) = mpsc::channel();

      ❶ let receiver = Arc::new(Mutex::new(receiver));

        let mut workers = Vec::with_capacity(size);

        for id in 0..size {
            workers.push(Worker::new(id, Arc::clone(&receiver)❷));
        }

        ThreadPool {
            workers,
            sender,
        }
    }

    // 略
}

impl Worker {
    fn new(id: usize, receiver: Arc<Mutex<mpsc::Receiver<Job>>>) -> Worker {
        // 略
    }
}
```

`ThreadPool::new` で、チャンネルの受信側を `Arc` と `Mutex` に置いています❶。新しいワーカーそれぞれに対して、`Arc` をクローンして参照カウントを跳ね上げているので、ワーカーは受信側の所有権を共有することができます❷。

これらの変更でコードはコンパイルできます！ ゴールはもうすぐそこです！

execute メソッドを実装する

最後に ThreadPool に execute メソッドを実装しましょう。Job も構造体から execute が
受け取るクロージャーの型を保持するトレイトオブジェクトの型エイリアスに変更します。第
19 章の「型エイリアスで型同義語を生成する」（☞ p. 484）で議論したように、型エイリアス
により長い型を短くできます。リスト 20.19 をご覧ください。

リスト 20.19: 各クロージャーを保持する Box に対して Job 型エイリアスを生成し、それからチャ
ンネルに仕事を送信する

```
// 略
# use std::sync::mpsc;
# struct Worker {}

type Job = Box<FnOnce() + Send + 'static>;

impl ThreadPool {
    // 略

    pub fn execute<F>(&self, f: F)
        where
            F: FnOnce() + Send + 'static
    {
      ❶ let job = Box::new(f);

      ❷ self.sender.send(job).unwrap();
    }
}

// 略
```

execute で得たクロージャーを使用して新しい Job インスタンスを生成した後❶、その仕
事をチャンネルの送信側に送信しています❷。送信が失敗したときのために send に対して
unwrap を呼び出しています。これは例えば、全スレッドの実行を停止させるなど、受信側が
新しいメッセージを受け取るのをやめてしまったときなどに起こる可能性があります。現時点
では、スレッドの実行を止めることはできません: スレッドは、プールが存在する限り実行し
続けます。unwrap を使用している理由は、失敗する場合が起こらないとわかっているからで
すが、コンパイラーにはわかりません。

ですが、まだやり終えたわけではありませんよ！ ワーカー内で thread::spawn に渡され
ているクロージャーは、それでもチャンネルの受信側を**参照**しているだけです。その代わり
に、クロージャーには永遠にループし、チャンネルの受信側に仕事を要求し、仕事を得たらそ
の仕事を実行してもらう必要があります。リスト 20.20 に示した変更を Worker::new に行い
ましょう。

522　第 20 章　最後のプロジェクト: マルチスレッドの Web サーバーを構築する

リスト 20.20: ワーカーのスレッドで仕事を受け取り、実行する

src/lib.rs　// 略

```
impl Worker {
    fn new(id: usize, receiver: Arc<Mutex<mpsc::Receiver<Job>>>) -> Worker {
        let thread = thread::spawn(move || {
            loop {
                let job = receiver.lock()❶.unwrap()❷.recv()❸.unwrap()❹;

                // ワーカー{}は仕事を得ました; 実行します
                println!("Worker {} got a job; executing.", id);

                (*job)();
            }
        });

        Worker {
            id,
            thread,
        }
    }
}
```

　ここで、まず receiver に対して lock を呼び出してミューテックスを獲得し❶、それから unwrap を呼び出して、エラーの際にはパニックします❷。ロックの獲得は、ミューテックスが毒された状態なら失敗する可能性があり、これは、他のどれかのスレッドがロックを保持している間に、解放するのではなく、パニックした場合に起こり得ます。この場面では、unwrap を呼び出してこのスレッドをパニックさせるのは、取るべき正当な行動です。この unwrap をあなたにとって意味のあるエラーメッセージを伴う expect に変更することは、ご自由に行ってください。

　ミューテックスのロックを獲得できたら、recv を呼び出してチャンネルから Job を受け取ります❸。最後の unwrap もここであらゆるエラーを超えていき❹、これはチャンネルの送信側を保持するスレッドが閉じた場合に発生する可能性があり、受信側が閉じた場合に send メソッドが Err を返すのと似ています。

　recv の呼び出しはブロックするので、まだ仕事がなければ、現在のスレッドは、仕事が利用可能になるまで待機します。Mutex<T> により、ただ 1 つの Worker スレッドのみが一度に仕事の要求を試みることを保証します。

　理論的には、このコードはコンパイルできるはずです。残念ながら、Rust コンパイラーはまだ完全ではなく、このようなエラーが出ます:

```
error[E0161]: cannot move a value of type std::ops::FnOnce() + std::marker::
    Send: the size of std::ops::FnOnce() + std::marker::Send cannot be
    statically determined
```

```
エラー: std::ops::FnOnce() + std::marker::Send の値をムーブできません:
   std::ops::FnOnce() + std::marker::Send のサイズを静的に決定できません
 --> src/lib.rs:63:17
   |
63 |             (*job)();
   |             ^^^^^^
```

　問題が非常に謎めいているので、エラーも非常に謎めいています。Box<T> に格納された
FnOnce クロージャーを呼び出すためには（Job 型エイリアスがそう）、呼び出す際にクロー
ジャーが self の所有権を奪うので、クロージャーは自身を Box<T> からムーブする必要があ
ります。一般的に、Rust は Box<T> から値をムーブすることを許可しません。コンパイラー
には、Box<T> の内側の値がどれほどの大きさなのか見当がつかないからです: 第 15 章で
Box<T> に格納して既知のサイズの値を得たい未知のサイズの何かがあるために Box<T> を正
確に使用したことを思い出してください。

　リスト 17.15（☞ p.417）で見かけたように、記法 self: Box<Self> を使用するメソッド
を書くことができ、これにより、メソッドは Box<T> に格納された Self 値の所有権を奪うこ
とができます。それがまさしくここで行いたいことですが、残念ながらコンパイラーはさせ
てくれません: クロージャーが呼び出された際に振る舞いを実装する Rust の一部は、self:
Box<Self> を使用して実装されていないのです。故に、コンパイラーはまだこの場面におい
て self: Box<Self> を使用してクロージャーの所有権を奪い、クロージャーを Box<T> から
ムーブできることを理解していないのです。

　Rust は、コンパイラーが改善できる箇所ではまだ、発展途上にありますが、将来的にリス
ト 20.20 のコードは、ただ単純にうまく動くはずです。まさしくあなたのような方がこれや他
の問題を修正するのに取り掛かっています！ この本を読了したら、ぜひともあなたにも参加
していただきたいです。

　ですがとりあえず、手ごろなトリックを使ってこの問題を回避しましょう。この場合、self:
Box<Self> で、Box<T> の内部の値の所有権を奪うことができることをコンパイラーに明示的
に教えてあげます; そして、いったんクロージャーの所有権を得たら、呼び出せます。これに
は、シグニチャーに self: Box<Self> を使用する call_box という メソッドのある新しいト
レイト FnBox を定義すること、FnOnce() を実装する任意の型に対して FnBox を定義するこ
と、型エイリアスを新しいトレイトを使用するように変更すること、Worker を call_box メ
ソッドを使用するように変更することが関連します。これらの変更は、リスト 20.21 に表示さ
れています。

リスト 20.21: 新しいトレイト FnBox を追加して Box<FnOnce()> の現在の制限を回避する

src/lib.rs
```
trait FnBox { ❶
  ❷ fn call_box(self: Box<Self>);
}


impl<F: FnOnce()> FnBox for F { ❸
    fn call_box(self: Box<F>) {
      ❹ (*self)()
```

524　第 20 章　最後のプロジェクト: マルチスレッドの Web サーバーを構築する

```
        }
    }

    type Job = Box<FnBox + Send + 'static>; ❺

    // 略

    impl Worker {
        fn new(id: usize, receiver: Arc<Mutex<mpsc::Receiver<Job>>>) -> Worker {
            let thread = thread::spawn(move || {
                loop {
                    let job = receiver.lock().unwrap().recv().unwrap();

                    println!("Worker {} got a job; executing.", id);

                  ❻ job.call_box();
                }
            });

            Worker {
                id,
                thread,
            }
        }
    }
```

　　まず、FnBox という新しいトレイトを作成します❶。このトレイトには call_box という 1
つのメソッドがあり❷、これは、self: Box<Self> を取って self の所有権を奪い、Box<T> か
ら値をムーブする点を除いて、他の Fn* トレイトの call メソッドと類似しています。

　　次に、FnOnce() トレイトを実装する任意の型 F に対して FnBox トレイトを実装します❸。
実質的にこれは、あらゆる FnOnce() クロージャーが call_box メソッドを使用できることを
意味します。call_box の実装は、(*self)() を使用して Box<T> からクロージャーをムーブ
し、クロージャーを呼び出します❹。

　　これで Job 型エイリアスには、新しいトレイトの FnBox を実装する何かの Box である必要
が出てきました❺。これにより、クロージャーを直接呼び出す代わりに Job 値を得たときに
Worker の call_box を使えます❻。任意の FnOnce() クロージャーに対して FnBox トレイ
トを実装することは、チャンネルに送信する実際の値は何も変えなくてもいいことを意味しま
す。もうコンパイラーは、我々が行おうとしていることが平気なことであると認識できます。

　　このトリックは非常にこそこそしていて複雑です。完璧に筋が通らなくても心配しないでく
ださい; いつの日か、完全に不要になるでしょう。

　　このトリックの実装で、スレッドプールは動く状態になります！ cargo run を実行し、リ
クエストを行ってください:

```
$ cargo run
   Compiling hello v0.1.0 (file:///projects/hello)
warning: field is never used: `workers`
 --> src/lib.rs:7:5
  |
7 |     workers: Vec<Worker>,
  |     ^^^^^^^^^^^^^^^^^^^^
  |
  = note: #[warn(dead_code)] on by default

warning: field is never used: `id`
  --> src/lib.rs:61:5
   |
61 |     id: usize,
   |     ^^^^^^^^^
   |
   = note: #[warn(dead_code)] on by default

warning: field is never used: `thread`
  --> src/lib.rs:62:5
   |
62 |     thread: thread::JoinHandle<()>,
   |     ^^^^^^^^^^^^^^^^^^^^^^^^^^^^^^^
   |
   = note: #[warn(dead_code)] on by default

   Finished dev [unoptimized + debuginfo] target(s) in 0.99 secs
     Running `target/debug/hello`
Worker 0 got a job; executing.
Worker 2 got a job; executing.
Worker 1 got a job; executing.
Worker 3 got a job; executing.
Worker 0 got a job; executing.
Worker 2 got a job; executing.
Worker 1 got a job; executing.
Worker 3 got a job; executing.
Worker 0 got a job; executing.
Worker 2 got a job; executing.
```

　成功！　もう非同期に接続を実行するスレッドプールができました。絶対に4つ以上のス
レッドが生成されないので、サーバーが多くのリクエストを受け取っても、システムは過負荷
にならないでしょう。/sleep にリクエストを行っても、サーバーは他のスレッドに実行させる
ことで他のリクエストを提供できるでしょう。

　第18章で while let ループを学んだ後で、なぜリスト20.22に示したようにワーカース
レッドのコードを記述しなかったのか、あなたは、不思議に思っている可能性があります。

526　第 20 章　最後のプロジェクト: マルチスレッドの Web サーバーを構築する

リスト 20.22: `while let` を使用したもう 1 つの `Worker::new` の実装

src/lib.rs

```
// 略

impl Worker {
    fn new(id: usize, receiver: Arc<Mutex<mpsc::Receiver<Job>>>) -> Worker {
        let thread = thread::spawn(move || {
            while let Ok(job) = receiver.lock().unwrap().recv() {
                println!("Worker {} got a job; executing.", id);

                job.call_box();
            }
        });

        Worker {
            id,
            thread,
        }
    }
}
```

　このコードはコンパイルでき、動きますが、望みどおりのスレッドの振る舞いにはなりません: 遅いリクエストがそれでも、他のリクエストが処理されるのを待機させてしまうのです。理由はどこか捉えがたいものです: `Mutex` 構造体には公開の `unlock` メソッドがありません。ロックの所有権が、`lock` メソッドが返す `LockResult<MutexGuard<T>>` 内の `MutexGuard<T>` のライフタイムに基づくからです。コンパイル時には、ロックを保持していない限り、借用チェッカーはそうしたら、`Mutex` に保護されるリソースにはアクセスできないという規則を強制できます。しかし、この実装は、`MutexGuard<T>` のライフタイムについて熟考しなければ、意図したよりもロックが長い間保持される結果になり得ます。`while` 式の値がブロックの間中スコープに残り続けるので、ロックは `job.call_box` の呼び出し中保持されたままになり、つまり、他のワーカーが仕事を受け取れなくなるのです。

　代わりに `loop` を使用し、ロックと仕事をブロックの外ではなく、内側で獲得することで、`lock` メソッドが返す `MutexGuard` は `let job` 文が終わると同時にドロップされます。これにより、複数のリクエストを並行で提供し、ロックは `recv` の呼び出しの間は保持されるけれども、`job.call_box` の呼び出しの前には解放されることを保証します。

優美なシャットダウンと片付け

　リスト 20.21 のコードは、意図したとおり、スレッドプールの使用を通してリクエストに非同期に応答できます。何も片付けを行っていないと思い出せてくれる、直接使用していない `workers`、`id`、`thread` フィールドについて警告が出ます。優美さに欠ける ctrl-c を使用してメインスレッドを停止させる方法を使用すると、リクエストの処理中であっても、他のスレッドも停止します。

では、閉じる前に取り掛かっているリクエストを完了できるように、プールの各スレッドに対して join を呼び出す Drop トレイトを実装します。そして、スレッドに新しいリクエストの受付を停止し、終了するように教える方法を実装します。このコードが動いているのを確かめるために、サーバーを変更して優美にスレッドプールを終了する前に2つしかリクエストを受け付けないようにします。

ThreadPool に Drop トレイトを実装する

スレッドプールに Drop を実装するところから始めましょう。プールがドロップされると、スレッドはすべて join して、作業を完了するのを確かめるべきです。リスト 20.23 は、Drop 実装の最初の試みを表示しています; このコードはまだ完全には動きません。

リスト 20.23: スレッドプールがスコープを抜けたときにスレッドを join させる

src/lib.rs
```
impl Drop for ThreadPool {
    fn drop(&mut self) {
      ❶ for worker in &mut self.workers {
            // ワーカー{}を終了します
          ❷ println!("Shutting down worker {}", worker.id);

          ❸ worker.thread.join().unwrap();
        }
    }
}
```

まず、スレッドプール workers それぞれを走査します❶。self は可変参照であり、worker を可変化できる必要もあるので、これには &mut を使用しています。ワーカーそれぞれに対して、特定のワーカーを終了する旨のメッセージを出力し❷、それから join をワーカースレッドに対して呼び出しています❸。join の呼び出しが失敗したら、unwrap を使用して Rust をパニックさせ、優美でないシャットダウンに移行します。

こちらが、このコードをコンパイルする際に出るエラーです:

```
error[E0507]: cannot move out of borrowed content
  --> src/lib.rs:65:13
   |
65 |             worker.thread.join().unwrap();
   |             ^^^^^^ cannot move out of borrowed content
```

各 worker の可変参照しかなく、join は引数の所有権を奪うためにこのエラーは join を呼び出せないと教えてくれています。この問題を解決するには、join がスレッドを消費できるように、thread を所有する Worker インスタンスからスレッドをムーブする必要があります。これをリスト 17.15（☞ p.417）では行いました: Worker が代わりに Option<thread::JoinHandle<()>> を保持していれば、Option に対して take メソッドを呼び出し、Some 列挙子から値をムーブし、その場所に None 列挙子を残すことができます。言

い換えれば、実行中の Worker には thread に Some 列挙子があり、Worker を片付けたいときには、ワーカーが実行するスレッドがないように Some を None で置き換えるのです。

したがって、Worker の定義を以下のように更新したいことがわかります:

```
struct Worker {
    id: usize,
    thread: Option<thread::JoinHandle<()>>,
}
```

さて、コンパイラーを頼りにして他に変更する必要がある箇所を探しましょう。このコードをチェックすると、2 つのエラーが出ます:

```
error[E0599]: no method named `join` found for type `std::option::Option<std::
    thread::JoinHandle<()>>` in the current scope
  --> src/lib.rs:65:27
   |
65 |              worker.thread.join().unwrap();
   |                            ^^^^

error[E0308]: mismatched types
  --> src/lib.rs:89:13
   |
89 |              thread,
   |              ^^^^^^
   |              |
   |              expected enum `std::option::Option`, found struct `std::
    thread::JoinHandle`
   |              help: try using a variant of the expected type: `Some(thread
    )`
   |
   = note: expected type `std::option::Option<std::thread::JoinHandle<()>>`
               found type `std::thread::JoinHandle<_>`
```

2 番目のエラーを扱いましょう。これは、Worker::new の最後のコードを指しています; 新しい Worker を作成する際に、Some に thread の値を包む必要があります。このエラーを修正するために以下の変更を行ってください:

src/lib.rs
```
impl Worker {
    fn new(id: usize, receiver: Arc<Mutex<mpsc::Receiver<Job>>>) -> Worker {
        // 略

        Worker {
            id,
            thread: Some(thread),
        }
```

優美なシャットダウンと片付け　529

```
        }
    }
```

最初のエラーは Drop 実装内にあります。先ほど、Option 値に対して take を呼び出し、thread を worker からムーブする意図があることに触れました。以下の変更がそれを行います:

src/lib.rs
```
impl Drop for ThreadPool {
    fn drop(&mut self) {
        for worker in &mut self.workers {
            println!("Shutting down worker {}", worker.id);

  ❶ if let Some(thread) = worker.thread.take() {
      ❷ thread.join().unwrap();
            }
        }
    }
}
```

第 17 章で議論したように、Option の take メソッドは、Some 列挙子を取り出し、その箇所に None を残します。if let を使用して Some を分配し、スレッドを得ています❶; そして、スレッドに対して join を呼び出します❷。ワーカーのスレッドがすでに None なら、ワーカーはスレッドをすでに片付け済みであることがわかるので、その場合には何も起こりません。

スレッドに仕事をリッスンするのを止めるよう通知する

行った変更とともに、コードは警告なしでコンパイルできます。ですが悪い知らせは、このコードが期待したようにはまだ機能しないことです。鍵は、Worker インスタンスのスレッドで実行されるクロージャーのロジックです: 現時点で join を呼び出していますが、仕事を求めて永遠に loop するので、スレッドを終了しません。現在の drop の実装で ThreadPool をドロップしようとしたら、最初のスレッドが完了するのを永遠に待機してメインスレッドはブロックされるでしょう。

この問題を修正するには、スレッドが、実行すべき Job か、リッスンをやめて無限ループを抜ける通知をリッスンするように、変更します。Job インスタンスの代わりに、チャンネルはこれら 2 つの enum 列挙子の一方を送信します。

```
enum Message {
    NewJob(Job),
    Terminate,
}
```

この Message enum はスレッドが実行すべき Job を保持する NewJob 列挙子か、スレッド

530 第 20 章 最後のプロジェクト: マルチスレッドの Web サーバーを構築する

をループから抜けさせ、停止させる Terminate 列挙子のどちらかになります。

チャンネルを調整し、型 Job ではなく、型 Message を使用するようにする必要があります。
リスト 20.24 のようにですね。

リスト 20.24: Message 値を送受信し、Worker が Message::Terminate を受け取ったら、ループ
を抜ける

src/lib.rs

```rust
pub struct ThreadPool {
    workers: Vec<Worker>,
  ❶ sender: mpsc::Sender<Message>,
}

// 略

impl ThreadPool {
    // 略

    pub fn execute<F>(&self, f: F)
        where
            F: FnOnce() + Send + 'static
    {
        let job = Box::new(f);

      ❷ self.sender.send(Message::NewJob(job)).unwrap();
    }
}

// 略

impl Worker {
  ❸ fn new(id: usize, receiver: Arc<Mutex<mpsc::Receiver<Message>>>) ->
        Worker {

        let thread = thread::spawn(move ||{
            loop {
              ❹ let message = receiver.lock().unwrap().recv().unwrap();

                match message {
                  ❺ Message::NewJob(job) => {
                        println!("Worker {} got a job; executing.", id);

                      ❻ job.call_box();
                    },
                  ❼ Message::Terminate => {
                        // ワーカー{}は停止するよう指示された
                        println!("Worker {} was told to terminate.", id);

                      ❽ break;
                    },
```

```
                }
            }
        });

        Worker {
            id,
            thread: Some(thread),
        }
    }
}
```

　Message enum を具体化するために、2箇所で Job を Message に変更する必要があります:
ThreadPool の定義❶と Worker::new のシグニチャーです❸。ThreadPool の execute メ
ソッドは、仕事を Message::NewJob 列挙子に包んで送信する必要があります❷。それから、
Message❹がチャンネルから受け取られる Worker::new で、NewJob 列挙子が受け取られた
ら❺、仕事が処理され❻、Terminate 列挙子が受け取られたら❼、スレッドはループを抜け
ます❽。

　これらの変更とともに、コードはコンパイルでき、リスト 20.21 の後と同じように機能し続
けます。ですが、Terminate のメッセージを何も生成していないので、警告が出るでしょう。
Drop 実装をリスト 20.25 のような見た目に変更してこの警告を修正しましょう。

リスト 20.25: 各ワーカースレッドに対して join を呼び出す前にワーカーに Message::Terminate
　　　　　　　を送信する

src/lib.rs
```
impl Drop for ThreadPool {
    fn drop(&mut self) {
        // 全ワーカーに終了メッセージを送信しています
        println!("Sending terminate message to all workers.");

        for _ in &mut self.workers {
            ❶ self.sender.send(Message::Terminate).unwrap();
        }

        // 全ワーカーを閉じます
        println!("Shutting down all workers.");

        for worker in &mut self.workers {
            // ワーカー{}を閉じます
            println!("Shutting down worker {}", worker.id);

            if let Some(thread) = worker.thread.take() {
                ❷ thread.join().unwrap();
            }
        }
    }
}
```

今では、ワーカーを2回走査しています: 各ワーカーに Terminate メッセージを送信するために1回と❶、各ワーカースレッドに join を呼び出すために1回です❷。メッセージ送信と join を同じループで即座に行おうとすると、現在の繰り返しのワーカーがチャンネルからメッセージを受け取っているものであるか保証できなくなってしまいます。

2つの個別のループが必要な理由をよりよく理解するために、2つのワーカーがある筋書きを想像してください。単独のループで各ワーカーを走査すると、最初の繰り返しでチャンネルに停止メッセージが送信され、join が最初のワーカースレッドで呼び出されます。その最初のワーカーが現在、リクエストの処理で忙しければ、2番目のワーカーがチャンネルから停止メッセージを受け取り、閉じます。最初のワーカーの終了待ちをしたままですが、2番目のスレッドが停止メッセージを拾ってしまったので、終了することは絶対にありません。デッドロックです！

この筋書きを回避するために、1つのループでまず、チャンネルに対してすべての Terminate メッセージを配置します; そして、別のループで全スレッドの join を待ちます。いったん停止メッセージを受け取ったら、各ワーカーはチャンネルでリクエストの受付をやめます。故に、存在するワーカーと同じ数だけ停止メッセージを送れば、join がスレッドに対して呼び出される前に、停止メッセージを各ワーカーが受け取ると確信できるわけです。

このコードが動いているところを確認するために、main を変更してサーバーを優美に閉じる前に2つしかリクエストを受け付けないようにしましょう。リスト 20.26 のようにですね。

リスト 20.26: ループを抜けることで、2つのリクエストを処理した後にサーバーを閉じる

src/bin/
main.rs

```
fn main() {
    let listener = TcpListener::bind("127.0.0.1:7878").unwrap();
    let pool = ThreadPool::new(4);

    for stream in listener.incoming().take(2) {
        let stream = stream.unwrap();

        pool.execute(|| {
            handle_connection(stream);
        });
    }

    println!("Shutting down.");
}
```

現実世界の Web サーバーには、たった2つしかリクエストを受け付けた後に閉じてほしくはないでしょう。このコードは、単に優美なシャットダウンと片付けが機能する状態にあることを模擬するだけです。

take メソッドは、Iterator トレイトで定義されていて、最大でも繰り返しを最初の2つの要素だけに制限します。ThreadPool は main の末端でスコープを抜け、drop 実装が実行されます。

cargo run でサーバーを開始し、3つリクエストを行ってください。3番目のリクエストは

エラーになるはずで、端末にはこのような出力が目撃できるはずです:

```
$ cargo run
   Compiling hello v0.1.0 (file:///projects/hello)
    Finished dev [unoptimized + debuginfo] target(s) in 1.0 secs
     Running `target/debug/hello`
Worker 0 got a job; executing.
Worker 3 got a job; executing.
Shutting down.
Sending terminate message to all workers.
Shutting down all workers.
Shutting down worker 0
Worker 1 was told to terminate.
Worker 2 was told to terminate.
Worker 0 was told to terminate.
Worker 3 was told to terminate.
Shutting down worker 1
Shutting down worker 2
Shutting down worker 3
```

ワーカーとメッセージの順番は異なる可能性があります。どうやってこのコードが動くのかメッセージからわかります: ワーカー 0 と 3 が最初の 2 つのリクエストを受け付け、そして 3 番目のリクエストではサーバーは接続の受け入れをやめます。main の最後で ThreadPool がスコープを抜ける際、Drop 実装が割り込み、プールが全ワーカーに停止するよう指示します。ワーカーはそれぞれ、停止メッセージを確認したときにメッセージを出力し、それからスレッドプールは各ワーカースレッドを閉じる join を呼び出します。

この特定の実行のある面白い側面に気付いてください: ThreadPool はチャンネルに停止メッセージを送信し、あらゆるワーカーがそのメッセージを受け取る前に、ワーカー 0 の join を試みています。ワーカー 0 はまだ停止メッセージを受け取っていなかったので、メインスレッドはワーカー 0 が完了するまで待機してブロックされます。その間に、各ワーカーは停止メッセージを受け取ります。ワーカー 0 が完了したら、メインスレッドは残りのワーカーが完了するのを待機します。その時点で全ワーカーは停止メッセージを受け取った後で、閉じることができたのです。

おめでとうございます! プロジェクトを完成させました; スレッドプールを使用して非同期に応答する基本的な Web サーバーができました。サーバーの優美なシャットダウンを行うことができ、プールの全スレッドを片付けます。

こちらが、参考になる全コードです:

src/bin/ main.rs

```rust
extern crate hello;
use hello::ThreadPool;

use std::io::prelude::*;
use std::net::TcpListener;
```

```rust
use std::net::TcpStream;
use std::fs::File;
use std::thread;
use std::time::Duration;

fn main() {
    let listener = TcpListener::bind("127.0.0.1:7878").unwrap();
    let pool = ThreadPool::new(4);

    for stream in listener.incoming().take(2) {
        let stream = stream.unwrap();

        pool.execute(|| {
            handle_connection(stream);
        });
    }

    // 閉じます
    println!("Shutting down.");
}


fn handle_connection(mut stream: TcpStream) {
    let mut buffer = [0; 512];
    stream.read(&mut buffer).unwrap();

    let get = b"GET / HTTP/1.1\r\n";
    let sleep = b"GET /sleep HTTP/1.1\r\n";

    let (status_line, filename) = if buffer.starts_with(get) {
        ("HTTP/1.1 200 OK\r\n\r\n", "hello.html")
    } else if buffer.starts_with(sleep) {
        thread::sleep(Duration::from_secs(5));
        ("HTTP/1.1 200 OK\r\n\r\n", "hello.html")
    } else {
        ("HTTP/1.1 404 NOT FOUND\r\n\r\n", "404.html")
    };

    let mut file = File::open(filename).unwrap();
    let mut contents = String::new();

    file.read_to_string(&mut contents).unwrap();

    let response = format!("{}{}", status_line, contents);

    stream.write(response.as_bytes()).unwrap();
    stream.flush().unwrap();
}
```

src/lib.rs

```rust
use std::thread;
use std::sync::mpsc;
use std::sync::Arc;
use std::sync::Mutex;

enum Message {
    NewJob(Job),
    Terminate,
}

pub struct ThreadPool {
    workers: Vec<Worker>,
    sender: mpsc::Sender<Message>,
}

trait FnBox {
    fn call_box(self: Box<Self>);
}

impl<F: FnOnce()> FnBox for F {
    fn call_box(self: Box<F>) {
        (*self)()
    }
}

type Job = Box<FnBox + Send + 'static>;

impl ThreadPool {
    /// Create a new ThreadPool.
    ///
    /// The size is the number of threads in the pool.
    ///
    /// # Panics
    ///
    /// The `new` function will panic if the size is zero.
    pub fn new(size: usize) -> ThreadPool {
        assert!(size > 0);

        let (sender, receiver) = mpsc::channel();

        let receiver = Arc::new(Mutex::new(receiver));

        let mut workers = Vec::with_capacity(size);

        for id in 0..size {
            workers.push(Worker::new(id, Arc::clone(&receiver)));
        }
```

```rust
        ThreadPool {
            workers,
            sender,
        }
    }

    pub fn execute<F>(&self, f: F)
        where
            F: FnOnce() + Send + 'static
    {
        let job = Box::new(f);

        self.sender.send(Message::NewJob(job)).unwrap();
    }
}

impl Drop for ThreadPool {
    fn drop(&mut self) {
        println!("Sending terminate message to all workers.");

        for _ in &mut self.workers {
            self.sender.send(Message::Terminate).unwrap();
        }

        println!("Shutting down all workers.");

        for worker in &mut self.workers {
            println!("Shutting down worker {}", worker.id);

            if let Some(thread) = worker.thread.take() {
                thread.join().unwrap();
            }
        }
    }
}

struct Worker {
    id: usize,
    thread: Option<thread::JoinHandle<()>>,
}

impl Worker {
    fn new(id: usize, receiver: Arc<Mutex<mpsc::Receiver<Message>>>) ->
        Worker {

        let thread = thread::spawn(move ||{
            loop {
```

```rust
            let message = receiver.lock().unwrap().recv().unwrap();

            match message {
                Message::NewJob(job) => {
                    println!("Worker {} got a job; executing.", id);

                    job.call_box();
                },
                Message::Terminate => {
                    println!("Worker {} was told to terminate.", id);

                    break;
                },
            }
        }
    });

    Worker {
        id,
        thread: Some(thread),
    }
}
```

ここでできることはまだあるでしょう！ よりこのプロジェクトを改善したいのなら、こちらがアイデアの一部です:

- ThreadPool とその公開メソッドにもっとドキュメンテーションを追加する。
- ライブラリーの機能のテストを追加する。
- unwrap の呼び出しをもっと頑健なエラー処理に変更する。
- ThreadPool を使用して Web リクエスト以外の何らかの作業を行う。
- https://crates.io でスレッドプールのクレートを探して、そのクレートを代わりに使用して似た Web サーバーを実装する。そして、API と頑健性を我々が実装したものと比較する。

総括

よくやりました！ この本の最後に到達しました！ Rust のツアーに参加していただき、感謝の辞を述べたいです。もう、ご自身の Rust プロジェクトや他の方のプロジェクトのお手伝いをする準備ができています。あなたの Rust の旅で遭遇するあらゆる挑戦の手助けをぜひとも行いたい他の Rustacean の歓迎されるコミュニティーがあることを心に留めておいてくださいね。

付録

以下の節は、Rustの旅で役に立つと思えるかもしれない参考資料を含んでいます。

付録 A: キーワード

以下のリストは、現在、あるいは将来 Rust 言語により使用されるために予約されている
キーワードを含んでいます。そのため、識別子として使用することはできません。識別子の例
は、関数名、変数名、引数名、構造体のフィールド名、モジュール名、クレート名、定数名、
マクロ名、静的な値の名前、属性名、型名、トレイト名、ライフタイム名です。

現在使用されているキーワード

以下のキーワードは、解説されたとおりの機能が現状あります。

- as — 基礎的なキャストの実行、要素を含む特定のトレイトの明確化、use や extern crate 文の要素名を変更する
- break — 即座にループを抜ける
- const — 定数要素か定数の生ポインターを定義する
- continue — 次のループの繰り返しに継続する
- crate — 外部のクレートかマクロが定義されているクレートを表すマクロ変数をリンクする
- else — if と if let フロー制御構文の規定
- enum — 列挙型を定義する
- extern — 外部のクレート、関数、変数をリンクする
- false — bool 型の false リテラル
- fn — 関数か関数ポインター型を定義する
- for — イテレーターの要素を繰り返す、トレイトの実装、高階ライフタイムの指定
- if — 条件式の結果によって条件分岐
- impl — 固有の機能やトレイトの機能を実装する
- in — for ループ記法の一部
- let — 変数を束縛する
- loop — 無条件にループする
- match — 値をパターンとマッチさせる
- mod — モジュールを定義する
- move — クロージャーにキャプチャーした変数すべての所有権を奪わせる
- mut — 参照、生ポインター、パターン束縛で可変性に言及する
- pub — 構造体フィールド、impl ブロック、モジュールで公開性について言及する
- ref — 参照で束縛する
- return — 関数から帰る
- Self — トレイトを実装する型の型エイリアス
- self — メソッドの主題、または現在のモジュール
- static — グローバル変数、またはプログラム全体に渡るライフタイム

付録 A: キーワード　541

- struct — 構造体を定義する
- super — 現在のモジュールの親モジュール
- trait — トレイトを定義する
- true — bool 型の true リテラル
- type — 型エイリアスか関連型を定義する
- unsafe — unsafe なコード、関数、トレイト、実装に言及する
- use — スコープにシンボルをインポートする
- where — 型を制限する節に言及する
- while — 式の結果に基づいて条件的にループする

将来的な使用のために予約されているキーワード

　以下のキーワードには機能が何もないものの、将来的に使用される可能性があるので、Rust により予約されています。

- abstract
- alignof
- become
- box
- do
- final
- macro
- offsetof
- override
- priv
- proc
- pure
- sizeof
- typeof
- unsized
- virtual
- yield

542 付録

付録 B: 演算子と記号

この付録は、演算子や、単独で現れたり、パス、ジェネリクス、トレイト境界、マクロ、属性、コメント、タプル、かっこの文脈で現れる他の記号を含む Rust の記法の用語集を含んでいます。

演算子

表 B.1 は、Rust の演算子、演算子が文脈で現れる例、短い説明、その演算子がオーバーロード可能かどうかを含んでいます。演算子がオーバーロード可能ならば、オーバーロードするのに使用する関係のあるトレイトも列挙されています。

表 B.1: 演算子

演算子	例	説明	オーバーロードできる?
!	`ident!(...)`, `ident!{...}`, `ident![...]`	マクロ展開	
!	`!expr`	ビット反転、または論理反転	Not
!=	`var != expr`	非等価比較	PartialEq
%	`expr % expr`	余り演算	Rem
%=	`var %= expr`	余り演算後に代入	RemAssign
&	`&expr`, `&mut expr`	借用	
&	`&type`, `&mut type`, `&'a type`, `&'a mut type`	借用されたポインター型	
&	`expr & expr`	ビット AND	BitAnd
&=	`var &= expr`	ビット AND 後に代入	BitAndAssign
&&	`expr && expr`	論理 AND	
*	`expr * expr`	掛け算	Mul
*	`*expr`	参照外し	
*	`*const type`, `*mut type`	生ポインター	
*=	`var *= expr`	掛け算後に代入	MulAssign
+	`trait + trait`, `'a + trait`	型制限の複合化	
+	`expr + expr`	足し算	Add
+=	`var += expr`	足し算後に代入	AddAssign
,	`expr, expr`	引数と要素の区別	
-	`- expr`	算術否定	Neg
-	`expr - expr`	引き算	Sub
-=	`var -= expr`	引き算後に代入	SubAssign
->	`fn(...) -> type`, `|...| -> type`	関数とクロージャーの戻り値型	
.	`expr.ident`	メンバーアクセス	
..	`..`, `expr..`, `..expr`, `expr..expr`	未満範囲リテラル	
..	`..expr`	構造体リテラル更新記法	

付録 B: 演算子と記号   543

表 B.1: 演算子

演算子	例	説明	オーバーロードできる?
..	variant(x, ..), struct_type { x, .. }	「残り全部」パターン束縛	
...	expr...expr	パターンで: 以下範囲パターン	
/	expr / expr	割り算	Div
/=	var /= expr	割り算後に代入	DivAssign
:	pat: type, ident: type	型制約	
:	ident: expr	構造体フィールド初期化子	
:	'a: loop {...}	ループラベル	
;	expr;	文、要素終端子	
;	[...; len]	固定長配列記法の一部	
<<	expr << expr	左シフト	Shl
<<=	var <<= expr	左シフト後に代入	ShlAssign
<	expr < expr	未満比較	PartialOrd
<=	expr <= expr	以下比較	PartialOrd
=	var = expr, ident = type	代入/等価	
==	expr == expr	等価比較	PartialEq
=>	pat => expr	match アーム記法の一部	
>	expr > expr	より大きい比較	PartialOrd
>=	expr >= expr	以上比較	PartialOrd
>>	expr >> expr	右シフト	Shr
>>=	var >>= expr	右シフト後に代入	ShrAssign
@	ident @ pat	パターン束縛	
^	expr ^ expr	ビット XOR	BitXor
^=	var ^= expr	ビット XOR 後に代入	BitXorAssign
|	pat | pat	パターン OR	
|	|...| expr	クロージャー	
|	expr | expr	ビット OR	BitOr
|=	var |= expr	ビット OR 後に代入	BitOrAssign
||	expr || expr	論理 OR	
?	expr?	エラー委譲	

演算子以外の記号

以下のリストは、演算子として機能しない記号全部を含んでいます; つまり、関数やメソッド呼び出しのようには、振る舞わないということです。

表 B.2 は、単独で出現し、いろいろな箇所で合法になる記号を示しています。

表 B.2: スタンドアローン記法

記号	説明
'ident	名前付きのライフタイム、あるいはループラベル
...u8, ...i32, ...f64, ...usize など	特定の型の数値リテラル
"..."	文字列リテラル

544　付録

表 B.2: スタンドアローン記法

記号	説明
r"...", r#"..."#, r##"..."##など	生文字列リテラル、エスケープ文字は処理されない
b"..."	バイト文字列リテラル、文字列の代わりに [u8] を構築する
br"...", br#"..."#, br##"..."##など	生バイト文字列リテラル、生文字列とバイト文字列の組み合わせ
'...'	文字リテラル
b'...'	ASCII バイトリテラル
|...| expr	クロージャー
!	常に発散関数の空のボトム型
_	「無視」パターン束縛: 整数リテラルを見やすくするのにも使われる

　表 B.3 は、要素へのモジュール階層を通したパスの文脈で出現する記号を示しています。

表 B.3: パス関連記法

記号	説明
ident::ident	名前空間パス
::path	クレートルートに相対的なパス（すなわち、明示的な絶対パス）
self::path	現在のモジュールに相対的なパス（すなわち、明示的な相対パス）
super::path	現在のモジュールの親モジュールに相対的なパス
type::ident, <type as trait>::ident	関連定数、関数、型
<type>::...	直接名前付けできない型の関連要素（例、<&T>::..., <[T]>::... など）
trait::method(...)	定義したトレイトを名指ししてメソッド呼び出しを明確化する
type::method(...)	定義されている型を名指ししてメソッド呼び出しを明確化する
<type as trait>::method(...)	トレイトと型を名指ししてメソッド呼び出しを明確化する

　表 B.4 は、ジェネリックな型引数の文脈で出現する記号を示しています。

表 B.4: ジェネリクス

記号	説明
path<...>	型の内部のジェネリック型への引数を指定する（例、Vec<u8>）
path::<...>, method::<...>	式中のジェネリックな型、関数、メソッドへの引数を指定する。しばしばターボ・フィッシュ（turbofish）と称される（例、"42".parse::<i32>()）
fn ident<...> ...	ジェネリックな関数を定義する
struct ident<...> ...	ジェネリックな構造体を定義する
enum ident<...> ...	ジェネリックな列挙型を定義する
impl<...> ...	ジェネリックな実装を定義する
for<...> type	高階ライフタイム境界

付録 B: 演算子と記号　545

表 B.4: ジェネリクス

記号	説明
type<ident=type>	1 つ以上の関連型に代入されたジェネリックな型（例、Iterator<Item=T>）

表 B.5 は、ジェネリック型引数をトレイト境界で制約する文脈で出現する記号を示しています。

表 B.5: トレイト境界制約

記号	説明
T: U	U を実装する型に制約されるジェネリック引数 T
T: 'a	ライフタイム 'a よりも長生きしなければならないジェネリック型 T（型がライフタイムより長生きするとは、'a よりも短いライフタイムの参照を何も遷移的に含めないことを意味する）
T : 'static	ジェネリック型 T が 'static なもの以外の借用された参照を何も含まない
'b: 'a	ジェネリックなライフタイム 'b がライフタイム 'a より長生きしなければならない
T: ?Sized	ジェネリック型引数が動的サイズ付け型であることを許容する
'a + trait, trait + trait	複合型制約

表 B.6 は、マクロの呼び出しや定義、要素に属性を指定する文脈で出現する記号を示しています。

表 B.6: マクロと属性

記号	説明
#[meta]	外部属性
#![meta]	内部属性
$ident	マクロ代用
$ident:kind	マクロキャプチャー
$(...)...	マクロの繰り返し

表 B.7 は、コメントを生成する記号を示しています。

表 B.7: コメント

記号	説明
//	行コメント
//!	内部行 doc コメント
///	外部行 doc コメント
/*...*/	ブロックコメント
/*!...*/	内部ブロック doc コメント
/**...*/	外部ブロック doc コメント

546　付録

表 B.8 は、タプルの文脈で出現する記号を示しています。

表 B.8: タプル

記号	説明
()	空のタプル（ユニットとしても知られる）、リテラル、型両方
(expr)	かっこ付きの式
(expr,)	1 要素タプル式
(type,)	1 要素タプル型
(expr, ...)	タプル式
(type, ...)	タプル型
expr(expr, ...)	関数呼び出し式; タプル struct やタプル enum 列挙子を初期化するのにも使用される
ident!(...), ident!{...}, ident![...]	マクロ呼び出し
expr.0, expr.1, など	タプル添え字アクセス

表 B.9 は、波かっこが使用される文脈を表示しています。

表 B.9: 波かっこ

文脈	説明
{...}	ブロック式
Type {...}	struct リテラル

表 B.10 は、角かっこが使用される文脈を表示しています。

表 B.10: 角かっこ

文脈	説明
[...]	配列リテラル
[expr; len]	len 個 expr を含む配列リテラル
[type; len]	len 個の type のインスタンスを含む配列型
expr[expr]	コレクション添え字アクセス。オーバーロード可能（Index, IndexMut）
expr[..], expr[a..], expr[..b], expr[a..b]	Range、RangeFrom、RangeTo、RangeFull を「添え字」として使用してコレクション・スライシングの振りをするコレクション添え字アクセス

付録 C: 継承可能なトレイト　　547

付録 C: 継承可能なトレイト

　本書のいろいろな箇所で derive 属性について議論しました。これは構造体や、enum 定義に適用できます。derive 属性は、derive 記法で注釈した型に対して独自の規定の実装でトレイトを実装するコードを生成します。

　この付録では、標準ライブラリーの derive とともに使用できる全トレイトの参照を提供します。各節は以下を講義します:

- このトレイトを継承する演算子やメソッドで可能になること
- derive が提供するトレイトの実装がすること
- トレイトを実装することが型についてどれほど重要か
- そのトレイトを実装できたりできなかったりする条件
- そのトレイトが必要になる処理の例

　derive 属性が提供する以外の異なる振る舞いがほしいなら、それらを手動で実装する方法の詳細について、各トレイトの標準ライブラリーのドキュメンテーションを調べてください。

　標準ライブラリーで定義されている残りのトレイトは、derive で自分の型に実装することはできません。これらのトレイトには知覚できるほどの規定の振る舞いはないので、自分が達成しようしていることに対して、道理が通る方法でそれらを実装するのはあなた次第です。

　継承できないトレイトの例は Display で、これはエンドユーザー向けのフォーマットを扱います。常に、エンドユーザー向けに型を表示する適切な方法について、考慮すべきです。型のどの部分をエンドユーザーは見ることができるべきでしょうか？　どの部分を関係があると考えるでしょうか？　どんな形式のデータがエンドユーザーにとって最も関係があるでしょうか？　Rust コンパイラーには、この見識がないため、適切な規定動作を提供してくれないのです。

　この付録で提供される継承可能なトレイトのリストは、包括的ではありません: ライブラリーは、自身のトレイトに derive を実装でき、derive とともに使用できるトレイトのリストが実に限りのないものになってしまうのです。derive の実装には、プロシージャルなマクロが関連します。マクロについては、付録 D で講義します。

プログラマー用の出力の Debug

　Debug トレイトにより、フォーマット文字列でのデバッグ整形が可能になり、{} プレースホルダー内に :? を追記することで表します。

　Debug トレイトにより、デバッグ目的で型のインスタンスを出力できるようになるので、あなたや型を使用する他のプログラマーが、プログラムの実行の特定の箇所でインスタンスを調べられます。

　Debug トレイトは、例えば、assert_eq! マクロを使用する際などに必要になります。このマクロは、プログラマーがどうして 2 つのインスタンスが等価でなかったのか確認できるように、等価アサートが失敗したら、引数として与えられたインスタンスの値を出力します。

等価比較のための PartialEq と Eq

PartialEq トレイトにより、型のインスタンスを比較して、等価性をチェックでき、== と !=演算子の使用を可能にします。

PartialEq を継承すると、eq メソッドを実装します。構造体に PartialEq を継承すると、全フィールドが等しいときのみ 2 つのインスタンスは等価になり、いずれかのフィールドが等価でなければ、インスタンスは等価ではなくなります。enum に継承すると、各列挙子は、自身には等価ですが、他の列挙子には等価ではありません。

PartialEq トレイトは例えば、assert_eq!マクロを使用する際に必要になります。これは、等価性のためにとある型の 2 つのインスタンスを比較できる必要があります。

Eq トレイトにはメソッドはありません。その目的は、注釈された型の全値に対して、値が自身と等しいことを通知することです。Eq トレイトは、PartialEq を実装するすべての型が Eq を実装できるわけではないものの、PartialEq も実装する型に対してのみ適用できます。これの一例は、浮動小数点数型です: 浮動小数点数の実装により、非数字（NaN）値の 2 つのインスタンスはお互いに等価ではないことが宣言されます。

Eq が必要になる一例が、HashMap<K, V>のキーで、HashMap<K, V>が、2 つのキーが同じであると判定できます。

順序付き比較のための PartialOrd と Ord

PartialOrd トレイトにより、ソートする目的で型のインスタンスを比較できます。PartialOrd を実装する型は、<、>、<=、>=演算子を使用することができます。PartialEq も実装する型に対してのみ、PartialOrd トレイトを適用できます。

PartialOrd を継承すると、partial_cmp メソッドを実装し、これは、与えられた値が順序付けられないときに None になる Option<Ordering> を返します。その型のほとんどの値は比較できるものの、順序付けできない値の例として、非数字（NaN）浮動小数点値があげられます。partial_cmp をあらゆる浮動小数点数と NaN 浮動小数点数で呼び出すと、None が返るでしょう。

構造体に継承すると、フィールドが構造体定義で現れる順番で各フィールドの値を比較することで 2 つのインスタンスを比較します。enum に継承すると、enum 定義で先に定義された列挙子が、後に列挙された列挙子よりも小さいと考えられます。

PartialOrd トレイトが必要になる例には、低い値と高い値で指定される範囲の乱数を生成する rand クレートの gen_range メソッドがあげられます。

Ord トレイトにより、注釈した型のあらゆる 2 つの値に対して、合法な順序付けが行えることがわかります。Ord トレイトは cmp メソッドを実装し、これは、常に合法な順序付けが可能なので、Option<Ordering> ではなく、Ordering を返します。PartialOrd と Eq（Eq は PartialEq も必要とします）も実装している型にしか、Ord トレイトを適用することはできません。構造体と enum で継承したら、PartialOrd で、partial_cmp の継承した実装と同じように cmp は振る舞います。

付録 C: 継承可能なトレイト　　549

Ord が必要になる例は、BTreeSet<T> に値を格納するときです。これは、値のソート順に基づいてデータを格納するデータ構造です。

値を複製する Clone と Copy

Clone トレイトにより値のディープコピーを明示的に行うことができ、複製のプロセスは、任意のコードを実行し、ヒープデータをコピーすることに関係がある可能性があります。Clone について詳しくは、第 4 章の「変数とデータの相互作用法: クローン」（☞ p. 73）を参照してください。

Clone を継承すると、clone メソッドを実装し、これは型全体に対して実装されると、型の各部品に対して clone を呼び出します。要するに、Clone を継承するには、型のフィールドと値全部も Clone を実装していなければならないということです。

Clone が必要になる例は、スライスに対して to_vec メソッドを呼び出すことです。スライスは、含んでいる型のインスタンスの所有権を持ちませんが、to_vec で返されるベクターはそのインスタンスを所有する必要があるので、to_vec は各要素に対して clone を呼び出します。故に、スライスに格納される型は、Clone を実装しなければならないのです。

Copy トレイトにより、スタックに格納されたビットをコピーするだけで値を複製できます; 任意のコードは必要ありません。Copy について詳しくは、第 4 章の「スタックのみのデータ: コピー」（☞ p. 74）を参照してください。

Copy トレイトは、プログラマーがメソッドをオーバーロードし、任意のコードが実行されないという前提を侵害することを妨げるメソッドは何も定義しません。そのため、全プログラマーは、値のコピーは非常に高速であることを前提にすることができます。

部品すべてが Copy を実装する任意の型に対して Copy を継承することができます。Clone も実装する型に対してのみ、Copy トレイトを適用することができます。なぜなら、Copy を実装する型には、Copy と同じ作業を行う Clone のさまざまな実装があるからです。

Copy トレイトはまれにしか必要になりません; Copy を実装する型では最適化が利用可能になります。つまり、clone を呼び出す必要がなくなり、コードがより簡潔になるということです。

Copy で可能なことすべてが Clone でも達成可能ですが、コードがより遅い可能性や、clone を使用しなければならない箇所があったりします。

値を固定サイズの値にマップする Hash

Hash トレイトにより、任意のサイズの型のインスタンスを取り、そのインスタンスをハッシュ関数で固定サイズの値にマップできます。Hash を継承すると、hash メソッドを実装します。hash の継承された実装は、型の各部品に対して呼び出した hash の結果を組み合わせます。つまり、Hash を継承するには、全フィールドと値も Hash を実装しなければならないということです。

Hash が必要になる例は、HashMap<K, V> にキーを格納し、データを効率的に格納することです。

既定値のための Default

Default トレイトにより、型に対して既定値を生成できます。Default を継承すると、default 関数を実装します。default 関数の継承された実装は、型の各部品に対して default 関数を呼び出します。つまり、Default を継承するには、型の全フィールドと値も Default を実装しなければならないということです。

Default::default 関数は、第 5 章の「構造体更新記法で他のインスタンスからインスタンスを生成する」(☞ p. 94) で議論した構造体更新記法と組み合わせてよく使用されます。構造体のいくつかのフィールドをカスタマイズし、それから..Default::default() を使用して、残りのフィールドに対して既定値をセットし使用することができます。

例えば、Default トレイトは、Option<T> インスタンスに対してメソッド unwrap_or_default を使用するときに必要になります。Option<T> が None ならば、メソッド unwrap_or_default は、Option<T> に格納された型 T に対して Default::default の結果を返します。

付録 D: マクロ

　本書全体で `println!` のようなマクロを使用してきましたが、マクロが何なのかや、どう動いているのかということは完全には探究していません。この付録は、マクロを以下のように説明します:

- マクロとは何なのかと関数とどう違うのか。
- 宣言的なマクロを定義してメタプログラミングをする方法。
- プロシージャルなマクロを定義して独自の `derive` トレイトを生成する方法。

　マクロは今でも、Rust においては発展中なので、付録でマクロの詳細を講義します。マクロは変わってきましたし、近い将来、Rust 1.0 からの言語の他の機能や標準ライブラリーに比べて速いスピードで変化するので、この節は、本書の残りの部分よりも時代遅れになる可能性が高いです。Rust の安定性保証により、ここで示したコードは、将来のバージョンでも動き続けますが、本書の出版時点では利用可能ではないマクロを書くための追加の能力や、より簡単な方法があるかもしれません。この付録から何かを実装しようとする場合には、そのことを肝に銘じておいてください。

マクロと関数の違い

　基本的に、マクロは、他のコードを記述するコードを書くすべであり、これは**メタプログラミング**として知られています。付録 C で、`derive` 属性を議論し、これは、いろいろなトレイトの実装を生成してくれるのでした。また、本書を通して `println!` や `vec!` マクロを使用してきました。これらのマクロはすべて、**展開**され、手で書いたよりも多くのコードを生成します。

　メタプログラミングは、書いて管理しなければならないコード量を減らすのに有用で、これは、関数の役目の 1 つでもあります。ですが、マクロには関数にはない追加の力があります。

　関数シグニチャーは、関数の引数の数と型を宣言しなければなりません。一方、マクロは可変長の引数を取れます: `println!("hello")` のように 1 引数で呼んだり、`println!("hello {}", name)` のように 2 引数で呼んだりできるのです。また、マクロは、コンパイラーがコードの意味を解釈する前に展開されるので、例えば、与えられた型にトレイトを実装できます。関数ではできません。なぜなら、関数は実行時に呼ばれ、トレイトはコンパイル時に実装される必要があるからです。

　関数ではなくマクロを実装する欠点は、Rust コードを記述する Rust コードを書いているので、関数定義よりもマクロ定義は複雑になることです。この間接性のために、マクロ定義は一般的に、関数定義よりも、読みにくく、わかりにくく、管理しづらいです。

　マクロと関数の別の違いは、マクロ定義は、関数定義のようには、モジュール内で名前空間分けされないことです。外部クレートを使用する際に予期しない名前衝突を回避するために、`#[macro_use]` 注釈を使用して、外部クレートをスコープに導入するのと同時に、自分のプロジェクトのスコープにマクロを明示的に導入しなければなりません。以下の例は、serde ク

レートに定義されているマクロ全部を現在のクレートのスコープに導入するでしょう:

```
#[macro_use]
extern crate serde;
```

この明示的注釈なしに extern crate が規定でスコープにマクロを導入できたら、偶然同じ名前のマクロを定義している2つのクレートを使用できなくなるでしょう。現実的には、この衝突はあまり起こりませんが、使用するクレートが増えるほど、可能性は高まります。

マクロと関数にはもう1つ、重要な違いがあります: ファイル内で呼び出す**前**にマクロはスコープに導入しなければなりませんが、一方で関数はどこにでも定義でき、どこでも呼び出せます。

一般的なメタプログラミングのために macro_rules! で宣言的なマクロ

Rust において、最もよく使用される形態のマクロは、**宣言的**マクロです。これらはときとして、例によるマクロ、macro_rules! マクロ、あるいはただ単にマクロとも称されます。核となるのは、宣言的マクロは、Rust の match 式に似た何かを書けるということです。第6章で議論したように、match 式は、式を取り、式の結果の値をパターンと比較し、それからマッチしたパターンに紐付いたコードを実行する制御構造です。マクロも自身に紐付いたコードがあるパターンと値を比較します; この場面で値とは、マクロに渡されたリテラルの Rust のソースコードそのもの、パターンは、そのソースコードの構造と比較され、各パターンに紐付いたコードは、マクロに渡されたコードを置き換えるコードです。これはすべて、コンパイル時に起こります。

マクロを定義するには、macro_rules! 構文を使用します。vec! マクロが定義されている方法を見て、macro_rules! を使用する方法を探究しましょう。vec! マクロを使用して特定の値で新しいベクターを生成する方法は、第8章で講義しました。例えば、以下のマクロは、3つの整数を中身にする新しいベクターを生成します:

```
let v: Vec<u32> = vec![1, 2, 3];
```

また、vec! マクロを使用して2整数のベクターや、5つの文字列スライスのベクターなども生成できます。同じことを関数を使って行うことはできません。あらかじめ、値の数や型がわかっていないからです。

リスト D.1 でいささか簡略化された vec! マクロの定義を見かけましょう。

リスト D.1: vec! マクロ定義の簡略化されたバージョン

```
#[macro_export] ❶
macro_rules! vec { ❷
  ❸ ( $( $x:expr ),* ) => {
      {
          let mut temp_vec = Vec::new();
```

```
    ❹ $(
        ❺ temp_vec.push($x❻);
      )*
    ❼ temp_vec
    }
  };
}
```

NOTE 標準ライブラリーの vec! マクロの実際の定義は、あらかじめ正確なメモリー量を確保するコードを含みます。そのコードは、ここでは簡略化のために含まない最適化です。

#[macro_export] 注釈❶は、マクロを定義しているクレートがインポートされるたびにこのマクロが利用可能になるべきということを示しています。この注釈がなければ、このクレートに依存する誰かが #[macro_use] 注釈を使用していても、このマクロはスコープに導入されないでしょう。

それから、macro_rules! でマクロ定義と定義しているマクロの名前をビックリマークなしで始めています❷。名前はこの場合 vec であり、マクロ定義の本体を意味する波かっこが続いています。

vec! 本体の構造は、match 式の構造に類似しています。ここではパターン（ $($x:expr),* ）の 1 つのアーム、=> とこのパターンに紐付くコードのブロックが続きます❸。パターンが合致すれば、紐付いたコードのブロックが発されます。これがこのマクロの唯一のパターンであることを踏まえると、合致する合法的な方法は 1 つしかありません; それ以外は、全部エラーになるでしょう。より複雑なマクロには、2 つ以上のアームがあるでしょう。

マクロ定義で合法なパターン記法は、第 18 章で講義したパターン記法とは異なります。というのも、マクロのパターンは値ではなく、Rust コードの構造に対してマッチされるからです。リスト D.1 のパターンの部品がどんな意味か見ていきましょう; マクロパターン記法すべては参考文献*6 をご覧ください。

まず、一組のかっこがパターン全体を囲んでいます。次にドル記号（$）、そして一組のかっこが続き、このかっこは、置き換えるコードで使用するためにかっこ内でパターンにマッチする値をキャプチャーします。$() の内部には、$x:expr があり、これは任意の Rust 式にマッチし、その式に $x という名前を与えます。

$() に続くカンマは、$() にキャプチャーされるコードにマッチするコードの後に、区別を意味するリテラルのカンマ文字が現れるという選択肢もあることを示唆しています。カンマに続く * は、パターンが * の前にあるもの 0 個以上にマッチすることを指定しています。

このマクロを vec![1, 2, 3]; と呼び出すと、$x パターンは、3 つの式 1、2、3 で 3 回マッチします。

さて、このアームに紐付くコードの本体のパターンに目を向けましょう: $()* 部分内部❹❼の temp_vec.push() コード❺は、パターンがマッチした回数に応じて 0 回以上パターン内で $() にマッチする箇所ごとに生成されます。$x❻はマッチした式それぞれに置き換え

---

*6 https://doc.rust-lang.org/reference/macros.html

られます。このマクロを vec![1, 2, 3]; と呼び出すと、このマクロ呼び出しを置き換え、生成されるコードは以下のようになるでしょう:

```
let mut temp_vec = Vec::new();
temp_vec.push(1);
temp_vec.push(2);
temp_vec.push(3);
temp_vec
```

任意の型のあらゆる数の引数を取り、指定した要素を含むベクターを生成するコードを生成できるマクロを定義しました。

多くの Rust プログラマーは、マクロを書くよりも使うほうが多いことを踏まえて、これ以上 macro_rules! を議論しません。マクロの書き方をもっと学ぶには、オンラインドキュメンテーションか他のリソース、"The Little Book of Rust Macros"[7][8] などを調べてください。

独自の derive のためのプロシージャルマクロ

2 番目の形態のマクロは、より関数（一種の手続きです）に似ているので、プロシージャルマクロ（procedural macro）[9] と呼ばれます。プロシージャルマクロは、宣言的マクロのようにパターンにマッチさせ、そのコードを他のコードと置き換えるのではなく、入力として何らかの Rust コードを受け付け、そのコードを処理し、出力として何らかの Rust コードを生成します。これを執筆している時点では、derive 注釈にトレイト名を指定することで、型に自分のトレイトを実装できるプロシージャルマクロを定義できるだけです。

hello_macro という関連関数が 1 つある HelloMacro というトレイトを定義する hello_macro というクレートを作成します。クレートのユーザーにユーザーの型に HelloMacro トレイトを実装することを強制するのではなく、ユーザーが型を #[derive(HelloMacro)] で注釈して hello_macro 関数の規定の実装を得られるように、プロシージャルマクロを提供します。規定の実装は、Hello, Macro! My name is TypeName![10] と出力し、ここで TypeName はこのトレイトが定義されている型の名前です。言い換えると、他のプログラマーに我々のクレートを使用して、リスト D.2 のようなコードを書けるようにするクレートを記述します。

リスト D.2: 我々のプロシージャルマクロを使用したときにクレートのユーザーが書けるようになるコード

src/main.rs

```
extern crate hello_macro;
#[macro_use]
extern crate hello_macro_derive;

use hello_macro::HelloMacro;
```

---

[7] https://danielkeep.github.io/tlborm/book/index.html
[8] Rust のマクロの小さな本
[9] 手続きマクロ
[10] こんにちは、マクロ！ 僕の名前は TypeName だよ！

```
#[derive(HelloMacro)]
struct Pancakes;

fn main() {
    Pancakes::hello_macro();
}
```

このコードは完成したら、Hello, Macro! My name is Pancakes!（Pancakes: ホット
ケーキ）と出力します。最初の手順は、新しいライブラリークレートを作成することです。こ
のように:

```
$ cargo new hello_macro --lib
```

次に HelloMacro トレイトと関連関数を定義します:

src/lib.rs
```
pub trait HelloMacro {
    fn hello_macro();
}
```

トレイトと関数があります。この時点でクレートのユーザーは、以下のように、このトレイ
トを実装して所望の機能を達成できるでしょう。

```
extern crate hello_macro;

use hello_macro::HelloMacro;

struct Pancakes;

impl HelloMacro for Pancakes {
    fn hello_macro() {
        println!("Hello, Macro! My name is Pancakes!");
    }
}

fn main() {
    Pancakes::hello_macro();
}
```

しかしながら、ユーザーは、hello_macro を使用したい型それぞれに実装ブロックを記述
する必要があります; この作業をしなくても済むようにしたいです。
　さらに、まだトレイトが実装されている型の名前を出力する hello_macro 関数に規定の実
装を提供することはできません: Rust にはリフレクションの能力がないので、型の名前を実
行時に検索することができないのです。コンパイル時にコード生成するマクロが必要です。

NOTE リフレクションとは、実行時に型名や関数の中身などを取得する機能のことです。言語によって提供されていたりいなかったりしますが、実行時にメタデータがないと取得できないので、Rust や C++ のようなアセンブリコードに翻訳され、パフォーマンスを要求される高級言語では、提供されないのが一般的と思われます。

次の手順は、プロシージャルマクロを定義することです。これを執筆している時点では、プロシージャルマクロは、独自のクレートに存在する必要があります。最終的には、この制限は持ち上げられる可能性があります。クレートとマクロクレートを構成する慣習は以下のとおりです: foo というクレートに対して、独自の derive プロシージャルマクロクレートは foo_derive と呼ばれます。hello_macro プロジェクト内に、hello_macro_derive と呼ばれる新しいクレートを開始しましょう:

```
$ cargo new hello_macro_derive --lib
```

2 つのクレートは緊密に関係しているので、hello_macro クレートのディレクトリー内にプロシージャルマクロクレートを作成しています。hello_macro のトレイト定義を変更したら、hello_macro_derive のプロシージャルマクロの実装も変更しなければならないでしょう。2 つのクレートは個別に公開される必要があり、これらのクレートを使用するプログラマーは、両方を依存に追加し、スコープに導入する必要があるでしょう。代わりに、hello_macro クレートに依存として、hello_macro_derive を使用させ、プロシージャルマクロのコードを再エクスポートすることもできるでしょう。プロジェクトの構造によっては、プログラマーが derive 機能を使用したくなくても、hello_macro を使用することが可能になります。

hello_macro_derive クレートをプロシージャルマクロクレートとして宣言する必要があります。また、すぐにわかるように、syn と quote クレートの機能も必要になるので、依存として追加する必要があります。以下を hello_macro_derive の Cargo.toml ファイルに追加してください:

hello_macro_derive/
Cargo.toml

```
[lib]
proc-macro = true

[dependencies]
syn = "0.11.11"
quote = "0.3.15"
```

プロシージャルマクロの定義を開始するために、hello_macro_derive クレートの src/lib.rs ファイルにリスト D.3 のコードを配置してください。impl_hello_macro 関数の定義を追加するまで、このコードはコンパイルできないことに注意してください。

付録 D: マクロ　　557

リスト D.3: Rust コードを処理するためにほとんどのプロシージャルマクロクレートに必要になる
コード

hello_macro_derive/
src/lib.rs

```
extern crate proc_macro; ❶
extern crate syn; ❷
#[macro_use]
extern crate quote; ❸

use proc_macro::TokenStream;

#[proc_macro_derive(HelloMacro)] ❹
pub fn hello_macro_derive(input: TokenStream) -> TokenStream { ❺
    // 型定義の文字列表現を構築する
  ❻ let s = input.to_string();

    // 文字列表現を構文解析する
  ❼ let ast = syn::parse_derive_input(&s).unwrap();

    // impl を構築する
  ❽ let gen = impl_hello_macro(&ast);

    // 生成されたimpl を返す
  ❾ gen.parse().unwrap()
}
```

　D.3 での関数の分け方に気付いてください; これは、目撃あるいは作成するほとんどのプロ
シージャルマクロクレートで同じになるでしょう。プロシージャルマクロを書くのが便利にな
るからです。impl_hello_macro 関数が呼ばれる箇所で行うことを選ぶものは❽、プロシー
ジャルマクロの目的によって異なるでしょう。

　3 つの新しいクレートを導入しました: proc_macro❶、syn[11]❷、quote[12]❸です。
proc_macro クレートは、Rust に付随してくるので、Cargo.toml の依存に追加する必要はあ
りませんでした。proc_macro クレートにより、Rust コードを Rust コードを含む文字列に
変換できます。syn クレートは、文字列から Rust コードを構文解析し、処理を行えるデータ
構造にします。quote クレートは、syn データ構造を取り、Rust コードに変換し直します。
これらのクレートにより、扱いたい可能性のあるあらゆる種類の Rust コードを構文解析する
のがはるかに単純になります: Rust コードの完全なパーサーを書くのは、単純な作業ではな
いのです。

　hello_macro_derive 関数は❺、ライブラリーのユーザーが型に #[derive(HelloMacro)]
を指定したときに呼び出されます。その理由は、ここで hello_macro_derive 関数を
proc_macro_derive❹で注釈し、トレイト名に一致する HelloMacro を指定したからで
す; これは、ほとんどのプロシージャルマクロがならう慣習です。

---

[11] https://crates.io/crates/syn
[12] https://crates.io/crates/quote

この関数はまず、TokenStream からの input を to_string を呼び出して String に変換します❻。この String は、HelloMacro を継承している Rust コードの文字列表現になります。リスト D.2 の例で、s は struct Pancakes; という String 値になります。それが#[derive(HelloMacro)] 注釈を追加した Rust コードだからです。

NOTE　これを執筆している時点では、TokenStream は文字列にしか変換できません。将来的にはよりリッチな API になるでしょう。

さて、Rust コードの String をそれから解釈して処理を実行できるデータ構造に構文解析する必要があります。ここで syn が登場します。syn の parse_derive_input 関数は、String を取り、構文解析された Rust コードを表す DeriveInput 構造体を返します❼。以下のコードは、文字列 struct Pancakes; を構文解析して得られる DeriveInput 構造体の関係のある部分を表示しています:

```
DeriveInput {
    // 略

    ident: Ident(
        "Pancakes"
    ),
    body: Struct(
        Unit
    )
}
```

この構造体のフィールドは、構文解析した Rust コードが Pancakes という ident（識別子、つまり名前）のユニット構造体であることを示しています。この構造体には Rust コードのあらゆる部分を記述するフィールドがもっと多くあります; DeriveInput の syn ドキュメンテーション*13 で詳細を確認してください。

この時点では、含みたい新しい Rust コードを構築する impl_hello_macro 関数を定義していません❽。でもその前に、この hello_macro_derive 関数の最後の部分で quote クレートの parse 関数を使用して、impl_hello_macro 関数の出力を TokenStream に変換し直していることに注目してください❾。返された TokenStream をクレートのユーザーが書いたコードに追加しているので、クレートをコンパイルすると、我々が提供している追加の機能を得られます。

parse_derive_input か parse 関数がここで失敗したら、unwrap を呼び出してパニックしていることにお気付きかもしれません。エラー時にパニックするのは、プロシージャルマクロコードでは必要なことです。なぜなら、proc_macro_derive 関数は、プロシージャルマクロ API に従うように Result ではなく、TokenStream を返さなければならないからです。unwrap を使用してこの例を簡略化することを選択しました; プロダクションコードでは、panic! か expect を使用して何が間違っていたのかより具体的なエラーメッセージを提供す

---

*13 https://docs.rs/syn/0.11.11/syn/struct.DeriveInput.html

べきです。

今や、TokenStream からの注釈された Rust コードを String と DeriveInput インスタンスに変換するコードができたので、注釈された型に HelloMacro トレイトを実装するコードを生成しましょう:

hello_macro_derive/
src/lib.rs

```rust
fn impl_hello_macro(ast: &syn::DeriveInput) -> quote::Tokens {
    let name = &ast.ident;
    quote! {
        impl HelloMacro for #name {
            fn hello_macro() {
                println!("Hello, Macro! My name is {}", stringify!(#name));
            }
        }
    }
}
```

ast.ident で注釈された型の名前(識別子)を含む Ident 構造体インスタンスを得ています。リスト D.2 のコードは、name が Ident("Pancakes") になることを指定しています。

quote! マクロは、返却し quote::Tokens に変換したい Rust コードを書かせてくれます。このマクロはまた、非常にかっこいいテンプレート機構も提供してくれます; #name と書け、quote! は、それを name という変数の値と置き換えます。普通のマクロが動作するのと似た繰り返しさえ行えます。完全なイントロダクションは、quote クレートの doc[14] をご確認ください。

プロシージャルマクロにユーザーが注釈した型に対して HelloMacro トレイトの実装を生成してほしく、これは #name を使用することで得られます。トレイトの実装には 1 つの関数 hello_macro があり、この本体に提供したい機能が含まれています: Hello, Macro! My name is、そして、注釈した型の名前を出力する機能です。

ここで使用した stringify! マクロは、言語に埋め込まれています。1 + 2 などのような Rust の式を取り、コンパイル時に "1 + 2" のような文字列リテラルにその式を変換します。これは、format! や println! とは異なります。こちらは、式を評価し、そしてその結果を String に変換します。#name 入力が文字どおり出力される式という可能性もあるので、stringify! を使用しています。stringify! を使用すると、コンパイル時に #name を文字列リテラルに変換することで、メモリー確保しなくても済みます。

この時点で、cargo build は hello_macro と hello_macro_derive の両方で成功するはずです。これらのクレートをリスト D.2 のコードにフックして、プロシージャルマクロが動くところを確認しましょう! cargo new --bin pancakes で projects ディレクトリーに新しいバイナリープロジェクトを作成してください。hello_macro と hello_macro_derive を依存として pancakes クレートの Cargo.toml に追加する必要があります。自分のバージョンの hello_macro と hello_macro_derive を https://crates.io/ に公開するつもりなら、

---

[14] https://docs.rs/quote

普通の依存になるでしょう; そうでなければ、以下のように path 依存として指定できます:

```
[dependencies]
hello_macro = { path = "../hello_macro" }
hello_macro_derive = { path = "../hello_macro/hello_macro_derive" }
```

リスト D.2 のコードを src/main.rs に配置し、cargo run を実行してください: Hello, Macro! My name is Pancakes と出力するはずです。プロシージャルマクロの HelloMacro トレイトの実装は、pancakes クレートが実装する必要なく、包含されました; #[derive(HelloMacro)] がトレイトの実装を追加したのです。

マクロの未来

将来的に Rust は、宣言的マクロとプロシージャルマクロを拡張するでしょう。macro キーワードでよりよい宣言的マクロシステムを使用し、derive だけよりもよりパワフルな作業のより多くの種類のプロシージャルマクロを追加するでしょう。本書の出版時点ではこれらのシステムはまだ開発中です; 最新の情報は、オンラインの Rust ドキュメンテーションをお調べください。

付録 E: 本の翻訳

英語以外の言語のリソースです。ほとんどは翻訳中です; Translations ラベル (https://github.com/rust-lang/book/issues?q=is%3Aopen+is%3Aissue+label% 3ATranslations) を確認して、手助けしたり、新しい翻訳についてお知らせください!

- https://github.com/rust-lang/book/issues?q=is%3Aopen+is%3Aissue+ label%3ATranslations

562   付録

付録 F: 最新の機能

この付録は、本書の主な部分が完成してから安定版 Rust に追加された機能をドキュメント化しています。

フィールド初期化省略法

fieldname を fieldname: fieldname の省略として記述することでデータ構造（構造体、enum、ユニオン）を名前付きのフィールドで、初期化することができます。これにより、重複を減らし、コンパクトな記法の初期化が許容されます。

```
#[derive(Debug)]
struct Person {
    name: String,
    age: u8,
}

fn main() {
    // ピーター
    let name = String::from("Peter");
    let age = 27;

    // フル記法:
    let peter = Person { name: name, age: age };

    // ポーティア
    let name = String::from("Portia");
    let age = 27;

    // フィールド初期化省略法:
    let portia = Person { name, age };

    println!("{:?}", portia);
}
```

ループから戻る

loop の 1 つの使用法は、スレッドが仕事を終えたか確認するなど、失敗する可能性のあることを知っている処理を再試行することです。ですが、その処理の結果を残りのコードに渡す必要がある可能性があります。それをループを停止させるために使用する break 式に追加したら、break したループから返ってきます。

```
fn main() {
    let mut counter = 0;

    let result = loop {
        counter += 1;

        if counter == 10 {
            break counter * 2;
        }
    };

    assert_eq!(result, 20);
}
```

use 宣言のネストされたグループ

多くの異なるサブモジュールがある複雑なモジュール木があり、それぞれからいくつかの要素をインポートする必要があるなら、同じ宣言の全インポートをグループ化し、コードをきれいに保ち、ベースモジュールの名前を繰り返すのを回避するのが有用になる可能性があります。

use 宣言は、単純なインポートと glob を使用したもの両方に対して、そのような場合に手助けになるネストをサポートしています。例をあげれば、このコード片は、bar、Foo、baz の全要素、Bar をインポートします。

```
use foo::{
    bar::{self, Foo},
    baz::{*, quux::Bar},
};
```

境界を含む範囲

以前は、範囲（.. か ...）を式として使用した際、.. でなければならず、これは上限を含まない一方、パターンは ... を使用しなければならず、これは、上限を含みます。現在では、..= が式と範囲の文脈両方で上限を含む範囲の記法として受け付けられます。

```
fn main() {
    for i in 0 ..= 10 {
        match i {
            0 ..= 5 => println!("{}: low", i),
            6 ..= 10 => println!("{}: high", i),
            _ => println!("{}: out of range", i),
        }
```

```
        }
    }
```

`...` 記法はそれでも、`match` では受け付けられますが、式では受け付けられません。`..=` を
使用すべきです。

128 ビット整数

Rust 1.26.0 で 128 ビットの整数基本型が追加されました:

- `u128`: 範囲 $[0, 2^{128} - 1]$ の 128 ビットの非負整数
- `i128`: 範囲 $[-(2^{127}), 2^{127} - 1]$ の 128 ビットの符号付き整数

これらの基本型は、LLVM サポート経由で効率的に実装されています。ネイティブに 128
ビット整数をサポートしないプラットフォームですら利用可能で、他の整数型のように使用で
きます。

これらの基本型は、特定の暗号化アルゴリズムなど、非常に大きな整数を効率的に使用する
必要のあるアルゴリズムで、とても有用です。

付録 G: Rust の作られる方法と "Nightly Rust"

この付録は、Rust のでき方と、それが Rust 開発者としてあなたにどう影響するかについてです。本書の出力は安定版 Rust 1.21.0 で生成されていますが、コンパイルできるいかなる例も、それより新しい Rust のどんな安定版でもコンパイルでき続けられるはずということに触れました。この節は、これが本当のことであると保証する方法を説明します！

停滞なしの安定性

言語として、Rust はコードの安定性について大いに注意しています。Rust には、その上に建築できる岩のように硬い基礎であってほしく、物事が定期的に変わっていたら、それは実現できません。同時に新しい機能で実験できなければ、もはや何も変更できないリリースのときまで、重大な瑕疵を発見できなくなるかもしれません。

この問題に対する我々の解決策は「停滞なしの安定性」と呼ばれるもので、ガイドの原則は以下のとおりです: 安定版 Rust の新しいバージョンにアップグレードするのを恐れる必要は何もないはずです。各アップグレートは痛みのないもののはずですが、新しい機能、より少ないバグ、高速なコンパイル時間ももたらすべきです。

シュポシュポ！ リリースチャンネルや列車に乗ること

Rust 開発は、電車のダイヤに合わせて処理されます。つまり、全開発は Rust リポジトリーの master ブランチで行われます。リリースはソフトウェアのリリーストレインモデル（software release train model）に従い、これは Cisco IOS や他のソフトウェアプロジェクトで活用されています。Rust にはリリースチャンネルが 3 つあります:

NOTE software release train model とは、あるバージョンのソフトウェアリリースの順番を列車に見立て、列車のダイヤのように、決まった間隔でリリースに持って行く手法のことの模様。1 つの列車は、Rust の場合、ナイトリー、ベータ、安定版の順に「駅」に停車していくものと思われる。

- ナイトリー
- ベータ
- 安定版

多くの Rust 開発者は主に安定版チャンネルを使用しますが、新しい実験的な機能を試したい人は、ナイトリーやベータを使用するかもしれません。

こちらが、開発とリリースプロセスの動き方の例です: Rust チームが Rust 1.5 のリリースに取り掛かっていると想定しましょう。そのリリースは、2015 年の 11 月に発生しましたが、現実的なバージョンナンバーを与えてくれるでしょう。新しい機能が Rust に追加されます: 新しいコミットが master ブランチに着地します。毎晩、新しいナイトリー版の Rust が生成されます。毎日がリリース日で、これらのリリースは、リリースインフラにより自動で作成されます。故に、時間が経てばリリースは、毎晩 1 回、以下のような見た目になります:

```
nightly: * - - * - - *
```

6 週間ごとに、新しいリリースを準備するタイミングになります！ Rust リポジトリーの beta ブランチが、ナイトリーで使用される master ブランチから枝分かれします。さて、リリースが 2 つになりました:

```
nightly: * - - * - - *
                    |
beta:               *
```

ほとんどの Rust ユーザーはベータリリースを積極的には使用しませんが、自身の CI システム内でベータに対してテストを行い、Rust が不具合の可能性を発見するのを手伝います。その間も、やはりナイトリーリリースは毎晩あります:

NOTE CI は Continuous Integration（継続的インテグレーション）のことと思われる。開発者のコードを 1 日に何度も、メインのブランチに統合すること。

```
nightly: * - - * - - * - - * - - *
                    |
beta:               *
```

不具合が見つかったとしましょう。よいことに、不具合が安定版のリリースにこっそり持ち込まれる前にベータリリースをテストする時間がありました！ 修正が master に適用されるので、ナイトリーは修正され、それから修正が beta ブランチにバックポートされ、ベータの新しいリリースが生成されます:

```
nightly: * - - * - - * - - * - - * - - *
                    |
beta:               * - - - - - - - - *
```

最初のベータが作成されてから 6 週間後、安定版のリリースの時間です！ stable ブランチが beta ブランチから生成されます:

```
nightly: * - - * - - * - - * - - * - - * - *
                    |
beta:               * - - - - - - - - *
                                      |
stable:                               *
```

やりました！ Rust 1.5 が完了しました！ ですが、1 つ忘れていることがあります: 6 週間が経過したので、次のバージョンの Rust（1.6）の新しいベータも必要です。したがって、

stableがbetaから枝分かれした後に、次のバージョンのbetaがnightlyから再度枝分かれします:

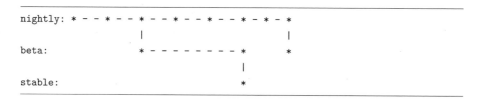

これが「トレインモデル」と呼ばれます。6週間ごとにリリースが「駅を出発する」からですが、安定版リリースとして到着する前にベータチャンネルの旅をそれでもしなければなりません。

Rustは6週間ごとに時計仕掛けのようにリリースされます。あるRustリリースの日付を知っていれば、次のリリースの日付もわかります: 6週間後です。6週間ごとにリリースを組むことのよい側面は、次の列車がすぐにやってくることです。ある機能が偶然、特定のリリースを逃しても、心配する必要はありません: 別のリリースがすぐに起こります！ これにより、リリースの締め切りが近い洗練されていない可能性のある機能をこっそり持ち込むプレッシャーが減る助けになるのです。

このプロセスのおかげで、Rustの次のビルドを常に確認し、アップグレードするのが容易であると自身に対して確かめることができます: ベータリリースが予想したとおりに動かなければ、チームに報告して、次の安定版のリリースが起こる前に直してもらうことができるのです！ ベータリリースでの破損はどちらかといえばまれですが、rustcもソフトウェアの一種であり、バグは確実に存在します。

安定しない機能

このリリースモデルにはもう1つつかみ所があります: 安定しない機能です。Rustは「機能フラグ」と呼ばれるテクニックを使用して、あるリリースで有効にする機能を決定します。新しい機能が活発に開発中なら、masterに着地し、故にナイトリーでは機能フラグの背後に存在します。ユーザーとして、絶賛作業中の機能を試したいとお望みならば、可能ですが、ナイトリーリリースのRustを使用し、ソースコードに適切なフラグを注釈して同意しなければなりません。

ベータか安定リリースのRustを使用しているなら、機能フラグは使用できません。これが、永遠に安定であると宣言する前に、新しい機能を実用に供することができる鍵になっています。最先端を選択するのをお望みの人はそうすることができ、岩のように硬い経験をお望みの人は、安定版に執着し自分のコードが壊れることはないとわかります。停滞なしの安定性です。

本書は安定な機能についての情報のみ含んでいます。現在進行形の機能は、変化中であり、確実に本書が執筆されたときと安定版ビルドで有効化されたときで異なるからです。ナイトリー限定の機能についてのドキュメンテーションは、オンラインで発見できます。

rustup と Rust ナイトリーの役目

rustup は、グローバルかプロジェクトごとに Rust のリリースチャンネルを変更しやすくしてくれます。標準では、安定版の Rust がインストールされます。例えば、ナイトリーをインストールするには:

```
$ rustup install nightly
```

rustup でインストールした全ツールチェーン（Rust のリリースと関連するコンポーネント）も確認できます。こちらは、著者の一人の Windows コンピュータの例です:

```
> rustup toolchain list
stable-x86_64-pc-windows-msvc (default)
beta-x86_64-pc-windows-msvc
nightly-x86_64-pc-windows-msvc
```

おわかりのように、安定版のツールチェーンが標準です。ほとんどの Rust ユーザーは、ほとんどの場合、安定版を使用します。あなたもほとんどの場合安定版を使用したい可能性がありますが、最前線の機能が気になるので、特定のプロジェクトではナイトリーを使用したいかもしれません。そうするためには、そのプロジェクトのディレクトリーで rustup override を使用して、そのディレクトリーにいるときに、rustup が使用するべきツールチェーンとしてナイトリー版のものをセットします。

```
$ cd  /projects/needs-nightly
$ rustup override add nightly
```

これで ~/projects/needs-nightly 内で rustc や cargo を呼び出すたびに、rustup は規定の安定版の Rust ではなく、ナイトリー Rust を使用していることを確かめます。Rust プロジェクトが大量にあるときには、重宝します。

RFC プロセスとチーム

では、これらの新しい機能をどう習うのでしょうか？ Rust の開発モデルは、Request For Comments（RFC; コメント要求）プロセスに従っています。Rust に改善を行いたければ、RFC と呼ばれる提案を書き上げます。

誰もが RFC を書いて Rust を改善でき、提案は Rust チームにより査読され議論され、このチームは多くの話題のサブチームから構成されています。Rust の Web サイト[15] にはチームの完全なリストがあり、プロジェクトの各分野のチームも含みます: 言語設計、コンパイラー実装、インフラ、ドキュメンテーションなどです。適切なチームが提案とコメントを読み、自

---

[15] https://www.rust-lang.org/en-US/team.html

身のコメントを書き、最終的にその機能を受け入れるか拒否するかの同意があります。

　機能が受け入れられれば、Rust リポジトリーで issue が開かれ、誰かがそれを実装します。うまく実装できる人は、そもそもその機能を提案した人ではないかもしれません！ 実装の準備ができたら、「安定しない機能」節で議論したように、機能ゲートの背後の master に着地します。

　時間経過後、いったんナイトリーリリースを使用する Rust 開発者が新しい機能を試すことができたら、チームのメンバーがその機能と、ナイトリーでどう機能しているかについて議論し、安定版の Rust に導入すべきかどうか決定します。決定が進行させることだったら、機能ゲートは取り除かれ、その機能はもう安定と考えられます！ Rust の新しい安定版リリースまで、列車に乗っているのです。

索引

■ 数字・記号

' （アポストロフィー）
　ライフタイム注釈, 213
'static, 221, 462
() （かっこ）, 18, 49
*const T, 455
*mut T, 455
*演算子, 141, 343, 349
　オーバーライド, 349
+ 演算子, 154
+ 記法 （トレイト）, 204
-> （矢印）, 53
. （ドット）, 47
　構造体, 92
.. （二重ドット）
　構造体, 94
　範囲記法, 86
// （コメント）, 18, 55
/// （ドキュメンテーションコメント）, 317
//! （ドキュメンテーションコメント）, 320
: （コロン）, 30
　構造体, 92
:: （2重コロン）
　enum, 108
　関連関数, 19, 105
　名前空間記法, 125
:?指定子, 100
:#?指定子, 101
<> （山かっこ）
　型名宣言, 191
=>演算子, 116
?演算子, 178
[] （範囲）, 86
& （参照）, 19, 78
_ （アンダースコア）

　プレースホルダー, 119
{} （波かっこ）, 18, 49
　インスタンス, 92
　クロージャー, 290
　構造体, 92
　プレースホルダー, 21
　ブロック, 52
　Iterator トレイト, 301, 306, 307
!型, 486
... 記法, 437
.. 記法, 445
@束縛, 450
|記法, 436
\n （改行）, 29, 499
\r, 499

■ A

ABI （Application Binary Interface）, 461
add メソッド, 154
AOT （ahead-of-time） コンパイル言語, 8
Arc<T>型, 397, 520
Args 型, 309
args 関数, 252, 309
args_os 関数, 253
as キーワード, 456
as_bytes メソッド, 84
assert!マクロ, 228
assert_eq!マクロ, 225, 231
assert_ne!マクロ, 231
at 演算子, 450

■ B

bind 関数, 495
bool 型, 45, 57
borrow メソッド, 363

索引　571

borrow_mut メソッド, 363
Box<T>型, 267, 338
　　データの格納, 339
break キーワード, 32, 62
BuildeHasher トレイト, 164
bytes メソッド, 158

■ C
Cargo, 8, 22
cargo, 9
　　dev プロファイル, 316
　　--list, 336
　　release プロファイル, 316
　　--version, 9
　　ワークスペース, 328
cargo build, 11, 124, 316
　　--release, 12, 316
cargo check, 12
cargo doc, 26, 318
　　--open, 26, 318
cargo install, 335
Cargo.lock, 11, 24, 328
cargo login, 325
cargo new, 9
　　--bin, 9, 16
　　--help, 9
　　--lib, 124
cargo publish, 325, 327
cargo run, 11, 16
cargo test, 224, 238, 319
　　-- --help, 239
　　--help, 239
　　--ignored, 244
　　--nocapture, 241
　　--test, 248
　　--test-threads, 239
Cargo.toml, 9, 16, 22, 316
　　[dependencies], 10, 22, 330, 332
　　opt-level, 316
　　[package], 10, 325
　　[profile], 168
　　[profile.*], 316
　　[workspace], 329
cargo update, 24
cargo yank, 328
　　--undo, 328
cfg 属性, 245
channel 関数, 384
char 型, 46
chars メソッド, 158
clear メソッド, 85
Clone トレイト, 412
clone メソッド, 73, 74, 261, 308, 355, 369, 412
cmp メソッド, 27
collect メソッド, 160, 252, 303, 311
Cons 列挙子, 342, 354
cons 関数, 340
const キーワード, 40
contains メソッド, 273, 311
continue 文, 33
Copy トレイト, 206
crates.io, 23, 317, 335
　　アカウント, 325
　　公開, 327
　　削除, 328

CRLF, 499
CStr 型, 151
CString 型, 151

■ D
Debug トレイト, 100
　　derive 属性, 100
[dependencies], 10, 22, 330, 332
Deref トレイト, 343, 346
　　deref メソッド, 346, 347
deref メソッド, 346, 347
DerefMut トレイト, 349
derive 属性, 100
Display トレイト, 100, 208
downgrade メソッド, 369
Drop トレイト, 349
　　drop メソッド, 350
drop メソッド, 350
drop 関数, 70, 350
DST, 488
Duration 型, 388

■ E
else 式, 57
else if 式, 58
Entry enum, 163
　　or_insert メソッド, 163
entry メソッド, 163
enum, 20, 108
　　match 式, 115
　　メソッド, 112
　　列挙子のインスタンス, 108
enumerate メソッド, 84, 431
env 型, 279
　　Args 型, 309
　　args 関数, 309
　　var 関数, 280
eprintln! マクロ, 282
Equal 列挙子, 27
Error 型, 175, 177, 267
ErrorKind 型, 175
Err 列挙子, 20, 172
execute, 508
execute メソッド, 521
exit メソッド, 265
expect メソッド, 20, 176, 181
extern キーワード, 460
extern crate コマンド, 134

■ F
f32 型, 44
f64 型, 44
false, 45
FFI（Foreign Function Interface）, 460
File 型, 256, 501
　　open メソッド, 172, 177, 256
　　read_to_string メソッド, 177, 256
filter メソッド, 304, 311
Fn トレイト, 293, 298
fn キーワード, 18, 49, 102, 490
FnMut トレイト, 293, 298
FnOnce トレイト, 293, 298
for ループ, 430
format! マクロ, 155
from 関数, 69, 152

from_raw_parts_mut 関数, 460
from_utf8_lossy 関数, 498

■ G
gen_range メソッド, 26
GET, 499
get メソッド, 147, 161
glob 演算子, 141
Greater 列挙子, 27
grep, 251

■ H
hasher, 164
HashMap<K, V>型, 159
HTML, 500
HTTP (Hypertext Transfer Protocol), 494
　GET, 499
　POST, 499
　リクエスト, 498
　レスポンス, 499

■ I
i16 型, 43
i32 型, 43
i64 型, 43
i8 型, 43
if 式, 56
if let 記法, 120, 428
ignore 属性, 243
impl ブロック, 102, 200, 402
incoming メソッド, 495
insert メソッド, 160–162
io (入/出力) ライブラリー, 17
　Error 型, 175, 177
　ErrorKind 型, 175
　Result, 20
is_err メソッド, 280
isize 型, 43
Item 型, 301, 473
iter メソッド, 84, 300
Iterator トレイト, 301, 306, 307, 473
　None, 301
　Some, 301

■ J
join メソッド, 378
JoinHandle, 378
JoinHandle<T>型, 514

■ K
K 型, 159
kind メソッド, 175

■ L
len メソッド, 84
Less 列挙子, 27
let キーワード, 18, 40, 51, 431
　if 式, 59
　クロージャー, 290
libc, 23
lib.rs, 258
lines メソッド, 273
Lisp, 340
lock メソッド, 392
loop キーワード, 31, 61

■ M
main.rs, 6, 258
main 関数, 7, 17, 49, 257
　責任の分離, 258
map メソッド, 303
map 関数, 491
match 式, 28, 115, 174, 428
　... 記法, 437
　| 記法, 436
　if 条件, 448
　アーム, 28
　マッチガード, 448
minigrep, 252
mod キーワード, 124
move クロージャー, 380
mpsc 型, 384
　channel 関数, 384
　recv メソッド, 386
　send メソッド, 385
　send 関数, 387
　try_recv メソッド, 386
mut キーワード, 18, 39, 463
MutexGuard, 392
Mutex<T>型, 391, 520
　lock メソッド, 392
　MutexGuard, 392

■ N
never 型, 486
next メソッド, 301, 305, 309
Nil, 340
no_mangle, 461
None 列挙子, 113
null, 112, 209

■ O
Ok 列挙子, 20
OOP, 401
open メソッド, 172, 177, 256
Option<T>, 112, 113, 195
　マッチ, 118
opt-level, 316
or_insert メソッド, 163
Ordering 型, 27
　cmp メソッド, 27
OsStr 型, 151
OsString 型, 151

■ P
[package], 10, 325
panic! マクロ, 168, 180
parse メソッド, 30
PartialOrd トレイト, 205
pop メソッド, 430
POST, 499
prelude, 17
println! マクロ, 7, 21, 281
　:? 指定子, 100
　:#? 指定子, 101
　プレースホルダー, 21
process 型, 265
　exit メソッド, 265
[profile], 168
[profile.*], 316
pub キーワード, 135, 402

pub use キーワード, 323
push メソッド, 146, 153, 274
push_str メソッド, 153

■ R

RAII (Resource Aquisition Is Initialization), 70
rand クレート, 22, 25
    gen_range メソッド, 26
    thread_rng 関数, 26
Range 型, 64
Rc<T>型, 353, 366, 395
    clone メソッド, 355, 369
    downgrade メソッド, 369
    strong_count, 369, 372
    weak_count, 369, 372
    データ共有, 353
read_line メソッド, 19, 29
read_to_string メソッド, 177, 256
receiver, 519
recv メソッド, 386
ref キーワード, 447
RefCell<T>型, 357, 366
    borrow メソッド, 363
    borrow_mut メソッド, 363
    所有権, 357
ref mut キーワード, 448
Result<T, E>, 20, 172, 195
    is_err メソッド, 280
    unwrap メソッド, 175, 181
    unwrap_or_else メソッド, 265
return キーワード, 53
RHS, 475
ripgrep, 252, 335
Rng トレイト, 26
run 関数, 258, 265
Rust
    Cargo, 8
    Hello, world!, 5
    rustc, 4
    rustup, 2
    インストール, 2
    プログラムの実行, 6
    プロジェクト, 5, 8
Rust Programming Language, The, xxi
Rustacean, 4
RUST_BACKTRACE, 170
rustc, 4, 7
rustdoc, 318
Rustonomicon, The, 400
rustup, 2
    doc, 4
    Linux, 2
    macOS, 2
    Windows, 3
    ドキュメンテーション, 4

■ S

SCREAMING_SNAKE_CASE, 462
Self キーワード, 412
self, 102
Self, 475
SemVer, 22
Send トレイト, 399
send メソッド, 385
send 関数, 387

should_panic 属性, 235
    expected 引数, 236
Sized トレイト, 489
sleep 関数, 378, 388
slice 型, 460
Software Package Data Exchange (SPDX), 326
Some 列挙子, 113
spawn 関数, 377, 507, 514
split_at_mut 関数, 458
static 変数, 462
stderr, 281
std::net, 494
std::ops, 474
stdout, 281
str 型, 488
String 型, 18, 69, 151
    as_bytes メソッド, 84
    clear メソッド, 85
    from 関数, 69, 152
    from_utf8_lossy 関数, 498
    len メソッド, 84
    new 関数, 152
    parse メソッド, 30
    trim メソッド, 29
    メモリー確保, 70
strong_count, 369, 372
struct キーワード, 92
super キーワード, 143
Sync トレイト, 399

■ T

<T>記法, 113, 191
TCP (Transmission Control Protocol), 494
    リクエスト, 497
TcpListener 型, 495
    bind 関数, 495
    incoming メソッド, 495
TcpStream 型, 495, 497
test 属性, 224, 245
tests モジュール, 245
tests ディレクトリー, 246
thread 型
    execute, 508
    join メソッド, 378
    JoinHandle, 378
    sleep 関数, 378, 388
    spawn 関数, 377, 507, 514
    ThreadPool 構造体, 508
ThreadPool 構造体, 508, 527
    Drop トレイト, 527
    execute メソッド, 521
thread_rng 関数, 26
to_string メソッド, 152
to_lowercase メソッド, 278
TOML (Tom's Obvious, Minimal Language)
    フォーマット, 10
ToString トレイト, 208
trait キーワード, 199
trim メソッド, 29
true, 45
try_recv メソッド, 386
type キーワード, 484

■ U

u16 型, 43

u32 型, 30, 43
u64 型, 43
u8 型, 43
Unicode スカラー値, 156
unsafe キーワード, 454, 463
unsafe ブロック, 456
unsafe Rust, 454
unsafe superpowers, 454
unsafe impl ブロック, 463
unwrap メソッド, 175, 181
unwrap_or_else メソッド, 265
upgrade メソッド, 369
URI（Uniform Resource Identifier）, 499
URL（Uniform Resource Locator）, 499
use キーワード, 19, 26, 139, 143
usize 型, 43
UTF-8, 151, 156

■ V
V 型, 159
value メソッド, 294
var 関数, 280
Vec<T>型, 146, 300
 iter メソッド, 300
 new 関数, 146

■ W
weak_count, 369, 372
Weak<T>型, 369
 upgrade メソッド, 369
Web サーバー
 シングルスレッド, 494
 マルチスレッド, 505
where 節（トレイト）, 204
while let 記法, 430
while キーワード, 62
Worker 構造体, 515
[workspace], 329

■ Z
zip メソッド, 160

■ あ
アーム, 28, 57

■ い
依存, 8
イテレーター, 300, 307, 570
 collect メソッド, 252, 303, 311
 contains メソッド, 273, 311
 filter メソッド, 304, 311
 iter メソッド, 300
 map メソッド, 303
 next メソッド, 301, 305, 309
 独自の〜, 305
 パフォーマンス, 311
イテレーターアダプター, 302, 310
インターフェイス, 199

■ え
エラー
 ?演算子, 178
 〜処理のガイドライン, 181
 expect メソッド, 176, 181
 unwrap メソッド, 175, 181

unwrap_or_else メソッド, 265
 委譲, 176
 いろいろな〜, 174
 回復可能, 167, 171
 回復不能, 167, 168
演算子オーバーロード, 474
エントリーポイント, 49

■ お
オーファンルール, 201
オブジェクト, 402
オブジェクト指向
 デザインパターン, 413
オブジェクト指向プログラミング, 401

■ か
改行, 29
回復可能エラー, 167, 171
回復不能エラー, 167, 168
数当てゲーム, 15
型エイリアス, 484
型接尾辞, 44
型別名, 484
カプセル化, 402
ガベージコレクター（GC）, 70
可変変数, 39
空型, 486
仮引数, 50
 複数の〜, 51
環境変数, 276
関数, 49
 仮引数, 50
 シグニチャー, 50
 実引数, 50
 所有権, 75, 76
 抽象化, 188
 引数, 50
 戻り値, 53
関数型プログラミング, 285
関数ポインター, 490
間接参照, 342
関連型, 301, 472
関連関数, 19

■ き
木構造, 370
キーワード, 37

■ く
クライアント, 494
グリーンスレッド, 376
クレート, 10, 22
クロージャー, 286
 Fn トレイト, 293, 298
 FnMut トレイト, 298
 FnOnce トレイト, 298
 map 関数, 491
 型推論, 291
 型注釈, 291
 関数ポインター, 490
 定義, 289
 返却, 491
グローバル変数, 462
クローン, 73

■ け

継承, 404
結合テスト, 246

■ こ

公開, 134, 135, 402
構造体, 92
　　～更新記法, 94
　　インスタンス, 92
　　タプル～, 95
　　データの所有権, 95
　　トレイトの継承, 99
　　フィールド, 92
　　フィールド初期化省略記法, 93
　　ユニット様～, 95
構造体更新記法, 94
構文解析, 464
コピー, 74
コヒーレンス, 201
コマンドラインツール, 251
コマンドライン引数, 252
　　ユニコード, 253
コメント, 18, 55
コレクション, 145
コンストラクター, 261
コンスリスト, 340

■ さ

再帰的な型, 339
サイズなし型, 488
サーバー, 494
参照, 19, 77, 208, 337
　　可変と不変な～の組み合わせ, 81
　　可変な～, 79
　　ダングリング～, 82
　　データ競合, 80
参照カウント, 337, 355
参照外し演算子（*）, 343
参照外し型強制, 347

■ し

ジェネリクス, 187
　　enum 定義, 195
　　関数定義, 190
　　構造体定義, 193
　　コードのパフォーマンス, 197
　　メソッド定義, 195
式, 51
実引数, 50
自動テスト, 223
借用, 77, 78
借用チェッカー（borrow checker）, 148, 210
シャドーイング, 29, 40
出力ライフタイム, 219
循環参照, 366
　　回避, 369
消費アダプター, 302
書記素クラスタ, 157
所有権, 66
　　ルール, 68
所有者, 68

■ す

数学演算子, 45
数値演算, 44

■ 数値型

u32 型, 30
スカラー型, 43
スコープ, 68, 208
スタック, 66, 338
スタティックディスパッチ, 411
ステートオブジェクト, 413
ステートパターン, 413
ストリーム, 495
スネークケース, 49
スーパートレイト, 480
スマートポインター, 337
　　Box<T>型, 338
　　Rc<T>型, 353, 366
　　RefCell<T>型, 357, 366
　　参照カウント方式, 337, 353
　　独自の～, 345
　　ボックス, 338
スライス型, 83, 90
スレッド, 376
　　1:1 モデル, 376
　　M:N モデル, 377
　　格納するスペース, 513
　　数, 512
　　グリーンスレッド, 376
　　シングル～, 391
　　データ転送, 390
　　複数の～, 392
　　ブロック, 379
　　ミューテックス, 391
　　メッセージ, 384
　　ロック, 391
スレッドプール, 506

■ せ

整数
　　符号付き, 43
　　符号なし, 43
整数型, 43
整数リテラル, 44
静的型付き言語, 42
静的変数, 462
静的（スタティック）メソッド, 19
静的ライフタイム, 221
セマンティックバージョニング, 22
ゼロオーバーヘッド, 312
ゼロ代償抽象化, 312

■ そ

添え字, 47, 48
属性, 224
　　cfg, 245
　　derive, 100
　　ignore, 243
　　should_panic, 235
　　test, 224, 245
束縛, 38

■ た

ダイナミックディスパッチ, 411
多相性, 404
ダックタイピング, 410
タプル型, 46
タプル構造体, 95
ダングリング参照, 82, 209

ダングリングポインター, 82
単精度浮動小数点数, 44
単相化, 198
単体テスト, 245

■ ち
遅延評価, 293
チャンネル, 384, 517
 受信機, 384
 消費者, 519
 所有権, 386
 生成者, 519
 転送機, 384
注釈, 208

■ て
定数, 40
テスト, 223
 tests モジュール, 245
 tests ディレクトリー, 246
 カスタムメッセージ, 233
 結合〜, 246
 単体〜, 245
 単独の〜, 242
 非公開関数の〜, 245
 複数の〜, 243
 無視, 243
テスト関数, 224
テスト駆動開発, 270
テストダブル, 359
デストラクター, 351
データ型, 42
データ競合, 80
デフォルト型引数, 475
転送機
 クローン, 389

■ と
動的サイズ付け型, 488
ドキュメンテーションコメント, 317
 ///, 317
 //!, 320
ドット記法, 92
トレイト, 199
 + 記法, 204
 〜境界, 204
 Copy, 206
 Deref, 346
 Deref トレイト, 343
 DerefMut トレイト, 349
 Drop トレイト, 349
 Fn トレイト, 293, 298
 FnMut トレイト, 293, 298
 FnOnce トレイト, 293, 298
 impl ブロック, 200
 Iterator トレイト, 473
 Send トレイト, 399
 Sized トレイト, 489
 Sync トレイト, 399
 trait キーワード, 199
 unsafe な〜, 463
 where 節, 204
 型に実装する, 200
 関連型, 472
 高度な〜, 472

実装, 408
 スーパー〜, 480
 定義, 199
 デフォルト実装, 202
 ブランケット実装, 208
 メソッド実装の条件分け, 207
トレイトオブジェクト, 405
 オブジェクト安全性, 412

■ な
内部可変性, 357, 358
生ポインター, 455
 参照外し, 456
 生成, 456

■ に
二重解放エラー, 72, 352
入力ライフタイム, 219
ニュータイプパターン, 482, 483

■ は
倍精度浮動小数点数, 44
バイナリークレート, 22
配列型, 47
 要素, 48
パーサー, 464
パターン, 427
パターン記法, 435
バックトレース, 170
発散する関数, 486
ハッシュ関数, 159
ハッシュマップ, 159
 collect メソッド, 160
 entry メソッド, 163
 get メソッド, 161
 HashMap<K, V>型, 159
 insert メソッド, 160–162
 new 関数, 160
 zip メソッド, 160
 値にアクセス, 161
 更新, 162
 所有権, 161
 生成, 160
バッファー外読み出し, 169
パラメーター境界多相性, 405
バリアント, 43

■ ひ
引数, 50, 89
引数解析器, 259
非公開, 134, 402
ヒープ, 66, 338
標準エラー出力, 281
標準出力, 281
標準入力ハンドル, 19
標準ライブラリー（std）, 17

■ ふ
ファイル
 読み込み, 255
フィールド, 92
フィールド初期化省略記法, 93
複合型, 46
符号付き整数, 43
符号なし整数, 43

浮動小数点型, 44
不変変数, 18, 38
ブランケット実装, 208
フルパス記法, 476
　定義, 480
プロセス, 376
ブロック（{}）, 52
文, 51
分配（タプル）, 47

■ へ
並行, 375
並行性, 375
並列, 375
ベクター, 146
　get メソッド, 147
　push メソッド, 146
　Vec<T>型, 146
　解放, 147
　更新, 146
　参照, 147
　生成, 146
　走査, 149
　添え字記法, 147
　複数の型を保持する, 150
変数, 18, 38, 40, 68
　static 変数, 462
　可変, 39
　グローバル～, 462
　クローン, 73
　コピー, 74
　所有権, 75
　静的変数, 462
　不変, 38
　ムーブ, 71

■ ほ
ポインター, 67, 337
ボックス, 338
　再帰的な型, 339
　データの格納, 339

■ ま
マッチガード, 448
マッチング, 427
　.. 記法, 445
　_（アンダースコア）, 442
　enum, 439
　構造体, 438, 442
　参照, 441
　タプル, 442
　名前付き変数, 435
　複数のパターン, 436
　リテラル, 435
　ワイルドカードパターン, 442
マングル, 461

■ み
ミューテックス, 391

■ む
無限ループ, 31
ムーブ, 71

■ め
メソッド, 102

impl ブロック, 102
　self, 102
　同じ名前の～を呼ぶ, 476
　関連関数, 105
　複数の impl ブロック, 105
メッセージ, 384
メモ化, 293
メモリーリーク, 366

■ も
文字型, 45
モジュール, 124
　mod キーワード, 124
　pub キーワード, 135
　super キーワード, 143
　use キーワード, 139
　親～にアクセス, 141
　階層構造, 126
　異なる～の名前を参照する, 139
　宣言, 127
　ファイルシステム, 132
　複数ファイル, 126
　プライバシー規則, 137
　ルート～, 134
文字列, 151
　+ 演算子, 154
　bytes メソッド, 158
　chars メソッド, 158
　push メソッド, 153
　push_str メソッド, 153
　String, 151
　to_string メソッド, 152
　一部, 84
　更新, 153
　生成, 152
　走査, 158
　添え字アクセス, 155
　追加, 153
　内部表現, 156
　連結, 154
文字列型, 19, 69
　CCStr 型, 151
　CString 型, 151
　OsStr 型, 151
　OsString 型, 151
　String 型, 151
文字列スライス, 86, 151, 157
　&str, 151
　引数, 89
　文字列リテラル, 89
文字列リテラル, 89
モックオブジェクト, 359
戻り値, 53
　所有権, 76

■ ゆ
ユニコード, 46
ユニット様構造体, 95

■ よ
弱い参照, 369

■ ら
ライセンス識別子, 326
ライフタイム, 82, 208, 464

'static, 221
出力～, 219
省略規則, 218
推論, 471
静的～, 221
入力～, 219
ライフタイム境界, 470
ライフタイム・サブタイピング, 464
ライフタイム注釈, 212
関数シグニチャーにおける～, 213
構造体定義の～, 217
なし, 218
メソッド定義における～, 220
ライブラリークレート, 22, 124
乱数, 22, 25
乱数生成器, 26
ランタイム, 377

■ り
リクエスト・レスポンスプロトコル, 494
リリースプロファイル, 316

■ る
ルートモジュール, 134
ループ, 61

■ れ
レジストリー, 23
列挙型, 20, 108
列挙子, 20, 108

■ ろ
ロック, 391
論駁可能性, 433
論理値型, 45

■ わ
ワイルドカードパターン, 442
ワークスペース, 328

訳者紹介

尾崎 亮太 (おざき りょうた)

プロフィール:

@train12_find

大学で一応プログラミングを学んだが、同時期に独学で C++ を学び、コンパイラーに怒られる日々を送る。怒られるかもしれないが、Rust でまだまともなプログラムを書いたことはないので、そこら辺の知見はありません。

※上記アカウントは完全個人用なので、雑多なアニメの感想などが含まれます。

●本書に対するお問い合わせは、電子メール（info@asciidwango.jp）にてお願いいたします。
但し、本書の記述内容を越えるご質問にはお答えできませんので、ご了承ください。

プログラミング言語 Rust 公式ガイド

2019 年 6 月 28 日　初版発行

著　者	Steve Klabnik, Carol Nichols
翻　訳	尾崎 亮太
発行者	夏野 剛
発　行	株式会社ドワンゴ

　　　　　〒 104–0061
　　　　　東京都中央区銀座 4–12–15 歌舞伎座タワー
　　　　　編集 03–3549–6153
　　　　　電子メール info@asciidwango.jp
　　　　　https://asciidwango.jp/

発　売　　株式会社 KADOKAWA

　　　　　〒 102–8177
　　　　　東京都千代田区富士見 2–13–3
　　　　　営業 0570–002–301（カスタマーサポート・ナビダイヤル）
　　　　　受付時間 11:00〜13:00, 14:00〜17:00（土日 祝日 年末年始を除く）
　　　　　https://www.kadokawa.co.jp/

印刷・製本　　株式会社リーブルテック

Printed in Japan

本書（ソフトウェア／プログラム含む）の無断複製（コピー、スキャン、デジタル化等）並びに無断複製物の譲渡および配信は、著作権法上での例外を除き禁じられています。また、本書を代行業者などの第三者に依頼して複製する行為は、たとえ個人や家庭内での利用であっても一切認められておりません。
落丁・乱丁本はお取り替えいたします。下記 KADOKAWA 読者係までご連絡ください。
送料小社負担にてお取り替えいたします。
但し、古書店で本書を購入されている場合はお取り替えできません。
電話　049–259–1100（10:00–17:00/土日、祝日、年末年始を除く）
〒354–0041　埼玉県入間郡三芳町藤久保 550–1
定価はカバーに表示してあります。

ISBN978–4–04–893070–3 C3004

アスキードワンゴ編集部
編　集　　星野浩章